Degustação em vinícola, Mendoza

Tecidos de Purmamarca

Chocolateria, Bariloche

Suvenir de Buenos Aires

Tango portenho

Plaza de Mayo e Casa Rosada

San Telmo, Buenos Aires

Caminito

Canal de Beagle, Terra do Fogo

Cataratas del Iguazú, Missões

Vulcão Lanín, Região dos Lagos

Ruínas de Quilmes, Noroeste

Paso de Jama, Noroeste

Valles Calchaquíes, Noroeste

Parque Nahuel Huapi, Região dos Lagos

Glaciar Perito Moreno, Patagônia

Cerro Fitz Roy, Patagônia

Salta, Noroeste

Puente del Inca, Aconcagua

Cascada Vulignanco, Região dos Lagos

Ruta 33

Península Valdés, Patagônia

Ushuaia, Terra do Fogo

Entrada do Parque Provincial Aconcagua

Cemitério Chacarita, Buenos Aires

Viaduto la Polvorilla, trajeto do Tren a las Nubes

Igreja San Francisco, Salta

General San Martin, Corrientes

# o Viajante
# Guia ARGENTINA

guiaargentina@oviajante.com | www.oviajante.com  **3ª Edição**

**Fotos da capa**
1. Puerto Madero, Buenos Aires
2. Cerro Fitz Roy, Patagônia

**Fotos da contracapa**
3. Villa La Angostura
4. Arredores de Purmamarca
5. Parque Nacional Los Arrayanes
6. Às margens da Ruta 33
7. Glaciar Perito Moreno
8. Cueva de las Manos Pintadas

**Fotos do Guia:** Zizo Asnis (exceto aquelas onde há crédito indicado na própria foto)

## Agradecimentos:

**Pela colaboração nas primeiras viagens:** Márcio Danieli.

**Aos viajantes que após visitarem a Argentina com as primeiras edições deste guia, nos enviaram, pela internet, dicas de atualização:** Alencar Coelho, Clemilda de Oliveira Arbos, Daniel Oiticica, Fernando Viera de Castro, Iracema de Jesus, Lázaro Oliveira, Marcelo Baptista, Márcio Port, Neiara Lima Costa, Rodrigo Barneche, Rogério Henrique, Valmice Gomes Vieira, Virna e Família Clemente.

**Aos argentinos que nos ajudaram durante as viagens:** Alejandro Eiras, Analia Colonna, Belen, Carlos Lopez, Cecília Caregnato, Daniel Astorga, Frederico Díaz del Val, Gastón, Gonzalo, Ignacio Raigoso, Jimena Gortari, Jorge Miyazato, Juan Jose Crespin, Karina Perticone, Lili y Cesar, Mabel y Naty, Marcelo Echazú, Maria Paula Goity, Martín Pasmanter, Matias Zwerdling, Miguel Rosende, Mónica y Gastón, Natalia Assandri, Pablo Picollo, Paula Nuñez, Roberto Corvalan, Sara Maria, Silvia Paz.

E aos órgãos de turismo das cidades pesquisadas.

ISBN 978-85-87896-13-1

Proibida a reprodução total ou parcial sem autorização.
Todos os direitos desta edição reservados a:
TRILHOS E MONTANHAS Com Mkt Int Ltda.
Rua Rua Marcílio Dias, 1524. Porto Alegre/RS - Brasil - CEP 90.130-000.
Fax: 55 51 3086.4548.
E-mail: oviajante@oviajante.com

Agosto de 2013
Impresso no Brasil - Edelbra

# o viajante
# Guia ARGENTINA

guiaargentina@oviajante.com | www.oviajante.com  **3ª Edição**

**Projeto:** Zizo Asnis
**Editora:** O Viajante / Trilhos e Montanhas

**Editor-chefe e viajante:** Zizo Asnis
**Editor assistente:** Eduardo Nozari
**Editor gráfico:** Ricardo Fredes
**Assistentes de edição:** Caetano Cremonini, Rodrigo Ferreira
**Atualização:** Guilherme Goss De Paula
**Colaboração:** André Mags
**Revisão:** Mônica de Curtis Boeira

# Índice

| | |
|---|---|
| O Guia | 7 |
| Por que a Argentina? | 12 |
| Mapa das Províncias | 14 |
| Descobrindo a Argentina | 15 |
| Que País é Esse | 18 |
| História | 18 |
| Geografia | 25 |
| Economia | 27 |
| Povo | 32 |
| Esportes | 35 |
| Cultura | 38 |
| Literatura | 38 |
| Cinema | 41 |
| Música | 43 |
| Cultura Pop | 47 |
| Pré-Planejamento | 50 |
| Objetivo da viagem – por que ir | 50 |
| Clima – quando viajar | 53 |
| Lugares – onde ir | 54 |
| Roteiros | 55 |

## PLANEJAMENTO 60

| | |
|---|---|
| 1. Entrada no país | 60 |
| Do Brasil | 60 |
| Avião | 60 |
| Ônibus | 60 |
| Carro | 62 |
| Dos outros países sul-americanos | 62 |
| 2. Idioma | 63 |
| 3. Informações e serviços | 65 |
| Fuso Horário | 65 |
| Informações turísticas | 65 |
| Agências de turismo | 66 |
| Carteira de estudante | 66 |
| Representações Diplomáticas | 67 |
| Horários | 68 |
| Eletricidade | 68 |
| Telefones de emergência | 68 |
| Feriados e Festas Populares | 68 |
| Gorjetas | 69 |
| 4. Dinheiro | 69 |
| Moeda | 69 |
| Câmbio | 69 |
| Valor de troca | 69 |
| Custos | 70 |
| 5. Segurança | 71 |
| 6. Saúde | 72 |
| Alimentação | 72 |
| Altitude | 73 |
| Raiva | 74 |
| Animais peçonhentos | 74 |
| Insolação e Queimaduras | 74 |
| Animais selvagens | 75 |
| 7. Bagagem | 76 |
| 8. Comunicação | 76 |
| Telefone | 76 |
| Correios | 78 |
| Internet | 78 |
| 9. Viajando pelo país | 78 |
| Avião | 78 |
| Ônibus | 79 |
| Carro | 79 |
| Barco | 80 |
| Trem | 80 |
| Bicicleta | 81 |
| Carona | 81 |
| Transporte Urbano | 81 |
| 10. Acomodação | 82 |
| Hotéis e hosterías | 82 |
| Hostels | 83 |
| Hospedajes e Residenciales | 83 |
| Cabanas, estâncias e campings | 84 |
| 11. Comes e Bebes | 85 |
| Carnes | 85 |
| Outros Pratos | 86 |
| Comida regional | 86 |
| Doces | 87 |
| Bebidas | 87 |
| Vinhos | 88 |
| 12. Compras | 88 |

## REGIÕES E CIDADES

**BUENOS AIRES** ................................ 89
- Buenos Aires .............................. 89
- Tigre............................................ 133
- La Plata ...................................... 135
- Mar Del Plata ............................. 137
- Bahía Blanca .............................. 143

**PAMPAS** ...................................... 145
- Córdoba...................................... 146
- Santa Fé ..................................... 155
- Rosario ....................................... 159
- San Antonio de Areco ................ 162

**MISSÕES** ..................................... 163
- Posadas ...................................... 164
- Missões Jesuíticas ..................... 169
- Cataratas do Iguaçu .................. 171
- Puerto Iguazú ............................ 173
- Parque Nacional del Iguazú ...... 175
- Parque Nacional do Iguaçu ....... 177
- Foz do Iguaçu ............................ 177
- Ciudad del Este ......................... 178

**CHACO** ........................................ 179
- Corrientes .................................. 181
- Resistencia ................................ 184
- Formosa ..................................... 188

**NOROESTE** ................................. 189
- Salta ........................................... 191
- San Antonio de los Cobres ....... 205
- Cachi .......................................... 210
- Cafayate .................................... 212
- Ruinas de Quilmes .................... 216
- San Miguel de Tucumán ............ 217
- San Salvador de Jujuy ............... 221
- Purmamarca .............................. 225
- Maimará ..................................... 228
- Tilcara ........................................ 228
- Humahuaca ............................... 232

**ACONCÁGUA** .............................. 235
- Mendoza .................................... 237
- Potrerillos .................................. 249
- Uspallata .................................... 250
- Puente del Inca ......................... 254
- Parque Provincial Aconcagua ... 256
- San Agustín del Valle Fértil ...... 261
- Valle de la Luna ........................ 261
- Parque Nacional Talampaya ..... 262
- San Rafael ................................. 263
- Malargüe .................................... 265

**REGIÃO DOS LAGOS** .................. 267
- Neuquén .................................... 269
- Bariloche ................................... 273
- Parque Nacional Nahuel Huapi... 288
- Villa la Angostura ...................... 291
- San Martín de los Andes ........... 297
- Junín de los Andes .................... 303
- Parque Nacional Lanín .............. 307
- El Bolsón ................................... 309
- Esquel ........................................ 315
- Parque Nacional Los Alerces .... 320
- Trevelin ...................................... 321

**PATAGÔNIA** ................................ 323
- Puerto Madryn .......................... 326
- Península Valdés ...................... 333
- Puerto Pirámides ...................... 336
- Trelew ........................................ 337
- Gaimán ...................................... 339
- Punta Tombo ............................. 340
- Comodoro Rivadavia ................ 340
- Puerto Deseado ........................ 344
- Monumento N. Bosques Petrificados ..... 345
- Río Gallegos .............................. 346
- El Calafate ................................. 349
- Parque Nacional Los Glaciares ... 358
- Glaciar Perito Moreno .............. 358
- El Chaltén .................................. 361
- Cueva de las Manos Pintadas ... 368

**TERRA DO FOGO** ........................ 369
- Río Grande ................................ 371
- Ushuaia ..................................... 371
- Parque Nacional Tierra del Fuego ...... 388

**Miniguia para uma viagem de carro pela Argentina** ....... 391

**Mapa das principais estradas argentinas** ........................ 401

**Peq. Dicionário Português-Espanhol** . 403

**Glossário** ........................................ 408

**Índice Geral** ................................... 410

**Uma história Viajante** ................... 418

Parque Nahuel Huapi

# O Guia

O *Guia O Viajante Argentina* – assim como as nossas outras publicações, o *Guia Criativo para O Viajante Independente na América do Sul* e o *Guia O Viajante Chile* – tem como objetivo revelar as potencialidades turísticas do nosso continente. Nesta edição, nos despimos das rixas bem-humoradas com os argentinos, nos esquecemos da rivalidade futebolística e fomos além de Buenos Aires. Tudo para descobrir um país fascinante, dotado de algumas das mais belas paisagens do planeta (sem exagero, como você poderá comprovar).

E como colocar tudo isso no papel? Se planejar a viagem foi o nosso primeiro desafio e percorrer todo território argentino foi o segundo, certamente escrever, organizar e editar as informações coletadas foi a nossa terceira aventura.

---

Tópicos abordados no *Guia O Viajante Argentina*:

## Introdução

**Por que a Argentina?**
Editorial; desvendando os nossos hermanos.

**Descobrindo a Argentina**
O fascinante território vizinho; mapa do país com as províncias.

## Que País é esse

Para compreender um pouco mais a Argentina:

**História** A colonização, o peronismo, a ditadura, o Mercosul, o kirchnerismo.

**Geografia** O território, as regiões, as fronteiras.

**Economia** As bases, a crise econômica, a superação.

**Povo** Afinal, quem são os argentinos?

**Esportes** Futebol, vôlei, futebol, tênis, futebol, corrida, e futebol.

**Cultura** Borges e a literatura, Gardel e o tango, Charly e o rock, e, ainda, a boa fase do cinema.

**Cultura pop** O argentino, o mate, a Mafalda, o beijo.

## Pré-planejamento

As decisões iniciais para uma viagem pelo país:

**Objetivo da viagem** Por que viajar para e pela Argentina.

**Clima** Quando viajar.

**Lugares** Onde ir; a lista dos editores de quais são os lugares mais bacanas.

**Mapas das cidades** – legendas

| | | |
|---|---|---|
| *i* Informação turística | Embaixada/Consulado | Prédio histórico |
| Aeroporto | Delegacia do turista | Teatro |
| Rodoviária | Hospital | Catedral/Igreja |
| Porto | Praça/Parque | Sinagoga |
| Estação de trem | Museu | Cemitério |
| Estação de metrô | Prédio do Governo | Zoológico |

## Planejamento

Informações indispensáveis para o sucesso de sua viagem:

**Entrada no país** Como chegar à Argentina; os diferentes meios de transporte, do Brasil e de outros países.

**Idioma** Características da língua; expressões idiomáticas, as palavras que parecem ser mas não são.

**Informações e serviços** Fuso horário, consulados e embaixadas, feriados e festas populares, gorjetas, horários, eletricidade, carteira de estudante, telefones de emergência.

**Dinheiro** O peso argentino, o valor da moeda, o câmbio, os custos do país.

**Segurança** O quão seguro é, mulheres viajando sozinhas, os golpes aplicados em turistas.

**Saúde** Cuidados com a alimentação, o perigo das elevadas altitudes, os animais peçonhentos.

**Bagagem** O que levar na viagem.

**Comunicação** Ligando da e para a Argentina; internet e as ligações que custam centavos.

**Viajando pelo país** As características dos diversos meios de transporte para percorrer a Argentina.

**Acomodação** De hotéis a albergues, as diferentes hospedagens existentes no país.

**Comes & Bebes** A tradicional parrillada, os pratos regionais, os doces, as bebidas, os vinhos.

**Compras** Produtos típicos, o imposto sobre as mercadorias e a possibilidade de reembolsá-lo.

## Mapas

De caráter ilustrativo, não estão em escala, mas oferecem uma ideia aproximada de localizações e distâncias.

**Mapa do País** Delimita as províncias e apresenta suas capitais, além da capital federal.

**Mapa das Regiões** Localiza as províncias, sua capital e as principais cidades, bem como parques nacionais, sítios arqueológicos, ponto de relevância histórica e atrações naturais.

**Mapa das Cidades** Apresenta as principais ruas, avenidas, logradouros, pontos de referência e atrações turísticas.

## A Cidade

Introdução às principais cidades, povoados e parques mais importantes do país:

**A Cidade** Aspectos históricos e culturais, informações adicionais.

**Informações e serviços** Informações importantes referentes àquele local; os tópicos variam de cidade para cidade: código do prefixo telefônico, clima, câmbio, informações turísticas (postos e escritórios de turismo na cidade, quais os serviços que oferecem, site de referência), locadoras de carro, hospital (é bom saber onde fica, embora bom mesmo seja nunca ter que visitá-lo), delegacia do turista (idem, idem!).

**Orientação** Características do traçado urbano, as principais ruas e avenidas, os pontos de referência.

**Circulando** Os meios de transporte disponíveis, as facilidades para percorrer a cidade a pé.

**Chegando e saindo** Como se chega na cidade, onde ficam o aeroporto, a rodoviária e, quando houver, a estação de trem; os acessos para pegar a estrada.

**Viajando** Se locomovendo para outros destinos do país, de avião, de ônibus, às vezes de trem; tempo de viagem e preço de passagem (sempre passíveis de serem alterados); eventuais diferenças no tempo de viagem e no valor da passagem de uma cidade a outra podem ocorrer pelo tipo de ônibus, pelos trajetos realizados e por serem operados por empresas diferentes. De carro: distância das principais cidades, rutas (rotas) de acesso e características das estradas e do trajeto.

**Acomodação** Hotéis, albergues e hospedagens, apresentados do

**Mapas do país e das regiões** – legendas

- ✪ Capital Federal
- ◉ Capital Provincial
- • Cidade
- ③ Ruta Nacional
- ② Ruta Provincial
- ▬ Estrada principal
- — Estrada secundária
- — Estrada não-pavimentada
- 🌲 Parque/Reserva Nacional
- ⛰ Montanha
- 🌵 Quebrada
- 🏛 Sitio Arqueológico/Histórico
- 🧊 Geleira
- 💧 Cachoeira
- 🌋 Vulcão
- 🌊 Rio/Lago

mais barato ao mais caro, com endereço, telefone (F.), site ou email, quando disponível, número de camas (para albergues) ou de quartos (para hotéis), diárias, serviços (cartões de crédito, café da manhã) e características do lugar. No endereço, o nome da rua é precedido por C. (*calle*, rua em espanhol) ou Av. (*avenida*). Nas diárias, os valores são informados em pesos argentinos ($), salvo indicação de que seja em dólar (US$), para *dorms* (dormitórios, comum em albergues) e para quartos por número de pessoas – 1p (1 pessoa), 2p (2 pessoas), etc. Quando não consta diária para 1p, uma pessoa paga o mesmo que duas. Preços apresentados como $30/50 significam uma diferença específica (como, por exemplo, baixa/alta temporada ou quartos sem/com banheiro); quando apresentados como $30-50 indicam uma variação de valores (tarifas variam pelo conforto dos quartos). Cartões de crédito, quando aceitos, se referem a, pelo menos, Visa e Mastercard. Note que algum hotel pode ter *internet* (o hotel tem um micro disponível), *wi-fi* e/ou *ponto (conexão) de internet* (que contam com rede disponível para quem tiver seu próprio dispositivo).

**Comes & Bebes** Onde comer bem; sugestão de restaurantes, eventualmente com dicas de algum prato.

**Atrações** Bairros, museus, igrejas, casas históricas, praças, parques; o que fazer ou conhecer na cidade. Horários apresentados como seg/sáb 9h-14h/16h-20h significam que o local abre de segunda a sábado das 9h às 14h e das 16h às 20h. Feriados costumam ter o seu horário como nos domingos.

**Passeios** Parques nacionais, atrações naturais, povoados, lugares mais distantes que merecem ser visitados, para onde pode haver excursões partindo de alguma cidade próxima.

**Compras** Feiras, mercados de artesanato e lugares de bom custo-benefício.

**Diversão** Dicas de lazer ou vida noturna.

## Em destaque

**Fotos** Ilustração do texto; um aperitivo para despertar a curiosidade de conhecer ao vivo e em cores.

## Box: Cultura Geral

**Vale a pena ler:** textos em destaque sobre um fato, um assunto ou uma curiosidade de relevância a respeito da cultura argentina.

## Destaques

**Miniguia para uma viagem de carro pela Argentina** Informações específicas para viajantes que planejam desbravar a Argentina de carro. Apresenta um pequeno mapa com as principais *rutas* argentinas.

**Caderno de fotos** Fotografias em cores de algumas atrações da Argentina – apenas para dar água na boca. O melhor, claro, é você ver pessoalmente.

**Dicionário** Para ajudar você a se virar, mesmo em situações inesperadas.

**Glossário** Palavras e expressões utilizadas ao longo do guia e frequentemente incorporadas ao vocabulário de um viajante na Argentina.

**Índice geral** Facilita a localização das cidades, atrações e tópicos abordados no guia.

**Penúltima página** Considerações finais.

**Uma história viajante** Como surgiu O Viajante; do Guia Europa até o Argentina.

## Regiões

A Argentina, neste guia, foi dividida em 9 regiões, de acordo com a proximidade das províncias, características geográficas e afinidades turísticas:

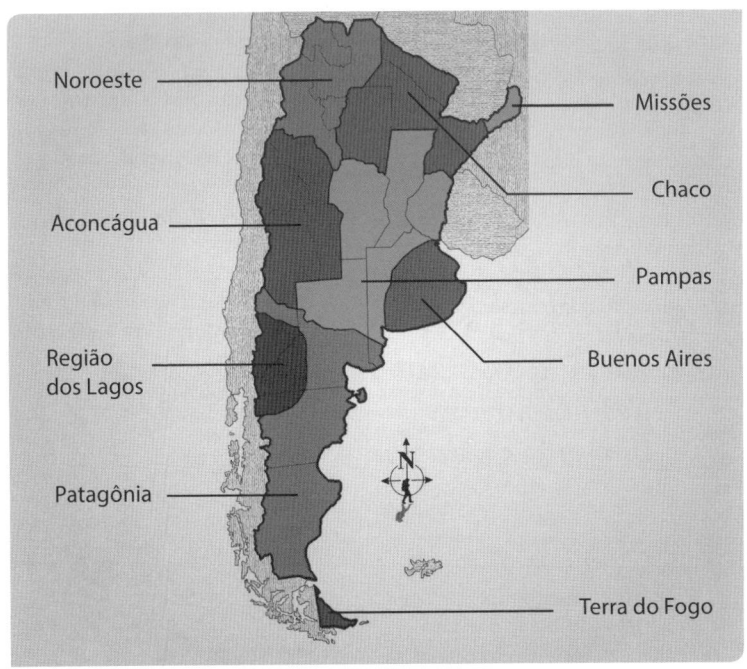

# Por que a Argentina?

*U*ma velha e maldosa piada sobre a Argentina diz que o melhor do país é... ser fronteira com o Brasil! Certo, é intriga da oposição! Não, não viramos casaca – continuamos a torcer pela Seleção Brasileira. Mas chegou a hora de fazermos justiça. Afinal, depois de conhecer melhor o território argentino, podemos seguramente afirmar: que bom que nós fazemos fronteira com a Argentina!

Vizinhança à Argentina significa termos por perto a maior cadeia montanhosa fora do continente asiático. É a possibilidade mais próxima de vermos neve, seja no alto de estações de esqui, no inverno, ou no topo de picos nevados, admirando de longe durante o verão. É estarmos a poucas horas da mais fascinante capital sul-americana. É a chance de descobrirmos um vasto e magnífico território absolutamente diferente do nosso.

Oitavo maior país do mundo, a Argentina reserva bons segredos para os viajantes que ousarem desbravá-la. Buenos Aires é um excelente cartão de visitas – que delícia, afinal, os parques do Palermo, o astral de San Telmo, a agitação da Calle Florida, a urbanização de Puerto Madero. Mas se engana, e muito, quem pensa que Buenos Aires é o único atrativo do país.

Claro, há Bariloche. Se os argentinos fincaram a bandeira (e o guarda-sol) em Camboriú, Bariloche é nossa. Brasiloche. Mas e Mendoza? E Ushuaia? E a Península Valdés? Os Parques Nacionais? As quebradas do Noroeste? E o Lanín? Também queremos um vulcão! E as montanhas a mais de 4 mil metros de altitude? E o Perito Moreno? Por que nós, brasileiros, não podemos ter uma geleira?!

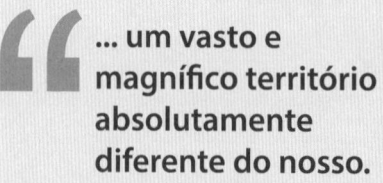

**... um vasto e magnífico território absolutamente diferente do nosso.**

De certa forma, nós temos. Como briga de irmãos, quem pode negar que não nos damos bem com a Argentina, e a casa não está sempre aberta para nós? Casa esta que, felizmente, fica no mesmo bairro. Basta atravessar a rua. Ou a fronteira.

A questão maior é o que visitar na Argentina: decisão que requer um mínimo de planejamento. Entre a Terra do Fogo, extremo sul do continente, e a região de Puna, fronteira com a Bolívia, existem cenários que são diferentes de qualquer paisagem que você possa encontrar no Brasil.

*Para isso, desenvolvemos este guia com um diferencial: dicas especiais para uma viagem de carro (mas claro que não apenas de carro). Sabemos, afinal, que a Argentina fica aqui do lado, e, pode ter certeza, é muito fácil chegar. E ainda mais do que isso: é bastante prazeroso circular pelo país – em especial, com um veículo próprio, com total liberdade de direção (sem trocadilhos).*

*Mas quem estiver de ônibus ou for de avião, em excursão, de carona, de bicicleta, a pé (está aqui do lado...), também aproveita. Por San Martín, como não aproveitar a Argentina?!*

*Vivenciar este país é conhecer também um pouco de sua cultura, amparada em mitos como Evita, Gardel e Maradona; em expressões artísticas, como o tango; na gastronomia, que sublima os assados, os vinhos, os chocolates; e, sobretudo, na já folclórica figura do argentino. O argentino, este nosso amado e às vezes odiado... irmão.*

*Nada talvez nos deixe, a nós, brasileiros, mais surpresos do que constatar que os argentinos são bastante simpáticos e educados. Há até quem fique frustrado em perceber que eles, com tal polidez, estão acabando de vez com nosso arsenal de piadas sobre argentinos... Tudo bem. Desde que eles sigam preservando sua privilegiada natureza, tudo bem. E perdendo para nós em Copas do Mundo, é claro.*

*Já íntimos – por ter rodado quase 50 mil quilômetros ao longo de um ano e meio, em sucessivas viagens a (e pela) Argentina –, fazemos as honras da casa:*

*Bem-vindo à terra dos hermanos!*

Zizo Asnis
Editor-viajante

Bolivia
Paraguai
Brasil
Uruguai
Chile
OCEANO PACÍFICO
OCEANO ATLÂNTICO
JUJUY
S.S. de Jujuy
SALTA
Salta
FORMOSA
Formosa
CATAMARCA
S.F. del Valle de Catamarca
S.M. de Tucumán
TUCUMÁN
SANTIAGO DEL ESTERO
Santiago del Estero
CHACO
Resistencia
MISIONES
Posadas
Corrientes
CORRIENTES
SANTA FÉ
Santa Fé
ENTRE RÍOS
Paraná
La Rioja
LA RIOJA
SAN JUAN
San Juan
Córdoba
CÓRDOBA
Mendoza
MENDOZA
San Luis
SAN LUIS
Buenos Aires
La Plata
BUENOS AIRES
Santa Rosa
LA PAMPA
NEUQUÉN
Neuquén
RÍO NEGRO
Viedma
N
Rawson
CHUBUT
SANTA CRUZ
Río Gallegos
Ilhas Malvinas / Falklands
TIERRA DEL FUEGO
Ushuaia

# Descobrindo a Argentina

Poucos brasileiros viajam pela Argentina. Não nos referimos a viajar para a Argentina – Buenos Aires e Bariloche são tão populares para nós como Florianópolis e Camboriú são para eles –, e sim a *percorrer* o seu vasto e belo território.

Evidentemente, não há nada de errado em conhecer a capital portenha. Muito pelo contrário, Buenos Aires é, sem dúvida, a mais charmosa de todas as capitais sul-americanas. Por certo, já virou clichê chamá-la de charmosa, mas, de fato, talvez nenhum outro adjetivo descreva melhor uma cidade grande, moderna e cosmopolita e, ao mesmo tempo, aconchegante, rústica e boêmia, dotada de bairros peculiares e envolventes, onde o tango parece ecoar na atmosfera. Passear num mercado de pulgas num dia de verão ou sentar-se num de seus cafés no frio do inverno é o que a mantém sempre popular, em qualquer época do ano, indiferente a eventuais crises econômicas.

Não faz muito tempo, afinal, o país mergulhava num período de grande dificuldade, relegando o povo à linha da pobreza e afastando os turistas. Os preços, então dolarizados, tornavam uma viagem para o (e pelo) país uma aventura bastante cara. Em termos de gastos, percorrer a Argentina era como viajar pela Europa. Aliás, não é "como um europeu" que dizem que o argentino se sente? Tudo bem, alguma verdade deve ter nessa história, já que falam espanhol, fazem o estilo italiano e têm algumas manias de ingleses – e, mais do que isso, suas paisagens, ainda que distintas, não devem nada às do bom Velho Continente.

De qualquer forma, o panorama político-econômico do país mudou radicalmente entre 2001 e 2002, e, hoje, a Argentina, a um alto custo para a sua população, oferece boas barbadas a viajantes estrangeiros. De quebra, a Patagônia, ou a Terra do Fogo, pode ser o lugar mais longe do mundo – para um japonês –, mas não para nós, brasileiros. Quem for até lá de carro, ou mesmo de ônibus, talvez tenha a sensação, sim, de estar atravessando o globo – e também a de estar desbravando-o, descobrindo o planeta.

A Argentina compartilha com o Brasil as Cataratas do Iguaçu – ou *Iguazú* –, com a diferença de que os hermanos têm o privilégio de se aproximar mais das quedas d'água. Ali próximo, na conturbada tríplice fronteira (que também divide com o Paraguai), na região das *Misiones*, ruínas históricas guardam as lembranças da passagem dos jesuítas que chegaram ao continente no século 16, influenciando o ensino, a religião, a política, as artes, a arquitetura e os costumes.

O Noroeste do país, com seus desertos avermelhados, é uma das regiões mais secas do mundo, com inusitadas formações rochosas e campos de cáctus a perder de vista. Os habitantes dessa área, de traços indígenas e mãos-cheias para bordados multicores, revelam uma faceta menos conhecida da formação etnográfica do argentino. É a inusitada Argentina-boliviana.

A região central é conhecida como Pampas, terra do tradicional *gaucho*, o "cowboy latino", como os estadunidenses gostam de pensar. Enormes planícies assentam o pasto perfeito para fazendas e estâncias, muitas delas abertas ao turismo, e para a criação de gado, que proporciona um dos mais conceituados churrascos do mundo, conhecido aqui como *asado*, ou *parrillada*.

Alguns poucos quilômetros mais a oeste, a altitude sobe drasticamente: são os Andes, a mais extensa cordilheira do planeta, que marca grande parte da fronteira com o Chile. Seus picos nevados, a mais de 4 ou 5 mil metros de altitude, escondem história, aventura e histórias de aventura.

Entre todas as montanhas, reina soberano o Aconcágua, com 6.962 metros acima do nível do mar, o maior pico fora do Himalaia, provocação a montanhistas e alpinistas – ou andinistas. O Parque Provincial de mesmo nome da montanha, que compreende esta porção da cordilheira, também é convidativo a não-escaladores, já que possui visuais fantásticos e boas trilhas para trekking, a "apenas" 2 mil metros de altitude.

Os Parques Nacionais são uma das grandes maravilhas da Argentina (e do nosso continente). Existem várias áreas delimitadas, sempre bem-preservadas, com guarda-parques dispostos a conceder informações e muitas trilhas bem-sinalizadas, paraíso de andarilhos e fotógrafos de plantão.

Ruta 40: cruzando a Argentina de norte a sul

Amantes da fotografia, sejam profissionais com câmeras potentes ou turistas com digitais de bolso, regozijam-se em locais como os fantásticos lagos andinos e as pitorescas cidades que se desenvolveram (ou felizmente não) às suas margens. Eis aqui a nossa Bariloche, emoldurada pelo Lago Nahuel Huapi e pela Cordilheira dos Andes. A excepcional Região do Lagos introduz o viajante ao sul do país – e à lendária Patagônia.

O sul é como se fosse outro país – ou países. A Patagônia, que poderia ser dividida em duas ou três, é desolada, erma, misteriosa; sem dúvida uma das regiões mais singulares do planeta, repleta de contrastes. Uma interminável estrada no meio do nada pode levar a uma surpreendente e numerosa colônia de pinguins; ou ao Atlântico, que aqui nos parece um outro oceano, onde banhistas e surfistas cedem a vez a baleias e leões-marinhos.

Outra Patagônia, ainda mais distinta e distante, é a dos glaciares e das geleiras. O Glaciar Perito Moreno é o mais bem-acabado exemplo do poder da natureza, que desprende grandes porções de gelo na frente dos visitantes. Natureza que segue majestática ao nos apresentar o Cerro Fitz Roy e suas montanhas irmãs.

Mais ao sul – no extremo sul –, encontra-se a mítica Terra do Fogo, uma região pouco explorada, onde o branco da neve confunde-se com o azul dos lagos e o verde dos bosques, tudo em meio a um incolor frio de rachar. Paisagem perfeita para o fim do mundo. Ou, ao menos, para o fim da América.

Desbravar a Argentina é uma grande aventura – um desafio aos bons viajantes, que devem lidar com longas distâncias, administração de tempo e de dinheiro e, sobretudo, com definição de roteiros e escolha de lugares (muitos, muitos). A exuberante variedade geográfica do país vizinho, por certo, deve envolver, apaixonar e conquistar o mais ufanista dos brasileiros.

# Que País é esse

## HISTÓRIA

### Colonização

Originalmente, o território argentino era habitado por diversos grupos nômades indígenas: os querandies dominavam o leste, os charruas ficavam nos Pampas, os quéchuas nos Andes e os guaranis no nordeste. Em 1516, os espanhóis chegaram à região na expedição de Juan Diaz de Solís, que aportou no Rio da Prata; a missão, porém, não foi bem-sucedida, em virtude de naufrágios e confrontos com os índios. Alguns expedicionários, ao retornarem à Espanha, levaram consigo objetos de prata "presenteados" pelos nativos, razão pela qual o rio onde haviam aportado passou a ser chamado de *Río de la Plata*.

Durante muito tempo, praticamente não houve desenvolvimento na colônia, tanto nas proximidades do Rio da Prata quanto nas regiões mais distantes. Pedro de Mendoza chegou a fundar Santa María del Buen Ayre, a futura Buenos Aires, em 1536; o resultado, porém, foi a completa destruição do assentamento pelos nativos. O clima rigoroso dos Andes e da Patagônia também não encorajava os colonos a montarem acampamentos. Mas o que mais contou para o esquecimento da região por mais de 200 anos foi a escassez de metais preciosos, que constituíam o grande chamariz para as nações colonialistas de então.

A briga com os índios favoreceu o desenvolvimento de Assunção, fundada em 1537, futura capital do Paraguai, mais tranquila e menos periférica do que a Argentina, na época. A partir daí, tropas para combater os indígenas passaram a ser enviadas a partir de Assunção, até que, em 1573, estabeleceu-se o primeiro povoado, que viria a ser a cidade de Santa Fé.

Todo comércio com a metrópole era feito via Peru, e as cidades no noroeste da Argentina, como Santa Fé, prosperavam devido à proximidade com o altiplano e às riquezas minerais do Vice-Reinado do Peru. Assim, somente no século 17, com a chegada das missões jesuíticas, que catequizaram os índios e estimularam a produção de erva-mate e a criação de gado, o que viria a ser a Argentina começou a ganhar importância. A pecuária levou à organização de grandes estâncias e fez surgir uma aristocracia rural e um intenso comércio, decorrente, sobretudo, do porto de Buenos Aires, que transformou a cidade no principal centro do sul do continente. Em 1776, Buenos Aires foi decretada capital do recém-criado Vice-Reino do Rio da Prata.

Plaza Independencia, Tucumán

## Independência

Em 1806 e 1807, interessados nas potencialidades daquelas terras, os ingleses tentaram tomar Buenos Aires; no entanto, foram repelidos nas duas oportunidades. Inspirados por essas vitórias e pelos movimentos independentistas que estouravam pelo continente contra a Espanha, os argentinos, liderados pelo general José de San Martín, derrubaram o vice-rei espanhol em 1810 e deram início à revolução – com a ajuda da ex-rival Inglaterra. Em 1816, a independência das Províncias Unidas do Rio da Prata foi proclamada na cidade de Tucumán. Integrantes do Vice-Reino, Paraguai e Bolívia também se emanciparam.

Logo após a independência, o país que nascia imergiu em uma acirrada disputa entre caudilhos locais. Também começou uma encarniçada disputa interna: a vontade da capital Buenos Aires de centralizar o poder, de um lado, e o desejo das províncias de reparti-lo em partes iguais, de outro, tornaram-se a grande questão política do país, levando a uma guerra civil entre federalistas (estancieiros e ruralistas do interior) e unitaristas (comerciantes e imigrantes da capital). Tal conflito ainda se reprisaria algumas vezes na história da Argentina.

O período pós-independência, marcado por uma grande desordem institucional na nação recém-nascida, encerrou-se com a guerra contra o Brasil (1825 a 1828) pela posse da Província Cisplatina. O conflito fez com que os argentinos perdessem a província, mas o Brasil não levou mais um estado. Tudo terminou com a criação da República Oriental do Uruguai.

## Ditadura de Rosas

O governador de Buenos Aires, Juan Manuel Rosas, tomou o poder em 1829, instaurando uma ditadura com apoio dos federalistas. Tirânico, ele acabou com todas as representações oposicionistas e ganhou respaldo das províncias. Rosas, ao lado do Chile, levaria o país à guerra contra o Peru e a Bolívia (1837 a 1838), e interferiria em nações vizinhas, como o Uruguai.

No recém-criado Uruguai, Manuel Oribe, fundador do Partido Blanco Nacional, estava para obter uma vitória esmagadora nas eleições locais. Ele era aliado de Rosas, que o apoiava em sua empreitada. Isso preocupou, e muito, o Brasil, que utilizava a costa e os rios uruguaios para navegação e comércio. O Império brasileiro decidiu, então, invadir o Uruguai para impedir a hegemonia de Rosas na região. Aliado às províncias de Corrientes e Entre Ríos (rebeladas contra Rosas) e ao oposicionista Justo José de Urquiza, o Brasil iniciou campanha contra o ditador, apoiado também por uruguaios rivais de Oribe e pela Grã-Bretanha. O blanco se rendeu em 1851, e teve início a guerra para derrubar Rosas. A invasão à Argentina ocorreu em 1852. No mesmo ano, o ditador foi derrotado, na batalha de Monte Caseros, exilando-se na Grã-Bretanha. No ano seguinte, uma Constituição unitarista foi promulgada, o que impulsionaria definitivamente o desenvolvimento da capital portenha.

## Guerra do Paraguai

Na metade do século 19, a Argentina possuía uma economia baseada na exportação de produtos agropecuários e utilizava o importante porto de Buenos Aires para efetuar a circulação das mercadorias. Os laços comerciais eram muito fortes com os ingleses, o que influenciaria no conflito com os paraguaios. Ainda existia a rixa entre a capital e os federalistas, que prejudicava uma efetiva união nacional. Essa desordem facilitava o domínio inglês na região.

Monumento em Río Grande, Terra do Fogo

Desde 1814, o Paraguai era governado por ditadores, os quais isolaram o país do resto do mundo. Era uma das raras nações que não negociavam com os ingleses, mantendo uma economia voltada para dentro. Isso irritava profundamente a Inglaterra, que foi a maior incentivadora de uma guerra contra os paraguaios. Estava claro: a potência mundial da época não queria um exemplo de país independente, como o Paraguai demonstrava ser, e por isso decidiu fornecer dinheiro e armamentos para os argentinos.

Parece difícil de acreditar hoje, mas, na época, o Paraguai havia de fato emergido como uma potência econômica na América do Sul. Com o passar dos anos, os governantes paraguaios, apesar de muitos serem ditadores, investiram na educação, criaram fazendas comunitárias e reduziram a criminalidade e o analfabetismo a níveis baixos. Havia pobreza, mas não miséria. As pretensões paraguaias se firmaram quando Francisco Solano López assumiu o poder no país, em 1862. Ele tinha em vista consolidar uma união com os blancos, no poder no Uruguai, e aí enfrentar argentinos e brasileiros para obter uma saída para o Oceano Atlântico através da Bacia do Prata, aumentar o território do Paraguai e controlar os rios na fronteira com o Brasil. A intenção era criar o Grande Paraguai. Em contrapartida, a Argentina via na anexação do Paraguai um ponto de interesse comum para portenhos e federalistas. Era uma chance de unir os rivais.

A Guerra do Paraguai, o conflito mais sangrento da história sul-americana, começou em 1864, quando o Brasil derrubou o governo blanco de Atanasio Aguirre, no Uruguai, ao final das Guerras do Prata (1851-1864). Nos anos seguintes, o então comandante do Paraguai, o ditador Solano López, aliado de Aguirre, invadiu a província argentina de Corrientes, com o objetivo de chegar até o Uruguai. O novo governo uruguaio uniu-se a Brasil e Argentina formando a Tríplice Aliança, assinada em 1865, e os três declararam guerra ao Paraguai. Os combates duraram até 1870, quando Solano López foi vencido na batalha de Cerro Corá.

Como resultado da guerra, a Argentina herdou 75 mil km² anexados do território paraguaio, apesar de suas pretensões em dominar uma extensão maior do que essa – o Brasil impediu o acesso argentino ao Chaco paraguaio. No final, o governo argentino se contentou em finalmente controlar as Misiones e o Chaco Central, até o Rio Pilcomayo. Do outro lado, o Paraguai havia sofrido um número grande de perdas, entre 200 mil e 300 mil combatentes, e estava completamente arrasado. Já entre os argentinos, morreram 18 mil homens em batalhas, mais 5 mil em distúrbios internos provocados pela guerra e 12 mil em uma epidemia de cólera trazida pelas tropas. Ainda assim, o saldo final foi bem alentador para a Argentina: o país atingiu a tão sonhada união nacional, e Buenos Aires obteve a aceitação como capital centralizadora e inquestionável, concretizando o ideal de identidade própria perseguido por décadas.

## Peronismo

Em 1891 foi fundado o primeiro partido político de classe média das Américas, a União Cívica Radical (UCR), que elegeu a maioria dos governantes do país até 1930, quando ocorreu um golpe militar. Começava uma época de tomadas de poder à força e da neutralidade nas duas guerras mundiais. No golpe de 1943, surgia a figura de Juan Domingo Perón.

Designado ao posto relativamente pouco importante de Secretário do Trabalho, Perón ganhou imensa popularidade, promovendo reformas profundas nos planos social, econômico e trabalhista. Assustados, os militares acabaram afastando-o, mas acaloradas manifestações populares, lideradas pela artista de rádio Eva Duarte, forçaram o Exército a trazê-lo de volta. Em 1946, Juan Perón foi eleito presidente e casou-se com Eva Duarte (que passou a ser conhecida como Evita Perón), figura central da propaganda de seu governo populista. Iniciava-se a Era Perón.

O Partido Peronista foi criado em 1948, e Perón reeleito em 1951. Entretanto, no ano seguinte (o mesmo da morte prematura de Evita), o governo enfraqueceu, e entrou em atrito com diversos setores da sociedade, inclusive com a Igreja. Perón passou a sofrer denúncias de imoralidade e corrupção e, após frustrar vários golpes, foi deposto em 1955, quando exilou-se na Espanha.

## Pós-peronismo e ditadura militar

Os vários anos de pós-peronismo foram marcados por violentas manifestações populares, pelo surgimento de grupos guerrilheiros e por sucessivos golpes de Estado que derrubaram presidentes. Em 1973, com a Argentina sob forte tensão, o nome de Perón voltou a ser cogitado para apaziguar os ânimos. No mesmo ano, ele retornou ao país e elegeu-se novamente. Todavia, a crise entre montoneros (comunistas) e anticomunistas aumentou e os atentados terroristas recrudesceram.

Com a morte de Perón, em 1974, sua terceira esposa e vice-presidente, Maria Estela Martínez de Perón, conhecida como Isabelita, assumiu o poder, favorecendo setores direitistas. O terrorismo intensificou-se e, em meio a ondas de atentados, roubos, sequestros e assassinatos, os militares derrubaram e prenderam Maria Estela, instaurando a ditadura e colocando o general Jorge Rafael Videla no comando. Videla dissolveu o Congresso, relegou os partidos à ilegalidade e iniciou o período da "guerra suja", a dura repressão aos oposicionistas, que resultou em mais de 10 mil desaparecidos durante o regime militar.

Em 1981, assumiu o general Leopoldo Galtieri. A economia argentina passava por uma situação catastrófica, que somava-se à pressão política pela redemocratização, às divergências dentro do regime militar e às constantes cobranças de grupos de defesa dos direitos humanos (que exi-

Cementerio de la Recoleta, que guarda o túmulo de Evita Perón

giam informações sobre os desaparecimentos de oposicionistas). Para desviar o foco destes problemas, os militares apostaram na absurda tentativa de invadir as Ilhas Malvinas e tomá-las da Grã-Bretanha, em 1982 (veja box na página 380). O governador britânico das ilhas foi expulso, e a Argentina ocupou o território. A ONU e os Estados Unidos tentaram mediar uma solução pacífica, mas a intransigência argentina levou o país à guerra contra a Grã-Bretanha. O fiasco era previsível, e, em dois meses, a Argentina não teve outra opção além de se render. As consequências foram a renúncia de Galtieri, a cisão do regime, o retorno dos partidos à legalidade e a eleição, em 1983, do civil Raúl Alfonsín, da UCR, que, no ano seguinte, ordenou a prisão de vários militares.

Em 1984, ficaria constatada a prática de tortura no país durante o jugo militar, que resultou em milhares de mortos e desaparecidos. Em meio à forte crise econômica que se abatia, Alfonsín se viu obrigado a empossar antes do previsto o novo presidente eleito, em 1989, o peronista Carlos Menem.

## Menem, a crise econômica e os Kirchners

Em 1994, Menem alterou a Constituição para conseguir concorrer a outro mandato, reelegendo-se em 1995. Entretanto, uma terceira eleição ele não levou, pois já havia uma ligação contundente de sua administração com o desgaste econômico que se iniciava e com escândalos de corrupção e tráfico de armas para a Croácia, durante a guerra da Iugoslávia, fatos que o conduziram a uma curta temporada na prisão. Em 1999, Fernando De La Rúa foi o eleito.

A partir do ano 2000, a situação econômica da Argentina ficou crítica e, no final de 2001, De La Rúa, incapaz de resolvê-la, renunciou. O que se seguiu foi uma enxurrada de posses e demissões do posto mais alto do país, até a Assembleia Legislativa designar o senador peronista Eduardo Duhalde para assumir a Casa Rosada. As eleições foram antecipadas e, em 27 de abril de 2003, definiram-se outros dois peronistas para o segundo turno,

Néstor Kirchner e Carlos Menem (sim, novamente ele). Temendo uma derrota histórica, Menem retirou sua candidatura antes do pleito final, e Kirchner, então um obscuro governador da Província de Santa Cruz, de apenas 200 mil habitantes, elegeu-se, com 22% dos votos, presidente da Argentina.

Ao longo de seu mandato, Kirchner controlou a crise; viu seu índice de popularidade subir – graças à adoção de medidas como a substituição de juízes corruptos da Corte Suprema e a mudança de leis para permitir a extradição de militares acusados de tortura na época da ditadura. Assim abriu caminho para a eleição de sua mulher, Cristina Kirchner, então senadora, à presidência da nação.

Tomando posse em 2007, a nova chefe de estado – e primeira mulher a ser eleita presidente da Argentina – assumiu buscando manter a estabilidade econômica do governo anterior, o que nem sempre demonstrou conseguir. O primeiro ano da Sra. Kirchner no governo foi marcado por uma inflação crescente, pelo enfraquecimento da base política e por muitos protestos e greves ocorridos no país, especialmente de agricultores. Em outubro de 2010, uma parada cardiorrespiratória provocou a morte de Néstor Kirchner, na cidade de El Calafate. Um ano depois, sua esposa, Cristina, foi reeleita em primeiro turno para a presidência.

Atualmente, o governo kirchnerista enfrenta algumas polêmicas importantes, dentre as quais a principal talvez seja a *Ley de Medios* - a lei da mídia. A nova legislação declara que as radiofrequências são de interesse público e abriga medidas antioligopólio, limitando a 24 o número máximo de concessões de TV a cabo para a mesma organização. Isso vem provocando uma grande crise com o tradicional grupo *Clarín*, que detém 234 concessões e qualifica a lei como uma ameaça à imprensa livre. Já o relator da ONU, Frank La Rue, qualifica a proposta como "avançada" e um "modelo para todo o continente". Vale dizer, no entanto, que a lei foi encaminhada somente após o governo romper com o Clarín, em 2008, após uma rebelião dos ruralistas argentinos. Até esse episódio, ambas as partes mantinham uma relação cordial, o que, para muitos, indica que a lei seja uma represália à organização jornalística. Em dezembro de 2012, uma liminar conseguida pelo Clarín paralisou a implantação da nova legislação. O governo recorreu e, até o fechamento desta edição, a batalha judicial ainda não havia chegado ao fim.

Em 2013, porém, governo, mídia e povo uniram-se para celebrar um momento histórico (para os católicos, pelo menos): a eleição do cardeal argentino Jorge Mario Bergoglio como o primeiro Papa oriundo das Américas. Jesuíta, Bergoglio - que agora assumiu o nome de Francisco - promete fazer um pontificado em prol dos mais pobres, ainda que seja um defensor da rígida moralidade encabeçada pelo Vaticano. Cabe esperar para ver se um sul-americano vai ser capaz de trazer novidades na postura da Igreja Católica.

# GEOGRAFIA

Os números são expressivos: 2.780.000 km² de área, 3.799km de extensão de norte a sul, 1.423km de leste a oeste e 4.725km de faixa litorânea. Ao sul do continente americano, a Argentina é o oitavo maior país do mundo (ainda assim, quatro vezes menor que o Brasil, que é o quinto). Faz divisa com a Bolívia e o Paraguai ao norte; Brasil e Uruguai a nordeste; Chile a oeste e com o Oceano Atlântico ao leste e ao sul. Nessa imensidão vivem 41 milhões de habitantes, dispersos em 23 províncias, a maioria habitando o centro-norte – que contrasta com a subpovoada Patagônia, ao sul.

O relevo argentino é bastante heterogêneo: a região centro-leste apresenta uma planície fértil e úmida, conhecida como *Pampas*; ao norte, predominam planícies subtropicais, o *Chaco*; a noroeste, fica uma região mais árida e elevada, a *Puna*; a oeste, ao longo da fronteira chilena, a altitude aumenta consideravelmente, com a *Cordilheira dos Andes*; ao sul, encontram-se as estepes da *Patagônia* e, no extremo sul, da gélida *Terra do Fogo*.

## Pampas

Os Pampas ficam na região centro-oriental do país, limitada ao norte pelo Chaco e ao sul pela Patagônia. Sua vasta planície engloba as províncias de La Pampa, Córdoba, Santa Fé, Entre Ríos, Corrientes e Buenos Aires – e, fora da Argentina, invade o sul do Brasil, transformando-se no pampa gaúcho. É aqui que se encontra a maior parte do famoso gado argentino. A área contém uma das terras mais férteis do mundo, o que resulta em uma intensa atividade agropecuária. Há duas grandes subdivisões no relevo: a faixa ao longo do litoral, chamada *Pampa Húmeda* (Pampa Úmida); e a parte mais para o interior, a *Pampa Árida*. Dentro dessas zonas há outras diferenciações. As *sierras* são pequenas cadeias de montanhas de 600m a 1.100m que se localizam a sudoeste da província de Buenos Aires. As *mesetas*, pequenas elevações de terreno, ficam no extremo sudeste. O leste dos Pampas inclui a chamada *llanura*, plana e coberta por um manto arenoso, relevo semelhante ao encontrado na província de Buenos Aires. Por fim, os *valles*, que dão a aparência típica dos campos das planícies pampeanas, cobrem a maior parte dos Pampas, espalhados por toda a região.

## Chaco

O norte da Argentina é ocupado pelo Chaco, uma zona quente e úmida, bem servida de árvores apropriadas ao fornecimento de madeira. Sua vasta área inclui as províncias de Santiago del Estero, Chaco, Formosa e parte das províncias de Santa Fé e Córdoba, avançando ainda sobre os territórios paraguaio e boliviano. Divide-se em *Chaco Semi-árido* (extremo oeste), *Chaco Transitório* (centro) e *Chaco Úmido* (leste). A vegetação é bem variada, apesar de uma histórica devastação. Uma área menor do Chaco é a chamada *Mesopotâmia*, região situada entre os rios Paraná e Uruguai.

## Puna
Encostada nos Andes, no noroeste do país, a Puna é a região mais seca da Argentina – se estende adiante para o Chile, onde fica o deserto do Atacama –, englobando, em seus 500 mil km², as províncias de Jujuy, Salta, Catamarca, Tucumán e parte de Santiago del Estero. O visual é impressionante, com paisagens desoladas, marcadas pelos salares, pelas quebradas de formações rochosas heterogêneas e pelas serras de vegetação subtropical arbustiva, quase sem árvores, mas com muitos cáctus – tudo isso somado a outra peculiaridade: a altitude média da região é de 3.500 metros.

## Andes
A magnífica cadeia de montanhas é a mais extensa cordilheira do mundo, com 7 mil km de comprimento e altura máxima de 6.962m: o Aconcágua, maior pico das Américas. A falha geográfica serve de intrincada fronteira entre a Argentina e o Chile e representa uma das maiores atrações dos dois países – e do continente. À sua volta, estações de esqui e hotéis careiros fazem desta cadeia montanhosa a Suíça sul-americana. No passado, a cordilheira servia como barreira à colonização espanhola, o que justifica a existência de várias comunidades indígenas na região, diferente de outras partes da Argentina. A herança dos índios é identificável nas feições dos moradores das províncias andinas de Mendoza, San Juan, San Luis e La Rioja – região também conhecida como *Cuyo*, rica em viníferas.

## Patagônia
A mais despovoada região da Argentina, localizada ao sul do Rio Colorado, reúne as províncias de Neuquén, Río Negro, Chubut e Santa Cruz (e, conforme a fonte, também a Terra do Fogo) e concentra o maior número de geleiras do mundo depois da Antártica. Essa aglomeração de gelo só foi possível devido aos Andes, que impedem os ventos originários do Oceano Pacífico de atravessar a cordilheira e atingir o território patagônico. A população é escassa, e há poucos centros urbanos, como Comodoro Rivadavia e Río Gallegos. Cidades menores, mas bem mais turísticas, como Bariloche, encontram-se na chamada Região dos Lagos, popular por seus esportes de inverno, parques nacionais e vulcões, como o Lanín.

## Terra do Fogo
Extremo meridional da América do Sul, a Terra do Fogo compreende a Isla Grande – porção de terra separada da Patagônia pelo Estreito de Magalhães – e inúmeras outras ilhotas. É no finalzinho desse território inóspito que fica a cidade de Ushuaia, a mais austral do continente. Praticamente desabitada, a Terra do Fogo tem florestas e fauna típica, com destaque para os animais marinhos, como pinguins, leões marinhos e focas.

A extraordinária cordilheira

## ECONOMIA

### Bases econômicas

A economia argentina sempre girou em torno da agricultura e, principalmente, da pecuária. Já no início de sua colonização, a Argentina foi suprema nessa categoria. O que, a princípio, podia ser apenas uma rivalidade demonstrou-se um pesadelo para os estancieiros do sul do Brasil na competição pelo mercado de charque e carne de Minas Gerais, onde a mineração exigia enormes quantidades de alimentos para os trabalhadores. E não era por menos. Depois que os fazendeiros gaúchos perderam o acesso ao gado uruguaio, com a independência da Província Cisplatina, em 1828, os pecuaristas argentinos passaram a ter mais acesso ao país vizinho e, com o desenvolvimento de novas técnicas de criação, abate e comércio dos animais, se distanciaram dos brasileiros. Assim, para piorar a situação dos estancieiros, o produto argentino chegava mais barato no Brasil, o que foi uma das causas da Revolução Farroupilha (1835-45).

A principal base econômica argentina é a região dos Pampas. Antes isso era explicado pela presença de quase todo o gado argentino ali. Hoje em dia, porém, a economia da província se diversificou, e há muitas indústrias, estendendo-se também a outras regiões. Destacam-se cidades como Bahía Blanca e Río Gallegos, e a região metropolitana de Buenos Aires e a capital propriamente, centro de serviços e, principalmente, concentradora da mão-de-obra nacional.

## Crise econômica

Bola da vez durante os anos de 2001 e 2002, a Argentina superou uma de suas piores crises econômicas, mas não sem deixar resquícios. O calote na dívida externa levou a uma discutida renegociação com os credores e com o FMI, e agora o país respira mais aliviado, ainda que a situação não esteja de todo recuperada – a antiga "Europa sul-americana" é hoje somente uma saudosa recordação.

As raízes da crise estão nos anos de má administração do regime militar, que deixou para os governos futuros um cenário de ineficiência, corrupção e gigantismo estatal, além de uma dívida externa impagável, que praticamente impediu investimentos na infraestrutura econômica do país.

Este era o panorama quando o primeiro governo civil tomou posse, com Raúl Alfonsín, em 1983. Dois anos depois, a economia estava à beira do colapso, com taxa anual de inflação de 1000%, moeda com valor apenas nominal e especulação financeira em níveis intoleráveis. A decretação do Plano Austral, na época, salvou a pátria. Porém, logo a recessão agravou-se; o PIB caiu, e a indústria, obsoleta e desmantelada pelos militares, teve sua atividade diminuída ainda mais, o que afetou o poder aquisitivo da população e teve como reflexo a queda do consumo. O Plano Austral foi para o brejo. O agravamento da crise e a hiperinflação forçaram Alfonsín a, antes de terminar seu mandato, em 1989, empossar o eleito Carlos Menem.

A paridade cambial entre as moedas argentina e norte-americana, na qual 1 peso valia 1 dólar, foi implementada por Menem, fato este apontado por economistas como a principal causa da crise que o país atravessou. Na época, entretanto, o plano, elaborado pelo ministro da Economia, Domingo Cavallo, estancou a inflação e propiciou o início de reformas voltadas ao desmonte do estado-gigante que dominava a economia argentina. Ao mesmo tempo, encorajados pela paridade peso-dólar, o governo e as empresas não se importaram em endividar-se na moeda americana.

A aparente melhoria do nível de vida e o aumento dos salários, com seus valores dolarizados, criaram a imagem de sucesso da Argentina, que controlara a inflação, renegociara a dívida externa e privatizara o sistema energético e petrolífero, que, por fim, transformaram-na num país com um custo de vida tão alto quanto o da Europa. Foi assim que Menem conseguiu se reeleger, em 1995.

Fernando De La Rúa assumiu em 1999, quando a crise já se instalara. O que se seguiu foi a agonia de uma nação. Houve cortes de quase 1 bilhão de dólares nos gastos, gerando protestos pelo país. Agências de classificação de risco alertavam sobre a possibilidade de calote da Argentina nos seus compromissos com as dívidas. Uma onda de saques, amplamente divulgada pela mídia internacional, assolou o país. Sem muitas opções, De La Rúa e o ministro da Economia, Domingo Cavallo (ele de novo), lançariam mais um pacote econômico, que incluiu o chamado *corralito*, um limite mensal de saque de mil dólares. Para agravar a situação, o FMI negou mais empréstimos, levando o país à beira do temido calote.

A Argentina foi ao fundo do poço: greves gerais paralisavam o país e secretários e ministros renunciavam a seus cargos. Em dezembro, o governo declarava estado de sítio para impedir saques e revoltas. De La Rúa abandonou a presidência logo em seguida. A Argentina se encontrava no caos, sem mesmo um chefe de governo que assumisse a Casa Rosada. Após uma sucessão de cinco presidentes em poucos dias, Eduardo Duhalde tomou posse. Uma de suas principais medidas foi acabar com a conversibilidade, encerrando uma política econômica de dez anos. Em maio de 2003, foi eleito o novo presidente argentino, Néstor Kirchner. Ele logo fechou acordos com o FMI, postergando o pagamento da bilionária dívida do país. Seu governo conseguiu estabilizar a economia, porém, atualmente, sua sucessora Cristina Kirchner tem de lidar com uma alta inflação e uma significativa desaceleração econômica, em parte decorrente da seca que prejudicou as safras agrícolas nos últimos dois anos.

## Comunidade Judaica

A comunidade judaica na Argentina, com cerca de 300 mil pessoas (80% vivendo em Buenos Aires), é a maior da América do Sul. Número que já foi bem maior. Após a crise econômica de 2002, estima-se que 10% da população judaica tenha passado a viver em condições de extrema pobreza, um perfil que não condiz com a imagem habitual que se faz desse povo. Os judeus argentinos debatem sua identidade calcados em alguns paradoxos: a prática da religião e o cumprimento das tradições, a vivência em um país latino-americano com todos os seus problemas, a convivência com as ideias estereotipadas a respeito do seu povo. A situação da Argentina tem, por isso, colaborado para um profundo questionamento sobre a vida no país. Nos últimos anos, devido às condições econômicas do país, um grande número de judeus argentinos emigrou para Israel. A mudança poderia parecer ruim: sair de um lugar sem violência para uma região conflagrada pelos conflitos entre israelenses e palestinos. Quem fica, no entanto, não pode se considerar livre da mira de grupos terroristas; mesmo vivendo na América do Sul, os judeus não se livraram de atentados como os que eventualmente acontecem em Israel. Em 1992, a Embaixada israelense em Buenos Aires foi o alvo: morreram 29 pessoas e 252 ficaram feridas. Em 1994, um atentado à Associação Mutual Israelita Argentina (Amia) teve resultado ainda pior: 85 mortos e 300 feridos. Ambos os atos foram atribuídos a ações de grupos islâmicos, como o libanês Hezbollah, que teria células terroristas na Argentina.

## Mercosul

O Mercosul vive hoje um momento crítico: ou deslancha ou fracassa de vez. Em 2004, o então presidente Néstor Kirchner criou uma série de barreiras à entrada de eletrodomésticos, produtos têxteis e automóveis brasileiros, pondo em cheque a validade do Mercosul. Em 2005, houve a inclusão da Venezuela no bloco, sob forte apoio de Kirchner, de Lula, presidente do Brasil, e de Tabaré Vázquez, presidente do Uruguai. A medida praticamente selou o destino da tentativa de implantação da Alca (Área de Livre Comércio das Américas), incentivada por George W. Bush, então presidente dos Estados Unidos, a qual foi relegada a um segundo plano pelos integrantes do Mercosul, graças à participação do falecido Hugo Chávez, presidente venezuelano, inimigo mortal de Bush, no bloco sul-americano. O auge dessa ojeriza à derrubada das barreiras comerciais entre norte e sul-americanos se deu em Mar del Plata, no início de novembro de 2005, durante a Cúpula das Américas, quando

### A História dos Negros na Argentina

O número de argentinos com traços africanos é pequeno, a ponto de o Censo de 2010 ter indicado que somente cerca de 0,4% da população do país era de afro-descendentes. Ainda assim, entre os séculos 15 e 18, a Argentina recebeu grandes levas de pessoas escravizadas oriundas desse continente. O que aconteceu?

Por mais triste que seja esse fato, houve, no século 19, um vigoroso processo de "branqueamento" da população. Esse se deu por doenças, agravadas pelas péssimas condições de vida dos negros, pelas guerras em que o país se envolveu e, até mesmo, pelo chamado "branqueamento legal" – registro de crianças negras, ou com traços negros, como brancas. Para efeito de comparação, o Censo de 1778 apontou que 24% da população do país era negra; já em 1887, a pesquisa indicou que os negros totalizavam somente 1,8% da população nacional.

A lei que aboliu a escravidão na Argentina veio na Constituinte de 1853, mas, assim como no Brasil, os antigos escravos foram abandonados à sua própria sorte. À margem da sociedade e sem reais condições de inclusão social, essas populações habitavam guetos desprovidos de condições mínimas de higiene e saúde. Essa situação foi crucial para a proliferação de grandes epidemias – dentre as quais, a maior e que produziu mais vítimas foi a de febre amarela de 1871, em Buenos Aires, quando estima-se que tenham morrido cerca de 14 mil pessoas. Relatos contam que, nesse episódio, para evitar que o resto da cidade fosse contaminado, soldados do exército impediam que as pessoas deixassem seus guetos. Além das doenças, houve também largo uso de contingentes de soldados negros nas guerras em que o país se envolveu, com os batalhões – que levavam o curioso nome de "Libertos" – atuando na linha de frente de batalhas como as da Guerra do Paraguai. Além dessa hecatombe real, houve ainda o já citado "branqueamento legal", medida que foi encorajada pelo governo da época para que as estatísticas fizessem da Argentina um país europeu.

Ledo engano. Para a nossa sorte, a Argentina continuou – e continuará – sendo um país sul-americano.

Maradona e Chávez estiveram unidos em discursos incendiários contra a Alca e Bush. A cidade foi palco de fortes protestos contra a presença do presidente americano na Argentina.

Em janeiro de 2007 foi realizada a Cúpula do Mercosul, no Brasil. O encontro mostrou que ainda existem muitas desavenças a serem superadas. Uma das principais propostas do Mercosul junto à OMC (Organização Mundial do Comércio), atualmente, é acabar com os subsídios agrícolas existentes na Europa e nos Estados Unidos para permitir a entrada dos produtos sul-americanos nestes continentes. Contraditoriamente, os entraves quanto à circulação de mercadorias entre os países do próprio bloco, como entre os inconciliáveis Brasil e Argentina, continuam impedindo mais avanços na integração econômica da América do Sul. Como o Brasil é o maior parceiro comercial da Argentina, a balança comercial, ultimamente favorável aos brasileiros, tem dado dores de cabeça ao governo Kirchner. Os últimos números apontam que a Argentina exportou para o Brasil 19% do seu total de produtos embarcados ao exterior (US$3,24 bilhões). Em contrapartida, 25% das importações argentinas se referem a mercadorias brasileiras (US$5,14 bilhões). Regular todo esse mercado é o grande desafio dos próximos anos para o bloco.

## Economia hoje

Após um período de animador crescimento econômico, que chegou a ter um incremento de PIB de 8,5% (em 2006), a Argentina hoje encontra-se em desaceleração e cresceu somente 1,9% em 2012 (ainda assim, o aumento foi percentualmente maior que o brasileiro, que ficou em 0,9%). A inflação também vem alarmando nossos hermanos: segundo dados oficiais, chegou a 10,8% em 2012, mas tais informações têm sido questionadas pela oposição, que acredita que a real inflação é maior do que a divulgada pelo governo. O Fundo Monetário Internacional emitiu uma censura oficial ao país no início de 2012 por suposta falta de credibilidade nas estatísticas divulgadas. Como pode-se ver, ainda que a Argentina não esteja na mesma situação de crise em que encontrava-se no início dos anos 2000, o atual panorama não é dos mais tranquilos.

## Briga de castelhanos

Ao longo de 2006, Argentina e Uruguai se meteram em uma acirrada discussão a respeito da instalação, às margens do Rio Uruguai, de duas fábricas de celulose, uma da empresa finlandesa Botnia e outra da espanhola Ence. O motivo do desentendimento foi a possível poluição do meio-ambiente que as fábricas ocasionariam, bem na divisa entre os dois países. Como protesto dos argentinos, houve trancamento de pontes e estradas limítrofes entre os vizinhos, até que, em novembro de 2007, a fábrica acendeu as caldeiras e começou a funcionar, mas sem por fim à discussão entre os dois vizinhos.

## POVO

Talvez a explicação para a suposta imagem de "arrogante" do argentino esteja na gênese de seu próprio povo. Sua população é formada por 95% de brancos, a maioria descendente de espanhóis e italianos; isso em um continente que recebeu milhões de escravos negros e que contava também com seus habitantes nativos, os índios. Brasil, Guianas e Suriname receberam a maior parte dos negros provenientes das colônias na África; Venezuela, Colômbia, Equador, Peru, Bolívia, Chile e Paraguai têm forte descendência indígena. Países como esses refletem também o que foi a miscigenação entre europeu, negro e índio. O Uruguai tem um lado europeu mais forte, levemente indígena, e pouquíssimos descendentes de africanos. Já a Argentina tem regiões bem definidas onde há descendentes dos nativos sul-americanos, e onde não há praticamente nenhum negro. Essa disparidade com

### Brasil x Argentina, a eterna rivalidade

Brasil e Argentina lutaram um contra o outro pela Província Cisplatina e na época da ditadura do argentino Juan Manuel Rosas, no século 19. Mas, para a sorte de todos, o futebol foi inventado. A eterna rivalidade passou para os gramados. Em vez de bombas explodindo, bolas estufando as redes. Mais saudável. Menos sofrido? Nem tanto. Quando o Brasil perde, parece que o país fica mais triste, e a gozação dos vizinhos, seja nas cidades fronteiriças, no próprio jogo ou pela imprensa, traz uma irritação profunda. O mesmo acontece na Argentina, quando derrotamos a seleção deles.

Não é por menos. As duas potências do continente também são poderosas no futebol. O Brasil, campeão mundial cinco vezes. A Argentina, duas. Uma boa vantagem para nós. Já na Copa América, na Libertadores e em campeonatos mundiais de clubes, eles estão na frente. Entre as duas seleções, 35 vitórias do Brasil, 33 da Argentina e 22 empates. Nós marcamos 142 gols neles; eles, 146 em nós. É um emocionante equilíbrio de forças. Até a década de 1970, porém, a vantagem dos argentinos era grande. Para se ter uma ideia, Pelé perdeu apenas 12 dos 114 jogos em que vestiu a camisa da Seleção Brasileira; quatro foram para a Argentina. Na Copa do Mundo, porém, estamos melhores, inclusive nos confrontos diretos: ganhamos duas, empatamos uma e perdemos outra das quatro partidas jogadas. Contudo, nas olimpíadas, eles já ganharam duas medalhas de ouro, enquanto nós ainda buscamos este título. No mais recente ranking da Fifa, de julho de 2013, o Brasil ocupa a nona posição e a Argentina está bem acima, na quarta.

La Bambonera

A primeira partida oficial entre Brasil e Argentina aconteceu em 1914, em La Plata. Era a Copa Roca, e viviam-se outros tempos. O futebol era coisa de lordes; por isso, foi um jogo quase de madames, que terminou em 1 a 0 para o Brasil, com um lance inusitado. O placar marcava a vantagem para o time brasileiro quando, no segundo tempo, o atacante argentino Leonardi invadiu a área, dominando a bola com a mão, e fez o gol. O juiz, brasileiro (!), não invalidou o lance. Mas ninguém comemorou. Gallup Lanus, capitão da Argentina, pegou a bola e disse ao juiz que os argentinos não aceitavam aquele gol irregular. E o árbitro anulou o tento. Um show de finesse.

Em 1937, tudo mudou. Nesse ano, durante o Sul-Americano, pela primeira vez os brasileiros foram xingados de "macaquitos" pela torcida adversária. Era o auge de Buenos Aires, um pedaço da Europa na América do Sul, enquanto, para os argentinos, o Brasil não passava de uma selva. Na hora do jogo, na capital portenha, houve uma exacerbação dos jogadores canarinhos contra a atitude da torcida, e o grupo entrou a fim de fechar a pauleira. Apanhou feio. Zero a zero, mas a Argentina ganhou por 2 a 0 na prorrogação.

A vingança foi marcada para dois anos depois, pela Copa Roca. Estádio de São Januário, no Rio de Janeiro. O Brasil saiu na frente, mas tomou uma virada. No finalzinho, o juiz, brasileiro, marca um pênalti para o Brasil. Ele toma uma bolacha do platino Lopez, que em seguida apanha uma sova da polícia.

Segue um período cruel: levamos goleadas deles, de 6 a 1 (a maior da história) e 5 a 1, sempre pela Copa Roca e em Buenos Aires. E a revanche chega tarde, somente em 1946, de novo no São Januário: 6 a 2, a nossa mais elástica vitória. Nesse mesmo jogo, um fato pediria vingança por parte da Argentina: o zagueiro Batagliero teve a perna quebrada por Ademir Menezes.

No mesmo ano, os dois rivais voltaram a se enfrentar em Buenos Aires, pela Sul-Americana. Repeteco: o brasileiro Jair quebrou a perna do zagueiro Solomon em uma entrada do argentino. Não deu outra. Jogadores, polícia e torcida atacaram os brasileiros, que ficaram encurralados no vestiário. A polícia ordenou que voltassem a campo, pois não garantiria a segurança ali. A seleção canarinho voltou. Na saída de bola, um argentino deu um soco na nuca de Ademir Menezes. Aí, não houve mais jogo: eles fizeram 2 a 0, e a partida acabou assim. Depois desses fatos, a Argentina boicotou o Sul-Americano de 1949 e a Copa de 1950, ambos no Brasil. Em resposta, o Brasil não compareceu em qualquer campeonato na Argentina até 1956.

Somente em 1974 aconteceu a primeira disputa em Copa do Mundo. Em Hannover, na Alemanha, vitória brasileira por 2 a 1, levando o Brasil a disputar (e perder) o terceiro lugar. O segundo confronto foi em 1978, na Argentina, em um empate de 0 a 0, que levou os argentinos a seguirem em frente e a ser campeões. Na Espanha, em 1982, o Brasil venceu com moral, por 3 a 1, em partida válida pela segunda fase (mas foi eliminado nas quartas-de-finais para a Itália). Já a última disputa em Copas é uma péssima lembrança para nós. Em 1990, fomos eliminados pelos hermanos nas oitavas-de-final, mesmo tendo jogado melhor. Há alguns anos, comentou-se que os argentinos poderiam ter dopado nossos jogadores, servindo-lhes água "batizada" para beber no campo.

Nos últimos dez anos, podemos nos lembrar de bons resultados contra os hermanos – um 4 a 2 em amistoso em Porto Alegre, em 1999, um 3 a 1 em 2000 nas eliminatórias para a Copa de 2002. E como esquecer da mano de Diós... de Túlio?! Na Copa América de 1995, ele ajeitou com o braço e empatou um jogo que estava 2 a 1 para os argentinos. Nos pênaltis, 4 a 2 Brasil. Já nas eliminatórias para a Copa de 2006, duas vitórias de 3 a 1. Uma para cada time. Na final da Copa América de 2007, na Venezuela, tocamos 3 a 0. No último amistoso, nos Estados Unidos, os hermanos venceram por 4x3, com um show de Lionel Messi. Já no Superclássico das Américas de 2012, empatamos durante o jogo, mas devolvemos o 4x3 nos pênaltis. Seja como for, o palco está sempre armado para a próxima guerra.

os vizinhos gerou um questionável ar de superioridade nos hermanos, e é inegável que bolivianos e peruanos, por exemplo, sofrem uma certa discriminação no país. E, no campo de futebol, nós, brasileiros, também já nos sentimos discriminados pelos argentinos. O caso do jogador do Quilmes que acabou preso, em 2005, após ofender um jogador do São Paulo é um exemplo.

O povo argentino foi formado a partir dos espanhóis, que chegaram tardiamente à região, depois de estabelecidos no Peru. A Espanha não tinha colônias africanas, o que limitou em muito a quantidade de escravos negros trazidos para a América do Sul hispânica. Portugal, Inglaterra, França e Holanda, que dominaram a partilha da África, trouxeram muito mais escravos para o Brasil, Guianas e Suriname do que a Espanha ao resto do continente. A escravatura indígena foi bem mais intensa nas colônias hispânicas do que na colonização de outras nações. Na Argentina, propriamente, a inexistência de metais preciosos, ao menos na quantidade encontrada em outros países, colaborou para que a mão-de-obra escrava não tivesse grande utilidade, como teve no Brasil, por exemplo.

O desinteresse da metrópole pelos produtos produzidos na região do Rio da Prata, derivados da pecuária, e a dificuldade financeira imposta pela distância fizeram com que o sistema econômico na Argentina colonial divergisse daquele aplicado pela Espanha em outros locais, onde a colonização era puramente de exploração. A economia platina era desinteressante à metrópole, mas a ligação Atlântico-Pacífico, ao contrário, tornava essencial o domínio daquele território. Assim, a Argentina caracterizou-se mais como um corredor de passagem e ponto de partida de suprimentos e escravos ao Peru, centro colonial da época.

Diz-se ainda que boa parte dos poucos negros argentinos morreram na Guerra do Paraguai, na qual lutaram em linhas de frente, e em uma epidemia de febre amarela. Apesar de, hoje em dia, ser difícil encontrar descendentes de africanos no país, pesquisas extraoficiais revelaram que 10% dos moradores da Grande Buenos Aires teriam alguma descendência africana.

Somou-se ainda a esse histórico uma forte imigração italiana, que aconteceu durante um longo período de ondas de estrangeiros que vinham se fixar na Argentina, entre 1856 e 1890. As correntes de imigração foram constantes e fundamentais para estabelecer o panorama cultural do país. A vinda de imigrantes, contam historiadores, passou a ser incentivada depois da queda do ditador Juan Manuel Rosas, em 1852. A partir desse momento, após diversas guerras na região, a população argentina precisava ser civilizada, e esse era o papel a ser desempenhado pelo recém-chegado europeu. O que atraiu pessoas de outras nacionalidades foram, principalmente, as oportunidades de trabalho, já que as guerras haviam dizimado a mão-de-obra local, e a Itália, por exemplo, vivia a crise de sua formação nacional.

*População argentina, quase acostumada às turbulências econômicas do país*

No final da década de 1890, devido ao número elevado de imigrantes no país – a porcentagem em relação ao total da população era de 25% em 1895 e de 30% em 1914 – e à falta de verbas para continuar subsidiando o sistema de imigração, essa atividade foi reduzida. Até então, porém, grandes grupos haviam se estabelecido no país, os maiores de italianos e espanhóis, mas também de russos, galeses, ingleses (na Patagônia, principalmente) e judeus (que criaram a maior comunidade judaica da América do Sul).

A união dessas etnias em torno de uma ideia de argentinidade foi sempre uma preocupação dos governos do país, que incentivaram movimentos culturais nesse sentido. Não por coincidência, é desse período de intensa imigração a obra *El Gaucho Martín Fierro*, de 1872, que definiu o perfil do argentino (veja em "Cultura - Literatura").

## ESPORTES

Os argentinos gostam de rugby, tênis, automobilismo, vôlei, basquete, polo, hóquei. E futebol. Muito futebol. Verdadeiros fanáticos, eles AMAM a sua seleção nacional. Pelos times locais essa paixão é igualmente intensa. Torcedores dos arqui-inimigos Boca Juniors e River Plate, os maiores clubes do país, são os mais enlouquecidos, sendo que o primeiro leva ligeira vantagem na popularidade. Mas os seguidores de Independiente, Estudiantes, Rosario Central e Vélez Sarsfield não ficam muito atrás.

O *fútbol* é mesmo a maior paixão esportiva no país, nem um pouco menor do que a nossa. Os argentinos lotam os estádios, torcendo e cantando pelos seus times e pela sua seleção o tempo inteiro. Sim, sem parar: o River Plate levando 3 a 2 do São Paulo em Buenos Aires numa Libertadores, e os torcedores argentinos cantando, incansáveis. Difícil de acreditar.

## Maradona

Existem poucos como ele em toda a América do Sul. Quinto filho de um total de oito, talvez o argentino mais famoso da história, Diego Armando Maradona, apelidado de *El Pibe* (O Garoto), nasceu em 30 de outubro de 1960 no bairro pobre de Villa Florecido, periferia de Buenos Aires. Iniciou no futebol aos nove anos, no time juvenil do Argentinos Juniors, o *Cebollitas*, jogando depois nos profissionais, de 1976 a 1980. Em seguida, foi para o Boca Juniors (1980-1982), Barcelona (1982-1984), Nápoli (1984-1991), Sevilla (1992-1993), Newell's Old Boys (1993) e, retornando ao Boca em 1995, encerrou a vitoriosa carreira em 1997 no clube que o projetou. Venceu títulos importantes na Argentina e na Europa e foi uma vez campeão do mundo (1986) e outra vice-campeão (1990) com a Seleção Argentina.

Maradona também realizou partidas históricas, dentre as quais talvez a mais espetacular tenha sido pelas quartas-de-final da Copa do Mundo de 1986, no México, contra a Inglaterra, quando driblou meio time inglês e tocou para as redes – um dos golaços mais bonitos de todas as copas – logo após ter marcado o escandaloso e magistral gol com a mão – "*la mano de Diós*".

Ao longo de sua trajetória, entretanto, a goleira não foi o seu único alvo. Pelé, não poucas vezes, esteve entre suas vítimas preferidas. A disputa entre os dois jogadores atingiu o ápice na eleição do craque do século pela Fifa, em 2000, realizada por meio de voto na internet, uma novidade na época; o resultado surpreendeu todos aqueles que esperavam uma vitória fácil do Rei Pelé: Maradona foi o escolhido dos torcedores, e a Fifa acabou tendo que criar duas distinções – o eleito da torcida e o da crítica esportiva – para poder condecorar os dois.

Em sua autobiografia, Maradona diz: "*yo soy el Diego de la gente*", algo como "eu sou o Diego do povo". Um título bastante acertado. Maradona é amado pelos argentinos, mesmo após os três flagrantes por uso de substâncias tóxicas, em exames antidoping, que ocasionaram o fim de sua carreira e o levaram ao drama da dependência química, sempre sob o olhar atento dos holofotes. Em 2000, o ex-craque foi a Cuba, para tratar-se; na ilha, agrediu fotógrafos locais que o incomodavam. Em abril de 2004, Maradona foi internado, aparentando estar à beira da morte, o que provocou enorme comoção por todo o país.

Um ano depois, porém, a surpresa: Maradona reapareceu, magro e (aparentemente) saudável. Após poucos meses apresentando um programa de TV, *La Noche del Diez* – onde chegou a entrevistar Pelé -, o craque argentino tornou-se treinador. Em outubro de 2008, retornou à seleção argentina, como técnico. Muitos duvidavam do potencial do ex-craque-apresentador de TV – principalmente a imprensa do seu país - e o que se viu foi uma amarga desclassificação argentina nas quartas-de-final da Copa da África do Sul, em 2010, perdendo por 4 x 0 da Alemanha e marcando o fim da carreira de Maradona no comando da Seleção.

## Messi

Se o eterno debate sobre quem foi melhor, Pelé ou Maradona, costuma pender para o nosso lado, quando pensamos no futebol contemporâneo temos que dar o braço a torcer: Lionel Messi é, incontestavelmente, o melhor jogador do mundo da atualidade. Seu exuberante futebol mistura habilidade, visão de jogo, velocidade, objetividade e um faro de gol admirável, coroando de modo genial um Barcelona que já é um dos grandes times da história. E pensar que essa brilhante carreira quase foi perdida...

Lionel Andrés Messi nasceu em 25 de junho de 1987, em Rosário, e desde cedo demonstrou sua intimidade com a bola, começando, aos sete, a jogar nas divisões de base de um dos clubes da cidade, o Newell´s Old Boys. Aos onze, no entanto, foi descoberto no pequeno Lionel um problema hormonal que retardava seu crescimento. A solução era um caro tratamento à base de injeções, que não foi plenamente bancado por nenhum clube na Argentina. A solução: cruzar os mares e tornar-se o jovem prodígio do Barcelona, que custeou suas despesas médicas. Poucas vezes um clube fez um investimento tão certeiro e promissor.

Hoje, já foi coroado quatro vezes seguidas o melhor jogador do mundo pela FIFA (2009, 2010, 2011, 2012), e, como titular, levou seu time a duas conquistas da Liga dos Campeões da Europa, dois Campeonatos Mundiais, quatro Campeonatos Espanhóis e duas Copas del Rey. Pela seleção, seu sucesso não é tão grande; ainda assim, o craque foi campeão Mundial sub-20 em 2005 e campeão Olímpico em Pequim, 2008. Na semifinal desse torneio, foi um dos protagonistas da vitória de 3x0 da Argentina sobre o Brasil.

Na história, Messi já está. Constantemente comparado a Maradona e Pélé, o craque ainda tem juventude e potencial para, quem sabe, pleitear com esses dois o título do maior de todos. O que falta para ele? Certamente uma Copa do Mundo. E não há dúvidas que ele adoraria conquistar o feito aqui, no Brasil, em 2014...

---

Alguns dos templos futebolísticos argentinos são famosos, como *La Bombonera*, o estádio do Boca Juniors – que tem esse nome por se parecer com uma caixa de bombons –, e o *Monumental de Nuñez*, palco das finais da Copa de 1978. Ambos situados na capital. Pelo interior, encontram-se campos de pelada em qualquer parte – e nos lugares mais inusitados. Assim como no Brasil, a galera sai às ruas com as camisetas dos seus times, e tem sempre alguém para comentar e discutir o jogo, a rivalidade, os resultados, o inesgotável Maradona e, nos últimos anos, o melhor jogador do mundo, Messi.

Nos outros esportes, os argentinos mandam bem em Olimpíadas e campeonatos mundiais de vôlei, volta e meia complicando a vida dos brasileiros, que estão sempre entre os melhores. No rugby, a seleção do país, conhecida como "Los Pumas", está entre as cinco melhores do mundo. O polo tem os argentinos como campeões mundiais, e o hóquei feminino também conta com esse título, conquistado em 2002, na Austrália, pelo time Las Leonas.

Nas Olimpíadas de Beijing 2008, os argentinos levaram medalha de ouro no ciclismo e... no futebol (enquanto os brasileiros ficaram com a medalha de bronze).

Os apreciadores do basquete tiveram um novo fôlego com o craque Emanuel Ginobilli, ou simplesmente Manu, campeão na NBA – a célebre liga de estrelas do esporte nos Estados Unidos – pelo San Antonio Spurs, na temporada 2004-2005. Quanto aos tenistas, Gabriela Sabatini chegou a ser a segunda colocada no ranking feminino na década de 1980, enquanto Guillermo Vilas tinha ficado na mesma colocação nos dez anos anteriores. Atualmente, o grande destaque do tênis argentino é Juan Martin del Potro, vencedor do US Open em 2009 e semifinalista nas Olimpíadas de Londres, em 2012. Já no automobilismo, a glória está no passado. Juan Manuel Fangio conquistou cinco vezes o título de campeão na Fórmula 1 e até hoje é reverenciado e considerado por muitos como o melhor piloto de todos os tempos.

## CULTURA

### Literatura

A Argentina tem nomes na literatura que, em variedade e importância, se equiparam aos de países como França, Inglaterra, Alemanha e Estados Unidos. Ricardo Güiraldes, Jorge Luis Borges, Julio Cortázar, Adolfo Bioy Casares e Ernesto Sábato são os mais importantes. Mempo Giardinelli, Ricardo Piglia, Osvaldo Soriano e Manuel Puig, os destaques mais recentes. Mas as letras argentinas não foram sempre assim, repletas de estrelas. Ao contrário de México e Peru, a Argentina não teve, no seu período inicial de existência, uma literatura indígena. A arte escrita local baseava-se em relatos de viajantes, até que, em 1839, Esteban Echeverría (1805-1851) escreveu o conto *El Matadero*. Precursor do conto argentino, o texto é um relato de costumes sob a ditadura de Rosas. Echeverría também introduziu o romantismo no país, com obras como *La Cautiva*.

Logo depois, o poeta e jornalista José Hernández (1834-1886) publicou, em 1872, o indispensável *El Gaucho Martín Fierro*. Considerada a primeira criação nacionalista do país, essa obra foi fundamental à formação da identidade literária argentina. Hoje, o livro é considerado tão importante para a Argentina como foram "Os Lusíadas" para os portugueses e "Dom Quixote" para os espanhóis. Outro livro inaugural é *Facundo*, de Domingo Sarmiento (que chegaria à presidência da Argentina em 1868), publicado em 1845, sobre o caudilho Facundo Quiroga.

Após esse momento inicial, apareceu a Geração de 1880, importante por ter introduzido profundas influências europeias na produção literária. É também no final do século 19 e início do 20 que Buenos Aires se firma como centro cultural da nação.

No início do século 20, o chamado *criollismo* deu nova roupagem à imagem do gaucho expressa por José Hernández. O expoente deste movimento é Ricardo Güiraldes (1886-1927). Sua obra "Dom Segundo Sombra", publicada um ano antes da morte do escritor, virou referência em todo o Cone Sul, influenciando as tradições argentinas, inclusive a gaúcha, no Rio Grande do Sul. Do mesmo período, Jorge Luis Borges segue um estilo próprio que ultrapassa a marca do contador de histórias dos Pampas – como em *El Sur*, um dos contos mais memoráveis da era moderna, que o coloca ao lado dos maiores escritores da literatura universal.

Próximo da metade do século, a Geração de 1940 reúne, entre outros, três dos maiores nomes da literatura Argentina: Julio Cortázar, Ernesto Sábato e Adolfo Bioy Casares. Casares (1914-1999), autor de *La Invención de Morel* (1940), é considerado por Jorge Luis Borges como um dos melhores ficcionistas do país, especialista em misturar, com harmonia, relatos realistas e fantásticos. Casares e Borges, grandes amigos, escreveram também a duas mãos, sob o pseudônimo de Bustos Domecq, obras como *Crónicas de Bustos Domecq*.

Na década de 1950, o sentimento do pós-guerra levou ao surgimento do neo-humanismo nas artes argentinas, sob forte influência da poesia anglo-saxã e italiana. Dez anos mais tarde, Manuel Puig (1932-1990) é o destaque entre um grupo que se divide entre os que apelam para um texto mais fantástico ou histórico e os que se voltaram para a crítica social. O escritor começou tentando ser diretor de cinema; foi para a Europa lavar pratos em restaurantes e escrever roteiros cinematográficos. Em 1976, publicou "O Beijo da Mulher-Aranha", que virou filme de Hector Babenco em 1985. Como Babenco, Puig radicou-se no Brasil, no Rio de Janeiro, em 1981.

Durante a ditadura militar, a censura tratou de ofuscar o trabalho de intelectuais e artistas argentinos. Antonio Di Benedetto (1922-1986) advogado e jornalista, dono de um estilo muito próprio; e Osvaldo Soriano (1943-1997), versado para o cinema e traduzido em vários países, são alguns dos sobreviventes desse período obscuro. Com a abertura política, uma nova fase deu lugar a Ricardo Piglia (1941, também crítico e ensaísta, autor de *Respiración Artificial* e de *Plata Quemada*, que virou filme de Marcelo Piñeyro) e a Mempo Giardinelli (1947, autor de "A Revolução da Bicicleta" e *Luna Caliente*, que se transformou em minissérie da Globo), que, juntos a Ernesto Sábato, morto em 2011, são os maiores escritores argentinos recentes.

Ernesto Sábato

### Jorge Luis Borges

Jorge Luis Borges nasceu em 24 de agosto de 1899, numa casa da rua Tucumán, em Buenos Aires. Em 1906 escreveu o seu primeiro conto, *La Visera Fatal*, influenciado por Cervantes. De família abastada, Borges foi educado na Europa, onde morou na infância, voltando para a Argentina somente em 1921, quando, juntamente com outros intelectuais de seu país, como Ricardo Güiraldes, Macedonio Fernández e Pablo Rojas, filiou-se ao movimento modernista argentino e fundou as revistas *Proa* e *Prisma*. Publicou o seu primeiro livro, de poemas, em 1923, *Fervor en Buenos Aires*.

Em 1937, começou a trabalhar na Biblioteca Municipal de Buenos Aires. No ano seguinte, morreu seu pai, e manifestaram-se os primeiros sintomas da doença que o levaria à cegueira. Em 1950, foi eleito presidente da Sociedade Argentina de Escritores, entidade que, contrária à ditadura, foi fechada pelo governo. Em 1955, o escritor assumiu a direção da Biblioteca Nacional. Nessa época, a cegueira, que vinha aumentando progressivamente, tornou-se definitiva.

Por *Ficciones*, sua sexta obra – considerada pela revista norte-americana Time como um dos dez livros mais importantes da década de 60 e facilmente encontrada em qualquer lista dos 100 maiores livros do século 20 –, Borges foi laureado com o Prêmio Internacional de Editores, em 1961, e reconhecido entre os maiores escritores da história da literatura. Vítima de um câncer no fígado, Jorge Luis Borges morreu no dia 14 de junho de 1986. Atendendo a um pedido seu, foi enterrado em Genebra, Suíça.

### Julio Cortázar

Julio Florencio Cortázar – filho de pais argentinos, nascido na Bélgica, em 1914 – é considerado um dos maiores escritores do país. Teve uma vida viajante: "meu nascimento em Bruxelas foi um produto do turismo e da diplomacia", disse. Com a Europa às portas da Primeira Guerra Mundial, a família se mudou para a Suíça em 1916, onde ficou até que o conflito terminasse. Aos 4 anos, Cortázar foi para Banfield, na Argentina, onde se formou como maestro; lá viveu com a mãe, a irmã e a avó, depois que o pai abandonou o lar. Em 1951, com livros publicados, mudou-se para Paris, onde foi tradutor da Unesco, trabalho que lhe deu a oportunidade de viajar por diversos países. Morreu na capital francesa, em 1984.

A obra de Cortázar é genuinamente latino-americana e, acima de tudo, argentina, ainda que ele tenha vivido muito tempo fora do seu país. Unindo a lucidez e o rigor borgianos ao realismo cáustico, o autor foi um inconformista, crítico ao apego da literatura às belas-artes e, ao mesmo tempo, um homem apaixonado pela pintura, pelas filosofias orientais e pela política – bem como pelo boxe e pelo jazz. Inventivo, criou um universo literário marcado pela revelação de mundos novos, sendo "O Jogo da Amarelinha" (1963) sua publicação de maior renome. A obra tem a si própria como assunto principal – o livro pode ser lido da primeira à última página ou em um sentido diferente, indicado pelo próprio autor. Foi também um celebrado contista, em cuja obra destacam-se os contos "As Babas do Diabo" (1959), que inspirou Michelangelo Antonioni em seu filme "Blow-up", e "A Casa Tomada" (1969), talvez um dos contos mais angustiantes já escritos.

### Ernesto Sábato

Filho de imigrantes italianos, Ernesto Sábato nasceu em 1911, em Rojas (Buenos Aires). Formou-se em física e matemática em La Plata (1938); partiu, então, para Paris, onde entrou em contato com o surrealismo – uma fonte em que Sábato bebeu com goles bem medidos. Depois, procurou se aprofundar na psicanálise e na linguagem do inconsciente, estudo que se refletiu em sua literatura por meio de personagens introspectivos e repletos de complexos e de problemas.

Sua obra se caracteriza pela dificuldade em separar o bem do mal, criando situações inquietantes e personagens confusos e/ou perdidos. Um de seus trabalhos mais reveladores desse perfil é "O Túnel" (1948), novela que aborda o ciúme doentio de um homem, o qual se explica mais pela solidão inexorável do ser humano contemporâneo. Há alguns anos, como ocorreu com Borges, a cegueira instalou-se nos olhos de Sábato, e ele passou, talvez paradoxalmente, a se dedicar à pintura. Faleceu em 2011, aos 99 anos, em decorrência de uma bronquite.

## Cinema

As produções argentinas costumam apresentar forte carga emocional e simplicidade técnica, enquanto a temática, por diversas vezes, se ampara na cena política do país. O retrato da ditadura, por exemplo, aparece em muitas películas, como o excelente "A História Oficial" (1985), de Luis Puenzo, ganhador de um Oscar de filme estrangeiro. A vida de imigrantes ou grupos sociais também é o tema de algumas obras, como o drama-musical situado em

Paris "Tangos, o Exílio de Gardel" (1986), de Fernando Solanas; o de uma família de exilados em "Un Lugar en el Mundo" (1992), de Adolfo Aristarain; ou o dos judeus em Buenos Aires em "O Abraço Partido" (1994), de Daniel Burman.

Até meados da década de 1990, porém, o país não apresentava uma produção expressiva nem numerosa. Depois que o *Festival Internacional de Cine*, de Mar del Plata (cuja primeira edição foi em 1959) acabou, em 1970 (quando o brasileiro "Macunaíma" foi o grande vencedor), o cinema argentino foi decaindo, até que uma medida governamental, tomada em 1995, permitiu o revigoramento da sétima arte na Argentina. O *Instituto Nacional do Cine e do Audiovisual Argentino (Incaa)* aprovou uma lei que estabelecia a cobrança de taxas sobre as entradas nas salas de cinema, sobre a venda de fitas de vídeo e DVD, além da taxação da publicidade na TV – tudo para financiar o cinema nacional.

O impulso, que deu início a uma nova fase – surgia o Novo Cinema Argentino –, serviu para estimular o aparecimento de novos festivais, como o *Festival Internacional de Cine Independiente (Bafici)*, criado em 1999, em Buenos Aires; e motivou a retomada do Festival de Mar del Plata, em 1996. Grandes filmes foram feitos, desde então, variando a temática e a técnica. Marcelo Piñeyro é um dos expoentes dessa geração, com "Plata Quemada" (2000), sobre a aventura real de uma dupla de bandidos gays que realiza um famoso assalto na Buenos Aires de 1965 e foge para o Uruguai. E "Nove Rainhas" (2000), de Fabián Bielinsky, um divertido thriller sobre golpistas baratos numa já instável Argentina. A crise econômica do país também é cenário para o pungente "O Clube da Lua" (2004), de Juan José Campanella.

Outros bons filmes dos últimos anos, consolidando a ótima fase do cinema argentino, são "O Pântano" (2001), de Lucrecia Martel; "O Filho da Noiva" (2001), de Juan José Campanella; "Histórias Mínimas" (2002), de Carlos Sorin; "Kamchatka" (2002), de Marcelo Piñeyro; "El Perro" (2004), de Carlos Sorin; "Valentin" (2004), de Alejandro Agresti; sem esquecer a excelente coprodução com o cinema espanhol de 2005: "O que você faria?", de Marcelo Piñeyro. Juan José Campanella dirigiu, em 2009, um dos grandes filmes do cinema argentino: o drama "O Segredo de seus Olhos", que consagrou definitivamente o ator Ricardo Darín (do também ótimo "O Filho da Noiva"). O longa foi o segundo sul-americano a ganhar o Oscar de melhor filme estrangeiro e indica que, para a nossa alegria, a alta qualidade do novo cinema argentino veio para ficar. Sem Oscar, mas bem recebido pelo público, o romântico e urbano *Medianeras* (2011), expressa muito bem as cores da Buenos Aires contemporânea.

## MÚSICA

## Tango

Não há como falar de música argentina sem mencionar o tango. Estilo legitimamente nacional, o tango surgiu da união de vários fatores: da música ouvida pelos *gauchos* argentinos (em especial as milongas) mais a influência francesa (principalmente na elegância e no visual) e a vida boêmia. Também teve forte influência de uma dança africana chamada *tangano*, de onde teria vindo o nome, e que era apresentada na região portuária de Buenos Aires pelos escravos negros – discriminados, os escravos juntavam-se em grupos, chamados *tangós*, para dançar. Em verdade, até 1910, o tango era uma diversão popularesca, e os ricos não se permitiam fazer parte da festa.

O ponto de partida para traçar o surgimento desse ritmo, que teve em Carlos Gardel o seu expoente, data da década de 1880. No início, violino, flauta e violão davam o tom. Depois, no final do século 19, entrariam em cena, por ordem, o piano, o violino, o contrabaixo e, por fim, aquele que se tornaria o símbolo do tango: o bandoneon. Esse instrumento é um tipo de gaita, parecida com a utilizada na música gaúcha de raiz, porém menor.

O tango foi considerado uma dança vulgar, e sua execução pública chegou a ser proibida por causa das poses sensuais e pelo fato de o homem e a mulher ficarem de rosto colado. Os rodopios e malabarismos com as pernas, chamados de corte, são algumas das características que mais distinguem o estilo. A popularização começou em 1910, quando inúmeros grupos de tocadores estavam na ativa. Com Gardel, se tornou uma das marcas definitivas da Argentina, a partir da primeira apresentação de *Mi Noche Triste*, em 1917. Desde então, o tango ganhou os bairros mais chiques e invadiu os famosos cafés portenhos, enraizando-se na cultura argentina e ganhando o mundo.

### Carlos Gardel

Com o nome de Charles Romuald Gardès, Carlos Gardel nasceu em 11 de dezembro de 1890 em Toulouse, no sul da França. Aos dois anos, ele e sua mãe vieram para a América do Sul, indo morar na capital argentina – Gardel costumava dizer que nasceu aos dois anos e meio, em Buenos Aires. Na adolescência, foi apelidado por seus vizinhos do bairro Abasto de *El Francesito* e, mais tarde, *El Morocho del Abasto* (O Moreno do Abasto). Começou cedo a cantar, em reuniões de amigos e comitês políticos. Em 1911, com quase 21 anos, conheceu José Razzano, o *El Oriental*, com quem formou um dueto, que ficou conhecido como *El Morocho y El Oriental*. Nessa época, Carlos (versão espanhola de Charles) Gardès trocaria seu sobrenome por Gardel, com o qual se fez famoso e virou sinônimo de "pessoa incomparável". Em 1917, cantou *Mi Noche Triste* e estreou no cinema com o filme "Flor de Durazno", que curiosamente era mudo e mostrava um Gardel obeso. No mesmo ano, começou sua discografia, com a música *Cantar Eterno*. Nos anos 20, foi para a Europa, onde obteve notoriedade e tornou o tango um estilo conhecido. Na década de 30, Gardel, que já era figura célebre na Argentina, no Uruguai e em diversos países europeus, conseguiu um contrato com a *Paramount Pictures Corporation*, para participar de quatro filmes, todos rodados na França. Entre 1934 e 1935, conquistou o mercado dos Estados Unidos, país onde gravou discos, cantou em rádios e participou de mais filmes. Em seguida veio a turnê pela América Latina, interrompida por sua trágica morte, que se deu em 24 de junho de 1935, num acidente aéreo em território colombiano, que levou junto os músicos e amigos que o acompanhavam. A grande voz do tango calava-se precocemente.

### Astor Piazzolla
Depois de Gardel está Astor Pantaleón Piazzolla. E dizem que, depois deste, ninguém. Ou qualquer um. Piazzolla nasceu em 1921, em Mar del Plata, e começou a estudar música aos 9 anos. Participou como extra no filme "El Día que Me Quieras", em 1935, com Gardel. O encontro histórico seria a primeira aproximação de Piazzolla com o tango. Mais tarde, ele estrearia como bandoneonista na orquestra de Aníbal Troilo. Em 1955, convencido a seguir sua própria carreira, formou o *Octeto Buenos Aires*, composto por músicos experientes em jazz. A banda renovou o tango ao inserir arranjos e timbres diferentes, introduzindo a guitarra na composição. Sua postura, porém, revoltou os mais conservadores. Piazzolla tocava bandoneon de pé (quando a regra era ficar sentado) e trajava roupas informais. Aquilo era um absurdo: reformular a música mais tradicional do país. Só não foi taxado de herege porque a grande maioria dos tradicionalistas não considerou que ele estivesse fazendo tango.

Com o passar dos anos, no entanto, os velhos cismas foram caindo e cedendo para Piazzolla o posto de principal tangueiro argentino, vago desde a morte de Gardel. O ponto máximo de seu trabalho aconteceu nos anos 60, com *Adiós Nonino*, *Decarísimo* e *Muerte de Un Ángel*, culminando com um espetacular concerto no Philarmonic Hall de Nova York. Outra invenção que o celebrizou foi a musicalização de poemas de Jorge Luis Borges. Piazzolla morreu em 1992, em Buenos Aires, e deixou cerca de 50 discos. Outros de seus clássicos que valem conhecer são *Años de Soledad* e *Libertango*.

## Neo-Tango
Mais recentemente, surgiu o conceito do "tango eletrônico", ou "tecnotango", fusão deste tradicional gênero musical argentino com elementos da música eletrônica. Precursores deste movimento foram as bandas Gotan Project (francesa) e o Bajofondo (com integrantes argentinos e uruguaios). Claro que os tradicionalistas odiaram, mas, inegavelmente, foi uma renovação que não se via desde Piazzola e que tem levado o tango a novas gerações. No Brasil, foi até tema de novela: A Favorita (2008), que tinha a música *Pa Bailar*, do Bajofondo, como abertura das malvadezas da vilã Flora.

## Música folclórica
Mercedes Sosa, também conhecida como *La Negra*, é a grande representante da música folclórica e cancioneira argentina. Nascida em Tucumán, em 1935, Haydeé Mercedes Sosa desde adolescente gostava de dançar e cantar, e essa preferência a levou a participar de concursos musicais e a fazer parte do Movimento Novo Cancioneiro, cuja orientação era encontrar uma música de conteúdo popular genuíno e nacional. Como tema, o homem do interior, a paisagem, a história da Argentina. Baseada nesses preceitos, a artista lançou seu primeiro disco, *Canciones con Fundamento*, na década de 1960. Em 1967, Mercedes era conhecida na Europa e nos Estados Unidos.

A carreira da cantora se interrompeu com a ditadura militar; nesse período, como muitos outros artistas, foi censurada e detida. Em 1979, exilou-se em Paris e, no ano seguinte, em Madri. Angustiada pela distância de sua pátria, La Negra voltou à Argentina em 1982, ainda sob a ditadura, dois meses antes de estourar a Guerra das Malvinas. Com o final do regime militar, a carreira da artista ganhou impulso. Excursões pelo mundo todo e parcerias com diversos músicos alavancaram de vez a fama de Mercedes. Na virada do milênio, Mercedes Sosa passou a ter problemas de saúde, mas continuou gravando. *Cantora* é o nome de seu último álbum, lançado em 2009, poucos meses antes de sua morte. No dia 4 de outubro daquele ano, Mercedes Sosa faleceu, em decorrência de complicações hepáticas e pulmonares que se seguiram a um problema renal.

## Rock
O rock na Argentina começou em meados da década de 1960, sob a febre dos Beatles. Eram tempos em que se fazia *cover*, ou melhor, cópia da banda de Liverpool. Mas houve quem chamasse a atenção e, de uma maneira ou de outra, servisse de incentivo para que jovens formassem bandas desse estilo até então considerado simploriamente como "rebelde sem causa" ou "revoltado". São destaques desse período *Pajarito Zaguri*, *Los Wild Cats*, *Billy Bond* e *Los Gatos*.

O rock, porém, só perderia seu sotaque bretão com o aparecimento de Charly Garcia, nascido em 1951. No início da década de 1970, ele formaria suas primeiras bandas, entre elas a Sui Generis, que, após gravar três discos, separou-se em 1975. Entre 1978 e 1982, tocou com a Serú Girán, importante banda da cena local. No ano em que saiu do conjunto, começou sua carreira solo, marcada por acontecimentos folclóricos, como a sua chegada a um show, em 1982, dentro de um cadillac rosa. A despeito das excentricidades, começou a gravar discos, e o sucesso foi crescendo, atingindo seu ápice com o celebradíssimo *Parte de la Religión*, de 1987.

Sempre polêmico, Charly foi processado por desrespeito à pátria por gravar uma versão do hino argentino em *Filosofía Barata y Zapatos de Goma*, de 1990. Três anos após, envolvido em internações para desintoxicação de drogas, esteve mais na mídia do que nos palcos. No ano seguinte, lançou a ópera-rock *La Hija de la Lágrima*, que mostra todo o seu virtuosismo instrumental. Em 1995, gravou um acústico para a MTV. Quatro anos depois, voltou a polemizar ao organizar um recital exclusivo para o presidente argentino Carlos Menem. Como marca de sua excentricidade, porém, nada supera a ocasião em que Charly, em 2000, atirou-se do nono andar do hotel onde estava hospedado, direto para uma piscina. A desculpa era que queria escapar dos repórteres. Extravagante, exótico, ou simplesmente maluco, o talento de Charly Garcia segue inabalado.

### Los Dinosaurios
*Los amigos del barrio pueden desaparecer,*
*los cantores de radio pueden desaparecer,*
*los que están en los diarios pueden desaparecer,*
*la persona que amas puede desaparecer.*
*Los que están en el aire pueden desaparecer en el aire,*
*los que están en la calle pueden desaparecer en la calle.*
*Los amigos del barrio pueden desaparecer,*
*pero los dinosaurios van a desaparecer.*
(Charly Garcia)

Charly Garcia

Menos polêmico, mas tão amado pelos argentinos quanto Charly Garcia, é um tal de Rodolfo Páez, o Fito. Ele tinha 13 anos quando formou sua primeira banda, a *Staff*. E foi por causa de Charly que Fito Páez alcançou o estrelato. O fato é que, vendo o garoto de 19 anos em uma apresentação em Buenos Aires, Charly gostou tanto que foi cumprimentá-lo no camarim. O encontro acabou com participação de Fito em dois discos do astro, *Clics Modernos* (1983) e *Piano Bar* (1984), em ambos tocando teclado. Estava dado o empurrão. Fito gravou seu primeiro disco solo, *Del'63*, em 1984. A partir disso, o sucesso foi até Fito Páez, levando-o inclusive ao Brasil. É dessa época o mais bem sucedido disco de rock argentino: *El Amor Después del Amor*, de 1992, que alcançou a marca de 650 mil cópias vendidas do lançamento até 1994, com hits como *La Rueda Mágica*, *Dos Días en la Vida* e *A Rodar Mi Vida*. *Circo Beat* (1994), o álbum seguinte, contou com bônus tracks em português – *Mariposa Technicolor* (com Caetano Veloso), *She's Mine* (com Djavan) e *Nas Luzes de Rosario* (com Herbert Vianna). Em 2002, Fito mudou de ares e realizou seu primeiro filme, dirigindo a esposa, Cecilia Roth, em "Vidas Privadas", com Gael García Bernal.

Falando de bandas, propriamente, talvez a mais famosa na Argentina seja a Soda Stereo. Influenciada por The Police e o som punk, teve seu melhor momento na década de 1980, no auge da new wave, época em que também havia uma efervescente cena de bandas roqueiras no Brasil. O conjunto ganhou respeito no exterior, mas acabou em 1997. O antigo líder do grupo, Gustavo Cerati, é hoje um dos músicos do país mais conhecidos fora da Argentina. Outros artistas ou bandas que se destacam são Andrés Calamaro, Los Fabulosos Cadillacs, Enanitos Verdes e também os rappers Illya Kuryaki & The Valderramas.

## CULTURA POP

Esqueça os preconceitos e as rixas de quem acha que tem o melhor time de futebol do planeta. Esqueça aqueles argentinos de cabelos compridos, colarzinho de semente rente ao pescoço e bermudinhas xadrez, que, de tempos em tempos, invadem nosso litoral durante o verão. Na prática, a fama de esnobes, orgulhosos e brigões é mais lenda do que fato. Pelo contrário, nossos vizinhos são simpáticos, bem-humorados e gentis. Quando o assunto é futebol, certo, os caras não dão o braço a torcer: Maradona é o melhor do mundo e ponto final. Por outro lado, muitos já admitem que o Rio da Prata é mais bonito no lado uruguaio e que as mulheres brasileiras ganham de suas conterrâneas.

A Argentina foi inicialmente colonizada por espanhóis, que, partindo do Peru, destinavam-se ao sul do continente americano em busca de metais preciosos. Ao chegar na atual Argentina, os conquistadores encontraram diversas tribos indígenas, algumas com uma certa influência inca, como os aymaras e os quilmes (que hoje é o nome da cerveja mais popular do país), no norte do território. Daí veio a mistura, que, séculos mais tarde, completou-se com a chegada marcante dos europeus, sobretudo italianos, que, sem dúvida, influenciaram o comportamento de sua população, legando aos argentinos desde os gestos largos e expressivos até a explícita vaidade masculina.

Distinções existem entre os próprios argentinos, especialmente com os *porteños*, como são chamados os nativos de Buenos Aires. Em todo o país rolam piadas sobre a falta de modéstia e a suposta arrogância dos habitantes da capital, considerados como metidos ou *agrandados*. Enquanto isso, estes consideram os não-portenhos como rústicos e provincianos.

De fato, é mais do que natural que um *gaucho* que trabalha nos campos do noroeste, de maioria indígena e mestiça, seja diferente de um cidadão urbano de Buenos Aires. Alguém que nasceu e cresceu sob o duro clima da Terra do Fogo distingue-se de quem foi criado na região do Chaco da mesma forma, por exemplo, que um brasileiro que vive no sul diferencia-se de um nordestino. Diferenças ainda maiores do que isso, só nas piadas.

Dois hábitos típicos do povo argentino são tomar *mate* e comer *asado*. Assim como no sul do Brasil e no Uruguai, na Argentina a cuia, a bomba e a garrafa térmica com água quente são levadas para todos os lados. O bom e velho mate sempre está presente entre os argentinos. Já o *asado*, assim como o nosso churrasco de fim de semana, não é somente uma especialidade culinária; é um evento em si: reúne família, amigos, colegas de trabalho. Outro hábito comum na Argentina é a siesta, aquele cochilo preguiçoso que alguns privilegiados tiram depois do almoço – ainda que, às vezes, possa se estender por quase toda a tarde.

Mas nem só de beber, comer e dormir vivem os argentinos. Também vivem de dançar, oras. O tango é uma instituição nacional, cuja música e passos sintonizados tornam a dança uma experiência inebriante, mesmo para quem só fica na plateia assistindo. Até hoje, existem uns "tiozinhos" tangueiros superelegantes (com direito até a flor na lapela), galanteadores, que parecem, por seus modos e indumentária, parados no tempo. E não estão apenas fazendo gênero para ganhar uns trocados nas ruas de San Telmo. Embora seja esta a razão principal de estarem ali, os dançarinos também se divertem – curtem expor seus passos mágicos e levar esta bela dança para o dia-a-dia de argentinos e turistas.

Expressando ainda mais o calor latino, o beijo é um pequeno costume entre os *hermanos*. Colegas de trabalho se beijam no início do dia, e, mais do que isso – fujam, machos brasileiros – homens se beijam! Pois é, na

## MAFALDA

Talvez a *chica* argentina mais conhecida no mundo, Mafalda é, mais que um mero personagem de história em quadrinhos, um ícone da cultura popular. Criada pelo desenhista argentino Joaquín Salvador Lavado, ou simplesmente Quino, veio a público pela primeira vez em 1964, no suplemento de humor da revista *Leoplán*. Nesse mesmo ano, o jornal *Primera Plan*, de Buenos Aires, passou a publicá-la semanalmente. A partir daí, por quase dez anos, a personagem fez parte de vários periódicos, ganhando livros próprios na Argentina e ao redor do mundo, em mais de 20 idiomas.

Mafalda é uma criança de personalidade forte, contestadora e questionadora, que não entende as injustiças do mundo e da sociedade. Vive na conturbada Argentina dos anos 60, junto com seus pais, um casal acomodado com a rotina de uma família classe média: sua mãe largou a universidade para se dedicar ao lar, e o pai trabalha arduamente para conseguir pagar todas as contas no fim do mês. Com o tempo e o sucesso, surgiram novos personagens, contrapontos à protagonista: Filipe, um romântico e desligado sonhador; Manolito, um capitalista declarado, que deseja se tornar um rico dono de supermercados e não hesita fazer propaganda do armazém de seu pai enquanto conta piadas; Susanita, fofoqueira e egoísta, que tem como plano de vida casar e ser mãe; Miguelito, amigo mais novo e inocente, que está sempre refletindo sobre questões de menor relevância. Alguns anos depois nasce Guille, o irmão caçula, que, influenciado por Mafalda, também aprende desde pequeno a questionar tudo; e mais adiante surge uma nova amiguinha, Libertad, pequena em tamanho, grande em contestação.

Ao encantar crianças e adultos com uma mistura de inocência e inteligência, a personagem nos faz refletir sobre a vida, a política, a economia mundial, o comportamento familiar e os costumes sociais – sempre por meio de histórias engraçadas e indagações desconcertantes. O escritor e filósofo italiano Umberto Eco chegou a afirmar que "Mafalda é realmente uma heroína enraivecida que rejeita o mundo assim como ele é, sendo em todas as situações um 'herói do nosso tempo'". Como se vê, quarentona, Mafalda segue jovem e atualizada como nunca.

---

melhor tradição italiana, dois amigos homens podem se cumprimentar ou se despedir com um rápido beijinho no rosto. Se você, do sexo masculino, for apresentado a um argentino e levar o seu beijo, parabéns, você já está inserido na cultura argentina! Quanto a vocês, meninas, cuidado, pois os caras gostam de brasileiras e têm uma justa fama de conquistadores. Ou, antes pelo contrário, aproveitem...

# Pré-Planejamento

## Objetivo da viagem – por que ir

### Turismo

A Argentina é um país afortunado em paisagens – e paisagens bem diversificadas: são lagos, montanhas, geleiras, desertos, vulcões, cachoeiras, bosques. Também é lá que fica aquela que é considerada a capital mais bacana da América do Sul. Fácil de entender por que o país é um riquíssimo e contínuo polo turístico.

A maioria das agências de viagem no Brasil vende pacotes para a Argentina, sempre contemplando Buenos Aires e, no inverno, também Bariloche. Tais pacotes – que não significam necessariamente excursões guiadas – podem valer a pena, já que a combinação passagem aérea + hotel + passeios pode ser mais barata do que uma viagem por conta. Por outro lado, uma ótima estrutura turística – em que não faltam albergues ou hotéis pouco dispendiosos – viabiliza uma viagem independente sem grandes gastos para quem assim desejar.

A localização geográfica da Argentina facilita bastante, ao menos para nós, brasileiros. As passagens aéreas para lá são as mais econômicas entre os destinos internacionais, e pelo menos cinco companhias disputam o mercado do transporte aéreo entre os dois países. Para o mochileiro ou para o turista a fim de gastar pouco, ônibus é um eficiente meio de transporte para chegar no país e também para continuar a percorrer o território argentino. Os viajantes mais audaciosos ou aventureiros têm a possibilidade de conhecer a Argentina de carro, atravessando as fronteiras com o seu próprio veículo. Esta ideia é favorecida pelo, em geral, bom estado das estradas e pelo preço da gasolina (que é subsidiada pelo governo no sul do país).

Aliás, a questão "custos" ajuda a impulsionar o turismo no país. Hoje, o peso argentino ainda está desvalorizado frente ao real (e já esteve mais, ao longo de 2007/2008), de modo que a Argentina, generalizando, é um país agradavelmente barato para brasileiros. Este fator, aliado a sua proximidade conosco, permite até mesmo uma viagem rápida – apenas uma semana ou mesmo um feriadão em Buenos Aires. Claro que o ideal é mais tempo – e, se possível, bem mais tempo. As opções, afinal, são muitas. Existem nichos turísticos para vários estilos de viagem – os esportes de montanha (os Andes), os trekkings (há vários Parques Nacionais com ótimas trilhas), a vinicultura (sustentada na fama e no sabor do vinho argentino, principalmente na região de Mendoza), o turismo rural (é possível hospedar-se em estâncias e fazendas, em especial nos Pampas), a fauna marinha (em particular a grande diversidade encontrada na Patagônia), e por aí vai.

## Esportes e atividades ao ar livre

A Argentina é bastante popular em vários esportes, mas, exceto pelos torcedores que vão assistir aos seus times contra os hermanos na Libertador da América, não é o futebol que leva brasileiros ao país, e sim o esqui e o montanhismo. Privilegiada pela Cordilheira dos Andes, a prática de atividades de montanha a céu aberto é um bom motivo para se aventurar pela Argentina. Para os amantes do esqui, existem dezenas de estações com centenas de pistas, que, provavelmente, constituem a melhor estrutura da América Latina (tem apenas o Chile como rival). Há pistas para iniciantes, para esquiadores com alguma prática, para experientes ou para verdadeiros profissionais. Destacam-se as estações de *Los Penitentes*, *Las Leñas*, *Vallecitos* e *Catedral* (Bariloche). Os amadores sem nenhuma noção do esporte encontram cursos com as instruções preliminares, e em pouco tempo já estão se divertindo nas pranchas de esqui. A colorida e adequada indumentária é sempre encontrada para alugar. Claro que não é um esporte barato, e os custos variam com o tempo de permanência, a acomodação e a estrutura do local – estações de esqui mais badaladas podem custar o dobro daquelas menos populares.

Exigindo o pé ainda mais firme nas alturas, o montanhismo vai das caminhadas, para os amantes da natureza, ao andinismo (que é como se chama a escalada nos Andes; afinal, "alpinismo" é nos Alpes, na Europa, ainda que o termo seja genérico), para os que dominam a técnica de escalada. E não apenas os picos de montanhas podem ser alcançados: alguns vulcões permitem o acesso até suas crateras, nem sempre restritas a andinistas experientes. Muitas vezes basta saúde e boa forma física para encarar o desafio. Claro que isso não é regra geral. Antes pelo contrário, toda subida, em especial acima de 3.500 metros, requer conhecimento, cautela e humildade de reconhecer suas limitações.

Contudo, nem toda subida de montanha envolve o conhecimento de técnicas de escaladas: trekkings são boas caminhadas que até um sedentário pode arriscar. Claro que quanto melhor o condicionamento, mais longe ou rápido se pode ir. Da mesma forma, nem toda caminhada envolve

**Esportes de neve em Bariloche**

montanhas – mas sempre natureza. A Argentina oferece dezenas de parques nacionais nas mais distintas altitudes e biodiversidades, quase todos com circuitos pré-estabelecidos para trekkings, os quais podem ser percorridos numa boa tarde ou em vários dias. Guias profissionais costumam estar disponíveis através de agências de turismo das cidades próximas, e todos os parques contam com guardaparques dispostos a conceder informações. O site www.welcomeargentina.com/turismo-aventura tem vasta informação sobre destinos e prática dos diferentes esportes de inverno.

## Estudo

O espanhol se impõe hoje como um idioma quase tão importante quanto o inglês. Nada melhor do que aprender ou aperfeiçoar uma língua estrangeira no próprio país da fala nativa; a vivência no exterior, afinal, com a imersão diária e cotidiana na cultura local, pauta a fluência em qualquer idioma – o que pode ser facilitado ainda mais com o espanhol. Na Argentina, especialmente em Buenos Aires e em outras cidades grandes, existem vários cursos para estrangeiros. Na decisão por uma escola, vale observar aquelas que, de alguma forma, consideram a similaridade com a língua portuguesa. Brasileiros, italianos e até franceses têm muito mais facilidade na gramática e na conversação espanhola do que americanos, alemães e suecos. Assim, muitos cursos disponibilizam turmas apenas para latinos.

Outra ideia é estudar em uma universidade na Argentina, tirando proveito de alguns acordos do Mercosul. Entretanto, é fundamental se informar junto ao Ministério da Educação no Brasil (MEC) sobre o reconhecimento do curso ou instituição para a validação do diploma emitido em país estrangeiro.

Dicas sobre cursos de graduação, pós-graduação e bolsas nas universidades argentinas, tente o site www.universia.com.ar, ou então o *Guía de Estudios Universitarios y Terciarios de La República Argentina*, encontrado em bibliotecas e livrarias. Para os cursos de espanhol, o ideal é obter a recomendação de alguma escola; na falta de uma indicação, vale a pena fazer uma boa pesquisa pela internet.

## Trabalho

Um acordo do Mercosul estabelece que brasileiros podem trabalhar na Argentina, e vice-versa, sem maiores dificuldades. Deve-se apenas solicitar um visto de trabalho temporário, que pode ser renovado ou até mesmo tornar-se permanente. Este trâmite é feito junto a algum consulado argentino, ou, se já no país, na *Direccíon Nacional de Migración*.

O salário mínimo na Argentina – em torno de $2.670 (aproximados R$1.300) – é maior que no Brasil. Isso, no entanto, não torna o país particularmente atraente para um brasileiro tentar a sorte por lá, já que os índices de desemprego também são maiores. Ademais, o país recebe trabalhadores estrangeiros (muitos bolivianos e peruanos), que não costumam elogiar as condições de trabalho – ao menos nas atividades que realizam. O melhor mesmo é pensar na Argentina por suas potencialidades turísticas.

Trekking nos Andes

## Clima – quando viajar

Assim como o do Brasil, o clima da Argentina, também um país de grande extensão territorial, não há como ser generalizado: deve-se observar as particularidades de cada região. De modo geral, o que se pode dizer é que existe verão e inverno por todo o país (ainda que algumas regiões, como o sul da Patagônia, sejam mais frias do que quentes), ao contrário do que ocorre no Brasil, onde boa parte do território – Norte e Nordeste – não sabe o que é frio.

Buenos Aires pode ser muito quente no verão e agradavelmente fria no inverno – quando também há mais turistas. Assim, o clima de julho ou agosto, mesmo que assuste um baiano ou um potiguar, é mais atraente do que o de janeiro, quando termômetros podem atingir picos de 40ºC – ao menos pela sensação térmica. Primavera e outono oferecem temperaturas mais amenas e intermediárias.

A região dos Pampas, no centro do país, tem um clima temperado e úmido, ficando entre 20ºC e 30ºC – ou mais – nos meses mais quentes, quando pode cair bastante chuva.

O Chaco, próximo ao Paraguai, é caracterizado por temperaturas bastante diversas – variando entre o zero, em algumas madrugadas de inverno, a mais de 40ºC no verão –, enquanto o leste é chuvoso e o oeste, mais seco.

A região das Missões contém uma densa vegetação e apresenta um clima subtropical. O verão é bem quente, com média de 30ºC, enquanto o inverno é mais ameno, em torno dos 15ºC.

O Noroeste argentino tem um clima quente no verão: chega aos 30ºC durante o dia, com noites mais frescas. O inverno é frio nas partes mais altas, como na região de Puna, quando os termômetros descem a 0ºC, ou não raramente bem menos.

Nos Andes, as temperaturas são bastante baixas no inverno, mas, no verão, podem ser mais altas, principalmente nas regiões menos elevadas. Termômetros marcarem abaixo de 0ºC é bastante comum, e pode haver

Patagônia Andina: o inebriante frio das geleiras

nevascas. Tais adversidades valem tanto para a área de Mendoza como para a região mais ao sul, na Patagônia da Região dos Lagos, onde está Bariloche.

Na Patagônia, o verão dura pouco tempo, aproximadamente dois meses, com noites mais frescas, mas a temperatura pode chegar a mais de 30ºC no norte da região. No inverno, entre julho e agosto, às vezes até mesmo em setembro, o clima é bastante rigoroso. Na real, sempre faz frio nessa região – nevascas podem cair em dezembro, o que muda mesmo é a extensão dos dias, mais longos no verão (com claridade até tarde da "noite") e curtos no inverno (amanhece tarde, escurece cedo).

Na Terra do Fogo, ao sul da Patagônia – e de todo o continente americano –, o clima é frio, úmido e rigoroso durante o ano inteiro. Essas condições climáticas, evidentemente, se acentuam no inverno, quando, não raro, o clima daqui se assemelha ao da Antártica – que não fica muito distante. Pense nisso como vários graus abaixo de zero. Já o verão é mais tranquilo (não dá, porém, pra viajar sem um casaco ou blusão), quando é mais comum encontrarmos viajantes. Você pode até passar o dia de camiseta nessa época, em que as temperaturas estão mais amenas e chegam a alcançar o pico de 20ºC. Certo, no dia seguinte pode baixar 10ºC. A Argentina sempre surpreende.

## Lugares – onde ir

Muitos viajantes decidem facilmente o seu roteiro: Buenos Aires e Bariloche. Já quem tem uma ideia melhor do país sabe que a definição de um itinerário pela Argentina é tarefa bem mais complexa. As possibilidades são muitas, na proporção de suas variáveis: pese aí a disponibilidade de tempo (um feriadão, uma semana, quinze dias, um mês), de dinheiro (uma viagem econômica, radicalmente econômica, razoavelmente confortável, bastante confortável), o meio de transporte (avião, ônibus, carro, moto) e, claro, os destinos propriamente (centros urbanos, montanhas, estações de esqui, parques nacionais, lagos, vulcões, desertos, geleiras, acidentes geográficos).

# Roteiros

Frente a tantos aspectos, é um risco fazer sugestões sem conhecer o perfil do viajante. Poderemos entrar em conflito com preferências pessoais — há os que gostam de montanha, há os que gostam de praia, há os que gostam de cidade e há os que, como nós, gostam de tudo. Mas, ok, nos atrevemos.

## Três dias

▶ Buenos Aires.

## Uma semana

▶ Buenos Aires.

▶ Ou passe quatro dias em Buenos Aires e três em Bariloche (voando, é claro); roteiro manjado entre brasileiros, mas sempre agradável.

▶ Se você já conhece a capital portenha, pode passar toda a semana na Região dos Lagos: além de Bariloche, visite Villa la Angostura, percorra a Ruta dos 7 Lagos até San Martín de los Andes, conheça o Vulcão Lanín.

▶ Outra opção: Mendoza e região, incluindo Uspallata e o Parque Aconcágua, com direito a degustação nas boas vinícolas das redondezas.

▶ Ou, sem se afastar muito da fronteira brasileira, passeie pelas Cataratas do Iguaçu (e del Iguazú) e a região das Missões, conhecendo as históricas ruínas jesuíticas.

# Roteiros

## Quinze dias

▶ Passe alguns dias em Buenos Aires e utilize a cidade como ponto de partida para alguma outra região.

▶ Com a disponibilidade de duas semanas, você pode viajar para (e pela) Argentina de carro – são as maravilhas de um país vizinho.

▶ Explore melhor a Região dos Lagos, suas cidades e seus parques, e se atreva a cruzar para o lado chileno – viajando de ônibus e barco pelo Lago Nahuel Huapi ou de carro pela Ruta 231, com direito a boas paradas para admirar a paisagem do percurso.

▶ Ou estique (também) à Patagônia Atlântica: vá a Puerto Madryn e veja as baleias (somente entre maio e dezembro) na Península Valdés e os pinguins em Punta Tombo; tome um chá galês em Gaimán.

▶ Descubra o Noroeste argentino: Salta, a Quebrada de Humahuaca, a Quebrada de Cafayate, os Valles Calchaquíes, os povoados indígenas da região. Se estiver de carro, percorra com calma as Rutas 68, 33 e 40, e encoste para fotografar os campos de cáctus e as montanhas multicoloridas.

▶ Combine a região de Mendoza com os Pampas. Se você curte cidades e centros históricos, pare em Córdoba – e atravesse suas belas serras – e em Santa Fé. Caso esteja motorizado, prolongue até o Aconcágua e/ou ao Valle de la Luna e ao Parque Nacional Talampaya.

## Um mês

▶ Aproveite os roteiros anteriores com mais folga, eventualmente arriscando as fronteiras dos países vizinhos.

▶ Desbrave mais a Patagônia – a Atlântica e a Andina. Vá até a Terra do Fogo e conheça Ushuaia; se deslumbre com o Glaciar Perito Moreno; faça um trekking no Cerro Fitz Roy – e, por que não, invista no Parque Torres del Paine, no Chile. Tudo isso de carro.

▶ Com 30 dias, apesar das longas distâncias, também pode-se viajar para uma região tão austral de ônibus.

▶ Ou fique pelo Noroeste, passe um tempo no Deserto do Atacama, no Chile, e conheça os salares no sul da Bolívia. Se você for bem aventureiro (mas bem, mesmo), pode descer a Ruta 40, a maior estrada da Argentina.

▶ Mais tranquilo, mas também uma aventura: explore o território argentino (e também o chileno). Saia do Brasil com seu próprio carro, percorra a região andina, cruze as fronteiras Argentina-Chile-Argentina, passe por vinícolas, montanhas, lagos, vulcões. Combine a Região dos Lagos com a Patagônia e a Terra do Fogo, com pitadas de atrações chilenas.

▶ Ou simplesmente pegue este guia que você tem nas mãos, viaje por suas páginas e planeje a sua viagem.

# A lista dos editores

Para definir um roteiro ou que lugares conhecer, vale sempre trocar ideias com quem já fez a viagem que você está planejando. Se você não conhece ninguém que já foi a El Calafate ou à Quebrada de Humahuaca, bisbilhote sites como O Viajante (www.oviajante.com, por coincidência dos mesmos editores deste guia) e procure por viajantes que já tenham ido a estes locais. Encontrando-os, não hesite em pedir alguma dica ou em perguntar o quanto gostaram do passeio.

Não se esqueça, porém, do óbvio: as pessoas são diferentes e podem ter percepções distintas sobre um mesmo lugar. As variáveis, afinal, são muitas: vão das condições de tempo (sol, chuva, vento...) que se pegou na viagem até o próprio humor do cidadão (brigou com a mulher naquele dia, se desentendeu com o gerente do hotel, o peixe não fez bem...).

Ok, filtre as paixões avassaladoras e as raivas mordazes e descubra as opiniões de outros viajantes – nem que seja para discordar depois, ou para aumentar o coro: "nossa, aquela geleira é realmente fantástica!"

Seguem aqui algumas listas (você adora listas, não?) dos editores deste guia, que você pode, sim, olhar com alguma desconfiança. E depois, queremos saber de você: concordou, sim, não, por que, o que você colocaria no lugar? Nos envie um email: guiaargentina@oviajante.com.

## Cidades

1. Buenos Aires (página 89)
2. Ushuaia (p.371)
3. Bariloche (p.273)
4. Mendoza (p.237)
5. Salta (p.191)
6. Puerto Madryn (p.326)

## Povoados

1. Humahuaca (p.232)
2. Uspallata (p.250)
3. Puerto Pirámides (p.336)
4. Purmamarca (p.225)
5. El Chaltén (p.361)
6. Cachi (p.210)

## Parques Nacionais

1. Nahuel Huapi (p.288)
2. Aconcágua (Pq. Provincial) (p.256)
3. Iguazú (p.175)
4. Tierra del Fuego (p.388)
5. Lanín (p.307)
6. Los Glaciares (p.358)

## Atrações naturais

1. Glaciar Perito Moreno (p.358)
2. Vulcão Lanín (p.307)
3. Cataratas do Iguaçu (p.171)
4. Cerro Fitz Roy (p.366)
5. Península Valdés (p.333)
6. Punta Tombo (p.340)

## Regiões de montanhas

1. Aconcágua (p.235)
2. Região dos Lagos (p.267)
3. El Chaltén (p.361)
4. Valles Calchaquíes (p.210)
5. Sierras de Córdoba (p.153)
6. Terra do Fogo (p.369)

## Atrações históricas e arqueológicas

1. Missões Jesuíticas (p.169)
2. Ruínas de Quilmes (p.216)
3. Cueva de las Manos Pintadas (p.368)
4. Estâncias Jesuíticas (p.154)
5. Manzana de las Luces, B. Aires (p.119)
6. Cabildo, Salta (p.202)

## Estradas e percursos

1. RN7, Mendoza a Las Cuevas (p.240)
2. RN52, Purmamarca a P. de Jama (p.226)
3. RN33 e RN40, Salta a Tucumán (p.209)
4. RN68, Cafayate a Salta (p.207)
5. RN231, Bariloche a P. Cardenal (p.293)
6. RN3, Río Gallegos a Ushuaia (p.376)

## Passeios de barco

1. Brazo Rico, Glaciar P. Moreno (p.360)
2. Golfo Nuevo, Península Valdés (p.335)
3. Canal de Beagle, Ushuaia (p.386)
4. Río Iguazú, Pq. del Iguazú (p.176)
5. Nahuel Huapi, Bariloche (p.289)
6. Delta do Paraná, Tigre (p.134)

## Praças

1. Plaza de Mayo, B. Aires (p.117)
2. Plaza 9 de Julio, Salta (p.201)
3. Plaza San Martín, B. Aires (p.125)
4. Plaza España, Mendoza (p.245)
5. Plaza de los Dos Congresos, B. Aires (p.120)
6. Plaza San Martín, Córdoba (p.151)

## Igrejas

1. San Francisco, Salta (p.202)
2. Iglesia Catedral, Córdoba (p.151)
3. Catedral Nahuel Huapi, Bariloche (p.285)
4. Belén, San P. Telmo, B. Aires (p.122)
5. Iglesia Catedral, Tucumán (p.219)
6. San Pedro de Nolasco, Angastaco (p.209)

## Museus

1. Bellas Artes, B. Aires (p.125)
2. Presídio, Ushuaia (p.384)
3. MALBA, B. Aires (p.125)
4. Paleontologia, Trelew (p.339)
5. Alta Montaña, Salta (p.202)
6. Patagônia, Bariloche (p.284)

## Cemitérios

1. Andinista, Aconcágua (p.253)
2. Recoleta, B. Aires (p.124)
3. N. S. del Carmen, Maimará (p.228)
4. Chacarita, B. Aires (p.127)
5. Indígena, Cachi (p.211)
6. Montañes, Bariloche (p.286)

## Restaurantes

1. Gustino, Ushuaia (p.383)
2. La Tablita, El Calafate (p.357)
3. De la Terraza, B. Aires (p.115)
4. Lo de Tomy, El Chaltén (p.366)
5. Las Tinajas, Córdoba (p.150)
6. Casita Suiza, Bariloche (p.284)

## Feiras e mercados artesanais

1. San Telmo, B. Aires (p.121)
2. El Bolsón (p.314)
3. Humahuaca (p.234)
4. Plaza España, Mendoza (p.245)
5. Purmamarca (p.227)
6. Recoleta, B. Aires (p.124)

# Planejamento

## 1. Entrada no país

A entrada na Argentina é tranquila para nós, brasileiros: basta apresentar a carteira de identidade (desde que emitida há menos de 10 anos e em bom estado de conservação) ou o passaporte. Não são aceitos certidão de nascimento (mesmo para recém-nascidos ou menores de idade), carteira de motorista ou identidade profissional.

Pela parceria no Mercosul, não é necessário portarmos o passaporte (exceto se você gosta de colecionar carimbos). Os fiscais da alfândega conferem o seu documento e entregam um cartão de entrada, válido por 90 dias, o qual é carimbado com a data em que você cruzou a fronteira do país. Guarde bem este cartão; será necessário na sua saída, e, caso você o perca, poderá se incomodar, principalmente se estiver atravessando outra fronteira que não a brasileira.

### Do Brasil

#### Avião

As empresas *Gol*, *TAM*, *Aerolíneas Argentinas*, *LAN*, *Qatar Airways*, *Emirates* e *Turkish Airlines* têm voos partindo de algumas cidades brasileiras – especialmente de Porto Alegre, São Paulo, Rio de Janeiro e Florianópolis – com destino a Buenos Aires e, com menor frequência, a Córdoba e a Rosário. A Aerolineas Argentinas é a companhia que tem o maior número de horários nas linhas regulares entre os dois países.

Saindo de **São Paulo** ou do **Rio** a **Buenos Aires**, a viagem dura de 3h a 3h30 e custa a partir de R$420. Já partindo de **Porto Alegre** ou de **Florianópolis**, o trajeto dura entre 1h30 e 2h, e a tarifa varia de R$500 a R$750. Para **Rosario** e **Córdoba**, voo direto só há a partir da capital gaúcha, em torno de R$1.000 ou R$700 com conexões. Claro que os valores aqui informados são apenas uma referência, já que nada é tão instável como as tarifas de passagens aéreas – de uma hora para outra são reajustadas, ou, bem melhor, entram em promoção. Há ainda as taxas de embarque, que custam um pouco mais de R$100.

Considere também consultar alguma boa agência de viagens, que pode oferecer voos charter ou pacotes em datas específicas, que ainda devem incluir, por um valor determinado, hotel, passeios e passagem aérea. No custo-benefício, pode ser vantajoso.

#### Ônibus

Há saídas regulares de várias cidades brasileiras. As principais empresas que operam entre Brasil e Argentina são *Flecha Bus*, *Pluma*, *Cruzeiro do Norte* e *Ouro e Prata*.

A Flecha Bus, empresa argentina, tem rotas a partir de Camboriú (SC), talvez a "praia mais popular da Argentina", que passam por Florianópolis, Torres (RS) e Porto Alegre, com destino às cidades de Buenos Aires, Santa Fé, Córdoba, Rosário, Corrientes, Resistencia e Tucumán. A partir de **Porto Alegre**, vai a *Buenos Aires*, 18h de viagem em ônibus leito (saídas às 17h15), R$355, e em semileito, R$295. Também de semileito vai a outras cidades do país: **Rosário**, 15h de viagem; **Córdoba**, 17h; **Santa Fé**, 18h; todas têm o mesmo valor de passagem, R$255. De **Florianópolis**, são 25h a **Buenos Aires**, ônibus leito (saída 10h25), R$468, e em semileito (mesmo horário), R$390. Os ônibus têm dois andares e 42 assentos no leito e 62 no semileito. Ambos os carros são equipados com ar-condicionado e TV, e durante a viagem costuma ser oferecido, ao menos, água e café.

A Pluma vai a **Buenos Aires**, e parte de **São Paulo**, 36h (saída às 22h30), R$255; **Curitiba**, 30h (saída às 5h30), R$250; **Florianópolis**, 24h (saída às 11h25), R$300; **Porto Alegre**, 18h (saída às 17h30), R$226. Os ônibus são do tipo executivo (variação do semileito), 38 lugares, com ar-condicionado e TV (em alguns carros).

A Cruzeiro do Norte, subsidiária brasileira de uma empresa argentina, faz uma rota com saídas diárias do **Rio de Janeiro** (às 16h30), 38h, R$300; e/ou de **São Paulo** (às 23h30), 33h, R$260; passa pelas cidades paranaenses de **Londrina**, **Maringá**, **Cascavel** e **Foz do Iguaçu**, parando em **Posadas** e chegando em **Buenos Aires** no terceiro dia (às 8h). Os ônibus são leito, 38 lugares, com TV, ar-condicionado, manta e travesseiro. É oferecido café e água, e, no lado argentino, café da manhã e mais uma refeição (almoço ou janta). Mas para quem vem do norte, ou mesmo do Rio, talvez seja menos cansativo e mais proveitoso ir a Porto Alegre, fazer uma parada na capital gaúcha, e de lá tomar um ônibus direto a Buenos Aires.

As viagens de ônibus costumam ser tranquilas, em veículos confortáveis, e, se você não for um viajante impaciente, deve relaxar no decorrer das horas, às vezes longas, conforme seu ponto de partida, entre Brasil e Argentina (lembre-se que um livro ajuda a passar o tempo, o que inclui um bom guia de viagem!). Entretanto, é bom torcer para que nenhum dos passageiros tenha complicações na alfândega, pois isso pode deixar o resto do pessoal esperando por mais tempo.

**Chegando a Ushuaia**

## Carro

Saindo do Brasil, entra-se no país vizinho por diversos pontos, principalmente por cidades gaúchas. As rotas mais comuns são as de **Uruguaiana** a **Paso de los Libres**, **São Borja** a **Santo Tomé**, e **Foz do Iguaçu**, esta no Paraná, a **Puerto Iguazú**. As estradas são quase sempre satisfatórias. Há também outros caminhos: pelas cidades gaúchas de **Porto Xavier** e **Itaqui** ou pelos municípios de **Dionísio Cerqueira** (SC) e **Capanema** (PR). Ou ainda, mais comum que estes últimos, pelo **Uruguai**.

Uma viagem de carro pela Argentina começa pelos cuidados necessários para evitar uma terrível dor de cabeça (e prejuízo ao bolso) nos controles aduaneiros, ou mesmo o transcurso nas estradas do país vizinho. Fique atento, portanto, lembrando das exigências para dirigir pelo território argentino. Veja adiante no "Miniguia para uma viagem de carro pela Argentina", na página 391.

## Dos outros países sul-americanos

Existem diversos postos alfandegários em todos os países que fazem fronteira com a Argentina. A travessia da divisa com o Chile na altura da Patagônia Andina, particularmente, requer de quem pretende circular por aqui um maior planejamento de viagem. Nessa região, estreita e de relevo acidentado, os limites entre os dois países se confundem, obrigando o viajante a transitar por um para chegar no outro.

Para ir ao **Chile**, é bastante popular a estrada entre **Mendoza** e **Santiago**, a RN7, que passa em meio ao visual fantástico dos Andes. No Noroeste, há a ligação de **Salta** ou **Jujuy** com o **Atacama**, no norte do Chile, bela zona de deserto de altitude. Um pouco mais ao sul, na Região dos Lagos, outro percurso excepcional é o de **Bariloche** e **Villa la Angostura**, via RN231, para a chilena **Osorno**. Nesta mesma região, outra alternativa é sair da Argentina de barco, atravessando o Lago Nahuel Huapi, numa viagem que funciona como um passeio.

Ainda mais ao sul, ao redor do belo Lago Buenos Aires, a travessia envolve os povoados de **Los Antiguos** e **Chile Chico**, ambos na borda do lago. Já para entrar na Terra do Fogo, pedaço de terra no extremo sul, é necessário ingressar no território chileno. Enfim, a fronteira Argentina/Chile é gigantesca, e não faltam postos de controle.

Da Argentina ao **Uruguai**, a rota mais comum é via ferry, de **Buenos Aires** a **Montevidéu** ou **Colônia**, e a travessia leva de 1 a 3 horas. Quem, no entanto, não deseja gastar com esse transporte encontra algumas pontes, ao longo do Rio Uruguai, que possibilitam cruzar de um país a outro na fronteira leste/oeste. Para chegar à **Bolívia**, costuma-se partir de **Jujuy** ou **Salta** em direção a **La Quiaca**, na fronteira noroeste, pela RN9, de onde se ruma para **Tupiza**, **Uyuni** e **Oruro**. A partir de **Villazón**, cidade boliviana que faz divisa com a argentina La Quiaca, também pode-se ir de trem até esses destinos. Para o **Paraguai**, as fronteiras mais conhecidas e utilizadas são as de **Posadas** e **Encarnación**, pela *Ponte Internacional Beato Roque González*; ou a de **Puerto Iguazú** e **Ciudad del Este**, passando pela brasileira Foz do Iguaçu.

## 2. Idioma

Até parece zombaria: frequentemente você entende os argentinos, mas eles bóiam quando você fala português. Não, não se trata de má vontade: nossa língua tem mais sílabas e sons do que a língua deles, o que os dificulta na compreensão. Mas para que falar português se existe o portunhol, a bizarra mistura dos dois idiomas, cantada com um divertido e canastrão sotaque castelhano?

Melhor ainda é falar e educar o ouvido no próprio espanhol. Mas atenção: o idioma que se ouve na Argentina soa bastante diferente se comparado ao dos demais países da América Latina, com exceção, talvez, do Uruguai. Explica-se: tanto o som do "ll" quanto o do "y" possuem uma pronúncia que é mais ou menos uma mistura do nosso "j" com o nosso "x"; assim, por exemplo, a palavra calle (rua), ao invés de se pronunciar cáie, como em grande parte dos países hispânicos, pronuncia-se caje ou caxe; yo (eu) pronuncia-se algo entre jo e xo, e por aí vai. Este exemplo, no entanto, não vale para o noroeste do país, onde o idioma, pela proximidade geográfica, sofre influências do espanhol falado na Bolívia e no Chile.

Outra particularidade da língua argentina (uruguaia também) é que, em vez de usar tu para referir-se a "você", se usa vos. O usted também é utilizado, mas é mais formal.

### Expressões

Uma expressão comum na Argentina, assim como no Uruguai e no Brasil (Rio Grande do Sul), é o *che*, que em português (ou "gauchês") vira "tchê". Sendo apenas uma interjeição, o *che* não tem uma tradução literal, enfatizando frases como: "Che, qué tal?" ou "Que frío, che!".

**Fronteira com o Uruguai**

Informalmente, entre amigos, é comum os jovens argentinos chamarem-se de boludo. Por exemplo: "Che, boludo, como estás?", ou "Que tal, boludo?". Mas cuidado! Não se arrisque a chamar ninguém assim, a menos que você tenha muita intimidade, já que a palavra também é usada como insulto.

Outra expressão típica argentina é o re (com som de "r" espanhol, que se pronuncia encostando a ponta da língua no céu da boca – bem ao estilo Galvão Bueno mesmo), que significa algo como "super", de superbacana, ou como um "tri", de trilegal, para os gaúchos. Exemplo: "La película es re buena".

Bastante popular também é "buena onda", que quer dizer "bacana, legal". É comum você ouvir que tal pessoa "es buena onda", que tal lugar "tiene buena onda" ou simplesmente "tiene onda".

Mais palavras e expressões, veja o "Pequeno Dicionário Português-Espanhol", na página 403.

**As aparências enganam...**
Ao falar portunhol com nossos hermanos, tome cuidado com algumas palavras muito parecidas com o português, porém com significado bem diferente.

## Falsos cognatos

| Espanhol | Português | Espanhol | Português |
| --- | --- | --- | --- |
| Acordarse | Lembrar-se | Largo | Longo |
| Ancho | Largo | Listo | Pronto, Esperto |
| Apellido | Sobrenome | Oficina | Escritório |
| Apodo | Apelido | Ola | Onda |
| Bolsa | Saco | Pastel | Bolo |
| Borrar | Apagar | Polvo | Pó |
| Contestar | Responder | Quitar/Sacar | Tirar |
| Contrariar | Contestar | Rato | Momento |
| Copa | Taça | Ratón | Mouse (info.) |
| Copo | Floco | Rojo | Vermelho |
| Cubiertos | Talheres | Rubio | Loiro |
| Embarazada | Grávida | Saco | Casaco |
| Enojado | Zangado | Salsa | Molho |
| Esposas | Algemas | Sitio | Lugar |
| Exquisito | Delicioso | Taller | Oficina |
| Extrañar | Sentir falta | Taza | Xícara |
| Extraño | Esquisito | Tirar | Puxar |
| Fecha | Data | Vacaciones | Férias |
| Feria | Feira | Vaso | Copo |
| Firma | Assinatura | Zurdo | Canhoto |

## 3. Informações e serviços

## Fuso Horário

A Argentina está no mesmo fuso que o Brasil. Porém, desde 2009 não adota mais o horário de verão.

## Informações turísticas

Nas cidades mais importantes, ao menos em todas as que possuem algum interesse relevante, existe um *Centro de Información Turística* – o Centro de Informações Turísticas, caso você realmente não entenda espanhol –, sempre situado na região central e em locais de fácil acesso, como os terminais de ônibus e a praça principal. Os funcionários em geral são bastante solícitos e prestativos e não raramente falam português (ou uma versão espelhada do portunhol). Fornecem mapas, quase sempre gratuitos, e diversas informações sobre preços, horários, atrações locais, como chegar e o que mais você quiser perguntar. Aos sem-hospedagem, os centros também costumam ter uma lista de hotéis, de albergues e até mesmo de campings.

Em Buenos Aires você encontra informações sobre praticamente qualquer lugar da Argentina. Se precisar de mais detalhes sobre alguma província, é só buscar informações junto à unidade local; todos os escritórios regionais contam com uma filial na capital. A *Secretaría de Turismo de la Nación* é o órgão nacional responsável pelo turismo. Lembre-se também que seu hotel ou albergue pode ser uma excelente fonte de informações, frequentemente efetuando reserva para shows e passeios.

**Informações turísticas das Províncias, em Buenos Aires:**

*Buenos Aires* Av. Callao 237, F.4371.3587
*Catamarca* Av. Córdoba 2080, F.4374.6891
*Chaco* Av. Callao 322, F.4372.3045
*Chubut* C. Sarmiento 1172, F.4382.2009
*Córdoba* Av. Callao 332, F.4371.1668
*Corrientes* C. San Martín 333 - 4º piso, F.4394.2808/9490
*Entre Ríos* C. Suipacha 844, F.4328.2284
*Formosa* C. Hipólito Yrigoyen 1429, F.4381.2037
*Jujuy* Av. Santa Fé 976, F.4394.2295
*La Pampa* C. Suipacha 346, F.4326.0511
*La Rioja* Av. Callao 745, F.4813.3417
*Mendoza* Av. Callao 445, F.4371.7301
*Misiones* Av. Santa Fé 989, F.4393.1343
*Neuquén* C. Maipú, F.4343.2324
*Río Negro* C. Tucumán 1916, F.4371.7273
*Salta* Av. Roque Sáenz Peña 933 - 5º piso, F.4326.3500
*San Juan* C. Sarmiento 1251, F.4328.9241
*San Luis* C. Azcuénaga 1087, F.5778.1621
*Santa Cruz* C. 25 de Mayo 279 - 1º piso, F.4243.0313
*Santa Fé* C. Montevideo 373 - 2º piso, F.5811.4319
*Santiago del Estero* C. Florida 274, F.4326.3733
*Tierra del Fuego* C. Sarmiento 745, F.4322.7343
*Tucumán* C. Suipacha 140, F.4322.0010

Informações turísticas em Bariloche

## Agências de turismo

Muitas das atrações na Argentina são Parques Nacionais, reservas ecológicas ou acidentes geográficos – enfim, a natureza. O acesso a esses locais nem sempre é fácil (o que não é nada ruim, já que a dificuldade de chegar inibe um turismo massificado), e, viajando de forma independente e sem carro, você deverá se integrar a tours organizados, operados por agências de turismo. Toda pequena cidade com alguma atração natural – seja um vulcão, uma geleira ou uma pinguineira – terá de um par a uma penca de agências arranjando o passeio. Pode haver uma pequena variação entre elas no preço ou no roteiro, mas nada significativo; se a variação for grande, desconfie. Para a escolha de uma delas, vale pegar sugestão com seu hotel ou albergue ou com viajantes que estejam voltando da jornada.

Para estudantes ou mochileiros, uma boa parada pode ser a *Asatej*, uma agência voltada para jovens e viajantes descolados, com um eficiente serviço de informações e venda de passagens com descontos para universitários. Existem escritórios em Buenos Aires, Mendoza, Mar del Plata, Tucumán, La Plata, Rosário e Córdoba. O site é www.asatej.com.

## Carteira de estudante

A carteira de estudante (ISIC) concede descontos em alguns hostels, restaurantes, cinemas, museus e em outras atividades culturais. Algumas empresas de transporte também oferecem concessões, mas possivelmente válidas apenas para estudantes argentinos. De qualquer forma, se você é estudante de ensino fundamental, médio, graduação, cursos técnicos, pré-vestibular, pós-graduação, mestrado, MBA, doutorado ou de cursos no exterior com duração mínima de 12 semanas, vale a pena fazer a carteira. Você deve levar uma foto 3x4 e apresentar a carteira de identidade e o boleto de mensalidade ou uma declaração da instituição de ensino.

No Brasil, a agência de viagens *STB* é a representante exclusiva da *ISTC* (*International Student Travel Confederation*). Nas suas lojas, a emissão da carteira de estudante costuma ser feita em 24h, ao custo de R$40,00. A validade inicia em janeiro do ano em que é solicitada e termina em 31 de março do ano seguinte.

# Representações diplomáticas da Argentina no Brasil

**Embaixada da Argentina**
SHIS QL 02, CONJ. 01, Casa 19, CEP 70442-900 - Brasília
(61) 3364.7600
www.embarg.org.br

**Consulados-Gerais**

*Porto Alegre*
R. Coronel Bordini 1033
(51) 3321.1360
caleg@terra.com.br

*Rio de Janeiro*
Praia do Botafogo 228 - cj. 201
Fone: (21) 2553.1646
crioj@mrecic.gov.ar

*São Paulo*
Av. Paulista 2313 - 1º and.
(11) 3897.9522
cpabl@mrecic.gov.ar

**Consulados**

*Belo Horizonte*
R. Ceará 1566 - 6º and.
(31) 3047.5490
cbelo@mrecic.gov.ar

*Curitiba*
R. Benjamin Constant 67 - 15º and.
(41) 3222.0799
ccuri@mrecic.gov.ar

*Florianópolis*
R. Germano Wendhausem 273, 1º and.
(48) 3024.3035
cflor@cancilleria.gov.ar

*Foz do Iguaçu (PR)*
Tv. Vice Cônsul E. R. Bianchi 26
(45) 3574.2969
cfdig@mrecic.gov.ar

*Recife*
Av. Domingos Ferreira 2238 - 2º and.
(81) 3131.9000
creci@truenet.com.br

*Salvador*
R. Ribeiro dos Santos 17
(71) 3241.4863
csbah@mrecic.gov.ar

*Uruguaiana (RS)*
R. 13 de Maio 1674,
(55) 3412.1925
curug@bnet.com.br

# Representações diplomáticas do Brasil na Argentina

*Embaixada do Brasil*
C. Cerrito 1350 - Buenos Aires
Fone: (11) 4515.2400
embras@embrasil.org.ar

*Consulado-Geral em Buenos Aires*
C. Carlos Pellegrini 1363 - 5º and.
(11) 4515.6500
diversos@conbrasil.org.ar
www.conbrasil.org.ar

*Consulado-Geral em Córdoba*
Av. Olmos 615
(351) 460.1005
conbracg@conbrasilcordoba.org.ar

*Vice-Consulado em Puerto Iguazú*
Av. Córdoba 264
(3757) 421.348
conbrasil@iguazunet.com

*Vice-Consulado em Paso de los Libres*
C. Bartolomé Mitre 918
(3772) 425.444
vclibres@uol.com.ar

**Consulados Honorários**

*Bahía Blanca*
C. Zapiola 185
(291) 454.0599
epella@arnet.com.ar

*Bariloche*
C. Moreno 126 - 5º and.
(2944) 426.410
trianes@bariloche.com.ar

*Catamarca*
Ruta Nacional 38 s/nº
San Isidro, Valle Viejo
(3833) 440.221

*Mendoza*
C. Pedro Molina 497
(261) 438.0038
consbrasmza@hotmail.com

*Resistencia*
C. Pueyrredón 820
(3722) 450.274
jmchaco@arnet.com.ar

*Rosário*
C. España 848
(341) 425.0690
rosario@consulhbrasil.org.ar

*Salta*
Camino a la Isla, Apolinario Saravia
(387) 422.1752
ftriquell@tfp.com.ar

*Santo Tomé*
Av. Brasil 995
(3756) 421.277

## Horários

De modo geral, podemos afirmar que o comércio e os serviços das grandes cidades argentinas funcionam de seg/sex das 9h-20h e aos sábados das 9h-13h. Os shopping centers abrem de seg/sáb das 10h-22h, e, eventualmente, nos domingos depois das 12h. Já nas cidades menores, atenção: nestas, onde vale o bom hábito da siesta, o comércio fecha pelas 13h e reabre por volta das 16h. Passear durante esse horário poderá ser como percorrer uma cidade-fantasma. Bancos, o horário varia conforme a localidade: em Buenos Aires funcionam das 10h-15h e em muitas cidades da Patagônia ficam abertos das 8h-13h. Supermercados abrem das 9h-22h, e as principais redes funcionam também aos domingos.

## Eletricidade

A voltagem é de 220V. As tomadas são como as nossas, de dois e três pinos – mas apenas pinos redondos. Para os achatados, o ideal é ter um T (vulgo Benjamin), ou utilizar um adaptador.

## Telefones de emergência

Polícia 101; Bombeiros 100; Ambulância 107.

## Feriados e festas populares

A Argentina também tem seu Carnaval, que acontece mais ou menos na mesma época do nosso (mas sem feriado oficial). Claro que não é igual, mas tem o seu valor. A festa varia conforme a região do país, e é comum cada província adotar um nome diferente para a sua celebração, normalmente com características específicas. Em Buenos Aires, é chamado *murga*. As mais tradicionais dessas festas pagãs são as realizadas nas províncias de Entre Ríos, Corrientes e Jujuy.

**Feriados argentinos**
*1° de janeiro:* Ano-Novo
*Março ou abril:* Páscoa
*2 de abril\*:* Dia do Veterano e dos Caídos na Guerra das Malvinas
*24 de março:* Día Nacional de la Memoria por la Verdad y la Justicia (Aniversário da ditadura)
*1° de maio:* Dia do Trabalho
*25 de maio:* Revolução de Maio (1810)
*20 de junho\*\*:* Dia da Bandeira
*9 de julho:* Dia da Independência (1816)
*17 de agosto\*\*:* Aniversário da morte do libertador General San Martín
*12 de outubro\*:* Día de la Raza de la Hispanidad – Descoberta da América
*8 de dezembro:* Imaculada Conceição
*25 de dezembro:* Natal

\* Quando cai numa terça ou quarta-feira, o feriado é antecipado à segunda anterior e, se cair numa quinta ou sexta, é postergado à segunda-feira seguinte.
\*\* O feriado é na terceira segunda-feira do mês.

## Gorjetas

É comum deixar um percentual, em torno de 10%, ou arredondar o valor da despesa, mas, diferentemente do que ocorre no Brasil, gorjeta aqui não vem incluída na conta. Ademais, se não der nada, nenhum garçom vai sair correndo atrás de você. A contribuição oferecida a artistas, dançarinos e cantores de rua é geralmente de 1 peso (ou uma nota de 1 dólar). E, de novo, nenhum anjo vai mudar de posição para lhe atirar sua harpa se você não colaborar, mas é bom lembrar que anjinhos, chaplins e outras estátuas vivas não gostam de ser fotografadas de graça. Para hotéis, mesma regra da contribuição. Já em táxis não se costuma deixar gorjetas: pode economizar sem peso na consciência (ou com peso no bolso).

## 4. Dinheiro

## Moeda

O peso argentino é a moeda que substituiu o antigo austral, nos anos 1980, representado apenas pelo cifrão ($). Circulam cédulas de 2, 5, 10, 20, 50 e 100 pesos e moedas de 1 peso, 2 pesos e 1, 5, 10, 25 e 50 centavos.

## Valor de troca

Com nossas economias nem sempre estáveis, de tempos em tempos ora o peso argentino vale mais que o real brasileiro, ora nossa moeda está mais forte que a deles. Esta última é a situação atual (para nossa alegria). Em julho de 2013, a cotação no câmbio oficial estava assim:
$1 = R$0,42/R$1 = $2,40/US$1 = $5,40 = R$2,25.

## Câmbio

De modo geral, não há necessidade de trocar real por dólar para, posteriormente, na Argentina, converter ao peso. O ideal é já sair do Brasil com a moeda argentina, e a compra de pesos é uma transação que a maioria das casas de câmbio brasileiras efetuam. Por outro lado, em cidades turísticas, como Bariloche e Buenos Aires, não é raro encontrar uma cotação com um melhor valor de oferta, seja nas casas de câmbio ou em alguma loja de comércio. Pode-se, portanto, entrar na Argentina com reais, mas, na dúvida, é sempre bom já estar abastecido com pesos.

Hotéis e lojas também podem aceitar a moeda brasileira como forma de pagamento; porém, nesse caso, muitos dos estabelecimentos apenas trocam a cifra. Por exemplo, uma mercadoria que vale $100, eventualmente pode ser vendida por R$100. Na prática é um mau negócio, já que o real vale mais que o peso, e, se você trocar seu dinheiro no câmbio, essa mesma mercadoria custará em torno de R$44 (considerando, é claro, a cotação demonstrada acima, no item "Valor de troca"). Negocie, portanto, nos lugares em que "vendem em reais", para que o façam de acordo com o câmbio da época.

Poucas casas de câmbio trocam travel-cheques, serviço quase restrito a bancos, que ainda devem cobrar uma taxa razoável pela transação. Para evitar esta cobrança, os cheques da *American Express* são vantajosos, já que trocando no seu escritório (em Buenos Aires, C. Arenales 707) não há comissão. Mesma regra costuma valer para os do *Banco do Brasil* (em Buenos Aires, C. Sarmiento 487, F.(11) 4000.2759).

Não esqueça de anotar os números dos cheques e de guardá-los em separado, para reembolso em caso de perda ou roubo. Mas, apesar do conforto na questão segurança, nunca viaje apenas com cheque de viagens, para não correr o risco de ficar na mão, sem ter onde trocar. Tenha, assim, sempre pesos em espécie com você, ou ao menos dólares, que são mais facilmente recebidos.

Considere viajar também com um cartão de crédito; são quase sempre aceitos, principalmente *Visa* e *Master/Credicard*. É a facilidade do dinheiro de plástico, que você pode pagar na volta, já no Brasil. Existem ainda os cartões pré-pagos, como o *Visa Travel Money*, no qual você os abastece previamente e, durante a viagem, pode usá-los para sacar dinheiro em caixas eletrônicos de rua (ATMs) ou pagar despesas como um cartão de crédito tradicional.

Por fim, fique atento a dinheiro falso. Dizem que circulam muitas notas falsificadas, principalmente de $20 e $50. Melhor sempre trocar em locais seguros, com atenção a trocos. Alguns viajantes relataram ter recebido pesos ilegítimos de taxistas e em barraquinhas na feira de Recoleta, em Buenos Aires. Repare na textura do dinheiro e, na dúvida, procure outro lugar para fazer câmbio ou compras.

## Custos

No início deste milênio, a Argentina vivia numa fantasiosa economia em que 1 peso valia 1 dólar, o que tornava o país extremamente caro, até para europeus e norte-americanos. Nos anos seguintes, porém, na esteira de

**Policiais portenhos**

uma crise política e econômica, tudo mudou, e o país tornou-se bem mais acessível a viajantes. Os preços argentinos podem regular com os brasileiros (caso dos hotéis, gasolina) e ser mais baixos (restaurantes, roupas, livros).

De modo geral, os preços não sofrem grandes variações pelo país. Talvez Buenos Aires, por ser a capital e o maior centro econômico, a Patagônia (principalmente El Chaltén e El Calafate) e a Terra do Fogo, pela distância que onera custos de transporte de mercadorias, sejam um pouco mais caras que a média, assim como talvez o norte e o noroeste, próximos ao Paraguai e à Bolívia, sejam mais em conta. No entanto, mesmo as regiões de preços mais elevados, que são também bastante turísticas e dispõem de uma variada oferta de serviços, podem surpreender por algumas barbadas.

Claro que os custos de viagem variam com as suas exigências. Um viajante econômico sobrevive em albergues na faixa de $50-70, gastando menos de $30 por dia em comida, abusando de supermercados, sem esquecer do extra para passeios e atrações. Se for percorrer o país, assim como se desejar mais conforto – um hotel com banheiro privativo – ou um bom restaurante com direito a vinho, as despesas aumentam. Portanto, gastos devem ser previstos de acordo com seu estilo de viagem e dentro de suas limitações.

Ajuda se você não tiver vergonha de pechinchar – lembre-se que você está na América do Sul, num país vizinho ao Brasil, e dar uma chorada pode garantir alguns pesos a menos no hotel ou num par de luvas no comércio. O fato é que por toda a Argentina, mesmo numa Buenos Aires teoricamente mais cara, você encontra opções para todos os bolsos.

## 5. Segurança

A crise econômica do início do século 21, por certo, fez crescer o desemprego e o custo de vida, e, por consequência, a criminalidade. Ainda assim, pode-se considerar o país bem mais seguro que o nosso. Sequestros, sequestros-relâmpagos e assaltos à mão armada acontecem, mas nada nos índices brasileiros. De qualquer forma, vale estar sempre atento, principalmente em cidades grandes, como Buenos Aires, Rosário e Córdoba.

Viajantes solitários, mesmo mulheres, ao percorrer o país, não costumam se sentir inseguros, mas nunca se deve dar bobeira. Assim, evite lugares excessivamente escuros ou desertos e procure não pedir informações a pessoas suspeitas. Vale a pena utilizar lockers e cofres de hotéis. As doleiras, que ficam escondidas por dentro da roupa, são sempre o lugar mais eficiente para guardar dinheiro (excetuando cofre de hotéis) – mas evite manuseá-las em público.

Alguns golpes meio manjados, aplicados principalmente em Buenos Aires, são relatados por viajantes:

"Cocô de pomba": você sente algo fedorento caindo sobre seu ombro, quando aparece alguém (frequentemente um casal ou duas mulheres) dizendo que foi cocô de passarinho, prestativamente ajudando-o a limpar a sua roupa – é o gancho para roubarem sua carteira.

"Lorota de taxista": você toma um táxi, e o motorista começa a contar histórias de que algumas séries de dinheiro estão com problemas, e se oferece para trocar seus pesos, pretexto para afaná-lo ou substituir suas notas por falsas (algumas vezes, precedendo esta história, o motorista pode pedir que você troque de táxi, como que lhe passando ao "taxista picareta").

"Boate baratinha": você (homem) é convidado a entrar num inferninho por um ingresso de barbada, para depois descobrir que é obrigado a consumir uma cerveja por $50 ou $100, caso queira sair ileso do lugar, ou que deve pagar uma grana apenas por conversar 2 minutos com uma prostituta que veio puxar papo (golpe comum, em particular, na Calle Florida, em Buenos Aires).

Atenção a essas histórias, com suas possíveis variáveis, além de outras que devem surgir diariamente num criativo país da América do Sul. Seja esperto, não caia em qualquer conversinha!

Às viajantes, vale lembrar: como bons latinos, com raízes italianas, pode até rolar um assédio despretensioso dos argentinos – aliás, os caras gostam muito das brasileiras. Tudo não deve passar de um mero galanteio barato e bem-humorado; no entanto, se a situação for inconveniente, não hesite em procurar ajuda.

A Argentina possui Delegacias do Turista (*Comisaría del Turista*), subordinadas à Polícia Federal do país, com enfoque, obviamente, no atendimento a turistas, em especial aos estrangeiros. O escritório central fica em Buenos Aires, na Av. Corrientes 436, F.4346.5748; há ainda 69 postos espalhados pela Argentina, e um telefone de ligação gratuita de qualquer lugar do país, 0800.999.5000. Sempre é possível, se for mais à mão, utilizar qualquer posto policial, ou mesmo pedir ajuda na rua, se necessário.

## 6. Saúde

As condições sanitárias da Argentina são muito boas, tanto que, diferente do que ocorre em outros países sul-americanos, o viajante não é obrigado a tomar a vacina da febre amarela. Suas maiores preocupações, conforme o destino e a época do ano, devem ser com a temperatura e, eventualmente, com a altitude. A comida no país não é cara; portanto, aproveite: alimentar-se bem é meio caminho para se manter saudável.

Se você toma algum remédio regularmente, o melhor é levá-lo em sua bagagem. Caso necessite comprar algum medicamento na Argentina, é bom ter consigo o seu nome genérico, pois o nome comercial provavelmente será diferente da designação no Brasil. De qualquer forma, os farmacêuticos costumam ser prestativos na hora de procurar remédios equivalentes.

### Alimentação

Entre no clima argentino provando suas famosas parrilladas. O que é sempre bom evitar são carnes cruas ou excessivamente mal-passadas (menos comum na Argentina do que no sul do Brasil), principalmente a de porco. Há ainda quem tema pela vaca louca. Bobagem. Tão alardeado pela mídia

Noroeste argentino, a mais de 4 mil metros: importante estar aclimatado

há alguns anos, este é um problema muito mais europeu do que sul-americano, onde o pasto é mais "saudável".

Febre aftosa, certo, esse mal já rolou pela Argentina, Uruguai e Brasil, e toda pecuária é passível de ser atingida pela doença, cujo vírus ataca principalmente a boca e as patas dos bichos, e muitas vezes é mortal. Em geral, o problema ocorre em zonas específicas, e a maioria das áreas de criação bovina são consideradas "área livre de aftosa". Não precisa deixar de comer a parrillada: é difícil a febre acometer um ser humano; é mais fácil servirmos de transmissores do vírus, transportando-o de um lugar a outro em nossos sapatos, roupas ou veículos – o que explica a preocupação que a fiscalização sanitária tem com a limpeza dos pés dos turistas e dos pneus dos carros que entram por determinadas fronteiras.

## Altitude

Todo o oeste argentino está junto ou próximo à Cordilheira dos Andes. Na maioria das cidades turísticas da região andina, como Bariloche, San Martín ou Mendoza, você não deve sofrer nenhuma forte reação devido à altitude. Já a partir de 3.500 metros a situação muda de figura: a pressão atmosférica é bem mais baixa, e o corpo sente falta da quantidade de oxigênio a que estava acostumado. As consequências podem vir na forma de dores de cabeça, insônia, sangramento das narinas, vômitos, tonturas e dificuldade para caminhar. O que fazer? Não há drogas específicas para o mal de altitude, ainda que muitos tomem aspirinas para amenizar as dores de cabeça. Naturalmente, o corpo se adapta à nova posição geográfica, mas o mais indicado é uma aclimatação gradual; portanto, se possível, evite subidas bruscas. Você também se ajudará ao adotar um ritmo de viagem mais leve nos primeiros dias nas alturas, descansando e bebendo bastante água.

Muito comum na Bolívia e no Peru, a folha de coca, ou o chá feito a partir dela, não é tão usual na Argentina, ainda que exista, principalmente no Noroeste, na proximidade com a fronteira boliviana. A folha, mastigável, tem um gosto amargo, agradando poucos paladares; o chá já é mais tolerável, e costuma ser razoavelmente eficiente para atenuar as eventuais dores de cabeça e a fadiga provocadas pela altitude. Encontrar a folha ou o chá não é fácil, e, se não são exatamente proibidos no país, por certo também não são vistos com bons olhos.

Existem alguns males graves associados à altitude. Os dois principais são o edema pulmonar e o edema cerebral, causados pelo acúmulo de água no pulmão ou no cérebro, respectivamente. As primeiras manifestações, em ambos os casos, são idênticas às de um mal-estar comum; entretanto, os sintomas persistem e até aumentam com o passar dos dias. Esses males graves, porém, estão normalmente associados a grandes altitudes, enfrentados, basicamente, por alpinistas. Se você já pratica ou pretende se iniciar na escalada de alta montanha, informe-se sobre esta questão.

## Insolação e queimaduras

Como no Brasil, deve-se ter cautela com a exposição solar. Aqui, vale um cuidado extra na região andina, onde as elevadas altitudes favorecem as queimaduras. Portanto, use sempre um filtro solar de alto fator, óculos escuros e boné (ou alguma proteção para a cabeça), especialmente se for se expor ao sol entre 11h e 16h. E acostume-se a tomar muito, muito líquido (não diuréticos): 2 a 3 litros de água por dia, preferencialmente engarrafada, não lhe farão mal algum.

## Raiva

A Argentina não é exatamente um canil aberto, mas, como em qualquer lugar, sempre existem cães perdidos pelas ruas. Preventivamente, não é má ideia tomar a vacina antirrábica antes de viajar. A vacina não evita que você contraia a raiva, mas torna o tratamento bem mais fácil. Se for mordido por um cachorro, lave inicialmente o local afetado com água e sabão e, após, procure atendimento médico para receber tratamento (que pode incluir soro específico e várias doses de vacina), o qual deve ser cumprido à risca, pois a doença é grave e, se não tratada, pode ser fatal. É aconselhável que a fórmula da vacina seja a mesma ao longo do tratamento (diferentes países podem ter diferentes tipos de antirrábica). Vale lembrar que outros animais, como morcegos e ratos, também podem transmitir a raiva. Felizmente nenhum deles é encontrado de forma epidêmica no sul do continente.

## Animais peçonhentos

Picadas de cobras, aranhas e escorpiões causam sintomas que variam de acordo com a espécie do animal, a quantidade de veneno injetado e as condições físicas da vítima. No caso de cobras, pode se sentir fortes dores no local, sangramento, inchaço, vermelhidão ou arroxeamento, bolhas e falta de ar. Em alguns casos, quase não se vê o sinal da picada ou pode haver pouco inchaço no local; por outro lado, algumas horas após o incidente, a pessoa pode ter visão dupla e dificuldade para abrir os olhos, além de escurecimento da urina. Como geralmente as cobras picam do joelho para baixo, o uso de botas de cano alto e calças compridas pode evitar boa parte dos acidentes.

Os escorpiões são animais de hábitos noturnos, que, normalmente, picam apenas quando se sentem ameaçados. Encontram-se mais facilmente em zonas rurais e matas. Seu veneno age no sistema nervoso, mas dificilmente provoca vítimas fatais. A dor da picada é muito forte, acompanhada de sintomas como náuseas, dor de cabeça, visão turva, formigamento e queda de pressão. Em casos mais graves (e raros), pode ocorrer parada respiratória ou cardíaca, sobretudo em crianças ou idosos.

Mais comuns em zonas campestres e nos vários parques nacionais do país, as aranhas geralmente não são agressivas, mas, como possuem hábitos domésticos, os acidentes com esses animais são mais comuns. Seus sintomas são muito parecidos com os provocados pelos escorpiões.

Primeiros-socorros: lave, com água e sabão, o local atingido e procure imediatamente um médico, se possível levando o animal para ser identificado. Enquanto aguarda socorro, a vítima deve permanecer em repouso absoluto, mantendo a parte afetada em posição mais baixa que o corpo para dificultar a difusão do veneno. Caminhar ou correr pode fazer com que o veneno se espalhe. Roupas e acessórios que dificultem a circulação devem ser retirados. Torniquete, garrote e incisões na picada não devem ser feitos, sob nenhuma hipótese: além de bloquear a circulação, podem causar infecção, necrose e gangrena. Para tranquilizar, saiba que raramente a picada venenosa provoca vítimas fatais na hora.

## Animais selvagens

Animais naturalmente selvagens, como pumas (existem nos Andes, ainda que seja pouco provável que você veja um), pinguins e leões-marinhos (comuns na Patagônia Atlântica), tornam-se mais agressivos quando têm seu habitat invadido e sentem-se ameaçados. Melhor do que sair correndo é sacudir os braços ou agitar um pedaço de pau, para que o bicho tenha a impressão que você é maior do que realmente é. Em parques ou áreas onde esses animais se encontram, esteja atento a placas informativas e procure andar junto a grupos, de preferência com guias, evitando, prudentemente, entrar em zonas selvagens ou desconhecidas.

Pinguins de Punta Tombo: nem sempre simpáticos

## 7. Bagagem

Viaje você de mala ou mochila, o importante é não sobrecarregá-la. Procure adequá-la, obviamente, à temporada do ano e aos locais aonde você planeja ir. Importante lembrar da altitude e latitude do país, ou seja, dos lugares muito altos e/ou muito ao sul, que são frios mesmo no verão. Atente que você pode ir a um local, em princípio, não muito frio; porém, a partir dali pode fazer um passeio a uma montanha, a uma estação de esqui ou a um vulcão, onde a temperatura pode estar na casa de um dígito ou mesmo negativa. Da mesma forma, viajantes do inverno podem se surpreender ao deparar com uma estação de águas termais (comuns nas proximidades de vulcões) e constatarem que não trouxeram roupas de banho.

Nenhum arrependimento pode ser maior do que passar calor, frio ou muito frio. Tenha sempre roupas leves, mesmo no inverno, e roupas quentes, mesmo no verão. Já se a viagem for no auge do inverno, invista num bom casaco ou sobretudo, blusão (ou blusões), gorro de lã, luvas, cachecol, meias e calçados quentes, e eventualmente impermeáveis, caso preveja pegar neve. Roupas de esqui podem ser alugadas, mas a indumentária que irá preservar o seu calor no dia a dia você já deve ter ao sair do Brasil. Lojas de mochila e artigos de viagem costumam vender roupas para temperaturas extremas. Cuide-se, mas também não exagere. Até porque na Argentina você pode comprar tudo isso, e muito provavelmente por preços mais camaradas do que no Brasil.

Cabines londrinas em Mendoza

## 8. Comunicação

### Telefone

**Ligando do Brasil para a Argentina**
O DDI da Argentina é 54. Para ligar ao país a partir do Brasil você deve discar 00 + código da operadora + 54 + código da cidade + número do telefone.

**Ligando da Argentina para o Brasil**
Pagando do próprio bolso uma ligação para o Brasil, você deve discar 0055 + código da cidade + número do telefone. O preço da ligação varia conforme a operadora. Ligando a cobrar, via operadora local, disque 0800.222.7222 e peça à telefonista uma chamada *cobro revertido* (a cobrar) para o Brasil.

**Prefixos telefônicos de algumas cidades argentinas**

| | | |
|---|---|---|
| Bariloche - 0294 | Humahuaca - 03887 | Salta - 0387 |
| Bahía Blanca - 0291 | Junín de los Andes - 02972 | San Martín de |
| Buenos Aires - 11 | La Plata - 221 | los Andes - 02972 |
| Cafayate - 03868 | Mar del Plata - 0223 | San Salvador |
| Comodoro Rivadavia - 0297 | Mendoza - 0261 | de Jujuy - 0388 |
| Córdoba - 351 | Posadas - 0376 | Santa Fé - 0342 |
| El Bolsón - 02944 | Puerto Madryn - 0280 | Tilcara - 0388 |
| El Calafate - 02902 | Purmamarca - 0388 | Tucumán - 0381 |
| El Chaltén - 02962 | Río Gallegos - 02966 | Ushuaia - 02901 |
| Esquel - 02945 | Rosario - 0341 | Villa la Angostura - 0294 |

Mais fácil é, provavelmente, utilizar uma operadora brasileira, no caso a Embratel, única a realizar o serviço. Na Argentina, ligue 0800.555.5500 e escolha entre três opções de chamada: (1) direto, (2) cartão da Embratel e (3) via operador. O minuto custa R$1,21, sem impostos; o primeiro minuto é cobrado inteiro (mesmo que se fale menos de 30 segundos), e os demais minutos são cobrados por fração, a cada 6 segundos.

As operadoras de telefonia celular normalmente têm planos para utilização do serviço no exterior. Se você não se importa de pagar um adicional de ligação internacional e ser encontrado na Argentina pelos seus amigos que estão no Brasil, ainda que você esteja em alguma geleira no fim do mundo, consulte.

### Ligando via Internet

O meio mais econômico que existe para chamadas internacionais são as ligações via internet. Informe-se sobre sistemas como o Skype, que permitem você falar, com microfone e fone de ouvidos, através do computador, pagando um valor irrisório. Uma ligação entre Argentina e Brasil, conforme a cidade de destino, custa entre R$0,06-0,08, ou seja, menos de 10 centavos o minuto. E se a chamada for entre o mesmo sistema, como de Skype para Skype, não há custo algum. Caso tudo isso seja absolutamente novo para você, ache alguém com menos de 21 anos e peça para lhe explicar mais uma das maravilhas do mundo virtual.

### Ligando dentro da Argentina

Pode-se usar cartão (*tarjeta*) ou moedas para telefonar. O melhor é usar orelhões a cartão, pois os que funcionam com moeda não devolvem o troco. O mínimo necessário para completar uma chamada é $0,25, que permite uma ligação de aproximadamente 2 minutos. Os cartões estão disponíveis em unidades de $5, $10, $20, $50 e $100.

## Internet

O acesso à internet é fácil de encontrar por toda a Argentina, seja em locutórios ou cibercafés, e o serviço não é caro: 1 hora de acesso fica entre $3-5, e geralmente com valores fracionados – 15 minutos, para uma rápida consulta de email, podem custar reles $0,50.

## Correios

Agências de correios funcionam de seg/sex das 10h-18h (eventualmente variando conforme a cidade). Custo de selo para envio de cartão postal ou carta simples dentro da Argentina: até 20g, $1; até 150g, $4; até 500g, $5. Já para o Brasil ou países limítrofes, com entrega prometida em até 7 dias: até 20g, $4; até 150g, $10; até 500g, $20; até 1kg, $36.

## 9. Viajando pelo país

## Avião

Tarifas de passagens de avião variam, evidentemente, conforme o trajeto e a companhia aérea, sendo normalmente – portanto, nem sempre – o mais caro dos meios de transporte na Argentina. Em alguns trechos, especialmente no sul do país, o ônibus é tão caro que o custo de um voo, na comparação, pode surpreender positivamente. Mas, claro, isto não é a regra, e é bom preparar o bolso.

A principal companhia aérea do país é a *Aerolíneas Argentinas* (www.aerolineas.com.ar), com rotas nacionais e internacionais, e que inclui sua subsidiária *Austral* (www.austral.com.ar), que voa apenas pela Argentina. Outras empresas são a *Lade* (www.lade.com.ar), mais comum na Patagônia, *Lan Argentina* (www.lan.com), *Sol Lineas Aereas* (www.sol.com.ar) e *Andes Lineas Aereas* (www.andesonline.com).

Como no Brasil, promoções podem entrar – e sair – sem aviso prévio, de modo que pode haver uma oscilação grande de tarifa de um dia para o outro ou até para um mesmo voo, conforme algum valor promocional. Em geral, comprar com antecedência pode garantir preços melhores. Se você for estudante, confira com a *Asatej* (veja em "Agências de turismo") sobre a possibilidade de conseguir algum desconto adicional.

Uma característica chata dos trajetos aéreos da Argentina é que, basicamente, não são frequentes voos entre cidades do país sem passar pela capital. Isso pode obrigar o viajante a ziguezagues e trocas de avião. Para ir de Ushuaia a Bariloche, por exemplo, seria necessário subir a Buenos Aires para posteriormente descer à cidade da Região dos Lagos. Às vezes até existem voos entre cidades pequenas com aeronaves menores, mas raramente são diários. Com baixa frequência semanal, esses aviões podem lotar logo; assim, é necessário um bom e prévio planejamento, especialmente aos viajantes de tempo limitado e que não estão a fim de ficar presos em alguma cidade mais distante.

A Aerolíneas Argentinas oferece uma opção de compra de passagens domésticas chamada "Visite a Argentina", que pode tornar mais em conta viajar a diversas cidades por deslocamento aéreo. A ideia é incentivar os estrangeiros a conhecer o país, por isso o passe é vendido somente a não-argentinos ou a argentinos que residem no estrangeiro. Entretanto, algumas vezes você pode conseguir tarifas promocionais que se equivalem ao valor do passe. Para checar preços e maiores informações, consulte a empresa, fone (no Brasil) 0800.000.5050.

## Ônibus

O ônibus é um ótimo transporte para percorrer a Argentina. Aos viajantes a fim de contemplar as paisagens, pegar um avião e perder cenários distintos é quase um sacrilégio, justificável apenas aos que têm pouco tempo. Os ônibus argentinos são, em geral, bastante confortáveis. Com diversas empresas operando no país, criou-se uma benéfica concorrência, que resulta, conforme a rota, em várias opções de serviços, tarifas, qualidade e horários. As variações de preço não são tão acentuadas, mas uma pesquisa mínima pode significar alguns pesos de economia.

Viagens de longa duração, algo mais do que comum no país, normalmente podem ser feitas em ônibus leitos ou semileitos – ou, como são conhecidos na Argentina, em *coche cama* ou *coche semicama* – que, com seus assentos bastante (ou semi) reclináveis, pode ser uma boa ideia. Alguns desses trajetos dispõem de um "rodomoço(a)", ou "comissário de bordo", responsável por servir comes e bebes – geralmente um lanche rápido, nada excepcional. Isto pode pesar no preço do bilhete e, se houver uma opção sem comida que seja significativamente mais barata, um abastecimento no supermercado, antes da viagem, pode ser mais em conta e mais eficiente. Entretanto, algumas passagens "executivas", além de incluírem assentos reclináveis, contam também com uma ou duas refeições, sendo que às vezes não são meros lanchinhos, mas sim um almoço ou jantar em algum restaurante na estrada. Conforme o acréscimo na tarifa, pode valer a pena; se informe.

Existem dezenas de companhias de ônibus. Só na rodoviária de Buenos Aires, há dois longos corredores com aproximadamente 150 postos de empresas. Ainda assim, apesar dos infindáveis destinos e trajetos disponíveis, nem sempre um veículo parte para onde você quer ir na hora que você deseja sair. Da capital, certo, não há maiores problemas; no entanto, a situação muda de figura à medida que se aproxima do extremo sul do país, onde há um número menor de estradas, e nem todas transitáveis por ônibus em determinadas épocas do ano. Algumas cidades, como El Calafate ou Ushuaia, por exemplo, sem oferecer muitas opções de locomoção, podem segurar o viajante por alguns dias, especialmente na fria baixa temporada.

## Carro

Rodar pela Argentina em veículo próprio vale, principalmente, pela liberdade e flexibilidade que este tipo de viagem possibilita. Como muitas das atrações – parques nacionais, reservas ecológicas, lagos, vulcões, montanhas – ficam afastadas das cidades, a única maneira de chegar até elas é por meio de passeios previamente organizados por agências de viagens. Para quem viaja de carro – ou mesmo de moto –, esse problema não existe.

**Expresso Fueguino:** um trem para o fim do mundo

Poder parar a qualquer hora e em qualquer lugar para bater uma foto ou contemplar a natureza, é, talvez, a maior barbada que o carro proporciona. Você é totalmente soberano do seu tempo: tem a autonomia para ficar mais um dia em uma cidade em que a estadia se mostrou curta demais, ou, ao contrário, para ir embora antes do previsto de algum outro local onde já passou tempo suficiente. No entanto, existem várias características importantes a considerar numa jornada rodoviária. Veja mais no "Miniguia para uma viagem de carro" na página 391.

## Trem
A linha ferroviária para passageiros na Argentina é bastante limitada: abrange as províncias de Buenos Aires, Río Negro, La Pampa, Chubut e Tucumán. Quando disponíveis, os trens costumam ser bem antigos, pouco confortáveis, eventualmente lotados, e, não raro, atrasam. Podem compensar apenas pelo preço das passagens, frequentemente mais baratas que as de ônibus.

Há três classes de assento e bilhete: *Pullman* (a melhor, com ar-condicionado e assentos reclináveis), *Primera* (com certo conforto e não tão mais cara que a seguinte) e *Turista* (segunda classe, a pior, evite se a viagem for longa). Mas nem tudo é sofrimento, considerando as belas paisagens do país. Não à toa, há vários trens turísticos, como o *Tren del Fin del Mundo*, na Terra do Fogo, o *La Trochita*, na Patagônia, e *Tren de las Nubes*, talvez o mais popular de todos, no alto da região Noroeste.

## Barco
Viajar de barco não é comum no país. Eventualmente algum ferry pode ser necessário para cruzar o Rio Paraná, o Rio da Prata ou para chegar na Terra do Fogo. Nada que preocupe os enjoados de mar – ou rio. Chegando ou saindo da Argentina, é possível ir de Buenos Aires a Colônia e Montevidéu, no Uruguai.

## Bicicleta

Viajar à Argentina de bicicleta: eis uma verdadeira aventura. Existem viajantes que empreendem essa proeza, mas vale lembrar que os ventos patagônicos são muito fortes e que as estradas de rípio não ajudam. Se você cogita encarar esta empreitada é porque deve ter a manha (e uma boa bike, preparo físico, grana, tempo e plano de viagem), e aí é você quem deve nos dar as dicas.

Nas cidades argentinas, alugar uma bicicleta – o que não é difícil – pode ser uma boa alternativa às inevitáveis, e nem sempre baratas, excursões aos parques nacionais e atrações do país. Além da economia, há as vantagens do maior contato com a natureza e da flexibilidade de parar quando desejar. Mas atenção: pedalar tanto assim é aconselhável apenas aos ciclistas mais tarimbados.

## Carona

Dar e pegar carona – ou *hacer dedo* – é bastante comum na Argentina, em especial na Patagônia, não apenas entre os mochileiros que andam pela região, mas entre os próprios habitantes locais. Nessa longínqua parte do território argentino pesa um forte instinto de ajuda mútua, especialmente considerando as enormes distâncias entre as cidades e a baixa frequência de transporte público, urbano ou intermunicipal. Carona é uma prática tão popular no país que até mesmo funcionários dos centros de informações turísticas chegam a aconselhá-la como meio de locomoção em trechos não cobertos por ônibus.

Porém, nas regiões mais remotas, basear uma viagem em caronas pode ser um grande problema: você pode esperar horas e horas sem que um mísero carro passe por ali (ainda que, quando passam, costumam parar). E, vale lembrar, sempre há riscos, pois este não é, obviamente, o meio de transporte mais seguro. É bom, portanto, as meninas viajantes evitarem pedir carona, principalmente se estiverem sozinhas.

**Correndo para o táxi em Buenos Aires**

## Transporte urbano

Qualquer cidade argentina de porte mediano tem ônibus e táxis cobrindo as distâncias urbanas. Entre esses últimos, bastante populares são os *remís*, táxis solicitados pelo telefone, eventualmente carros particulares que cobram um valor pré-determinado, sendo uma opção mais interessante para corridas longas ou mesmo viagens entre cidades. Em Buenos Aires você conta ainda com o metrô.

## 10. Acomodação

Existem vários tipos de hospedagem, com diferentes denominações, características e preços, variando entre as regiões.

### Hotéis e hosterías

Hotéis, por mais básicos que sejam, sempre oferecem algumas facilidades, ainda que nem sempre mereçam recomendação. Já a maioria das hosterías, mesmo as mais simples, costumam ter um bom padrão de conforto. Numa mesma faixa de preço, ou de estrelas (que nem sempre apresentam), estes últimos normalmente são melhores que os primeiros. Hosterías de preços razoáveis cobram cerca de $200 a diária por casal, mesmo valor que um hotel 2 estrelas, sempre com banheiro privativo e normalmente com café da manhã incluído (o que é bom confirmar). Já um hotel superior fica entre $350-600, conforme os serviços oferecidos.

Como particularidade, as hosterías geralmente se situam à beira de estradas ou são distantes do centro das cidades, tornando-se propícias para quem está viajando de carro (por isso costumam oferecer estacionamento) e deseja fugir de um certo tumulto urbano. Pela sua localização, frequentemente se beneficiam de posições geográficas privilegiadas, à beira de lagos ou com vista para montanhas.

Hotéis e hosterías costumam ter diárias bem mais em conta, na proporção, para duas pessoas, especialmente para um casal. Às vezes, um quarto com duas camas de solteiro custa mais que um com cama matrimonial (como é chamada cama de casal). Preços costumam oscilar conforme a temporada, e, às vezes, de acordo com a lotação do local (na alta temporada, é sempre bom reservar). Quando um hotel não está cheio, você pode barganhar até 40% da diária divulgada. Brasileiros são um público potencial; por isso, muitos hotéis e hosterías têm seus sites em versões para o português, e há até quem aceite pagamento em reais.

Eventualmente encontrados, os hostais são uma variação das hosterías. Diferente de como é na Espanha, onde são hospedagens mais simples, na Argentina costumam ter mais conforto do que os albergues, com quartos com banheiro privativo e alguns serviços, mas sem chegar ao padrão de um hotel (3 ou 4 estrelas, ao menos); muitos também são de administração familiar.

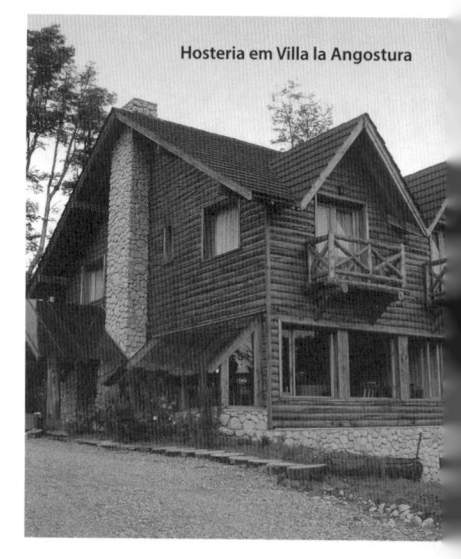

Hosteria em Villa la Angostura

Diárias em pesos costumam incluir o IVA, imposto de 21% sobre o valor agregado. Uma minoria de estabelecimentos não o inclui no valor informado; assim, sempre é bom se certificar se sobre a tarifa a ser cobrada há algum imposto adicional. Cartões de crédito costumam ser aceitos, mas *quitar em efectivo* pode garantir mais alguma redução no valor. Uma das coisas boas dos argentinos é que os hermanos são bastante abertos a negociações, especialmente conosco, os *brasileños* – portanto, não hesite em pedir algum desconto nos preços.

## Hospedajes e residenciales

*Hospedajes* (hospedagens), também conhecidas como *residenciales*, são mais econômicas que hotéis: a partir de $50, as mais simples, chegando a $120 por pessoa. Nestes estabelecimentos, ainda há sempre a possibilidade de desconto, especialmente no caso de longas permanências – uma característica deste tipo de acomodação. O banheiro nem sempre é privativo, e situa-se, geralmente, no corredor, para uso coletivo (o que ao menos torna a diária mais barata). Cozinha, às vezes, é disponibilizada para utilização, mas tudo depende da boa vontade do dono.

Muitas hospedagens funcionam quase como albergue, mas sem dormitórios com beliches, somente quartos, geralmente modestos, porém limpos. Você arruma sua cama, leva sua chave e provavelmente toma o café da manhã na rua. Frequentemente o(a) dono(a) mora no local, num quarto próprio ou numa área privativa.

Mais do que apenas abrigar o proprietário, certos residenciais são verdadeiras casas de família, com poucos quartos, onde estrangeiros compartilham espaços com um pai, uma mãe ou uma avó (talvez você esteja dormindo no quarto do filho que foi estudar em Buenos Aires). Esta é uma prática de acomodação razoavelmente comum no sul do país. Pode ser interessante, já que se convive mais com os nativos, sem gastar demais; eventualmente, há ainda o café da manhã incluído. Você descola esse tipo de serviço nos escritórios de turismo ou indo direto nas casas, muitas delas com placas anunciando que recebem viajantes, ou apenas indicando "hospedaje".

## Hostels

Albergues, ou hostels, talvez sejam a modalidade de acomodação que mais cresce no mundo. São os quartos compartilhados, com camas ou beliches, que você divide com outros viajantes. Antigamente chamados de albergues da juventude, aceitam pessoas de qualquer idade, ainda que predomine o usuário na faixa dos 20 anos. A ideia é socializar o espaço com outros estrangeiros (e nativos), trocar figurinhas de viagem e, evidentemente, pagar menos do que num hotel – entre $45-90.

Existem os albergues da rede HI e os independentes. Os primeiros são credenciados à organização *Hostelling International* – os quais, na teoria, deveriam apresentar um padrão determinado de qualidade – e exigem de seus hóspedes a apresentação da carteira de albergue HI, que você faz em agências de viagem no Brasil, como a *STB* (às vezes, também se faz na hora, em algum albergue). Na prática, qualquer um pode ficar nesses albergues, ainda que o portador da carteirinha HI seja beneficiado com um desconto, em geral, de $5-10 na diária.

De qualquer forma, a HI hoje está bem mais flexível, ainda que não haja nenhuma garantia de que um albergue pertencente a sua rede seja superior. Frequentemente, os albergues independentes ganham no custo-benefício, oferecendo instalações melhores e, às vezes, por preços inferiores. Na verdade, ambos podem (ou não) ser boas opções, com habitações limpas e agradáveis, desde que você não se importe em compartilhar o quarto (e o banheiro) com outros viajantes.

Muitos albergues chegam a ter características de hotéis, ao menos na questão do quarto com banheiro privativo. Assim, uma pessoa, dois ou três amigos ou um casal podem conseguir um quarto para si sem ter que dividi-lo com mais cinco desconhecidos, e ainda pagando menos (às vezes nem tanto) que num hotel – mas obviamente mais do que pagaria num quarto compartilhado. Ainda que custe o mesmo que um hotel (básico), vale para quem está a fim de certa privacidade sem abdicar do astral de um hostel.

Importante saber que alguns hostels têm "astral demais", ou seja, muita festa e zoeira. Mas isso não é regra; varia de lugar para lugar. De modo geral, os ambientes costumam ser de aconchegantes a caseiros, especialmente na Região dos Lagos e na Patagônia, locais onde muitas vezes você é atendido pelo próprio dono do estabelecimento, e também por seus cães, gatos e caturritas de estimação. A maioria dos albergues é bem-localizada e possui serviços como cozinha, lockers, minibiblioteca, TV, DVD, lavanderia, internet e disponibiliza muita informação sobre a cidade e a região em que se encontra.

## Cabanas, estâncias e campings

Mais do que em qualquer outro país sul-americano, se hospedar numa cabana é uma alternativa bastante popular na Argentina. Quase sempre são aconchegantes e uma boa pedida para grupos, podendo custar, conforme o local, as facilidades e a capacidade, de $270-550. Não é difícil encontrar este tipo de acomodação, em particular na Patagônia e na Região dos Lagos.

Na linha do turismo rural, hospedar-se numa estância é uma ótima ideia para absorver a essência argentina. A diária gira em torno de $400, eventualmente com alguns programas incluídos, como cavalgada, pesca ou mesmo a devora de um *asado* de boi ou cordeiro (sentimos muito, vegetarianos). Aos que desejam tomar o leite do café da manhã direto da vaca e passar um dia no campo, vale se informar nos centros de turismo das cidades ou em determinadas agências de viagem.

Mais naturais e bem mais baratos são os campings, sempre uma escolha eficiente e econômica. Existem os organizados, que contam com água quente, mercadinho, churrasqueira e lavanderia, entre outras facilidades, custando a partir de $10, e os campings agrestes ou livres, normalmente gratuitos, tratando-se apenas de um espaço para armar a barraca, com serviço inexistente. Há muitas indicações de campings na internet, como no site www.voydecamping.com.ar.

O charme dos cafés portenhos

## 11. Comes & Bebes

Carnívoros se esbaldam na Argentina. Vegetarianos sofrem um pouco, mas sobrevivem. Alternativas há, afinal, para todos os paladares – ainda que inevitavelmente se sobressaiam as...

## Carnes

A *parrillada*, o churrasco argentino feito na grelha, é sem dúvida a comida mais típica do país. Aliás, todos os derivados da carne bovina, ou simplesmente da carne, são extremamente populares: *bife de lomo* (bife de lombo), *lomo de cerdo* (lombo de porco), *colita de quadril* (maminha), *bife de costilla* (bife de costela), *chuleta* (costeleta de boi, porco ou carneiro), *asado de tira* (costela fina bovina), *oveja* (ovelha), *chorizo* (linguiça picante), *milanesa* (um bifão à milanesa) e até mesmo *panchos* (cachorro-quente, normalmente uma enorme salsicha para um minúsculo pãozinho) e *choripáns* (com linguiça).

Acompanhando os bifes, molhos, como o *chimichurri* – um composto de ervas –, são uma boa pedida. E, para quem curte miúdos, bom proveito com as *achuras* (o bucho, ou estômago do boi) e o *chinchulín* (o intestino delgado da vaca).

Para experimentar com fartura as carnes argentinas, existem as parrillas *tenedor libre*, restaurantes estilo rodízio ou buffet livre, com ampla variedade de carnes (ou, às vezes, nem tanto), onde você come até explodir. Mas é bom avisar aos carnívoros brasileiros: o popular churrasco argentino é distinto do nosso. Algumas carnes podem nos parecer mais macias ou diferenciadas; outras, entretanto, podem decepcionar, em especial aos amantes de uma suculenta picanha.

As carnes mais saborosas você possivelmente não encontrará num rodízio. E aí talvez seja melhor fazer um pedido mais pontual do que conhecer toda a pecuária do país. O *bife de chorizo* é uma das carnes mais encorpadas, favorita de muitos argentinos: é um corte equivalente ao nosso contrafilé, grelhado em postas de aproximadamente 450 gramas e temperado apenas com sal grosso. Algumas derivações são *ojo de bife*, parte específica do contrafilé, e o *bife ancho*, contrafilé largo.

Outra carne que, em geral, não tem erro é *o lomo*, o nosso filé, que costuma ser mais macio e gostoso se vier no ponto ou mal-passado (*jugoso*). Também vale experimentar uma carne que não é tão habitual no Brasil – o cordeiro, ou *cordero*, o filhote de carneiro, que tem esse nome até o primeiro ano de idade. São bastante saborosas suas costeletas e, em especial, o filé. Deseja uma carne diferenciada na Argentina? Peça o *lomo de cordero*.

## Outros pratos

Apesar da vasta costa do país, peixe (ou *pescado*, como é chamado), não é um prato tão popular; não, ao menos, como o boi. Linguado, pescado, corvina, besugo, peixe-rei, todos são parte de pratos locais, encontrados não apenas no litoral, mas também nos rios de planícies e montanhas; não são, no entanto, tão apreciados como na Espanha, principal colonizador da Argentina, ou no vizinho Chile. De qualquer forma, são extremamente saborosos o *salmón* (salmão) e a *trucha* (truta) pescados nos rios locais, especialmente no sul do país.

Apreciadas em todo o país são as *empanadas*, uma espécie de pastel ou empada, habitualmente recheadas com *pollo* (frango), *queso* (queijo), *jamón* (presunto) ou, claro, *carne*, sendo fritas ou *al horno* (assadas). As ao forno costumam ser mais gostosas, além de menos gordurosas.

Outros colonizadores, os italianos, inseriram as massas, sempre apreciadas (o spaguetti de domingo também é tradicional) – depois, evidente, da carne bovina. Claro que entre as pastas e salsas (molhos) desponta a massa à bolonhesa, com carne.

Carne, carne, carne. Vegetarianos, certo, sofrem um pouco, mas até há restaurantes que não servem carne. Incomum, verdade seja dita, mas existem, principalmente nas grandes cidades. De qualquer forma, salada, verduras e legumes não são o forte deles, e, no interior, a escapada pode ser nas pizzas. Como acompanhamento para este outro tradicional prato italiano e universal, pode vir a chamada *fainá*, uma massa de farinha de grão-de-bico, dourada, bem fininha.

## Comida regional

Há na Argentina uma abundância de comidas típicas regionais. O Noroeste do país tem uma rica culinária com influência boliviana, isto é, com muitos pratos à base de milho, caracterizada por fortes sabores e pelo farto uso de pimenta. As especialidades são muitas, e viajante que é viajante experimenta pelo menos uma delas. O *tamal* tem ingredientes parecidos aos da empanada, mas é coberto com milho cozido triturado e enrolado na palha do milho verde, na forma de uma grande bala.

*Humitas* são feitas com o milho cozido e triturado, adicionando queijo branco; também enroladas na palha verde, mas em forma quadrada, são degustadas salgadas ou doces. Outra especialidade é o *locro*, uma espécie de sopa com um tipo de guisado à base de tripas, mais carne, feijão, ossos de porco, milho e outros vegetais.

Os Pampas, talvez ainda mais do que outras regiões do país, é conhecido pela carne. Lá pode-se encontrar o tradicional *puchero criollo*, que consiste numa modificação do cozido espanhol, preparado com mais carnes – aí se inclui vitela, chouriço, toucinho, frango e paio. É um prato apreciado também na fronteira com o Rio Grande do Sul. A *carbonada* tem o nome originário do francês *charbonne* (carvão), e se constitui de carnes cozidas na panela sobre brasas de carvão.

Outra colônia bem menor, porém importante no povoamento da região, é a dos galeses na Patagônia. Nesta remota parte da Argentina, é curioso encontrar restaurantes que servem o pomposo chá britânico, acrescido de bolos, tortas e uma deliciosa variedade de doces de encher os olhos.

## Doces

Entrando neste quesito, o *alfajor*, camadas de biscoito recheadas de doce de leite e cobertas de chocolate, é uma mania nacional; prove e leve para comer durante a viagem. *Doce de leite* é outra preferência popular, uma delícia que só um chato vai nos lembrar o quão calórico é. E, na região de Bariloche, é impossível resistir a um chocolate, ou chocolates, com os mais saborosos recheios. Os já internacionais *churros* também são bem cotados. Há ainda o menos conhecido *vigilante*, uma sobremesa de queijo com doce de batata-doce ou marmelo.

No café da manhã – o *desayuno* – ou no café da tarde, não podem faltar as tradicionais *media lunas*, espécie de croissaints. Muito apreciadas, são servidas em diversos hotéis e albergues, doces ou salgadas.

## Bebidas

Hábito bastante típico do gaucho argentino – e não apenas do homem rural vestido a caráter – é a sempre socializante roda de mate, também comum no sul do Brasil (o chimarrão), mas aqui com algumas distinções: a erva argentina talvez seja mais encorpada, menos triturada, e a bebida é possivelmente servida não tão quente como no Rio Grande do Sul. Vale provar, ainda que muitos viajantes demonstrem certo desagrado com o gosto amargo do mate.

As cervejas também são bastante populares, especialmente no verão. É comum cada região fabricar a sua, ou ter uma preferência. Ao longo do país, nota-se que a *Quilmes* é uma das mais celebradas. Uma bebida que os jovens hermanos adoram é o *fernet*, doce, tomado com coca-cola – e sobe rápido que é uma beleza... Para uma fria tarde de inverno, nada melhor que um tradicional chocolate quente – melhor ainda se for num dos aconchegantes cafés portenhos.

# Vinhos

Maior produtora da bebida na América do Sul, a Argentina é internacionalmente reconhecida por seus vinhos. Os tintos produzidos na região de Mendoza são uma unanimidade mundial, com destaque às uvas *malbec* (veja o box na página 246). Viajando pelas proximidades do Aconcágua, não deixe de conhecer alguma das bodegas locais – onde pode-se fazer um tour guiado, comprar vinhos por um valor mais baixo que de mercado, e, a melhor parte, degustá-los, em geral, gratuitamente. Outras regiões viníferas importantes na Argentina:

Valles Calchaquíes: região Noroeste, junto à cidade de Cafayate, entre Salta e Tucumán. A produção aqui é caracterizada pela área de elevada altitude, com inverno e primavera frios e verão quente. Bom para vinhos brancos. Principais uvas: *torrontés*, *chardonnay* e *sauvignon blanc*.

La Rioja: região de mesmo nome que a do norte da Espanha; não produz vinhos tão bons quanto a sua homônima, mas, ainda assim, tem melhorado bastante nos últimos anos, graças ao rigor no cultivo das uvas e ao clima gelado no inverno e muito quente no verão, sempre seco. Permite a obtenção de tintos excepcionais, frutados e de cor intensa, de uvas *syrah* e *malbec*.

San Juan: a maioria da produção desta região é de vinhos *varietais* (feitos de um só tipo de uva, ou cepa). Tem o inverno moderado e o verão com amplitudes térmicas. Os vinhos brancos são de uvas *sauvignon blanc* e *chardonnay frutadas* e *cítricas*. Os tintos são levemente adocicados, e a uva *syrah* é a que mais distingue a província.

Neuquén: sim, faz-se vinho – e bom – na Patagônia, em particular na região próxima à cidade de Neuquén. A amplitude térmica do verão, alternando temperaturas baixas com mais elevadas, em dias quentes, contribui para equilibrar a acidez e o açúcar. A alta tecnologia das bodegas faz crer que é uma região de futuro para o vinho. Principais uvas: *sauvignon blanc*, *semillon*, *chardonnay*, *merlot*, *pinot noir* e *syrah*.

Se você não puder conhecer alguma dessas regiões, visite um bom supermercado: qualquer um de médio porte tem uma excelente adega com vinhos à venda, com preços (do vinho argentino, obviamente) bem mais simpáticos do que os que você encontraria no Brasil.

## 12. Compras

Até pouco tempo atrás, argentinos cruzavam a fronteira para comprar nas lojas brasileiras e chilenas. Hoje, a situação se inverteu, e o país está atraente para nós comprarmos por lá (se bem que, com a instabilidade da economia latino-americana, esta é uma via de duplo-sentido). Produtos típicos argentinos e de boa qualidade são artigos de couro e vinhos.

No aeroporto, pode-se recuperar o valor do IVA (Imposto sobre Valor Agregado), que é 21% do custo de qualquer mercadoria comprada no país. Mas você só tem direito a resgatar a parte de seus gastos se a compra tiver sido feita num estabelecimento filiado ao sistema *Tax Free* ou *Global Refund*, se você tiver gasto mais de $70 por nota fiscal e solicitado o abonamento no ato da aquisição.

Floralis Generica, na
Plaza de las Naciones Unidas

# BUENOS AIRES

A belíssima arquitetura, as aconchegantes cafeterias com janelas para a rua e o clima friozinho no inverno até nos fazem pensar que estamos na Europa. Essa percepção é aguçada em uma visita aos bairros mais tradicionais, como San Telmo, La Boca e Recoleta, que mantêm características herdadas dos espanhóis, italianos e ingleses que passaram pela cidade. Mas estamos em Buenos Aires, um dos centros mais animados da América do Sul, lar do tango, da parrillada, dos agradáveis cafés, de charmosas e abundantes livrarias, de ricos museus, de casas históricas – e, por que não, de um povo que adora futebol, tanto quanto ou até mais do que nós, brasileiros. O *porteño* – apelido do cidadão nativo – é elegante, politizado, falante e muito boêmio. Não é à toa que os habitantes do resto do país acham os caras da capital meio nariz-empinados, até mesmo presunçosos, segundo alguns. Pelo mundo afora – inclusive (ou principalmente) no Brasil – corre a máxima de que "o argentino é um sulamericano metido a italiano que fala espanhol e pensa que é inglês". Quem nunca fez piadas desse tipo que atire o primeiro alfajor. Porém, renda-se: temos certeza que você irá adorar a capital argentina!

## A Cidade

Buenos Aires foi fundada em 1536 pelo espanhol Pedro de Mendoza. Em 1776, foi escolhida capital do Vice-Reinado do Rio da Prata. No começo do século 19, ainda durante o período colonial, foi invadida pelos ingleses. Tornou-se a capital da Argentina em 1880, época em que tinha cerca de 650 mil habitantes, a maioria imigrantes europeus. Os colonizadores implantaram seus próprios padrões de arquitetura e trouxeram influências como a *siesta* e a boemia, particularidades que a tornaram conhecida como a cidade mais europeia da América do Sul. Hoje, com mais de 3 milhões de habitantes (10 milhões na região metropolitana), a capital portenha concilia a dualidade da agitação e dos problemas de uma grande cidade latino-americana com o charme e alguns hábitos de uma quase província. Buenos Aires é exclusiva: ao mesmo tempo borbulhante, pela sua vida cultural e política, com intensas manifestações e protestos, e também pacata, com seus bairros de características singulares e habitantes que parecem ver a vida passar acomodados confortavelmente num café ou atirados na grama de um parque. E uma boa surpresa: pode não ser tão cara como se imagina. Claro, sua viagem pode ser de uma sofisticação única; o cenário propicia. Por outro lado, também é possível aproveitar bastante com economia, bem mais do que em outras localidades argentinas, seja em hospedagem, comida, atrações ou passeios. Por tudo isso, Buenos Aires é uma das cidades mais ecléticas e prazerosas do continente sulamericano.

## Informações e serviços

**Código telefônico** 11

**Clima** A capital argentina se caracteriza por apresentar um clima temperado e úmido, com as quatro estações bem definidas. No inverno, a temperatura oscila entre 4ºC e 10ºC, e o mês mais frio é julho. No verão, fica em torno de 28ºC, e o mês mais quente é janeiro, quando passa fácil dos 30ºC – e com uma sensação térmica ainda maior. Durante o outono e a primavera, varia entre 12ºC e 20ºC, bom período para visitar a cidade.

**Câmbio** Na área central de Buenos Aires facilmente se encontram bancos e casas de câmbio, em especial na C. Florida. Nesta região também se consegue trocar travel-cheques e reais, com cotações honestas. Atenção a notas falsas, que, segundo relatos de viajantes, circulam em algumas barracas da feira de Recoleta.

**Informações turísticas** A *Secretaría de Turismo* (F.0800.999.2838) tem quiosques nos principais pontos da cidade, os quais oferecem bons mapas e material informativo (eventualmente impressos em português) com dicas de atrações, transporte e acomodação. Centro: C. Florida 100, esq. diagonal Roque S. Pena, diariamente 9h-18h. Retiro: Terminal de ônibus, guichê 83, seg/sex 7h30-14h30, sáb/dom até 17h30; e também na C. Florida esq. M. T. de Alvear, seg/sex 10h-17h. Puerto Madero: Av. Alicia Moreau de Justo 200, Dique 4, Grúa 8, seg/dom 9h-18h. Recoleta: Av. Quintana

596, seg/dom 9h-18h. Aeropuerto Internacional de Ezeiza: seg/dom 10h-17h. Aeroparque Jorge Newbery: seg/dom 10h-17h. Mais informações sobre Buenos Aires pela internet: www.bue.gov.ar.

**Agências de viagem** Há muitas no Centro, principalmente nos calçadões das ruas Florida e Lavalle, no aeroporto e na rodoviária. Costumam vender passeios de barco pelo Delta do Paraná e pelo Tren de la Costa, ou viagens a locais mais distantes na Argentina, como Bariloche e Ushuaia. Para o segmento jovem-estudantil, a Asatej dispõe de vários escritórios na capital portenha, como na C. Florida 835, 2º piso, F.4114.7528.

**Excursões** Algumas agências de viagens oferecem city tours em ônibus e micro-ônibus, que passam pelos principais marcos e bairros de Buenos Aires: Casa Rosada, Plaza de Mayo, Av. 9 de Julio, San Telmo, La Boca, Recoleta e Puerto Madero. Entre as que operam este serviço encontram-se a *Air Sea Land*, C. Paraná 1097, 11º A, F.4816.0026; e a *Buenos Aires Tour*, C. Lavalle 1444, F.4371.2304. O percurso, que pode variar conforme a empresa, leva aproximadamente 3h, e costuma incluir breves paradas. Há saídas diárias, normalmente pela manhã e à tarde (em algumas agências, até mesmo à noite) e o passeio custa em torno de $120. Já a empresa *Buenos Aires Bus* (www.buenosairesbus.com) oferece city tours em ônibus panorâmicos, audioguiados em português, passando por 24 pontos da cidade – o circuito completo dura 3h15. Os passageiros podem descer/subir em quantas paradas quiserem. Os ônibus passam a cada 20 minutos entre 8h40-19h no verão e 9h-17h20 no inverno. Os bilhetes custam $150/190 para 24h/48h (estudantes pagam metade), e podem ser comprados em qualquer parada ou online com desconto de 5%.

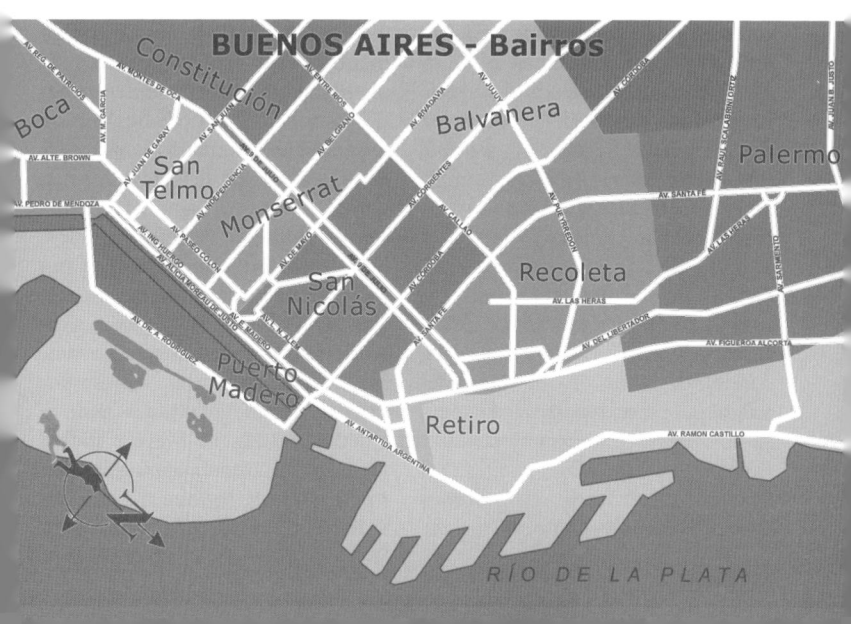

Quem está a fim de uma visita organizada, mas não quer encarar o trânsito da cidade, pode fazer passeios guiados a pé, por diferentes bairros de Buenos Aires. O programa, organizado pela Secretaría de Turismo, é gratuito e ocorre em dias e horários específicos, com diferentes roteiros. Consulte a programação disponível nas oficinas de turismo ou nos impressos *Destino Buenos Aires*.

Outra possibilidade é sair pela capital de bicicleta. A *La Bicicleta Naranja* (www.labicicletanaranja.com.ar), Pasaje Giuffra 308, San Telmo, F.4362.1104, organiza três circuitos básicos: Sul, Norte e Lagos y Bosques. O passeio, guiado, leva em torno de 3h30, com aproximadamente dez paradas, e custa $180. A empresa também aluga bicicletas, e aí a volta ocorre por sua conta. $25/hora ou $125/dia, das 9h-19h. Outra companhia que organiza excursões sobre duas rodas é a *Bike Tours*, C. San Martín, 910, F. 4311.5199, com três diferentes circuitos por Buenos Aires, $200.

**Locadoras de carros** *Avis*, F.0810.9991.2847, www.avis.com.ar; *Budget*, F.4326.3825, www.budget.com.ar; *Dollar*, F.0800.555.3655, www.dollar.com.ar; *Localiza*, F.0800.999.2999, www.localiza.com.ar; *Hertz*, F.0810.222.43789, www.milletrentacar.com.ar;

**Cartões de crédito** American Express, F.0800.444.2450; Mastercard, F.0800.444.5220; Visa, F.0800.888.8006. Estes telefones valem para todo o país.

**Hospital** Centro: *Hospital de Clínicas José de San Martín*, Av. Córdoba 2351, F.5950.8000. La Boca: *Hospital Dr. Cosme Argerich*, C. Py y Margall 750, F.4121.0700. Recoleta: *Hospital Bernardino Rivadavia*, Av. Las Heras 2670, F.4809.2000.

**Delegacia do Turista** Av. Corrientes 436, F.0800.999.5000, turista@policiafederal.gov.ar.

**Embaixada Brasileira** C. Cerrito 1350, F.4515.2400, www.brasil.org.ar, embras@embrasil.org.ar.

**Consulado Brasileiro** C. Carlos Pellegrini 1363, 5° piso, F.4515.6500, www.conbrasil.org.ar, brasileiro@conbrasil.org.ar.

**Outras Embaixadas** Chile: C. Tagle 2762, F.4808.8600; Portugal: C. Maipú 942, F.4312.3524; Uruguai: Av. Las Heras 1907, F.4807.3045.

## Orientação

Buenos Aires é uma grande metrópole formada por vários bairros, cada qual com sua própria identidade. Para uma noção geral da cidade, vale conseguir um bom mapa, facilmente achado nos quiosques de informação turística e nas recepções dos hotéis. Alguns prédios, ruas e monumentos, tomados como referencial, ajudam a se localizar, ainda que se perder na capital argentina seja sinônimo de passeio.

O centro é dividido em duas áreas, Monserrat e San Nicolás, e entre elas fica a Av. de Mayo, cujo quarteirão mais importante é a Plaza de Mayo, onde se localiza a Casa Rosada, sede do governo argentino. Cortando a Av. de Mayo e toda a área central, impera a avenida mais importante de Buenos Aires, a Av. 9 de Julio, considerada a mais larga

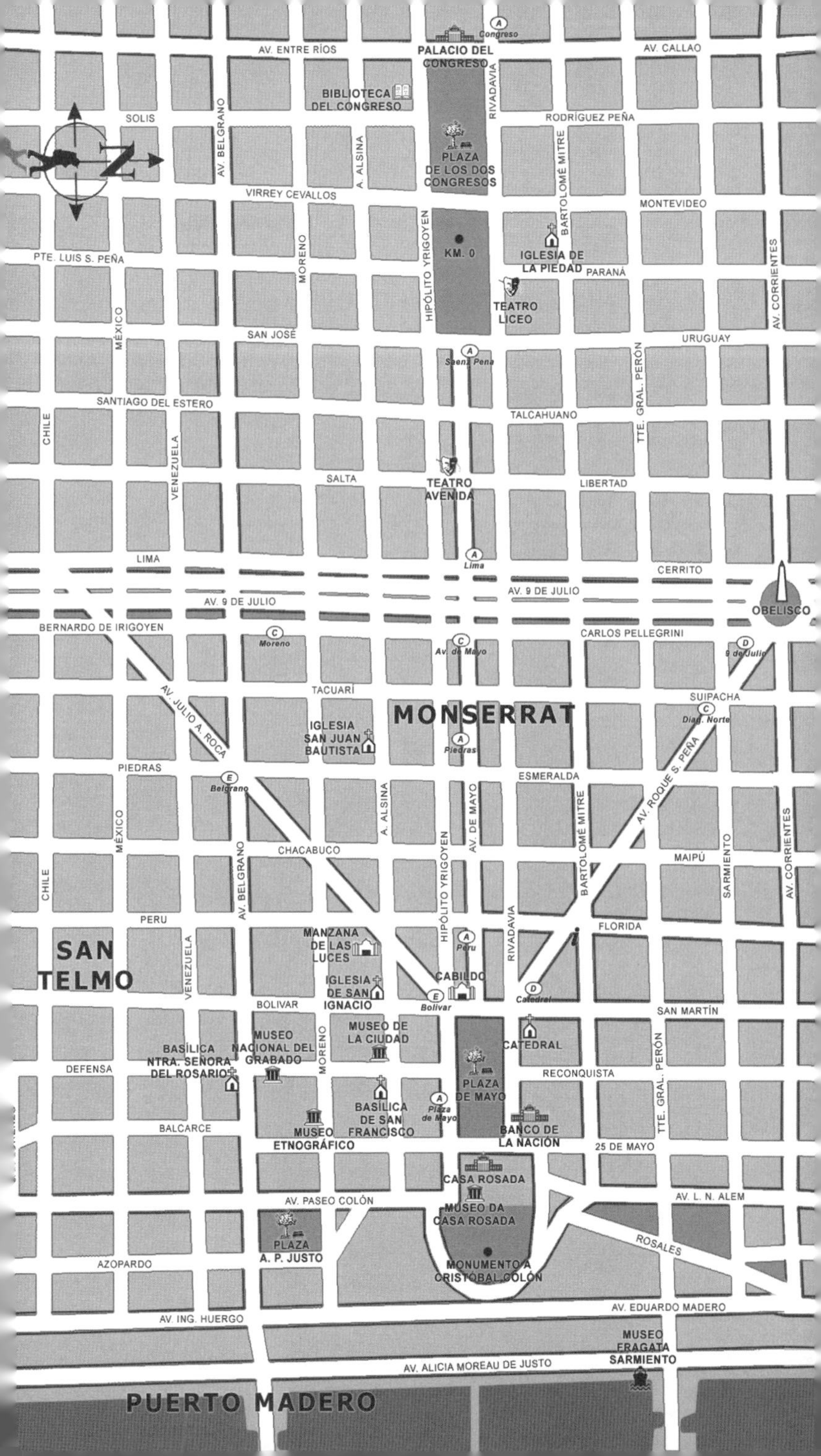

Congreso
PALACIO DEL CONGRESO
AV. ENTRE RÍOS
AV. CALLAO
BIBLIOTECA DEL CONGRESO
RIVADAVIA
SOLIS
AV. BELGRANO
RODRÍGUEZ PEÑA
A. ALSINA
PLAZA DE LOS DOS CONGRESOS
BARTOLOMÉ MITRE
VIRREY CEVALLOS
MONTEVIDEO
HIPÓLITO YRIGOYEN
KM. 0
MORENO
IGLESIA DE LA PIEDAD
PTE. LUIS S. PEÑA
PARANÁ
AV. CORRIENTES
TEATRO LICEO
MÉXICO
SAN JOSÉ
URUGUAY
Saenz Peña
TTE. GRAL. PERÓN
SANTIAGO DEL ESTERO
TALCAHUANO
CHILE
VENEZUELA
TEATRO AVENIDA
SALTA
LIBERTAD
Lima
LIMA
CERRITO
AV. 9 DE JULIO
OBELISCO
BERNARDO DE IRIGOYEN
Moreno
CARLOS PELLEGRINI
Av. de Mayo
9 de Julio
TACUARÍ
SUIPACHA
AV. JULIO A. ROCA
MONSERRAT
Diag. Norte
IGLESIA SAN JUAN BAUTISTA
Piedras
PIEDRAS
ESMERALDA
Belgrano
AV. ROQUE S. PEÑA
AV. DE MAYO
CHACABUCO
MAIPÚ
SARMIENTO
PERU
FLORIDA
SAN TELMO
MANZANA DE LAS LUCES
Peru
IGLESIA DE SAN IGNACIO
CABILDO
Bolivar
Catedral
BOLIVAR
SAN MARTÍN
MUSEO DE LA CIUDAD
BASÍLICA NTRA. SEÑORA DEL ROSARIO
MUSEO NACIONAL DEL GRABADO
CATEDRAL
DEFENSA
RECONQUISTA
PLAZA DE MAYO
Plaza de Mayo
BASÍLICA DE SAN FRANCISCO
BALCARCE
MUSEO ETNOGRÁFICO
BANCO DE LA NACIÓN
25 DE MAYO
CASA ROSADA
AV. PASEO COLÓN
AV. L. N. ALEM
MUSEO DA CASA ROSADA
PLAZA A. P. JUSTO
ROSALES
AZOPARDO
MONUMENTO A CRISTOBAL COLÓN
AV. EDUARDO MADERO
AV. ING. HUERGO
MUSEO FRAGATA SARMIENTO
AV. ALICIA MOREAU DE JUSTO
PUERTO MADERO

AV. CALLAO
Callao
Callao
PLAZA RODRÍGUEZ PEÑA
RODRÍGUEZ PEÑA
AV. CORRIENTES
ARENALES
JUNCAL
AV. LAS HERAS
VIAMONTE
MONTEVIDEO
TEATRO GRAL. SAN MARTÍN
Uruguay
PARANÁ
M. T. DE ALVEAR
PLAZA VICENTE LÓPEZ
VICENTE LÓPEZ
RODRÍGUEZ PEÑA
URUGUAY
AV. CÓRDOBA
TUCUMÁN
SARMIENTO
PALACIO DE JUSTICIA
GUIDO
QUINTANA
MONTEVIDEO
Tribunales
PLAZA LAVALLE
TALCAHUANO
PARAGUAY
SINAGOGA
LIBERTAD
LAVALLE
TEATRO COLÓN
TEATRO CERVANTES
PLAZA LIBERTAD
AV. SANTA FÉ
ARENALES
EMBAIXADA BRASILEIRA
CERRITO
OBELISCO
AV. 9 DE JULIO
AV. 9 DE JULIO
ARROYO
CARLOS PELLEGRINI
9 de Julio
Carlos Pellegrini
CONSULADO BRASILEIRO
SAN NICOLÁS
SUIPACHA
Diagonal Norte
MUSEO DE ARTE ISAAC FERNÁNDEZ BLANCO
CASA NATAL DE JORGE LUIS BORGES
Lavalle
ESMERALDA
M. T. DE ALVEAR
RETIRO
MUSEO DE ARMAS DE LA NACIÓN
AV. DEL LIBERTADOR
MAIPU
San Martín
BASAVILBASO
GRAL. BELGRANO
FLORIDA
PLAZA SAN MARTÍN
ESTACIÓN RETIRO
Florida
IGLESIA DEL SANTÍSIMO SACRAMENTO
DELEGACIA DO TURISTA
SAN MARTÍN
SAN MARTÍN
RAMOS MEJÍA
Retiro
R. ROJAS
IGLESIA SANTA CATALINA DE SIENA
TORRE DE LOS INGLESES
RECONQUISTA
PLAZA F. A. A.
25 DE MAYO
BUTTY
DELLA PAOLERA
AV. L. N. ALEM
L. N. Alem
PALACIO DEL CORREO
PLAZA ROMA
BOUCHARD
AV. EDUARDO MADERO
AV. ING. HUERGO
AV. ANTÁRTIDA ARGENTINA
PUERTO MADERO
AV. ALICIA MOREAU DE JUSTO
DIQUE 4
YACHT CLUB PUERTO MADERO
TERMINAL FLUVIAL
DÁRSENA NORTE
N
MALECÓN PIERINA DEALESSI
O. COSENTINI
C. GRIERSON
JUANA MANSO
BV. DE LOS ITALIANOS
AV. CARLOS M. NOEL
ANTEPUERTO

do mundo, chegando a 140 metros de largura em alguns pontos. O seu marco é um imponente obelisco, no cruzamento com a Av. Corrientes. Paralela a esta, ao norte, ficam outras duas importantes vias, que cortam a 9 de Julio e seguem cidade adentro: a Córdoba (sentido centro-bairro para veículos) e a Santa Fé (sentido bairro-centro, como a Corrientes). Perpendicular a elas está outra importante rua, a Florida, tradicional calçadão e disputado reduto comercial, com muitas livrarias, butiques, cafés e galerias. Outra popular *peatonal* – como são chamados os calçadões – é a Lavalle, na área central, que também oferece um comércio intenso e algumas áreas de lazer.

Próximo ao centro, estão os bairros de San Telmo, ao sul; Puerto Madero, ao leste; e Retiro, ao norte. Um pouco mais distante, mas ainda alcançáveis a pé, ao menos para quem gosta de caminhar, encontram-se La Boca, Recoleta e Palermo. Todos estes bairros, além de constituírem pontos geográficos importantes para entender o traçado de Buenos Aires, são verdadeiras atrações turísticas (e portenhas), e merecem ser conhecidos num bom passeio de um dia – alguns deles até mesmo à noite. Veja mais em "Atrações".

## Circulando

Buenos Aires, apesar do famoso charme pelo qual é conhecida, é uma autêntica metrópole latino-americana quando a questão é o trânsito: a qualquer hora do dia, parece estar sempre engarrafada, e um pequeno trecho de algumas quadras pode deixá-lo um bom tempo dentro de um automóvel. A possibilidade de estacionar na área central limita-se basicamente a algum dos estacionamentos privados, que custam entre $14-24/hora e $70-90/dia, ou a áreas com parquímetro – $3 por duas horas, máximo 4 horas, seg/sex 8h-21h e sábados 8h-13h; nos demais horários e nos domingos o estacionamento é livre – mas conte com a sorte para encontrar uma vaga.

Muitos hotéis da área central, que não têm garagem própria, utilizam uma placa, junto ao meio-fio, que sinaliza a permissão para uma parada rápida a carros de turistas – o que é perfeito para um veículo com placa do Brasil numa via onde definitivamente não há lugar para estacionar. Mas atenção: é bom respeitar a "rápida parada". De outro modo, vá atrás dos parquímetros ou encare um estacionamento pago.

Por isso tudo, o melhor mesmo é caminhar. É definitivamente o meio ideal para conhecer cada região, andando inclusive de um bairro a outro. Outra boa alternativa para percorrer a cidade é pegar algum transporte a determinada área e, a partir daí, seguir o resto do trajeto a pé, esteja você viajando de carro ou não.

O metrô tem seis linhas (A, B, C, D, E, H) que cobrem a área central e arredores, circulando entre 5h-23h. O ticket custa $2,50 para 1 única viagem, $12,50 para 5 e $25,00 para 10 trechos. Representadas pelas cores azul marinho, azul claro, verde, vermelho, lilás e amarelo, as linhas, entretanto, não percorrem toda a cidade. Regiões como San Telmo, La Boca, Recoleta e Puerto Madero (ao menos suas áreas mais centrais) ficam de fora.

Os ônibus são mais eficientes. Aproximadamente 150 linhas urbanas cobrem toda a metrópole. Você paga a passagem dentro do veículo, em moedas, para uma maquininha que devolve o troco. Custa $2-4, conforme o itinerário. Há ônibus à noite e também de madrugada, embora com menor frequência.

Táxis existem muitos circulando pelo centro, e uma corrida não costuma sair tão cara. De San Telmo à rodoviária, por exemplo, custa entre $15-22.

## Chegando e saindo

**Aeroporto** O *Aeropuerto Internacional Ministro Pistarini*, mais conhecido como *Ezeiza*, fica a 35km do centro. A linha de ônibus 8 vai até lá em 1h30-2h e cobra $5,50; certifique-se da indicação *"Aeropuerto"* no vidro da frente do veículo. Um táxi faz o percurso na metade do tempo por cerca de $250.

Outra alternativa são os ônibus da empresa *Manuel Tienda Leon*, cuja passagem custa $75 do Terminal Madero ao aeroporto (tempo estimado, 1h). As saídas são a cada 30min entre 6h-21h, e a cada 45min das 21h-0h. Mais detalhes pelo site: www.tiendaleon.com.ar.

O *Aeroparque Jorge Newbery*, aeroporto mais utilizado para os voos domésticos, fica dentro da cidade e bastante próximo do centro, a uns 4km. A linha de ônibus 45 faz o trajeto *Aeroparque-Estación Retiro* (metrô) – *Plaza Constitución* (perto de San Telmo). Um táxi desde ou até o Obelisco custa em torno de $40.

Atenção: cuidado com seus pertences nos aeroportos, principalmente no Ezeiza. Não são raros os relatos de viajantes sobre roubos e malas arrombadas, mesmo em voos de conexão que apenas passam por este aeroporto. Assim, evite despachar na bagagem máquinas fotográficas e objetos de valor, portando-os sempre.

**Rodoviária** A *Estación Terminal de Ómnibus Retiro* fica no bairro de mesmo nome, a umas 12 quadras a nordeste do Obelisco. Há uma estação de metrô próxima (junto à estação de trem), a Estación Retiro, linha C, que conecta a rodoviária a várias partes da cidade. Em frente ao terminal também passam dezenas de linhas de ônibus. Quem não estiver com a bagagem muito pesada pode ir tranquilamente a pé até o centro, em torno de 15-20min de caminhada.

**Estação de trem** Existem três em Buenos Aires: *Retiro*, *Constitución* e *Once*, servidas por metrô e ônibus. A Estación Retiro, próxima ao terminal de ônibus, é a maior delas, acessível com o metrô de mesmo nome. A Estación Constitución fica nas imediações de San Telmo, ao lado de um terminal de ônibus urbano; assim, qualquer ônibus com a indicação "Constitución" chega até a estação. De metrô, é só pegar a linha C. Bem mais distante, a Estación Once encontra-se numa parte da cidade praticamente fora do roteiro de um turista. Para chegar até lá, linha E do metrô, descendo na Estación Plaza Miserere.

**Porto** Buenos Aires tem um terminal fluvial, na Dársena (doca) Norte, na altura da Av. Córdoba, que é acessível também pela Av. Eduardo

Madero. De metrô, a estação mais próxima é a Leandro Além, da linha B, distante cinco quadras. Só há linha regular de barcos de passageiros para o Uruguai – Montevidéu e Colônia.

**Estradas** De carro, há vários acessos a Buenos Aires, conforme o ponto de chegada ou saída. Quem vem do Brasil por Uruguaiana ou por alguma cidade do oeste uruguaio utiliza a RN9 e desemboca na Autopista Panamericana, de onde há fluxo para diferentes polos da cidade. No sentido inverso, do centro de Buenos Aires pode-se tomar a Av. del Libertador, que passa a leste da Recoleta, e seguir adiante. Este é o mesmo itinerário para ir às cidades de Santa Fé e Córdoba e ao norte do país.

Para o litoral, Mar del Plata e arredores, o caminho é a Autopista Buenos Aires-La Plata, também conhecida como Ruta 2, que sai da Av. 9 de Julio ou de Puerto Madero. Por este percurso também se vai ao sul da Argentina, ainda que o trajeto seja menor pela RN3, com saída pela Av. San Juan, seguindo em direção ao Aeroporto Internacional de Ezeiza. Para o oeste, como Mendoza e Santiago, no Chile, a Av. Rivadavia leva à RN7.

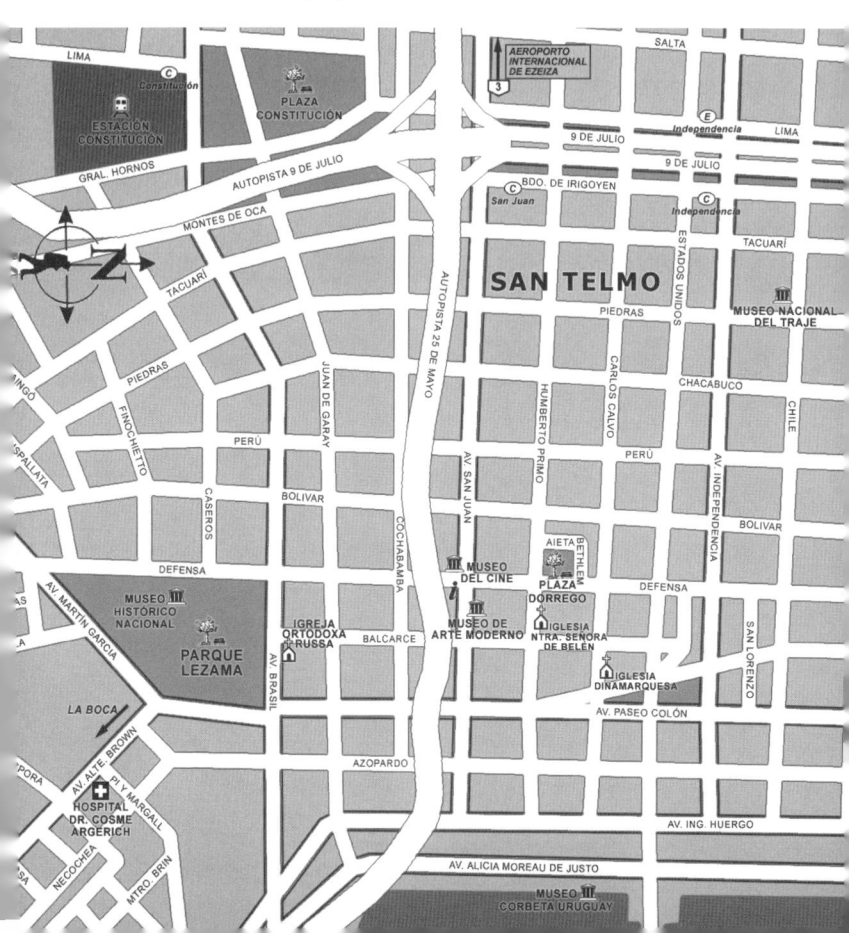

## Viajando

**Avião** A *Aerolíneas Argentinas* cobre praticamente todo o território do país. Há voos para **Mar del Plata**, 1h; **Bahía Blanca**, 1h; **Córdoba**, 1h10; **Salta**, 2h; **Mendoza**, 2h; **Bariloche**, 2h; **Trelew**, 2h; **Comodoro Rivadavia**, 2h30; **El Calafate**, 3h30; **Ushuaia**, 3h30. A empresa também voa para as capitais dos países vizinhos: **Montevidéu**, 30min; **Santiago**, 2h15; **La Paz**, 4h30; **Lima**, 4h45; **Quito**, 7h. Para o Brasil, **Porto Alegre**, 1h30; **São Paulo**, 3h.

**Ônibus** O terminal de ônibus de Buenos Aires é um movimentado e longo corredor com guichês de diferentes companhias; no segundo andar, se faz a venda de passagens. Para ganhar tempo, vá direto aos postos de informação, dispersos pela rodoviária, e pergunte onde está a empresa ou destino que lhe interessa. Dezenas de companhias vão a centenas de lugares.

Em viagens intermunicipais, a concorrência é grande; por isso é bom pesquisar as melhores ofertas. Em alguns casos, comprar a passagem de ida já com a volta representa uma economia significativa. Outras variações que influenciam no preço são os serviços oferecidos (com/sem refeições), o tipo de ônibus (semileito/leito) e a forma de trajeto (direto/semidireto). Já a concorrência entre as empresas que fazem viagens internacionais é menor, e as tarifas são praticamente iguais entre elas; o que varia de uma companhia para outra são os dias e os horários de partida. Para os destinos a seguir, considere que pode haver variações de tarifas e tempo de viagem.

De Buenos Aires a cidades do centro do país: **Rosario**, 4h, $130; **Santa Fé**, 6h, $218; **Córdoba**, 10h30, $285; **Mendoza**, 14h, $430. Para Chaco e Missões: **Corrientes**, 12h, $450; **Posadas**, 12h, $450; **Puerto Iguazú**, 16h30, $626. Para o Noroeste: **San Miguel de Tucumán**, 16h, $581; **Salta**, 19h, $705; **Jujuy**, 22h, $617. Litoral: **Mar del Plata**, 5h30, $197; **Bahía Blanca**, 9h, $315. Para Região dos Lagos: **Neuquén**, 14h, $589; **San Martín de los Andes**, 19h30, $837; **Bariloche**, 20h, $776. Patagônia: **Puerto Madryn**, 18h, $600; **Trelew**, 19h, $635; **Comodoro Rivadavia**, 24h, $750; **Río Gallegos**, 36h, $885. Para a Terra do Fogo não há ônibus direto; para chegar em Ushuaia, deve-se fazer conexão em Comodoro Rivadavia ou em Río Gallegos.

Para o Brasil, a empresa *Pluma* tem saídas diárias de Buenos Aires e vai parando em algumas capitais e cidades brasileiras. Destinos e tempo de viagem: **Uruguaiana**, 10h, $192; **Foz do Iguaçu**, 18h, $326; **Porto Alegre**, 18h, $548; **Florianópolis**, 26h, $726; **Curitiba**, 30h, $779; **São Paulo**, 36h, $786. Para o **Rio de Janeiro**, 42h, é preciso ir primeiro a Foz do Iguaçu e então pegar outro ônibus até a capital fluminense, por mais R$234 (a empresa *Crucero del Norte* faz o trajeto sem conexões, $1.128). Os ônibus são semileitos e não há serviço de bordo, exceto, eventualmente, água disponível; para refeições, o motorista faz paradas ao longo do trajeto.

Outra companhia que opera no território brasileiro é a *Flechabus*, com saídas para Camboriú, Florianópolis e Porto Alegre, com preços similares aos da Pluma, mas em ônibus leito. Veja mais na página 60.

Para outros países da América do Sul: **Montevidéu**, Uruguai, 10h, $220; **Santiago**, Chile, 20h, $500; **Assunção**, Paraguai, 17h, $480; **Lima**, Peru, 72h, $850.

**Trem** A empresa *Ferrobaires* controla as linhas que partem da Estação Constitución, como as que vão a **Mar del Plata**, 6h, $150/200 (turista/primeira classe), e a **Bahía Blanca**, 12h, $85/105. De qualquer forma, viajar de trem a esses destinos não costuma ser opção melhor do que ir de ônibus.

**Ferry** Para o Uruguai, a empresa *Buquebus* é a mais tradicional a atravessar o Río de la Plata. Rumo a **Colônia**, existem duas opções de ferry: um rápido, que leva em torno de 2h15, saídas às 8h45, 12h45, e 18h45; e outro mais lento, cerca de 4h, partidas às 9h45 e 23h59 (neste noturno, passageiros improvisam "colchões" para dormir). Esses horários podem ser alterados conforme a data. O ferry mais veloz custa para passageiros $327/446 (turista/primeira classe), carros $588 e motos $336. Já o mais lento sai para passageiros $239/371, carros $474 e motos $265. Note que nem todas as embarcações permitem o transporte de veículos e que os preços são reajustados com frequência.

Para **Montevidéu**, há apenas o ferry rápido, que faz o percurso em 4h15, saídas às 7h15 e 16h. Passagem $537/823, carros $697 e motos $456. As tarifas não são baratas, e mesmo assim o movimento na estação portuária é intenso, às vezes caótico.

Vale comprar a passagem com a maior antecedência possível (pelo site da empresa: www.buquebus.com), principalmente se a viagem for em finais de semana ou feriados.

**Carro** Quem tem como destino o norte do país, como **Rosario**, 318km, **Santa Fé**, 468km, **Córdoba**, 716km, **Corrientes**, 951km, **Resistencia**, 1.017km, a saída é pela RN9, uma bem conservada autopista, ao menos até Rosario, quando a estrada se converte na movimentada RN11 rumo a Santa Fé. Para Córdoba, a partir de Rosario, torna-se pista simples, voltando a duplicar nos últimos 50km, em percurso que cruza os Pampas. A mesma Ruta 9 é o caminho inicial para chegar na fronteira brasileira, **Paso de los Libres/Uruguaiana**, 736km, ou, mais ao norte, a **Posadas**, 1.085km, e **Puerto Iguazú**, 1.385km. O desvio nesta rota é em Zarate, a 90km da capital, quando deve-se tomar a RN12 e, depois, a RN14, estrada nem sempre no melhor estado de conservação e com trânsito pesado de caminhões.

Para a região Noroeste, como **Tucumán**, 1.312km, **Salta**, 1.496km, **Jujuy**, 1.654km, **La Quiaca** (fronteira da Bolívia), 1.828km, existem vários trajetos; o mais indicado é a partir de Santa Fé.

Rumo ao oeste, a referência é **Mendoza**, 1.049km, seguindo a RN7, que vai até **Las Cuevas**, 1.263km, fronteira com o Chile, quase uma linha reta. A estrada até Mendoza é boa, mas tem seu custo: onze pedágios, totalizando $41,90.

Destino bastante popular entre os portenhos é **Mar del Plata**, 382km, principalmente durante o verão. Não à toa a estrada, conhecida como Autovia 2, tem pistas duplas e triplas em bom estado. Mas atenção: sabendo que os motoristas pisam no acelerador, a polícia rodoviária realiza, nessa via, forte fiscalização. Por aqui, em particular nas proximidades de Mar del Plata, infelizmente, não raro ocorrem tentativas de extorsão por parte de alguns policiais menos escrupulosos.

Para o sul, a RN3, a segunda estrada mais longa da Argentina, com 3.123km, começa em Buenos Aires e termina em Ushuaia, tem um estado de conservação satisfatório e apenas poucos trechos têm movimento intenso. **Bahía Blanca**, 667km, é passagem quase obrigatória de quem vai à Região dos Lagos, com desvio na RN22, como **Neuquén**, 1.142km, **San Martín de los Andes**, 1.561km, **Bariloche**, 1.564km, e **Villa la Angostura**, 1.608km assim como de quem vai à Patagônia. A RN22 nem sempre está bem sinalizada; há poucos povoados no caminho, e, na proximidade de Neuquén, é intenso o tráfego de caminhões.

Para a lendária região patagônica, pode-se descer a Ruta 3, que passa por **Viedma**, 960km, **Puerto Madryn**, 1.310km, **Trelew**, 1.362km, **Comodoro Rivadavia**, 1.737km, e **Río Gallegos**, 2.510km, a partir da qual deve-se ingressar em território chileno para chegar à Terra do Fogo, a **Ushuaia**, 3.123km, ou a RN5 para **El Calafate**, 2.678km.

## Acomodação

A área central apresenta muitos albergues e hotéis; entretanto, embora haja boa oferta nas categorias 4 e 5 estrelas, muitas das hospedagens, em especial aquelas na faixa de 2 estrelas, estão decadentes. Melhores opções talvez sejam encontradas em San Telmo (albergues), Recoleta e Palermo (hotéis medianos). Atenção: o IVA, imposto de 21%, pode não estar incluído na tarifa, sendo cobrado à parte, principalmente nos estabelecimentos mais caros. Para evitar surpresas e garantir o seu quarto ou sua cama, é bom reservar o hotel ou albergue com uma razoável antecedência, principalmente nas temporadas altas (de verão e de inverno) e nos feriadões. Aqueles que pretendem ficar mais de uma semana na capital portenha podem considerar alugar um apartamento. Duas empresas que trabalham com locações são a Byt Argentina (www.bytargentina.com) e a Alsol Baires (www.alsolbaires.com).

### Centro – Monserrat

Che Lagarto Hostel C. Venezuela 857, F.5263.0162, www.chelagarto.com, 66 camas. Diária dorms $56/66 (sem/com banheiro); quarto 2p $250-340 (com banheiro e TV). Aceita cartões de crédito, mas com acréscimo de 8%. Café da manhã incluído. Habitações espaçosas, com lockers. Há ainda internet, cozinha, sala de TV e pub. Pertencente a uma rede com albergues na América do Sul, é um hostel legal, organizado, com staff simpático e prestativo.

Hostel Clan C. Alsina 912, esq. C. Tacuarí, F.4334.3401, www.hostelclan.com.ar, 75 camas. Diária dorms 8p-5p $70; quarto 2p $250. Café da

Casa Rosada, centro político da Argentina

A Av. 9 de Julio, o Obelisco e a cidade que não dorme

manhã incluído. Quartos básicos, com beliches e ventilador de teto. Banheiro compartilhado, estilo vestiário. Possui bons serviços: internet, lockers, sala de jogos, bar, cozinha liberada; empresta bicicletas. Oferece parrillada às quartas por $50, com bebida incluída. Tem uma curiosa sala com quinquilharias deixadas por viajantes, chamada de Museo del Mochilero. Também funciona no local uma pequena escola de espanhol. Ambiente jovem, de bom astral.

**Portal del Sur Youth Hostel** C. Hipólito Yrigoyen 855, F.4342.8788, www.portaldelsurba.com.ar, 90 camas. Diária dorms 6p-4p $70/90 (sem/com banheiro); quarto 1p $300/320, 2p $370/480, 3p $500 (sempre com banheiro). Café da manhã incluído. Quartos com TV a cabo, telefone, sinal de internet e ar-condicionado. Tem sala de TV, internet, bar, cozinha e sala de jogos; no terraço são preparados *asados* às sextas ($40, vegetarianos $30, com bebidas incluídas). Oferecem aulas de tango e espanhol grátis aos hóspedes. Ainda funciona no local uma agência de viagens. Bem-localizado, próximo à Av. 9 de Julio e à Plaza de Mayo, o albergue é um pouco bagunçado, mas interessante.

**Milhouse Youth Hostel** C. Hipólito Yrigoyen 959, F.4345.9604, www.milhousehostel.com, 134 camas. Diária dorms 8p-4p $85; quarto 2p $350. Café da manhã incluído. Alguns dormitórios possuem banheiro; todos têm lockers e ventiladores de teto. Os quartos privativos são simples. Há internet, cozinha, bar, sala de TV; oferece aulas de tango e transfer gratuitos. Albergue legal, bem-cuidado, arejado, a meia quadra da Av. 9 de Julio. Com um ambiente descontraído e staff prestativo, é uma boa opção no centro. A rede tem outro albergue mais ou menos nos mesmos moldes na Av. de Mayo 1245.

**Hostel Suites Florida** C. Florida 328, F.4325.0969, www.hostelsuitesflorida.com, 310 camas. Diária dorms 6p-4p a partir de $100; quarto 1p-2p a partir de $530. Café da manhã incluído. Quartos com ar-condicionado, TV a cabo e wi-fi. Possui sinuca, lavanderia, bar, cozinha e oferece passeios e traslados.

**Hotel Tandil** Av. de Mayo 890, F.4343.2597, www.tandil-hotel.com.ar, 40 quartos. Diária 1p $120/155 (sem/com banheiro), 2p $160/220. Sem café da manhã. Quartos com TV a cabo. Hotel velho, sujo, decadente, um dos piores da região, e, segundo relato de viajantes, a diária inclui "pulgas e percevejos".

**Turista Hotel** Av. de Mayo 686, F.4331.2281, turistahotel@yahoo.com.ar, 32 quartos. Diária 1p $210, 2p $300, 3p $350. Sem café da manhã. Quartos com banheiro, ar-condicionado, TV a cabo, mas o hotel é meio velho e não muito confortável. Localiza-se a duas quadras da Plaza de Mayo.

**Che-Telmo Guest House** C. Alsina 492-3C, F.4187.8944, www.chetelmo.com, 5 quartos. Diária 1p $195, 2p $260, 3p $345. Café da manhã incluído. Quartos pequenos, com colchões velhos e banheiro compartilhado. Tem internet, geladeira e micro-ondas liberados. O lugar é pequeno, organizado e sossegado. O prédio é bastante antigo mas bem-localizado, ao lado da Igreja de San Ignácio. Os donos são muito simpáticos; uma opção tranquila e barata bem no centro de Buenos Aires.

**Hotel La Giralda** C. Tacuarí 17, F.4345.3917, 58 quartos. Diária 1p $250, 2p $290, 3p $350. Sem café da manhã. Quartos básicos, sem conforto, ainda que com banheiro privado, TV a cabo e alguns com ar-condicionado. Prédio antigo, a uma quadra da Av. 9 de Julio; o atendimento não é dos melhores. Na mesma rua, bastante próximos, encontram-se os similares Hotel Uruguay, que padece de um atendimento ainda pior, e o Gran Hotel España, onde o pessoal é bem mais prestativo, mas os serviços são um pouco inferiores.

**Novel Hotel** Av. de Mayo 915, F.4345.0176, www.novelhotel.com.ar, 57 quartos. Diária 1p $240, 2p $330, 3p $390. Aceita cartões de crédito. Café da manhã incluído. Quartos bem-iluminados, com banheiros reformados, TV a cabo, telefone, ar-condicionado e cofre. Possui internet, bar e cafeteria. Bom hotel 2 estrelas, a uma quadra da Av. 9 de Julio.

**Clan House B&B** C. Alsina 917, F.4331.4448, 17 quartos. Diária 2p $300, 3p $400. Café da manhã incluído. Quartos com banheiro, TV a cabo e ar-condicionado. Local arejado e tranquilo, atendimento bastante prestativo. A decoração mescla objetos antigos e modernos, e os quartos levam nomes de mulheres argentinas. Tem estacionamento conveniado ao lado, incluído. Mesma rede do albergue homônimo, que fica em frente. Boa opção.

**Hotel Avenida** Av. de Mayo 623, F.4342.5664, www.hotelav.com.ar, 34 quartos. Diária 1p $330, 2p $430, 3p $540. Café da manhã incluído.

Quartos espaçosos, com banheiro, TV a cabo, telefone e ar-condicionado; os da frente são barulhentos. Tem bar e internet. O prédio é antigo, mas o hotel conserva um certo charme. Situa-se em pleno centro, a duas quadras da Plaza de Mayo; bom atendimento.

**Hotel Internacional** C. Bernardo de Irigoyen 552, F.4334.4949, www.hotel-internacional.com.ar, 61 quartos. Diária 1p $362-418, 2p $504-593, 3p $546-698. Aceita cartões; para pagamento em dinheiro e reservas pelo site concede 10% de desconto. Café da manhã incluído. Preços variam de acordo com o conforto, mas em geral são quartos bons, amplos, com banheiro, TV a cabo, telefone e cofre. Hotel 2 estrelas, simpático, com internet, bar e estacionamento, situado em rua paralela anexa à Av. 9 de Julio, o que, eventualmente, o torna barulhento.

## Centro – San Nicolás

**Concorde Hotel** C. 25 de Mayo 630, F.4313.2018, www.concordehotel.com.ar, 56 quartos. Diária em dólares, 2p US$50/84 (baixa/alta temporada). Aceita cartões de crédito e concede desconto de 10% para pagamento à vista. Café da manhã incluído. Quartos espaçosos, com banheiro, TV a cabo, telefone, ar-condicionado e ponto de internet.

Hotel 3 estrelas, com serviço de lavanderia, sala para reuniões e estacionamento conveniado; bom atendimento.

**Hotel O'Rei** C. Lavalle 733, F.4393.7112, www.hotelorei.com.ar, 40 quartos. Diária 1p $100/175 (sem/com banheiro), 2p $150/200, 3p $225 (com banheiro). Valores negociáveis de acordo com o tempo de permanência. Sem café da manhã. Quartos com TV a cabo e ventilador de teto; os dos fundos são mais silenciosos. Hotel meio descuidado, sem muito conforto, mas pode compensar pela localização, no calçadão da C. Lavalle, a uma quadra da C. Florida, e pelo bom preço.

**Hostel Colonial** C. Tucumán 509, 1º piso, esq. C. San Martín, F.4312.6417, www.hostelcolonial.com.ar, 32 camas. Diária dorms 8p-4p $60; quarto 2p $200/250 (sem/com banheiro). Café da manhã incluído. Quartos apertados, banheiro coletivo. Tem internet, lockers, cozinha, sala de TV e jogos. Oferecem uma cerveja de boas vindas. Às sextas organizam festas com caipirinha. Chá e café sempre disponíveis. O local tem um ambiente bastante descontraído, às vezes até demais – alguns viajantes brasileiros relataram episódios de furto e de hóspedes andando pelados.

**Gran Hotel Ailén** C. Suipacha 18, F.4345.4980, www.granhotelailen.com.ar, 50 quartos. Diária 1p-2p $400, 3p $600. Aceita cartões de crédito. Café da manhã incluído. Quartos com banheiro, TV a cabo, telefone, ar-condicionado, cofre e alguns com frigobar. Hotel 3 estrelas, com bar, cafeteria, internet e estacionamento ($70/dia). O prédio tem uma fachada legal, mas os quartos carecem de uma aparência melhor.

**Waldorf Hotel** C. Paraguay 450, F.4312.2071, www.waldorf-hotel.com.ar, 120 quartos. Diária 2p a partir de $400. Aceita cartões de crédito. Café da manhã incluído. Quartos com banheiro, ar-condicionado, TV a cabo e telefone. As habitações são boas, mas há uma diferença considerável de tamanho entre elas, e os banheiros poderiam ser um pouco melhores. Hotel 3 estrelas, com internet, bar e algumas vagas de estacionamento (pago). Os recepcionistas são prestativos e falam um bom portunhol, já que o hotel é popular entre grupos de brasileiros.

**Hotel Principado** C. Paraguay 481, F.4313.3022, www.principado.com.ar, 96 quartos. Diária 1p $490, 2p $540, 3p $700. Aceita cartões de crédito. Café da manhã buffet incluído. Quartos com banheiro, TV a cabo, telefone, ar-condicionado, frigobar, ponto de internet e cofre. Tem internet, bar, restaurante, estacionamento e serviço de lavanderia. Hotel 4 estrelas, localizado próximo à Plaza San Martín, é confortável e não tão caro.

**El Conquistador Hotel** C. Suipacha 948, F.4328.3012, www.elconquistador.com.ar, 133 quartos. Diária em dólar, 2p a partir de US$82, mais 21% de imposto. Aceita cartões. Café da manhã buffet incluído. Quartos confortáveis, com banheiros espaçosos, TV a cabo, telefone, ar-condicionado, frigobar, ponto de internet e cofre. Conta com restaurante internacional, bar e cafeteria, internet, academia, sauna, estacionamento, lavanderia e salões para conferência. Oferece aos hóspedes uma taça de vinho de boas-vindas e, todas as noites, chá no lobby do hotel. Hotel 4 estrelas, com ótimos serviços e bom atendimento, é mais moderno e charmoso que seu vizinho, o Regente Palace Hotel.

**Gran Hotel Buenos Aires** C. Marcelo T. de Alvear 767, F.4312. 3003, www.granhotelbue.com.ar, 100 quartos. Diária em dólares, 1p US$88, 2p US$88, 3p US$110. Aceita cartões. Café da manhã buffet incluído. Quartos com banheiro, TV a cabo, telefone, ar condicionado, frigobar e ponto de internet. Hotel 4 estrelas, com bar, restaurante, internet, salão para conferências, serviço de câmbio, agência de viagens, estacionamento ($30/dia). Localizado próximo à Plaza San Martín, possui um certo requinte e o atendimento é simpático. Entretanto, os banheiros são bastante modestos pelo preço, e existem hotéis mais confortáveis e baratos neste padrão. Quase em frente fica o Hotel Sheltown, um 4 estrelas ainda mais superestimado, com tarifas similares e qualidade um pouco inferior.

**Gran Orly Hotel** C. Paraguay 474, F.4312.5344, www.orly.com.ar, 170 quartos. Diária em dólares, 1p US$85, 2p US$95, 3p US$115. Aceita cartões, exceto Visa. Tarifas negociáveis, com café da manhã. Quartos com banheiro, TV a cabo, ponto de internet e ar-condicionado. Tem internet (paga), bar 24h, lavanderia e estacionamento (também pago, e é necessário reservar). Hotel 3 estrelas, situado próximo à Plaza San Martín.

**Gran Hotel Argentino** C. Carlos Pellegrini 37, F.4334.4001, www.hotel-argentino.com.ar, 150 quartos. Diária em dólares, 2p US$100, 3p US$130. Aceita cartões de crédito. Café da manhã buffet incluído. Quartos espaçosos, com banheiro, TV a cabo, música ambiente, ar-condicionado, telefone e cofre. Tem internet, restaurante, estacionamento ($40/dia) e salão para conferências. Fica numa via paralela à Av. 9 de Julio, próximo ao Obelisco. Hotel movimentado, costuma receber muitos brasileiros.

**Claridge Hotel** C. Tucumán 535, F.4314.2020, www.claridge.com.ar, 152 quartos. Diária em dólar, 2p a partir de US$100. Aceita cartões de crédito. Café da manhã buffet incluído. Quartos com ar-condicionado, frigobar, TV a cabo, telefone, celular (sem custo para chamadas entrantes), máquina para café ou chá, banheira de hidromassagem, escritório com ponto de internet e lareira nas suítes superiores. Possui estacionamento, lavanderia, traslado ao aeroporto, bar, restaurante internacional, business center, piscina térmica, sauna, academia e spa. Hotel 5 estrelas, a meia quadra da C. Florida, pode surpreender com boas ofertas, reduzindo as tarifas.

**Obelisco Center Suítes** Diagonal Roque Sáenz Pena 991, F.4326.0909, www.obeliscohotel.com.ar, 101 quartos. Diária em dólar, 2p US$110-300 (variando conforme o conforto), mais 21% de imposto. Mas é bem fácil encontrar promoções e conseguir descontos reservando pelo site. Aceita cartões. Café da manhã buffet incluído. Habitações amplas com banheiro confortável, telefone, TV a cabo, ar-condicionado, cofre e ponto de internet. As superiores têm cama King Size e banheira de hidromassagem. Hotel 4 estrelas, com internet, bar, restaurante, spa e academia (estes dois últimos a 50m do hotel), estacionamento conveniado (pago a parte). Hotel moderno, próximo ao obelisco, mas a vista dos quartos é para outra rua.

**Cambremon Hotel** C. Suipacha 30, F.4345.0118, www.cambremonhotel.com.ar, 70 quartos. Diária em dólares, 2p US$120, 3p US$135. Aceita cartões de crédito. Inclui um grande buffet de café da manhã. Quartos espaçosos, com banheiro, ar-condicionado, frigobar, TV a cabo, telefone, ponto de internet e cofre. Tem internet, restaurante, bar, estacionamento, academia, sauna e salões de eventos. O hotel é luxuoso, confortável, com atendimento eficiente, decoração clássica e bons serviços. Um ótimo 4 estrelas.

**Regente Palace Hotel** C. Suipacha 964, F.4328.6800, www.regente.com, 150 quartos. Diária em dólar, 2p US$130, 3p US$182. Aceita cartões. Café da manhã buffet incluído. Quartos espaçosos e confortáveis, com banheiro, ar-condicionado, frigobar, TV a cabo, telefone, cofre e ponto de internet. Hotel 4 estrelas; em suas instalações conta com bar, restaurante internacional, cafeteria, internet, academia, estacionamento incluído, salões para conferências. Localizado entre a Av. 9 de Julio e a Plaza San Martín, possui bom atendimento e bons serviços.

**Pestana Hotel** C. Carlos Pellegrini 877, F.5239.1100, www.pestana.com, 133 quartos. Diária em dólar, 2p US$137-298, variando conforme a data e o conforto. Ao preço é somado 21% de imposto. Aceita cartões. Café da manhã buffet incluído. Quartos com banheiro, TV a cabo, telefone, cofre, ar-condicionado, frigobar e ponto de internet. Tem bar, restaurante, piscina térmica, sauna, spa, estacionamento e salão que comporta 320 pessoas. Hotel 4 estrelas, pertencente a uma rede internacional, muito utilizado para convenções e eventos. Está numa rua junto à 9 de Julio, de onde se tem uma bela vista do Obelisco.

## San Telmo

**Ayres Porteños Hostel** C. Peru 708, esq. C. Chile, F.4300.7314, www.ayresportenos.com.ar, 100 camas. Diária dorms 5p/4p/3p $60/65/75; quartos 1p $160, 2p $180. Café da manhã incluído. Quartos espaçosos, banheiros compartilhados. Possui sala de jogos e de leitura, bar com TV 42", internet, lockers, cozinha equipada (em cada andar), serviço de lavanderia e aulas de espanhol incluídas. O hostel, instalado em um prédio de 1900, é um bem-decorado albergue temático, com paisagens, personagens e motivos da Argentina, principalmente o tango. O local é tranquilo, com bom atendimento.

**Hostel Nómade** C. Carlos Calvo 430, F.4300.7641, 32 camas. Diária dorms 6p $66; quarto 2p $160. Café da manhã incluído. Quartos pequenos, com lockers, ventilador de teto e banheiro compartilhado. Tem internet, cozinha, sala de TV, jogos, depósito para bagagens e terraço para *asados*. Lugar tranquilo, a meia quadra da Plaza Dorrego. Os banheiros e a cozinha deixam a desejar. Possui outro albergue a três quadras, Hostel Nómade II, C. Humberto Primo 724, com preços e serviços similares.

**Ostinatto Buenos Aires Hostel** C. Chile 680, F. 4362.9639, www.ostinatto.com.ar. Diária dorms 10p-6p $70; quarto 2p $290/320 (sem/com banheiro). Café da manhã modesto incluído. Quartos com lockers e ventilador de teto. O albergue tem internet, bar, cozinha, local para parrilladas, sala de TV e de jogos. O pessoal da recepção é bastante atencioso e disponibiliza aulas de tango e de espanhol. Ambiente jovem e descontraído.

**Hostel Inn Tango City** C. Humberto Primo 820, F.4300.5776, www.hostel-inn.com, 180 camas. Diária dorms 8p-4p $80; quarto 2p $140. Café da manhã incluído. Quartos pequenos, com banheiro, ar-condicionado e lockers. Tem internet, bar, sala de jogos e uma pequena biblioteca. O albergue é bom, mas o pessoal não é muito prestativo. O local tem muita zoeira e muita gente circulando; melhor para quem estiver a fim de agito. A rede possui outro albergue próximo, o Hostel Inn Buenos Aires, C. Humberto Primo 820, com características e tarifas similares.

**Carlos Gardel Hostel** C. Carlos Calvo 579, F.4307.2606, www.hostelcarlosgardel.com.ar, 11 quartos. Quarto 2p $200/210 (sem/com banheiro). Café da manhã incluído. Tem internet, cozinha, sala de TV e sala de jogos. O staff é prestativo. Apesar de considerar-se hostel, não tem dormitórios. Como indica o nome, é inspirado em Carlos Gardel, e objetos antigos junto a paredes pintadas (às vezes carregadas demais) recriam um pouco da época do famoso cantor. Lugar bacana, barato, a uma quadra da Plaza Dorrego.

**Axel Hotel & Urban Spa** C. Venezuela 649, F.4136.9393, www.axelhotels.com/buenosaires, 48 quartos. Diária em dólares quarto 2p US$69-239/90-299 (baixa/alta temporada). Os valores variam de acordo com o nível de conforto dos quartos; os mais caros têm hidromassagem e direito ao serviço de lavanderia; todos os quartos têm ar-condicionado, cama king size ou duas camas de solteiro, TV LCD, wi-fi e cofre. Rede originária de Barcelona, tem o slogan: hetero-friendly. É um hotel para gays que também aceita heterossexuais. Inaugurado em 2007, tem restaurante, bar, espaço para festas, spa com duas jacuzzis, sauna e uma piscina na cobertura do prédio. Na primavera/verão, o hotel costuma organizar uma *pool party* aos domingos.

## Recoleta

**Hotel Príncipe** C. Láprida 1454, F.4821.9818, www.hotel-principe.com.ar, 22 quartos. Diária 1p $360, 2p $460, 3p $580. Café da manhã incluído. Quartos com banheiro, ar-condicionado e TV a cabo. Hotel 2 estrelas, estilo rústico, com bar, situado próximo a Av. Santa Fé. Recepção atenciosa. Contrastando, em frente fica o Hotel Láprida, espelunca de péssimo atendimento.

**Guido Palace Hotel** C. Guido 1780, esq. C. Callao, F.4812.0341, 36 quartos. Diária 2p $450, 3p $530. Aceita cartões de crédito. Café da manhã incluído. Quartos com banheiro, ar-condicionado e TV a cabo. Possui bar e cafeteria. Hotel 2 estrelas, ok, mas um pouco caro.

**Ayacucho Palace Hotel** C. Ayacucho 1408, esq. C. Peña, F.4806.1815, www.ayacuchohotel.com.ar, 70 quartos. Diária 1p $410, 2p $480, 3p $550. Aceita cartões. Café da manhã incluído. Quartos com banheiro, TV a cabo, telefone e ar-condicionado. O hotel é um prédio antigo, com internet, bar e cafeteria, próximo ao cemitério da Recoleta; os quartos são decorados com cortinas e poltronas estilo "casa da vovó".

**Onze Boutique Hotel** C. Ecuador 1644, F.4821.2873, www.onzeboutiquehotel.com, 11 quartos. Diária em dólares, 2p US$110-160, varia conforme o tamanho e o conforto das acomodações. Aceita cartões de crédito. Café da manhã incluído. Quartos confortáveis com TV a cabo, telefone, ar-condicionado e frigobar. Tem bar, internet e estacionamento. Os quartos têm estilos diferentes, decorados com inspiração oriental e regional. Hotel pequeno, descolado e com bom atendimento.

**LoiSuites Recoleta Hotel** C. Vicente López 1955, F.5777.8950, www.loisuites.com.ar, 112 quartos. Diária em dólar, 2p US$190-250. Aceita cartões. Café da manhã buffet incluído. Quartos espaçosos e confortáveis, com ar-condicionado, frigobar, TV a cabo, aparelho de som, telefone, escrivaninha, conexão de internet. Hotel 5 estrelas, com bar, restaurante internacional, internet, piscina térmica, sauna, spa, estacionamento, salão para eventos e um charmoso jardim de inverno. Elegante, próximo ao Cemitério da Recoleta.

**Hotel Bel Air** C. Arenales 1462, F.4021.4000, www.hotelbelair.com.ar, 77 quartos. Diária em dólares, 2p US$212-269, com um desconto considerável em reservas feitas pelo site. Aceita cartões de crédito. Café da manhã buffet incluído. Quartos confortáveis com banheiro, TV a cabo, telefone, ar-condicionado e frigobar. Tem internet, restaurante, bar, serviço de lavanderia, uma pequena academia e salão para conferências. É decorado com quadros que fazem parte de uma exposição de arte. Hotel dos anos 20, reformado, hoje requintado, moderno e com bom atendimento.

**Alvear Palace Hotel** Av. Alvear 1891, F.4808.2100, www.alvearpalace.com, 210 quartos. Diárias em dólar US$442-762. Aceita cartões. Um dos hotéis mais luxuosos da cidade. Conta até com serviço de mordomo e acompanhante pessoal para compras. Academia moderna e atendida por personal trainer. Patisserie, bar, fumódromo, salão de festas e de banquetes. Escritórios equipados com secretárias à disposição. Situado na Recoleta, local mais chique da cidade, é o hotel dos chefes de Estado, príncipes e milionários. O café da manhã é excepcional.

## Boedo

**La Menesunda Hostel** Av. Boedo 742, F.4957.0946, www.lamenesundahostel.com, 26 camas. Diária dorms 6p/4p 55/65; quartos 1p $155/200 (sem/com banheiro), 2p $175/225, 3p $200/255. Café da manhã incluído. Tem internet, cozinha, lockers e sala de TV, mas os quartos carecem de ventilação. Promovem festas a cada 15 dias. O albergue é um pouco barulhento, e os quartos do térreo sofrem mais com a agitação, melhor ficar nos do andar de cima. Ambiente legal, atendimento bastante simpático.

**Budget Hotel** C. La Rioja 980, F.4932.4474, www.budhotel.com, 36 camas. Diária quarto 2p $100/150 (sem/com banheiro). Café da manhã incluído. Todos os quartos têm

TV e frigobar. Possui internet, lockers, cozinha equipada, terraço e sala de jogos. Disponibiliza serviços de traslado e estacionamento. Atendimento simpático.

**Eleven Palace Hotel** C. La Rioja 87, esq. Hipólito Yrigoyen, F.4864.5097, www.hoteleleven.com.ar, 70 quartos. Diária 2p-3p a partir de $225. Aceita cartões de crédito. Café da manhã buffet incluído. Quartos com TV a cabo, música ambiente, ar-condicionado e frigobar. Hotel 3 estrelas com internet, sauna e estacionamento ($49).

**Hotel Aldeano I** C. La Rioja 277, F.4931.2980, www.hotelaldeano.com.ar, 44 quartos. Diária 1p $265, 2p $325, 3p $365. Café da manhã incluído. Quartos com banheiro, TV a cabo, telefone e ventilador de teto; os da frente têm sacada. Hotel pequeno, bem-arrumado, com estacionamento próprio, situado a três quadras da Estação Once. Tarifas negociáveis, o que pode tornar bom o custo-benefício. A rede possui outro hotel com as mesmas características, o Aldeano II, C. Pasco 136, um pouco mais próximo do centro.

**Gran Hotel Atlantic** C. Castelli 45, F.4951.0081, www.hotelatlantic.com.ar, 76 quartos. Diária 2p $360 3p $498. Aceita cartões de crédito. Café da manhã incluído. Quartos confortáveis com banheiro, TV a cabo, telefone, ar-condicionado e ventilador de teto. Tem internet no térreo e bar. Hotel 2 estrelas, bem melhor que o Hotel Castelli e que o Termine Hotel, situados na mesma rua.

## Constitución

**Pangea Hostel** Av. Entre Ríos 1222, esq. Av. San Juan, F.4304.7571. Diária dorms 8p $40, 6p $48, 4p $56; quarto 2p $160 (com banheiro). Café da manhã incluído. Oferece sem custo adicional internet, bicicletas, coquetel de boas-vindas e jantar às sextas-feiras. Possui bar, lockers, cozinha, sala de TV, biblioteca, sala de jogos, lavanderia e terraço com parrilla. Albergue festivo, recomendado por viajantes brasileiros, próximo à estação de metrô Entre Ríos.

## La Boca

**Hostal De la Boca** C. Almirante Brown 162, F.5433.4717, www.hostaldelaboca.com.ar, 30 camas. Diária dorms 4p $80; quarto 2p $180/200 (sem/com banheiro). Café da manhã à parte. Possui internet, cozinha, sala de TV, biblioteca e churrasqueira para parrilladas. Lugar legal, tranquilo, com um pátio interno arejado e bom atendimento. Localizado próximo ao Parque Lezama, um pouco distante da C. Caminito e do estádio do Boca Juniors, é uma das poucas opções no bairro. O prédio abrigava um antigo hotel, que foi reformado e decorado com o colorido típico de La Boca.

## Palermo

**Tango Backpackers** C. Thames 2212, esq. C. Paraguay, F.4776.6871, www.tangobp.com, 75 camas. Diária dorms 6p-4p $60/65 (sócio HI/não-sócio); quarto 2p $270/280, 3p $290/300. Aceita cartões. Café da manhã incluído. Quartos pequenos, com ventilador de teto. Banheiro compartilhado. Possui internet, sala de TV, bar, lockers e cozinha disponível. No local também funciona uma agência de viagens. Organizam festa a cada 15 dias. Albergue agitado, com música alta e muitos viajantes, adequado àqueles que estão a fim de curtir as noitadas do Palermo.

**Casa Buenos Aires** C. Charcas 3912, F.5573.1795, www.casabuenosaires.com.ar. Diária dorms 6p-4p $70; quarto 2p $210, 3p $240. Café da manhã incluído. Dormitórios com banheiro compartilhado e ar-condicionado. Possui internet, cozinha equipada, sala de TV, bar e terraço com redes e jogos de mesa. Organizam passeios de bicicleta e jogos de futebol. Albergue despojado, criado e administrado por jovens viajantes argentinos. Os cômodos lembram uma simpática casa bagunçada.

**La Otra Orilla Bed & Breakfast** C. Julián Alvarez 1779, F.4867.4070, 7 quartos. Diárias 2p a partir de $445. Café da manhã incluído. Todos os quartos têm cores, conforto e preços diferentes. Banheiro privativo nos quartos mais caros, que incluem ar-condicionado e TV. Não aceita cartões: pagamento apenas em dinheiro, peso ou dólar. Casa antiga, charmosa, com um tranquilo pátio nos fundos e bom atendimento, mas não é barato.

## Mães da Praça de Maio

Na tarde de quinta-feira, 30 de abril de 1977 – em plena ditadura militar –, um grupo de senhoras se reuniu na Plaza de Mayo, em frente à Casa Rosada, sede da presidência da Argentina, em Buenos Aires. Tinham uma dor em comum: o desaparecimento de seus filhos durante o período ditatorial, que teve início em 1976 e duraria até 1983. Surgia *Las Madres de la Plaza de Mayo*, talvez o mais pungente movimento político organizado na América Latina. Inicialmente as mães tinham o objetivo de conseguir uma audiência com o presidente-ditador na época, Jorge Rafael Videla, e indagar o paradeiro de seus filhos. Na verdade, desejavam era reencontrá-los – com vida. Com o tempo, à medida que caíam na dura realidade de que não mais veriam seus entes queridos, passaram a clamar por justiça e pelo não-esquecimento destas que se mostrariam as piores páginas da história argentina.

O que começou com 14 mães caminhando em volta da pirâmide central da praça atingiu proporções impressionantes, tornando-se uma organização ativa e marcando presença na praça todas as quintas-feiras ao longo dos últimos 30 anos. Centenas, por vezes milhares de mulheres, com um lenço branco amarrado na cabeça – que se converteu no símbolo do movimento –, carregando fotos de seus filhos e cartazes com frases de protesto, encontravam-se na praça e realizavam a sua "marcha de resistência", que se constituiu em uma das primeiras manifestações públicas contra a ditadura.

**Nuss Hotel** C. El Salvador 4916, Palermo Soho, F.4833.8100, www.nusshotel.com, 22 quartos. Diária 2p a partir de US$265 – descontos para reservas pela internet. Aceita cartões. Café da manhã incluído. Moderno hotel-boutique construído nas clausuras de um antigo convento de estilo espanhol. Quartos amplos e com isolamento acústico, TV LCD, telefone, ar-condicionado, wireless e frigobar. Terraço com solarium, piscina, academia e sauna. Hotel localizado numa das esquinas mais movimentadas do bairro, perto de bares, restaurantes e boutiques.

**Hotel Pacífico** C. Fray J. S. María de Oro 2554, F.4771.4071, www.hotelpacifico.com.ar, 41 quartos. Diária 1p $330, 2p $365, 3p $495. Aceita cartões. Café da manhã incluído. Quartos pequenos, com banheiro, TV a cabo, telefone e ar-condicionado. Serviço de bar 24h. Hotel 2 estrelas, situado numa rua tranquila e bem-arborizada.

**Hotel Palermo** C. Godoy Cruz 2725, esq. Av. Santa Fé, F.4774.7342, www.hotel-palermo.com.ar, 50 quartos. Diária 1p $320, 2p $375, 3p $460. Aceita cartões. Café da manhã incluído. Quartos com banheiros arrumadinhos, TV a cabo, telefone e ar-condicionado. O hotel é simples, mas tem internet, serviço de bar e cafeteria. Prédio de 1884, suficientemente reformado, está situado numa esquina movimentada, com bares e restaurantes.

---

Segundo dados oficiais, cerca de 18 mil pessoas desapareceram entre 1976 e 1983 durante a ditadura militar na Argentina. No entanto, entidades de direitos humanos acreditam que este número atinja os 30 mil. Há alguns anos, o então presidente Fernando de la Rúa propôs às Mães conceder uma indenização por cada desaparecido, mas teve sua proposta recusada, sob o argumento de que as mortes de seus filhos não seriam reconhecidas, que "suas vidas não se converteriam em dinheiro". Segundo elas, "a vida não vale dinheiro, museus ou monumentos; a vida vale vida".

O não reconhecimento da morte dos desaparecidos, bem como a recusa na construção de monumentos ou cemitérios, tem como premissa o fato de que os corpos não foram e nem serão enterrados – muitos deles foram queimados ou jogados no mar, e jamais serão encontrados. A intenção é que não se esqueça o que ocorreu, que não se considere isso como passado.

Em janeiro de 2006, chegou a se anunciar o fim do protesto, o que não foi cumprido. Na época, a Associação Mães da Praça de Maio considerou que as mães não tinham mais o Governo como inimigo, em referência ao fato do então presidente Néstor Kirchner ter anulado as leis que concediam imunidade aos militares culpados de sequestros, torturas e assassinatos.

Assim como as Mães, grupos de direitos humanos e outras ativistas dissidentes ou inspiradas pelo grupo original continuam a marcar presença nas tardes de quintas-feiras na mais importante praça de Buenos Aires. Hoje, a Associação Mães da Praça de Maio já tem 15 filiais com mais de 15 mil mães, e 20 núcleos de solidariedade em todo o mundo, que desenvolvem trabalhos sociais em comunidades carentes, publicam um jornal mensal, promovem debates sobre a juventude contemporânea e combatem todas as formas de tortura e exclusão social.

Existem organizações similares, como a Avós da Praça de Maio, que têm por objetivo recuperar a identidade de centenas de crianças roubadas por autoridades militares durante a ditadura, e a Associação Filhos, formada pelos filhos de desaparecidos, que objetivam continuar a luta de seus pais.

## Comes & Bebes

Em Buenos Aires, como em toda a Argentina, nada é mais típico do que a tradicional parrillada. O portenho é carnívoro por excelência e curte muito um bom *asado*, acompanhado de pão, salada ou alguma outra guarnição, como batata frita ou legumes ao vapor.

No Centro há maior variedade de restaurantes e muitos com valores de cardápio em conta, principalmente nas C. Lavalle e Florida. A **Ugi's Pizza**, na C. Lavalle quase Av. 9 de Julio, e em diversos outros endereços, é uma das barbadas que você encontra: uma pizza grande de muzzarela por vantajosos $18, ou duas fatias por $4. Os preços variam com frequência, quando o pessoal da pizzaria apenas coloca uma tarja sobre o valor antigo, reajustando; mas sempre continua barato.

Lanche gostoso é o do **Ivan Express**, C. Florida 138, onde você escolhe o pão (baguete, árabe, sovado), o recheio (milanesas, queijo, pastrame, saladas, calabresas) e os acompanhamentos (tomate, azeitona, pepino, cebola) e monta seu sanduíche, entre $15-20.

Outra meca gastronômico-turística é **El Palácio de la Papa Frita**, C. Lavalle 735. Além das especialidades – as batatas –, serve um bife famoso. Pode-se pedir um menu turístico (entrada, prato principal, uma bebida e sobremesa) por $90, mas nem todo mundo elogia o atendimento.

Embora a comida não seja nenhum espetáculo, o **Farandula**, Av. Corrientes esq. C. Montevideo, vale pelo custo-benefício: o menu fixo custa $40 (à noite, $50) e inclui prato principal – carne, frango, massas, pizzas – guarnição, sobremesa e uma bebida (refrigerante, vinho ou cerveja), além do couvert, cortesia da casa.

Quanto aos doces, o **Freddo**, na C. Santa Fé esq. C. Montevideo, e em diversos outros pontos da cidade, talvez seja a sorveteria mais famosa de Buenos Aires, com deliciosos sorvetes artesanais. Há diversas porções, e a maior permite várias coberturas. Prove o sabor tramontana, sorvete de creme recheado com doce de leite e bolachinhas cobertas de chocolate.

Pizzarias, uma das mais tradicionais da cidade é a **El Cuartito**, C. Talcahuano 937, entre Retiro e San Nicolás, ainda no centro. Existente desde 1934, é decorada com pôsteres de jogadores de futebol e lutadores de boxe. Mais alternativo, o **Mercado de Comestibles Nuevo Retiro**, em frente à estação de trem de Retiro, na parte baixa da Plaza San Martín, oferece boas ideias a quem gosta de improvisar um lanche –

As empanadas portenhas

Café Tortoni

como a de saborear um delicioso e fresco *calamari a provenzal* (lula) do próprio mercado, e encarar um piquenique no parque em frente – e gastar menos de $10.

Em San Telmo, um restaurante bem recomendado por viajantes é o **Manolo**, C. Bolivar 1299, F.4307.8743. A comida é simples e eficiente – parrilladas, milanesas, massas, fritas –, o preço honesto, o atendimento cordial e a decoração sugestiva: camisas de jogadores, bandeirinhas de clubes de futebol, fotos de boxeadores. Para um bom custo-benefício e uma carne recomendada pelos próprios portenhos, tente o **Desnível**, C. Defensa 855, F.4300.9081, restaurante menos turístico – mas sua fama se espalha – e que serve os clássicos cortes argentinos, como lomo e chorizo. Fica aberto até as 22h e fecha às segundas.

Em La Boca, nas C. Necochea e Del Valle Iberlucea, há pizzarias, bares e pequenos restaurantes com preços razoáveis. Um local indicado por viajantes brasileiros, escondido no bairro, é o **Obrero**, C. Agustín R. Caffarena 64, F.4362.9912, ambientado com motivos futebolísticos. A cozinha é uma mescla da culinária espanhola (mariscos), italiana (massas) e portenha (*asados*), e os pratos não são caros. Mas, região bastante turística, La Boca talvez não seja a melhor área em gastronomia.

Bem melhor é o Palermo, onde não faltam bares e restaurantes. Um dos lugares mais simpáticos, com bom atendimento e ótimos pratos, é o **De la Terraza**, C. Gurruchaga 1824, F.4831.3119. Entradas custam entre $15-35, *asados* $45-70, guarnições $15-30, saladas $15-30, sobremesas $10-25. Experimente, como entrada, a *provoleta* ($28), uma espécie de pizza sem massa, com base e recheio apenas de provolone, deliciosa; como prato principal, peça o *medalión de lomo* ($58), para descobrir o porquê da fama das carnes argentinas.

O imponente prédio do Congresso Nacional

Todavia, Buenos Aires e Palermo não vivem só de carne. Uma opção para os vegetarianos é o **Krishna**, C. Malabia 1833, com pratos a partir de $30. Ainda no bairro, um local descolado, estilo bar-restaurante, bom para ir à noite, é o **Arguibel Wine, Food & Arts**, C. Andrés Arguibel 2826, F.4899.0070. Oferece pratos bem elaborados entre $55-90, como o tradicional e acessível matambre de cordeiro ($65), além de eventuais promoções do dia. As sobremesas, como *chocolate en textura* ($29), também enchem os olhos. Um dos diferenciais da casa é a excelente carta de vinhos, com *copas* (cálices) a partir de $20.

Além da mencionada Freddo, outra popular sorveteria é a **Munchi's**, com vários endereços, entre eles, na C. Rep. Dominicana 3352, no Palermo. Peça pela *copa Munchi's*, um copo com 3 bolas de sorvete com amêndoas, nozes e chocolate em calda; duas pessoas se deliciam na boa, em torno de $25.

Na região de Las Cañitas, ao sul de Palermo, na C. Baez, há vários bares, pubs e restaurantes, um ao lado do outro. No **Jackie O.**, número 334 desta rua, o que mais vale a pena, entre as diversas opções, são as massas. Prato para uma pessoa, com muita fome, $50; refri, $5; chopp, $10.

Puerto Madero é outra área que você não deve deixar de conhecer, principalmente à noite. Muitos restaurantes criaram espécies de terraços para dispor suas mesas em frente ao rio, ou abriram grandes janelas para se aproveitar a vista deste bairro de arquitetura inovadora.

Um dos mais concorridos é o **Siga la Vaca**, na Av. Alicia Moreau de Justo 1714, popular restaurante de parrillada, que é servida com batatas fritas e um diversificado buffet de saladas, tudo à vontade. Custa, por pessoa, no almoço $80/110 (seg-sex/sáb-dom), ou na janta $100/110 (dom-qui/sex-sáb); o preço inclui uma garrafa de vinho, jarra de chopp ou refrigerante e, para finalizar, sorvete ou outra sobremesa.

Menos abundante, o **Il Gatto**, Av. Alicia Moreau de Justo 1190 (este é o de Puerto Madero; existem outros oito endereços em Buenos Aires), é uma trattoria que oferece massa e menus do dia a partir de $65, valor bastante satisfatório para a região.

No bairro da Recoleta, entre alguns cafés requintados, a grande pedida é o restaurante **The Grant's**, Av. Las Heras 1925, que oferece uma orgia de comidas e pratos diferentes, incluindo carnes, peixes, massas, saladas, sobremesas e sorvetes. O ponto alto é uma ilha onde os chefs preparam, na sua frente, pratos mais elaborados, como um macarrão tailandês com frutos do mar ou uma truta ao molho picante. São $65 muito bem investidos (mas não incluem a bebida).

Quem deseja provar uma boa parrillada, numa região mais afastada das áreas turísticas, pode conhecer o **Checho Resto Asador**, C. Ramallo 1781, F.4702.8111, restaurante popular entre os portenhos, no mais distante bairro Nuñez, passando o hipódromo e o estádio do River Plate. Uma parrillada mista para 2 pessoas custa $130, mas, para menos diversificação (sem miúdos), talvez seja melhor optar por alguma das boas carnes do local, entre $45-70, que frequentemente são assadas pelo simpático dono do restaurante.

## Atrações

O maior atrativo de Buenos Aires são provavelmente os seus bairros, todos com vida própria, uma rica história e uma identidade urbana muito peculiar. Nada melhor, mais barato e saudável do que passear por eles, caminhar pelas ruas e avenidas e deixar se perder por algumas horas. Você descobrirá parques, museus, casas históricas, igrejas, mercados, teatros, galerias, cemitérios, monumentos, cafés e, finalmente, a verdadeira essência da capital argentina.

### Centro – Monserrat

A área central, conhecida como Monserrat, foi o primeiro bairro de Buenos Aires, criado em 1580, quando foi fundada a Plaza Mayor. Hoje chama-se Plaza de Mayo, centro de convergência da região e coração da cidade, cercada por vários prédios emblemáticos, que representam os poderes político, religioso e financeiro do país. Eis um bom ponto para começar a desbravar a capital portenha.

**Plaza de Mayo** A praça mais importante da cidade tem este nome em homenagem à revolução de independência, que ocorreu aqui em maio de 1810. À sua volta ficam a *Casa Rosada*, a *Catedral*, o *Cabildo* e o *Banco de la Nación*. No centro da praça, a *Pirámide de Mayo* é o ponto de encontro para as manifestações populares. É aqui, nas quintas-feiras, entre 15h-16h, que as *Madres de la Plaza de Mayo*, as mães e avós que perderam filhos e netos durante a ditadura militar, reúnem-se para lembrar as mortes e os desaparecimentos ocorridos neste período negro da história argentina. Este célebre movimento completou 35 anos em 2012 (ver box p.112).

**Casa Rosada** Em frente à Plaza de Mayo. Sede do governo argentino, foi erguida no mesmo local onde, em 1580, Juan de Garay inaugurou um forte ao fundar a cidade de Buenos Aires. A imagem de Evita proferindo discursos do alto das sacadas da Casa Rosada tornou-se internacionalmente célebre – cena que girou o mundo em velhas fotografias e no filme de Alan Parker (com Madonna no papel-título, o que, aliás, gerou protestos entre os argentinos, que não aceitaram a cantora americana como sua ídola-maior). Havia a possibilidade de visitar a Casa Rosada por dentro, em tour guiado, adquirindo senhas no museu (ver a seguir); hoje, no entanto, essa visitação está suspensa. Quando estiver na cidade, informe-se sobre a possibilidade deste passeio ter retornado. Quase no estilo monarquia britânica, há troca da guarda diariamente, nas horas ímpares, entre 11h-17h. No jardim atrás da Casa Rosada, fica o monumento a Cristóvão Colombo (Cristóbal Colón).

**Museo de la Casa Rosada** No subterrâneo da Casa Rosada, com entrada pela rua lateral (Hipólito Yrigoyen 219), aberto seg/sex 10h-18h, domingos 14h-18h, sábados fechado, entrada franca. Visitas guiadas às 11h e 15h (domingos 16h). Apresenta uma mostra permanente de 140 anos da história constitucional da Argentina, revelando as vidas pública e privada de seus presidentes. Retratos, pinturas, documentos, objetos em geral, bustos de presidentes e textos explicativos ilustram a história de quem já ocupou este palácio, de Bernardino Rivadavia (1826-27) a Héctor José Cámpora (1973), sem entrar em detalhes nos últimos presidentes (as atualizações do museu são feitas após 30 anos de mandato).

**Catedral Metropolitana** Em frente à Plaza de Mayo, aberta diariamente seg/sex 7h30-18h30, sáb/dom 9h-19h, entrada franca. Muita gente passa na frente do prédio e não percebe que se trata de uma igreja: não há torres, o que é pouco comum a um templo católico. Sua fachada exibe 12 colunas, que representam os apóstolos de Cristo. Foi construída no século 18, em estilo neoclássico, no lugar da igreja colonial original, que tinha sido a primeira da cidade. Em seu interior, encontra-se, vigiado por guardas, o mausoléu de San Martín, o general que proclamou a independência argentina. Atente também para as interessantes pinturas da Via Crúcis dispostas nas paredes.

**Cabildo ou Museo Histórico Nacional del Cabildo y de la Revolución de Mayo** C. Bolívar 65, aberto qua/sex 10h30-17h, sáb/dom 11h30-18h, segunda e terça fechado, entrada $2 (mas às 16h30 o bilheteiro costuma ir embora, e o ingresso torna-se gratuito). Visitas guiadas qua/sex 15h30, e sáb/dom 12h30, 14h e 15h30. Construído em 1725, o Cabildo de Buenos Aires, onde eram realizadas as reuniões políticas na época colonial, ocupa o mesmo local que Juan de Garay escolheu para ser a

## Evita Perón

María Eva Duarte nasceu em 7 de maio de 1919, no povoado de Los Toldos, filha bastarda de um importante político. Com 20 anos, vivendo em Buenos Aires, tornou-se atriz e passou a integrar a Compañía de Teatro del Aire, que a projetou na sociedade argentina. Em 1944, conheceu o coronel Juan Domingo Perón, cuja influência ajudou na ascensão de sua carreira artística; mais tarde, passou a fazer parte da campanha de propaganda do político. No ano de 1946, Perón venceu as eleições presidenciais da Argentina e se casou com Eva.

Como primeira-dama, já apelidada de Evita, começou suas ações sociais, como o lançamento da lei que permitia à mulher votar e assumir cargos políticos, as quais a fizeram tão querida e importante para o povo argentino. Em 1950, desmaiou durante uma cerimônia: era o primeiro sinal de um câncer, que logo a debilitaria.

Perón ganhou seu segundo mandato em junho do ano seguinte. Um mês depois, ela entrou em coma, e faleceu em 26 de julho de 1952. As homenagens populares prolongaram-se até o mês de agosto, e Evita Perón – tema de música, peças, filmes – tornou-se uma lenda imortal. Seu túmulo encontra-se no Cemitério de Recoleta.

---

sede do governo quando fundou a cidade, em 1580. O prédio foi declarado Monumento Histórico Nacional em 1933 e virou museu em 1960. Guarda peças antigas, móveis e documentos do período entre os séculos 18 e 20.

**Manzana de las Luces** C. Peru 272. Acesso através de visitas guiadas, diariamente às 15h, sáb/dom também 16h30 e 18h, $6/12, e às segundas também às 13h (gratuita). Manzana significa "quarteirão" (e também "maçã"). A de las Luces ("das luzes") compreende alguns dos edifícios mais antigos da cidade, situados entre as ruas Perú, Moreno, Bolívar e Alsina. A visita é um pequeno tour por muros centenários, túneis coloniais e claustros jesuíticos. Os prédios, como a *Iglesia de San Ignácio* e as cinco *Casas Redituantes*, assim chamadas porque produziam renda para a coroa espanhola, datam da época da chegada dos jesuítas (1661). Confira a vigência deste passeio, pois pode não estar disponível.

**Museo de la Ciudad** C. Alsina 412, aberto seg/sex 11h-19h, sáb/dom 10h20h, entrada $1, gratuita às segundas e quartas. Museu que resgata a memória de Buenos Aires por meio do patrimônio arquitetônico, de objetos históricos, móveis e diversos utensílios do cotidiano dos portenhos.

**Museo Nacional del Grabado** C. Defensa 372, aberto dom/sex 14h-18h, entrada $1. Pequena galeria com exposições temporárias de técnicas de gravura: xilogravura, fotogravura e serigrafia.

**Museo Etnográfico Juan B. Ambrosetti** C. Moreno 350, aberto ter/sex 13h-19h, sáb/dom 15h-19h, entrada

$3. Museu criado em 1904, apresenta exposições de enfoque arqueológico, antropológico e cultural, com ênfase nas regiões da Patagônia e do Noroeste argentino. Exibe a interessante mostra *De la Puna al Chaco, una historia precolombiana*. Viajantes que percorrem a Argentina devem curtir.

**Palacio del Congreso** Av. Mayo, na outra extremidade da avenida que começa (ou termina) na Casa Rosada. Inaugurado em 1908, é uma impressionante construção de estilo neoclássico de autoria do arquiteto italiano Vittorio Meano. Em frente, fica a bela Plaza de los Dos Congresos, com o monolito que marca o Km 0 das estradas argentinas e com um dos originais de "O Pensador", de Auguste Rodin.

**Café Tortoni** Av. de Mayo 825, foi fundado em 1858, e é um dos cafés mais antigos da cidade, símbolo de Buenos Aires e do tango, o que implica preços nem sempre atraentes. Ponto de encontro da velha guarda, apresenta shows de tango ($140), geralmente à noite, que devem ser reservados antecipadamente. Mais econômico, você pode pedir um café ($15), com um pedaço de torta ($33) ou sorvete ($34), ou ainda, para entrar mais no clima, "un café con leche y tres medialunas" ($30). Mas os apreciadores dizem que o café é meio aguado. Entre os principais frequentadores do Tortoni estiveram o escritor Jorge Luis Borges e o ícone do tango Carlos Gardel. Uma das atrações do local são as estátuas dos dois artistas. O café conta com uma lojinha de suvenires.

## Centro – San Nicolás

Região de intenso comércio e de muito movimento de pedestres, onde algumas ruas, como a Florida e Lavalle, foram convertidas em calçadões (peatonales). Mas a maior referência é a Av. 9 de Julio, a mais larga avenida do mundo, que chega a 140 metros de largura. Seu marco é o **Obelisco**, no cruzamento com a Av. Corrientes, construído em 1936 em comemoração aos 400 anos da fundação de Buenos Aires. Monumento de 65 metros de altura, é um dos símbolos da cidade, e merece ser admirado tanto durante o dia como à noite.

**Teatro Colón** C. Cerrito 618, entre as ruas Libertad, Tucumán e Viamonte, ocupando uma quadra inteira. Fundado em 1908, é o teatro lírico mais importante da América Latina. Mais do que isso, por sua arquitetura e por sua acústica perfeita, é um dos teatros mais conceituados do mundo. Depois de passar por reformas, reabriu em 2010, na comemoração do bicentenário da independência argentina. Atrás do teatro se encontra a simpática Plaza Lavalle.

**Museo de Arte Hispanoamericano Isaac Fernández Blanco** C. Suipacha 1422, aberto ter/sex 12h-18h, sáb/dom 11h-17h, entrada $1 (gratuito às quintas). Um dos mais importantes acervos de arte ibero-americana do continente, reúne objetos e obras da época da dominação de Espanha e Portugal na América do Sul, do século 16 ao 19. Entre várias outras peças históricas, destacam-se imagens jesuíticas, mobiliário luso-brasileiro, pinturas das escolas cusqueñas e uma das maiores coleções de prataria do mundo, com peças do período colonial. O prédio é de estilo neocolonial, típico dos anos 20. Vale a pena.

**Museo Mitre** C. San Martín 366, aberto seg/sex 13h-17h30, entrada $10. Casa onde o jornalista Bartolomé Mitre, o primeiro presidente da Argentina e fundador do jornal La Nación, viveu com sua família. Retrata sua trajetória política, expondo como viviam as abastadas famílias argentinas do século 19.

**Museo Beatle** Av. Corrientes 1660, Paseo La Plaza, F.6320.5361, www.thecavern.com.ar. Aberto seg/sáb 10h-24h, dom 14h-24h; entrada $50. Talvez seja a maior coleção particular do mundo sobre o quarteto de Liverpool. Aqui, os beatlemaníacos vão se deliciar com fotografias, discos, autógrafos e inúmeros e variados itens referentes ao grupo.

## San Telmo

Bairro conhecido pela **Feria de San Telmo**, tradicional mercado de pulgas, que acontece todos os domingos, 10h-18h, na Plaza Dorrego e arredores, como nas ruas Humberto Primo e Defensa. Aqui você encontra artesanatos, antiguidades e obras de arte; e mais: a feira é um verdadeiro palco ao ar livre, com shows de tango (música e dança), mímicas e estátuas vivas, um passeio realmente imperdível. Ao final do dia, quando as bancas fecham, os bares com mesas nas calçadas ficam lotados e o tango toma conta da praça. O ar colonial de San Telmo deve-se à presença de antiquários, igrejas e antigos casarões transformados em pensões, alguns ainda em funcionamento. Outra atração do bairro é o Parque Lezama, que abriga o Museu Histórico Nacional. Nesta área do parque, supõe-se que Pedro de Mendoza tenha acampado ao fundar a cidade.

Artistas de rua em San Telmo

**Museo Histórico Nacional** C. Defensa 1600, dentro do Parque Lezama, aberto qua/dom 11h-18h, entrada gratuita. Traça a trajetória do país desde a colonização até os dias de hoje. Algumas pinturas ilustram a dominação espanhola, a fundação de Buenos Aires e as invasões britânicas, entre mapas da época colonial, mobílias e vestuários antigos e retratos das figuras históricas mais importantes.

**Igreja Ortodoxa Russa** Av. Brasil 315, em frente ao Parque Lezama, aberta sábados 18h e domingos 10h. Pequena e curiosa igreja com as autênticas abóbadas dos templos russos. Foi financiada pelos czares e inaugurada em 1904.

**Iglesia Nuestra Señora de Belén** C. Humberto I 340. Bela igreja construída em 1734, é também conhecida como Parroquia de San Pedro Telmo. Chama atenção sua fachada de arquitetura neocolonial, com os campanários revestidos de azulejos espanhóis. Bem-conservada, foi restaurada pela última vez em 1918.

**Museo Penitenciário Antonio Ballvé** C. Humberto I 378, qui/dom 14h-18h, entrada gratuita. Apresenta a história do serviço penitenciário argentino.

**Museo Nacional de la Historia del Traje** C. Chile 832, quase esq. C. Piedras. Aberto ter/dom 15h-19h, entrada gratuita, visita guiada domingos 17h. Museu dedicado à evolução da roupa e acessórios e seus vínculos com a arte e o contexto social. Coleção com mais de 7 mil peças do século 18 em diante. Interessante.

**Museo de Arte Moderno** Av. San Juan 350 (sede central). Aberto ter/sex 11h-19h, sáb/dom até 20h, entrada $5 (gratuita às terças). Criado em 1956 e instalado em um antigo depósito de tabaco, expõe coleções próprias de artistas contemporâneos argentinos. O museu passou por uma grande reforma e revitalização e foi reaberto em dezembro de 2010.

## La Boca

Bairro portuário, de periferia, às margens do Riachuelo, espécie de arroio, de águas bastante poluídas (diz a lenda urbana portenha que, ingerindo 500ml da água desse arroio, morre-se em 3 horas!), que separa Buenos Aires do distrito industrial vizinho de Avellaneda. A área foi colonizada por italianos, a maioria genoveses, cuja herança deixada são as cantinas e pizzarias da Calle Necochea. Mas o maior atrativo do bairro é outra rua: a Calle Caminito, uma animada travessa com exposições de arte, dançarinos de tango, fotógrafos de plantão, lojinhas de suvenires e algumas das casas multicoloridas, com chapas de zinco e madeira, que caracterizam o bairro. Algumas quadras adiante fica outro importante patrimônio do local, o estádio *La Bombonera*. Apesar das famosas atrações, muitas de suas ruas não são nada formosas e ainda inspiram pouca confiança (o que pode mudar no futuro, de acordo com um projeto de revitalização da região), de modo que é bom evitá-las à noite.

**La Bombonera** Entre as ruas Brandsen e Del Valle Iberlucea. Estádio de futebol do time mais popular

Caminito: a rua mais turística de Buenos Aires

do país, o Boca Juniors, do qual o ultrapopular Diego Maradona surgiu para o mundo. Com capacidade para 49 mil torcedores, o estádio tem esse nome pelo fato de sua construção lembrar uma caixa de bombons. A aparência externa é meio decadente, ao contrário de seu ótimo museu, o Museo de la Pasión Boquense, C. Brandsen 805, aberto diariamente 10h-18h, entrada $55 ($70 para visitar também o estádio). O museu apresenta um cinema 360°, painéis informativos sobre os jogadores, exposição de uniformes, troféus, maquete do bairro, vídeos cronológicos que relacionam a História no mundo e da Argentina com o futebol no país, e inclui, por fim, uma visita ao estádio. Apesar do preço elevado do ingresso, o museu é interessante mesmo aos viajantes não-fanáticos por futebol.

**Museo de Bellas Artes de la Boca** Av. Pedro de Mendoza 1835, aberto ter/dom 10h-18h, entrada $3/1 (estudante). Museu de artes situado no segundo e terceiro andares de uma escola primária. São 8 salas com obras de artistas argentinos; destacam-se as esculturas situadas nos terraços.

**Museo Histórico de Cera** C. Del Valle Iberlucea 1261, próximo ao Caminito, aberto seg/sex 11h30-18h (19h no verão), sáb/dom 11h-18h (20h no verão), entrada $15. Museu de cera apresentando cenas típicas argentinas, como tango, rinhas de galo, e vultos, como Pedro de Mendoza, fundador de Buenos Aires. Não espere nada como os museus de cera da Europa – são poucas salas, e a entrada é um pouco cara pelo que oferece, valendo mais pela curiosidade.

**Museo del Cine Pablo Cristian Ducros Hicken** C. Augustín R. Caffarena 49, seg/sex 11h-18h, sáb/dom 10h-19h, entrada $1 (gratuita às quartas). Museu dedicado ao cinema argentino, cujo nome homenageia o colecionador de artigos cinematográficos que originou o acervo.

## Recoleta

Bairro de porte aristocrático, Recoleta é conhecido por seu famoso cemitério, ao lado da Basílica Nuestra Señora del Pilar. Ambos ficam juntos à Plaza Francia, onde, aos fins de semana, há uma feira de artesanato. Ainda na área fica o Buenos Aires Design Recoleta, shopping temático dedicado à decoração. O bairro de Recoleta também abriga o museu mais importante do país, o Museu Nacional de Belas Artes, e algumas instituições culturais: o Centro Cultural Ciudad Recoleta, perto do cemitério, e as Salas Nacionales de Cultura, C. Posadas 1725, sempre com boas exposições e espetáculos temporários. Vale ainda dar uma conferida na Floralis Generica, na Plaza de las Naciones Unidas, uma escultura metálica do arquiteto Eduardo Catalano. Prédios de arquitetura clássica e praças com jardins bem-cuidados dão o toque europeu ao bairro.

**Cementerio de la Recoleta** C. Junín 1760, aberto diariamente 7h-17h45, entrada gratuita. Visitas guiadas, também sem custo, em espanhol, diversos horários todos os dias; em português, sextas às 11h (é bom confirmar o horário), entre outras línguas. Inaugurado em 1822, em terreno dos frades recoletos, é o mais importante cemitério do país, com inigualável arquitetura e monumentos, dos quais mais de 70 declarados Monumento Histórico Nacional. Suas tumbas ornamentadas guardam os restos mortais da nata da sociedade argentina, como Miguel Estanislao Soler, ilustre guerreiro da independência, e Domingo Faustino Sarmiento, escritor e ex-presidente do país. Mas, sem dúvida, o ponto de referência do cemitério é o discreto mausoléu da Família Duarte, onde se idolatra Evita Perón (Duarte era seu nome de solteira), a mais famosa inquilina do local.

**Basílica Nuestra Señora del Pilar** C. Junín 1904, ao lado do cemitério, entrada gratuita. Construída em 1732, como parte do Convento dos

### Abaporu: a joia brasileira do Malba

Um dos mais famosos quadros da pintura brasileira, O Abaporu, de Tarsila do Amaral, foi arrebatado em leilão em Nova York, em 1995, pelo dono do Malba, Eduardo Constantini, por US$ 1,25 milhão, vendido pelo investidor paulista Raul Forbes. Desde então, a morada do Abaporu é o museu portenho. A obra modernista é a principal atração do Malba. Pudera: alguns experts entendem que se trata da pintura brasileira mais valiosa, e seria avaliada, hoje, em cerca de US$ 10 milhões. Na época da venda, houve um plano de tombar a obra. Depois, surgiram tentativas de repatriar a obra-prima de Tarsila, sem sucesso. Constantini não vende, para a angústia de muitos apreciadores de arte tupiniquins. Para eles, é como se Pelé tivesse decidido morar em Buenos Aires.

Frades Recoletos, virou paróquia no ano de 1821. Marcada pela simplicidade, sua arquitetura destoa dos padrões da Idade Moderna e mantém conservados alguns pisos, portas e ferragens originais. Chamam a atenção os Claustros, transformados em um pequeno museu de arte sacra, entrada $1, com móveis e objetos dos frades recoletos.

**Museu Nacional de Bellas Artes** Av. del Libertador 1473, aberto ter/sex 12h30-20h30, sáb/dom 9h30-20h30, entrada gratuita. Museu de arte mais importante do país, com um inestimável acervo. Entre os mestres aqui presentes, Monet, Degas, Modigliani, Picasso e Rodin, com seu excepcional "O Beijo". No segundo piso, há exposições temporárias, geralmente de fotografia e arte moderna.

**Museu de Motivos Populares Argentinos José Hernández** Av. del Libertador 2373, aberto qua/sex 13h-19h e sáb/dom 10h-20h, entrada $1, gratuita aos domingos. Museu que apresenta recordações e recriações do folclore e das tradições argentinas.

**MALBA – Museo de Arte Latino-americano de Buenos Aires** Av. Figueroa Alcorta 3415. Aberto 12h-20h (21h quartas), fechado terças, entrada $32/16 (estudantes); $16 às quartas (gratuito para estudantes). Belo acervo permanente, e sempre há uma exposição temporária de relevância. Tem obras dos mexicanos Frida Kahlo, Diego Rivera e da brasileira Tarsila do Amaral, entre vários artistas latinos, em especial argentinos. Completa o espaço cultural uma sala de cinema, com títulos alternativos e festivais, ingresso a $25/13 (estudantes).

## Retiro

O ponto mais movimentado deste bairro é o moderno terminal de ônibus, próximo ao qual fica a estação ferroviária de mesmo nome, Retiro. Quase em frente, destaca-se a Plaza San Martín, que, ao longo de sua extensão e de seus desníveis, vai do terminal de trens ao início (ou fim) da Calle Florida. Nesta praça, local de batalhas de invasões inglesas, encontra-se a *Torre de los Ingleses*, que, com boa vontade, pode ser encarada como uma réplica do Big Ben, o famoso relógio londrino.

**Puerto Madero** Antigo porto, inaugurado em 1899 e desativado dez anos depois, passou grande parte do século passado em abandono, até que, no maior projeto urbanístico da cidade, foi completamente remodelado, dando origem a um novo bairro e a uma das mais bacanas regiões de Buenos Aires. Com 170 hectares, o complexo foi inaugurado em setembro de 2000, após sete anos de obras. Os velhos armazéns cederam lugar a vários bares, restaurantes e discotecas – o que tornou Puerto Madero particularmente vibrante à noite, quando as gruas alinhadas se iluminam à beira das docas.

A área conta ainda com cinemas, igreja (*Nuestra Señora de la Esperanza*), museu (*Museo Fragata Sarmiento*, um barco ancorado), universidade (*Universidad Católica Argentina*), cassino (num navio ancorado, burlando a norma portenha que proíbe essa atividade de jogo), clube (*Yatch Club Argentino*), pontes modernistas, hotéis de luxo e centenas de escritórios. Aqui também se encontra um curioso monumento a Juan Manuel Fangio, o piloto automobilístico cinco vezes campeão mundial de Fórmula-1, em escultura de bronze ao lado do seu carro, um Mercedes-Benz com o qual ganhou os campeonatos de 1954 e 1955. Também há um posto de informações turísticas; informe-se neste local sobre o passeio guiado e gratuito que costuma ocorrer em Puerto Madero aos sáb/dom.

## A Buenos Aires do Papa

Quando a chaminé instalada na Capela Sistina exalou fumaça branca em 13 de março de 2013 e foi anunciado ao mundo que o novo papa seria argentino (e portenho!), uma coisa já era certa: o milagre da multiplicação de atrações turístico-religiosas tomaria conta de Buenos Aires. Pois dito e feito. Devotos e curiosos logo passaram a rondar a casa onde Jorge Mario Bergoglio nasceu, a escola em que estudou, a igreja da primeira missa, os locais onde trabalhou e, até mesmo, a barbearia que frequentava. A prefeitura de Buenos Aires também não perdeu tempo: dois meses após a nomeação de Bergoglio, deu início a um novo passeio turístico – o *Circuito Papal*, que funciona em duas opções (de ônibus ou a pé) e, pasme-se, não cobra nenhum tostão pelo serviço. Os passeios cruzam a cidade em busca dos lugares que tiveram um papel importante na trajetória de Bergoglio.

O circuito de ônibus – carinhosamente apelidado de *Papatour* – leva cerca de 3 horas e sai todos os sábados, domingos e feriados, às 9h e às 15h, da Basílica San Jose de Flores (Av. Rivadavia 6950). O tour passa por 24 locais que fizeram parte da vida do papa Francisco e junta atrações mais óbvias, como a Catedral (que já tem uma estátua e um museu do pontífice) e o Teatro Colón (onde Bergoglio assistia a óperas e peças), até locais mais inusitados, como a sede do clube San Lorenzo (do qual o papa é torcedor fanático), a já citada barbearia onde o então arcebispo de Buenos Aires cortava os cabelos e a banca de jornais onde se informava sobre os acontecimentos diários. A procura é bastante grande, por isso é imprescindível que você reserve sua vaga pelo e-mail circuitopapal@buenosaires.gob.ar – caso contrário, é bem provável que fique sem o passeio.

Já o circuito a pé é menor: passa por 5 lugares que têm um papel especial na vida de Bergoglio, e dura cerca de 1h30. Acontece todas as quintas, com início às 15h, em frente à Catedral, na Plaza de Mayo. Diferentemente do passeio de ônibus, esse não necessita de reserva; basta chegar ao local com alguns minutos de antecedência e se integrar ao grupo (mas, em caso de chuva, o tour é cancelado). O percurso passa pela Basílica San José de Flores, local onde o jovem Jorge Mario Bergoglio descobriu sua vocação religiosa; pelo Instituto Nuestra Señora de la Misericordia, onde fez o jardim de infância e a primeira comunhão; pela casa da Calle Membrillar 531, onde nasceu; pela Plazoleta Herminia Brumana, onde jogava bola com os amigos; e pela Escola Pedro Antonio Cervino, onde estudou após o jardim de infância.

Se você é católico e admirador do papa Francisco, vale a pena conferir.

## Palermo

Enorme e bastante arborizado, repleto de parques, Palermo é considerado o pulmão da cidade. Pelo seu tamanho, foi dividido em várias áreas – *Viejo, Soho, Hollywood, Chico, Lãs Cañitas*. Destaca-se o **Parque 3 de Febrero**, que abriga o hipódromo, o planetário, o campo municipal de golfe (talvez o único campo de golfe público do continente) e vários clubes desportivos. Em áreas próximas, quase interligadas para os bons caminhantes, encontram-se o **Jardín Japonés**, Av. Figueroa Alcorta esq. Av. Casares, aberto 10h-18h, entrada $24 (estudante não paga), muito bem cuidado parque de feições japonesas; o **Zoológico**, Av. Las Heras esq. C. Sarmiento, ter/dom 10h-18h (19h no verão), $60 incluindo entrada no aquário e no "reptuário"; e o **Jardín Botánico**, seg/sex 8h-18h, sáb/dom 9h30-18h (19h no verão) entrada franca, que é mais uma grande e simpática praça, com chafarizes, estátuas, um orquidário e muitos, muitos gatos.

Entre o Jardim Botânico e o Zoológico fica o **Museo Evita**, C. Lafinur 2988, ter/dom 11h-19h (a partir das 13h no inverno), $15, ($35 visita guiada), com fotos, roupas e objetos pessoais que reconstituem a história da mais popular mulher argentina. Já a "área urbana" de Palermo é caracterizada por casas e prédios elegantes, muitos bares, restaurantes, ateliês de moda e feirinhas de final de semana. Não estranhe se você topar por aqui com um dos *pasea-perro*, os caras que ganham a vida levando os cachorros dos outros para passear – e chegam a conduzir umas dez coleiras de uma única vez, estilo filme do Jerry Lewis – bastante comuns em Palermo.

## Chacarita

O grande atrativo deste bairro é o outro importante cemitério de Buenos Aires, o **Cementerio de Chacarita**, C. Federico Lacroze, junto ao metrô Estação Federico Lacroze, linha B, aberto 7h-17h, numa região mais afastada da cidade. Se o cemitério de Recoleta hospeda Evita Perón, o de Chacarita não fica atrás em celebridade: Carlos Gardel, o maior cantor de tango de todos os tempos, morto em 1935, se encontra aqui. Uma estátua em tamanho natural e dezenas de placas e fotografias adornam o mausoléu, ao redor do qual muitos fãs e admiradores prestam suas homenagens. O Chacarita, diferente do Recoleta, é quase uma espécie de cemitério-cidade, onde as alamedas mais parecem ruas e os mausoléus lembram casas.

## Belgrano

Bairro comercial e residencial, pouco turístico, que teve um papel curioso na história argentina: chegou a ser uma cidade emancipada e, mais do que isso, foi a capital do país por alguns dias, em 1880. Um de seus antigos casarões se converteu num pitoresco museu – o **Museo de Arte Español Enrique Larreta**, Av. Juramento 2291, aberto seg/sex 13h-19h, sáb/dom 10h-20h, $2, grátis nas quintas. Casa original, de 1886, do escritor que denomina o museu. Recria minuciosamente o espírito renascentista da época (incluindo música clássica de som ambiente), com uma preciosidade de móveis e objetos decorativos trazidos da Europa; nos fundos, há um jardim andaluz de feições labirínticas. Em frente, fica a *Plaza Manoel Belgrano*, onde feiras artesanais costumam ocorrer aos sábados, e a **Paróquia de la Inmaculada Concepción**, igreja conhecida, pelo seu formato, como *La Redonda*. O bairro ainda abriga a área de *Chinatown*, tradicional reduto da comunidade chinesa.

### Balvanera

O Balvanera é um bairro tipicamente comercial, em especial nas ruas Corrientes e Rivadavia, na continuação do centro. Próximo à estação de metrô Miserere e da estação de trem Once fica a zona Once, comércio popular com muitos sacoleiros. Mais interessante é o **Mercado de Abasto**, primeiro edifício de concreto armado do país, convertido num elegante shopping center. Na região também se encontra a **Casa Museo Carlos Gardel**, C. Jean Jaures 735, aberto seg/qua-sex 11h-18h, sáb/dom 10h-19h, entrada $1, gratuita às quartas; casa onde morou o popular cantor entre 1927 e 1933, e que foi sua última residência antes de se mudar para a França.

### Outros bairros

Mais distantes e menos turísticos: o **Boedo** é onde dizem haver o mais legítimo tango de Buenos Aires. O **Caballito** é famoso por dois importantes parques: Rivadavia, onde há feiras nos finais de semana, e Centenário, com observatório e anfiteatro. O **Mataderos** é um bairro tradicional de gauchos, que tem como herança o *Museo Criollo de los Corrales*. Já o **Barracas** é uma zona de perfil industrial, junto à autopista 9 de Julio, que tem na artística Calle Lanín o seu ponto colorido.

## Compras

Os amantes de literatura vão encontrar raridades e ótimos livros nas inúmeras livrarias da C. Corrientes ou na clássica *El Ateneo*, na C. Florida 340, com três andares para se deliciar. Tem uma filial de El Ateneo também na C. Santa Fé 1800, num antigo teatro adaptado que ainda mantém a arquitetura, a decoração e o luxo interior. A maior e mais variada loja de CDs é a *Musimundo*, também na Florida, na altura das Galerías Pacífico. Há um comércio variado espalhado pelo Centro. Para lembranças e quinquilharias, experimente uma das bancas do *Exposiciones Caminito*, ou uma das centenas de lojinhas nas galerias que também se dispersam pela área central de Buenos Aires.

As *Galerías Pacífico*, na esquina da Florida e Córdoba, são famosas por seus murais internos, pintados nos anos 40 por artistas locais. Aqui estão algumas das mais importantes grifes de moda e joalherias da cidade, entre lojas de CDs, livros e artigos diversos.

O *Patio Bullrich*, na Av. del Libertador 750, não menos sofisticado, é uma antiga casa de remate, que reúne outras tantas lojas finas da cidade. Como as Galerías Pacífico, está aberto diariamente 10h-21h.

De modo geral, o calçadão da Florida, assim como o da Lavalle, são perfeitos para um passeio de shopping a céu aberto – até para quem não tem paciência de encarar um dia de compras. Talvez melhor pedida, com uma menor concentração de turistas, seja a C. Corrientes, também no centro, com preços um pouco mais acessíveis.

Na mesma Corrientes, 3247, um pouco adiante do centro, fica o *Mercado de Abasto*, com acesso também pela estação de metrô Carlos Gardel (linha B), um shopping center que vale como atração em função do primoroso prédio restaurado, onde funcionava o antigo mercado que lhe concede o nome. Aberto diariamente 10h-22h.

Mas o maior shopping da cidade está em Palermo, o *Alto Palermo Shopping*, C. Arenales 3360, próximo à estação de metrô Bulnes (linha D). Em outro bairro elegante, o Recoleta, encontra-se um shopping temático para os amantes de decoração, o Buenos Aires Design Recoleta, Av. Pueyrredon 2501, perto do famoso cemitério.

Para roupas de barbada (ou ao menos mais baratas que no Brasil), esportivas em especial, há vários outlets de marcas famosas na Av. Córdoba e na Scalabrini Ortiz. Nesta área você encontra lojas da Nike, Puma e Fila, entre outras.

## Diversão

Buenos Aires tem uma programação cultural bastante intensa. Rolam muitos shows e espetáculos dos mais variados, e as dezenas de salas de cinema garantem diversidade e qualidade quando o assunto é a sétima arte. As telas da Av. Corrientes apresentam filmes hollywoodianos mas também exibem uma programação mais alternativa, bem interessante, tanto de produções argentinas como sulamericanas em geral, inclusive brasileiras.

Os boêmios, por sua vez, vão se deleitar nas tanguerías de San Telmo ou nos bares e discotecas de Puerto Madero e Palermo, ao redor da Plaza República de Chile. A cidade pulsa 24h – bares, cafés, casas de tango, tudo isso é cartão de visita de Buenos Aires. E, para quem quer festa, vale saber que a noite começa tarde – as casas noturnas começam a ter movimento a partir da 1h. As danceterias são aqui chamadas de *boliche*, e opções não faltam. Dentre elas está a e *Pachá*, Av. Costanera Norte, próxima à Av. La Pampa. Esta é uma das maiores casas noturnas para se acabar dançando, e aqui predomina a música eletrônica; a entrada, em geral cerca de $80, varia conforme o dia.

A *Bahrein,* Lavalle 343, www.bahreinba.com, tem 3 espaços diferentes: o Yellow Bar (apenas para festas privativas), o Funky Room (onde toca mais funk americano, soul e clássicos das décadas de 70 e 80) e o XSS (no subsolo, com música eletrônica). A agenda de festas pode ser conferida no site. Costuma lotar nos finais de semana.

O *Rumi*, Av. Figueroa Alcorta 6442, esq. La Pampa, F.4782.1398, www.rumiba.com.ar, aberto qua/sáb. Toca música eletrônica, latina, reggaeton e hip hop. Tem restaurante que funciona a partir das 22h na quarta e das 23h de qui/sáb.

*Maluco Beleza,* Sarmiento 1728, F.4372.0959, www.malucobeleza.com.ar, funciona qua/dom a partir da 1h30. São dois andares com música brasileira, mas ignore o nome, você não deve ouvir Raul Seixas por aqui; a programação musical varia entre pagode, funk, forró e axé. No segundo andar, toca também música eletrônica, pop e reggaeton. No início da noite, oferece aulas de dança e serve refeições abrasileiradas – informações de cardápio e aulas você confere no site.

Já na *Crobar,* Marcelino Freyre s/nº, Arco 17 de Palermo, junto ao Paseo de la Infanta (fica embaixo de um dos famosos arcos de Palermo, por onde passa o trem) ocorre, todos os sábados, a festa *Rheo,* considerada uma das melhores noites gays de Buenos Aires. Toca música eletrônica e pop. Tem um lounge na entrada e um bar com diversos tipos de bebida, incluindo muitas cervejas importadas. Costuma fazer promoções com entrada gratuita até a 1h da manhã.

Também para público GLS, *Sitges Bar,* Av. Córdoba 4119, F.4861.3763, www.sitgesonline.com.ar, funciona qua/dom a partir das 22h30. É um bar onde, após a 1h, são recolhidas as mesas e cadeiras e tudo vira uma pista de dança. Fica sempre bem cheia, mas o espaço continua agradável. Em alguns dias da semana, pelo valor da entrada, a bebida é liberada toda a noite. Programação disponível no site. A duas quadras está o *Disco AMERIK,* Gascón, 1040, www.ameri-k.com.ar. Entrada sex/sáb $110 (bebida liberada), dom $70 (s/ bebida liberada). A maior balada gay de Buenos Aires e uma das maiores da América Latina. Atrai tanto o público jovem quanto o pessoal "mais maduro" e toca diferentes ritmos em cada uma das três pistas de dança. São comuns a musica eletrônica e os ritmos latinos.

Mas esteja ligado, pois discotecas "ficam às moscas" de uma hora para outra. Trocando em miúdos: modas passam rápido e casas noturnas que costumavam ser badaladas em pouco tempo podem ser esquecidas. E lembre-se, por aqui a noite não começa antes da 1h da madrugada.

Outra atração noturna de Buenos Aires é o *Pub Crawl* (www.pubcrawlba.com), que, além de proporcionar um encontro com gente do mundo todo, inclui pizza, cerveja, vinho, descontos e shots de destilados nos bares, além de terminar em uma balada com entrada grátis. Tudo isso por $120/100 (estudantes); gratuito para aniversariantes.

Puerto Madero é definitivamente um polo indispensável para quem curte passear à noite, e os amantes de jogos – de azar – encontram um curioso cassino por aqui: um navio ancorado. Esta foi a forma que seus proprietários encontraram para driblar a lei municipal, já que são proibidos cassinos no Distrito de Buenos Aires, mas "sediado no rio", aí é outra história, pois procedem de acordo com as normas marítimas, que permitem o jogo. Vale conhecê-lo ao menos para apreciar o local iluminado, por fora, à noite.

## Tango

Faz parte da cultura portenha, e, em algum lugar e algum momento, não importa o que aconteça, você deve assistir a um show de tango. É quase uma heresia, afinal, ir a Buenos Aires e voltar para casa sem testemunhar um bom tango. Gratuito, você encontra em shows a céu aberto, principalmente em La Boca, em San Telmo aos domingos e nos calçadões do centro, em especial na C. Florida, no finalzinho da tarde – claro que os dançarinos esperam uma contribuição espontânea.

O fato é que na capital argentina vale bastate investir numa boa casa de tango, as *tanguerías.* Ingressos

# PROVÍNCIA DE BUENOS AIRES

custam a partir de $150, mas é possível encontrar por menos e, principalmente, por bem mais do que isso; muitas casas cobram uma consumação mínima, com show cortesia, ou um pacote com janta e bebidas. Algumas de valores medianos são a *Taconeando en la Vereda de Beba*, C. Balcarce 725, qui/sáb, show $200, com janta $335 (com água ou refri), e a *Bar Sur*, C. Estados Unidos 299, $280 show, $440 com janta, ambas em San Telmo.

O *Complejo Tango*, Av. Belgrano 2608, F.4941.1119, tem shows de tango que incluem jantar (entrada, prato principal e sobremesa), bebidas e mais um diferencial: aula de tango, em que ensinam alguns passos básicos – para os interessados, basta chegar antes do jantar, às 19h30. O pacote custa, em dólares, US$120, ou US$85 sem a janta, apenas com uma taça de vinho e as aulas.

Outras tanguerías famosas, com espetáculos bem produzidos, são: *El Querandi*, C. Perú 302, F.5199.1770, US$52 só o show, US$120 janta e show, US$215 VIP (tudo isso com lugares melhores e mais espumante e traslado); *Señor Tango*, Av. Vieytes 1655, F.4303.0231, $600 com janta e show; *La Ventana*, Balcarce 431, F.4334.1314, US$95 o show (inclui uma garrafa de vinho a cada duas pessoas), US$140 com janta e bebida; e *El Viejo Almacén*, C. Balcarce 799, F.4307.7388, $360 com show e dois copos de vinho ou $540, valor que, além do show, inclui janta e bebida.

Os ingressos podem ser adquiridos no local, ou reservados e comprados nos hotéis e nas agências de viagem, nesse caso eventualmente custando um pouco mais. Alguns podem ser comprados online com desconto. Confira a possibilidade de incluir o traslado – muitas tanguerías apanham os turistas em seu hotel e os levam para o espetáculo.

Para obter mais informações sobre casas de tango, consulte alguma das revistinhas existentes sobre o assunto; costumam ser encontradas em quiosques de turismo, hotéis e albergues.

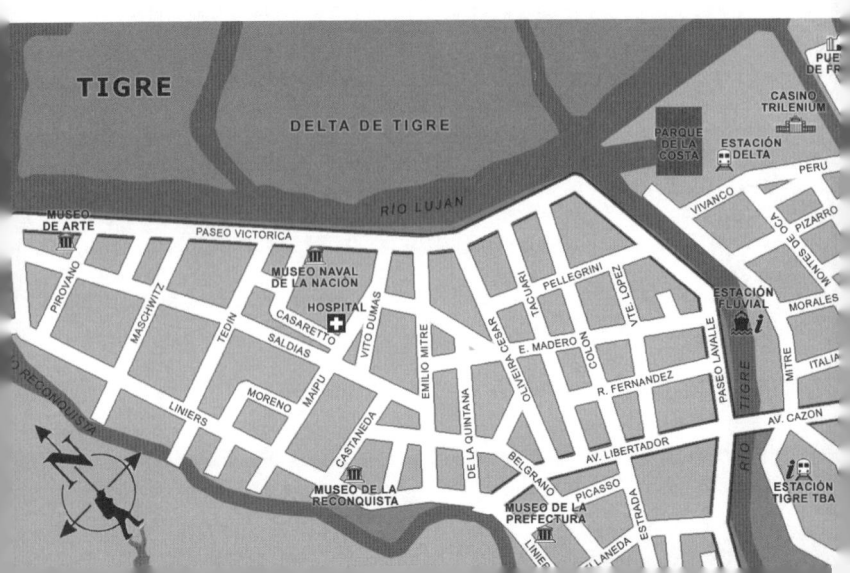

PROVÍNCIA DE BUENOS AIRES

# Tigre

A apenas 32km ao noroeste de Buenos Aires, Tigre é um tradicional passeio de fim de semana a partir da capital argentina. Tranquila, com aproximadamente 30 mil habitantes, a cidade é bastante simpática e bem arborizada, dotada de algumas belas construções antigas – herança das aristocratas famílias portenhas que, nas décadas de 30 e 40, veraneavam aqui –, e oferece uma agradável caminhada na beira do rio. Seu maior atrativo é o Delta do Paraná, onde vivem várias comunidades ribeirinhas.

## Informações e serviços

Há um posto de informações turísticas na estação fluvial, Av. Gral. Mitre 305, F.4512.4498, turismo@tigre.gov.ar, aberto todos os dias 9h-17h. Oferece mapas da cidade e da região, sugestões de passeios e lista de hotéis, em Tigre e no Delta, e um atendimento bastante simpático. Na internet: www.vivitigre.gov.ar.

## Chegando e saindo

Um dos pontos altos de Tigre é justamente o passeio para chegar até a cidade a partir de Buenos Aires. Existem algumas possibilidades de acesso, e a mais bacana delas é provavelmente o *Tren de la Costa*. Para pegar este trem, na verdade um metrô de superfície, deve-se tomar a linha Mitre-TBA na estação Retiro até a estação Mitre ($2,50), que conecta-se com a estação Maipú-Tren de la Costa, com destino final na Estación Delta, em Tigre (1h, $10 direto ou $16 se desejar descer nas estações do meio do caminho).

Quem viaja despreocupado com o tempo deve aproveitar as paradas do percurso, em especial San Isidro, onde há um interessante centro comercial; Anchorena, a mais próxima do Río de la Plata, e Barranca, popular para esportes náuticos, e onde, nos fins de semana, rola uma feira de antiguidades. Mais detalhes sobre esta jornada, consulte o site: www.trendelacosta.com.ar.

Já quem estiver com pressa pode ir direto da estação Retiro à estação Tigre (45min, $5), mas aí não é o Tren de la Costa. Ou vá com um trem (o turístico) e volte com o outro (o rápido). Atenção: alguns viajantes que fazem este passeio compram a passagem que vale até a estação Maipú, mas entram por engano no trem que vai direto a Tigre, e frequentemente se veem obrigados a pagar multa por viajar em trem errado.

Também é possível chegar de ônibus, linha 60 (1h30, $5) partindo de Constitución, entre outras paradas em Buenos Aires (também há uma linha mais rápida). De carro, o acesso é a Autopista del Sol, 30min de viagem, ou pela Av. Libertador, passando pelos municípios vizinhos de Vicente López, San Isidro e San Fernando.

## Acomodação

Existem alguns hotéis e hosterías em Tigre; poucos, pelo potencial turístico da cidade. Os mais conceituados são **Hotel Villa Julia**, Paseo Victorica 800, F.4749.0242, www.villajulia.com.ar; **Hotel Fundación A. Garcia**, Av. Liniers 1547, F.4749.0140, fundaciongarcia@yahoo.com.ar; **Casona La Ruchi**, C. Lavalle 577, F.4749.2499, www.casonalaruchi.com.ar; **Bed & Breakfast La Rosada**, C. Ricardo Fernández 283, F.4749.0587. Um número bem maior de opções você encontra no Delta de Tigre, com acesso evidentemente fluvial, incluindo campings, albergues, cabanas, hotéis-fazenda e spas, que podem variar de $100 a $1500, diária de um fim de semana no verão. Contate o Informações Turísticas de Tigre para sugestões de locais.

## Atrações

Um passeio em Tigre deve incluir uma caminhada junto ao rio, pelo *Paseo Lavalle-Victorica*. Vale também circular pelo casco histórico, onde despontam as antigas mansões e casarões pertencentes às famílias aristocráticas de Buenos Aires. Especialmente na primeira metade do século passado, era moda os portenhos terem uma casa em Tigre. Entre os atrativos estavam a tranquilidade do rio e a existência de um cassino, já que o jogo era (e ainda é) liberado na região.

Um dos prédios históricos remanescentes é justamente onde funcionava o primeiro cassino da cidade – e da Argentina, hoje convertido no **Museo de Arte**, Paseo Victoria 972, aberto qua/sex 9h-19h, sáb/dom 12h-19h, $12, gratuito para estudantes, com exposições de arte dos séculos 19 e 20. Outros museus na cidade são: **Museo de la Prefectura**, Av. Liniers 1264, aberto qua/dom 10h-12h e 14h-18h, sobre história, comunicação e segurança. **Museo de la Reconquista**, Padre Castañeda 470, qua/dom 10h-18h, museu sobre a retomada de Buenos Aires, que no ano de 1806 se encontrava em poder dos britânicos. **Museo Naval de la Nación**, Paseo Victorica 602, ter/sex 8h30-17h30, sáb/dom 10h30-18h30, com embarcações e objetos vinculados à navegação.

Junto à estação Delta, há outros dois atrativos de Tigre: um parque de diversões e um cassino. O **Parque de La Costa**, C. Bartolomé Mitre 2, sex/dom 11h-20h, tem o passaporte a partir de $65,60, o qual não inclui todos os brinquedos: aqueles de maior adrenalina, como o Vertigo extremo, podem exigir um adicional de $90. Mais caro pode custar o **Casino Trilenium**, C. Perú 1385, aberto seg/qua 11h-6h, qui/dom 24h, com máquinas caça-níqueis, roleta e shows.

A maior atração, entretanto, é o passeio pelo Delta de Tigre, que possibilita conhecer várias comunidades ribeirinhas e a exuberante vegetação da região. Três empresas de transporte fluvial navegam na área, onde pode-se ir direto a alguma das ilhas ou circular entre elas, com valor de passagem entre $70-100, conforme as paradas, o trajeto e o tipo de embarcação. Quem estiver a fim de relaxar pode curtir algum hotel-spa, com saunas e piscinas; já os mais aventureiros podem se programar com atividades de ecoturismo, trekking, remo e esqui aquático.

# La Plata

La Plata é a capital da Província de Buenos Aires desde 1882, quando foi fundada. Dois anos antes, Buenos Aires havia se tornado a capital federal, deixando vago o posto de governo provincial. Hoje, situada a 55km ao sudeste de Buenos Aires, La Plata tem 600 mil habitantes e é conhecida por seus prédios históricos de refinada arquitetura.

## Informações e serviços

O *Centro de Informaciones Turísticas,* Calle 50 (seg/dom 10h20), fica em frente à Plaza San Martin; e no Palacio Campodonico (seg/sex 9h-17h), Diagonal 79 entre as ruas 56 e 5. A delegacia do turista fica na Calle 49, 1010. Código telefônico da cidade: 221.

## Chegando e saindo

Há ônibus de **Buenos Aires**, 50min, $10-12, saídas a cada 20min durante o dia. O terminal de ônibus fica na Calle 4 esq. Calle 42. De carro, o acesso é pela autopista Buenos Aires – La Plata. Também pode-se chegar de trem, 1h-1h30, $2,10. O terminal ferroviário fica na Avenida 1 esq. Avenida 44.

## Acomodação

Devido à proximidade de Buenos Aires, a maioria dos turistas não costuma passar mais de um dia aqui, sem deixar de se hospedar na capital do país. Ainda assim, a quem desejar, existem algumas opções de hotelaria, principalmente entre o centro e o terminal de ônibus. É o caso do **Hotel Saint**

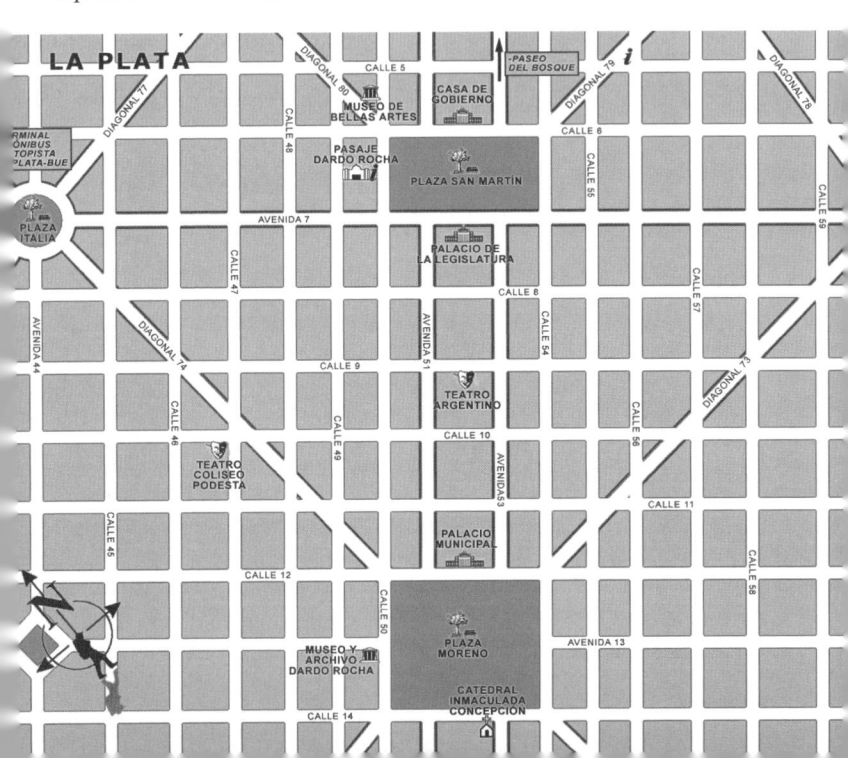

**James**, Avenida 60, 377, F.421.8089, www.hotelsj.com.ar, diária 1p $160, 2p $220, 3p $280, café da manhã incluído. Hotel 1 estrela com banheiro nos quartos, mais TV a cabo, telefone, wi-fi e estacionamento, situado a duas quadras do Paseo del Bosque.

Superiores são: **Acuarius Hotel**, Calle 3, 731, F.421.4229, www.acuariushotel.com.ar, diária 2p $250, 3p $375, café da manhã incluído. Hotel 3 estrelas, básico, quartos com banheiro e TV a cabo; tem internet e estacionamento. **La Plata Hotel**, Avenida 51, 783, F.422.9090, www.weblaplatahotel.com.ar, diária 1p $330, 2p $450, 3p $550, aceita cartões, café da manhã e janta incluídos. Hotel 3 estrelas, a uma quadra do Palácio Municipal, com internet, restaurante e estacionamento, e os quartos têm banheiro, TV a cabo e ar-condicionado.

## Atrações

O centro de La Plata pode ser facilmente percorrido a pé para se visitar os mais importantes pontos turísticos. As principais referências são a Plaza Moreno, onde estão os prédios públicos, a Plaza San Martín, rodeada por prédios comerciais, e o Paseo del Bosque, parque repleto de atrativos.

**Plaza Moreno** Em uma área de quatro quadras, abriga a *Piedra Fundacional de La Plata*, de 1882, que marca o centro geográfico da cidade. Junto à praça fica a **Catedral Inmaculada Concepción**, que levou 47 anos para ser construída, desde 1885, e, ainda assim, as suas torres só foram finalizadas no final do século 20. Na cripta da catedral há um pequeno museu. No lado oposto da Plaza, encontra-se o **Palácio Municipal**, de 1886, e ao lado noroeste fica o **Museo y Archivo Dardo Rocha**, que foi a residência do fundador de La Plata. A três quadras da Plaza está o **Teatro Argentino** ou **Centro de Artes y Espetáculos**.

**Plaza San Martín** Aqui fica o **Palacio de la Legislatura** e, do lado oposto, a **Casa de Gobierno**, onde vive e trabalha o governador provincial. Ao oeste da praça está a **Pasaje Dardo Rocha**, construção de 1883, que foi a estação ferroviária da cidade e hoje abriga um centro cultural com cafés, galerias, biblioteca, teatro, cinema e museus, entre eles o **Museo de Bellas Artes**.

**Paseo del Bosque** Enorme parque ao nordeste de La Plata, onde encontra-se o **Anfiteatro Martín Fierro**, o **Observatório Astronómico**, o **Zoológico**, que completou 100 anos em 2007, o estádio do **Gimnasia y Esgrima de La Plata**, o **Museo de La Plata**, de 1889, a **Faculdad de Ciencias Naturales** da universidade e o seu **Museo de Ciencias Naturales**, o primeiro da América Latina deste gênero.

**Outros locais de interesse** Quem visita a cidade em um final de semana ou feriado pode conhecer a **Feria Artesanal**, na Plaza España, esquina das Av. 7 com a Diagonal 111. O **Museo José Podesta** fica no **Teatro Coliseo Podesta**, na Calle 10; inaugurado em 1886, leva o sobrenome da família pioneira nas artes cênicas na região.

Seguindo pelo Camino General Belgrano, 7km ao norte de La Plata fica a **República de los Niños**, uma cidade-modelo em miniatura de 52 hectares, idealizada e patrocinada por Evita Perón pouco antes de sua morte, em 1952, que conta com trenzinho, aquário e fazenda.

# LITORAL ATLÂNTICO NORTE

O litoral norte da Argentina não é popular pelas águas – muito frias – de seu mar, mas pelo agito que rola durante a alta estação, que vai de novembro a março. Todo verão, milhares de argentinos deixam as cidades e o interior em direção às suas praias (ou às nossas!). O principal destino é Mar del Plata, a "princesinha do mar", favorita do pessoal de Buenos Aires.

## MAR DEL PLATA

Inicialmente chamado de *Costa Calana* e *Cabo Lobos*, o balneário mais badalado do país consagrou-se mesmo com o carinhoso apelido que recebeu dos argentinos: Mardel, abreviação de Mar del Plata, o nome atual. Todos os verões, suas areias são invadidas por mortais em busca de sol e água fresca. Na alta temporada, a população local, de 700 mil habitantes, ultrapassa fácil a marca de 1 milhão, e fica perto de dobrar. Da segunda quinzena de dezembro ao final de janeiro, os preços tendem a aumentar. A partir de março, caem bastante e fica mais fácil encontrar um hotel satisfatório por um bom preço, ainda que muitos restaurantes ou estabelecimentos de serviços possam estar fechados. De qualquer forma, para um brasileiro que tem um litoral privilegiado de sul a norte (ou nordeste, bem dizer), as praias de Mar del Plata, com suas dezenas (talvez centenas) de barraquinhas enfileiradas simetricamente na areia, são o menor dos atrativos por aqui.

## A Cidade

A instalação dos primeiros saladeros, homens que viviam do sal extraído na região, por volta de 1850, foi responsável pela transformação de Mar del Plata – até então habitada por índios – em uma próspera cidade-balneário, fundada em 1874, seguindo a moda europeia. A chegada de uma linha ferroviária em 1886 encurtou os 382km que a separam de Buenos Aires, e os cosmopolitas portenhos começaram a construir suas casas de verão na cidade. Ao longo do século 20, Mar del Plata tornou-se um centro urbano sofisticado e moderno, capaz de acomodar eventos como os Jogos Panamericanos de 1995.

## Informações e serviços

**Código telefônico** 0223

**Clima** A temporada de praias vai de novembro a março; no primeiro e no último mês, as temperaturas são, em média, em torno de 19ºC. Em dezembro, janeiro e fevereiro, pode chegar aos 30ºC. Já o inverno é frio e bastante chuvoso.

**Câmbio** Há casas de câmbio dispersas pela cidade, entre elas, na C. San Martín 2574, na Av. Luro 3185/91 e na Av. Rivadavia. Bancos são fáceis de serem encontrados, muitos aptos a trocar reais.

**Informações turísticas** A *Entendencia Municipal de Turismo* (*Emtur*) tem sede no Boulevard Marítimo 2270, local 51, F.495.1777, abre diariamente 8h-22h. Há outro escritório de turismo na C. Belgrano 2740, seg/sex 8h-15h. No aeroporto também há um posto, funcionando em horários variados. Há mapas razoáveis do centro e das praias, e encontra-se, eventualmente, o *Guía de Actividades*, com dicas de passeios, programação cultural e barbadas. O atendimento nem sempre é dos melhores, mas dá para o gasto. Mais informações, pelo site: www.turismomardelplata.gov.ar.

**Delegacia do Turista** C. Sarmiento 2551, F.451.7909.

**Hospital** *Regional*, Av. Juan B. Justo 6700, F.477.0262; *Centro de Saúde Municipal*, Av. Colón 3286, F.495.0568. Telefone para emergências 107.

## Orientação

Mar del Plata tem 39km de praias, todas costeadas pela Av. Peralta Ramos, mais conhecida como Boulevard Marítimo. A praça principal, que fica na beira da Praia Bristol, chama-se Colón, assim como uma das principais avenidas de Mar del Plata. Outras vias importantes, que concentram muitos hotéis e lojas, são a Av. Independencia e a Av. Luro.

## Circulando

A cidade é plana e de fácil locomoção, sendo possível ir a pé a praticamente todas as atrações, o que é particularmente prazeroso no verão. Mas, para algumas praias, considere pegar um ônibus, $2,30, ou táxi.

## Chegando e saindo

O *Aeropuerto Internacional Brigadier Bartolomé de la Colina* está no Km 396 da Autovía 2, a cerca de 10km do centro da cidade. O ônibus 542, que vai até lá, sai da esquina do

Blvd. Marítimo com a C. Belgrano. Um táxi até o aeroporto custa $20. As estações de ônibus e de trem foram unificadas e localizam-se entre as ruas Pedro Luro, San Juan, 9 de Julio e Juan H. Hara. As linhas 511 e 551 levam à Plaza Colón, a 4 km de distância.

Quem chega de carro a partir de Buenos Aires, pela Autovía 2, desemboca na Av. Champagnat, esquina Av. Libertad, que leva à Av. Costaneira (que também é a RN11). Quem chega pela RP88, vindo de Bahía Blanca, entra na cidade pela Av. Centenário, nas proximidades da mesma Av. Champagnat. Perpendicular a esta última, a Av. Colón é a melhor opção para ir ao centro, tanto para quem vem pela Autovía 2, quanto pela Ruta 88.

## Viajando

Há diversos voos diretos a **Buenos Aires**, 1h de viagem. De ônibus, a frequência é ainda maior, 5h até a capital, $197. Outros destinos por vias rodoviárias: **Bahía Blanca**, 6h, $150, **Rosario**, 9h, $310; **Puerto Madryn**, 16h, $360; **Trelew**, 18h, $396; **Bariloche**, 19h, $695; **Comodoro Rivadavia**, 23h, $520; **Río Gallegos**, 36h, $720. De trem a **Buenos Aires**, 6h, $78 na classe turística, $104 na primeira.

De carro, a Autovía 2 leva a **Buenos Aires**, 382km, com pista dupla, asfalto em boas condições e muita fiscalização policial (às vezes nem sempre idônea, fique atento). Para **Bahía Blanca**, 470km, a saída é pela RP88 até Necochéa, depois a RN228 até Tres Arroyos, onde toma-se a RN3. De lá se vai ao oeste e mais ao sul. Para **Neuquén**, 994km, **Bariloche**, 1.416km, **Puerto Madryn**, 1.108km, **Comodoro Rivadavia**, 1.538km.

## Acomodação

A concorrência entre os hotéis beneficia o bolso de todos. Opções mais baratas encontram-se próximas à rodoviária; já as mais caras estão de frente para a praia. No verão, as tarifas aumentam consideravelmente, e é bom reservar com certa antecedência.

**Hostel Playa Grande** C. Quintana 168, F.451.7307, www.hostelplayagrande.com.ar, 28 quartos. Aberto 01/12 a 15/03. Diária dorms 8p-6p-4p $95/130 (baixa/alta temporada 23/12 a 01/02),. Sócios HI têm desconto de $10. Café da manhã incluído. Banheiro compartilhado nos dormitórios. Tem internet, lockers, cozinha equipada, sala com TV e jardim com parrilla. Possui serviço de lavanderia e escola de surf e mergulho; também aluga pranchas de surf. Albergue legal, localizado próximo à Playa Grande, a uma quadra da Av. L. N. Além.

**Hotel Boulevard** C. Corrientes 1965, F.492.2069, www.boulevardatlantico.com.ar. Diária 1p $110/150 (baixa/alta temporada), 2p $220/300. Tarifas negociáveis. Aceita cartões. Café da manhã incluído. Quartos pequenos com banheiro, TV a cabo e telefone. Localizado a duas quadras da C. San Martín, este hotel é agradável, bem-decorado e barato.

**Hotel Baloo** C. Las Heras 2459, F. 492.5229, www.baloohotel.com, 42 quartos. Diária 1p $200/390 (baixa/alta temporada), 2p $250/450. Aceita cartões de crédito. Café da manhã incluído, na alta temporada também inclui a janta. Quartos com banheiro, TV a cabo e ventilador de teto. O hotel possui internet, bar e estacionamento. Tem uma bonita fachada, toda em vidro; a área comum é espaçosa, mas os quartos são pequenos. Boa localização, a 250m do cassino. Staff atencioso.

**Hotel Sol** C. Las Heras 2723, F.493.8161, 25 quartos. Diária 2p $240/260 (baixa/alta temporada). Inclui café da manhã. Quartos básicos, amplos, com banheiro, TV a cabo e ventilador. O lugar não é dos mais agradáveis, a zona é feia e cobra caro.

**Hotel Bermudas** C. 3 de Febrero 2484, F.493.2631, 30 quartos. Diária 2p $250/280 (baixa/alta temporada), 3p $280/320. Café da manhã incluído. Quartos amplos com banheiro, TV e ventilador. Fica num casarão bem-conservado, bonito, localizado numa rua agradável na Praia la Perla.

**Hotel Lyon** C. Las Heras 2731, F.493.0889, www.lyon-hotel.com.ar, 32 quartos. Diária 2p $250, 3p $300. Café da manhã básico incluído. Quartos bons com banheiro, TV, mas o hotel é simples, velho e o ambiente não inspira muita segurança.

**Hotel Guerrero** Diag. J. B. Alberdi 2288, F.495.8851, www.hotelguerrero.com.ar, 64 quartos. Diária 2p $395/750, 3p $490/900; mais caro se tiver vista pro mar. Café da manhã incluído. Quartos climatizados, TV a cabo, frigobar, cofre e wi-fi. O hotel tem estacionamento, oferece passeios e inclui entradas para o zoológico, jardim botânico e cinemas.

**Hotel Las Rocas** C. Alberti 9, F.451.5362, www.hotellasrocas.com.ar. Diária 1p $500-700, 2p $550-750, variando com o conforto do quarto, 3p $1050. Inclui café da manhã. Todos os quartos têm vista para o mar, ar-condicionado, cofre, TV a cabo e wi-fi. O hotel oferece salão de jogos, sala de TV, academia, sauna e excursões.

**Hotel Amsterdam** Blvd Marítimo Patricio Peralta Ramos 4799, em Playa Chica, F.451.5137, www.hotelamsterdam.com.ar, 30 quartos. Diária em dólares, 2p US$100-150, tarifas variam com temporada e conforto. Aceita cartões. Café da manhã buffet incluído. Quartos espaçosos com banheiro, TV a cabo, telefone, cofre, ar-condicionado. Os mais caros e luxuosos incluem banheira de hidromassagem e vista para o mar. Hotel aconchegante, com internet, bar e estacionamento, localizado na parte alta do Boulevard.

## Comes & Bebes

Há fast-food e comida típica a bons preços, alguns restaurantes internacionais um pouco mais caros, mas a grande barbada para quem quer economizar são as *rotiserías*, casas que vendem comida pronta para levar. Há pequenos restaurantes no Blvd. Marítimo, nos quais o prato do dia custa entre $30-50. O restaurante tipo PF **Alito** é um deles, localizado na C. Las Heras esq. Blvd. Marítimo, servindo *asados*, pescados, saladas e massas caseiras. A **Raviolandia**, Av. Colón esq. C. Las Heras, serve os mais diversos tipos de massas, incluindo entrada (salada ou sopa) e sobremesa.

O mar de barracas em Mar del Plata

## Atrações

Mar del Plata começa a florescer em novembro, com o *Festival Internacional de Cine*, realizado desde 1950. Em dezembro, os termômetros sobem, e as praias lotam aos poucos, até atingirem seu auge em janeiro, época de shows, esportes aquáticos, muita festa, sol e água fresca (às vezes mais gelada do que fresca). Já em fevereiro, no dia 10, comemora-se o aniversário de fundação da cidade, quando outros eventos podem ocorrer. O movimento começa a cair em março, e, depois da primeira quinzena do mês, alguns hotéis e restaurantes chegam a fechar as portas, para reabrir brevemente durante o feriadão de Páscoa.

A *Entendencia Municipal de Turismo* organiza, no pico do verão, os Paseos para Gente Inquieta, distribuindo cupons que dão direito a visitar museus, capelas, refúgios ecológicos, estâncias e fábricas artesanais da região, de graça, em determinados dias e horários. Os interessados devem se inscrever e retirar um bilhete na sede da Emtur. Mas atenção: há um limite de cerca de 20 senhas diárias por atração.

**Museo del Mar** Av. Colón 1114. Aberto qui/dom 11h-19h, entrada $30/22 (estudante), com boa visita guiada. Impressionante acervo particular de mais de 30 mil caracóis de todas as formas, cores e tamanhos, coletados pelo milionário Benjamin Sisterna. Apaixonado pelo tema, ele dedicou parte de sua vida à coleção, que crescia à medida que ele viajava pelo mundo e coletava mais espécies. Primeiro museu do gênero na América Latina, também apresenta aquários com diversos tipos de peixes. Vale a pena.

**Museo Municipal de Arte Juan Carlos Castagnino** Av. Colón 1189, em frente ao Museo del Mar. Aberto seg/sex 10h-17h (fechado quartas) e sáb/dom 12h-19h; no verão 17h-22h, entrada $5/2,50 (estudante), gratuito às quartas. Antiga casa de veraneio construída em 1909 por uma rica e tradicional família que passava seus verões na cidade. Mantém a decoração original, num belo resgate dos costumes da época.

**Museo Municipal de Ciencias Naturales Lorenzo Scaglia** Av. Libertad 3099, aberto jan/fev diariamente 17h-23h, no resto do ano seg/sex 9h-16h (fechado terças) e sáb/dom 15h-18h, entrada $4. Aquário com espécies marinhas e de água doce. Exposições de geologia, fósseis de um dinossauro da Patagônia, mamíferos e aves. Também tem exemplares de crustáceos, aracnídeos e aves. Bem interessante.

**Museo del Hombre del Puerto Cleto Ciocchini** Centro Comercial del Puerto 7600. Aberto qui/sáb 16h-19h (no verão diariamente 18h-23h), entrada $3. Resgata a história do porto e dos pescadores, por meio de fotos, objetos e um filme sobre a sua construção.

**Mirador da Torre Tanque** C. Falucho 993. Com quase 80m de altura, proporciona uma vista panorâmica de Mar del Plata e arredores. Interessante.

## Praias

Dos quase 40km de praias de Mar del Plata, as principais são La Perla, Popular, Bristol, Varese, Chica e Grande, sendo as três primeiras as mais frequentadas. Não espere, porém, nada como as praias brasileiras. A água é fria e a areia é repleta de barracas idênticas, alugadas na hora, alinhadas em perfeita simetria e sem mirar o mar. Algumas praias têm uma espécie de passarela, um caminho improvisado para que o banhista possa ir da calçada até o mar sem pisar na areia. Por essas e por outras que os hermanos vêm para as nossas praias. Para nós, na praia deles, vale mais como uma "curiosidade etnográfica" argentina.

## Compras

Mar del Plata é conhecida nacionalmente como a capital do pulôver, já que concentra várias fábricas do agasalho. Há diversas lojas especializadas na Av. Juan B. Justo. No centro, a C. San Martín reúne muitas lojas de roupas e CDs. Para artesanato, lembranças e pequenos objetos decorativos, tente a feira de artesãos da Plaza San Martín, diariamente das 18h à meia-noite, no inverno somente sáb/dom 15h-20h.

## Diversão

No verão, a noite ferve. Os bares e danceterias mais descolados, como *Chocolate*, *Sobremonte* ou *Sun Set*, ficam na Av. Constitución, entre os números 4500 e 6900, área também conhecida como Avenida del Ruido (imagine o porquê...). O ônibus 551 vai até lá e funciona toda a noite.

## Passeios

Não deixe de visitar o **Puerto de Mar del Plata** e a **Reserva de Lobos Marinos** (ônibus 581), a uns 10km da cidade. Além de admirar os barcos e conversar com os pescadores, é possível chegar bem perto de uma colônia com centenas de leões-marinhos. O cheiro é quase insuportável, mas vale a pena. Um complexo de mercados e restaurantes oferece apetitosos frutos do mar a preços razoáveis. Um pouco mais distante fica o **Museo del Automovilismo**

**Juan Manuel Fangio**, em Balcarce (C. Dardo Rocha esq. C. Mitre), a 64km de Mar del Plata. Abre seg/sex 11h-17h (10h-19h no verão) sáb/dom 10h-18h, entrada $40/20 (estudante). Exibe carros, troféus, fotos e objetos pessoais de Fangio, um dos maiores campeões da Fórmula 1 de todos os tempos, e também de outros pilotos argentinos e estrangeiros.

# Bahía Blanca

Com vocação industrial e comercial, localizada em uma zona portuária, 667km ao sul na Província de Buenos Aires, Bahía Blanca desenvolveu-se principalmente a partir da chegada da ferrovia, que uniu a cidade a pontos estratégicos do país, como a própria capital. Apesar de situada no litoral, não é dos lugares mais turísticos da Argentina. Uma parada nesta cidade, de 300 mil habitantes, pode ser uma boa para quem vai de Buenos Aires à Patagônia por terra e pretende fazer uma escala nesta longa viagem.

## Informações e serviços

A *Oficina de Turismo* fica na C. Alsina 65, F.459.4000, aberta seg/sex 8h-19h (20h verão), sábado 9h-19h, domingo fechado. A entrada é por uma lateral da prefeitura na Plaza Rivadavia, a praça central de Bahía Blanca. Hospital, há dois importantes: *Hospital Municipal de Agudos*, C. Estomba 968, F.459.8484, e *Hospital Interzonal Dr. José Penna*, C. Lainez 2401, F.459.3600. Como grande centro urbano que é, não faltam serviços na cidade, com várias agências de viagem, locadoras de carro, cinemas e shopping. O telefone para emergências da cidade é 109. A *Delegacia del Turista* fica na C. Sarmiento 139, F.452.0050. Prefixo telefônico local é 0291. Maiores informações sobre a cidade, consulte o site: www.bahiablanca.gov.ar.

## Chegando e saindo

O terminal de ônibus fica longe, na C. Brown 1700, com saídas para **Mar del Plata**, 6h, $85; **Puerto Madryn**, 8h, $270; **Buenos Aires**, 9h, $315; **Bariloche**, 10h, $463; **Río Gallegos**, 25h, $775. Da *Estación Ferrocarril Roca* ao centro são oito quadras; um trem para **Buenos Aires** demora 12h, passagem em média $58. Além de mais econômico, é um dos poucos trechos do país onde ainda há trens de passageiros. De carro, vários acessos levam às diferentes estradas que chegam em Bahía Blanca, a maioria com rótulas e placas indicativas, mas considere sempre parar e perguntar.

## Viajando

Várias estradas cruzam estrategicamente a cidade nos quatro pontos cardeais. A mais utilizada é a RN3, que ao norte vai a **Buenos Aires**, 667km, e ao sul leva a **Viedma**, 278km, e à Patagônia. Entretanto, uma alternativa mais rápida e menos movimentada para o sul da Argentina é tomar a RN22 até Río Colorado, onde 27km após há um entroncamento para a RN251, até **San Antonio Oeste**, 458km, onde, aí sim, se toma a RN3, que segue a **Puerto Madryn**, 690km, **Comodoro Rivadavia**, 1.169km, **Río Gallegos**,

2.114km e **Ushuaia**, 2.842km. Quem seguir a RN22, chega em **Neuquén**, 530km, ou vai a **Bariloche**, 1.076km. Já ao oeste, **Mar del Plata**, 470km, não é longe, mas deve-se combinar três diferentes rutas – RN3 até Tres Arroios, RN228 até Necochea e RP88 a Mar del Plata. Para o centro, a via é a RN35; chega-se a **Santa Rosa**, 326km, e a partir desta a outras cidades bem mais ao norte.

## Acomodação

Há pouco movimento turístico na cidade. Daí as restritas opções, além de preços mais executivos, o perfil do visitante de Bahía Blanca.

**Hotel Victoria** C. Gral. Paz 84, F.452.0522, www.hotelvictoriabb.com.ar. Diária 1p $150/200 (sem/com banheiro), 2p $190/300, 3p $290/350. Café da manhã incluído. Quartos com banheiro, TV a cabo, wi-fi. Hotel instalado em um prédio estilo colonial; tem estacionamento.

**Hospedaje Chiclana** C. Chiclana 370, F.453.0436, www.hotelchiclana.com.ar, 36 quartos. Diária 1p $150/300 (sem/com banheiro), 2p $285/330. Café da manhã básico incluído. Quartos com banheiro, TV a cabo. Tem estacionamento.

**Hotel Belgrano** C. Belgrano 44, F.456.4404, www.hotelbelgranobb.com.ar, 100 quartos. Diária 1p $180/230 (standard/superior), 2p $230/280, 3p $300/350. Aceita cartões. Café da manhã incluído. Quartos com banheiro e TV a cabo. Os superiores são mais confortáveis e possuem ar-condicionado. Hotel 3 estrelas, provavelmente o melhor custo-benefício da cidade.

**Hotel Austral** Av. Colón 159, F.456.1700, www.hotelesaustral.com, 120 quartos. Diária 1p $350, 2p $410, 3p $500. Aceita cartões de crédito. Café da manhã buffet incluído. Quartos com banheiro, TV a cabo, telefone e ar-condicionado; tem internet, estacionamento ($30), academia e sauna. Um dos melhores 4 estrelas da cidade.

## Atrações

Quem visita Bahía Blanca geralmente o faz por razões de trabalho, negócios ou estudos – é uma cidade universitária e há poucos turistas por aqui. Pode-se visitar os prédios históricos do centro, como o **Banco de la Nación Argentina** e o **Teatro Municipal** ou caminhar pelo agradável **Parque de Mayo**, Av. Alem esq. C. Córdoba.

Há alguns museus na cidade, a maioria sem muita relevância. O **Museo de Arte Contemporáneo y Bellas Artes**, C. Sarmiento 450, aberto ter/sex 14h-20h (no verão seg/sex 9h-13h), sáb/dom 17h-20h, talvez seja a grande exceção, já que expõe diferentes mostras de pinturas, esculturas, fotografias, e recebe exposições temporárias.

A fim de ver um pouco de arte sem entrar em museu? Confira o interessante **Paseo de las Esculturas**, que exibe uma dezena de esculturas criadas a partir do ferro velho de trens, dispostas ao longo da Av. Urquiza.

As praias são distantes, nada atraentes; vale um passeio apenas para conhecer a zona portuária, o **Puerto Ingeniero White**, a 7km do centro.

Sierras de Córdoba

# PAMPAS

Os Pampas, o lar do gaúcho argentino – *gaucho* –, ocupa boa parte da região central do país, englobando as províncias de Buenos Aires, Córdoba, Santa Fé, Entre Ríos e a homônima La Pampa. Nesta imensa planície se cria uma das maiores riquezas da Argentina, o gado.

Antes da dominação espanhola, a região era originalmente habitada pelos índios querandí, exímios caçadores que influenciaram a cultura dos *gauchos*, como no uso das *boleadoras* ou *bolas* – espécie de laço de couro com três pontas e esferas em cada uma delas, atirados nas pernas dos animais com impressionante precisão, prendendo-as e tornando-os presas fáceis. Os espanhóis chegaram, mas esses índios resistiram bravamente ao seu ímpeto conquistador. Tanto que, num primeiro momento, os colonizadores deixaram a região de lado, de tão incomodados que foram pelos querandí, e se destinaram para o Peru, onde a colonização estava mais avançada.

Ao partir, os europeus deixaram cavalos e gado para trás. Quando retornaram, no final do século 16, os bois haviam se multiplicado. Os índios usavam a técnica de criar incêndios para encurralar as manadas e matá-las. Consequentemente, as queimadas, ao renovar o pasto, reforçavam o alimento do próprio gado, criando um círculo produtivo intenso. O resultado foi a surpresa dos espanhóis com a quantidade de animais e belas pastagens no lugar que haviam abandonado.

Os cavalos também se multiplicaram e muitos foram domados pelos índios araucanos, também das proximidades. Não tardou para que os colonizadores derrotassem os nativos, tomando gado, cavalos e pastagens. Surgia a lendária e romântica figura do *gaucho*, altivo e soberbo, montado em seu cavalo crioulo, raça típica e orgulho da região, tomando conta da boiada. Reforçava-se assim a *argentinidad* – o nacionalismo argentino – e uma das suas mais puras tradições.

# Córdoba

Localizada a 716km a noroeste de Buenos Aires, praticamente no centro da Argentina, Córdoba, com 1,2 milhão de habitantes, é a segunda maior cidade do país, tanto em população como em importância econômica. É sede de grandes indústrias metal-mecânicas e automotivas, incluindo a fábrica da Fiat. Tem ainda uma posição cultural de destaque, com mais de uma dezena de teatros, museus, galerias, cinemas, centros culturais, e, pelo menos, cinco conceituadas universidades, o que garante uma vibrante vida noturna. Já a província de Córdoba, mesmo nome da capital, é predominantemente rural, com um vasto cultivo de gado, e tem como um dos principais atrativos naturais suas encantadoras *sierras*.

## A Cidade

Córdoba, fundada em 1573 por Jerónimo Luis de Cabrera, teve sua história marcada pela forte presença dos missionários jesuítas, dominicanos e franciscanos que chegaram em 1599 para catequizar os índios nativos. Quando foram expulsos dos domínios da coroa espanhola, em 1767, os religiosos deixaram como legado várias igrejas e universidades. Numa combinação de modernidade com tradição, expressa em sua bem-preservada arquitetura, Córdoba tem muito para contar da época em que foi o centro da *Província Jesuítica del Paraguay*, que compreendia o atual território da Argentina, o Paraguai, o sul do Brasil e parte do Uruguai.

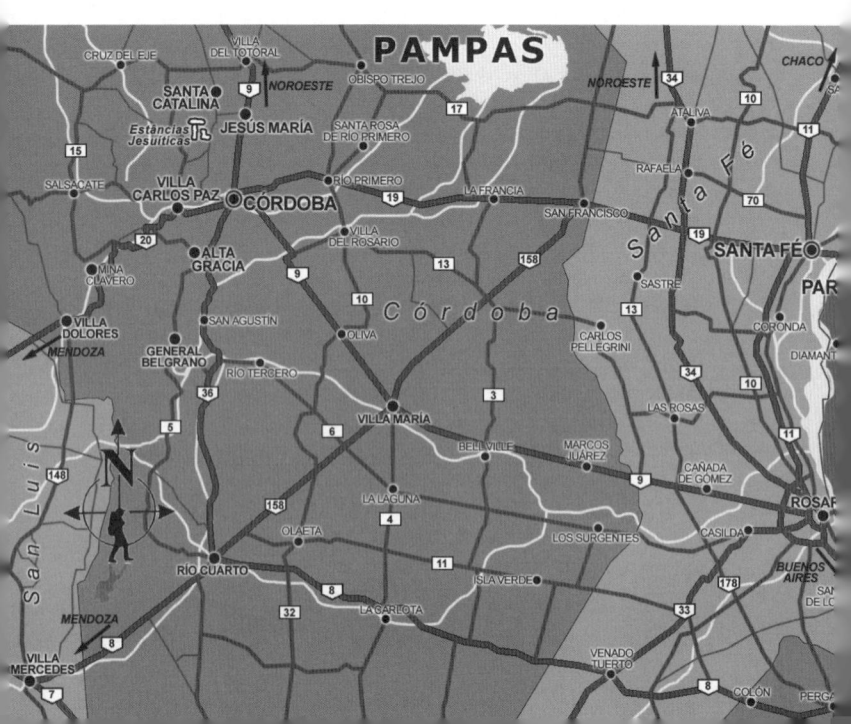

# Informações e serviços

**Código telefônico** 351

**Clima** Verão ameno, com temperatura em torno de 28°C, e inverno entre 3ºC e 12ºC. Na primavera e no outono, as temperaturas variam entre 17ºC e 20ºC, época em que costuma chover mais.

**Câmbio** Como em qualquer cidade grande, não é difícil encontrar casas de câmbio e bancos, vários deles entre as ruas Rivadavia e 25 de Mayo.

**Informações turísticas** A *Dirección de Promoción del Turismo* tem postos de informação no terminal de ônibus, aberto diariamente 7h-21h; no *Cabildo*, Independencia 40, diariamente 8h-20h; e no aeroporto, mesmo horário. A Secretaría de Turismo da cidade organiza excursões e passeios guiados, circuitos a pé, com visitas aos principais prédios históricos e aos pontos de interesse, diariamente às 9h30 e 16h30, $30 por pessoa. Há um telefone gratuito para informações turísticas: 0800.888.2447; ou pela internet: www.cordobaturismo.gov.ar.

**Locadoras de carro** *Avis*, Aeroporto, F.475.0785; *Budget*, C. San Jerónimo 131/135, F.421.1240; *Del Plata Rent a Car*, Av. Colon 2020, F.489.7043; *Localiza Rent a Car*, C. Entre Ríos 70, F.422.4867.

**Delegacia do turista** Av. Colón esq. Santa Fé, F.420.3600, bairro Alberdi.

**Hospital** *de Urgencias*, C. Catamarca esq. Boulevard Guzmán, a sete quadras ao norte da Plaza San Martín.

**Consulado Brasileiro** Av. Ambrosio Olmos 615, F.468.5919, cg.cordoba@itamaraty.gov.br.

**Outros consulados** *Bolívia*, C. San Jerónimo 167 local 8, F.411.4080; *Chile*, C. Buenos Aires 1386, F.469.2010; *Peru*, C. 12 de Octubre 1320, F.486.1753; *Uruguay*, C. San Jerónimo 167 local 7, F.424.1028.

# Orientação

A cidade é plana, e o traçado urbano lembra um tabuleiro de xadrez, onde as quadras são numeradas de 100 em 100, o que facilita bastante. Mas atenção: as ruas trocam de nome ao cruzarem a área central, a região em torno da Plaza San Martín, que concentra prédios importantes como a Catedral e o Cabildo. As outras atrações históricas estão nas proximidades, principalmente na C. Obispo Trejo. Os estabelecimentos comerciais estão espalhados pelas *peatonales* 25 de Mayo e Rivera Indarte e seus arredores.

# Circulando

Apesar de grande, a cidade é tranquila e convidativa a uma boa caminhada, especialmente na histórica área central. Ônibus locais funcionam com fichas, que custam $3,20, e devem ser adquiridas em quiosques específicos antes de entrar no veículo. Táxis são facilmente identificados de amarelo; remises, de verde.

# Chegando e saindo

O *Aeropuerto Internacional Ing. Ambrosio Taravella* está a 15km da cidade, no Camino a Pajas Blancas, F.475.0874, e é acessível pelo ônibus A5. O *Terminal de Ómnibus* fica a sete quadras a sudeste da Plaza San Martín, Bv. Juan D. Perón 380, F.428.4141. Quase todos os ônibus que passam na frente da rodoviária levam ao centro; um táxi faz o percurso por $20. Córdoba conta com duas estações de trem, a *Estación Ferrocarril Mitre*, em frente ao terminal de ônibus, F.426.3565, com saídas para Buenos Aires, e a *Estación Ferrocarril Belgrano*, no bairro Alto Verde, 15km ao norte do centro.

A cidade possui um anel viário, chamado Av. Circunvalación, com poucas saídas para o centro. Quem chega de Buenos Aires ou Rosario pela RN9 entra na Av. Amadeo Sabattin e depois na Blvd. Illia para chegar ao centro. Para seguir ao norte – Noroeste argentino – pela mesma Ruta 9, a saída é pela Av. Juan B. Justo. Quem vai em direção a Río Quarto (RN36), rumo a San Luís e Mendoza (via RN7), o caminho é a Av. Vélez Sarsfield. Já para as Serras de Córdoba e para a Villa Carlos Paz deve-se sair pela Av. Fuerza Aérea Argentina, e depois ingressar na RN20.

## Viajando

**Avião** Para **Buenos Aires**, 1h10 de voo; para o Brasil, 2h para **Porto Alegre**. Ônibus para **Buenos Aires**, 10h, $285/325 (semileito/leito). Outros destinos: **Santa Fé**, 5h, $140; **Mendoza**, 9h, $240; **Bahía Blanca**, 15h, $283; na Patagônia: **Puerto Madryn**, 18h, $542 em ônibus leito, com refeições; **Comodoro Rivadavia**, 24h, $718; **Río Gallegos**, 36h, $1049.

**Carro** Para quem vem ou vai a **Buenos Aires**, 716km, o caminho é a RN9, em bom estado de conservação e com poucos pedágios, passando por **Rosario**, 398km. Pode-se ir também pelas RN7 e RN8, mas a distância é maior. Para **Santa Fé**, 343km, a estrada é a RN19, também em bom estado de conservação.

Rumo à região Noroeste, siga ao norte pela RN9, uma estrada mal-conservada que leva a **Santiago del Estero**, 436km, e **Tucumán**, 534km. Bem mais comum, e especialmente popular entre brasileiros, é ir a **Mendoza**, 670km, seguindo pela RN36 por 200km até Río Cuarto, entrar na RN8 e rodar mais 120km até Villa Mercedes, para depois pegar a boa e movimentada RN7 por mais 350km, com alguns pedágios pelo caminho.

A partir de Córdoba, existe ainda outra opção para chegar a Mendoza, uma estrada bem mais atrativa, mais curta e com menos pedágios, mas que eventualmente pode levar mais tempo, passando pelo chamado *Camino de las Altas Cumbres*. Saia de Córdoba pela Auto Pista J. Allende Posse, que logo se converte na RN20, passe pela turística **Villa Carlos Paz**, 36km, e siga em direção à *Mina Clavero*. No trajeto você atravessa as belas *Sierras Grandes*, um dos pontos altos da viagem, com uma excepcional paisagem de montanha, e uma estrada repleta de curvas (o que, por outro lado, também torna o caminho mais perigoso, e exige mais atenção). A descida da serra passa por dentro de vários povoados, até chegar em Villa Dolores, quando começam a predominar as retas e os cenários menos exuberantes. Seguindo sempre pela Ruta 20, passa-se pelo *Parque Nacional Sierra de las Quijadas*, aqui um caminho quase deserto, sem postos de combustível, atenção a isso. Na localidade de Encón (onde finalmente aparece uma bomba de gasolina), entre na RN142 e siga mais 130km até Mendoza, finalizando um total de 590km percorridos, com direito a avistar os Andes no trecho final.

## Acomodação

Como cidade de grande porte, Córdoba possui várias opções, e muitos dos hotéis e hospedagens encontram-se na área central.

**Córdoba Hostel** C. Ituzaingo 1070, F.468.7359, www.cordobahostel.com.ar. Diária dorms 6p $42/52 (sem/com banheiro); quarto 2p $180/210, 3p $212/224. Desconto de $4 para sócios HI. Café da manhã incluído. Quartos grandes, com banheiro e lockers. Albergue com quatro andares, pátio interno, bar, internet, sala de TV e vídeo, sala de jogos e uma pequena piscina. Situa-se a 100m da Plaza España. Oferece aulas de espanhol e tem um ambiente legal.

**Hotel Harbor** C. Paraná 126, F.421.7300, 14 quartos. Diária 1p $120, 2p $140. Aceita cartões de crédito. Café da manhã incluído. Quartos com banheiro, TV a cabo e ventilador de teto. Os localizados na parte da frente têm sacada, mas o barulho da rua pode incomodar. Hotel pequeno e simpático, a quatro quadras da rodoviária. Tem estacionamento próximo (pago).

**Hotel Laura** C. Salta 27, F.423.4613, 11 quartos. Diária 2p $150, 3p $190. Quartos com banheiro, ventilador de teto e alguns com TV. Hotel a cinco quadras da Plaza San Martín, prima pela limpeza.

**Corona Hotel** C. San Jeronimo 574, F.422.8789, 24 quartos. Diária 1p $180, 2p $260, 3p $340. Café da manhã incluído. Quartos acarpetados, com TV, ventilador de teto e banheiro, alguns com ar-condicionado, $25 a mais. Hotel confortável e espaçoso, a quatro quadras da rodoviária; tem estacionamento. Lugar bastante satisfatório.

**Hotel Cristal Córdoba** C. Entre Ríos 58, F.424.5000, www.hotelcarollo.com. Diária 1p $330, 2p $430, 3p $530. Aceita cartões de crédito. Café da manhã incluído. Quartos com banheiro, ar-condicionado, TV a cabo e telefone. Hotel 3 estrelas com internet, bar e estacionamento. Localização central, a uma quadra da Plaza San Martín.

**Hotel Victória** C. 25 de Mayo 240, F.429.0898, www.hotelvictoriacord.com.ar, 107 quartos. Diária em dólares 1p US$65,85, 2p US$78,05, 3p US$92,68. Café da manhã incluído. Quartos com TV a cabo e banheiros velhos, os da frente têm uma vista legal da cidade. Hotel 2 estrelas, grande e meio decadente, com móveis velhos e limpeza razoável. Fica num calçadão arborizado a três quadras da Plaza San Martín.

**Amerian Park Hotel** Blvd. San Juan 165, esq. C. Vélez Sarsfield, F. 20.7000, www.amerian.com, 112 quartos. Diária em dólares 2p US$85-108. Aceita cartões de crédito. Café da manhã incluído. Quartos com banheiro, TV a cabo, ar e frigobar. Hotel 4 estrelas, tem internet, bar, restaurante internacional, academia, sauna e piscina; estacionamento à parte ($24). Situa-se em frente ao Pátio Olmos Shopping.

## Comes & Bebes

Córdoba dispõe de uma boa oferta gastronômica, de lanches e pratos rápidos a restaurantes internacionais. No **El Ruedo**, Av. Gran Capitán 40, Local A, com mesinhas na rua, há opções de menu com carnes e massas, e não é dos mais caros. Com três endereços, o **Tratoria Il Gatto**, Av. Colón 628, Av. General Paz 120 e Av. Rafael Nuñez 3856, serve saladas, massas, pizzas e carnes.

Um ótimo custo-benefício é o **Las Tinajas**, na Av. Colón 649 e San Juan 32, uma orgia gastronômica com massas, saladas, parrilladas, frutos do mar, crepes, sorvetes, a $21 o buffet livre.

Há alguns restaurantes mais baratos, bastante simples, estilo proletário, na C. Entre Ríos, altura da Balcarce, que servem pizza, milanesa com fritas ou frango e salada. Para doces, a dica é **El Pán de Azúcar**, C. Rosário de Santa Fé 25, uma fábrica de alfajores de todos os tipos e recheios.

## Atrações

A ordem religiosa dos jesuítas, que chegou à cidade em 1599, transformou Córdoba em um importante ponto de referência no panorama cultural do Río da Prata do período colonial. A herança dessa época – ruas, igrejas, praças, museus – pode ser conferida em um City Tour, nos tradicionais ônibus turísticos. Saídas da Plaza San Martín, seg 14h30 e 16h30, ter/qui 16h30, sex 11h, 14h30 e 16h30, sáb/dom 11h e 16h30 (mas os horários podem mudar com a temporada), $50/45 (estudante), com duração aproximada de 1h40. Ou economize e caminhe pela cidade. Existem ainda circuitos específicos, para locais mais distantes, como às Sierras Chicas, à Villa Carlos Paz e às Estâncias Jesuíticas.

**Plaza San Martín** Bem no centro, entre as ruas Rosario de Santa Fé e San Jerónimo, foi inaugurada em 1577 para a realização de paradas militares, procissões e touradas. No período da dominação hispânica, o local foi popular por ter sido palco de execuções. Em 1916, pela comemoração ao centenário da independência, a praça ganhou o monumento em homenagem a San Martín, o libertador em seu cavalo.

**Catedral** Na Plaza San Martín, aberta diariamente 8h-20h. Um dos maiores símbolos de Córdoba, a catedral começou a ser construída em 1574 e, ao longo de 200 anos, a obra foi conduzida por diversos arquitetos. Ao observar o templo da praça, percebe-se a mistura de estilos, um resultado interessante. Em 1987, quando esteve na Argentina, o Papa João Paulo II concedeu a bênção aos enfermos nessa igreja, numa cerimônia que reuniu milhares de fiéis de todo o país.

**Cabildo** Na Plaza San Martín, aberto ter/dom 8h-13h/16h-20h, segundas somente à tarde, entrada gratuita. Casarão colonial clássico, que começou a ser construído em 1588, tem mais de 70 salas e dois pátios internos. Foi sede das reuniões das autoridades nos séculos 18 e 19 e quartel-general da polícia até metade do século 20. Hoje é um dos mais atrativos centros artísticos da cidade, com exposições e concertos. Destaque para os pátios e para as celas subterrâneas, reveladas somente em 1990.

**Manzana Jesuítica** Conjunto de prédios históricos declarados Patrimônio Cultural da Humanidade pela Unesco. É formado pela *Iglesia de la Compañía de Jesus*, *Capilla Doméstica* (ter/sab 9h-13h/16h-20h), *Colegio Nacional de Monserrat* (seg/sex dia todo, sábado pela manhã) e pela *Universidad Nacional de Córdoba*. Todos estão abertos ao público, e podem ser visitados por conta própria ou em visitas guiadas, por $3, em horários variados. O ponto de encontro é a *Plazoleta de la Compañía*, C. Obispo Trejo esq. C. Caseros.

**Museo Histórico Provincial Marqués de Sobremonte** C. Rosario de Santa Fé 218. Abre seg/sáb 9h-14h, entrada $3, incluindo guia. É um dos prédios mais antigos da cidade, de 1760, e um dos poucos expoentes da arquitetura local do século 18. Aqui morou o então governador de Córdoba, Don Rafael Nuñez, o Marquês de Sobremonte. A casa, de 26 cômodos e 5 pátios, foi adquirida pelo governo argentino em 1919 e transformada em museu em 1944. Retrata a vida social e familiar da época através de móveis, objetos de decoração, pinturas e indumentárias.

**Iglesia de la Compañía de Jesús** C. Obispo Trejo esq. C. Caseros. Aberta diariamente 9h-13h/17h-20h. Igreja mais antiga da Argentina, foi construída entre 1640 e 1671. Sólida fortaleza de pedra, simples por fora e trabalhada por dentro – tal como deveria ser a vida do bom cristão –, possui duas capelas: uma destinada aos espanhóis e jesuítas e outra aos índios. A primeira, a **Capilla Doméstica** (1644), é finamente decorada com ouro e detalhes rococó, com teto coberto por pinturas feitas sobre couro bovino. A capela dos índios foi construída porque as damas da sociedade da época não admitiam que seus filhos frequentassem a missa junto com os "selvagens".

**Museo Municipal de Bellas Artes Dr. Genaro Pérez** Av. General Paz 33. Aberto ter/dom 10h-20h, entrada gratuita. Palacete em estilo francês construído em 1910, foi sede dos governos provincial e municipal. Abriga obras de grandes expoentes das artes visuais argentinas. O nome do museu é uma homenagem ao importante retratista que pintou muitas personalidades ricas e religiosas da cidade; alguns desses quadros fazem parte do acervo.

**Universidad Nacional de Córdoba** C. Obispo Trejo 242. Primeira universidade do país e uma das mais antigas da América do Sul, começou suas atividades em 1613, com estudos de latim, artes, filosofia e teologia. Destaque para o Salón de Grados, o local das formaturas. A biblioteca guarda obras raras, desde a fundação da escola, muitas escritas em grego, latim e hebraico. O **Museo de la Universidad**, aberto ter/dom 9h-13h/17h-20h, entrada $8, resgata a história e exibe instrumentos utilizados para estudos e pesquisas.

**Colegio Nacional de Monserrat** C. Obispo Trejo 294. Tradicional centro de ensino, fundado em 1687, formou os principais líderes da cidade. Reformado em 1927, preserva a arquitetura barroca original. Aberto para visitação.

**Iglesia de las Carmelitas Descalzas de San José** C. Independencia 122. Fundada em 1628, abriga o monastério das religiosas conhecidas como Las Teresas, que vivem enclausuradas e evitam ser vistas até durante as missas, das quais participam numa área fechada. A igreja abriga o **Museo de Arte Religioso Juan de Tejeda**, aberto qua/sáb 9h30-12h30, entrada gratuita.

**Parque Sarmiento** Av. Leopoldo Lugones, próximo à rodoviária. Refúgio preferido dos cordobeses para passear ao entardecer ou nos finais de semana. Situado na região mais elevada da cidade, oferece uma ótima vista. Tem lago, jardim zoológico e parque de diversões, um lugar bem bacana.

## Compras

A *Feria Artesanal Paseo de las Artes*, nas C. Cañada e Achával Rodríguez, que funciona sáb/dom 16h-22h (23h no verão), é a mais tradicional de Córdoba, com cerca de 200 expositores de artigos em couro, vidro, madeira e metais. Frequentemente acontecem aqui espetáculos musicais e de dança.

## Diversão

Há diversos cinemas no centro, principalmente nas avenidas General Paz e Colón. Umas das danceterias mais animadas é a *Córdoba Open Plaza*, Av. Colón 600. Para happy hour num barzinho bacana, tente os que ficam nos arredores da Universidad Nacional de Córdoba, na C. Obispo Trejo, sempre repletos de jovens.

A histórica Catedral de Córdoba

## Passeios

**Sierras de Córdoba** Um dos maiores atrativos da região, a poucos quilômetros de Córdoba. Quem estiver de carro pode fazer boas paradas para apreciar a vista, onde as estradas a oeste de Córdoba cortam e serpenteiam vales verdejantes. O primeiro vale é a bela **Sierra Chica**, que chega a aproximadamente 1.900m de altitude. Atravessando as serras, pela RN20, se chega na **Villa Carlos Paz**, a 36km de Córdoba, cidade de 40 mil habitantes, popular entre os cordobeses pelo seu complexo de turismo e lazer e pela prática de esportes náuticos junto ao Lago (artificial) San Roque. Diversas empresas de ônibus têm saídas do terminal de Córdoba a cada 20min, passagem $15. Seguindo a oeste de Carlos Paz, a estrada sobe em direção à **Sierra Grande**, a mais extensa das serras da região, na qual está localizada a montanha mais alta da área, o Cerro Champaquí (2.854m), mais ao sul. Mais informações, navegue pelo site: www.villacarlospaz.gov.ar.

**Alta Gracia** Um passeio de um dia é suficiente para visitar Alta Gracia, 36km ao sul de Córdoba – com acesso pela RP5, ou saídas diárias do terminal rodoviário. A cidade se desenvolveu a partir de 1643 em uma estância jesuítica e, no século passado, passou a ser popular entre as famílias ricas que construíram suas casas de campo no local. Com 40 mil habitantes, Alta Gracia é famosa por abrigar a casa onde o guerrilheiro argentino Ernesto "Che" Guevara passou a infância. Desde 2001, o lugar converteu-se no **Museo del Che Guevara**, C. Avellaneda 501, aberto diariamente 9h-19h (20h no verão), entrada $5, gratuita às quartas.

Outros museus também remetem à história da cidade: **o Museo Manuel de Falla**, C. Pellegrini

1001, em homenagem ao compositor espanhol que viveu ali, funciona diariamente com entrada franca, e o **Museo Histórico Casa del Virrey Liniers**, C. Padre Domingo Vieira esq. Solares, antiga residência de estância jesuítica do século 17, considerada patrimônio da humanidade.

A arquitetura barroca colonial pode ser admirada em um passeio pelo centro da cidade. Junto à **Plaza Manuel Solares** estão localizadas a *Iglesia Parroquial Nuestra Señora de la Merced* e a *Casa de la Cultura*, onde fica o *Museo de la Ciudad*. Mais sobre a cidade do Che, pela internet, em: www.altagracia.gov.ar.

**Jesús Maria e Santa Catalina** Um passeio bacana é conhecer as antigas estâncias jesuíticas de criação de gado, plantação de cereais e produção de vinhos, atividades que os padres exerciam durante sua permanência na região, nos séculos 17 e 18. A 50km ao norte de Córdoba, pela RN9, o povoado-estância de Jesús Maria, fundado em 1618, abriga o *Museo Jesuítico Nacional* e conserva peças de alto valor arqueológico, histórico e religioso. A passagem de ônibus para Jesús María custa $14,50, com saídas a cada 20min da rodoviária de Córdoba.

Já Santa Catalina, fundada em 1763, a 20km a noroeste de Jesús Maria, com acesso por uma estrada

## Che Guevara

Ernesto Guevara de La Serna, o "Che" Guevara, é, talvez, o rosto que mais ilustra camisetas em toda a América Latina. Maior até do que a herança de seus princípios revolucionários, sua imagem perpetua a ideia de um jovem idealista que morreu defendendo uma causa. É claro que muitos têm pouco ou quase nenhum conhecimento de quem era ou do que fez o Che, e não é difícil imaginar que muitos dos gringos que você encontrará pela América do Sul vestindo uma camiseta com o rosto do guerrilheiro pensem que se trata de algum astro de rock setentista.

Nascido em 14 de junho de 1928, na cidade de Rosario, Ernesto formou-se em Medicina em 1953, mas foi como viajante que viu nascer sua vocação para a causa revolucionária. Guevara cruzou por duas vezes o continente sulamericano, visitando todos os países e tendo contato com as várias injustiças sociais que marcavam a realidade de seus povos (história apresentada no livro e no filme *Diários de Motocicleta*). Na segunda dessas viagens, não retornou à sua pátria. Seguiu pela América Central, onde, no México, conheceu Fidel Castro. A partir daí, sua biografia ficaria para sempre ligada à de Cuba: Guevara foi o segundo homem no comando da guerrilha revolucionária que implantou o socialismo naquele país, em 1959. É dessa época o apelido "Che", dado pelos cubanos em razão de sua interjeição tipicamente argentina. O sonho de expandir a revolução socialista por todo o mundo, em especial pelo que ele considerava a "Grande Pátria Latino-Americana", levou-o até a Bolívia, onde comandou uma fracassada tentativa de formação de guerrilhas, resultando na sua captura e morte pelo exército boliviano, auxiliado por agentes norte-americanos da CIA, em 9 de outubro de 1967, no povoado de La Higuera, perto de Santa Cruz de la Sierra.

secundária, é considerada a mais importante estância da província, tombada pela Unesco. Conserva uma antiquíssima igreja de fachada barroca, de 1622, vivendas de índios e escravos, pinturas e objetos de decoração. É possível se hospedar por aqui.

**Villa General Belgrano** A 90km ao sul de Córdoba, via RP5, a Villa General Belgrano é visitada por aqueles que querem explorar e escalar as montanhas Comechingones. Povoado de 6 mil habitantes, boa parte de sua população é de origem alemã, alguns descendentes dos sobreviventes do navio alemão *Graf Spee*, que afundou perto de Montevidéu durante a Segunda Guerra Mundial. O povoado também é popular por abrigar a *Oktoberfest*, ou *Fiesta Nacional de La Cerveza*, o principal evento local, que ocorre na segunda semana de outubro. A cidade conta com alguns hotéis, cabanas e campings. Para mais informações, a oficina municipal de turismo fica na Av. Julio A. Roca 168, F.(3546) 461.215.

# Santa Fé

Com 525 mil habitantes, Santa Fé é a capital da província de mesmo nome, situada na região dos Pampas, zona de fértil agricultura. Justamente por isso a cidade tornou-se um importante centro agroindustrial, com destaque à produção e ao processamento de trigo, soja e milho, como também à fabricação de máquinas agrícolas. Ainda assim, apresenta um certo ar pacato, pouco turístico, que cultiva hábitos interioranos – como a siesta, que para a cidade das 13h30 às 16h.

## A Cidade

Fundada em 1573 por Juan de Garay, Santa Fé de la Vera Cruz, como oficialmente se chama, é uma das cidades mais antigas da Argentina. Os 468km que a separam de Buenos Aires fizeram com que Santa Fé permanecesse praticamente inacessível durante o período colonial. Somente depois da independência, em 1810, com a expansão das estradas, a província começou a se desenvolver. Nas primeiras décadas do século 20, a cidade foi bastante modificada, período em que foram demolidos muitos prédios coloniais históricos e construídos novos, seguindo os padrões arquitetônicos modernos, o que tirou parte do charme de Santa Fé.

## Informações e serviços

**Código telefônico** 0342

**Clima** A cidade tem um clima razoavelmente ameno o ano inteiro, com temperaturas médias entre 12ºC no inverno, período mais chuvoso, 18ºC nas meias-estações e 25ºC no verão.

**Câmbio** Uma das melhores cotações costuma ser a da *Tourfe Cambio e Turismo*, C. San Martín 2500. De qualquer forma, você pode comparar com os vários bancos encontrados na cidade, a maioria na C. San Martín e na C. 25 de Mayo.

**Informações turísticas** O órgão de turismo de Santa Fé, *SAFETUR*, tem postos funcionado diariamente no centro, no Paseo del Restaurador, 7h-20h; na rodoviária, C. Belgrano 2910, 7h-20h; no aeroporto, em horários irregulares; e outro na Boca del Tigre, Av. J. J. Paso esq. Blvd. Zavalla, 9h-20h. O turismo na cidade, no entanto, ainda é incipiente, com poucos materiais disponíveis; eventualmente, você consegue apenas um mapa. Em compensação, há um atendimento telefônico gratuito, 0800.555.723.3887, e um bom site: www.turismosantafe.com.ar.

**Agências de viagem** Na Peatonal San Martín você encontra boa parte das agências de turismo da cidade.

**Locadoras de carro** *Alamo*, C. Corrientes 2538, F.0810.999.25266; *Avis*, Aeroporto Sauce Viejo, F. 499.5055; *Localiza*, C. 25 de Mayo 2706, F. 452.5002; *Solo Auto*, C. Urquiza 2299, F.455.6000.

**Delegacia do Turista** C. San Martín 3381, F.452.9984.

**Hospital** *Provincial José María Cullen*, C. Lisandro de la Torre esq. C. Freyre, a uns 2km do centro, F.459.8770. Centro, C. Gdor. Crespo 3620, F.453.4769.

## Orientação

Apesar de ser uma capital de província, Santa Fé tem ares de cidade pequena. Seu centro é bastante compacto e a principal rua é a San Martín, cujo trecho mais importante compreende as sete quadras entre as ruas Eva Perón e Juan de Garay, onde se transforma em *peatonal*. Aqui estão os bancos, o comércio e os restaurantes. A cerca de 500m do centro está a Plaza 25 de Mayo, ao redor da qual erguem-se prédios importantes como a Casa de Governo e a Iglesia de la Compañía de Jesus. Atrás da praça fica o Parque Belgrano, a alternativa de lazer dos santafesinos, com lago e recantos agradáveis. A cidade é facilmente percorrida a pé, mas, para quem desejar, há ônibus urbanos, passagem $3,25, além de táxis.

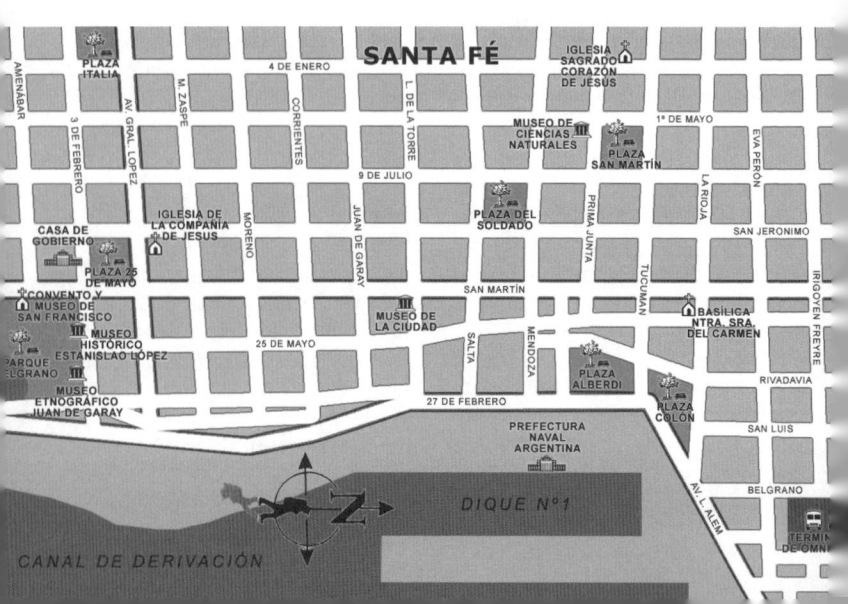

## Chegando e saindo

O *Aeropuerto Sauce Viejo* fica a 7km da cidade; o ônibus A, que se pega na Av. Rivadavia ou na C. Belgrano, vai até lá. A rodoviária fica a cinco quadras da Plaza San Martín, na C. Belgrano, acessível a pé. Todos os ônibus que passam nesta rua vão ao centro e um táxi não deve sair por mais de $20.

De carro, quem chega na cidade, após cruzar o túnel do Río Paraná, desemboca na Blvd. Galvez, ao final da Av. L. Além. A saída para a Autopista que vai a Rosario e Buenos Aires é a C. J. del Campillo, a oeste. A Av. Blas Parera leva à Ruta 11, ao norte, aos que se destinam à região de Chaco. Para o sul, a C. Dr. Zavalla é a saída, para depois ingressar na RN19.

## Viajando

Para **Buenos Aires**, há voos com a *Aerolíneas Argentinas*, aproximadamente 1h30. De ônibus, para **Córdoba**, 5h, $140; **Buenos Aires**, 6h, $180, em ônibus semileito; **Posadas**, 11h, $412. A oeste, **Mendoza**, 13h, $400; **Salta**, 14h, $460. Para o Brasil, em ônibus semileito, com serviço de bordo, **Porto Alegre**, 16h, $720. Para o Uruguai, **Montevidéu**, 9h30, $432, também em ônibus semileito.

**Carro** A **Paraná**, 27km, cidade vizinha, se chega pela RN168, cruzando o Río Paraná por um túnel subfluvial de 3km. Para **Rosário**, 156km, a estrada é a Autopista Brigadier E. López; de lá se segue pela RN9 para **Buenos Aires**, 468km. Já a **Córdoba**, 343km, se chega via RN19. Para **Colón**, 289km, fronteira com a cidade uruguaia de Paysandú, a saída também é por Paraná, via RN168, de onde roda-se 152km até Villaguay, bifurcação para a RP130 e mais 110km até Colón. Para o norte, em direção ao Chaco, a referência é **Resistencia**, 520km, pela RN11. De lá pode-se seguir à fronteira rumo a **Assunção**, 790km, no Paraguai, seguindo pela mesma RN11. Já em direção ao Brasil, a saída é por Paraná e chega-se até **Paso de los Libres**, 470km, percorrendo as Rutas 12, 127 e 14, praticamente uma linha reta – mas atenção, pois as estradas têm trechos mal sinalizados.

## Acomodação

As alternativas econômicas são bem inferiores às de outras cidades argentinas, mas também existem lugares razoáveis, com infraestrutura básica e bons preços.

**Hotel Apolo** C. Belgrano 2821, F.452.7984, 20 quartos. Diária 1p $70/90 (sem/com banheiro), 2p $110/170. Sem café da manhã. Os quartos são velhos e apertados, e a limpeza deixa a desejar. Hotel pequeno, localizado em frente à rodoviária. Péssimo atendimento.

**Hotel Royal** C. Irigoyen Freire 2256, F.452.7359, www.hotelroyalsantafe.com, 12 quartos. Diária 1p $100, 2p $140. Sem café da manhã. Quartos simples, claros e arejados, com banheiro e wi-fi. Prédio velho, mas conservado, localizado a meia quadra da rodoviária. Pessoal bem simpático.

**Hotel Constituyentes** C. San Luís 2862, F.452.1586, www.hotelconstituyentes.com.ar, 40 quartos. Diária 1p $200, 2p $280. Aceita cartões, com acréscimo de 10%. Café da manhã $15. Quartos arejados, com TV, banheiro e ventilador. Hotel 2 estrelas, com estacionamento por $30. Lugar bom.

**Gran Hotel Carlitos** C. Irigoyen Freiyre 2336, F.453.1541, hotelcarlitos@argentina.com, 40 quartos. Diária 1p $210, 2p $300, 3p $350. Café da manhã $15. Quartos com banheiro privativo, TV, ventilador de teto e alguns com ar-condicionado e telefone. Hotel 2 estrelas, com estacionamento. Pelo custo-benefício, é uma boa opção.

**Gran Hotel España** C. 25 de Mayo 2647, F.400.8834, 50 quartos. Diária 2p $380, 3p $458. Aceita cartões de crédito. Café da manhã incluído. Quartos com banheiro, TV a cabo e ar-condicionado. Hotel 3 estrelas, com internet, restaurante, estacionamento e piscina. Localizado na área central, possui bons serviços.

## Comes & Bebes

A gastronomia de Santa Fé é um reflexo do forte processo imigratório e cultural desta região. Entre seus pratos típicos estão peixes, como o surubi e o dourado, além de, como não poderia faltar, a parrillada. Nos últimos tempos também surgiram restaurantes com pratos à base de jacaré e de aves, como patos selvagens.

Há uma boa variedade de restaurantes ao longo da Av. San Martín, como o **Bodegas Del Castelar**, **El Balcón Español**, **España** e **La City Sport**. Para doces ou sobremesas, nesta mesma avenida, você encontra a **Las Delícias**, a mais tradicional *alfajoería* da cidade, pertencente à quarta geração dos irmãos Gayá, criadores dos alfajores Gayalí.

## Atrações

Não há muito o que ver ou fazer em Santa Fé, mas vale uma volta descompromissada pela cidade e eventualmente visitar algum de seus museus. Quem desejar pode aproveitar uma das praias banhadas pela Laguna Setúbal, entorno natural formado pelo Río Paraná, ao leste da cidade. Ainda na água, os entusiastas da pesca desportiva podem se aventurar pelos rios Saludo e Colastiné, além do Paraná, que se situam nas redondezas de Santa Fé.

**Plaza 25 de Mayo** Praça central onde estão alguns dos principais edifícios históricos da cidade. A **Casa del Gobierno** foi erguida em 1901, no local em que funcionava o Cabildo na época colonial. A **Iglesia de la Compañía de Jesus** (1696) é uma das igrejas coloniais mais bem conservadas da província. Tem uma fachada bastante simples, mas um interior ricamente adornado.

**Convento de San Francisco** C. Almenábar 2257, aberto seg/sáb 8h30-12h/15h-18h30. Entrada grátis. A igreja foi construída em 1680 com paredes de mais de um metro de espessura. Preserva algumas portas originais, um púlpito revestido em ouro que, em mais de 300 anos, nunca foi retocado, e muitos objetos do período colonial. Ao pé do altar, encontra-se o mausoléu do Padre Magallanes, que foi morto por um puma que invadiu a igreja, em 1825. O local abriga o **Museo de San Francisco**, que conserva obras sacras e históricas da região.

**Museo Histórico Provincial** C. San Martín 1490, em frente à Plaza 25 de Mayo. Aberto ter/sex 8h30-12h/16h-19h, sáb/dom 16h-18h. Entrada gratuita. Casarão do século 17 que guarda armas, móveis, objetos de decoração e arte religiosa. A exposição é um pouco desorganizada, mas a visita vale para conhecer a casa.

**Museo Etnográfico y Colonial** C. 25 de Mayo 1470, aberto seg/sex 8h30-12h/14h-18h (8h30-12h/17h-20h no verão), sáb/dom 16h-18h30 (17h-20h no verão). Contribuição voluntária $2. A exposição neste museu relembra o período da colonização espanhola, com móveis, esculturas, brasões, moedas e objetos diversos criados e utilizados pelos índios da região.

## Diversão

Confira a programação semanal da *Cartelería Cultural*, exposta em diversos murais na Peatonal San Martín, com dicas de cinema, teatro, shows, entre outras atrações de Santa Fé.

## Passeios

**Granja La Esmeralda** Av. Aristóbulo del Valle 8700, abre seg/sex 10h-18h, entrada $3. La Esmeralda é um centro de estudos da fauna regional que ostenta mais de 70 espécies de aves, répteis, anfíbios e mamíferos. Destaque para o puma que matou o padre e para a coleção de serpentes. Para ir, pegue o ônibus Monte Vera, que sai da rodoviária, ou o nº10, que parte da Av. Rivadavia esq. C. La Rioja. O trajeto leva cerca de 30min, passagem $3,25.

# ROSARIO

Centro portuário nas margens do Río Paraná, Rosario, fundada em 1720, a 318km de Buenos Aires, é a terceira maior cidade do país. A primeira linha de trem da Argentina a conectava a Córdoba e servia para levar os imigrantes que chegavam por aqui até o centro do país. O fluxo migratório fez com que a sua população crescesse cerca de 10 vezes entre 1869 e 1914, superando em tamanho até mesmo a Capital Federal. Hoje, Rosario, com aproximadamente 1 milhão de habitantes, é um importante polo comercial e industrial e a maior cidade da Província de Santa Fé – mais que o dobro da própria capital homônima. Em Rosario nasceram o lendário guerrilheiro Che Guevara, em 1928, e o popular músico Fito Paez, em 1963.

## Informações e serviços

**Código telefônico** 0341

**Informações turísticas** O centro de informações turísticas fica na Av. Belgrano esq. C. Buenos Aires, F.480.2230, aberto diariamente 9h-19h, e há um quiosque no terminal rodoviário. Mais informações pelo site da cidade: www.rosarioturismo.com.

**Delegacia do Turista** C. 9 de Julio 233, F.449.515

**Hospital** *de Emergencias Clemente Alvarez*, C. Pellegrini Carlos 3205, F.480.8111.

## Chegando e saindo

O aeroporto fica na RN9, a cerca de 10km do centro. O terminal terrestre se encontra na C. Santa Fé esq. C. Cafferata, e a *Estación Fluvial*, de onde partem barcos para as ilhas do delta, no centro da cidade, a poucas quadras da Plaza 25 de Mayo.

## Viajando

Há ônibus para **Santa Fé**, 2h, $51,50; **Buenos Aires**, 4h, $128; **Córdoba**, 6h, $165. Mais a oeste, **Mendoza**, 12h, $315; e rumo ao Atlântico, **Bahía Blanca**, 13h, $315.

**Carro** Para a capital **Buenos Aires**, 318km, o caminho é a RN9, estrada duplicada, com 3 pedágios. A mesma Ruta 9, a oeste, vai a **Córdoba**, 398km, mas neste trecho a estrada encontra-se duplicada apenas nas proximidades das duas cidades. A RN11, que em Rosario se torna autopista, vai a **Santa Fé**, 150km, e segue até **Resistencia**, 670km. A oeste, a ponte que cruza o Río Paraná em direção a Victoria, junto a uma combinação de estradas, segue até a fronteira com o Uruguai. Quem deseja seguir para a Patagônia, a RN33 liga Rosario direto a **Bahía Blanca**, 816km.

### Gaucho

A origem da palavra *gaucho* – que diferentemente do vocábulo do nativo do Rio Grande do Sul não se pronuncia "gaúcho" – gera uma série de especulações. Há quem diga que se derivou da língua indígena quéchua como "huachu", que significa vagabundo; ou da palavra árabe "chaucho", nome do chicote utilizado para controlar manadas de animais. Esta denominação era, inicialmente, dada aos homens descendentes de espanhóis, portugueses e indígenas, ou, ainda, a homens de outras raças que se adaptaram ao estilo de vida gaucho.

O nome, originalmente, designava os habitantes dos pampas, região plana e de campos férteis que se estende desde a Patagônia argentina, passando pelo Uruguai, Paraguai e sudeste da Bolívia, até o sul do Brasil. Os gauchos eram normalmente nômades, hábeis cavaleiros (frequentemente o cavalo era a sua maior riqueza) que trabalhavam na lida do gado e viviam em estâncias. Sua imagem vigorosa, destemida e viril tornou-se um sólido símbolo nacionalista, especialmente na Argentina.

Uma das mais importantes obras a respeito da figura gaucha é o poema "Martín Fierro", escrito pelo argentino José Hernández, que exalta o gaucho e seu estilo de vida, contrapondo-o ao estilo europeu adotado nas cidades e à corrupção política. O personagem que dá nome ao poema, na história, é recrutado para lutar na guerra contra os índios e deserta, tornando-se um fugitivo da lei.

A tradição gaucha é rica em músicas, como a *milonga*, o *criollo* e a *payada*, espécie de duelo em que os participantes narram suas vidas e aventuras por meio de versos, acompanhados do violão, e nas vestimentas típicas. A indumentária característica são as bombachas, calças largas, presas à cintura por um cinto chamado *tirador* (guaiaca, no Brasil); o poncho, um sobretudo que também pode servir de cobertor; e outros acessórios, como o facão, as botas, o *sombrero* (chapéu), o *pañuelo* (lenço de pescoço) e as *espuelas* (esporas).

## Acomodação

Rosario tem várias alternativas de hospedagem, com muitos hotéis 2 e 3 estrelas e uma crescente cena de albergues.

**La Casona de Don Jaime 1** C. Pte. Roca 1051, F.527.9964, www.lacasonadedonjaime.com. Diária dorm $52/60 (dias úteis/fins de semana); quarto 1p $120, 2p $160/190, 3p $210/250. Café da manhã incluído. O albergue oferece wi-fi, cozinha e banheiros no corredor. O La Casona de Don Jaime 2, C. San Lorenzo 1530, possui quartos com banheiro – mas as diárias são, em média, 25% mais caras.

**Estación Callao** C. Callao 117, F.430.1234, www.estacioncallaohotel.com. Diária 1p $190, 2p $250, 3p $350. Café da manhã incluído. Este hotel 2 estrelas tem quartos com banheiro, ar-condicionado e TV a cabo; oferece ainda internet e estacionamento ($15).

**Nuevo Hotel Império** C. Urquiza 1264, F.448.0091, www.hotelimperio.com.ar. Diária 1p $280, 2p $330. Aceita cartões. Café da manhã buffet incluído. Os quartos têm banheiro, TV a cabo e ar-condicionado. Há também internet, restaurante, estacionamento e piscina. Bom hotel.

**Ariston Hotel** C. Córdoba 2554, F.425.8666, www.aristonhotel.com.ar. Diária 1p $327, 2p $392. Aceita cartões. Café da manhã buffet incluído. Os quartos têm banheiro, ar-condicionado e TV a cabo. Hotel 4 estrelas com bom preço. Conta com restaurante próprio, academia, piscina, computadores para acesso à internet e estacionamento.

## Atrações

Talvez a maior atração de Rosario seja o seu centro histórico, bom para ser conhecido a pé. O início da caminhada inevitavelmente deve ser na **Plaza 25 de Mayo**, onde está a *Catedral*, do século 19, o edifício do *Correo Central*, o *Museo Municipal de Arte Decorativa*, com decoração, pinturas e esculturas que pertenceram às tradicionais famílias da cidade, e o Palácio de los Leones.

Ao seguir uma quadra em direção ao Río Paraná, se chega ao **Monumento a la Bandera**, composto por três partes: o *Propileo*, a *Torre Central*, feita de mármore, com 78m de altura e de onde se tem uma bela vista, e a *Cripta de Belgrano*, local em que está sepultado Manuel Belgrano, criador da bandeira Argentina. A bandeira original, bordada por Catalina de Vidal, pode ser vista no *Museo de la Bandera*.

A alguns quilômetros do centro se encontra o **Parque de la Independencia**, o mais tradicional parque da cidade. Aqui estão algumas boas atrações locais, como o *Museo Municipal de Bellas Artes Juan Castagnino*, com exposições permanentes de arte do Renascimento europeu, do século 20 e de pintura argentina; o *Museo Histórico Provincial Dr. Julio Marc*, com exposições de arte histórica latina e pré-colombiana; o estádio de futebol dos *Newell's Old Boys*; o *Jardín Francês*; as *Águas Danzantes*; e pistas de corrida.

Na linha cultural, Rosario se orgulha do seu **Centro Cultural Rivadavia**, com cinema, teatro, show e exposições, e o **Centro de Expresiones Contemporáneas**, prédio histórico com exibições de arte. A partir de Rosario, é possível fazer excursões pelas ilhas do Delta do Paraná.

# SAN ANTONIO DE ARECO

Conhecida por ser o cenário do clássico romance *Don Segundo Sombra*, escrito por Ricardo Güiraldes em 1926, San Antonio (em homenagem a San Antonio de Padua) de Areco (rio que banha a cidade), ou simplesmente Areco, localiza-se apenas 113km de Buenos Aires. Pequena, com pouco mais de 20 mil habitantes, a cidade é referência na cultura gaucha, palco do maior festival tradicionalista do país, o *Día de la Tradición*, que ocorre anualmente em novembro.

## Informações e serviços

A *Dirección de Turismo*, na esquina da C. Zerboni com a C. Arellano, aberta seg/sex 9h30-19h, sáb/dom 8h-20h, dá informações sobre hospedagem em hotéis, casas de família (comum durante o festival), e nas estâncias ao redor de Areco. Para mais informações: www.sanantoniodeareco.com.

## Orientação

O centro da cidade fica na *Plaza Ruiz de Arellano*, e, ao cruzarem a praça, as ruas trocam de nome. Ao seu redor estão a Prefeitura, a *Iglesia Parroquial San Antonio de Pádua* e a *Casa de los Martinez*, que originalmente era a casa principal da estância Ruiz Arellano, que deu origem à cidade.

## Chegando e saindo

De **Buenos Aires**, 113km, a viagem leva cerca de 1h30. Na cidade não há um terminal rodoviário, e os ônibus param na Av. Dr. Smith esq. C. General Paz, não muito distante da praça principal. De carro, a saída da capital é a RN9, e, 35km mais adiante, há um desvio para a RN8, que segue direto até Areco.

## Atrações

San Antonio de Areco apresenta alguns museus e prédios históricos. O **Centro Cultural Usina Vieja** fica em um prédio de 1901, tombado pela UNESCO em 1978, ao norte da praça central, que abrigou o primeiro gerador elétrico da cidade. Hoje hospeda o **Museo de la Ciudad**, com exposições de objetos cotidianos e obras de artistas locais. Na C. Zerboni, que separa o centro da cidade do Rio Areco, esq. C. Moreno, fica o **Parque de Flora y Fauna Autóctona Carlos Mesti**, o Jardim Botânico e o Zoológico.

A uma quadra dali, pela C. Moreno, está a Puente Viejo, por onde se atravessa para o lado norte do rio. De carro, utilize a Puente Gabino Tapia. Já do lado norte encontra-se a principal atração da cidade, o **Parque Criollo**, com 90 hectares, inaugurado em 1938, onde acontece o *Festival Día de la Tradición*. Aqui fica o **Museo Gauchesco Ricardo Güiraldes**, que retrata a cultura do povo gaucho e a vida nos pampas. A principal atração do parque é a **Casa del Museo**, que reproduz as antigas casas das estâncias do século 18.

Cataratas del Iguazú: a privilegiada fronteira entre Argentina e Brasil

# MISSÕES

A região das Missões é aquela pontinha no extremo nordeste da Argentina que observamos espremida no mapa, entre o Brasil e o Paraguai. Aqui é o lugar onde há a maior produção de erva-mate do país, muito apreciada pelos amantes do mate (chimarrão), sejam eles argentinos, paraguaios, uruguaios ou brasileiros. Também é uma das áreas mais quentes do país, com verões abafados, em torno de 30ºC, e invernos não muito frios, com chuvas frequentes.

A grande vedete, que atrai turistas de todo o mundo, é o precioso tesouro que a Argentina divide com o nosso país – as Cataratas do Iguaçu, ou del Iguazú, para os hermanos. Mas as quedas d'água não são o único atrativo desta pequena região de fácil acesso para nós. Não se pode esquecer as históricas Missões Jesuíticas, legado da colonização europeia, também encontradas no território paraguaio e com resquícios no sul do Brasil.

# POSADAS

A capital da província de Misiones fica a 1.050km ao norte de Buenos Aires. Com 250 mil habitantes, a cidade é passagem obrigatória para os viajantes que seguem às ruínas jesuíticas, herança do passado colonial da Argentina. Posadas é banhada pelo Río Paraná, que a separa da cidade de Encarnación, no Paraguai. Por estar a apenas 300km ao sul de Puerto Iguazú, na fronteira com o Brasil, também é um importante ponto de passagem de viajantes que têm como rumo as famosas Cataratas do Iguaçu.

## A Cidade

Posadas começou a desenvolver-se durante a Guerra do Paraguai, de 1864 a 1870, quando serviu de ponto estratégico para as tropas da Tríplice Aliança (Argentina, Brasil e Uruguai). O nome da cidade é uma homenagem a Gervasio Antonio de Posadas, o diretor das antigas Províncias Unidas, criadas em 1814 e formadas pelas atuais Entre Ríos e Corrientes. A partir de 1880, Misiones, uma fértil região agrícola, onde predomina o cultivo de erva-mate e a extração de madeira, tornou-se uma província separada, e teve Posadas como capital. Uma nova onda de progresso ocorreu em 1912, com a construção da ferrovia que ligava a cidade a Buenos Aires.

## Informações e serviços

**Código telefônico** 0376

**Clima** A umidade predomina o ano inteiro e é bom estar preparado para chuvas, ainda que durem apenas algumas horas do dia. Durante o verão, a temperatura fica numa média de 30ºC. O inverno, um dos mais amenos de toda a Argentina, marca por volta de 15ºC. Na meia-estação, época em que os termômetros ficam entre 18ºC e 20ºC, o clima torna-se mais agradável.

**Câmbio** Além do peso, circula por aqui o guarani – moeda do vizinho Paraguai –, ainda que com uma cotação baixíssima. Os bancos ficam no centro, nos arredores da Plaza 9 de Julio. Também não é difícil trocar reais na cidade.

**Informações turísticas** A *Subsecretaría de Turismo*, bem no centro de Posadas, C. Colón 1985, tem boa infraestrutura, com funcionários prestativos e bem-informados, mas não dispõe de muito material. Funciona seg/sex 7h-20h, sáb/dom 8h-12h e 16h30-20h e também atende pelo F.0800.555.0297 ou 447.540. Para acompanhar a programação da cidade, procure o informativo Agenda Curiosa, publicação quinzenal distribuída gratuitamente na subsecretaria de turismo e em alguns pontos turísticos. Site da cidade: www.posadas.gov.ar.

**Agências de viagem** Quem não faz questão de conhecer as ruínas de forma independente pode tentar uma das seguintes agências que organizam passeios e excursões pela província e arredores: *Guaraní*, C. Bolívar 1618, F.433.308; *Abra Tours*, C. Sarmiento 2135, F.442.2221; *Express Travel*, C. Félix de Azara 2097, F.443.7687.

**Hospital** *Juan Ramón Madariaga*, na Av. López Torres 1177, a cerca de 1km do centro, F.447.787.

**Delegacia do Turista** Av. Ayacucho 2360, F.428.120.

## Orientação

Posadas é plana e reta, o que facilita bastante as caminhadas. A Plaza 9 de Julio é o centro da cidade, e nos seus arredores concentram-se hotéis e os principais estabelecimentos comerciais. As avenidas Roque Sáenz Peña, Andresito Guacurari, Corrientes e Mitre limitam a área urbana, sendo que a última conduz à ponte que vai ao Paraguai. Para sair do centro (como para ir à rodoviária ou à ponte), é bom saber que os ônibus, em geral, não são dos mais novos; passagem $2.

## Chegando e saindo

Para o *Aeropuerto Internacional Posadas*, a 12km, há o ônibus 28 ou táxi, cerca de $30. A rodoviária fica perto da entrada da cidade, na esquina da Av. Santa Catalina com a Ruta 12, por onde passam regularmente ônibus com destino ao centro (linhas 8, 15 e 21), uma viagem de 20min. Quem chega ou vai ao Paraguai pode cruzar a ponte de ônibus, que sai da rodoviária a cada 20min, ou ir de barco. O porto de Posadas fica no final da Av. Roque Sáenz Peña, a umas 12 quadras do centro. Um táxi do centro até o porto sai por cerca de $15.

De carro, vindo pela RN12, o melhor acesso para chegar à área central é a Av. Uruguai, que no centro tem o nome trocado para C. Junín. O acesso para a Ponte Internacional, que liga a cidade a Encarnación, no Paraguai, é a Av. Mitre.

## Viajando

Há voos para **Buenos Aires**, 1h25. De ônibus, **Puerto Iguazú**, 5h30, $98 em média, é a cidade que oferece o maior número de promoções e opções de horários. Outros destinos populares: **Corrientes**, 4h, $135; **Paso de los Libres**, 6h, $133; **Buenos Aires**, 12h-15h, $480; **Salta**, 20h, $460; **Mendoza**, 30h, $895. As viagens em geral são em veículos semidiretos e muitas com saída noturna. Diversas empresas atravessam a fronteira até **Encarnación**, no Paraguai, passagem $20. Com os trâmites aduaneiros, a viagem pode levar mais de 1h. Para o Brasil, até **São Paulo**, 20h, $750.

**Carro** A RN12 é a principal via da província e da região. É uma estrada plana, com boa sinalização, em alguns trechos bastante movimentada, que corre próxima ao Rio Paraná, fronteira com o Paraguai, numa área com várias fazendas. Seguindo pela Ruta 12 ao nordeste, se vai a **Puerto Iguazú**, 312km, e **Foz do Iguaçu**, 320km, no Brasil. De Foz se vai ao Paraguai, cruzando a ponte para **Ciudad del Este**. Para Assunção, capital do país, deve se passar por **Corrientes**, 320km, até **Resistencia**, 340km, e de lá tomar a RN11 até a cidade de **Clorinda**, 610km, na fronteira. Já para **Paso de los Libres**, 353km, fronteira com a cidade gaúcha de Uruguaiana, a saída é a RN105; são 50km até a cidade de San José, e depois segue-se pela RN14. Este mesmo caminho também leva a **Buenos Aires**, 1.085km. Outras distâncias dentro do país: **Santa Fé**, 817km, **Córdoba**, 1.160km, **Salta**, 1.260km (cruzando a região do Chaco pela RN16).

## Acomodação

Há hospedagens econômicas mais afastadas do centro, que quebram o galho, especialmente para os mochileiros. Para um pouco mais de conforto, você encontra bons hotéis na área central.

Hostel Posadeña Linda C. Bolivar 1439, F.443.92378. Diária dorm 6p/4p $90/100, quarto 2p $125. Café da manhã incluído. Dormitórios e quartos com banheiro, alguns quartos com ar-condicionado. Hostel com wi-fi, cozinha, sala de TV e DVD, local para *parrilla* e uma pequena piscina. Bem localizado, no centro da cidade, está a poucas quadras da praça principal.

**Residencial-Hotel Misiones** C. Félix de Azara 1960, F.430.133, 10 quartos. Diária 1p $90, 2p $110. Quartos com duas camas e banheiro. Tem cozinha e área para lavar roupas. Pequeno, bem-localizado e agradável.

**City Hotel** C. Colón 1754, em frente à Plaza 9 de Julio, F.439.401, www.misionescityhotel.com.ar, 110 quartos. Diária 1p $190/218 (baixa/alta temporada), 2p $312/370, 3p $456/525. Aceita cartões. Café da manhã incluído. Quartos com banheiro, TV a cabo, telefone, ventilador de teto ou ar-condicionado. Tem internet, restaurante e estacionamento. Recebe muitas excursões. Bom atendimento.

**Hotel Colón** C. Colón 2169, F.4425.085, 15 quartos. Diária 2p $195, 3p $225. Café da manhã incluído. Quartos com banheiro. Lugar amplo, com estacionamento. Um pouco caro pelo que oferece.

**Gran Hotel Misiones** C. Líbano esq. Barrufaldi, F.4422.777, www.misioneshotel.com.ar, 20 quartos. Diária 2p $250-310, variando com o conforto da habitação, 3p $350. Café da manhã incluído. Quartos pequenos e malcuidados, com banheiro e ventilador de teto; os mais caros têm TV e ar-condicionado. Hotel caindo aos pedaços, próximo à Ponte Internacional. O atendimento é ruim, mas o preço é baixo.

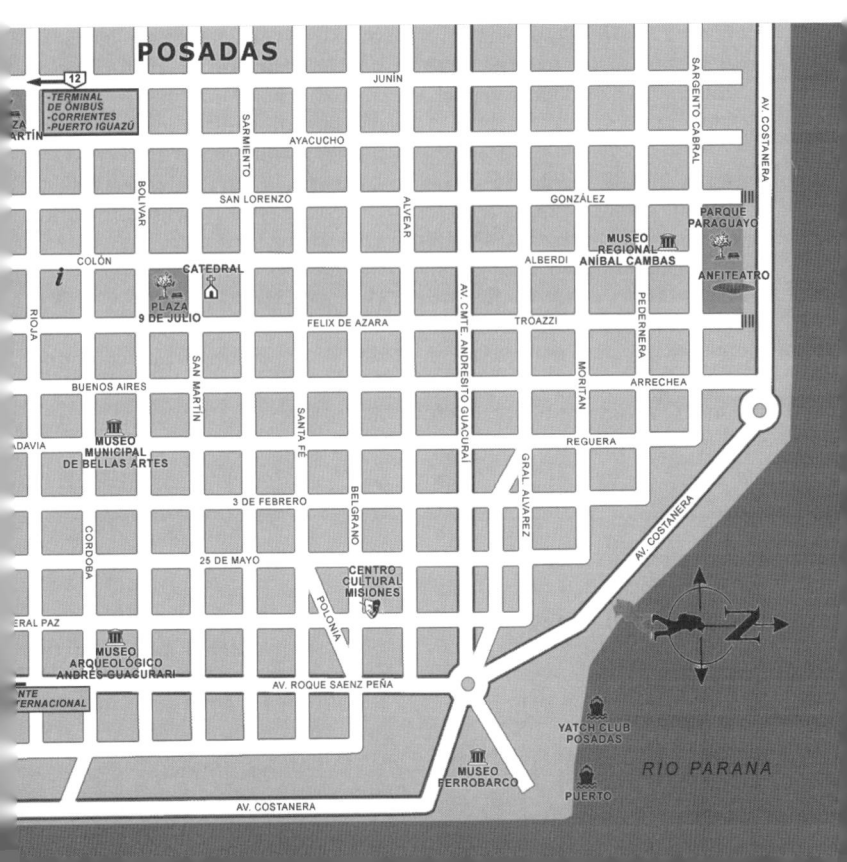

**Hotel Libertador** C. San Lorenzo 2208, esq. C. Catamarca, F.437.901, www.libertadorposadas.com.ar, 32 quartos. Diária 1p $292, 2p $455, 3p $528. Aceita cartões de crédito. Café da manhã incluído. Quartos com banheiro, TV a cabo, telefone e ar-condicionado. Tem internet wi-fi, restaurante e estacionamento. Lugar pequeno, bagunçado e caro.

**Hotel Continental** C. Bolívar 1879, esq. C. Colón, em frente à praça, F.440.990, www.hoteleramisiones.com.ar, 180 quartos. Diária 1p $340-439, 2p $407-523, 3p $523-653. Aceita cartões. Café da manhã buffet incluído. Quartos com banheiro, TV a cabo, telefone, ar-condicionado; os mais caros têm frigobar e ponto de internet. Bom hotel 3 estrelas, com bar, restaurante, internet, traslado disponível e estacionamento.

**Posadas Hotel** C. Bolívar 1949, F.440.990, www.hotelposadas.com.ar, 67 quartos. Diária 1p $380-480, 2p $430-550, 3p $585-645, variando de acordo com o conforto do quarto. Aceita cartões de crédito, ou 10% de desconto para pagamento em dinheiro. Café da manhã incluído. Quartos com banheiro, TV a cabo, telefone, ponto de internet e ar-condicionado. Hotel 3 estrelas, com restaurante, internet, miniacademia e estacionamento. Localiza-se a uma quadra da praça; apesar dos bons serviços, é um pouco decadente, com móveis velhos e atendimento fraco.

**Julio César Hotel** C. Entre Ríos 1951, F.420.599, 90 quartos. Diária 1p $410, 2p $475, 3p $530. Aceita cartões de crédito. Café da manhã buffet incluído. Quartos amplos com banheiro, TV a cabo, telefone, ar-condicionado e frigobar. Hotel bacana, único 4 estrelas da cidade, a três quadras da praça, com internet, bar, restaurante, estacionamento ($25), serviço de traslado, academia, piscina (grande) e uma discoteca.

## Comes & Bebes

Em Posadas encontra-se algo de fast food, mas predominam os buffets, como o restaurante do **City Hotel**, na C. Colón 1754. Na C. Bolívar e nas imediações da praça San Martín há alguns barzinhos, lanchonetes e sorveterias. Refeições mais completas podem ser encontradas no **Espeto del Rey**, C. Tucumán esq. C. Ayacucho, que é considerado um dos melhores restaurantes da cidade, ainda que com pouca variedade de carnes. Mais em conta é o restaurante chinês **El Oriental**, C. Junín 2168.

## Atrações

Ao amanhecer ou ao anoitecer, uma caminhada na Costanera, o calçadão à beira do Río Paraná, é uma bela pedida. O acesso é feito por algumas escadarias próximas ao Parque Paraguayo. À noite, o visual é ainda mais bonito, quando podem ser vistas as luzes da cidade paraguaia de Encarnación.

**Museo Arqueológico Andres Guacurari** C. General Paz 1865, aberto ter/sex 9h-12h30/17h-20h30, sáb/dom 9h-12h30, entrada gratuita. O nome é uma homenagem a

*Andresito*, um indígena local que lutou pela independência do país e que hoje é considerado herói da Província de Misiones. O museu expõe mapas, telhas, lajes e objetos originais das ruínas jesuíticas, em especial de San Ignácio, Candelaria e Santa Ana. O grande destaque da exposição é o porta-tipos (as letrinhas usadas na composição de páginas no sistema rudimentar de impressão), pertencente à prensa que funcionou na missão de Loreto (1700-1729) e editou mais de 20 livros de doutrinas guaranis.

**Museo Regional de Posadas Anibal Cambas** C. Alberdi 600, aberto ter/sex 7h30-12h/14h30-19h, sábados 9h-12h. Apresenta relíquias históricas, artefatos indígenas, animais empalhados e informações da fauna da região.

## Compras

Há um shopping na área central e várias lojas de calçada, que fecham para a siesta na hora do almoço. Para artesanatos e presentes típicos, experimente o simpático *Mercado de Artesanías*, na C. Sarmiento 1874.

# MISSÕES JESUÍTICAS

As Missões Jesuíticas foram erguidas no início do século 17, quando os padres da Companhia de Jesus se instalaram na América com o objetivo de evangelizar e ensinar os costumes europeus aos índios guaranis. Assim, nasceram os 30 povos das missões: 7 no Brasil, 8 no Paraguai e 15 na Argentina.

Nas reduções, nome pelo qual também são conhecidas, a arquitetura e a organização dos povoados eram muito semelhantes. Todas tinham uma praça central, em que a igreja ficava em destaque, e, nos arredores, a casa dos padres, o colégio e o cemitério. Um pouco mais afastadas estavam as casas dos índios e as hortas – uma familiar, a *Ambaé* (que significa "coisas do homem"), outra comunitária, a *Tupambaé* ("coisas de Deus"), destinada a manter o templo, a escola e os necessitados. A agricultura era sua principal forma de subsistência e, graças à larga produção da erva-mate, podiam comercializá-la e trocá-la por artigos como cavalos, sementes e anzóis; no entanto, para isso tinham que viajar até os grandes centros, como Assunção, Santa Fé e Buenos Aires.

Mesmo com as guerras e epidemias, as Missões se consolidaram na região, resistindo durante 200 anos e chegando a ter mais de 140 mil habitantes em seu auge. Elas se transformaram em uma marca social, cultural e religiosa; muito da história, porém, se perdeu ao longo do tempo, principalmente devido às invasões portuguesas e paraguaias e aos constantes saques. No século 20, importantes trabalhos de preservação resgataram a memória e os vestígios do povo guarani. Em 1993, as ruínas jesuíticas da Argentina foram declaradas Patrimônio Cultural da Humanidade pela Unesco: as principais e mais bem-conservadas são as de San Ignácio, Santa Ana, Loreto e Santa María, que fazem parte do Circuito Internacional de Missões Jesuíticas.

## Chegando e saindo

As ruínas estão abertas diariamente 7h-19h, ingresso $60, válido para todas as reduções, por 30 dias. Para chegar a San Ignácio, Santa Ana e Loreto, há ônibus que saem da rodoviária de Posadas a cada hora, passagem em torno de $18, e deixam você na RN12, e aí deve-se caminhar até elas. Ou integre alguma excursão, em torno de $400 por pessoa, veja em "Agências de viagem" de Posadas. De carro, apenas siga a Ruta 12.

## Acomodação

O melhor é hospedar-se em Posadas, onde há hotéis e melhor infraestrutura, e de lá locomover-se às ruínas. Para dormir mais próximo das Missões, o povoado de San Ignácio tem algumas (poucas) opções: **Residencial Doka**, C. Alberdi 548, F.4470.131, diária 1p $90, 2p $150, lugar básico, próximo à entrada das ruínas; **Hotel San Ignácio**, C. Sarmiento 823, F.470.422, diária 2p $160, o melhor hotel da cidade.

## SANTA ANA

A 16km de San Ignácio e 40km de Posadas, Santa Ana foi fundada em 1633, no atual território do Rio Grande do Sul; pouco tempo depois, em 1637, seus habitantes migraram, fugindo dos ataques dos bandeirantes. No ano da expulsão dos jesuítas, a população local já havia alcançado mais de 4 mil habitantes. A redução ficou abandonada durante muito tempo, e acabou se deteriorando; hoje, as poucas ruínas dividem o espaço com um cemitério do século 20.

Ruínas de Santa Ana

## NUESTRA SEÑORA DE LORETO

Situada entre Santa Ana e San Ignácio, Loreto fica a 50km de Posadas. Fundada em 1632 pelos sacerdotes Jose Cataldino e Simon Masceta, foi um dos povoados jesuíticos mais importantes da região, por sua produção de erva-mate e pela utilização da primeira imprensa na época, com a qual foram reproduzidos numerosos livros, muitos em guarani. Depois da expulsão dos jesuítas, se sucederam vários saques e incêndios, o que motivou a migração de seus habitantes. Hoje pouca coisa resta para ser vista.

## SAN IGNÁCIO MINI

No vilarejo de San Ignácio, a 63km ao norte de Posadas, San Ignácio Mini é a maior redução erguida em território argentino. Foi fundada em 1609, no território de Guayrá, atual estado do Paraná (Brasil). Em 1631, sua população teve que migrar para se livrar dos ataques dos portugueses, estabelecendo-se neste local, definitivamente, em 1696. As construções se iniciaram pouco depois, até a expulsão dos jesuítas, em 1767, quando o número de habitantes chegou a 4.500. O conjunto de San Ignácio Mini foi declarado Monumento Histórico Nacional em 1943, quando passou por uma restauração. Atualmente se mantém em bom estado de conservação, e é um dos principais recursos turísticos da província.

## SANTA MARIA

Mais afastada do que as anteriores, Santa Maria la Mayor tem seu acesso pela Ruta 2, desde San Javier, distante 80km a leste de Posadas. Foi fundada em 1623 e transferida para o atual assentamento em 1637. Quando os jesuítas foram expulsos, contava com mais de 3 mil habitantes.

# CATARATAS DO IGUAÇU

Em tupi-guarani, Iguaçu significa "água grande" – uma tentativa, ainda insuficiente, de descrever a exuberância de um dos maiores atrativos naturais do continente. A visão das Cataratas é mágica, surpreendente, emocionante. A formação geomorfológica deste verdadeiro presente da natureza data de aproximadamente 150 milhões de anos. Dependendo da vazão do Rio Iguaçu, o número de quedas d'água varia de 150 a 275, com alturas entre 40m e 90m. Dos 2.700m de extensão, 800m estão em território brasileiro e 1.900m em território argentino. Apesar de apenas três dos 19 grandes saltos estarem do nosso lado, a maior parte deles está voltada para o Brasil, permitindo uma visão mais panorâmica. Na Argentina, porém, a água é mais abundante e é possível chegar mais perto das cachoeiras – quem está no Brasil e vai a Foz do Iguaçu não deve hesitar em atravessar a fronteira.

## Clima

O clima em geral é bastante úmido, com temperatura média de 18ºC a 22ºC, mas não é impossível uma máxima de 40ºC. Espere por chuvas rápidas em qualquer época do ano – nada, definitivamente, que atrapalhe a contemplação das águas. Porém, no inverno de 2006, as Cataratas sofreram sua maior seca das últimas três décadas, quando houve uma significativa diminuição no volume de água – felizmente, a situação já normalizou.

## Chegando e saindo

A entrada do parque no lado argentino fica na RN12, a 17km antes de chegar em Puerto Iguazú para quem vem do sul. Do lado brasileiro, se chega a Foz pela BR-277, e é necessário atravessar a cidade pela Av. Paraná até chegar na Av. das Cataratas, via que dá acesso ao parque. Para ir às cataratas do lado argentino ao brasileiro, ou vice-versa, cruza-se a Ponte Internacional Tancredo Neves, que passa pelo Rio Iguaçu, ou Iguazú.

A exuberância das quedas d'água

## Acomodação

Pode-se hospedar em Foz do Iguaçu ou na argentina Puerto Iguazú, as duas cidades que dão acesso ao(s) parque(s). A cidade brasileira, maior e mais organizada, oferece uma estrutura bem melhor, inclusive na hotelaria – que vai de albergues a hotéis de luxo. Já em Puerto Iguazú, os preços, assim como os serviços, são um pouco inferiores. É possível ficar hospedado dentro do parque, no lado argentino, no **Hotel Sheraton Internacional Iguazú**, F.(3757) 491.800, diárias em dólares 2p US$335-550, mais taxas. Com 180 quartos e serviço de hotel internacional, os valores variam de acordo com a lotação e a vista, se para a floresta ou para as cataratas.

## A Lenda das Cataratas

Os índios caingangues, que habitavam as margens do Rio Iguaçu, acreditavam que o mundo era governado por M'Boy, o deus-serpente, filho de Tupã. A filha do cacique da tribo, Naipi, seria consagrada a M'Boy devido a sua beleza, e teria então que viver somente para seu culto. Havia, porém, entre os caingangues, um jovem guerreiro chamado Tarobá, apaixonado por Naipi. No dia da festa de consagração da bela índia, enquanto os guerreiros dançavam e o cacique bebia "cauim" (bebida feita de milho fermentado) com o pajé, Tarobá fugiu com Naipi em uma canoa, que seguiu rio abaixo, arrastada pela correnteza. Quando o deus-serpente soube da fuga, ficou furioso: penetrou assim nas entranhas da terra e, retorcendo seu corpo, produziu uma enorme fenda que formou uma catarata gigantesca. Envolvidos pelas águas dessa imensa cachoeira, os fugitivos caíram. Naipi teria se transformado em uma rocha abaixo da cachoeira, e Tarobá, dizem, em uma palmeira, situada à beira do abismo. Debaixo dessa palmeira, acha-se a entrada de uma gruta de onde o deus vingativo vigia, eternamente, as suas vítimas.

## Atrações

Evidentemente o principal programa é visitar as Cataratas – tanto no lado brasileiro quanto no argentino. Embora sejam comuns as promoções em feriados especiais, como Páscoa e Natal, se possível evite essas datas, quando as filas são maiores. De qualquer forma, reserve um bom tempo para os passeios: uma manhã ou uma tarde inteiras, principalmente do lado argentino. E prepare-se para longas caminhadas, escadarias e rampas. Vá com roupas adequadas, incluindo botas ou tênis confortáveis. Se não quiser se molhar, leve uma capa de chuva (ou compre na hora; costumam ser vendidas baratinho por aqui). Mais do que isso, é aconselhável ir com roupa de banho por baixo: há alguns passeios específicos, pagos à parte, nos quais você se aproxima de barco das quedas d'água, e aí é se molhar mesmo.

O lado brasileiro oferece uma visão mais panorâmica das Cataratas, além de eventualmente impressionar pelos animais que circulam pelo parque: há muitos quatis, lagartos e milhares de borboletas de todas as cores e tamanhos. Já a vantagem do lado argentino é que as trilhas são mais longas, e você chega mais perto das quedas, quase interagindo com elas.

# PUERTO IGUAZÚ

A pequena cidade de Puerto Iguazú, a 10km do centro de Foz do Iguaçu, é a base do lado argentino do Parque Nacional Iguazú, que abriga as Cataratas dos hermanos. A cidade em si não tem grandes atrativos – nem mesmo uma praça central. Puerto Iguazú conta com aproximadamente 35 mil habitantes, e só não é tão sossegada em razão do agito de turistas, carros e ônibus turísticos nas ruas. Quem viaja de carro pode visitar o Parque de Iguaçu (ou melhor, Iguazú deste lado da fronteira) do lado argentino sem passar por Puerto Iguazú, já que a rótula de desvio é antes do perímetro urbano. Eventualmente vale entrar na cidade para comprar alfajores... – ah, sim, e encher o tanque de gasolina, que aqui pode ser mais barata que a brasileira.

## Informações e serviços

Há um centro de informações turísticas na Av. Tres Fronteras s/nº, F.420.147, de fraco atendimento e com pouco material disponível, e, para quem precisar, há um Consulado Brasileiro na Av. Cordoba 278, F.420.192. Código telefônico: 3757.

## Chegando e saindo

A cidade está localizada no extremo norte da RN12. Após passar a rotatória que leva a Foz do Iguaçu, a ruta se torna, ao entrar na cidade, Av. Victoria Aguirre, que leva ao centro de Puerto Iguazú. Viajando para a vizinha **Foz do Iguaçu**, que fica a 10km de distância, deve-se voltar à rotatória e cruzar a Ponte Internacional Tancredo Neves. Cidades argentinas de referência: **Posadas**, 312km; **Corrientes**, 632km; **Paso de los Libres**, 653km; **Santa Fé**, 1.177km; **Buenos Aires**, 1.385km.

## Acomodação

Puerto Iguazú tem bons hotéis, muitos na Ruta 12, na entrada da cidade. Na região central encontram-se hospedagens mais simples, porém bem-cuidadas, e alguns hotéis medianos. Por aqui você pode pagar tanto com peso quanto com real, e vale negociar um desconto.

**Hostel Iguazú Falls** Av. Guarani 70, F.421.295, www.hosteliguazufalls.com, 36 camas. Diária dorm 6p $70/80 (sem/com ar-condicionado); quarto 2p $220/250, mais algum desconto para carteira HI. Café da manhã incluído. Quartos bem-arrumados, com banheiro compartilhado. Tem internet wi-fi, cozinha, lockers e jardim com piscina. Ambiente jovem, atendimento mediano.

**The Hostel Inn Iguazú** RN12 km5, F.421.823, www.hiiguazu.com, 52 quartos. Diária dorms 6p $70/80 (sócio HI/não-sócio); quarto 2p $280/310, 3p $340/380. Café da manhã incluído. Dormitórios com lockers e ar-condicionado; quartos privados com banheiro, ar e TV a cabo. Possui wi-fi, bar, restaurante, cozinha, sala de jogos, sala de TV, minibiblioteca, quadra de vôlei e futebol, estacionamento e uma enorme piscina. Hostel com bons serviços em um ambiente agradável e descontraído. Embora a 5km do centro, é uma ótima opção, um dos melhores albergues da Argentina.

**Residencial New San Diego** Av. Guaraní 75, F.422.915, newsandiego@arnet.com.ar, 26 camas. Diária dorms 4p $75. Quartos apertados, com banheiro e ar-condicionado. Pode-se utilizar a cozinha, mas a casa é meio bagunçada.

**Marco Polo Inn** Av. Córdoba 158, F.425.559, www.marcopoloinniguazu.com, 19 quartos. Diária dorms 6p $80/85 (sócio/não-sócio HI); quarto 2p $220/230. Café da manhã incluído. Quartos com banheiro, a maioria com ar-condicionado. Hostel inaugurado em 2008, situado em frente ao terminal de ônibus; tem internet, piscina e estacionamento.

**Hotel Paraná** Av. Brasil 24, F.422.206, 43 quartos. Diária 1p $195, 2p $235, 3p $285. Café da manhã incluído. Quartos com banheiro e ar-condicionado. Hotel 3 estrelas, com estacionamento e uma pequena piscina, situado próximo ao centro de informações turísticas – mas está com uma estrela sobrando: 2 seria mais adequado.

**Hotel El Libertador** C. Bompland 110, F.420.027, www.ellibertador-hotel.com.ar, 106 quartos. Diária 2p $485/642, 3p $688/928, variando conforme a época do ano e o conforto do quarto. Aceita cartão Visa. Café da manhã buffet incluído. Quartos grandes com TV a cabo, telefone e ar-condicionado. Hotel 3 estrelas, com bar, restaurante, cofre, sala de leitura, jardim, piscina e estacionamento. Amplo e confortável, um pouco antigo, mas com bom atendimento.

**Hotel Saint George** Av. Córdoba 148, F.420.633, www.hotelsaintgeorge.com, 75 quartos. Diária 1p $490, 2p $523, 3p $565 mais taxas. Aceita cartões de crédito. Café da manhã buffet incluído. Quartos com banheiro, TV a cabo, telefone, ar-condicionado e frigobar. Ótimo 4 estrelas, bem-decorado, com internet, bar, restaurante, sala de estar, sala de jogos, academia, piscina, sauna, jardim e estacionamento.

**Alexander Hotel** Av. Córdoba 222, F.420.249, www.alexanderhotel.com.ar, 50 quartos. Diária 2p $500/600 (baixa/alta temporada), 3p $560/670. Aceita cartões de crédito. Café da manhã incluído. Quartos com banheiro, TV a cabo, telefone, ar-condicionado e cofre. Bom e confortável hotel 3 estrelas, com bar, sala de TV, piscina e estacionamento. No local é possível contratar excursões para fazer passeios pelas cataratas.

**Hotel Cataratas** RN12 Km4, F.421.100, www.hotelcataratas.com, 130 quartos. Diária em dólares, 2p US$169. Aceita cartões. Café da manhã buffet incluído. Quartos amplos com banheiro, TV a cabo, telefone, ar-condicionado, frigobar e internet wi-fi. Hotel 5 estrelas, com bar, restaurante, internet, academia, estacionamento, sauna, hidromassagem e piscina térmica e externa (com quedas d'água inspiradas nas cataratas).

# PARQUE NACIONAL DEL IGUAZÚ

Criado em 1934, o Parque Nacional del Iguazú, ao noroeste da província de Misiones, tem 67.620 hectares e é separado do Brasil pelo Rio Iguaçu – ou *Iguazú*. As *Cataratas del Iguazú* são o ponto máximo do parque, e no lado argentino há uma maior aproximação das quedas. Para acercar-se das águas, há duas trilhas – ou *circuitos* – que se cruzam pelo trajeto, e uma terceira, na verdade uma longa passarela de ferro. O chamado trem ecológico leva até a *Estación Garganta del Diablo*, onde começa a passarela de pouco mais de 1km de extensão. Após 25min de caminhada leve, chega-se no mirador da *Garganta del Diablo*, a mais impressionante das quedas, com vista para o lado brasileiro.

A partir do *Circuito Superior*, cerca de 700m e 30min de duração, pode-se ver os saltos *Dos Hermanas*, *Bosseti* e *San Martín* e a *Ilha de San Martín*. Já o *Circuito Inferior* passa pela base de algumas quedas e chega ao pequeno píer de onde é possível atravessar o Río Iguazú e alcançar a ilha de San Martín (daqui saem alguns passeios de bote). Este percurso tem aproximadamente 1.700m, e a caminhada requer um pouco mais de preparo, já que há várias trilhas, subidas e descidas ao longo do percurso

### Chegando e saindo

De Foz do Iguaçu há o ônibus Puerto Iguazú, que sai do Terminal de Transporte Urbano a cada 30min, preço R$5. Este ônibus passa pelas avenidas Juscelino Kubitschek e Jorge Schimmelpfeng, e leva 30 min até o terminal de Puerto Iguazu. De lá, a cada 20min, em média, saem os ônibus chamados "Cataratas", que param na porta do parque, onde começam as trilhas. A passagem custa $10.

Os trâmites alfandegários para quem vai de ônibus visitar as Cataratas não costumam ter burocracia: um funcionário confere seus documentos. De carro, o acesso à entrada do Parque está na RN12, 17km antes de chegar em Puerto Iguazú; ou, de Foz, deve-se atravessar a ponte.

## Informações e serviços

O parque abre diariamente 7h30-19h (inverno 8h-18h) e a entrada custa $90 para cidadãos do Mercosul ($50 para argentinos). Também pode ser paga em dólares e reais – nosso dinheiro, é verdade, é convertido em péssima cotação. No Centro de Visitantes, há mapas do parque e funcionários à disposição para informações, e é possível contratar guias especializados.

## Passeios

**Aventura Náutica** Botes saem do porto, entre o Circuito Inferior e a Isla San Martín, para uma volta pelo Rio Iguazú, passando por dentro das quedas. O percurso leva 12min, custa $125 e tem saídas a cada 20min. Você vai se molhar, mas é divertido e vale a pena.

**Sendero Macuco** Passeio pela mata, da Estación Central até o Salto Arranchea; são 3,2km em 2h de caminhada. Ao longo do trajeto, há placas explicativas sobre o meio-ambiente. Também pode ser feito de forma independente.

**Isla de San Martín** Seguindo pelo Circuito Inferior, o viajante encontra indicações para descer as escadas até a margem do rio, de onde um barco navega até a ilha de San Martín, exceto nos períodos de grandes cheias. Ao chegar à ilha, é preciso subir uma longa escadaria que dá acesso a dois pontos panorâmicos – um deles não é grande coisa, mas o outro vale o passeio. A travessia está incluída no bilhete de entrada, e em feriados a fila pode demorar uma hora ou mais.

**Safári Fotográfico** Passeio de jipe acompanhado de guias especializados, com paradas e caminhadas para conhecer a selva e, é claro, fotografá-la. Dura 2h e custa $150.

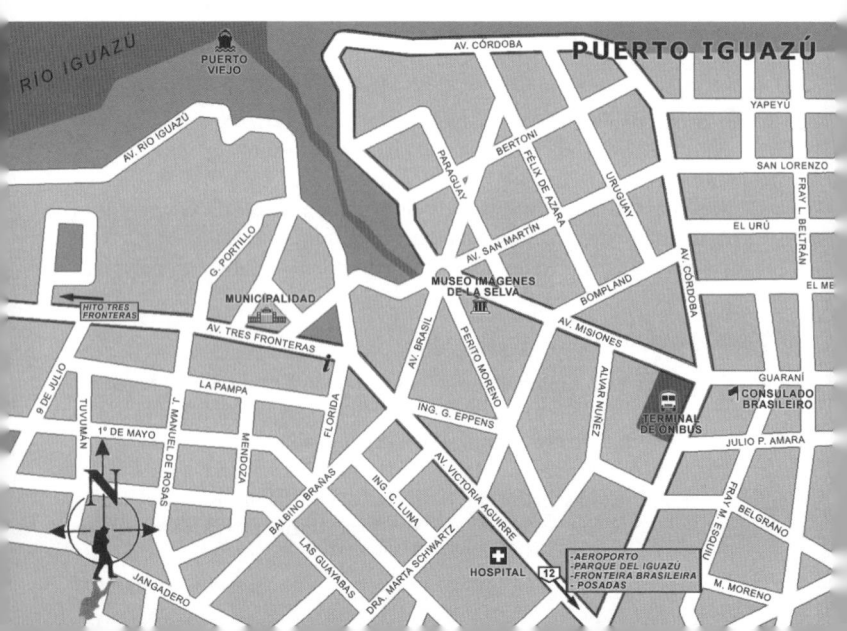

**BRASIL**

# PARQUE NACIONAL DO IGUAÇU

O Parque Nacional do Iguaçu fica perto da foz do Rio Iguaçu, no Rio Paraná, na fronteira do Brasil com a Argentina, e faz limite com Foz do Iguaçu e outras oito cidades. Foi criado por decreto federal em janeiro de 1939, e tem uma área de 185 mil hectares. Da entrada no parque, toma-se um ônibus aberto, incluído no valor do ingresso, para chegar ao início da trilha que, a pé, leva às Cataratas. A caminhada é praticamente um trajeto único, bem menor que no lado argentino, facilmente percorrido em menos de 2 horas. No mirante panorâmico, já no final do passeio, um elevador leva ao andar superior, onde se toma o ônibus, com saídas a cada 15min, que retorna à entrada do parque. Existem outros passeios disponíveis na área, como o Macuco Safari, excursão que inclui caminhadas, barco e veículo 4x4, para melhor apreciar a fauna e a flora, em torno de 1h45, R$140, ou os passeios de helicóptero, que sobrevoam as Cataratas, por 10min de voo, R$225. Uma novidade é o Luau nas Cataratas, que acontece na primeira noite de lua cheia do mês; entrada R$150, incluindo jantar; mais informações, F.(45)3521.4400.

### Chegando e saindo

Na rodoviária de Foz de Iguaçu há o ônibus "Parque Nacional", que passa, a cada 30min, nas avenidas Juscelino Kubitschek e Jorge Schimmelpfeng; passagem R$2,90 em torno de 30min. De carro se chega a Foz pela BR-277, e é necessário atravessar a cidade pela Av. Paraná até chegar na Av. das Cataratas, que dá acesso ao parque. Quem chega da Argentina, a Av. das Cataratas está logo após a Ponte Internacional. A entrada custa R$16,50 (gratuito para menores de 12 e maiores de 60 anos, R$24,75 para cidadãos de outros países do Mercosul, R$33 estrangeiros) e R$7 o transporte dentro do parque; não se aceita outra moeda. O parque abre diariamente 9h-17h (18h no verão). Há estacionamento no local, nada barato, R$14. Na entrada fica o Centro de Recepção de Visitantes, F.(45)3523.8383, com mapas e informações sobre o Parque.

# FOZ DO IGUAÇU

Parada obrigatória de milhares de turistas, as Cataratas são um dos locais mais visitados do Brasil. Com cerca de 255 mil habitantes e a 630km de Curitiba, Foz do Iguaçu é uma boa opção de parada para os que vão conhecer as Cataratas. Não é uma cidade cara, é maior e tem melhor infraestrutura (acomodação, restaurantes e transporte) do que a argentina Puerto Iguazú; também é mais segura e organizada do que a caótica paraguaia Ciudad del Este.

## Informações e serviços

O *Centro de Informações Turísticas* tem postos na rodoviária, aberto diariamente 7h-18h30; no aeroporto, 9h-21h, e no centro, na Praça Getúlio Vargas 69, 7h-23h, F.0800.451.516. A *Secretaria de Turismo* funciona no centro, Av. das Cataratas 2330, seg/sex 8h-17h. Para receber os milhares de turistas, a cidade tem uma boa estrutura: hotéis de luxo, simpáticas pousadas, campings e albergues. As tarifas são relativamente baratas, a partir de R$30. Porém, nem todas as hospedarias na região do centro são confortáveis. Já um hotel satisfatório cobra R$80 para 2 pessoas, ou acima disso, mas com bem mais conforto. Alimentação, há opções para todos: comida típica brasileira, árabe, chinesa, frutos do mar, buffets caseiros com bons preços, churrasco, pizzas e por aí vai.

### Chegando e saindo

A rodoviária fica na Av. Costa e Silva, próximo à BR-277, um pouco afastada do centro; de lá partem ônibus para as principais capitais brasileiras, como **São Paulo**, 11h, R$170, **Rio de Janeiro**, 24h, R$234, **Florianópolis**, 15h, R$141 e **Porto Alegre**, 13h, R$130. De carro, a BR-277 chega à cidade e segue para a Ponte da Amizade. Para ir às Cataratas, é necessário tomar a Av. Costa e Silva e depois a Av. Paraná até a Av. das Cataratas, caminho que também leva a Puerto Iguazú.

## PARAGUAI

# CIUDAD DEL ESTE

Segunda maior cidade do Paraguai, com cerca de 390 mil habitantes, Ciudad del Este foi fundada em 1957, batizada então de Puerto Presidente Stroessner. É a capital sul-americana da muamba, da pirataria e do contrabando. Por aqui o negócio é fazer compras. O ideal é ir pela manhã, já que as lojas abrem de madrugada e fecham por volta das 16h. Se vale a pena cruzar a fronteira do Paraguai apenas para comprar? Os preços são realmente mais baixos, mas a qualidade dos artigos, na maioria das vezes, é duvidosa. É preciso pesquisar, ter paciência e pechinchar. Não se esqueça, porém, que em Ciudad del Este sua segurança com os produtos é na base da "la garantía soy yo".

### Chegando e saindo

O ônibus *Linha Urbana Internacional* (passagem por R$5,00) atravessa a Ponte da Amizade, em um trajeto que pode demorar mais de uma hora em função dos engarrafamentos causados pelo trânsito de sacoleiros. De carro, a estrada BR-277 cruza a Ponte da Amizade. Para os não-paraguaios, a cota de compras no país é de US$300, e a fiscalização, feita por amostragem, às vezes é mais relax, às vezes, mais intensa.

Monumento ao General San Martín e a torre da Iglesia de la Merced, em Corrientes

# CHACO

A verdade é que, para um turista, o Chaco carece de maiores atrações, principalmente quando comparado às outras regiões do país. É passagem quase obrigatória, no entanto, aos viajantes que saem do Brasil e rumam com destino à região Noroeste da Argentina ou ao norte do Chile. No meio do caminho, está o Chaco, área onde os visitantes poderão avistar os *gauchos* em seus cavalos; ainda que, por aqui, não haja a exuberância dos Pampas, que se encontram mais ao sul.

O Chaco, situado no norte da Argentina, caracteriza-se por ser uma região plana, quente, úmida e repleta de árvores – e também de muita devastação. Compreende as províncias de Santiago del Estero, Chaco, Formosa e parte de Santa Fé, Corrientes e Córdoba. Atravessando as fronteiras, abrange ainda uma parcela do Paraguai e da Bolívia – países que se envolveram na Guerra do Chaco, duro conflito em disputa da região do Chaco Boreal; nessa luta, nossos hermanos (felizmente) não tomaram parte. O nome "Chaco" vem do quéchua *chacu*, que significa "terra de caça".

LAGUNA YEMA
81
86
CHACO
SAN COMIO
WICHI
LAS LOMITAS
PORTEÑO VIEJO
95
ESPINILLO
86
Formosa
COMANDANTE FONTANA
ASUNCIÓN
CLORINDA
PARAGUAI
9
11
90
RÍO BERMEJITO
5
PIRANE
JUAN JOSE CASTELLI
3
81
Chaco
FORMOSA
SALTA
TRES ISLETAS
N
16
PAMPA DEL INFIERNO
GRAL. JOSÉ DE SAN MARTÍN
95
PRES. ROQUE SÁENZ PEÑA
9
COLONIAS UNIDAS
90
CAMPO LARGO
QUITILIPI
11
54
LAS BREÑAS
PRES. DE LA PLAZA
16
MAKALLÉ
MARGARITA
SAN BERNARDO
RESISTENCIA
12
CORRIENTES
89
VILLA ANGELA
CHARADAI
5
LOMAS DE VALLEJOS
95
SANTA SYLVINA
7
EMPEDRADO
MBURUCUY
SAN MIGUEL
118
SALADAS
CAÑADA OMBÚ
12
Corrientes
VILLA OCAMPO
27
11
Santiago del Estero
CHAVARRÍA
40
114
RECONQUISTA
GOYA
MERCEDES
98
PERUGORRÍA
MARIANO I. LOZA
123
VERA
1
PASO DE LOS LIBRES
12
23
119
CURUZÚ CUATIÁ
URUGUAIANA
ALEJANDRA
11
126
ESQUINA
SAUCE
BRA
MONTE CASEROS
SAN CRISTÓBAL
GOBERNADOR CRESPO
SAN JOSÉ DE FELICIANO
127
14
SANTA FÉ
BUENOS AIRES
Entre Ríos
URUGUA

# Corrientes

Banhada pelo Río Paraná, um pouco ao sul da confluência deste com o Río Paraguay, se encontra Corrientes, com 330 mil habitantes, capital da província de mesmo nome. Fundada em 1588, então conhecida como povoado de Vera de las Siete Corrientes, é hoje uma das cidades mais antigas do país. O Carnaval daqui é um dos mais populares da Argentina – e parte do marketing que vende a cidade como *Capital Nacional del Carnaval* justifica a qualidade da festa pela "proximidade com o Brasil". O turismo local ainda é incipiente, e a falta de promoção e divulgação de atividades turísticas leva a acreditar que não haja maiores atrações por aqui, além da existência de alguns museus. A primeira impressão ao entrar na cidade é a de um lugar feio e sem graça, o que se desfaz (muito ou um pouco, conforme o seu olhar) ao conhecer alguns interessantes prédios históricos e a simpática avenida à beira-rio.

## Informações e serviços

**Código telefônico** 3783

**Informações turísticas** A *Dirección Provincial de Turismo* fica na C. 25 de Mayo 1330, F.427.200, aberta diariamente 7h-21h, e há um posto de informações na Av. Costanera Gral. San Martín 245, F.464.504, restrito a informações da cidade, funcionando seg/sáb 8h-12h e 13h-20h. Nenhum dos dois tem fama de ser muito útil – ao menos os mapas são pífias fotocópias quase sem informação, e não há muito material de apoio ou mesmo atendentes bem-informados, ainda que sejam simpáticos. Mais sobre a cidade, veja o site: www.corrientesturistica.gov.ar.

**Clima** Muito quente e úmido no verão, chegando a 34°C nesta época, e a 12°C no inverno.

**Câmbio** Algumas opções são o *Standard Bank*, Carlos Pellegrini 1072; o *Banco de Corrientes*, 9 de Julio 1092; o *Banco de Galícia*, Córdoba 870; e na mesma rua o Banco Francês, nº 960.

**Hospital** *Ângela I. Llano*, C. Ayacucho 3298, F.461.031.

**Delegacia do turista** C. Placido Martinez 750, F.422.022.

## Orientação

A cidade, de formato quase quadrangular, tem uma grande área central cercada por quatro avenidas – 3 de Abril, Artigas, Juan Pojol e Gral. San Martín (não confundir com a C. San Martín), mais conhecida como Costanera, por margear o rio. Uma zona comercial de tamanho menor é aquela compreendida entre as ruas España, Carlos Pellegrini, Rioja e San Martín. No centro deste retângulo fica a C. Junín, a qual, ao longo de quatro quadras, torna-se um movimentado calçadão. Contudo, o quarteirão mais agradável – o casco histórico – é aquele que circunda a Plaza 25 de Mayo, mais ao norte, a uma quadra da Costanera. Devido ao traçado ortogonal, é fácil se locomover na cidade. Muitas distâncias, porém, são longas. Para percorrê-las há vários ônibus de linha, passagem $2.

## Chegando e saindo

O terminal rodoviário dista uns 5km da cidade, na Av. Maipú 2600; o ônibus 103 faz a conexão com o centro, ou táxi por $25. Há saídas para **Resistencia**, 45min, $10-30; **Paso de los Libres**, 5h, $120; **Puerto Iguazú**, 9h, $234; **Buenos Aires**, 11h, $450; **Rosario**, 11h, $342; **Córdoba**, 12h, $356; **Tucumán**, 12h, $345; **Salta**, 14h, $453. O aeroporto fica a 10km do centro, táxi por $35. De carro, a Av. 3 de Abril cruza a oeste a ponte Gral Belgrano, que leva a Resistencia. Essa mesma avenida, que a leste chama-se Av. Gobernador Ferre, desemboca – assim como a Av. Maipú e a Av. Gobernador Ruiz – na Ruta 12.

## Viajando

Corrientes é um ponto de referência para quem viaja ao oeste e ao norte do país. A RN16 é o caminho para a vizinha **Resistencia**, 20km, e segue atravessando o Chaco até **Salta**, 940km (veja mais detalhes deste percurso na página 185). A RN11, ao norte, vai até **Formosa**, 186km, e **Clorinda**, 290km, fronteira com Assunção, capital do Paraguai. Ao sul está **Santa Fé**, 520km, já nos Pampas. A RN12, a leste, vai a **Posadas**, 320km, e **Puerto Iguazú**, 632km. Para **Buenos Aires**, 951km, o caminho é a mesma Ruta 12, mas seguindo ao sul. Uma combinação de estradas, com indicação, leva a **Paso de los Libres**, 488km, na fronteira com o Rio Grande do Sul. Ou, no caminho inverso, é comum viajantes que saem pela manhã do Brasil, rumo ao Noroeste argentino ou norte do Chile, posarem em Corrientes. Viajantes motorizados devem ficar atentos: nas estradas dessa região são frequentes os relatos de extorsão da polícia rodoviária argentina.

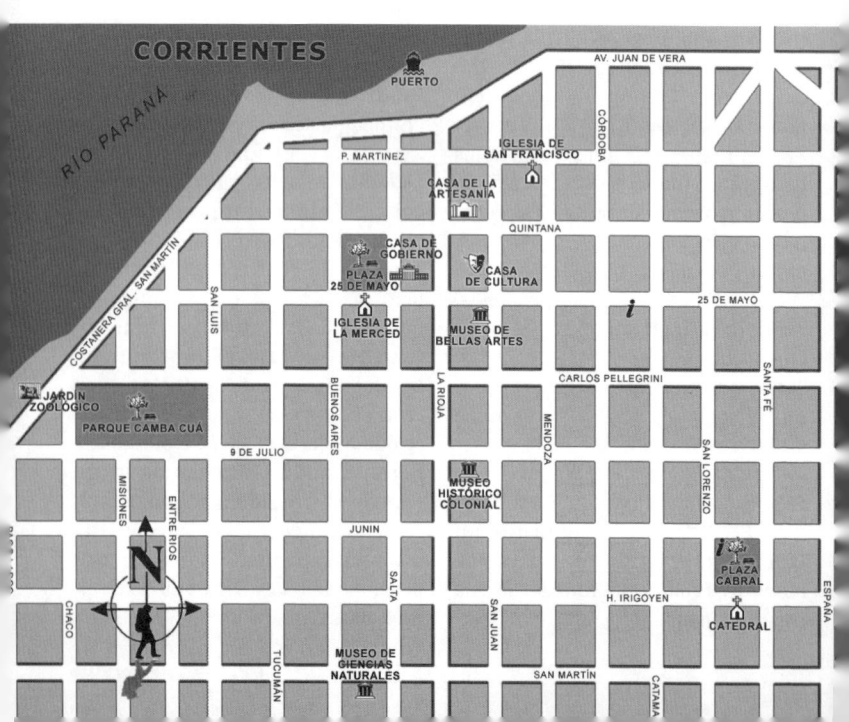

## Acomodação

Corrientes conta com alguns residenciais que chegam a assustar de tão velhos, valendo apenas pelo preço. Ainda assim, encontram-se boas opções de hospedagem, e não muito caras.

**Hospedaje San Lorenzo** C. San Lorenzo 1136, F.4421.740, 13 quartos. Diária 2p $100. É uma espelunca tenebrosa, com péssimo atendimento.

**Hotel Sudamericana** C. Hipólito Yrigoyen 1676, F.446.4242, 23 quartos. Diária 2p $220, 3p $300. Café da manhã $15. Quartos com banheiro, ventilador e ar-condicionado barulhento. Hotel decadente, velho e bagunçado.

**Corrientes Plaza Hotel** C. Junín 1549, F.466.500, www.hotel-corrientes.com.ar, 110 quartos. Diária 1p $207, 2p $243, 3p $307. Aceita cartões, com acréscimo de 10%. Café da manhã incluído. Quartos espaçosos, com banheiro, TV a cabo, wi-fi, telefone, ar-condicionado e, em alguns, frigobar. Confortável hotel 4 estrelas, situado no centro, tem bar, sala de jogos, academia, piscina e estacionamento.

**Hostal del Río** C. Placido Martínes 1098, F.2766.1616, www.hotelhostaldelrio.com.ar, 70 quartos. Diária 1p-2p $230, 3p $280. Aceita cartões de crédito. Café da manhã incluído. Quartos com banheiro, TV a cabo, wi-fi, telefone, ar-condicionado e frigobar. O hotel tem internet, bar, restaurante, sauna, piscina e estacionamento. Bem-localizado, próximo ao Rio Paraná, está entre os de do melhor custo-benefício da cidade.

**Hotel San Martín** C. Santa Fé 955, F.442.1061, www.sanmartin-hotel.com.ar, 100 quartos. Diária 2p $320, 3p $390. Aceita cartões de crédito. Café da manhã $10. Quartos com banheiro, ar-condicionado, TV a cabo e telefone. Hotel em frente à Plaza Cabral; possui internet, bar, restaurante, estacionamento e bom atendimento; é antigo e simples, mas ok.

## Comes e Bebes

A área mais atraente, de maior astral e onde se come melhor, é a Costanera, em sua porção mais ao oeste. Um restaurante de bom custo-benefício é o **Las Brasas**, Av. Costanera esq. C. San Martin, bastante popular entre os habitantes de Corrientes, com acessíveis pratos de massa e carne por menos de $18. Próximo, há outros restaurantes igualmente populares, como **El Mirador**, onde um *asado* custa em torno de $25. Nas cercanias do centro histórico também existem alguns locais simpáticos.

## Atrações

**Casco Histórico** A Plaza 25 de Mayo abriga o altivo monumento do General San Martín e, à sua volta, concentra alguns prédios interessantes, como a *Casa de Gobierno*, de 1881, e a *Iglesia de la Merced*. Original de 1628, a igreja foi sucessivamente reconstruída, até o prédio atual, de 1900, com destaque para sua bela torre do relógio. Próximo a essas construções ficam a *Casa de Cultura*, com atividades culturais, como é de se pressupor, e a *Casa de la Artesanía*, em um edifício colonial, com exibição e venda de artigos em couro, cerâmica, cestas e artesanato em geral.

Costanera: a agradável área à beira do Rio Paraná

**Prédios religiosos** Dentre as outras obras de relevância histórica na cidade estão a *Catedral* – ainda que menos interessante que a igreja mencionada anteriormente –, uma construção toda branca, com duas torres, localizada na Plaza Cabral; e a *Iglesia y Convento de San Francisco*, C. Mendoza 450, construída na época de fundação da cidade e restaurada ao longo dos anos, mais "recentemente" no longínquo ano de 1939. Há ainda, em frente à Plaza de la Cruz, a *Iglesia Santíssima Cruz de los Milagros*, onde se encontra parte da primeira cruz utilizada na fundação de Corrientes, em 1588.

**Museus** Os mais relevantes: *Museo de Bellas Artes Juan R. Vidal*, C. San Juan 634, com esculturas, pinturas e exposições temporárias; o *Museo Histórico Colonial*, C. 9 de Julio 1044, que exibe mobília antiga, moedas, armas e objetos históricos em geral; e o *Museo de Ciencias Naturales*, C. San Martín 850, com o tema afim. Já animais vivos você encontra no *Jardín Zoológico*, na Av. Costanera, local com uma bela vista da Puente Belgrano.

## Diversão

A Costanera tem vários bares, restaurantes, danceterias e até mesmo um cassino, na esquina com a C. Carlos Pellegrini.

# RESISTENCIA

Separada de Corrientes pelo Río Paraná, Resistencia é a capital da Província de Chaco. Com 380 mil habitantes, a cidade apresenta uma satisfatória estrutura de comércio e serviços, e compensa a falta de maiores atrativos naturais com aquilo que justifica o seu subtítulo – *la ciudad de las esculturas*. Hoje, já se contabilizam mais de 500 esculturas, dispersas pelas ruas, avenidas e praças, as quais dão a Resistencia a característica de uma grande galeria urbana a céu aberto. Eis um – ou "o" – motivo para viajantes que estão cruzando o Chaco rumo ao Noroeste argentino conferirem a cidade.

## Informações e serviços

**Código telefônico** 362

**Informações turísticas** A *Dirección de Turismo* fica na C. Santa Fé 178, aberta seg/sex 7h-20h, sáb/dom 10h-12h30/17h-19h30. Mais bem abastecida que Corrientes, oferece mapa sobre a região e um pequeno guia informando o endereço das esculturas na cidade, com um atendimento bastante simpático. Mais informações pelo site: www.resistencia.gov.ar.

**Câmbio** Há vários bancos na cidade, e pelo menos uma casa apenas para câmbio, *El Dorado*, C. J. M. Paz 50.

**Hospital** *Julio C. Perrando*, Av. 9 de Julio 1101, F.425.050.

**Delegacia do turista** C. Colón 234, F.442.2053.

## Orientação

O ponto central de Resistencia, a Plaza 25 de Mayo, é marcado pelo cruzamento de quatro importantes avenidas: 25 de Mayo e 9 de Julio (trocam de nome ao passar pela praça) no sentido oeste-leste, e Sarmiento e Alberdi no norte-sul. O traçado quadrangular da cidade facilita a orientação.

## Chegando e saindo

O terminal de ônibus fica afastado do centro, na Av. Malvinas Argentinas esq. Av. Mac Lean, F. 4461.098. Para destinos e preços de passagem, confira em Corrientes: as duas são vizinhas e quase não há diferença de tarifa e tempo de viagem. Não muito longe da rodoviária está o Aeroporto Internacional, com acesso pela RN11, F.446.009. Para quem está de carro, a entrada na cidade é fácil: a RN16 praticamente desemboca na Av. 9 de Julio, e a RN11, na Av. 25 de Mayo.

## Viajando

A movimentada RN11 conduz a **Santa Fé**, 540km; **Rosario**, 670km; **Buenos Aires**, 1.020km; e ao restante do sul do país, assim como a **Formosa**, 175km ao norte, fronteira com o Paraguai. Já para o leste, a via a tomar é a RN16, através da qual, ao cruzar a ponte, se chega a **Corrientes**, 20km. Aqui, na travessia, há um posto de pedágio, $1,20, mas, como Resistencia e Corrientes são vizinhas, o ticket vale por 24h, isto é, pode-se comutar entre as duas cidades sem outra cobrança no mesmo dia, desde que você guarde e apresente o ticket, é claro. Ainda mais ao leste, **Posadas**, 340km; **Puerto Iguazú**, 634km. No sentido oposto, a mesma estrada é o caminho para **Tucumán**, 770km; **Salta**, 840km; **Jujuy**, 890km; **La Quiaca**, 1.145km.

A oeste, a Ruta 16 corta boa parte da região do Chaco, sem oferecer maiores atrativos na paisagem. Pior ainda: há trechos bastante esburacados na estrada – em especial quando se entra na Província de Santiago del Estero, por uns 40km. Num determinado momento do percurso, no terço final que vai a Salta, no verão e na primavera, é comum nuvens de mariposas atacarem os carros, por muitos quilômetros – mas sem maiores consequências; é só manter os vidros fechados e posteriormente lavar o veículo. "Ataque" pior (sim, ainda tem essa) é o da polícia rodoviária, que mantém um posto de controle na estrada, logo após a entrada na província de Santiago del Estero. Talvez aqui no Chaco a polícia seja uma das mais corruptas do país.

Existem alguns pouco confiáveis policiais que costumam parar os carros, principalmente os de placa estrangeira, procurando motivos para multá-los (na hora, claro). Se acontecer com você, certifique-se de que estava dirigindo dentro da lei, com todos os documentos necessários, e evite deixar qualquer propina – e ainda, se possível, denuncie os corruptos. Apesar de todos esses reveses, a Ruta 16 é a melhor via para quem vai do Brasil cruzar o Chaco e chegar ao Noroeste argentino.

## Acomodação

O cenário das acomodações na cidade não foge muito do padrão da região: muitos hotéis ok, mas poucos realmente bons. Pelo menos as tarifas não costumam ser das mais caras.

**Residencial El Hotelito** Av. Alberdi 311, F.1564.5008, 11 quartos. Diária 1p $60, 2p $90. Longe do centro, opção barata.

**Residencial Bariloche** C. Obligado 239, F.421.412, residencial bariloche@hotmail.com, 19 quartos. Diária 1p $130, 2p $180. Quartos com banheiro, TV a cabo e ar-condicionado. Tem estacionamento. Boa localização.

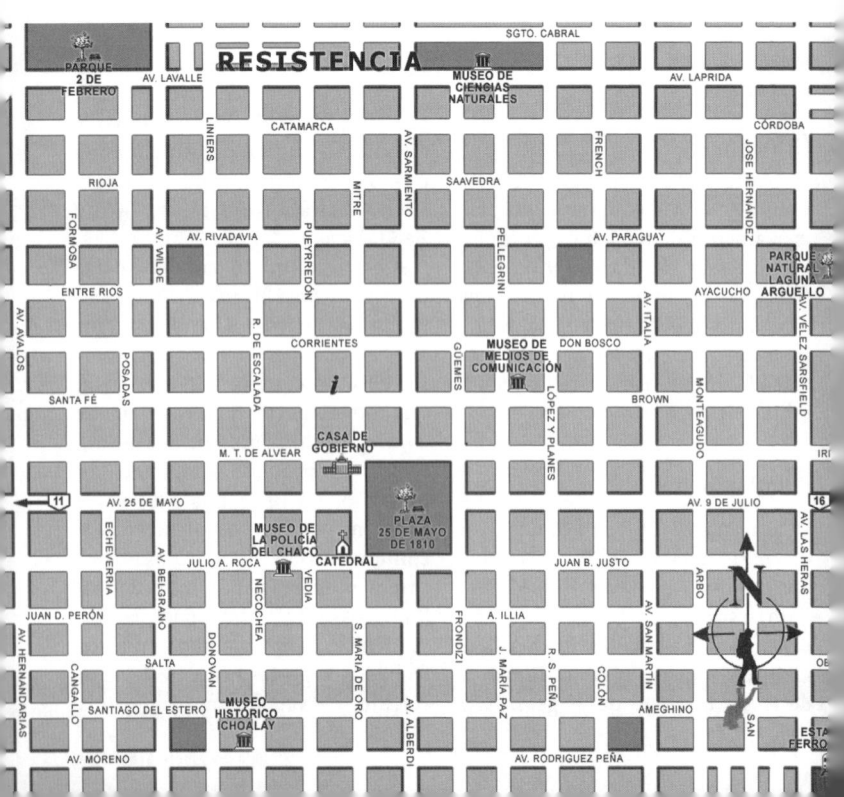

Gran Hotel Royal C. José Maria Paz 299, F.444.466, www.granhotelroyal.com.ar, 80 quartos. Diária 1p $150, 2p $195. Café da manhã incluído. Quartos com banheiro, TV a cabo, wi-fi e ar-condicionado. Hotel tradicional; tem restaurante e estacionamento.

Hotel Covadonga C. Guemes 200, F.444.444, www.hotelcovadonga.com.ar, 125 quartos. Diária 1p $371, 2p $397, 3p $488, mais imposto 21%. Café da manhã buffet incluído. Uma das melhores opções da cidade. Quartos com banheiro, TV a cabo, ar-condicionado e frigobar. Hotel 3 estrelas, com internet, bar, restaurante, piscina, academia e estacionamento.

## Comes e Bebes

Na C. Colón estão o restaurante **La Bianca**, no nº 102, e a pizzaria **Don Pedro**, nº 159. Outra rua com algumas alternativas é a J. D. Perón, em especial na quadra de número 600, onde ficam o **Oishi** (nº 630), **Don Abel** (nº 698) e **Los Campeones**, esquina com a C. Necochea.

## Atrações

**Esculturas** O maior atrativo de Resistencia são as estátuas dispersas pela cidade. Quem chega de Corrientes ou da RN16 encontra várias na Av. 9 de Julio, como o *Gaucho*, peça de bronze de R. Della Lastra, no nº 699, *Los Amantes*, de Francisco Reys, nº 640, *Tango*, de Roberto Viola, nº 259, e *Cabeza de Einstein*, de Mauro Glorioso, nº 108, estas duas também de bronze. Ainda há outras esculturas nesta avenida, assim como em muitas outras vias. Quer passear na cidade e apreciar arte? Faça um roteiro pelas Av. Sarmiento, calles Pellegrini, Arturo Illia, Brown, entre diversos logradouros. Para mais informações, vá na oficina de turismo e peça pelo folheto (uma cópia ao menos) com o endereço das estátuas – são mais de 400 espalhadas por Resistencia. A cada dois anos ocorre a Bienal, geralmente em meados de julho, no Duomo del Centenário, no Parque 2 de Febrero, com o Torneio Internacional de Esculturas, quando novos artistas têm suas peças adotadas pela cidade.

**Plaza 25 de Mayo de 1810** Praça central, tem seu nome em homenagem ao primeiro governo argentino independente. Não é das praças mais atraentes do país, apesar de ficar em frente à *Catedral* e à *Casa de Gobierno*. Mais interessante e mais arborizado que a praça é o Parque 2 de Febrero, algumas quadras ao noroeste, popular entre os habitantes de Resistencia.

**Museus** São de graça, e há alguns interessantes: *Museo Histórico*, C. Necochea 440; *Museo de la Policía del Chaco*, C. Julio A. Roca 233; *Museo de Médios de Comunicación*, C. Pellegrini 213; *Museo de Ciencias Naturales*, C. Pellegrini 802. Junto a este último acontece aos domingos uma feira de artesanato.

## Passeios

**Parque Nacional Chaco** Situado a 115km ao noroeste de Resistencia, tem 15 mil hectares e é um bom local para observar a flora e os pássaros do Chaco. Há algumas trilhas no local, e o parque conta com um camping básico. Há ônibus diários saindo de Resistencia, 2h30 de viagem, ou de carro, pela RN16 com acesso pela RP9.

# Formosa

Capital da Província de mesmo nome, Formosa é uma cidade pouco atrativa, sem grandes motivos para uma parada a turismo. Com cerca de 100 mil habitantes, abriga o único porto argentino do Río Paraguay e um pouco interessante museu regional. Pode ser uma parada estratégica a caminho de Assunção, no Paraguai, ainda que esta não seja uma rota usual de brasileiros.

## Informações e serviços

O *Turismo da Província* fica na C. José María Uriburu 820, diariamente 7h-21h (no inverno 7h-13h/17h-20h30) F.552.5192; há também um na rodoviária. *Hospital Central de Formosa*, C. Salta 550, F.426.194; *Delegacia do Turista* C. Padre Patiño 702; código telefônico: 3717; site: www.formosa.gov.ar.

## Chegando e saindo

O terminal de ônibus fica na Av. Gutnisky 2615. A RN11 conecta com **Resistencia**, 186km, **Corrientes**, 191km, e **Assunção** (Paraguai), 115km. A partir de Formosa, a RN81 vai ao noroeste, até a RN34, que, por sua vez, vai ao norte à Bolívia, ou ao sul para Jujuy e Salta. Boa parte do percurso da Ruta 81 é de rípio, o que torna esse caminho uma alternativa pior do que a RN16 para chegar a esta região.

## Acomodação

**Hotel Nuevo Real** C. Belgrano 1, F.428.441, carlosarielsanabria@hotmail.com, 22 quartos. Diária 1p $120, 2p $180, 3p $220. Café da manhã incluído. Quartos com banheiro, TV e ar. O hotel tem internet, piscina e estacionamento.

**Regina Hotel** C. San Martín 535, F.421.870, www.regina-hotel.com.ar, 30 quartos. Diária 1p $165, 2p $235, 3p $295. Aceita cartões. Café da manhã incluído. Quartos com banheiro, TV a cabo e telefone. Hotel com administração familiar, possui internet, bar, estacionamento e terraço.

**Hotel Internacional de Turismo** Av. San Martín 769, esq. Av. 25 de Mayo, F.437.333. Diária 1p $240, 2p $290, 3p $390. Aceita cartões de crédito. Café da manhã incluído. Quartos com banheiro, TV a cabo, telefone, ar e frigobar. Hotel 4 estrelas, um dos melhores da cidade, com internet, restaurante, cafeteria, salão para eventos e estacionamento.

## Atrações

Construída em estilo neogótico em 1896, a **Iglesia Catedral Nuestra Sra. Del Carmen**, Av. 25 de Mayo esq. C. Moreno, tem em seu interior os restos mortais do fundador da cidade, o comandante Luis Jorge Fontana. Também na 25 de Mayo, esq. Belgrano, está a **Casa de Ignacio Fotheringham**, construída pelo primeiro governador da cidade; nesse prédio funciona o *Museo Histórico Regional Juan Pablo Duffard*, com coleções históricas de objetos, móveis, armas e artesanato indígena. Mais artesanato na **Casa de Artesanías Etnográficas**, Av. San Martín esq. Av. 25 de Mayo. Já um bom lugar para um passeio entre árvores e lagos é a **Plaza San Martín**, Av. 9 de Julio esq. Av. 25 de Mayo.

Cuesta del Lipán, estrada rumo ao Chile

# NOROESTE

Nos tempos pré-colombianos, o noroeste da Argentina era uma região bastante populosa, habitada por diversas tribos indígenas, cada uma com uma identidade cultural própria. Esses povos foram dominados pelos Incas, que expandiram seu Império para a região por volta de um século antes da chegada dos colonizadores espanhóis. A primeira cidade fundada pelos conquistadores europeus foi Santiago del Estero, em 1553, posteriormente destruída pelos índios. Pouco depois, em 1565, San Miguel de Tucumán foi construída e resistiu ao ímpeto dos indígenas, que a partir daí passaram a ser escravizados em larga escala.

A região progrediu devido às minas de prata da cidade de Potosí, no território que atualmente é a Bolívia. A partir de 1776, porém, com o crescimento da importância de Buenos Aires, a economia local começou a declinar. Como alternativa, Tucumán voltou-se à produção de açúcar, que ainda hoje é uma das atividades econômicas mais fortes da região. Conhecido inicialmente como Tucumán, o Noroeste argentino hoje é dividido nas províncias de Jujuy, Salta, Catamarca, Tucumán e Santiago del Estero.

A região, também chamada de *Puna*, apresenta uma paisagem de cáctus gigantes, campos de altitude, estradas sinuosas a mais de 4 mil metros e montanhas de formas e colorações inusitadas, com faixas de cores que vão do verde ao amarelo e vermelho. O povo local demonstra claramente seus traços indígenas, lembrando de fato a proximidade com a Bolívia. Eis aqui uma Argentina diferente daquela que se encontra mais ao sul.

# REGIÃO NOROESTE

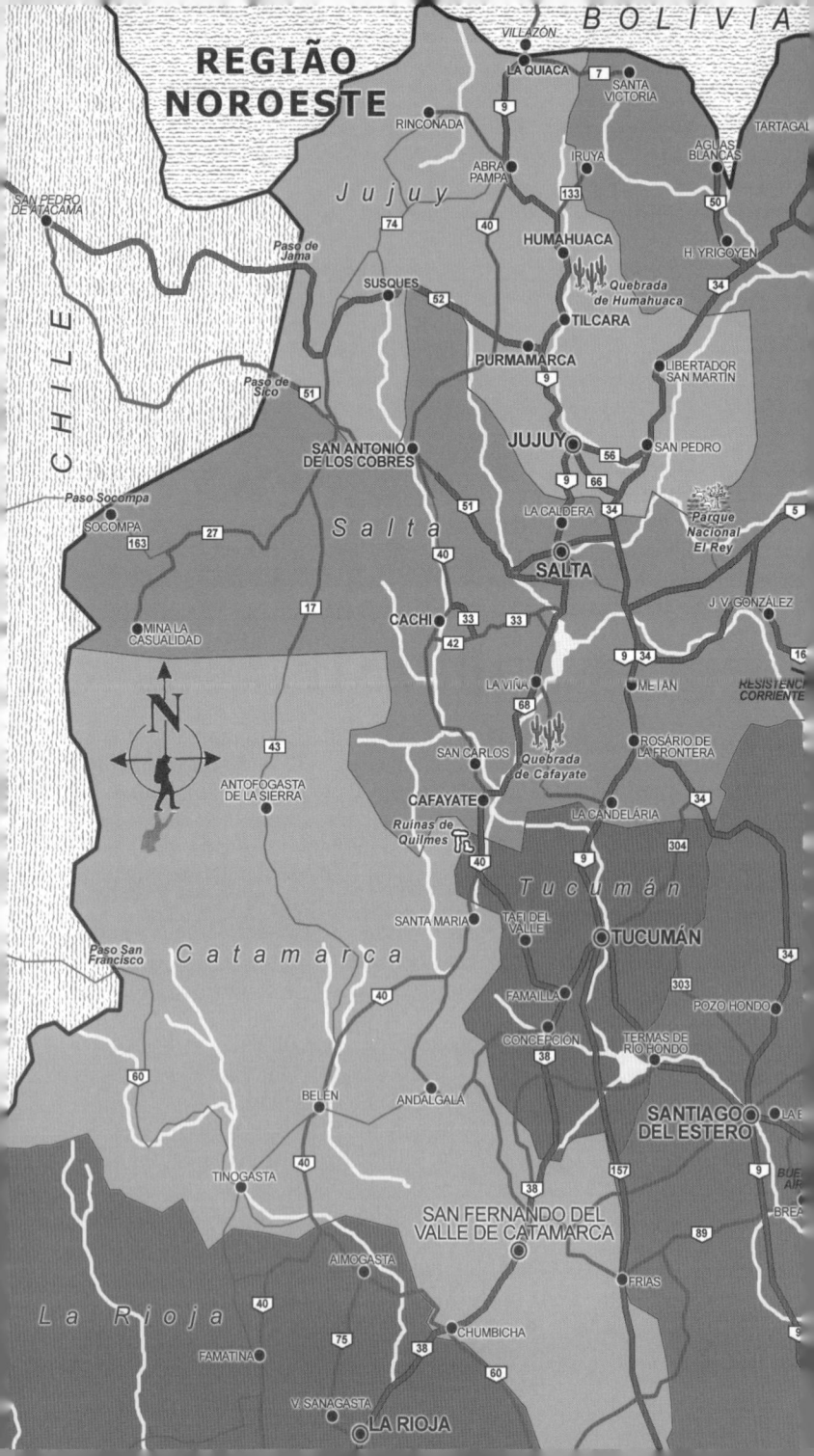

# Salta

Salta, "La Linda", assim, carinhosamente apelidada, é a capital da província de mesmo nome, razoavelmente próxima à fronteira com o Chile, a oeste, na altura do Deserto de Atacama, e da Bolívia, ao norte. A palavra "Salta" vem de *sagta*, que na língua indígena aymara significa "a mais bela". Talvez haja algum exagero no apelido, mas é inegável tratar-se da melhor e mais bem-estruturada cidade para explorar a região – a partir de Salta você segue pelas estradas que cruzam os vales e sobem a puna, com a vegetação rasteira e o ar rarefeito comum das altitudes do Noroeste argentino. A 1.200m do nível do mar, esta simpática cidade colonial, de quase 400 mil habitantes, descende, em grande parte, do povo aymara, cujo orgulho de suas tradições é expresso em suas roupas e artesanatos coloridos. Além de base para conhecer os arredores, Salta vale a visita: apresenta uma agradável praça central, uma belíssima igreja (San Francisco), alguns bons museus (Histórico, Alta Montanha), um morro com teleférico em área urbana (Cerro San Bernardo), ótimos restaurantes, para os mais diversos bolsos, e uma interessante vida cultural. Talvez Salta não seja "a mais linda", mas se esforça para merecer o título.

## A Cidade

Salta foi fundada em 1582 por Hernando de Lerma, um dos conquistadores espanhóis que vinham de Lima, no Peru, a capital e principal cidade das colônias hispânicas naquela época, para conquistar terras e tesouros e expandir, assim, o império ibérico. O clima ameno e os vastos campos para a atividade pastoril fizeram com que os espanhóis escolhessem Salta para um importante assentamento, que logo passou a suprir a demanda por alimentos e animais de transporte necessários nas minas da Bolívia.

## Informações e serviços

**Código telefônico** 0387

**Clima** Durante o verão, como em boa parte da meia-estação, a temperatura fica entre 20ºC e 30ºC; faz bastante calor durante o dia, mas à noite é bem fresquinho. Esta é, também, a época do ano que mais chove, frequentemente com temporais intensos e passageiros. No inverno, a média é de 11ºC, mas, devido à altitude, a sensação térmica de frio é maior, acentuada à noite, quando não raro chega a 3ºC, podendo nevar.

**Câmbio** Encontra-se muitos bancos no centro, especialmente nas vias Bartolomé Mitre, España e Caseros, abertos 9h-14h.

**Informações turísticas** Há dois escritórios de turismo em Salta, um municipal e outro departamental, e ambos fazem as honras da casa de forma competente, disponibilizando mapa da cidade e da região com as atrações, e, eventualmente, alguns livrinhos com mais informações turísticas. A *Dirección de Turismo Municipal* fica na C. Zuviría 16, F.401.1002; funciona diariamente 9h-21h. A *Secretaría Governamental de Turismo* está na C. Buenos Aires 93, a meia quadra da Plaza 9 de Julio, F.431.0950, aberto seg/sex 8h-21h e sáb/dom 9h-20h. Dois bons sites da cidade são: www.turismosalta.gov.ar e www.turismoensalta.com.

**Agências de viagem** Com tantas atrações nos arredores, Salta conta com quase uma centena de agências organizando passeios pela região. Muitas estão concentradas ao redor da Plaza 9 de Julio e na C. Buenos Aires, entre a Av. San Martín e a C. Caseros. Algumas recomendadas são a *Ferro Turismo*, C. Buenos Aires 191, a *Tastil*, C. Caseros 468, e a *Movitrack*, C. Caseros 1874. A *Norte Trekking*, C. Gral Guemes 265, especializada em aventura, também tem sido indicada por viajantes. A *Salta Rafting*, C. Caseros 177, organiza atividades de rafting e caiaque nos rios locais, com visita a lugares com marcas de pegadas de dinossauro.

**Locadoras de carro** Salta é um bom local para dispor de um automóvel e sair livremente pela região. Para quem está sem veículo próprio, há várias locadoras na cidade, algumas no aeroporto e muitas na área central: *Alamo*, C. Buenos Aires 262, F.422.8779; *Avis*, C. Caseros 420, F.421.2181; *Budget*, C. Caseros 421, F.421.1953; *Hertz*, C. Caseros 374, F.421.6785; *Localiza*, C. Dean Funes 14, F.431.9672; *Noroeste Rent a Car*, C. Dean Funes 51, F.471.4459; *Salta Rent a Car*, C. Caseros 525 local 5, F.421.2707.

**Delegacia do turista** C. Santiago del Estero 952, F.421.2519.

**Hospital** *San Bernardo*, C. Dr. J. W. Tobias 69, F.432.0300; *Del Milagro*, C. Sarmiento 557, F.317.420; *Arturo Oñativa*, C. Eduardo Paz Chain 30, F.422.0010.

## Orientação

Salta possui um porte médio-grande de cidade, com muitas casas e prédios baixos. A San Martín é uma das principais avenidas: começa no parque homônimo, em frente à rodoviária, e corta boa parte da área central da cidade. Paralela, com trânsito na direção contrária, está a Caseros, de grande movimentação. Ao cruzá-la, as ruas perpendiculares mudam de nome. A numeração dos quarteirões, para norte ou sul, é crescente a partir da Caseros. A primeira quadra vai de 1 a 99, a segunda de 101 a 199, e assim por diante. A mesma ideia é seguida no sentido leste-oeste, a partir da rua Santa Fé, que inicia a numeração. Este prático padrão facilita bastante a circulação pela cidade e é seguido em todas as cidades no Noroeste. A *Plaza 9 de Julio*, a praça principal, fica entre as ruas Caseros, España, Bartolomé Mitre e Facundo de Zuviria. Juntamente com os calçadões da Florida e da Juan B. Alberdi (que é a sequência da Mitre), compõem o núcleo da área central, onde localiza-se boa parte do comércio, dos serviços e das atrações culturais e turísticas.

## Circulando

Praticamente plana, é uma cidade fácil de ser percorrida a pé. As principais linhas de ônibus correm pela Av. San Martín e pela C. Caseros, passagem $2,25. Táxis e remís podem ser convenientes para ir à rodoviária, se não quiser caminhar, e custam em torno de $10 entre o terminal e o centro.

# Mapa de Salta

**N** (brújula)

## Cerro San Bernardo

### Calles y avenidas (norte a sur)
- EJÉRCITO DEL NORTE
- F. DE GURRUCHAGA
- A. SARAIVA
- DR. LINARES
- M. SOLÁ
- J. URIBURU
- REP. DE ISRAEL
- PASEO GÜEMES
- DR. G. PULÓ
- SAN LORENZO
- DEL MILAGRO
- DR. L. GÓMEZ
- AV. H. YRIGOYEN
- DR. MARIANO BOEDO
- LAS HERAS
- LAVALLE
- JURAMENTO
- SANTA FÉ
- VICENTE LÓPEZ
- CATAMARCA
- PUEYRREDÓN
- LERMA
- SANTIAGO DEL ESTERO
- DEAN FUNES
- AV. BELGRANO
- ESPAÑA
- CASEROS
- CÓRDOBA
- URQUIZA
- FACUNDO DE ZUVIRIA
- BUENOS AIRES
- BARTOLOMÉ MITRE
- JUAN B. ALBERDI
- MENDOZA
- GRAL. GÜEMES
- ALVARADO
- BALCARCE
- FLORIDA
- AV. SAN MARTÍN
- LEGUIZAMÓN
- 20 DE FEBRERO
- ITUZAINGÓ
- ESPAÑA
- 25 DE MAYO
- CARLOS PELLEGRINI
- SARMIENTO
- JUJUY
- DR. A. GÜEMES
- ISLAS MALVINAS
- AV. CIUDAD DE ASUNCIÓN

### Puntos de interés
- MUSEO ANTROPOLÓGICO
- GENERAL GÜEMES
- TELEFÉRICO
- CONVENTO SAN BERNARDO
- PARQUE SAN MARTÍN
- MUSEO DE CIENCIAS NATURALES
- MUSEO FOLCLÓRICO
- MUSEO PRESIDENTE JOSÉ URIBURU
- IGLESIA SAN FRANCISCO
- IGLESIA SAN JOSÉ
- PALACIO LEGISLATIVO
- CATEDRAL BASÍLICA
- PLAZA 9 DE JULIO
- MUSEO HISTÓRICO DEL NORTE
- IGLESIA LA VIÑA
- PLAZA GÜEMES
- MUSEO DE ALTA MONTAÑA
- MUSEO DE BELLAS ARTES
- IGLESIA DE SAN ALFONZO
- IGLESIA DE LA MERCED
- DELEGACIÓN DO TURISTA
- FERROCARRIL BELGRANO - JUJUY
- HOSPITAL DEL MILAGRO
- TERMINAL DE ÓMNIBUS

### Indicaciones de rutas
- 9 / 34 → JUJUY - TUCUMÁN
- 68 / 51 → AEROPUERTO - SAN ANTONIO DE LOS COBRES - CACHI - CAFAYATE
- 9 →

O pitoresco Parque Nacional Los Cardones

## Chegando e saindo

O *Aeropuerto Internacional Martín Miguel de Güemes* fica a 10km do centro; a corrida de táxi custa por volta de $25, e há um ônibus que sai e chega na C. Caseros, em frente ao escritório da *Aerolíneas Argentinas*, ao lado da Plaza, passagem $15. O *Terminal de Ómnibus*, a rodoviária, encontra-se ao leste da cidade, ao pé do Cerro San Bernardo. A *Estación Ferrocarril Belgrano*, a estação de trem, fica na C. Ameghino 690, de onde parte o *Tren a las Nubes*.

Quem chega de carro vindo pela RN9 e RN34, entra a leste da cidade, na Av. Ciudad de Asunción, atrás da rodoviária. Ao norte, saindo pela Av. Bolívia, depois da estação de trem, se vai a Jujuy pela Ruta 9. Para a estância de San Lorenzo, a saída é a oeste na Av. Entre Ríos, para depois tomar a RP28. Para o sul, o caminho é pela Av. Paraguay (continuação da C. Jujuy) ou pela Av. Mons. Tavella (uma bifurcação na Av. Yrigoyen), pegando a RN68 em direção a Cachi e Cafayate, ou a RN51 para o aeroporto e a San Antonio de los Cobres.

## Viajando

Voos diários ligam Salta a **Buenos Aires**, 2h de viagem. Em menor frequência também há voos provenientes de Córdoba e de Santa Cruz, na Bolívia.

De ônibus, para **Buenos Aires**, 18h-20h, $705/804 (semileito/leito). **Cafayate**, 3h30, $60. O trajeto, pela Ruta 68, passa pela Quebrada de las Conchas. **Tucumán**, 4h, $110, várias saídas ao dia. Para **Cachi**, 4 saídas diárias, aproximadamente 4h30, $65, via Parque Nacional Los Cardones. Para **San Antonio de los Cobres**, 5h, $55. Para **Jujuy**, 2h, $52, vários horários ao dia. Seguindo pela Quebrada de Humahuaca, há paradas em **Tilcara**, 3h30, $58; **Humahuaca**, 4h, $70; e **La Quiaca**, 7h, $115. Para Purmamarca, não há saída direta: deve-se ir a Jujuy ou descer na Ruta 9, no entroncamento que leva a este povoado.

Para o **Chile**, as empresas Turbus e Geminis fazem o trajeto que liga Salta a **Calama**, 11h, $400, parando em **San Pedro de Atacama**. Para **Antofagasta**, 16h, $450. Ambos saem de Salta às 7h, passando por Jujuy, e no preço da passagem está incluído almoço no meio do percurso. Na baixa temporada, os valores podem cair até 40%.

Para seguir à **Bolívia**, você deve rumar ao norte, a La Quiaca (há ônibus regulares, assim como desde Jujuy), onde uma ponte, que pode ser cruzada a pé, liga a cidade a Villazón, do outro lado da fronteira. De Villazón você pode tomar um trem ou um ônibus e continuar até Uyuni e de lá seguir para La Paz, Oruro ou Potosí.

**Carro** Salta está no centro de uma convergência de estradas, e, aqui, talvez mais do que em outros locais do país, quem estiver motorizado ganha uma proveitosa liberdade para se locomover para as atrações ao seu norte, oeste e sul. Mas atenção: nesta região, o caminho mais curto nem sempre é o mais rápido, e, se estiver viajando na época das chuvas (verão), vale a pena se informar com a Defesa Civil (fone 103) sobre as condições de algumas estradas.

Ao sul, a RN9 leva a **San Miguel de Tucumán**, 316km, e **Santiago del Estero**, 478km, por uma estrada em boas condições. Este é o caminho mais curto e o mais seguro, entretanto, não é o mais interessante – já que as rutas que passam por Cafayate são bastante atrativas. Seguindo mais ao sudeste, **Córdoba**, 908km, é uma opção. Para **Buenos Aires**, 1.496km, após Santiago del Estero, a ruta a ser seguida é a RN34, também em boas condições, e depois de **Rosario**, 1.178km, novamente a Ruta 9 até a capital.

Ao norte, a RN9 segue para **Jujuy**, 115km, por uma estrada sinuosa, estreita e sem sinalização, subindo uma densa serra que parece atravessar a mata atlântica. Melhor opção é a combinação das RN34 e RN66, estradas mais ao leste, onde boa parte do caminho é de pista dupla, com apenas 7 quilômetros a mais do que a RN9. A partir de Jujuy, a RN9 melhora consideravelmente, e as quebradas são o cenário que acompanham o viajante, passando pelos vilarejos de **Purmamarca**, 180km; **Tilcara** 198km; **Humahuaca**, 240km; e **La Quiaca**, 407km, no final da RN9, na fronteira da Bolívia.

Duas viagens imperdíveis nas proximidades de Salta são rodar até **Cafayate**, 186km (veja como chegar na página 212), para admirar as quebradas, e até **San Antonio de los Cobres**, 166km, pela RN51, estrada em boas condições (o trecho final é de rípio, mas satisfatório). Este trajeto atinge 4.080m de altitude, ponto conhecido como *Abra Blanca* (há uma identificação no local).

Quem deseja ir às Missões, ao Paraguai, ou retornar ao Brasil, a RN16 é uma estrada deserta que atravessa o Chaco argentino até **Corrientes**, 940km, com poucos postos de combustível, muitos buracos e eventuais policiais corruptos (mais informações deste percurso, confira o "Viajando" de Resistencia, página 185). É altamente recomendável viajar durante o dia. Mais ao nordeste, **Posadas**, 1.260km, **Paso de los Libres**, 1.428km.

Aventura mesmo é viajar ao sul pela Ruta 40, a maior estrada da Argentina, e ainda assim pouco utilizada e feita, em grande parte, de rípio. Na região, compensa pelo visual da Cordilheira dos Andes. Por esta ruta, se vai a cidades como **Mendoza**, 1.237km, e **Bariloche**, 2.509km. Mas existem caminhos melhores e mais curtos, fazendo combinações de várias rotas, sem o mesmo grau de adrenalina.

Para o **Chile**, o acesso é a RN52. A partir de Purmamarca, a estrada sobe a *Cuesta del Lipán* – acidente geográfico que é a costa de uma das montanhas do percurso – até 4 mil metros de altitude, e segue até **Susques**, 315km, único povoado no caminho com serviços básicos, incluindo posto de gasolina. Até a fronteira de **Paso de Jama**, 470km, a estrada está com pavimento novo e boa sinalização, passando por dois desertos de sal no caminho, *Salinas Grandes* e, mais adiante, próximo ao *Salar Olaroz*. Ao cruzar a fronteira, prossegue-se na Ruta Nacional Chilena 27, estrada nova, que cruza o belo *Salar de Tara*, antes de chegar a **San Pedro de Atacama**, 630km de Salta, tendo como pano de fundo o imponente *Vulcão Licancabur*. Todo este percurso, de Salta a San Pedro, é um dos trajetos mais bacanas que um viajante pode fazer entre a Argentina e o Chile.

Outra opção para chegar ao Chile é pelo *Paso de Sico*, passagem fronteiriça entre os dois países, mais ao sul, com menos tráfego e altitudes mais baixas do que o Paso de Jama, mas um caminho maior, com muito rípio e provavelmente bem menos atrativo. Para entrar no Chile, é necessário o registro na aduana, aberta diariamente, em geral, 8h-23h. É bom lembrar que é proibido cruzar a fronteira com qualquer produto de origem vegetal ou animal.

## Acomodação

Salta possui muitas opções, a maioria na região central. Ao redor da Plaza 9 de Julio estão alguns hotéis tradicionais, instalados em prédios antigos e com serviços parados no tempo. Próximo à rodoviária, existem algumas alternativas baratas. De modo geral, bons hotéis, de custo-benefício satisfatório, são encontrados por toda a cidade.

**Hostal La Salamanca** Av. San Martín 104, F.421.5512, www.hostallasalamanca.com.ar, 47 camas. Diária dorms 8p-6p $55/68 (baixa/alta temporada); quarto 2p $170/190, 3p $210/230. Café da manhã incluído. Tem internet, cozinha, lockers, sala de TV e lavanderia. Inferior a outros hostais da cidade, está a três quadras da rodoviária.

**Backpacker's Soul** C. San Juan 413, F.431.8944, backpackerssalta@hotmail.com, 58 camas. Diária dorms 6p-4p $56/70 (sócio HI/não-sócio); quartos 2p $110/140. Café da manhã incluído. Quartos bagunçados, com banheiro. Tem internet, lockers, cozinha e um pequeno pátio. O atendimento é fraco, e o ambiente não é dos mais viajantes.

**Hostel Terra Oculta** C. Córdoba 361, F.421.8769, 32 camas. Diária dorms 8p-4p $65; quartos 2p $135/155 (sem/com banheiro). Quartos grandes. Tem internet, sala de estar com TV, cozinha, terraço, minibiblioteca, sala de jogos e lockers. Albergue jovem, animado, atendimento simpático, com boas dicas das atrações locais. Todas as quartas e sábados organizam *asados* com bebida incluída a $45 por pessoa.

**Backpacker's Hostel** C. Buenos Aires 930, F.423.5910, www.backpackerssalta.com, 120 camas. Diária dorms 6p-4p $58/72 (sócio HI/não-sócio); quartos 2p $150/170. Café da manhã incluído. Quartos com banheiro. Tem internet, cozinha, lockers, sala de vídeo, sala de jogos e lavanderia; oferece traslado gratuito na chegada e saída. O serviço é bom e prima pelos detalhes, como pequenas luminárias em cada cama dos beliches. Toda quarta e sábado fazem um bom *asado* no pátio, custo compartilhado entre os interessados. No hostel funciona uma agência que organiza passeios às atrações da região.

**Hostal La Linda** C. Buenos Aires 582, F.431.1062, www.lalindahostal.com.ar, 23 quartos. Diária 1p $100, 2p $200, 3p $300. Café da manhã incluído. Quartos com banheiro, ar-condicionado, wi-fi e TV. Local pequeno e bem-arrumado, disponibiliza cozinha e estacionamento. Ambiente familiar. Os donos mantêm uma filial no nº 745 da mesma rua, o Hostal La Linda II, que é bem inferior.

**Hotel Los Pinos** C. Jujuy 173, F.431.6455, www.hotellospinos.8m.com, 23 quartos. Diária 1p $105, 2p $160, 3p $195. Café da manhã buffet incluído. Quartos com banheiro, TV a cabo, telefone e ar-condicionado em alguns. Hotel simples e arrumado, com internet, bar e estacionamento pago ($15 por dia).

**Residencial Elena** C. Buenos Aires 256, F.421.1529, 18 quartos. Diária 1p $110, 2p $180, 3p $240. Quartos confortáveis com banheiro, TV a cabo e pé direito alto. Bastante central, a duas quadras da praça principal, o residencial tem uma bela entrada de azulejos e um jardim bem-cuidado nos fundos. A dona, Elena, é uma senhora bastante simpática que gosta de uma conversinha.

**Plaza Hotel Salta** C. Facundo de Zuviria 135, esq. C. España, F.422.2333, 51 quartos. Diária 1p $135-180 (variando conforme o conforto do quarto), 2p $180-205, 3p $205-255. Aceita cartões de crédito. Café da manhã incluído. Quartos bem-iluminados, com banheiro, TV a cabo, telefone e ar-condicionado. Possui internet, bar, cafeteria e sala de estar. Hotel 2 estrelas, em frente à Plaza 9 de Julio, tem sua decoração inspirada nas quebradas, com tapetes artesanais e um cacto na entrada. Lugar interessante, agradável, com bom atendimento.

**Hotel del Antiguo Convento** C. Caseros 113, F.422.7267, www.hoteldelconvento.com.ar, 16 quartos. Diária 1p $186, 2p $340, 3p $402. Quartos bastante espaçosos, com banheiro, TV a cabo, telefone, wi-fi e ar-condicionado. Tem internet, bar, sala de estar e um pátio interno com piscina. A construção é parte de um convento que resistiu a terremotos. Decorado com ferro e mármore, recria um ambiente de "antigo convento", mas com tudo novo. Hotel tranquilo e agradável, com bom atendimento.

**Petit Hotel** Av. Hipólito Yrigoyen 225, F.421.3012, www.todowebsalta.com.ar/petithotelsalta, 19 quartos. Diária 1p $200, 2p $289, 3p $380. Aceita cartões de crédito. Café da manhã incluído. Quartos pequenos, com banheiro, TV a cabo, wi-fi e ar-condicionado. Possui internet, bar e um belo jardim com piscina. Hotel tranquilo, aconchegante, localizado em frente ao Parque San Martín, próximo à rodoviária. Bom custo-benefício.

**Hotel Crystal** C. Urquiza 616, esq. C. Alberdi, F.431.0715, www.hotelcrystalsalta.com.ar, 64 quartos. Diária 1p $205, 2p $385, 3p $465. Café da manhã $15. Quartos simples com banheiro, TV a cabo e ar-condicionado. O hotel tem bar e estacionamento, mas é básico e decadente, com atendimento fraco.

**Munay Hotel** C. San Martín 656, F.422.4936, www.munayhotel.jujuy.com, 20 quartos. Diária 2p $254, 3p $329. Aceita cartões de crédito. Café da manhã incluído. Quartos com banheiro, TV a cabo e ventilador. Lugar pequeno e aconchegante, decorado com móveis em madeira. Bom atendimento.

**Hotel Continental** Av. Hipólito Yrigoyen 295, F.422.1270, www.continental-hotel.com.ar, 48 quartos. Diária 2p $280, 3p $340. Café da manhã incluído. Quartos com móveis antigos, TV a cabo, telefone, ar-condicionado e banheiro com banheira. Tem bar, restaurante e terraço com vista para o Cerro San Bernardo. Hotel familiar, bagunçado, próximo à rodoviária.

**Regidor Hotel** C. Buenos Aires 8, esq. C. Caseros, F.431.1305, www.hotelregidorsalta.com.ar, 27 quartos. Diária 1p $270, 2p $355, 3p $385. Aceita cartões de crédito. Café da manhã $10, servido na confeitaria ao lado. Quartos com banheiro, TV a cabo, telefone e ar-condicionado. Antigo hotel 2 estrelas, apenas com serviço de bar e restaurante. Tem móveis velhos, e o atendimento é fraco. Localizado em frente à Plaza 9 de Julio, o barulho da rua pode incomodar.

**Alto Parque Hotel** Av. San Martín 260, F.422.9988, www.hotelaltoparque.com.ar, 25 quartos. Diária 1p $290, 2p $345, 3p $395. Aceita cartões de crédito. Café da manhã incluído. Quartos pequenos, com banheiro, TV a cabo, telefone, ar-condicionado, escrivaninha e banheira; os da frente têm sacada e vista para o Parque San Martín. Hotel 3 estrelas, com internet, bar e estacionamento. Construção nova, em frente ao parque e a quatro quadras do centro.

**Hotel Posada del Sol** C. Alvarado 646, F.431.7300, www.hotelposadadelsol.com, 55 quartos. Diária 1p $290, 2p $407, 3p $616. Aceita cartões de crédito. Café da manhã buffet incluído. Quartos confortáveis, com banheiro, TV a cabo, wi-fi, telefone, ar-condicionado, cofre e alguns com frigobar. Tem internet, bar e restaurante; estacionamento ao lado ($15). Localizado a uma quadra da praça 9 de Julio, o prédio é um pouco antigo, mas o lugar é aconchegante, espaçoso, com bom atendimento.

**Marilian Apart Hotel** C. España 254, F.437.0530, www.hotelmarilian.com.ar, 26 quartos. Diária 1p $310, 2p $390, 3p $470, 4p $550. Aceita cartões. Apartamentos (na verdade, quitinetes) com banheiro, cama, sofá-cama, TV a cabo, ar-condicionado, mesa e cozinha equipada com micro-ondas e geladeira. Está localizado a duas quadras da Plaza 9 de Julio, tem estacionamento. O apart, inaugurado recentemente, pertence aos mesmos donos do Marilian Hotel e pode ser vantajoso para quem viaja em grupo.

**Hotel Colonial** C. Facundo de Zuviria 6, F.431.0805, www.saltahotelcolonial.com.ar, 50 quartos. Diária 1p $335-403 (variando conforme o conforto), 2p $403-475, 3p $575-650. Aceita cartões de crédito. Café da manhã incluído. Quartos com banheiro, TV a cabo, ar-condicionado, telefone e música ambiente. Tem internet, sala de estar com TV, bar, cofre e estacionamento (pago à parte). Hotel 3 estrelas, sem maiores confortos, mas apresenta bons serviços. O prédio, situado em frente à praça central, foi construído em 1810, fazendo jus ao nome do hotel.

**Provincial Plaza Hotel** C. Caseros 786, F.432.2000, www.provincialplaza.com.ar, 100 quartos. Diária 1p $305-405 (variando conforme o conforto), 2p $495-565, 3p $605-685. Aceita cartões de crédito. Café da manhã buffet incluído. Quartos amplos com banheiro, TV a cabo, telefone, ar-condicionado e frigobar. Tem internet, estacionamento, bar, restaurante, sala de reuniões e, no terraço, academia, sauna e uma piscina ao ar livre. Hotel 4 estrelas, moderno, luxuoso, bem-localizado e com ótimo atendimento, boa opção.

**Hotel Victoria Plaza** C. Facundo de Zuviria 16, F.431.8500, www.hotelvictoriaplaza.com.ar, 96 quartos. Diária 1p $335-468, 2p $470-648, variando conforme a vista. Aceita cartões. Café da manhã incluído. Quartos com banheiro, TV a cabo, telefone, ar-condicionado e alguns com frigobar e sacada. Tem internet, bar, restaurante, academia, sauna e estacionamento (pago). Situado ao lado do Hotel Colonial, do qual possui o mesmo estilo; no entanto, o Colonial é mais caro e requintado.

**Marilian Hotel** C. Buenos Aires 176, F.421.6700, www.hotelmarilian.com.ar, 70 quartos. Diária 1p $360-410 (variando conforme o conforto), 2p $470-550, 3p $580-620. Aceita cartões de crédito. Café da manhã buffet incluído. Quartos com TV a cabo, ar-condicionado, telefone e cofre; os mais caros são maiores e têm banheira. Hotel 3 estrelas, com internet, sala de estar com TV, bar e estacionamento. Lugar bem-arrumado, com fachada em vidro.

**Château del Cerro** Av. Del Golf 14, F. 439.5932, www.chateaudelcerro.com.ar. Diária 2p $400-660. Café da manhã incluído. São quatro suítes grandes e confortáveis e uma quinta, espetacular, com 100m$^2$ e excelente vista da cidade. O Château é uma antiga e refinada mansão, com pátio, piscina e estacionamento, convertida num pequeno e agradável hotel, administrado pela proprietária, que vive ali. Situado no residencial bairro Tres Cerritos, a fim de manter a tranquilidade, não aceita hóspedes com crianças.

**Wilson Hotel** C. Alvarado 950, F.431.2211, www.wilsonhotel.com.ar, 46 quartos. Diária 1p $450, 2p $560 e 3p $660. Aceita cartões de crédito. Café da manhã buffet incluído. Quartos confortáveis com banheiro, TV a cabo, telefone, wi-fi e ar-condicionado. Tem internet, bar e estacionamento. Hotel 3 estrelas, bem-localizado, a uma quadra da Peatonal Florida. Construção nova, com bom atendimento.

Hotel Salta C. Buenos Aires 1, esq. C. Caseros, F.426.7500, www.hotelsalta.com, 99 quartos. Diária 1p $406-802 (variando conforme o conforto), 2p $600, suíte superior $1058. Aceita cartões de crédito, mas concede desconto de 20% para pagamento em dólares. Café da manhã buffet incluído. Quartos com TV a cabo, telefone, ponto de internet, cofre, frigobar e ar-condicionado. Possui bar, restaurante, salão para conferências, academia, piscina ao ar livre e spa. Ainda disponibiliza convite para um dia no *Salta Polo Club*, clube de golfe. Hotel 4 estrelas, localizado em um belo prédio antigo, com ótimos serviços.

Gran Hotel Presidente C. Belgrano 353, F.431.2022, www.granhotelpresidente.com, 84 quartos. Diária 2p $608. Aceita cartões de crédito, ou 20% menos se pagar em dinheiro. Café da manhã buffet incluído. Quartos bastante confortáveis, com TV a cabo, telefone, ar-condicionado e frigobar. Tem internet, restaurante, estacionamento, piscina, sauna e academia. Muito bom hotel 4 estrelas, localizado a duas quadras da Plaza 9 de Julio.

## Comes & Bebes

Como uma cidade de porte médio, Salta possui vários restaurantes, parrilladas, pizzarias, sorveterias e quiosques de lanches. Vantajoso

Centro histórico de Salta

é o chinês **Sanpu**, Av. San Martín 55, do tipo "coma-até-estourar", $18, com uma grande variedade de pratos quentes e frios, incluindo *asados*, massas e sobremesa. Outro é o **Don José**, C. Urquiza 484, um ambiente simpático numa casa de cores vivas, onde servem bons pratos de carne e massas; no geral, um cardápio variado por preço justo. Pizzas, **El Palacio de la Pizza**, C. Caseros 427, cobra por volta de $20 a grande, e possui uma filial na Av. Reyes Católicos 1595. O preço é bom, e a pizza, melhor ainda.

Para carnes, **El Patriarca**, C. Buenos Aires 61, oferece parrillada a $22 por pessoa. Bom também é **El Charrua**, C. Caseros 221, que serve massas a partir de $14 e parrilladas, $20. Já o **Van Gogh**, C. España 502, em frente à Plaza 9 de Julio, é um tradicional restaurante/café que serve o *chacarero con pan de miga* (semelhante a um pão de fôrma sem casca). Trata-se de uma especialidade: um grande sanduíche com várias camadas de presunto, queijo, tomate, carne, ovo e maionese, com ótima mostarda.

Também come-se barato em Salta, em locais como o **Mercado de Frutas**, Av. San Martín 790, a grande feira da cidade, com várias barracas, ou como **El Patio de la Empanada**, Av. San Martín esq. Islas Malvinas, um pátio arborizado com venda de empanadas. Experimente os biscoitos e doces da confeitaria **La Cabaña**, C. Alberti 32, e também as muitas sorveterias da cidade, como a tradicional **Il Cavallino**, C. Belgrano 1126. Supermercados são uma boa alternativa, como o **Super Vea**, na C. Florida 50, entre outros endereços na cidade.

## Atrações

O motivo que leva a maioria dos viajantes a conhecer Salta são as atrações da região: os *Valles Calchaquies*, vales do Río Calchaquí que passam por várias pequenas cidades e por distintas formações rochosas; a subida para San Antonio de los Cobres, povoado que é ponto de passagem do *Tren a las Nubes*; e, mais ao norte, a *Quebrada de Humahuaca*, com vários vilarejos que fazem você pensar que já chegou na Bolívia. Algumas horas de caminhada por Salta também valem a pena, especialmente por seu vibrante centro histórico.

**Plaza 9 de Julio** A praça principal, no coração de Salta. Ao fundar a cidade, em 16 de abril de 1582, Hernando de Lerma destinou o espaço para que fosse ocupado pela Plaza Mayor, como são chamadas as praças principais das cidades espanholas. Destaque ao monumento com 14 mulheres, que simboliza as províncias existentes na época.

**Catedral Basílica** Na Plaza 9 de Julio, construção de 1858, cujas obras se estenderam por 30 anos. Chama a atenção por sua bela fachada rosa e branca com duas torres. No seu interior há um altar laminado em ouro, um Panteão com os restos do General Güemes, herói da Guerra da Independência, e as imagens de Cristo e da Virgen del Milagro, patronos da cidade. A imagem de Jesus veio da Espanha em 1592, e diz a lenda que, desde que as duas imagens foram expostas na rua, numa peregrinação popular, em 1692, não houve mais terremotos na cidade.

**Museo Histórico del Norte** Na Plaza 9 de Julio, na face oposta à Catedral, aberto ter/sex 9h-18h, sáb/dom 9h-13h30, visitas guiadas nos dias úteis às 11h e 12h30, entrada $2, gratuita ter/sex 9h-10h. Um museu de história adequadamente bem situado no prédio que abrigava o centro de governo da província, o antigo **Cabildo**. É o edifício mais antigo da cidade. Sua construção começou no mesmo dia da fundação de Salta, em 1582. Desde então, foi modificado diversas vezes, e é um dos mais completos e bem-conservados prédios históricos do país. A fachada de arcos brancos, típica da arquitetura colonial, estende-se por todo o quarteirão. No museu, encontram-se fotos, documentos, vestuários e objetos históricos que contam um pouco da história saltenha.

**Museo de Arqueologia de Alta Montaña (MAAM)** C. Mitre 77, também em frente à Plaza 9 de Julio, aberto ter/dom 9h-13h/16h-21h, entrada $10 (argentinos pagam $3), gratuita às quartas. Museu inaugurado em 2004, com uma temática inovadora e bastante interessante: as culturas que habitaram as montanhas antes da chegada dos espanhóis, com destaque aos incas. A ideia surgiu quando se descobriu, em 1999, um santuário inca no Vulcão Llullaillaco (6.739m), em plena Cordilheira dos Andes, com três corpos de crianças em perfeito estado de conservação, que teriam sido oferecidas como sacrifício em rituais religiosos. No local, mais de uma centena de objetos foram encontrados, hoje exibidos no museu, junto com a história desta surpreendente expedição. Situado num prédio histórico, o MAAM contrasta com o visual arrojado de seu interior, que inclui um simpático café. Apesar de o ingresso não ser barato, vale a visita.

**Iglesia San Francisco** C. Córdoba 33, esq. C. Caseros, aberto diariamente 9h-20h. Uma das construções mais conhecidas da cidade, a igreja, datada de 1882, tem uma vibrante fachada e torre de cor vermelha com detalhes em amarelo e branco. Mais antigo ainda é o seu portal, de 1762, talhado à mão pelos índios. Se sobressaindo no horizonte da cidade, a igreja apresenta várias peças sacras dos séculos 17 e 18 e é um dos cartões postais de Salta. Foi visitada pelo Papa João Paulo II em 1997, que lhe concedeu o título de "Basílica Menor". Dentro da igreja há também um museu, aberto ter/sex 10h30-12h30/16h30-18h30 e sáb 10h30-12h30.

**Convento San Bernardo** C. Caseros esq. C. Santa Fé. Numa simplicidade que contrasta com a Iglesia San Francisco, de onde dista três quadras, encontra-se este rústico e tradicional convento onde vivem algumas freiras em clausura, local totalmente fechado à visitação. No entanto, através de uma portinhola, é possível comprar biscoitos feitos pelas religiosas. Anexo, funciona uma pequenina igreja, aberta bem cedo pela manhã para missas.

**Museo Provincial de Bellas Artes** C. Florida 20, aberto seg/sáb 9h-13h e 16h-20h, entrada $1/0,50 (estudante). Situado numa antiga mansão colonial de uma tradicional família saltenha, possui um típico pátio interno. São dois andares: o primeiro apresenta exposições temporárias; o

A impressionante Igreja San Francisco

segundo, o acervo permanente, com salas de arte sacra, arte do século 19 e artes plásticas contemporâneas, de artistas locais. Vale apreciar, na sala dedicada ao século 19, a "*Vista de la ciudad de Salta*", pintura a óleo de 1854.

**Museo Presidente José Evaristo Uriburu** C. Caseros 417, aberto ter/sex 9h30-13h30/15h30-20h30, sáb 9h30-13h30/16h30-20h, dom 9h30-13h, entrada $1. Localizado numa casa branca de estilo colonial, onde o ex-presidente Uriburu morou em meados do século 19, o museu tem uma coleção de artefatos da época, que inclui uma cozinha reconstituída.

**Museo Antropológico Juan M. Leguizamón** Paseo Güemes, atrás da estátua do General Güemes, junto à base do Cerro San Bernardo, aberto seg/sex 9h-18h30, entrada $2. Apresenta objetos de cerâmica indígena do sítio arqueológico de Tastil, na Quebrada del Toro, perto de San Antonio de los Cobres – vasos, muitos vasos. A grande atração do museu é a múmia de uma menina encontrada nos Andes, mas em janeiro e fevereiro ela é retirada da exposição para receber cuidados para a sua conservação.

**Cerro San Bernardo** Morro com 1.454m de altura, de onde se tem uma privilegiada vista de toda a cidade. De carro é possível chegar bem próximo ao topo, por um caminho que se inicia na Av. Ciudad de Asunción. Mas o acesso mais bacana, sem dúvida, é pelo teleférico que parte do **Parque San Martín**, no começo da Av. San Martín, entre 10h-19h, $15 a subida, $25 com a descida. Quem estiver disposto a caminhar e/ou economizar, pode ir a pé até o alto do cerro, sem pagar nada; para tanto, deve seguir pela C. Güemes (continuação da Av. Belgrano), passando pela estátua do General Güemes e aí subir as escadas, em torno de 45min de pernada morro acima. Ou vá de teleférico e desça a pé.

## Compras

O *Mercado Artesanal*, Av. San Martín 2555, aberto 9h-21h, é formado por várias lojas de artesanato. A oferta de produtos é grande: tapetes, mantas, roupas, objetos em couro, madeira e pedra; os preços é que não são muito bons (em cidades menores, como Purmamarca e Tilcara, o artesanato é mais barato). Bem em frente ao Mercado, na mesma rua, o comércio segue com mais algumas lojinhas e produtos típicos da região Noroeste.

Uma outra feira artesanal acontece aos domingos, na área da estação de trem. A *Sakta Artesanías*, C. Caseros 434, em frente ao Museu Uriburu, é uma lojinha com dezenas de peças do belo artesanato local, em madeira, pedra, palha e cerâmica.

Saindo das artesanías, o *Mercado de Pulgas* da C. Florida, aberto diariamente, vende, a bons preços, roupas, CDs e bugigangas diversas. Para os amantes de literatura, a *Feria del Libro*, C. Buenos Aires 83, é grande e completa. Menor, mas com boa seleção, é a *Plural Libros*, C. Buenos Aires 220. Ou aventure-se pelas tradicionais lojas do movimentado comércio do centro de Salta.

## Diversão

*La Vieja Estación*, C. Balcarce 885, entre as C. Alsina e Necochea, a 8 quadras ao norte da Plaza 9 de Julio, é um bar-restaurante com bom ambiente, com música ao vivo, que funciona todos os dias; serve pizza e bons pratos regionais. Localizado na zona boêmia da cidade, perto da estação de trem e do antigo centro, este bar foi construído num armazém de carga abandonado, sendo o reduto dos artistas locais que se revezam em canjas noite adentro. Nos anos 70, esta área era palco de grande atividade cultural, com teatros e cinemas, e, hoje, a nova geração tenta trazer de volta o charme daquela época, investindo na abertura de vários bares.

Já *La Casona del Molino*, C. Luis Burela 1, esq. C. Caseros, é uma *peña* famosa e turística da cidade. Tem boa comida regional e *asados*. Alguns cassinos, com mesas de black-jack, pôquer e máquinas caça-níqueis, dão a Salta um clima de Las Vegas: *Casino Boulevard*, no Shopping Alto Noa, *Casino Sheraton*, C. Coronel Francisco de Uriondo 330, e *Golden Dreams*, Peatonal Alberdi 262.

## Passeios

**San Lorenzo** Vilarejo classe média-alta a oeste de Salta, a 20min de ônibus, ou metade do tempo de carro. É um local tranquilo, rodeado de verde, onde muitos saltenhos possuem casas de veraneio. San Lorenzo oferece atividades como caminhadas, cavalgadas e os inusitados passeios de quadriciclo. Para chegar, toma-se os ônibus na rodoviária, que saem a cada 30min, passagem $5. De carro, basta seguir a Av. Entre Ríos a oeste. Para o que mais fazer aqui, há um centro de informações, na C. J. C. Dávalos 960, F.492.1757. San Lorenzo, na real, é mais interessante para os habitantes de Salta do que para os turistas de fora, propriamente.

**Parque Nacional El Rey** Parte de uma floresta subtropical úmida que se estende até a Bolívia, tem 44.162 hectares. Situado 200km ao leste de Salta (ou 100km numa imaginária linha reta) em um vale no formato de ferradura, o Parque Nacional El Rey encontra-se rodeado pelas serras de

*Cresta de Gallo,* no oeste, e *Del Piquete,* a leste. O seu nome originou-se da estância que existiu no local, onde hoje habitam apenas animais, entre eles diversos pássaros, como o tucano – que se tornou o mascote do parque. Antes de ser oficializado como parque, em 1948, o local era habitado por índios, que deixaram resquícios como peças de cerâmica e pedra polida. A melhor época para visitar El Rey é de maio a outubro, quando chove menos. É possível acampar no parque, e há diversas trilhas que podem ser percorridas a pé; outras em veículos 4x4, como a que leva ao *Pozo Verde,* uma laguna de água verde frequentada por aves e cercada por rochas – pode-se chegar a pé também, depois de uma caminhada de 2h30. A maneira mais prática de conhecer o parque é em passeios de um dia organizados por agências de Salta. De carro, o acesso é pelas RN9, RP5 e RP20.

## A OESTE DE SALTA

# SAN ANTONIO DE LOS COBRES

A 3.750m de altitude, 166km a noroeste de Salta, San Antonio de los Cobres, antigo acampamento mineiro, possui este nome pelas minas de cobre e prata que existiam nos seus arredores na época de sua fundação. Hoje, a importância dessas minas já não é tão grande como no passado, apesar de muitas empresas mineradoras ainda atuarem na região. Com aproximadamente 2 mil habitantes, a aparência é de uma cidade-fantasma, com casas de adobe e ruas de terra, bastante simples, onde pequenos *chicos* e *chicas* tentam vender bonequinhas e pedras. A popularidade do vilarejo cresceu devido à passagem do Trem para as Nuvens e à proximidade com o viaduto *La Polvorilla,* a 15km.

O solitário povoado de San Antonio de los Cobres

## Informações e serviços

Não há informações turísticas no povoado. O que você encontra por aqui são serviços básicos – algumas mercearias, algum restaurante, um posto de gasolina na entrada da cidade e umas poucas hospedarias.

## Acomodação

As acomodações existentes no povoado são, em geral, bastante simples e cobram em média $40/pessoa. É o caso da **La Posta de los Andes**, extremamente básica e um pouco suja; tem quartos espalhados pelo terreno, com banheiro compartilhado, oferece chá de *rica-rica* (planta típica da região, equivalente à folha de coca) e uma fatia de pão no café da manhã. A opção confortável de San Antonio é a **Hostería de Las Nubes**, F 490 9059, diária 1p $400, 2p $500, 3p $665, com bons quartos, banheiro privativo e café da manhã; o lugar é agradável, mas, por ser a única boa alternativa, cobra caro.

### Chegando e saindo

Há uma ou duas partidas diárias de ônibus para **Salta**, 5h, $50 (e é bom confirmar o retorno de San Antonio de los Cobres).

De carro, o acesso é pela RN51, estrada que segue até a fronteira do Chile, quase toda asfaltada (e o trecho de terra está em boas condições). Para chegar em San Antonio, passa-se pela cidadezinha de Campo Quijano e pela vila de Santa Rosa de Tastil, em um percurso bem bacana: uma serra com desfiladeiros e campos com algumas lhamas, frequentemente avistando-se os trilhos do *Tren a las Nubes*.

Para o retorno, se você estiver a fim de voltar por um caminho diferente, pode seguir ao norte pela RN40, em direção ao povoado de Tres Morros, passando por Salinas Grandes, um imenso depósito natural de sal. Seguindo ao leste (dobrando à direita na RN52), chega-se em Purmamarca, já na Quebrada de Humahuaca.

## TREN A LAS NUBES

Saindo de Salta na direção oeste, você começa a subir a Cordilheira dos Andes e a aventurar-se por paisagens mais desoladas, de pouca vegetação. As altitudes chegam a 4 mil metros. Um dos mais famosos atrativos turísticos do Noroeste argentino é o *Tren a las Nubes* (Trem para as Nuvens), um confortável trem de passageiros que faz o trajeto ida-e-volta entre Salta e o viaduto **La Polvorilla**, passando pela cidade de San Antonio de los Cobres. Em julho de 2005, no entanto, houve um incidente: o trem, lotado, com mais de 500 passageiros, ficou paralisado por horas nas elevadas altitudes da região (e muitos turistas não tardaram a passar mal). Apesar de não ter ocorrido nenhuma fatalidade, depois deste episódio o passeio foi suspenso, e reativado apenas em agosto de 2008, sob nova concessionária.

O *Tren a las Nubes* parece passear pelo céu argentino: percorre um trajeto de ida e volta entre Salta, a 1.200m de altitude, e o viaduto La Polvorilla, a 4.200m. A jornada toda leva um longo dia: são mais de 16 horas de viagem, período em que o trem sobe (e desce) 3 mil metros, cruza pontes e túneis, aventura-se por trechos em ziguezagues e passa por pequenos povoados, como San Antonio de los Cobres. O grande destaque do trajeto é La Polvorilla, um enorme viaduto em curva, de 224m de comprimento e 64m de altura, onde o trem dá uma breve parada antes de iniciar o caminho de regresso. Depois da suspensão de 2005, hoje a viagem está bem mais segura e confortável: o trem conta com garrafas de oxigênio e assistência médica aos que necessitarem, há guias, bar-restaurante, música ambiente e filmes. O passeio, organizado pela empresa *Ecotren*, sai da estação ferroviária de Salta aos sábados (durante o mês de julho, a frequência é maior) às 7h05 da manhã (deve-se comparecer na estação 45min antes) e retorna em torno da meia-noite; passagem ida e volta, café da manhã incluído, $850/990 (baixa/alta temporada). Para saber mais deste passeio veja no site: www.trenalasnubes.com.ar.

## DE SALTA A CAFAYATE

Existem dois caminhos que ligam as duas cidades e que já valem como passeio: a Ruta 68 e as Rutas 33 e 40. São duas paisagens similares, mas com algumas diferenças marcantes. Se você estiver de carro, não tenha dúvidas: vá por uma via e volte por outra. Decida por qual ir e por qual voltar considerando que uma estrada está em melhores condições e leva menos tempo que a outra.

## Ruta 68

Em termos de praticidade, esta é a melhor estrada: toda asfaltada, mais curta, com 186km, e se percorre em bem menos tempo do que pelas RN33 e RN40. De Salta a Cafayate, na sequência, a ruta passa pelo **Dique Cabra Corral**, na mão esquerda, uma grande represa ao sul de Salta, onde se praticam esportes náuticos.

Curva obrigatória à direita: Quebrada de Cafayate

Mais adiante, na estrada, estão os pontos de maior interesse – os monumentos naturais da **Quebrada de Cafayate**, também conhecida como *Quebrada de las Conchas*. É uma passagem ladeada por montanhas e formações rochosas localizadas nos últimos 50km do percurso, a maioria delas no lado esquerdo de quem vai ao sul, sinalizadas por placas de identificação. A **Garganta del Diablo** é uma abertura gigantesca na pedra; e, logo a seguir, encontra-se **El Anfiteatro**, uma concha acústica natural, quase uma caverna sem teto, onde a atração é brincar com os ecos. Eventualmente, em julho, há espetáculos musicais no local. Seguindo pela estrada, você passa por formações de pedra que lembram figuras, como **El Sapo, El Fraile (O Frade), El Obelisco** e **Los Castillos** (Os Castelos).

Mesmo se não houvesse os monumentos, a paisagem da estrada seria fascinante: a região é desértica, e as pedras têm uma coloração fortemente avermelhada. Os mais aventureiros podem se arriscar e tentar descobrir algumas trilhas existentes (ou não) e explorar um pouco mais a Quebrada. Sem dúvida, o ideal é fazer este trajeto de carro. Na falta deste, integre alguma excursão a partir de Salta ou, mais barato e trabalhoso, pegue o ônibus da companhia *El Índio*, que sai de manhã cedo da rodoviária de Salta, e desça na Garganta del Diablo; depois disso, para chegar nos marcos seguintes, tente uma carona segura.

## Rutas 33 e 40

Este é o percurso que passa pelo *Parque Nacional Los Cardones*, pela reta *Tin-Tin*, com centenas de cáctus, e pelos belos *Valles Calchaquies*. É um caminho bem maior que o anterior, com 320km e quase todo de terra batida. O visual é bem legal, atravessando vários povoados, plantações, rios e morros de pedra. Mas atenção: em período de chuvas, o local é intrafegável, frequentemente inundado, e as estradas ficam bloqueadas.

Saindo de Salta, siga na direção sudoeste pela Ruta 33, que cruza o verde e fértil **Valle de Lerma** e sobe a bela **Cuesta del Obispo** (Costa do Bispo) até atingir a altitude máxima de 3.348m, num ponto denominado **Piedra del Molino** (Pedra do Moinho). A subida é feita por intermináveis curvas, que vão revelando a paisagem de rios e cânions, com rochas avermelhadas e esverdeadas. Na sequência, atinge-se a área do **Parque Nacional Los Cardones,** uma reserva natural de 64 mil hectares de extensão, a 2.700m de altitude, habitada por vicunhas, mulas, raposas e outros animais selvagens. A região está coberta pelo cacto que dá nome ao parque, o *cardón*, uma espécie que pode atingir 8m de altura e viver 400 anos, e cujas formas são uma marca registrada de todo o Noroeste argentino. Vale parar e bater uma foto clássica junto a um dos cáctus gigantes. Uma das atrações do parque é a **Recta del Tin-Tin**, uma curiosa estrada plana e retilínea de 12km de extensão, raro trecho asfaltado do percurso, e um dos caminhos que nos primórdios unia a capital inca às extremidades de seu império.

Poucos quilômetros adiante, se chega na cidade de **Cachi**, de onde a viagem segue pela Ruta 40, possivelmente em pior estado do que a via anterior. A estrada atravessa os **Valles Calchaquies** e corre paralela ao rio de mesmo nome, passa pelos simpáticos povoados de **Cachi** e **Molinos** e pela surpreendente **Quebrada las Flechas**, próxima ao vilarejo de **Angastaco**, com menos de mil habitantes (mas que tem algumas acomodações básicas) e uma pitoresca igreja, a pequenina *San Pedro de Nolasco*. Nesta Quebrada, pedaços gigantescos de rocha parecem ter sido deliberadamente enterrados no chão, formando uma longa cadeia de pedra bruta.

Por todo o caminho observam-se os rios secos e de fundo plano que descem das montanhas, parecendo grandes avenidas sinuosas. Se você estiver a bordo de um 4x4, poderá entrar em um deles e seguir montanha acima por uma "estrada" natural e inexplorada. Mesmo num carro comum, o passeio vale a pena. Já sem veículo próprio a aventura é mais complicada: são poucas as excursões que seguem por aqui, e, embora haja vários povoados pelo caminho, os ônibus de linha são bastante irregulares. O percurso final, a partir de San Carlos, não é tão interessante, mas ao menos a estrada é asfaltada.

## VALLES CALCHAQUIES

Ao sul de Salta e da Quebrada de Humahuaca, encontra-se outra grande atração do Noroeste argentino: os vales do Río Calchaquí, uma curiosa área de 160km de extensão entre Cachi a Cafayate. A Ruta 40, que liga as duas cidades, é de terra batida e passa por alguns povoados de população indígena. As igrejas brancas do caminho contrastam com os monumentos naturais de pedra, como a curiosa *Quebrada las Flechas*, nas imediações do vilarejo de Angastaco. O ideal é que este trajeto possa ser percorrido em carro próprio (melhor ainda se for um 4x4, ainda que não indispensável), possibilitando cruzar a natureza árida de altitude dos Valles Calchaquies, repleta de cáctus gigantescos e singulares formações rochosas. No entanto, em períodos de chuva, a viagem torna-se praticamente inviável.

# CACHI

Situado a 157km a sudoeste de Salta, a 2.280m de altitude e com aproximadamente 5 mil habitantes, Cachi é um vilarejo que ainda conserva características coloniais típicas, como casas alinhadas de tijolos à vista e ruas e calçadas estreitas. Na única praça, a 9 de Julio, há uma igreja com mais de dois séculos. A cidadezinha está no coração da região habitada pelos índios calchaquies há muitas gerações. É também a principal cidade da zona dos Valles Calchaquies, famosa por seus tecelões de ponchos. Depois do verão, as montanhas do Nevado de Cachi, com destaque para o pico El Libertador, colorem-se de vermelho fogo – não por alguma concentração mineral nas rochas, mas pelas tradicionais plantações de pimenta da região. Cachi, afinal, é uma das mais importantes produtoras de pimenta do país, condimento básico para a preparação das picantes empanadas saltenhas.

## Informações e serviços

Folhetos e mapas são oferecidos na *Oficina de Turismo*, na Av. Güemes s/nº, F.491.902, aberta seg/sex 8h-21h, sáb/dom 9h-15h/17h-21h. Código telefônico: 03868.

## Chegando e saindo

Ônibus para **Salta**, pela empresa Marcos Rueda, diariamente às 7h; além de terças e sábados às 13h30; quintas 15h30 e domingos 17h. O percurso leva em torno de 4h30 e custa $40. A empresa de ônibus fica na entrada da cidade, na C. Federico Suarez. Para **Molinos**, a 52km de Cachi, 1h30, $25. De carro, o povoado está na Ruta 40, e pode ser passagem de quem viaja entre Salta e Cafayate. Veja a descrição do trajeto nas páginas anteriores, Rutas 33 e 40.

## Acomodação

Cidade muito pequena – e ainda assim turística –, apesar do número limitado de hospedagens, você encontra alguns hotéis bons, com certo conforto. Alternativa econômica é o **Camping y Albergue Municipal**, Av. Tavella s/nº, ao sul de Cachi, F.491.902, $30/barraca; camping bem-equipado. Nesta área também fica o albergue municipal, com dorms 14p-8p, diárias $40. O **Hotel Nevado de Cachi**, C. Ruiz de los Llanos esq. C. Coronel Suarez, F. 491.912, diária 1p $45/85 (sem/com banheiro), 2p $85/100, tem quartos espaçosos, apenas 2 sem banheiro; é um local tranquilo, construído com material da região, uma das poucas opções de custo baixo.

Um lugar bem-decorado, com bons serviços e preço mediano, é o **Hostal Llaqta Mawk'a**, C. Ruiz de los Llanos s/nº, F.491.016, www.hotelllaqtamawka.todowebsalta.com.ar, 23 quartos, diária 1p $210, 2p $280, café da manhã incluído; possui quartos grandes e bem-arrumados, com TV a cabo, ventiladores e estufas (os do 2º andar têm uma boa vista do vale), e ainda tem internet, bar, sala de TV, jardim com piscina e um bom atendimento.

A **Hostería ACA**, Av. Automóvil Club Argentino s/nº, na parte alta da cidade, F.491.904, www.soldelvalle.com.ar, 33 quartos, diária 1p $290, 2p $450, aceita cartões Visa e Mastercard, café da manhã incluído, quartos com TV a cabo, telefone, frigobar, ventilador de teto e banheira; o lugar conta, ainda, com internet, bar, restaurante, estacionamento e jardim com piscina. Em frente ao ACA, mas na parte baixa da cidade, fica a **Hospedaje El Cortijo**, Av. Automóvil Club Argentino s/nº, F.491.034, www.elcortijohotel.com, 15 quartos, diária 1p $372, 2p $457, aceita cartões de crédito, café da manhã incluído; é uma casa charmosa, de estilo colonial, com quartos bem-decorados, amplo pátio interno e estacionamento.

## Atrações

Não há muito o que fazer em Cachi além de conhecer a atmosfera tranquila ou um museu arqueológico. Veja a simpática **Iglesia San José**, no lado leste da Plaza 9 de Julio – pequena igreja construída em 1796, que tem uma torre com três sinos, belos arcos e o teto (e outras partes) feitos de madeira de cardón.

A partir da Plaza 9 de Julio, tome a rua à direita da Oficina de Turismo, dobre à direita na C. de los Ríos e atravesse a ponte do Río Cachi; nesse ponto pode-se ver um caminho de terra que sobe ao **Cementerio**. Como é tradicional nas regiões de etnia indígena, esses locais são coloridos e dispostos em lugares de altitude, para enterrar os entes queridos mais próximos do céu. O cemitério de Cachi não foge à regra, e daqui se tem uma bela vista do povoado e do **Nevado de Cachi**, a cadeia de montanhas que domina o horizonte e que tem o segundo maior pico da Argentina, El Libertador, com 6.380m. Nesta região, na primavera, é possível avistar campos de pimenta, que colorem a paisagem de vermelho. Informe-se na oficina de turismo para chegar a estas plantações.

O interessante **Museo Arqueológico**, C. Juan Calchaquíes s/nº, aberto seg/sex 10h-19h, sábados até 18h, domingos até 13h, tem vasos, cerâmicas e peças arqueológicas dos povos que habitavam os Valles Calchaquies. Um pouco nessa linha é o **Parque Todo lo Nuestro**, 10h-18h, mais afastado, na área de San Nicolas (há placas indicativas), que tem a proposta de ser uma espécie de "minimundo andino", ao recriar os costumes dos habitantes nativos da região e reproduzir um pequeno vilarejo. Atração ok.

## QUEBRADA DE CAFAYATE

Criada pela erosão do Río de las Conchas, a Quebrada de Cafayate fica cerca de 100km ao sul de Salta e apresenta visuais incríveis de montanhas de sedimentos coloridos e rochas de formatos inusitados. Localizada dentro dos Valles Calchaquies, a Quebrada tem acesso mais fácil pela Ruta 68.

# CAFAYATE

Situada no extremo sul dos Valles Calchaquies, na Quebrada de Cafayate, a 186km ao sul de Salta, Cafayate, com 12 mil habitantes, é nacionalmente conhecida como a terra do bom vinho de altitude. Explica-se: aqui a uva é cultivada em terras a 1.660m acima do nível do mar, que lhe concedem um sabor especial, segundo os especialistas. A uva mais característica nesta zona é a *torrontés*, uma das mais consagradas das vinhas argentinas. As bodegas da cidade são tradicionais e promovem visitas guiadas, com direito a degustação. Há ainda alguns passeios interessantes nos arredores, onde os vinhedos e as montanhas das cercanias emolduram o charme do local.

## Informações e serviços

Na praça principal há um quiosque de informações turísticas, com atendimento simpático, boas explicações, folhetos e mapas da região, F.422.223, aberto diariamente 8h-22h. Existe um hospital na cidade, caso necessário, na C. Viscario Toscano 280, entre C. Calchaquí e C. 9 de Julio. Para alugar uma bicicleta, Av. Güemes 175, $10/hora e $50/dia. Código telefônico: 03868.

## Orientação

A principal via é a Av. General Güemes, onde está boa parte do comércio, dos hotéis e da agitação local. Esta avenida corta a cidade de norte a sul, passando pela Plaza Principal, entre as ruas Vicario Toscano e San Martín. Seguindo em direção norte pela Av. Güemes, atravessa-se a ponte do Río Chuscha para tomar as rutas 40, em direção a Cachi, ou 68, direto a Salta e Jujuy.

## Chegando e saindo

Não há um terminal rodoviário em Cafayate. Assim, os ônibus partem da frente dos escritórios de duas empresas que servem a cidade, *El Indio*, na C. Belgrano, entre a Av. General Güemes e a C. Chavarria, e *Aconquija*, na C. Alvarado esq. Av. Güemes. Esta última avenida, fora da área urbana, segue ao norte e ao sul como RN40.

## Viajando

Ônibus para **Salta**, 3h30, $50, via Quebrada de Cafayate, Ruta 68. **Tucumán**, 6h, $95, via Tafí del Vale. Entre Cafayate e Salta, 186km, há dois percursos possíveis, as Rutas 33/40 e a Ruta 68, ambos ostentando uma bela paisagem. Se você tiver tempo, vale ir por uma e voltar pela outra, aproveitando para passar a noite em Cafayate. Veja texto na página 207.

Um caminho sinuoso, de montanhas e belas paisagens, vai a **Tucumán**, 246km. A saída é pela RN40, que passa pelas **Ruínas de Quilmes**, 55km, e depois toma-se a RP307 em direção a **Amaicha del Valle**, 65km, e a **Tafí del Valle**, 121km. Entre esses dois povoados, a estrada atravessa uma serra chamada *Abra del Infiernillo*, chegando a uma altura de 3.042m acima do nível do mar. Após subir e descer um percurso que inclui uma série de caracóis, a estrada começa a bordear o Río Amaicha até o povoado de Famailla, onde desvia-se à RN38, para chegar a Tucumán. O caminho todo está asfaltado, mas muitos trechos encontram-se em péssimo estado de conservação e sem sinalização. Evite viajar à noite, pela questão da segurança – especialmente nas perigosas curvas da serra – e para poder apreciar a vista durante o dia.

## Acomodação

Cafayate é uma cidade turística, dotada de hotelaria com tarifas diversas. Entretanto, na alta temporada (janeiro, fevereiro, Páscoa e julho), pode ser mais difícil conseguir uma acomodação sem reserva.

**Camping Municipal** RN40 direção sul, logo na saída da cidade de Cafyte, à esquerda, 15min a pé, F.422.292. Diária $15/barraca, mais $20/pessoa. Tem piscina, churrasqueira e chuveiro com água quente.

**El Hospedaje** C. Salta esq. C. Camila Quintana del Niño, F.421.680. Diária dorms 4p $60/90 (baixa/alta temporada); quartos 2p $165/205. Café da manhã incluído. Ambiente espaçoso, com pátio, cozinha e lavanderia. A melhor opção de estilo mochileiro, próxima à praça principal.

**Hostal del Angel** C. San Martín 162, F.422.212, hostaldelangelcafayate@argentina.com, 9 quartos. Diária 1p $190, 2p $260, 3p $398. Café da manhã incluído. Quartos com banheiro e ótimos colchões. Possui sala com TV a cabo, wi-fi e bar. Lugar tranquilo. Atendimento feito pelos donos, um casal simpático e prestativo.

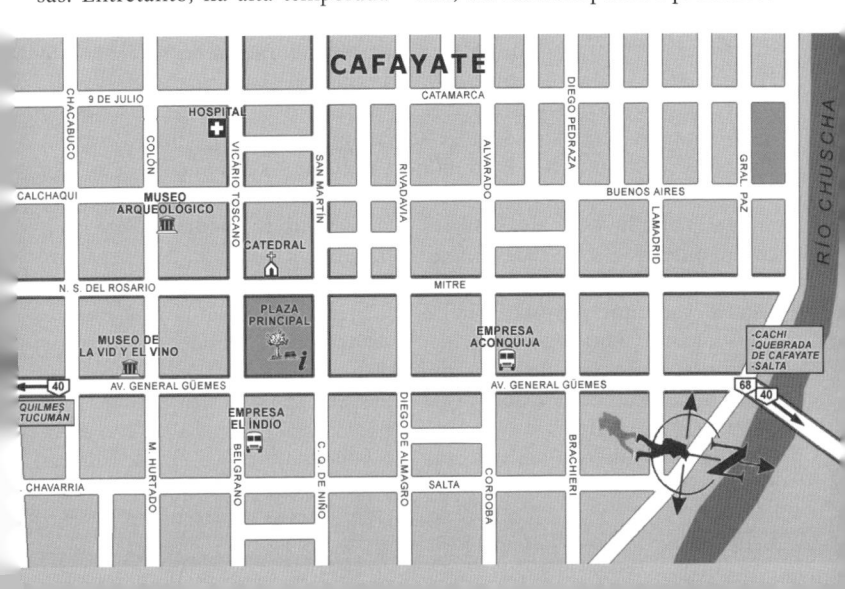

**Hospedaje El Portal de las Viñas** C. N. S. del Rosario 165, F.421.098, www.portalvinias.com.ar, 12 quartos. Diária 1p $125, 2p $207, 3p $270. Café da manhã incluído. Quartos com banheiro, TV e ventilador. Tem cozinha e um belo pátio com parreiral. Ambiente familiar, administrado por uma atenciosa viúva.

**Hotel Emperador** Av. Güemes Sur 46, F.421.268, 44 quartos. Diária 1p $135, 2p $265, 3p $315. Café da manhã incluído. Quartos com banheiro, ar-condicionado, TV e telefone. O hotel tem bar, cafeteria e ambiente correto, mas sem muito charme.

**Hotel Briones** C. Vicário Toscano 80, em frente à praça, F.421.270, 20 quartos. Diária 1p $200, 2p $256, 3p $360. Café da manhã incluído. Mais de três noites reduz a diária. Quartos com banheiro e vista para o pátio interno. Tem estacionamento e sala de estar. O hotel é um casarão colonial que funciona somente na alta temporada. Bom atendimento.

**Hotel Asturias** Av. Güemes 154, F.421.328, www.hotel-asturias.com.ar, 70 quartos. Diária 1p $250/280 (baixa/alta temporada), 2p $440/460. Aceita cartões de crédito. Café da manhã buffet incluído. Quartos com banheiro, TV a cabo, telefone e ar-condicionado; alguns, de categoria superior, possuem tarifas mais caras. Conta com internet, bar, restaurante, sala de estar, piscina, estacionamento e quadra de paddle. Hotel 3 estrelas, o melhor da cidade, localizado em um belo prédio colonial.

## Comes & Bebes

No **Helados Miranda**, Av. Güemes 170, há sorvete de vinho, uma deliciosa iguaria criada pelo viajante dono do estabelecimento, que já morou no Brasil. O sorvete, nos sabores *torrontés* (branco) e *cabernet* (tinto), tem teor alcoólico, fique ligado. Os de fruta também são deliciosos. A eficiente padaria **Panificadora Flor del Valle**, C. Belgrano 33, vende pães, queijos, biscoitos e iogurtes, mas se a pedida inclui alfajores e doces regionais de chocolate, o lugar é o **Calchaquitos**, Av. Güemes 124.

## Atrações

A cidade oferece alguns atrativos básicos: a simpática Plaza 20 Febrero, conhecida como **Plaza Principal**, movimentada nos fins de tarde e finais de semana; a **Iglesia Catedral**, igreja de 1895, com cinco naves; e alguns museus temáticos: o **Museo de la Vid y el Vino**, Av. Güemes Sur esq. C. Fermín Perdiguero, ter/dom 9h-20h, entrada $1, improvisado museu com a história da vinicultura da região, expondo alguns antigos equipamentos utilizados para fazer vinho, e o **Museo Arqueológico**, C. Colón esq. C. Calchaquí, diariamente 11h-20h, museu privado com peças de colecionador (o proprietário da casa). E há ainda o **Mercado Artesanal**, na Av. Güemes, em frente à praça.

Mas o melhor em Cafayate são os seus passeios: as bodegas, as Ruínas de Quilmes e a paisagem das estradas que se conectam a Salta. E se você estiver viajando em fevereiro, é bom saber que a cidade lota no terceiro fim de semana desse mês,

Ruínas de Quilmes: a herança indígena no Noroeste argentino

quando ocorre a **Serenata a Cafayate**, principal festival folclórico da província, com apresentações de música, dança, teatro e muita festa. Neste período, os hotéis ficam lotados, e a população (e os turistas) toma conta das ruas.

## Bodegas

Um dos charmes de Cafayate são os tours pelas bodegas, nos quais se aprende sobre a produção e degusta-se os famosos vinhos da região. As visitas são guiadas e gratuitas, e seguem um ritual parecido: observar a produção, ouvir um pouco da história e da qualidade das instalações e, por fim, provar os vinhos. E claro, se desejar, comprá-los, a preços mais acessíveis que nos mercados. Algumas das vinícolas mais conceituadas:

**Bodega Vasija Secreta/La Banda**, na saída norte da estrada, em direção à Ruta 40, F.421.850, a mais antiga bodega de Cafayate, com 130 anos, aberta todos os dias 9h-13h e 14h30-19h. Situada próxima da cidade, você pode chegar caminhando ou de táxi, em torno de $10.

**Bodega Etchart**, na estrada em direção a Tucumán, a 3km da saída da cidade, F.421.310, aberta seg/sex 9h-16h e sábados 9h-12h. Chega-se caminhando ou de táxi, $20. Com 3 mil hectares, a vinícola foi comprada da família Etchart pela empresa francesa Pernod-Ricard, que a modernizou bastante.

**Bodega San Pedro de Yacochuya**, em San Pedro de Yacochuya, a 30min de carro ao norte, tomando a Ruta 40, F.570.6798, aberta seg/sex 10h-17h, sáb até 13h. A família Etchart, depois que vendeu sua bodega, inaugurou esta outra, numa região um pouco mais alta do que Cafayate. A vista aqui, principalmente à tarde, é bem legal, com a beleza dos vinhedos e a Quebrada de Cafayate ao fundo.

# Ruínas de Quilmes

A 55km ao sul de Cafayate, encontra-se a antiga cidade dos índios quilmes, ao pé do monte de mesmo nome, numa área repleta de cáctus gigantescos. Trata-se de uma das mais bem-conservadas ruínas pré-incaicas da Argentina. Esse povo resistiu por 130 anos à conquista europeia no século 16 e foi muito respeitado pelos incas. Grande parte da população, entretanto, foi dizimada pelos espanhóis. A cidade, construída em terraços na encosta da montanha, era extremamente organizada, e até hoje percebem-se bem os sistemas de rede hidráulica, as casas e as grandes praças comunitárias. Do alto, nos flancos do morro, que funcionavam como mirantes para observar a chegada de algum inimigo, pode-se ver toda a beleza das ruínas e os cáctus que brotaram entre elas ao longo dos anos. Numa comparação superficial, as ruínas seriam algo como uma pequena Machu Picchu pré-incaica; diferentemente daquelas da cidade peruana, porém, as habitações dos antigos moradores de Quilmes não estão completas: não há paredes, só as bases. De qualquer forma, o passeio vale bastante a pena.

## Chegando e saindo

As Ruínas abrem das 9h 19h, entrada $10, e ficam a 5km da Ruta 40, entre Cafayate, 55km, e Santa Maria, 23km, ou Tucumán, 175km. Para chegar sem carro, não há transporte público até o local, deve-se pegar um ônibus que faça o trajeto entre as cidades mencionadas, pedir para saltar no acesso da estrada que leva às ruínas e caminhar o resto do percurso (ou pedir carona). Ou integre algum tour organizado por agências de Salta, Cafayate ou Tucumán, de saídas irregulares.

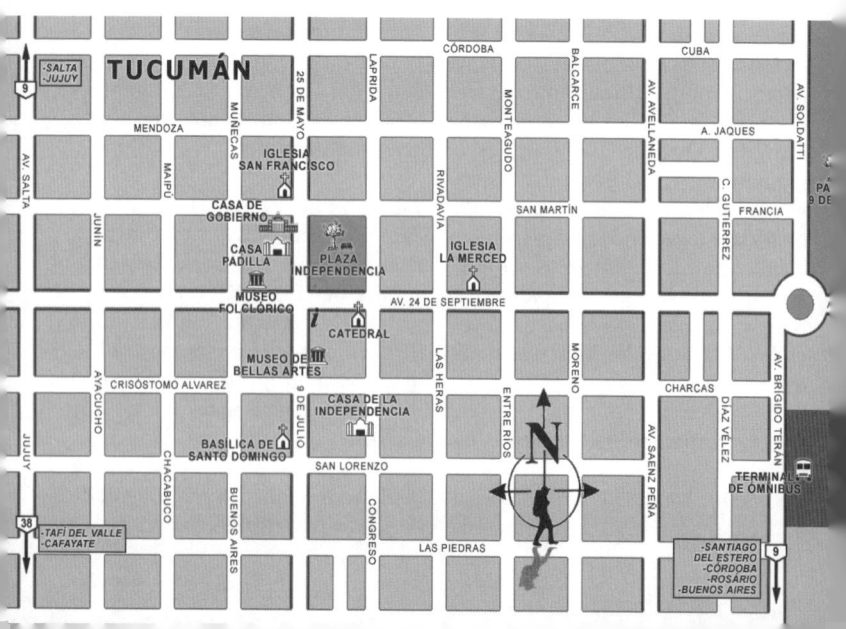

# SAN MIGUEL DE TUCUMÁN

Capital da Província de Tucumán, San Miguel de Tucumán (muitas vezes chamada apenas pelo último nome) é a maior cidade do norte argentino, com mais de 500 mil habitantes. Terra de Mercedes Sosa, foi uma das primeiras cidades fundadas pelos espanhóis na Argentina, em 1565, por colonos vindos do Peru. Teve algumas funções importantes na história do país, como ter sediado o congresso que declarou a independência da Argentina, em 1816. Alguns anos depois, em 1874, colaborou na construção de uma estrada de ferro ligando a cidade a Córdoba, o que permitiu o escoamento da produção de açúcar e trouxe ares de modernidade à região. Hoje preserva alguns prédios do período colonial – mas não espere uma cidade focada no passado. Grande centro comercial e administrativo, San Miguel de Tucumán não é tão agradável ou geograficamente estratégica como Salta. Ainda assim, pode valer uma parada para quem está vindo de Cafayate e deseja desbravar mais ao sul da região Noroeste.

## Informações e serviços

**Código telefônico** 0381

**Clima** Durante o ano inteiro, o clima é bastante úmido. O inverno não é gélido como em pontos mais altos (Tucumán está a 450 metros de altitude), mas mesmo assim é frio, com uma média em torno dos 10°C nessa época do ano.

**Câmbio** Há diversos bancos e casas de câmbio ao longo da C. San Martín, principalmente entre as ruas Junín e Maipú.

**Informações turísticas** A *Oficina de Turismo de la Provincia de Tucumán* fica na Av. 24 de Septiembre 484, na Plaza Independencia, F.422.2199, aberta seg/sex 8h-22h e sáb/dom 9h-21h. Oferece mapa da cidade com informação sobre as atrações do lugar. Site da província: www.tucumanturismo.gov.ar.

**Delegacia do turista** C. Santa Fé 630, F.431.0711.

**Hospital** *Angel C. Padilla*, C. Alberdi 550, F.424.8012.

## Orientação

A região central, ao redor da Plaza Independencia, concentra os atrativos turísticos e muitos hotéis. A Av. 24 de Septiembre corta a cidade no sentido leste-oeste e muda de nome ao cruzar a Av. Avellaneda, a quinta rua a partir da praça, direção leste, passando a chamar-se Av. Benjamin Araoz. Ao longo da Araoz está o Parque Centenário 9 de Julio, uma grande extensão arborizada que ocupa uma área de nove por nove quarteirões.

## Chegando e saindo

O *Aeropuerto Benjamín Matienzo* fica a 8km a leste da cidade. O *Terminal de Ómnibus*, anexo ao Shopping del Jardín, na Av. Brigido Terán 350, fica logo ao sul do Parque Centenário, a sete quadras da praça central. Quem chega de carro de Cafayate, a RN38 surge a oeste da cidade, direto na Av. Roca. Situada algumas quadras ao sul da Plaza Independencia,

A estilosa Catedral na Plaza Independencia, Tucumán

esta mesma avenida, ao leste, leva para a RN9 em direção ao sul. Já para o norte, a saída da Ruta 9 é a Av. Salta, quatro quadras a oeste da Plaza.

## Viajando

De ônibus para **Santiago del Estero** 2h, $55; **Salta**, 4h, $110; **Jujuy**, 5h, $135; **Cafayate**, 6h, $100; **Buenos Aires**, 16h, $581. Tucumán está no sul do Noroeste argentino, e a RN9 liga a cidade a **Salta**, 316km; e a **Jujuy**, 346km, e segue para o norte. Em direção ao sul, a Ruta 9 vai a **Santiago del Estero**, 162km; e a **Córdoba**, 534km, já na região dos Pampas. Para **Cafayate**, 246km, a saída é a RN38 em direção a Famailla, para depois tomar a RP307 antes de ingressar na RN40. Por este caminho também é possível chegar a Salta, passando pela Quebrada de Cafayate, tomando a RN68 a partir de Cafayate. Veja mais sobre o trajeto entre Tucumán e Cafayate no "Viajando" desta cidade. Para **Buenos Aires**, 1.180km, o caminho é a Ruta 9 até La Banda, para depois seguir pela RN34 até Rosario e retornar para a Ruta 9 até a capital.

## Acomodação

Em Tucumán há várias opções de hospedagem:

**Residencial Petit** C. Crisóstomo Alvarez 765, F.422.4978, 50 quartos. Diária 1p $60/100 (sem/com banheiro), 2p $100/150. Café da manhã incluído. Tem estacionamento. Lugar básico, porém espaçoso, um dos mais baratos da cidade.

**Hotel Bristol** C. Laprida 154, F. 21.9320, 37 quartos. Diária 1p $160, 2p $225, 3p $300. Café da manhã incluído. Quartos pequenos com TV a cabo e ar-condicionado. Os banheiros deixam a desejar. Possui bar e estacionamento. Hotel 2 estrelas, decadente, com péssimo atendimento.

**Hotel Francia** C. Crisóstomo Alvarez 467, F.431.0781, www.franciahotel.com, 42 quartos. Diária 1p $326/374, 2p $409/467, 3p $488/562, variando conforme a temporada. Café da manhã buffet incluído. Quartos com banheiro, TV a cabo, telefone, ar-condicionado e ponto de internet. Hotel 3 estrelas, com bar, restaurante, internet e estacionamento.

Hotel Carlos V C. 25 de Mayo 330, F.431.1666, www.redcarlosv.com.ar. Diária 1p $390, 2p $470, 3p $590. Aceita cartões de crédito. Café da manhã incluído. Quartos com banheiro, móveis velhos, TV a cabo e ar-condicionado. Hotel 3 estrelas, antigo, com estacionamento; central, situa-se a duas quadras da Plaza Independencia. Atendimento simpático.

Hotel del Sol C. Laprida 35, F.431.1755, www.hoteldelsol.com.ar, 100 quartos. Diária 1p $400, 2p $550, 3p $650. Aceita cartões de crédito. Café da manhã buffet incluído. Quartos com banheiro, TV a cabo e ar-condicionado. Bom hotel 4 estrelas, com internet, restaurante e estacionamento; está localizado em frente à praça central.

## Comes & Bebes

El Portal, Av. 24 de Septiembre 351, é um restaurante despojado com típica comida do Noroeste, boa, simples e gordurosa. No El Fogón, C. Marcos Paz 624, a especialidade é a *parrillada*, e há buffet livre com carnes e saladas. O Cafe Crema, C. Muñecas 1, esq. Av. 24 de Septiembre, tem café da manhã completo e bons pratos no almoço, como frango e milanesas. Lanches, a Panificadora Marinez, C. San Martín 200, oferece uma variedade de sanduíches.

## Atrações

Plaza Independencia Praça principal de Tucumán, simpática e bem arborizada, é cercada por largas avenidas onde, em frente, se encontram importantes prédios históricos, como o Palácio do Governo, a Catedral e a Casa Padilla.

Casa de Gobierno C. San Martín esq. 25 de Mayo. Uma bela e imponente construção em frente à praça. Foi inaugurada em 1912, no local onde estava o Cabildo de Tucumán. Hoje é a sede de governo da província. No interior do prédio destaca-se o *Salón Blanco*, pela arquitetura e decoração.

Casa Padilla – Museo de la Ciudad Localizada ao lado da Casa de Gobierno, na Plaza Independencia. Aberta ter/dom 9h30-12h30 e 16h30-19h30. Foi construída na metade do século 19 e pertenceu ao governador da província de Tucumán da época, José Frias, e depois ao seu filho, Ángel Padilla, de onde vem o nome da Casa. O museu guarda uma coleção de arte europeia e de antiguidades.

Iglesia Catedral Na Plaza Independencia. Bela igreja, construída em 1846-1856, em estilo neoclássico, onde se destacam a fachada, com um pórtico de colunas dóricas, as duas torres com campanários e cúpulas douradas e a abóboda azulada. O interior do templo guarda a cruz erguida na ocasião da fundação da cidade.

Casa Histórica de la Independencia C. Congreso 141, aberta diariamente 10h-18h, visitas guiadas gratuitas 11h15 e 14h15. Local onde foi declarada a independência da Argentina, em 9 de julho de 1816, no Salón de la Jura, após a vitória de San Martín contra os espanhóis. A casa foi quase toda destruída em 1903, para ser reconstruída em 1941. Há show de luzes diariamente (exceto quintas), às 21h, contando os episódios da independência do país.

**Parque Centenário 9 de Julio** Excepcional área verde ao longo da Av. Benjamin Araoz. Foi criado em 1916 seguindo modelos paisagísticos ingleses do século 18. Em sua área, encontram-se em torno de 60 esculturas trazidas da Europa, prédios municipais, hipódromo, autódromo, universidade e muitas árvores, caracterizando um verdadeiro bosque urbano.

### Rotas para o Chile

Há três rotas de passagem automotiva que saem do noroeste argentino e seguem até o Chile. O *Paso de Jama*, principal delas, é asfaltado, está em boas condições e serpenteia a bela Cuesta del Lipán. Liga Jujuy à chilena San Pedro de Atacama. Um pouco mais ao sul está o *Paso de Sico*, opção que liga San Antonio de Los Cobres à região do Atacama. O caminho é, em sua maior parte, de rípio, e não tão belo quanto o de Jama. Por fim, ainda mais ao sul está o *Paso San Francisco*, que liga a pequenina Tinogasta à cidade chilena de Copiapó. O lado argentino desse paso é todo de rípio; a paisagem, no entanto, é belíssima em ambos os países.

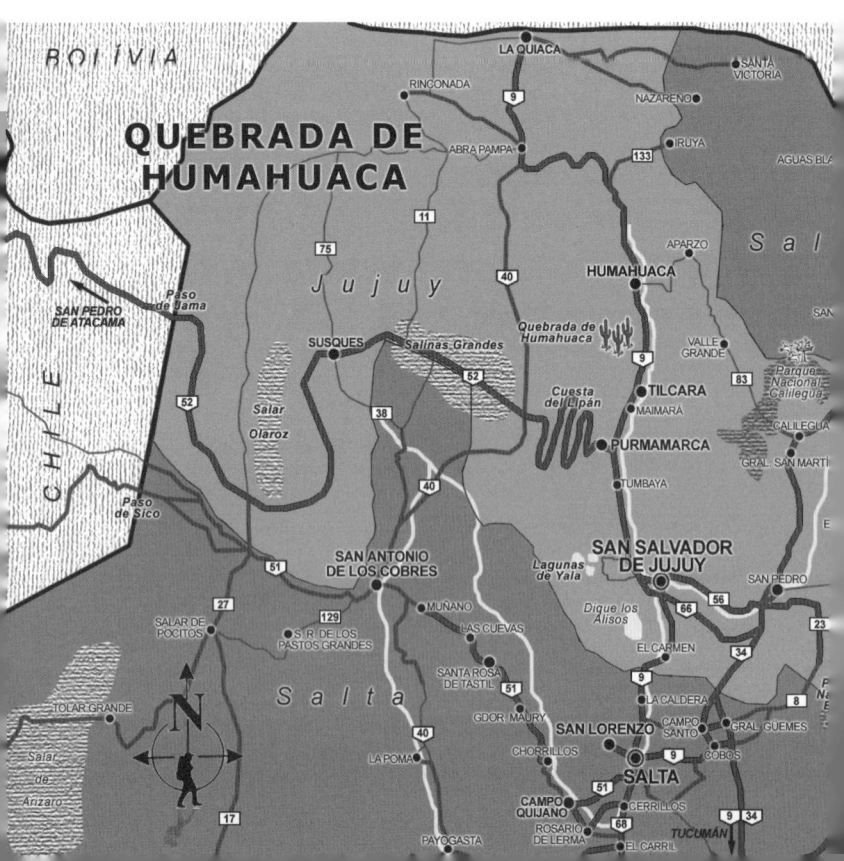

# QUEBRADA DE HUMAHUACA

A Quebrada é um vale do Río Grande de 155km de extensão por até 2km de largura, cercado de montanhas multicoloridas, ao norte de San Salvador de Jujuy. A estrada que atravessa a Quebrada, a Ruta 9, segue quase até a fronteira com a Bolívia, em altitudes que vão dos 1.300m aos 3.500m sobre o nível do mar. O percurso, um longo e tortuoso trajeto, fazia parte de uma espécie de "caminho inca" que ligava Cusco, no Peru, aos territórios da Argentina atual. Hoje em dia é muito fácil se deslocar, seja de carro, ônibus, bicicleta: a ruta está toda asfaltada, e em boas condições. Além disso, o transporte público percorre a estrada de norte a sul, há muitos povoados nas suas proximidades e agências organizam excursões guiadas pela área. Apesar disso tudo, a região é bem menos conhecida por turistas do que outras localidades do país.

# SAN SALVADOR DE JUJUY

Jujuy (pronuncia-se "rurrúi"), fundada em 1593, é capital da província de mesmo nome, localizada entre os rios Grande e Xibi-Xibi. Tem mais de 280 mil habitantes e uma boa estrutura de serviços e hotéis, ainda que a cidade em si não tenha atrativos que a façam merecer uma estadia prolongada. Vindo de Salta, você pode seguir diretamente para cidades menores e mais atraentes, como Purmamarca e Tilcara, ou parar em Jujuy para conexões de ônibus a esses destinos. De qualquer forma, a cidade pode ser uma base mais próxima do que Salta para explorar o Noroeste argentino.

## A Cidade

No início do século 17, havia cerca de 100 residentes espanhóis no povoado de San Salvador de Jujuy. Viviam da agricultura e da venda de produtos como milho, farinha e queijo, e ainda se deslocavam até Potosí, na Bolívia, onde mantinham comércio. Quando começou a guerra da independência argentina, o vilarejo foi evacuado por ordens do general independentista Manuel Belgrano, evitando um banho de sangue pelas tropas espanholas. Após a guerra, seus habitantes retornaram à cidade. Hoje esta data é celebrada nos dias 23 e 24 de agosto, evento conhecido como *El Exodo*.

## Informações e serviços

**Código telefônico** 0388

**Clima** A média de temperatura no verão é de 21ºC; no inverno, 12ºC.

**Câmbio** Em bancos, como o *Província de Jujuy*, na C. Lamadrid, e em agências, como a *Horus*, C. Belgrano 722, e a *Grafitti Turismo*, na mesma rua, nº 601.

**Informações turísticas** A *Secretaría de Estado de Turismo* fica em frente à Plaza Belgrano, na Av. Belgrano esq. C. Gorritti; na rodoviária há um quiosque de informações. Ambos funcionam seg/sex 7h-22h, sáb/dom 9h-21h, F.422.1325; disponibilizam mapa da cidade e da região e ajudam a conseguir hotel se você precisar. Site da cidade: www.turismo.jujuy.gov.ar.

**Agências de viagem** Há várias ao longo da C. Belgrano, entre elas a *Ases Tur*, nº 1454.

**Delegacia do turista** C. Gorritti 259, F.423.7479.

**Hospital** *San Roque*, C. San Martín 330, F.422.1305.

## Orientação

O centro da cidade situa-se entre os rios Xibi-Xibi, ao sul, e Grande, ao norte, e as avenidas Senador Pérez e Itália, a oeste e leste, respectivamente. No trecho entre a Plaza Belgrano (principal praça da cidade) e a C. Lavalle, a C. Belgrano, paralela aos rios, concentra a maior parte das lojas, cafés, sorveterias e o comércio em geral. Ao redor da praça, estão as principais atrações de Jujuy, como a Casa de Gobierno, o Cabildo e a Catedral.

## Chegando e saindo

O aeroporto fica 30km ao sul da cidade, e há empresas que cobram $30 pelo transfer até o centro. O *Terminal de Ómnibus* fica a três quadras ao sul do Río Xibi-Xibi, na Av. Dorrego (continuação da Lavalle) esq. C. Lisandro de la Torre; são oito quadras até a Plaza Belgrano. A cidade fica na margem direita da RN9; para chegar ao centro, a Av. Atte. Brown é o caminho para quem vem do sul; para o norte, a Av. H. Yrigoyen (que acompanha o Río Xibi-Xibi), a C. J. Carrillo e a Av. Bolívia são as saídas para a Quebrada, para o Chile e para a Bolívia.

## Viajando

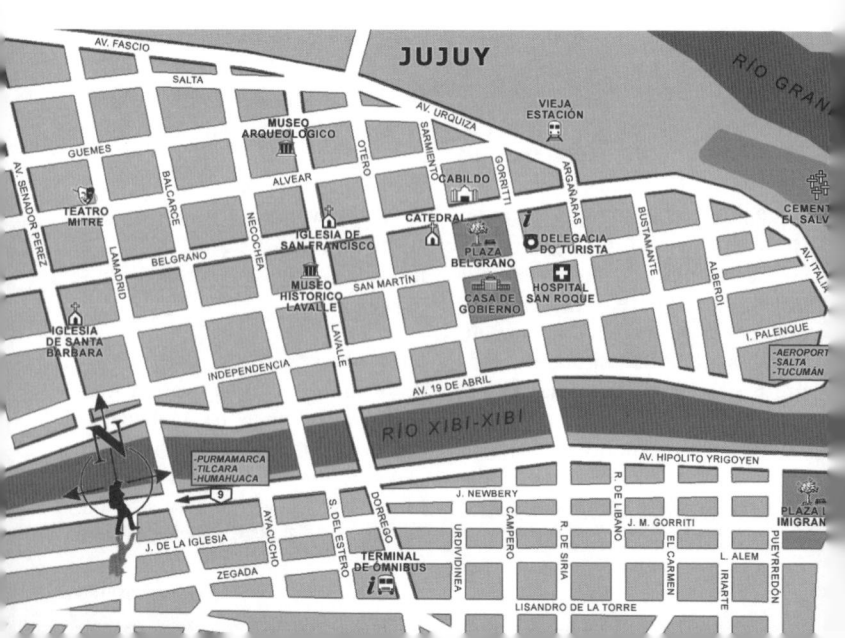

Vários ônibus diários ligam Jujuy a Salta, ao sul, e às cidades ao norte da província, até a fronteira boliviana. Há também ônibus que fazem o percurso até o Deserto do Atacama no Chile. Para chegar, a partir de Salta, há duas opções: a Ruta 9, conhecida como *La Cornisa*, cheia de curvas, com bastante vegetação, pouco sinalizada e nem sempre com acostamento; ou via General Güemes, que abrange as rutas 66, 34 e 9. Este percurso é mais longo, porém em melhor estado, grande parte em pista dupla, e, por isso, costuma ter maior fluxo.

A maioria dos ônibus que seguem aos destinos abaixo para nas cidades da Quebrada de Humahuaca. Para **Purmamarca**, 1h30, $20 (cidade a 3km a oeste da RN; certifique-se de que o ônibus realmente desvia para lá, não apenas para no entroncamento da estrada); **Tilcara**, 1h30, $20,50; **Humahuaca**, 2h, $30; **La Quiaca**, 5h, $50. Até **Salta**, 2h, $52. Para **Tucumán**, 5h, $135. Até **Buenos Aires**, 22h, $651. Para o Chile, os mesmos ônibus da *Turbus* e *Geminis* que saem de Salta para **San Pedro de Atacama**, **Calama** e **Antofagasta** passam em Jujuy, passagem entre $300-450.

Para os viajantes motorizados, o caminho ao norte, a partir de Jujuy, é a RN9, em bom estado e com boa sinalização: **Purmamarca**, 65km, **Tilcara**, 85km, **Humahuaca**, 125km, **La Quiaca**, 292km. Já para o sul, a **Salta**, 115km, a melhor opção é a RN66 e, depois, a RN34, estradas mais seguras do que a sinuosa Ruta 9 neste trecho (leia mais no capítulo de Salta).

## Acomodação

A rede hoteleira está concentrada na área entre a rodoviária e o centro, perto da Plaza Belgrano, onde estão os melhores hotéis. Jujuy tem pelo menos um albergue satisfatório. Mas, se você pretende montar uma base para percorrer a região, prefira Salta – que tem mais opções – ou algum povoado já na quebrada, como Tilcara ou Humahuaca, mais pitorescos.

**Residencial Rio de Janeiro** C. José de la Iglesia 1356, a três quadras da rodoviária, F.422.3700. Diária 1p $55/75 (sem/com banheiro), 2p $60/80, 3p $80/120. Apesar do nome, não há brasileiros na administração do hotel, que é antigo, mas ok. As janelas dos quartos dão para um pátio interno.

**Hostel Yok Wahi** C. La Madrid 168, F.422.9608, www.yokwahi.com, 26 camas. Diária dorms 8p-6p $60; quartos 2p $170/190 (sem/com banheiro). Café da manhã incluído. Os quartos são simples e apertados. Um dormitório é misto e possui cortina nos beliches. Banheiros compartilhados, que ficam longe dos quartos. O albergue possui cozinha, lockers, sala de TV e internet. O ambiente é agradável, e o local, embora pequeno, é bem organizado, a duas quadras do rio.

**Hotel Internacional Jujuy** C. Belgrano 501, esq. C. Sarmiento, F.423.1599, www.hinternacionaljujuy.com.ar, 85 quartos. Diária 1p $205, 2p $230, 3p $270. Aceita cartões de crédito. Café da manhã buffet incluído. Quartos com banheiro, TV a cabo, telefone e ar-condicionado. Hotel 4 estrelas, com bar e estacionamento. É decadente, apertado e o atendimento deixa a desejar. Oferece o jornal local diariamente nos quartos.

**Sumay Hotel** C. Otero 232, F.423.5065, www.sumayhotel.com.ar, 34 quartos. Diária 1p $210, 2p $310, 3p $350. Aceita cartões de crédito. Café da manhã incluído. Quartos amplos, com banheiro, TV a cabo, telefone, ventilador e banheira. O prédio é antigo, mas limpo e bem-arrumado, com estacionamento ($15). O atendimento é feito pelos prestativos donos.

**Hotel Augustus** C. Belgrano 715, F.423.0203, www.hotelaugustus.com.ar, 82 quartos. Diária 1p $388, 2p $485, 3p $610. Aceita cartões de crédito, mas concede desconto de 10% para pagamento em dinheiro. Café da manhã incluído. Quartos com banheiro, ar-condicionado, TV a cabo e telefone. Tem internet, estacionamento, bar, sala para convenções e pequeno spa com hidromassagem. Bom hotel 3 estrelas, com um pouco de estilo em meio ao bagunçado centro da cidade, a duas quadras da praça.

## Comes & Bebes

Bares, cafés e restaurantes estão concentrados na C. Belgrano, próximos à Plaza Belgrano. Boas sorveterias também estão presentes na área, e durante a noite são o agito de Jujuy. O **Autoservicio Danielita**, C. Belgrano 620, serve bons lanches e vende produtos de mercearia; funciona 24h. O **Chung King**, C. Alvear 627, ao contrário do que o nome possa sugerir, não serve comida chinesa, mas, sim, pratos regionais, e a bons preços, como *empanadas*, *tamales* e *humitas*, além de massas caseiras e pizzas. O **La Amistad**, C. Lavalle esq. C. Güemes, é especializado em trutas, pescadas nas Lagunas de Yala e arredores. O **Savoy**, C. Alvear esq. C. Urquiza, é uma charmosa casa colonial de cor avermelhada, um simpático local para tomar uma cerveja, com menus acessíveis. Para os vegetarianos, uma opção é o **Madre Tierra**, C. Otero 294, esq. C. Belgrano.

## Atrações

As principais atrações de Jujuy estão na **Plaza Belgrano**, um quarteirão bastante arborizado no centro da cidade. A **Casa de Gobierno**, localizada ao sul da Plaza, é um palácio em estilo barroco francês, aberto para visitação seg/sex 7h-20h, sábados 8h-20h, entrada $2. Já ao norte, o **Cabildo**, é um prédio colonial que hoje funciona como *Museo Policial*, seg/sex 8h30-13h/15h-21h, sáb/dom 9h-12h/18h-20h. Sua atração é bizarra e chocante: fotos de crimes e acidentes. Mais atraente é a **Catedral**, no lado oeste da Plaza Belgrano. Datada de 1763, essa igreja – erguida no lugar da catedral anterior, destruída pelos índios – conserva ainda o púlpito do século 17, que pertenceu à primeira construção.

Entre os museus, destaque para o **Museo Histórico Provincial Juan Galo Lavalle**, C. Lavalle 256, seg/sex 8h-20h, sáb/dom 9h-13h/16h-20h, entrada gratuita, ou contribuição espontânea $2. Situado numa casa colonial declarada Monumento Histórico Nacional, exibe-se aqui, ao longo de sete salas, fotos, retratos de governadores, armas de fogo, mobiliários antigos e objetos diversos que documentam a história da província.

## Compras

Há feira de artesanatos ao longo da avenida que margeia o Río Grande. Saindo da Oficina de Turismo, passe pela estação de trens e caminhe, tendo o rio à sua direita. Também há algumas lojinhas simpáticas na C. Sarmiento, próximas à Catedral.

## Passeios

**Lagunas de Yala** Se você tiver metade de um dia livre em Jujuy, ir até essas lagoas, na montanha, é um passeio interessante. São três lagoas onde se pratica pesca de trutas. No inverno, o visual é bonito, não raro com neve pelo caminho. De Jujuy, pegue o ônibus 11A que sai da C. Leandro Alem, a uma quadra da rodoviária, passagem $3, levando 30min até Puente Negro, o povoado próximo a Yala. As lagoas ficam distantes 5km; de lá você pode pegar um táxi, tentar descolar uma carona ou encarar uma boa caminhada. Quem está de carro roda 20km ao norte pela RN9, até o povoado de Yala, e entra à esquerda no caminho que leva a Puente Negro para seguir até as lagunas.

# PURMAMARCA

Purmamarca é um pequeno e desolado povoado indígena, com ruas de terra e poeirentas, que não parece ter mudado muito desde sua fundação, em 1594. A igreja, na praça central, data de 1648, e é feita de adobe pintado de branco, com teto e detalhes em *cardón*. Em frente ao pequeno templo religioso, encontra-se um imponente *algarrobo*, árvore da região (de popular madeira para móveis e esculturas), que dizem ter mais de mil anos. A área da praça se completa com um atraente mercado indígena. Purmamarca é um lugar bastante tranquilo, com menos de 500 habitantes, pitoresco e agradável para algumas horas, antes ou depois de passear pelo *Cerro de Siete Colores*, uma das maiores atrações da região.

## Informações e serviços

Eventualmente funciona um posto de informações atrás da igreja, na C. Belgrano; e há um posto policial próximo à praça, na C. Florida. Não espere muito mais do que isso.

**Código telefônico** 0388.

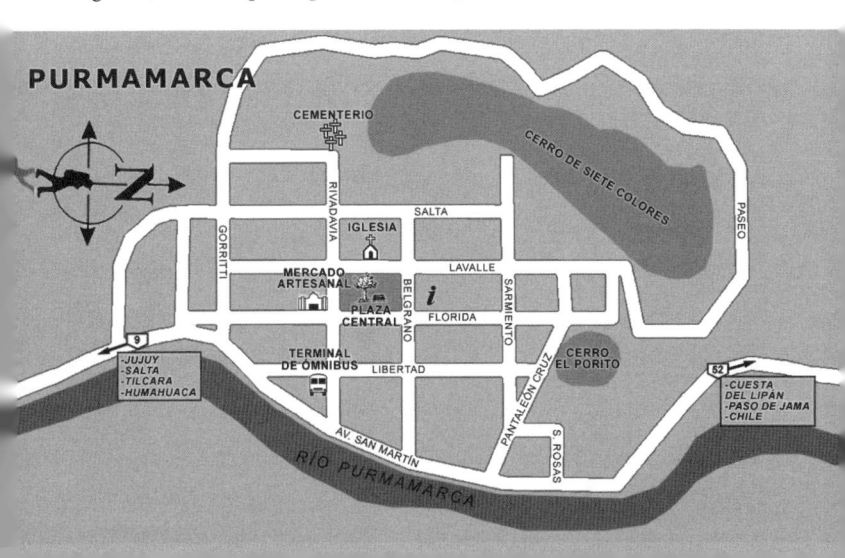

## Chegando e saindo

A parada de ônibus fica numa pequena casa de madeira, na esquina das ruas Rivadavia e Libertad. Para um ponto com maior frequência de veículos, caminhe 3km até a RN9, onde passa a maioria dos ônibus que fazem o percurso norte-sul da região.

## Viajando

Chega-se a Purmamarca por dois caminhos. O mais habitual é vindo pela Ruta 9 – estrada a 3km ao leste, que, ao norte, passa por **Tilcara**, 25km, **Humahuaca**, 65km, e chega até **La Quiaca**, 230km, e, ao sul, **Jujuy**, 65km, e **Salta**, 180km.

A outra possibilidade é a Ruta 52, a oeste, que liga Purmamarca a **Pozo Colorado**, 65km, e de lá a **San Antonio de los Cobres**, 159km (pela Ruta 40, a sudoeste) ou a **Susques**, 136km (onde há o último posto de gasolina antes de San Pedro de Atacama, no Chile, 275km adiante), e ao **Paso de Jama**, 294km, na fronteira com o Chile, para quem se destina a esse país, entrando pelo Deserto do Atacama. A Ruta 52 é um verdadeiro passeio cinematográfico: sobe a *Cuesta del Lipán*, serpenteando dos 2.600m aos 4.200m de altitude, com uma estonteante vista panorâmica do vale, e atravessa o salar de Salinas Grandes, deserto de sal a caminho da fronteira.

## Acomodação

Para um vilarejo de centenas de habitantes, Purmamarca está bem servida de acomodações. Há um camping: **Camping El Poro**, C. Pantaleón Cruz s/nº, ao final da C. Libertad, F.490.8003, $15 por pessoa, com água quente. Alguns residenciais: **Vera Zulma**, ao final da C. Sarmiento s/nº, F.490.8023, diárias 2p $65/125 (sem/com banheiro) e 3p $110/155, café da manhã $10, apartamento com dois quartos, banheiro, sala e fogareiro para esquentar água ou café; simpático e

Cemitério de Maimará, nas encostas da Quebrada de Humahuaca

confortável. **Hostal Bebo Vilte**, C. Salta s/nº, a duas quadras da praça principal, F. 490.8038, diárias 1p $90, 2p $100/150 (sem/com banheiro), café da manhã $10, tem estacionamento e área de camping. **Hotel El Viejo Algarrobo**, C. Salta, s/nº, F.490.8286, diária 2p $300, 3p $395, café da manhã e wi-fi incluídos, quartos pequenos, local aconchegante, com móveis rústicos de madeira.

E há alguns hotéis superiores: **La Posta de Purmamarca**, C. Santa Rosa de Lima s/nº, esq. Pantaleón Cruz, F.490.8029, www.postadepurmamarca.com.ar, diárias 2p $390, 3p $470, com café da manhã, bons quartos com banheiro, sala de TV, internet e estacionamento. **El Manantial del Silencio**, RN52, Km 3,5, no início da estrada que sobe a Cuesta del Lipán, F.490.8080, www.hotelmanantial.com.ar, diária (em dólares) 1p US$200, 2p US$221, aceita cartões de crédito, café da manhã buffet incluído, 19 quartos amplos e confortáveis; tem salas de estar, restaurante e piscina; lugar com decoração charmosa, é um dos raros hotéis de luxo da região.

## Atrações

**Cerro de Siete Colores** Principal atração de Purmamarca, é uma belíssima montanha de faixas coloridas (ao menos sete) formada por distintas camadas de sedimentos acomodadas umas sobre as outras ao longo de milhões de anos. A imagem do Cerro é uma das mais divulgadas em cartões postais e folhetos turísticos, tornando-se um símbolo da região Noroeste. Um dos melhores pontos para observação se dá logo a uns 400m antes da chegada em Purmamarca, vindo da Ruta 9 (há um letreiro num tronco deitado no chão com o nome da cidade). O melhor horário para contemplá-lo é de manhã, quando o sol incide sobre as pedras, deixando os tons avermelhados ainda mais fortes. Se você for à tarde, a impressão será outra – corre o risco de nem perceber as diferentes cores ou tonalidades da montanha. A partir de Purmamarca há um caminho que pode ser feito a pé ou de carro e que passa na base do Cerro, o *Paseo de los Colorados*, com uns 3km de extensão. Siga pela C. Gorritti, passando pela C. Salta em direção ao cemitério; logo verá uma placa indicando o caminho. A estrada que dá a volta no *Cerro de Siete Colores* retorna à cidade.

## Passeios

Partindo de Purmamarca, a Ruta 52 passa pela bela **Cuesta del Lipán**, uma estrada em forma de serpente, repleta de ziguezagues, que sobe de 2.600m a 4.200m de altitude (há uma placa nos 4.170m) até o local conhecido como **Abra de Potrerillos**. Daqui, a paisagem é arrebatadora, com vista para o Nevado del Chañi, montanha com 6.200m. Mais 25km à frente, seguindo o caminho para o Chile, chega-se nas **Salinas Grandes**, uma antiga lagoa que secou e converteu-se numa enorme extensão plana com capa salgada de 1.500 km².

## Compras

Na praça da cidade há uma feira de artesanato aberta diariamente e o *Mercado Artesanal*, que funciona em frente. Mesmo que não vá comprar nada, vale o passeio.

## MAIMARÁ

A 18km do acesso de Purmamarca e 4km antes de chegar em Tilcara, junto à Ruta 9, encontra-se Maimará, um simpático povoado com algumas atrações interessantes. A mais conhecida é a **Paleta del Pintor**, uma formação rochosa na face de uma das montanhas, que tem esse nome por apresentar vários pedaços coloridos de formas arredondadas na sua superfície. Ao chegar em Maimará, suba até o monte chamado Monolito para uma visão ampla deste vale; se possível, vá no fim da tarde, durante o pôr-do-sol, quando a luminosidade do cenário torna-se ainda mais festiva. Na saída do povoado, próximo à RN9, encontra-se o **Cementerio Nuestra Señora del Carmen**, na encosta de um morro, um colorido cemitério onde as lápides são enfeitadas por bandeirinhas, colares e flores artificiais. O acesso ao povoado é bastante fácil, de carro, ônibus, táxi ou mesmo bicicleta – de Tilcara, é descida na ida, subida na volta.

## TILCARA

Seguindo rumo ao norte pela Ruta 9, 22km depois da entrada de Purmamarca chega-se a Tilcara, outra pequena cidade no coração da Quebrada de Humahuaca, com 10 mil habitantes e a uma altitude de 2.484m. Considerada a capital arqueológica da Província de Jujuy e um centro cultural de importância regional, Tilcara é o lar de muitos artistas que aqui mantêm seus ateliês. Sua popular praça central é palco de apresentações folclóricas à noite. A cidade também é residência de veraneio de muitos moradores de San Salvador de Jujuy e de outras localidades maiores, o que significa que na época do verão o povoado pode lotar. Simpática e com boas opções de hospedagem, Tilcara é um ótimo ponto para se tomar como base para explorar a Quebrada.

### Informações e serviços

A *Dirección de Turismo Tilcara*, C. Belgrano esq. C. Villafañe, ao lado do Hotel de Turismo, abre todos os dias 8h-22h e presta um serviço bastante atencioso. Além de informações, oferece um pequeno mapa da cidade, gratuitamente, com indicações de serviços, hotéis e horários de ônibus. Quem deseja explorar a região de bicicleta pode alugar uma no *Tilcara Mountain Bike*, C. Belgrano s/n°, em frente ao Camping El Jardín e à rodoviária, $5/hora ou $30/dia. Circuitos completos são explicados e há guia gratuito para grupos a partir de 7 pessoas. Código telefônico local: 0388.

### Chegando e saindo

Localizada no pé de um morro, Tilcara fica acima do nível da rodovia que lhe dá acesso. Ao atravessar a ponte sobre o Río Grande, que liga a estrada (RN9) à cidade, você estará na C. Villafañe: em frente fica a C. Belgrano, a sua direita a rodoviária, na esquina com a C. Éxodo, e a sua esquerda a Plaza Prado, a principal praça da cidade. Boa parte das ruas são ladeiras.

### Viajando

Tilcara, como outros povoados da região, se formou à margem da RN9. De ônibus, para **Jujuy**, 85km,

1h30, $20,50; **Salta**, 198km, 4h, $58; alguns dos ônibus passam em **Purmamarca**, 25km, 30min, $10. Para **Humahuaca**, 42km, há saídas com grande frequência, 45min, $10,50; muitos dos veículos seguem até **La Quiaca**, 207km, 3h, $40,90.

## Acomodação

Apesar de pequena, Tilcara tem uma boa oferta de lugares legais para ficar. Sempre que possível, é bom reservar, já que não raramente a cidade lota em feriados e em alguns finais de semana, principalmente no verão.

**Camping El Jardín** C. Belgrano 700, F.495.5128. Diária $20 por pessoa; quartos 2p $230, desconfortáveis. Conta com duchas e banheiros razoáveis.

**HI Hostel Malka** C. San Martín s/nº, subindo a ladeira ao final da rua, F.495.5197, www.malkahostel.com.ar, 75 camas. Diária dorms 6p-4p $70, quarto 1p $200, 2p $300, café da manhã incluído. Cabanas 8p-4p $400-550, com banheiro, sala e cozinha completa. Café da manhã $25 e limpeza (opcional) $50. Todos os quartos são bastante confortáveis. Tem restaurante, área de parrilla, estacionamento, aluguel de mountain bikes e serviço de informação turística. Ambiente agradável, bom atendimento. Agendando, buscam o hóspede no terminal de Tilcara ou pagam o táxi até o hostel, mesmo para quem fica somente um dia.

**Hospedaje Pucara** C. Ernesto Padilla s/nº esq. C. Jujuy, F.495.5050, 35 quartos. Diária 2p $100/150 (sem/com banheiro). Aceita cartões de crédito. Café da manhã $10. Quartos pequenos, tem cozinha e, do outro lado da rua, uma área de camping, $12 por pessoa. Lugar básico, fraquinho.

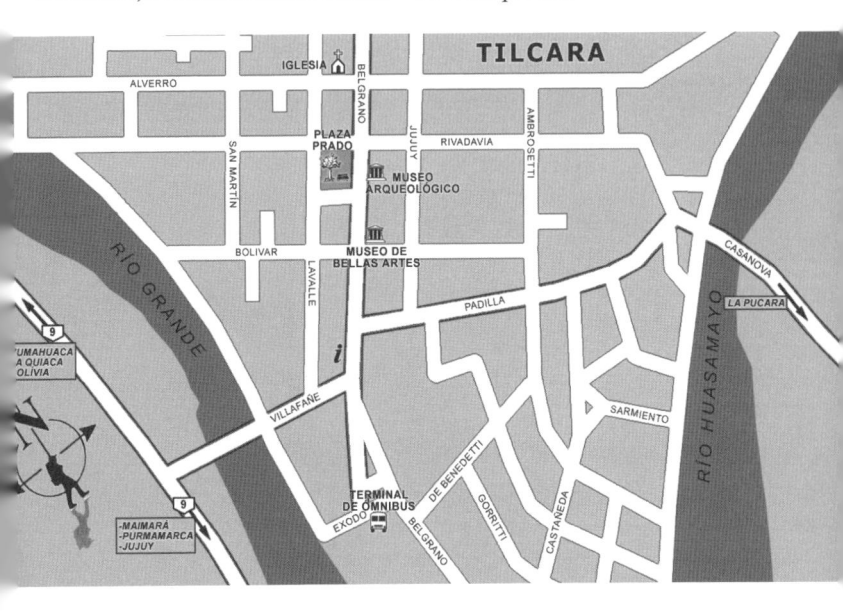

## Cáctus

Planta engraçada, esta. Os cáctus pertencem à família das Cactáceas, e têm as mais variadas formas, a maioria delas dotada de espinhos. Existem mais de duas mil espécies de cáctus catalogadas pelo mundo, encontradas em ambientes dos mais hostis, tanto no nível do mar como em até 4.500 metros de altitude. Alguns tipos de cáctus vivem mais de 200 anos e alcançam até 20 metros de altura. Os cáctus florescem regularmente; no entanto, o início do processo pode tardar 80 anos, ou até que a planta atinja mais de 2 metros de altura para só então começar a florescer, anualmente, sempre na mesma época. Alguns cáctus dão, ainda, frutos comestíveis.

A principal e mais conhecida característica dos cáctus, no entanto, é a capacidade de sobreviver às adversidades do clima seco, mesmo por longos períodos sem chuvas. Para isto, estas plantas sofreram algumas adaptações e desenvolveram determinadas particularidades: têm raízes muito longas, ramificadas e superficiais, absorvendo, assim, uma quantidade maior de água (em solos que permanecem pouco tempo úmidos quando chove); sua "pele" é revestida por uma espécie de cera, que evita a perda de água por evaporação; os espinhos vieram para substituir as folhas – que provocariam uma transpiração maior – e para proteger os cáctus de predadores.

**Hotel de Turismo** C. Belgrano 590, F.495.5720, 25 quartos. Diária 1p $190, 2p $270, 3p $390, tarifas negociáveis em pelo menos 10%. Café da manhã buffet incluído. Quartos com bom espaço e vista para as montanhas. Tem bar, restaurante, pequena academia, uma grande piscina ao ar livre e estacionamento. Hotel antigo, decoração destoa do contexto de construção da cidade.

**Posada Quinta La Paceña** C. Ernesto Padilla esq. C. Ambrosetti, F.495.5098, www.quintalapacena.com.ar. 13 quartos. Diária 2p $340-490, 3p $490-590. Café da manhã incluído. Quartos requintados, com TV a cabo e vista para o jardim. Pousada aconchegante e bem-decorada, com sala de estar, lareira, jardim interno e estacionamento. O ambiente é bastante tranquilo, situado num amplo terreno com árvores frutíferas. A casa, de pedra, adobe e barro, recria as quintas do século 19. Ótimo atendimento, prestado pelo simpático casal de proprietários.

**Posada Con Los Angeles** C. Gorritti 156, F.495.5153, www.posadaconlosangeles.com.ar, 11 quartos. Diária 2p $380, 3p $500. Aceita cartões de crédito. Café da manhã incluído. Quartos grandes, com banheiro, saleta e lareira. Tem um restaurante refinado, belo gramado com flores e organiza excursões pela região. Construído de forma rústica, com material de primeira linha, cria um ambiente bastante agradável.

## Comes & Bebes

Na C. Bolívar estão frente a frente o **Mercado Municipal** e a **Frutería y Verdurería Virgen del Valle**, onde se pode comprar produtos frescos a bons preços. Na C. Belgrano 480, há uma loja de sucos e lanches com vantajosos copos de salada de frutas com sorvete. **El Cafecito**, C. Rivadavia esq. C. Belgrano, e o **Restaurante Doña Seba**, C. Belgrano esq. C. Bolívar, têm menus simples e honestos. O **Restaurante Tilcara**, ao lado do posto YPF, na entrada da cidade, serve empanadas, massas e milanesas.

## Atrações

**La Pucara** Fortaleza no alto de uma montanha, antigamente utilizada pelos índios para se protegerem de invasões, fica a 1km do centro de Tilcara, conectada à cidade por uma ponte. Abre diariamente 8h-18h, entrada $10, gratuita nas segundas. O ingresso permite visitar o Museu Arqueológico (veja a seguir) e, junto à fortaleza, o **Jardín Botánico de Altura**, que apresenta diversas espécies, tanto da Quebrada como da puna, incluindo variedades de cáctus. Pucara (pronuncia-se pucará) significa, em quéchua, lugar fortificado. A Pucara de Tilcara é a única construção desse tipo na região a ter sido parcialmente restaurada. Do seu topo há uma vista bem interessante do vale e das montanhas, e deste local os índios podiam identificar a chegada de inimigos.

**Museo Arqueológico Dr. Eduardo Casanova** C. Belgrano em frente à Plaza Prado, abre diariamente 9h-18h, entrada livre com o ingresso da Pucara. Há uma bela coleção de artefatos antigos, informações sobre diversas culturas indígenas e uma seção que explica os diferentes tipos de milho da região e sua utilização na vida cotidiana dos povos que habitavam essas terras. O museu é mantido pela Universidade de Buenos Aires.

**Museo Irureta de Bellas Artes** C. Belgrano esq. C. Bolívar, aberto ter/dom 10h-13h/15h-18h, entrada gratuita. Com mais de 150 obras, apresenta a arte contemporânea da região e do país. Vale a visita.

**Garganta del Diablo** A 7km a nordeste de Tilcara, é uma fenda estreita, com cerca de 20m de profundidade, formada pela força do Rio Huasamayo, a fim de que este pudesse seguir seu fluxo entre as montanhas da região. Do local, é possível avistar o vale onde Tilcara se situa e escutar o rio correndo por entre as pedras. Para chegar, deve-se seguir o caminho que leva até a Pucara, e, quando encontrar o rio, virar à esquerda. Pode-se ir de carro, por uma estrada de rípio, ou até mesmo a pé, uma subida de aproximadamente 2h.

## Compras

Na Plaza Prado funciona o *Mercado Artesanal*, com artesanato da região – e frequentemente é possível encontrar peças bacanas a preços atraentes – produzido pelos artesões locais. Pode-se visitar os seus ateliês (*talleres*), espalhados pela cidade. Vive em Tilcara o artista *Emilio Harogalli*, um célebre escultor e pintor de estilo autêntico e inconfundível, cujas obras, vendidas por toda região Noroeste, mostram as expressões do povo em diversas situações cotidianas.

# HUMAHUACA

A cidade que dá nome à Quebrada, a 2.945m de altitude e a 40km ao norte de Tilcara, é um antigo assentamento dos índios omaguacas. Destino popular entre viajantes que exploram a região, por meio de passeios com guias pode-se conhecer locais com pictografias (pintura na pedra) e petróglifos (desenhos talhados na pedra). Ou simplesmente contemplar Humahuaca, que, com seus 8 mil habitantes e suas ruas de pedra e terra, oferece um bom astral para passar o dia ou mesmo uma noite.

## Informações e serviços

A *Oficina de Turismo* fica no Cabildo, em frente à praça, teoricamente aberta todos os dias 8h-20h. Como alternativa, o *Hotel El Portillo* costuma ser bom para prestar informações. Código telefônico local: 03887.

## Orientação

Humahuaca, cujo centro localiza-se entre a RN9 e o Río Grande, é uma cidade que pode ser facilmente percorrida a pé.

## Chegando e saindo

A rodoviária fica na C. Belgrano esq. C. Entre Ríos, a três quadras da praça central. Os ônibus para **Jujuy**, 125km, levam 2h, $30, e passam por **Tilcara**, 42km, 45min, $10,50. Mais ao sul, **Purmamarca**, 65km, 50min, $15; **Salta**, 240km, 4h, $70. Ao norte, para **La Quiaca**, 165km, 2h30, $32.

## Acomodação

Humahuaca apresenta um punhado de acomodações, a maioria delas básica, mas barata; muitas hospedarias ficam no centro, algumas instaladas do outro lado do rio.

**Auto Camping Bella Vista** Passando a ponte que atravessa o Río Grande, à direita. Diária $15 por pessoa. Água quente 24h, banheiros um pouco sujos, tem tanques para lavar pratos e roupas e área de parrilla.

**Hostería Naty** C. Buenos Aires 488, F.421.002, 14 quartos com banheiro. Diária 1p $60, 2p $100. Quartos em casa de família, alguns com cama de casal. Cozinha disponível e estacionamento. Possui uma sala grande com mesa central. Lugar limpo e correto. Pessoal atencioso e prestativo que organiza travessias em 4x4 pelas quebradas. Na entrada existe um consultório dentário. Em frente fica o Hostal Humahuaca, um pouco mais caro e inferior.

**Hostal Río Grande** C. Corrientes 480, F.421.908, riogrande@argentina.com, 23 quartos. Diária 2p $140. Café da manhã incluído. Quartos com banheiro compartilhado e camas velhas com colchões mais velhos ainda. Lugar improvisado, pequeno e sem estrutura. Procure outro melhor.

**Hostería Solar de La Quebrada** C. Santa Fé 450, F.421.986, www.solardelaquebrada.com.ar. Diária quarto 2p $260, 3p $320; cabanas 2p $350, 3p $400, 4p $450. Café da manhã incluído. Quartos e cabanas com banheiros, TV a cabo, água quente e calefação. Oferece estacionamento.

**Hotel de Turismo** C. Buenos Aires 650, F.421.154, 28 quartos. Diária 1p $100, 2p $150, 3p $200. Café da manhã incluído. Quartos amplos, com banheiro, varanda e vista para a Quebrada. Tem piscina ao ar livre. O hotel faz o estilo colônia de férias, extremamente popular e movimentado, com corredores compridos. Foi reformado recentemente.

**El Portillo** C. Tucumán 69, esq. C. Corrientes F.421.288, 9 quartos. Diária 2p $200, 3p $250. Aceita cartões de crédito. Café da manhã incluído. Quartos com banheiro privativo. O hotel fica a meia quadra da praça e também é bar e restaurante. O ambiente destaca-se por uma decoração bem interessante. Oferece boas informações turísticas e o atendimento é bastante prestativo.

**Hostería Camino del Inca** C. Ejército del Norte s/nº, do outro lado do rio, F.421.136, hosteriainca@imagine.com, 16 quartos. Diária 1p $280, 2p $560, 3p $580; em julho, tarifas aumentam 20%. Aceita cartões de crédito. Café da manhã disponível. Quartos com TV a cabo. Tem restaurante e estacionamento. Lugar confortável e agradável, um dos melhores da cidade.

## Comes & Bebes

O **Mercado de Frutas**, C. Tucumán esq. C. Belgrano, aberto diariamente 7h-22h, é uma opção frugal, ótimo para refeições rápidas. **La Tablita**, C. Buenos Aires 435, serve menus do dia (sopa, prato quente, sobremesa) e parrillada. A **Tejerina**, C. Belgrano, ao lado do mercado, oferece comida simples em um ambiente popular. O restaurante **Colonial**, C. Tucumán 16, é especializado em refeições regionais, como uma boa empanada de queijo. O restaurante **La Cacharpaya**, C. Jujuy 295, serve menu turístico completo no almoço, com entrada e pratos típicos da região. Há também um show de música incluído.

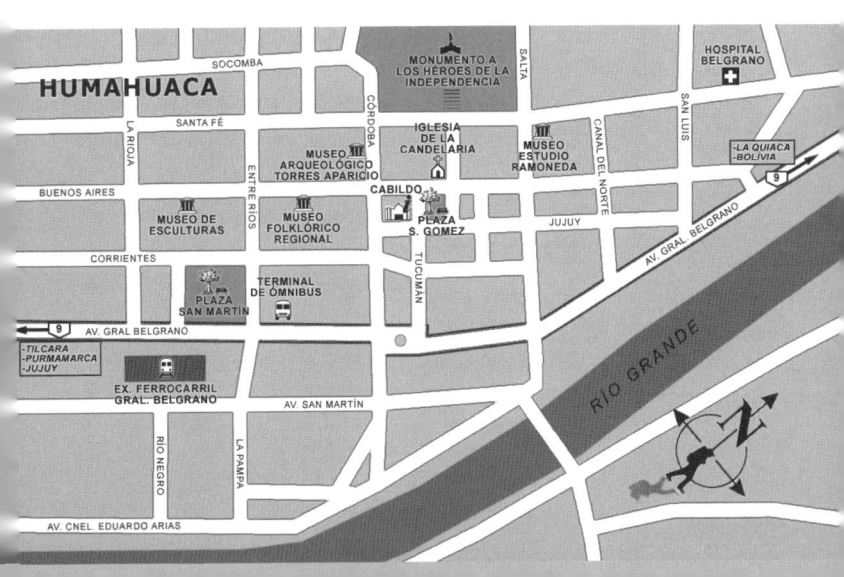

## Atrações

Ao redor ou um pouco adiante da praça principal estão as atrações arquitetônicas de Humahuaca e a sua simpática feira artesanal. O **Cabildo** possui uma torre com um relógio de 1.800kg, e ao meio-dia um "cuco", na figura de São Francisco, aparece para dar as boas-vindas aos visitantes. A **Iglesia de la Candelaria** data de 1631, e, em seu interior, encontra-se uma imagem da Virgem, de 1640, talhada em madeira de cardón. Ao lado da igreja, começa a escadaria que sobe até o **Monumento a los Héroes de la Independencia**, uma majestosa escultura em homenagem ao lugar onde mais ocorreram batalhas pela independência da Argentina. Deste local se tem uma bela vista da cidade e da Quebrada.

## Passeios

Perto de Humahuaca ficam alguns povoados minúsculos que, pelo seu isolamento, já valem uma visita. De quebra, a paisagem e o caminho até eles são bem bacanas.

**Coctaca** Antigo assentamento indígena a 8km a nordeste de Humahuaca. Pelo caminho você passa por belas montanhas de tons degradê. No assentamento, pode-se observar os imensos terraços de antigos plantios, nos quais se destaca a engenharia de condução da água, construídos há 7 mil anos e ocupando uma área de 40 hectares. Atualmente, os campos estão cheios de cáctus, compondo uma paisagem bastante pitoresca. Ainda hoje é possível encontrar restos de cerâmica produzida pelos povos que aqui viveram. Chega-se a Coctaca a partir de Humahuaca, e até é possível fazer o percurso a pé, de ônibus (30min, $8) ou de táxi (entre $45-55 ida e volta).

**Cianzo** Povoado ao pé de montanhas coloridas, a cerca de 40km a leste de Humahuaca, de onde se chega através de estradas secundárias; há um ônibus diário (2h, $15-30).

**Iruya** Pequeno vilarejo encravado entre as montanhas, distante 70km ao norte de Humahuaca. O passeio até lá é muito legal, descendo a montanha em curvas com visuais impressionantes. Quando a cidade vai se aproximando, observa-se a pitoresca igreja de Iruya com os cânions ao fundo. O Cristo que está no altar foi talhado em cáctus durante a construção da igreja, em 1780. Uma caminhada legal é partir deste povoado e passar pelos rios Iruya e San Isidro até o vilarejo de mesmo nome. Para chegar em Iruya, vá de ônibus (3h, $35-50), táxi ($190-250) ou de carro (pela RP13).

**La Quiaca** A cerca de 165km ao norte de Humahuaca e a 292km de Jujuy, o povoado marca o limite entre Argentina e Bolívia – do outro lado da fronteira fica a cidade de Villazón, de onde se pode prosseguir de ônibus ou trem para Uyuni. La Quiaca, a 3.442m de altitude, é um lugar bem frio, principalmente no inverno, quando a temperatura pode baixar até 15°C negativos. Para chegar de Humahuaca, ônibus (2h30, $32), táxi ($190-250) ou de carro (pela RN9).

Parque Provincial Aconcagua

# ACONCÁGUA

A fronteira entre Argentina e Chile é marcada por uma espessa cordilheira com picos eternamente nevados – os Andes. Entre as províncias de San Juan e Mendoza está o ápice de todas as montanhas do continente: o Aconcágua, a maior elevação fora do território asiático. A paisagem é um prato cheio para os alpinistas (ou andinistas) mais experientes, mas também para os viajantes menos afeitos a esportes de alta montanha, que se revigoram com uma simples caminhada por um dos cenários mais fascinantes da América.

A região – conhecida como *Cuyo*, que além de Mendoza e San Juan inclui La Rioja e San Luis – não se caracteriza apenas por elevadas altitudes. Em sua porção mais baixa há um verdadeiro deserto, e toda a arborização das cidades foi implantada pelo homem, para amenizar o clima seco da região. O provimento de água também é peculiar: muitas localidades dependem do degelo da neve das montanhas para abastecer seus rios. Inverno com pouca neve representa escassez ou mesmo racionamento de água em várias cidades e povoados.

A região também é suscetível a terremotos; todavia, são raros e, quando ocorrem, não costumam ser de grande intensidade. A área mais baixa, onde está Mendoza, é um deserto completamente árido. A cidade é eventualmente assolada pelo *zonda*, vento forte que traz muita poeira e altas temperaturas, um dos tormentos climáticos locais. A maior intempérie climática, porém, junto com o frio, é a neve nas altitudes mais altas, que frequentemente bloqueia estradas, em especial a que cruza a Cordilheira dos Andes e atravessa a fronteira com o Chile. Se por um lado a neve causa problemas para o fluxo de cargas e transporte internacional, por outro, traz benefícios ao abastecer os reservatórios de água.

Um crédito em particular deve-se dar ao clima e à altitude, já que diferenciam a região naquilo que a torna internacionalmente conhecida: o cultivo da uva e a produção vinífera. É nos arredores de Mendoza, aos pés dos Andes, afinal, que surgem alguns dos vinhos mais conceituados do mundo; e se alguns viajantes se revigoram nas montanhas, outros tantos se divertem nas várias bodegas existentes por aqui.

# REGIÃO DO ACONCÁGUA

# Mendoza

Mendoza está aos pés da Cordilheira dos Andes, a 180km do Aconcágua; é a melhor base de "cidade grande" para planejar e conhecer a maior montanha das Américas. A cidade fica em uma zona climática que favorece o cultivo da uva – não à toa, seus vinhos são um orgulho nacional –, e visitar as bodegas próximas é um dos mais agradáveis passeios da região. Mendoza, com 120 mil habitantes, capital da província de mesmo nome, é moderna para os padrões locais. Embora a cidade conte com muitos cafés, restaurantes, cinemas e teatros, as maiores distrações urbanas talvez sejam as ruas largas, os parques arborizados e os calçadões repletos de gente, por onde se pode dar uma volta para tomar um sorvete e curtir a simpática atmosfera interiorana.

## A Cidade

Fundada em 1561 por García Hurtado de Mendoza, governador da Província do Chile, da qual fazia parte na época, Mendoza tornou-se argentina em 1778, quando a região de Cuyo passou para a órbita administrativa de Buenos Aires e a fronteira com a Argentina foi demarcada ao longo dos Andes. A partir de 1814, a cidade passou a ser um centro de treinamento das tropas do *Ejército de los Andes*, comandado pelo general José de San Martín, e foi a base de lançamento dos ataques contra os espanhóis na sua antiga jurisdição, o Chile. Hoje, Mendoza é uma espécie de oásis em meio a uma das regiões mais desérticas da Argentina. Ao andar pelas ruas, você observa canais que correm junto ao meio fio das calçadas – é por onde é escoada a água que irriga a cidade. Sobre os canais há pequenas pontes, na verdade uma laje para os pedestres atravessarem. A Grande Mendoza inclui os departamentos de Las Heras, Guaymallén e Godoy Cruz, formando uma grande população de mais de 1 milhão de habitantes.

## Informações e serviços

**Código telefônico** 0261

**Clima** Bastante seco e com pouca umidade, o calor no verão é forte, média de 24°C em janeiro, o mês mais quente, mas com uma sensação térmica bem maior, acentuado pela escassez de chuvas. Já o inverno é frio, com média de 7°C em julho.

**Câmbio** A Av. San Martín tem algumas casas de câmbio, em especial nas proximidades da Peatonal Sarmiento. Na mesma avenida e também na Av. España, há alguns bancos, onde se pode trocar travel-cheques.

**Informações turísticas** Há um quiosque de informações turísticas a respeito do município de Mendoza na esquina das avenidas San Martín e Garibaldi, no ponto mais conhecido da cidade, em frente à Peatonal Sarmiento, aberto diariamente 9h-21h, F.420.1333. Já informações turísticas sobre a Província de Mendoza são fornecidas na *Subsecretaría de Turismo*, Av. San Martín 1143,

F.420.2800, bastante próxima do anterior, e a meia quadra da peatonal, aberta todos os dias 9h-21h. Há também um posto de informação na rodoviária, aberto diariamente 9h-20h, e outro no aeroporto, seg/sex 8h-21h e sáb/dom 9h-20h. Nesses locais você pode conseguir um mapa da cidade, panfletos de promoção turística e cartões de empresas que exploram o Aconcágua. Mais informações pelo site: www.turismo.mendoza.gov.ar.

**Agências de viagem** Há diversas situadas na Peatonal Sarmiento, como a *Cuyo Travel*, no nº 133, local 14, que concede descontos para estudantes, e a *Mendoza Viajes*, no nº 129. Também há outras, como a *Grupo Sur*, C. Espejo 247, e a *Huentata*, Av. Las Heras 699. Para jovens, mochileiros e estudantes, a *Asatej* fica na Av. San Martín 1366, Galeria Mendoza, locais 16 a 18. Entre as agências especializadas em Aconcágua, costumam ser recomendadas a *Inka Expediciones*, Av. Juan B. Justo 345, uma das que mais trabalham com montanhistas brasileiros; a *Aymara Turismo*, C. 9 de Julio 1023; e a *Fernando Grajales*, C. Necochea 2261, a mais antiga a operar no Aconcágua.

**Companhias aéreas** *Aerolíneas Argentinas*, F.420.4100; *Lan Chile*, F.425.7900.

**Locadoras de carro** Há várias na cidade, muitas na C. Primitivo de la Reta: *Avis*, nº 914, F.420.3178; *Budget*, nº 992, F.425.6127; *Alamo*, nº 928, F.429.3111; *Localiza*, nº 936, F.429.6800. E ainda: *Dollar*, C. Gutiérrez 567, F.425.0430; *Herbst*, C. República de Chile 1124, F.444.5062.

**Delegacia do Turista** C. San Martín 114, F. 413.2135.

**Hospital** *Central*, C. Salta esq. Av. Alem, F.420.0063; *Lagomaggiore*, C. Guillermo Cano s/nº, F.413.4600. Emergências médicas, F.107 ou 428.0000.

**Consulado Brasileiro** C. Peru 789, F.423.0939.

**Outros consulados** *Bolívia*, C. Lemos 635, F.429.2458; *Chile*, C. Belgrano 1080, F.425.4844; *Peru*, C. Huarpes 629, F.429.9831; *Portugal*, Av. Libertad 1477, F.421.7616.

## Orientação

O traçado de Mendoza é uniforme: as quadras marcam a numeração de 100 em 100, e as placas de sinalização informam os números que se encontram em cada quadra. Bastante fácil para se localizar. A Av. San Martín é a principal via, e a esquina desta com o Paseo Sarmiento, ou Peatonal Sarmiento, é o ponto central da cidade. Muitas vezes a informação de um endereço na Av. San Martín vem acompanhada do sentido, norte ou sul. Essa designação também está escrita nas placas de nome de ruas, o que ajuda um bocado.

## Circulando

Mendoza é uma cidade de trânsito tranquilo e organizado, o tipo de lugar em que muitos motoristas respeitam a faixa de pedestres, o que, em matéria de América do Sul, é um avanço. É servida por um eficiente sistema de ônibus urbano, cuja passagem é paga com cartões magnéticos, vendidos em tabacarias por $2,25.

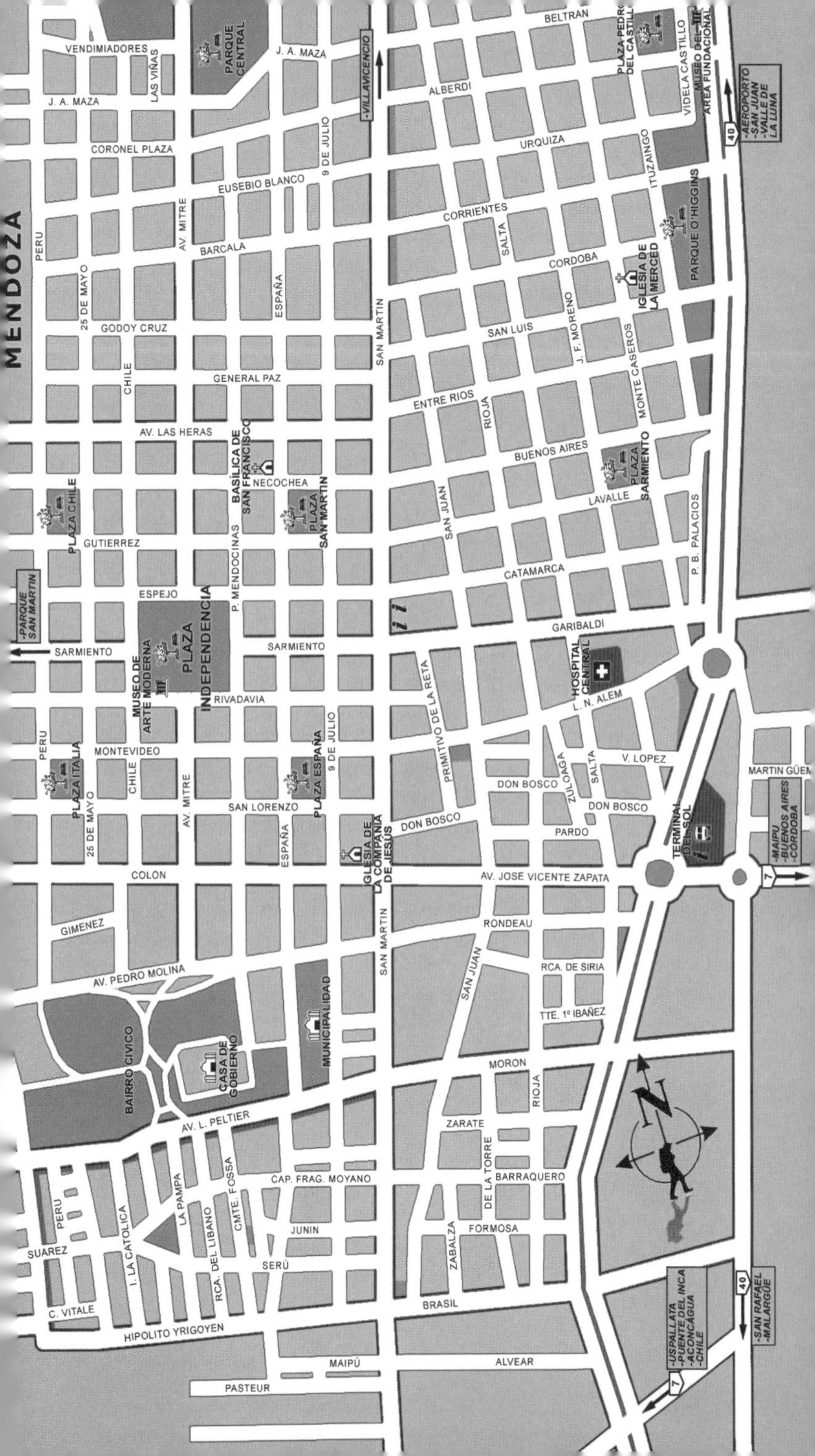

MENDOZA
PARQUE CENTRAL
VENDIMIADORES
LAS VIÑAS
J. A. MAZA
CORONEL PLAZA
EUSEBIO BLANCO
AV. MITRE
PERU
BARCALA
25 DE MAYO
ESPAÑA
GODOY CRUZ
CHILE
GENERAL PAZ
AV. LAS HERAS
BASÍLICA DE SAN FRANCISCO
NECOCHEA
PLAZA SAN MARTIN
PLAZA CHILE
GUTIERREZ
P. MENDOCINAS
ESPEJO
PLAZA INDEPENDENCIA
MUSEO DE ARTE MODERNA
SARMIENTO
-PARQUE SAN MARTIN
RIVADAVIA
MONTEVIDEO
PLAZA ITALIA
PLAZA ESPAÑA
9 DE JULIO
SAN LORENZO
IGLESIA DE LA COMPAÑIA DE JESUS
COLON
GIMENEZ
AV. PEDRO MOLINA
MUNICIPALIDAD
SAN MARTIN
BAIRRO CIVICO
CASA DE GOBIERNO
AV. L. PELTIER
CAP. FRAG. MOYANO
LA PAMPA
CMTE. FOSSA
RCA. DEL LIBANO
I. LA CATOLICA
JUNIN
SERÚ
SUAREZ
C. VITALE
HIPOLITO YRIGOYEN
MAIPÚ
PASTEUR
-VILLAVICENCIO
BELTRAN
PLAZA PEDRO DEL CASTILLO
VIDELA CASTILLO
MUSEO DEL ÁREA FUNDACIONAL
ALBERDI
URQUIZA
ITUZAINGO
-AEROPORTO
-SAN JUAN
-VALLE DE LA LUNA
40
CORRIENTES
SALTA
PARQUE O'HIGGINS
CORDOBA
IGLESIA DE LA MERCED
SAN LUIS
J. F. MORENO
MONTE CASEROS
ENTRE RIOS
RIOJA
BUENOS AIRES
PLAZA SARMIENTO
SAN JUAN
LAVALLE
P. B. PALACIOS
CATAMARCA
GARIBALDI
HOSPITAL CENTRAL
PRIMITIVO DE LA RETA
L. N. ALEM
ZULOAGA
V. LOPEZ
MARTIN GÜEMES
DON BOSCO
PARDO
TERMINAL DEL SOL
-MAIPU
-BUENOS AIRES
-CORDOBA
7
AV. JOSE VICENTE ZAPATA
RONDEAU
RCA. DE SIRIA
TTE. 1º IBAÑEZ
MORON
ZARATE
DE LA TORRE
BARRAQUERO
FORMOSA
ZABALZA
BRASIL
ALVEAR
N
-USPALLATA
-PUENTE DEL INCA
-ACONCÁGUA
-CHILE
-SAN RAFAEL
-MALARGÜE

Há também os *troley buses*, ônibus elétricos, mas com um número de linhas reduzido. Táxis quebram o galho, e são relativamente baratos. Quem estiver de carro, atenção que em algumas ruas há parquímetros (controlados por fiscais), mínimo $2 por meia hora. Mas o melhor mesmo é caminhar, e o traçado urbano ortogonal facilita a orientação.

## Chegando e saindo

O *Aeropuerto Francisco Gabrielli* fica a 7 km ao norte do centro de Mendoza, em Las Heras, F.20.6000. Chega-se de ônibus, com a linha nº 60-63 (*Aeropuerto*), que pode ser tomado na C. Salta, entre as C. Garibaldi e Alem, um trajeto de 10min que deixa você a 10min de caminhada até o aeroporto. Melhor tomar um táxi, por volta de $70.

A rodoviária, conhecida como *Terminal del Sol*, fica na Av. Videla, próxima à Av. José Vicente Zapata (continuação da Av. Colón), a mais ou menos 1km do centro.

Para aqueles que chegam a Mendoza de carro, a cidade possui um anel viário bem-sinalizado, cujos melhores acessos para a área urbana são as avenidas Garibaldi e José Vicente Zapata. Vindo ou indo para o norte ou para o sul, o acesso é a RN40, que desemboca neste anel. Ao leste (Buenos Aires) e ao oeste (Chile), o caminho é a RN7. Quem vem do país vizinho também entra no anel; já quem vai para a capital ou chega de lá, passa pelo terminal de ônibus, cruza o anel e entra na Av. José Vicente Zapata, chegando diretamente no centro.

## Viajando

De avião, há partidas regulares para **Buenos Aires**, 2h de viagem, de onde se faz a conexão aérea com o restante da Argentina.

De ônibus, existem mais opções de destinos. Para as localidades junto à Cordilheira dos Andes, **Uspallata**, 2h, $30,60; **Puente del Inca**, 3h, $36,80; **Las Cuevas**, 4h15, $37. Para **Buenos Aires**, 14h, $344/460 (semileito/leito), há diversas saídas diárias. Ao litoral, **Mar del Plata**, 20h, $545/630; **Puerto Madryn**, 23h, $725/875. Para a Patagônia Andina, **Bariloche**, 18h, $500/555; **Esquel**, 24h, $610/702; ou siga até **Neuquén**, 12h, $315/415, de onde partem frequentes conexões a pontos mais ao sul. Diariamente também é possível ir a **Córdoba**, 9h, $240/330, e **Rosario**, 12h, $315. Ao norte, há saídas diárias para **Tucumán**, 13h, $415; **Jujuy**, 18h, $550; **Salta**, 20h, $538. Para **Puerto Iguazú**, 36h, $1350, diariamente. Preços com base nas passagens da companhia Andesmar.

Para o Chile, **Santiago**, 7h, $120. Esta viagem pode ser cancelada no inverno se a estrada estiver bloqueada pela neve. No verão é possível ir direto às praias de **Viña del Mar**, cerca de 7h, $140. Bem menos frequentes, há saídas para **Montevidéu**, no Uruguai, 22h; **Porto Alegre**, no Brasil, 30h; e **Lima**, no Peru, intermináveis 60h de viagem.

**Carro** A principal via de acesso a Mendoza é a RN7, que ao leste vai a **Buenos Aires**, 1.049km. Bem pavimentada e sinalizada, esta ruta apresenta vários pedágios, distantes em torno de 200km um do outro. A oeste, se chega ao túnel que leva à

Travessia da Cordilheira dos Andes

fronteira chilena, 205km, num formidável caminho que atravessa a cordilheira andina, passando pelo povoado de **Uspallata**, 105km (por onde também se pode chegar via Villavicencio, veja texto mais adiante), e pela entrada do **Parque Provincial Aconcagua**, 180km. Mas atenção: no inverno, em função da neve e do piso deslizante, é obrigatório o uso de correntes nos pneus, e não raramente, durante nevascas, a estrada fica interditada. Por ser acesso ao Chile e ao Pacífico, a RN7 é uma via bastante popular entre caminhoneiros brasileiros, e aí vale dar um alô com aquela buzinada conterrânea. Para o sul e para o norte de Mendoza, a alternativa é a Ruta 40, em bom estado, mas com uma infraestrutura inferior à das estradas citadas: sem pedágios, sem muitos postos de combustível e sem muito movimento, cruzando uma região desértica que lembra a Patagônia. Para Córdoba, a viagem é bem atraente, passando por suas pitorescas serras; veja na página 149.

## Acomodação

Mendoza dispõe, na área central, de vários hotéis, alguns bons albergues e, próximos à rodoviária, residenciais com diárias razoavelmente em conta, mas conforto abaixo da média.

**Campo Base** Av. Mitre 946, F.425.5511, www.campobase.com.ar, 36 camas. Diária dorms 6p-4p $50; quarto 2p $203. Café da manhã e wi-fi incluídos. Funciona ainda como agência de turismo de aventura. Oferece aluguel de bicicletas e é bastante popular entre os montanhistas. O albergue não é dos mais espaçosos, mas tem uma atmosfera legal.

**Hostelling International Mendoza** Av. España 355, F.424.0018, www.hostelmendoza.net. Diária dorms 6p-4p $52/61 (sócios HI/não-sócios); quarto 2p $213. Café da manhã incluído. Banheiro em cada quarto, locker individual e wi-fi. Simpático e agradável, das instalações aos dormitórios. O grande barato do lugar são as atividades: o albergue programa, na alta temporada, aulas de dança, rodas de violão e parrilladas. As atividades são abertas também para não-hóspedes.

**Hospedaje Carmen** C. Martín Güemes 591, F.431.3527, 8 quartos. Diária 1p $60, 2p $100. Sem café da manhã. Quartos com banheiro coletivo; básico, sem muito conforto, mas com estacionamento. Local ok para quem quer economizar, a duas quadras da rodoviária, porém afastado do centro.

**Hotel Galicia** C. San Juan 881, F.420.2619, 16 quartos. Diária 1p $90/110 (sem/com banheiro), 2p $130/150. Café da manhã incluído. Não é dos hotéis que mais primam pela limpeza das acomodações. Situado em frente à Plaza Pellegrini, no caminho entre a rodoviária e a Av. San Martín.

**Hotel Margal** C. Juan B. Justo 75, F.425.2013, 15 quartos. Diária 1p $125, 2p $237, 3p $308. Café da manhã incluído. Quartos com banheiro, wi-fi e TV a cabo. Instalações bastante simples, meio caro pelo que oferece, tarifas negociáveis. A rua é uma continuação da Av. Las Heras.

**Hotel 6 de Septiembre** C. Martín Güemes 357, F.431.1611. Diária 1p $130, 2p $170. Aceita cartões. Quartos com banheiro, TV e café da manhã incluído. Uma boa para os que querem se hospedar próximo à rodoviária, num hotel limpo, econômico e confortável.

**Hotel del Sol** Av. Las Heras 212, F.438.2004, hoteles@ciudad.com.ar, 70 camas. Diária 1p $150, 2p $260, 3p $313. Café da manhã incluído. Quartos com banheiro, TV, wi-fi e ventilador. Instalado numa casa de fachada histórica, ainda que mal-conservada. Hotel limpo, mas o banheiro é básico demais pelo valor das diárias.

**Palace Hotel** Av. Las Heras 70, F.423.4200, 48 quartos. Diária 1p $210, 2p $370, 3p $440. Aceita cartões de crédito. Café da manhã incluído. Quartos com banheiro e TV a cabo. Boas instalações, com estacionamento; hotel situado em local agradável, a meia quadra da Av. San Martín.

**Hotel San Martín** C. General Espejo 435, F.438.0677, www.hsm-mza.com.ar, 90 camas. Diária 1p $310, 2p $385, 3p $440. Aceita cartões de crédito. Café da manhã incluído. Quartos com banheiro, ar-condicionado, TV a cabo e wi-fi. Hotel 3 estrelas, com lavanderia, internet, bar e estacionamento. Lugar legal, limpo, bem-localizado, em frente à Plaza Independencia.

**Argentino Hotel** C. Espejo 455, F.405.6300, www.argentino-hotel.com, 46 quartos. Diária 1p $420/490 (baixa/alta temporada), 2p $500/590. Aceita cartões de crédito. Café da manhã buffet incluído. Quartos com banheiro, ar-condicionado, TV a cabo, cofre, alguns com frigobar. Tem internet, piscina e estacionamento próximo. Em frente à Plaza Independencia.

**Hotel Carollo** C. 25 de Mayo 1184, F. 423.5666, www.hotelcarollo.com, 130 camas. Diárias 1p $470, 2p $520, 3p $695. Aceita cartões de crédito.

Café da manhã buffet incluído. Quartos com TV a cabo, telefone e ar-condicionado. Hotel 3 estrelas, a duas quadras da Plaza Independencia, tem internet, lavanderia, piscina (pequena), estacionamento e serviço de traslado gratuito. Os quartos são espaçosos, e o ambiente do hotel é agradável. Quase anexo ao prédio está o Princess Gran Hotel, pertencente à mesma rede do Carollo, com mesma tarifa e serviços, apenas as recepções são em locais diferentes.

**San Lorenzo Apartments** C. San Lorenzo 576, F.429.6261, www.sanlorenzoapart.com. Diária 2p $488, 4p $775. Café da manhã incluído. Aceita cartões. Quartos com banheiro, ar-condicionado e frigobar, sem sofisticação, mas bem-decorados. Tem internet, estacionamento, piscina, sauna e sala de massagem. É um apart-hotel bem-localizado, ao lado da Plaza Italia, com bons serviços, mas atendimento muito impessoal.

**Cavas Wine Lodge** Costa Flores s/nº, Alto Agrelo, F.410.6927, www.cavaswinelodge.com, 14 quartos. Diária em dólar 2p US$605/665 (baixa/alta temporada) mais 21% de imposto. Aceita cartões de crédito. Café da manhã incluído. Quartos confortáveis de 70m², com banheiro e hidromassagem, TV a cabo, acesso à internet, lareira, terraço com vista para os Andes e piscina privada. A 40km de Mendoza, na direção de quem vai ao Chile pela RN7, este hotel fica em meio a vinhedos, dispondo de uma ótima adega e restaurante internacional. Pequeno luxo de viagem para quem estiver a fim de passar a noite com romantismo.

## Comes & Bebes

Uma das grandes pedidas em Mendoza, para poupar na hora da refeição, é buscar os tradicionais lanches argentinos. Descoladas e descontraídas são as banquinhas em praças ou parques que fazem *choripanes*, um sanduíche feito de chorizo e pan (pão). O tal do chorizo é uma linguiça de sabor forte, mais apimentada que a tradicional. Este sanduíche é acompanhado de molhos típicos locais, como o saboroso chimichurri. Para mais refeições tipicamente argentinas, como lomitos, milanesas e panchos, tente alguma das muitas lanchonetes, como a **Mr. Dog**, na Las Heras 298, a três quadras da Av. San Martín e em vários outros locais; e a **Don Cláudio**, na C. Belgrano 744, esq. Av. Aristides Villanueva, mais com cara de restaurante, servindo uma grande variedade de sanduíches, tradicional ponto mendocino.

Entre os restaurantes, vale citar **La Casa de Papito**, na Av. San Martín, norte, esq. C. Gobernador González, uma caminhada razoável desde a Peatonal. Local rústico, com mesinhas na rua, ambiente descontraído, com bons petiscos e cerveja gelada, transformou-se no ponto de encontro do público alternativo da cidade. Foi o bar onde o músico Manu Chao curtiu a noite quando esteve em Mendoza. Mais ou menos no mesmo estilo, o **Los Dos Amigos**, C. Santa Fé 402, esq. C. Ituzaingó, serve boa comida e, eventualmente, à noite, tem tango instrumental ao vivo, com violão e bandoneon.

Para comer bastante e não gastar muito, tente os restaurantes chineses, os *chinos* (na Av. Las Heras há

A bela Plaza España, com fontes, monumentos e murais de azulejos

diversos), que, na real, além da comida chinesa, acabam servindo de tudo. Opções mais elegantes são os cafés e restaurantes da Peatonal. Caros, sem dúvida, mas charmosos e bem frequentados. Outra região com uma grande variedade nesse estilo é a Av. Aristides Villanueva, que é a continuação da Av. Colón, uma das principais transversais da San Martín. Já um ótimo custo-benefício é o **Las Tinajas**, na C. Lavalle 38, que oferece um superbuffet de parrillada, paella, frutos de mar, saladas, massas e ainda inclui bebidas e sobremesas – uma opção para se esbaldar comendo.

No **Montecantini**, General Paz 370, há, em um ambiente familiar, diversas opções de massas. Localizado em frente à praça España está **La Tasca de España**, com tapas e pratos típicos daquele país. O **Mande Faustino**, Sarmiento 785, oferece a cozinha tradicional argentina. Já **La Sal** é um refinado restaurante cultural, em que os pratos têm nomes próprios, e é uma boa pedida para os apreciadores de vinho, pois oferece mais de 150 rótulos da bebida.

## Atrações

Mendoza é inegavelmente frequentada por montanhistas interessados em se aventurar pelo Aconcágua. Mas a proximidade com a Cordilheira dos Andes não é o único atrativo. A cidade está rodeada de vinhedos e vinícolas, e conhecer uma bodega é um programa bacana até para os abstêmios de vinho. Mais ao sul, fica o Cañón del Atuel, que recebe muitas excursões de um dia. Caminhar por Mendoza também deve fazer parte do roteiro. A cidade tem várias praças, e o calçadão central – ou peatonal – tem um agito interessante, mas só a partir do fim da tarde, pois após o almoço parece haver epidemia de siestas. À noite, no verão, pipocam as feiras, os ambulantes e os artistas de rua, em especial na Plaza Independencia. E atenção ao andar por Mendoza: não vá cair num dos canais, junto a ruas e calçadas, que ajudam a irrigar a seca capital da província.

## Praças e parques

**Plaza Independencia** Praça central e uma das mais bonitas de Mendoza. À noite, o chafariz é iluminado com um pequeno show de luzes. Há também uma tradicional feira de artesanato e, de vez em quando, apresentações musicais. Ao seu redor situam-se o Museo de Arte Moderno e os teatros Quintanilla e Independencia.

**Outras praças** Equidistantes como os quatro pontos cardeais, tendo a **Plaza Independencia** ao centro, encontram-se a **Plaza Italia**, a **Plaza Chile**, a **Plaza San Martín**, em frente a qual fica a **Basílica de San Francisco**, construção de 1880, e a **Plaza España**, que abriga feiras artesanais e vale ser conhecida: é provavelmente a mais bela praça da cidade, com fontes e bonitos ladrilhos espanhóis que ilustram a história mendocina.

**Parque San Martín** Av. Boulogne Sur Mer, acesso com o troley bus linha T, na C. 9 de Julio. Criado em 1896, com uma área de 400 hectares, o San Martín hospeda cerca de 550 espécies vegetais, todas trazidas de outras regiões, já que a área de Mendoza é originalmente desértica. Algumas ruas cruzam o interior do parque, e têm o nome das árvores que foram ali plantadas. No interior do San Martín situam-se clubes esportivos (de golfe, hipismo e regata, entre outros), o *Estadio de Fútbol Malvinas Argentinas*, construído para a Copa do Mundo de 1978, o museu de ciências, a cidade universitária, alguns teatros e o *Jardín Zoológico*, aberto 9h-18h no verão e 9h-17h no inverno, entrada $15. Criado com a intenção de, com as árvores, conter as fortes ventanias, o parque é um grande centro de lazer, atraindo famílias, grupos de amigos e artistas em busca de um lugar para ensaio. Há um ônibus que parte, a cada hora, da entrada do parque, faz um tour pelos principais pontos internos e termina no Cerro de la Gloria, duração 1h, $12. As saídas são frequentes, desde que haja um número mínimo de quatro passageiros.

**Cerro de la Gloria** No Parque San Martín, numa ponta oeste. Morro que abriga o monumento em homenagem à campanha do exército libertador – a heróica travessia das tropas comandadas pelo general San Martín, que conseguiu cruzar a Cordilheira, surpreendendo os espanhóis no Chile. Todo em bronze, sobre um pedestal, o monumento tem a sua volta esculturas encravadas contando a história da campanha de libertação da Argentina, do Chile e do Peru, que teve Mendoza como palco de alguns de seus principais momentos. Pode-se subir o cerro entre 9h-19h, acesso gratuito.

**City Tour** Na alta temporada, um troley turístico da Prefeitura percorre, em 4h-5h, as principais atrações da cidade: a área central, praças, museus e o Parque San Martín, com visita ao Cerro de la Gloria. Saídas diariamente no verão às 9h e 17h do quiosque de informações turísticas, na Av. San Martín esq. Garibaldi, ingresso $60. Durante todo o ano, agências privadas realizam o mesmo passeio, eventualmente apanhando o passageiro em seu hotel; serviços variam conforme a agência.

## Vinhos

A Argentina é o maior produtor de vinho da América do Sul e o quinto do mundo, e a qualidade dos seus tintos, em especial, é internacionalmente reconhecida. Mas até alguns anos atrás não era assim. Foi há pouco mais de duas décadas que a vinicultura do país deu um salto de qualidade, quando, governo e produtores, com a consultoria de enólogos de renome, apostaram no desenvolvimento de tecnologia e conhecimento para buscar a competição no mercado externo. E a região de Mendoza, por ter um clima favorável ao cultivo da uva, acabou recebendo a maior parte dos investimentos. Hoje, Mendoza é responsável por 70% da produção argentina de vinho, com destaque para a zona de Luján de Cuyo, a mais de mil metros do nível do mar.

No início da década de 1990, os vinicultores partiram para uma ampla campanha de valorização do vinho regional, a fim de mudar alguns conceitos, como o de que jovens tomavam cerveja – então a bebida mais popular da região –, e apenas os mais velhos preferiam vinho. O primeiro alvo foram as mulheres, bombardeadas por mensagens publicitárias. A seguir, as bodegas começaram a desenvolver rótulos coloridos e atrativos para os jovens. Não deu outra. A bebida passou a fazer sucesso em bares e dancetarias locais. Para completar, as bodegas passaram a abrir para a visitação e a oferecer degustação, conquistando os turistas. Estes voltavam para casa e espalhavam a notícia: "tem vinho bom lá naquele canto esquecido da Argentina". Tintim!

É claro que todo esse investimento em divulgação não veio sem um aporte estrondoso de recursos aos processos de fabricação do vinho e à normatização do cultivo dos parreirais. Nenhum marketing resistiria a um produto ruim, e os bodegueiros sabiam que a região era

## Museus

**Museo Municipal de Arte Moderno** Plaza Independencia, aberto ter/dom 9h-20h, entrada $6/4 (estudante), gratuita às quartas. Em plena praça central, é uma pequena galeria de arte subterrânea, com exposições temporárias.

**Museo de Ciencias Naturales Juan Cornelio Moyano** Dentro do Parque San Martín, aberto ter/sex 8h-13h e 14h-19h, sáb/dom 15h-19h, entrada $5. Museu de Ciências e História Natural, com animais empalhados e uma série de atrações interativas, mais voltadas a crianças.

**Museo del Área Fundacional** C. Beltrán esq. C. Videla Castillo, ônibus T ou 110. Aberto ter/sáb 8h-20h e domingo 14h-20h, entrada $14 (gratuita para estudantes). Exibe relíquias arqueológicas da cidade, como a múmia de uma criança que foi encontrada no Aconcágua e uma câmara subterrânea com vestígios de Mendoza antes da destruição causada por um terremoto ocorrido em 1861. O museu foi construído sobre o antigo Cabildo, em frente à Plaza Pedro del Castillo, local onde a cidade foi fundada.

propícia para uma cultura vinífera de qualidade: clima semelhante ao mediterrâneo, solo calcário de grande permeabilidade e pobre em matéria orgânica, pouca chuva, proteção da Cordilheira dos Andes, que deixava o ar ainda mais seco e alimentava as plantações com a água do degelo. Logo as uvas que se demonstraram mais favoráveis ao cultivo na região foram a malbec (tinto) e a sauvignon blanc (branco), com destaque também às uvas torrontés, syrah, merlot. Resultado: hoje são mais de 1.200 vinícolas, e mais de uma centena abrem ao público.

Tarefa difícil é destacar as principais bodegas. Uma das melhores para visitar é a Norton, com degustação de vinhos brancos e tintos de qualidade; soma-se a isso o fato de que não é muito fácil encontrar os produtos Norton no Brasil e seu preço ser bem alto (nos dois países). A Dolium é uma das mais preparadas: a primeira bodega subterrânea da América Latina, construída 4,50 metros abaixo do solo, com a intenção de obter a temperatura ideal para o envelhecimento dos vinhos, entre 12°C e 18°C, sem qualquer refrigeração artificial. Bastante popular é a Familia Zuccardi, que está entre as cinco maiores vinícolas da Argentina e a primeira do continente a não utilizar agrotóxicos. Em um ambiente mais frio do que o das anteriores, a Doña Paula, aos pés do Vulcão Tupungato, tem números expressivos: 1,8 milhão de garrafas são produzidas por ano, e 90% delas vão para a exportação, com distribuição em mais de 20 países. A La Rural, fundada no fim do século 19, possui quatro vinhedos e uma área de 183 hectares, e a bodega ainda tem um interessante museu do vinho. Outra bacana é a Escorihuela, uma das mais antigas da região, que se destaca por seu restaurante, o 1884 (ano em que se iniciou o plantio dos vinhedos), do badalado chef Francis Mallmann – em 2002, o lugar foi eleito por alguns jornais britânicos como o 7º melhor restaurante do mundo!

Próximo a Mendoza, um pouco mais ao norte, ainda encostadas nos Andes, ficam outras duas regiões viníferas importantes: La Rioja e San Juan, esta oferecendo o passeio turístico Ruta Del Vino de San Juan.

## Festa

**Fiesta de la Vendimia** A festa que comemora a colheita da uva é uma das maiores celebrações da Província de Mendoza, regada com bastante vinho e suco de uva. Nesta época, a região recebe visitantes de todas as partes do país. O movimento começa em dezembro e termina em março, quando ocorre a escolha da Rainha da Vindima. Estima-se que mais de 50 mil pessoas presenciem o espetáculo de música, dança e luzes, no qual, em carros alegóricos, desfilam rainhas cercadas por motivos com a temática da uva.

Atenção: canal!

## Compras

O *Mercado Artesanal Mendocino*, Av. San Martín 1143, expõe e vende artesanato folclórico; aqui as comunidades indígenas demonstram as ancestrais técnicas no manejo de couro e de tecidos dos índios huarpes, primitivos habitantes da região. O lucro é revertido para as próprias comunidades, o que pode amenizar a sensação de que tudo é muito caro. Interessantes também são as feiras que acontecem nas praças da cidade, na Plaza Independencia e na Plaza España, com artesanato e suvenires. A avenida Las Heras concentra lojas de artigos regionais, entre elas a *Las Viñas*, no número 399, esq. Av. Mitre. Para os amantes de chocolate, a pedida é *La Cabaña*, Av. San Martín 2624.

## Diversão

Na Av. San Martín esq. Paseo Peatonal Sarmiento fica o agito de Mendoza. O happy hour nos bares que há por aqui é bastante concorrido, atraindo músicos e artistas populares. As baladas noturnas, todavia, concentram-se na região chamada *Chacras de Coria*, a uns 14km do centro.

## Bodegas

As vinícolas são um dos principais atrativos de Mendoza e da região, motivo pelo qual muitos viajantes se dirigem à cidade. A maioria das bodegas, porém, está localizada nos arredores, o que dificulta o acesso dos que não estão com veículo próprio. Neste caso, a maneira mais prática para conhecer é optar por um tour que percorre as principais produtoras de vinho da área, o que é oferecido por diversas agências, custando, em média, $120.

Quem não quer integrar um passeio organizado pode, como alternativa, visitar algumas bodegas que se encontram em zonas urbanas da Grande Mendoza, acessíveis via transporte público. Uma delas é a *Bodega Escorihuela*, C. Belgrano 1108, F.424.2282. Para chegar, pegue o ônibus linha T, na C. 9 de Julio, que deixa a duas quadras do local, descendo na Av. San Martín, em frente ao McDonald's. Abre seg/sex, visitas guiadas às 10h30, 11h30, 14h30 e 15h30 (fecha em janeiro), encerrando com uma degustação de vinhos. Um pouco mais afastada é a *Bodega Santa Ana*, esquina das avenidas Roca e Urquiza, em Guaymallén, com acesso pelos ônibus 8, 20 ou 25. Convém marcar a visita pelo telefone 520.7200.

Se você estiver de carro, o leque se abre imensamente. Vale pegar uma lista das vinícolas no centro de informações turísticas e definir um roteiro – é um verdadeiro passeio, até porque a maioria se encontra na área rural de bairros e cidades fora de Mendoza, como Maipú e Luján de Cuyo. É bom confirmar que estejam abertas ao público; neste caso, invariavelmente devem incluir um pequeno tour guiado, com degustação ao final, e, claro, com a possibilidade de comprar vinhos a um preço mais apetitoso do que você pagaria em supermercados locais ou, principalmente, no Brasil.

Muitas vinícolas fecham nos fins de semana. Entre as que estão abertas diariamente, encontra-se a *Bodega La Rural*, Montecaseros 2625, Coquimbito, em Maipú, F.497.2013, visitas a cada 30 minutos, seg/sáb 9h-13h e 14h-17h, domingos (mediante reserva) 10h-13h a cada 1 hora, e inclui o *Museo del Vino*, onde artefatos em geral ajudam a contar a história da vitivinicultura da região.

Popular também é a *Bodega Família Zuccardi*, RP33, Km 7,5, Fray Luis Beltrán, também em Maipú, F.441.0000, aberta seg/sáb 9h-17h, domingos 10h-15h30, $30, onde é possível conhecer os seus parreirais. Reserva conceituada é a da *Bodega Chandon*, RP15, Km 29, em Luján de Cuyo, F.490.9968, que oferece uma espécie de degustação guiada, seg/sex entre 9h-16h, ao custo de $45-70, valor varia conforme a linha dos vinhos experimentados.

O universo vinicultor da região é imenso. Quem estiver a fim de dissecar mais o assunto (ou os vinhos) vale investir num guia de bodegas, como o Winemap – Camino de las Bodegas, ou o Mapa Circuito de Bodegas, ambos à venda, ou consultar o site www.winemapargentina.com.ar.

## Passeios

**Curvas de Villavicencio** Antiga estrada que parte de Mendoza em direção ao Chile e passa por belíssimas paisagens da zona da pré-cordilheira. Este caminho deixou de ser utilizado após a construção da atual Ruta 7; para fazer o percurso, pode-se integrar uma excursão organizada pelas agências locais, normalmente realizada em um dia inteiro ou meio dia, em torno de $110 por pessoa. Ou ir de carro, a partir de Mendoza seguindo pela RP52, que, após atingir a altitude de 3 mil metros, baixa por uma série de curvas até o povoado de Uspallata, no trecho conhecido como "caminho das 365 curvas". É impressionante a visão de cima, com a estrada serpenteando centenas de metros abaixo, formando caracóis. No meio do trajeto ficam as *Termas de Villavicencio* e sua estação de águas minerais, que batizam uma das principais marcas de água mineral da região.

# POTRERILLOS

Vilarejo a 63km ao oeste de Mendoza, com acesso pela Ruta 7, que segue em direção ao Chile, Potrerillos está situado num pitoresco vale da pré-cordilheira andina. A região oferece paisagens de montanhas e de rios, como o Blanco e o Mendoza, e a beleza da natureza torna o povoado uma base propícia ao turismo de aventura. Nesta área você pode praticar escaladas, rafting, trekking, cavalgadas e mountain bike – ou apenas apreciar a brisa a 1.350m de altitude. Potrerillos contabiliza não mais de 500 habitantes, e muitas das casas aqui são estâncias de mendocinos que nos finais de semana desejam se refugiar nas montanhas.

## Chegando e saindo

Quem vem de Mendoza já da estrada avista o imenso espelho d'água, com 12km de largura, formado pela *Represa de Potrerillos*. A oeste de Potrerillos, a 11km, encontra-se a estação de esqui Vallecitos, a 2.900m de altitude, popular na região, com 12 pistas de diferentes níveis; o local atrai de principiantes a esquiadores mais experientes.

## Acomodação

Viajantes contam com algumas opções de campings e cabanas; entre estas últimas está o **Complejo El Plata**, F.428.5919, www.complejoelplata.com.ar, diárias 2p $300, 4p $500, 6p $580; são 6 cabanas bem-estruturadas, com 2 quartos, banheiro, cozinha equipada e calefação, situadas em área com estacionamento, piscina e uma excepcional vista das montanhas.

# USPALLATA

Quem assistiu ao filme *Sete Anos no Tibet* deve ter ficado impressionado com a beleza das paisagens tibetanas – da Cordilheira dos Andes! Bem longe da China e do Nepal, Uspallata não abriga nenhum monge budista, mas se orgulha de ter sido o cenário de muitas das locações de montanhas – o Himalaia, no caso – do filme (que na época da produção não conseguiu autorização do governo chinês para filmar no Tibet). Com menos de 4 mil habitantes, situado entre Mendoza e a Cordilheira dos Andes, com poucas ruas calçadas, este pequeno povoado é passagem obrigatória – e merecida – para os que vêm ou vão para o Aconcágua ou ao Chile. O nome do lugar deriva de um vocábulo quéchua, *"chuspallacta"*, que significa povo embolsado, já que Uspallata, a 1.900m de altitude, fica em um vale encravado no meio das montanhas, definitivamente cinematográfico.

## Informações e serviços

**Código telefônico** 02624

**Clima** Seco, como Mendoza, com a qual compartilha a característica de ser uma área cuja arborização se deu toda pela ação humana. Contudo, por estar mais próxima da Cordilheira dos Andes, Uspallata está mais sujeita às nevascas, embora seja considerada uma zona segura para trânsito de veículos, livre de bloqueios nas estradas. As placas na RN7, que liga Mendoza a Santiago, indicam que, em caso de tempestades de neve, frequentes no inverno, é necessário regressar a Uspallata para evitar ficar preso em zona de bloqueio. No verão, o calor seco é o tormento para os viajantes habituados à umidade tropical do Brasil.

**Câmbio** Vá precavido, pois há somente o *Banco de Mendoza*, na Av. Las Heras, e que não troca travel-cheques.

**Informações turísticas** Há um quiosque de responsabilidade da *Subsecretaría de Turismo da Província de Mendoza* na entrada da cidade, em frente ao posto de gasolina, no entroncamento à beira da estrada, F.420.410. Abre diariamente 9h-21h (20h no inverno), e você pode conseguir algum mapa básico, com marcos da região e dicas por onde passear.

**Agências de viagem** A *Desnível Turismo Aventura*, Ruta 7 s/nº, Galeria Comercial Uspallata, local 12, F.420.275; e a *Pizarro Expediciones*, no encontro da Ruta 7 com a RP 52, F.420.003, realizam passeios pela região, incluindo o Aconcágua.

# Orientação

Uspallata é bastante pequena, e a área central desse povoado se concentra na Av. Las Heras, que começa junto à RN7, em frente ao posto YPF. Os atrativos da região encontram-se mais distantes, e quem não estiver de carro pode aderir a um tour guiado (saídas, porém, irregulares), caminhar ou mesmo alugar cavalos.

## Chegando e saindo

O terminal de ônibus fica na Galeria, na esquina central, RN7 com Av. Las Heras. Uspallata recebe ônibus diários vindos de Mendoza, 2h, $30,60, já que é um ponto intermediário para os veículos que seguem às localidades da fronteira, como **Puente del Inca**, 1h, $19,50, e **Las Cuevas**, 1h30, $22. Para seguir daqui diretamente ao Chile é necessário contatar alguma empresa no terminal em Mendoza e fazer a reserva solicitando que o ônibus pare em Uspallata, já que não faz parte do trajeto regular pegar passageiros aqui. O preço da passagem permanece o mesmo que o de Mendoza a **Santiago**, $120, 4h de viagem.

**Carro** De **Mendoza**, 105km, a melhor estrada é a RN7, toda asfaltada, com subidas e curvas num caminho que passa por Potrerillos. A pavimentação e a sinalização estão em boas condições, mas o tráfego de caminhões é intenso, devido ao acesso aduaneiro ao Chile. Por este motivo, a fiscalização da polícia argentina (que é conhecida como *Gendarmeria*) pode ser feita com mais rigor neste trecho da estrada, quando não raramente revistam todo o seu carro.

Outra possibilidade de conexão entre Uspallata e Mendoza é a RP52, uma estrada de rípio em condições bastante inferiores, mas com um visual surpreendente, conhecido como Curvas de Villavicencio (citado na

Ruta 7, de Mendoza a Uspallata: trajeto abençoado pelos Andes

página 249). Como um passeio, você pode percorrer parte do trajeto a partir de Uspallata, retornando posteriormente à cidade.

De Uspallata ao Chile você começa a subir a cordilheira, e a paisagem torna-se cada vez mais característica, com um fascinante cenário de alta montanha. A estrada, em muito bom estado, passa pela entrada do Aconcágua até atravessar o Túnel Internacional, chegando à aduana chilena. No inverno ou em épocas de nevascas, certifique-se de que o caminho não esteja bloqueado pela neve.

## Acomodação

Há alguns campings na cidade, como o **Camping Ranquil Luncay**, RN7, Km 1149, F.420.421, $20/pessoa, mais $10/veículo, com água quente, luz elétrica e piscina. Já para se hospedar em hotéis, existem algumas (poucas) possibilidades.

**Hotel Viena**, Av. Las Heras 240, F.420.046, 30 camas, diárias 2p $150, 3p $180, café da manhã incluído. Quartos com banheiro, TV a cabo e calefação. Tem lavanderia e cofre. Bastante simples, mas agradável. Outro satisfatório é o **Hostal Los Condores**, Av. Las Heras s/n°, a uma quadra da esquina central, F.420.002, 70 camas, diárias 1p $385, 2p $460, aceita cartões, café da manhã incluído. Quartos com banheiro, TV a cabo e calefação, e ainda tem estacionamento, restaurante e lavanderia.

Alguns hotéis melhores ficam junto à estrada, como o **Hotel Uspallata**, RN7, Km 1.149, logo após passar a ponte depois do cruzamento do posto YPF, F.423.4848, 180 camas, diárias 2p $470, aceita cartão, café incluído. Quartos com banheiro, TV a cabo e calefação, e tem lavanderia e quadras esportivas. Ambiente aconchegante, ótima opção. Próximo fica o **Hotel Valle Andino**, RN7, a caminho do Chile, 1km de Uspallata, depois do posto Shell, F.420.095, www.hotelvalleandino.com, diárias 1p $250, 2p $464, 3p $550, com café da manhã. Tem TV a cabo, piscina coberta, quadra de vôlei e futebol.

O impressionante cemitério del Andinista

## Comes & Bebes

O **Mc Pocho**, na Ruta 7 s/n°, ao lado do posto YPF, serve lomos e hamburguesas bem-preparados, a preços acessíveis, e tem cerveja gelada. O **Tibet**, na esquina central da RN7 com a Av. Las Heras, exibe sua decoração inspirada no filme *Sete Anos no Tibet*, e alguns objetos que ornamentam o local foram adquiridos da própria produção do filme. Serve sanduíches, pizzas e empanadas.

## Atrações

As atrações da cidade, como não poderia deixar de ser, são todas vinculadas às belas montanhas da região; para visitá-las pode-se contratar os tours das agências locais, caso não esteja de carro. Para alguns lugares é possível ir a pé, como ao **Mirador de Uspallata**, junto à Cruz da Via Crucis, a aproximadamente 1km da cidade.

Entretanto, é fato que um carro dá maior liberdade para ir a locais distantes. Outros pontos de interesse são o **Cerro 7 Colores** (não confundir com o homônimo de Purmamarca, na região Noroeste), seguindo pela RN13; o **Cerro Tundunqueral**, a cerca de 10km pela RP52, que, como o anterior, também impressiona pela inusitada composição mineralógica que imprime diferentes cores à montanha; e as **Bóvedas de Uspallata**, a 5km da cidade, com acesso também pela RP52, ruínas arqueológicas no meio do deserto, herança dos índios huarpe e dos incas que habitaram a região.

**Cementerio del Andinista** Na RN7, a 2km antes de chegar a Puente del Inca, o Cementerio del Andinista pode ser avistado à esquerda da estrada. Aqui estão sepultados os corpos de alguns que morreram na tentativa de subir o Aconcágua. Algumas covas são bastante antigas, do começo do século 20. É um cemitério pequeno e surpreendente, que clama pelo respeito e reflexão, em homenagem aos bravos aventureiros que morreram na busca de seus sonhos. Muito interessante, vale conhecer.

## Esqui

**Los Penitentes** Encravada na Cordilheira dos Andes, Los Penitentes é uma popular estação de esqui, a 186km de Mendoza e 63km de Uspallata. Situada pouco antes de Puente del Inca, a partir de Mendoza é possível chegar com ônibus regulares e excursões ou de carro, pela RN7 (que leva ao Chile), com acesso da RN40. Inaugurada em 1979, a estação tem 28 pistas em uma área de 300 hectares de superfície esquiável, de principiantes a avançados. Há também uma escola de esqui e o "jardim de neve" para as crianças. O período de esqui vai de meados de junho ao final de agosto, dividido em alta e baixa temporada, quando as temperaturas variam entre -4ºC e 7ºC, em dias secos e ensolarados.

Quanto à acomodação, mais tradicionais são as hosterías ao pé da montanha. Uma das melhores é a **Hostería Penitentes**, diárias 2p $1.520-1.980 por uma semana; mesmo sendo um dos melhores, os quartos não têm TV, apenas banheiro privativo. O **Edificio Horcones** aluga apartamentos para 4p, por cerca de $2.500, por uma semana. A hospedagem mais acessível é o **Refúgio Cruz de Caña**, capacidade para 40 pessoas em dorms 8p com banheiro compartilhado, diárias $102/180 (baixa/alta temporada).

# Puente del Inca

Próximo à base do Aconcágua, na Ruta 7 a caminho do Chile, encontra-se este pequeno povoado que fica a 2.720m de altitude, incrustado entre as montanhas – um visual de tirar o fôlego. O nome, Puente del Inca, origina-se da formação natural em forma de arco que passa sobre o Río Mendoza como uma ponte, que, dizem, foi utilizada pelos incas. A ocupação do lugar aconteceu por duas razões: por sua localização estratégica, próxima à fronteira com o Chile – motivo pelo qual se instalou aqui uma corporação montanhista do Exército Argentino –, e por sua atração turística, as fontes de águas termais que serviam ao descanso dos viajantes em um antigo hotel de luxo, destruído por uma avalanche (ainda hoje se identificam os escombros do prédio).

## Informações e serviços

Não há posto de informações turísticas. Para esclarecer dúvidas, consulte o pessoal dos poucos hotéis, do comércio e os próprios moradores. Atenção ao clima local: durante o verão os dias são quentes, mas a altitude e os fortes ventos que constantemente assolam a região fazem com que aqui não se sinta a ação do sol. Não se iluda. O sol queima, e muito; ande sempre protegido, sem economizar no protetor solar, e não se esqueça dos óculos escuros. As noites são frias, mesmo no verão. Já o inverno é sempre frio com frequentes nevascas. O código de acesso telefônico local é o mesmo de Uspallata: 02624.

## Orientação

O povoado é cortado ao meio pela Ruta 7: de um lado está a vila dos militares e, do outro, "a cidade". Não há ruas em Puente del Inca: somente um aglomerado de casas, às vezes com algumas passagens, mas sem via de circulação de carros. As referências necessárias basicamente são as direções oeste, que vai ao Chile, e leste, rumo a Mendoza.

## Chegando e saindo

Para quem chega a Puente del Inca de ônibus, o desembarque é feito numa área junto à estrada, ao lado da Hostería Puente del Inca e em frente ao Parador del Inca. Este também e o local ideal para estacionar o carro e passear a pé. A *Expreso Uspallata* liga o povoado, três vezes ao dia, a **Mendoza**, 3h-4h, $36,80, passagem comprada diretamente com o motorista. Também se vai até a vizinha **Las Cuevas**, 30min, $3,90.

Puente del Inca

## Viajando

Seja qual for o trajeto que você fizer, vindo do Chile até Mendoza pela RN7 e parando em Inca, ou o inverso, passar pela estrada que liga os dois países é uma das experiências mais gratificantes de uma viagem pela América do Sul. Você avista algumas das maiores montanhas da Cordilheira, como o Aconcágua (6.962m) e o Tupungato (6.800m, no Chile), e mesmo os picos anônimos do percurso são estonteantes, sem nada a dever. Quem viaja no inverno, atenção: a estrada costuma fechar devido a nevascas; quando aberta, igualmente preste atenção devido ao piso eventualmente deslizante. E, claro, atenção à paisagem, bonificada com as montanhas excepcionalmente cobertas de neve, garantindo uma beleza ímpar ao trajeto.

## Acomodação

Puente del Inca dispõe de poucas hospedagens. A maioria são alojamentos simples, sem banheiros privativos, como o **Parador del Inca**, um pequeno restaurante na Ruta 7, que possui uma cabana com dois quartos (diária 8p e um banheiro coletivo a $70/pessoa). Também é possível dormir no Refugio Militar, ou **Compañía de Cazadores de Montaña**, F.420.138, corporação montanhista do exército argentino, que oferece hospedagem em um casarão onde funciona uma espécie de albergue a $80/pessoa, com café da manhã, em quartos grandes, com banheiro compartilhado.

Há uma boa exceção para atender os mais exigentes, a **Hostería Puente del Inca**, F.420.266, diária 1p $255/345 (baixa/alta temporada), 2p $300/400, com café da manhã incluído. Tem quartos com banheiro e calefação, serviço de restaurante, lavanderia; ambiente agradável, decoração inspirada em refúgios de montanha, bem no clima do lugar. Costuma ser a escolha dos montanhistas que vão ao Aconcágua.

## Atrações

O nome Puente del Inca vem da formação rochosa que passa sobre o Río Mendoza, como uma ponte natural, formada pela ação das águas quentes do local. A 19m sobre o Río Mendoza, tem 21m de comprimento. O conjunto é complementado pelas ruínas dos banhos de um antigo hotel, construído junto à ponte, por onde ainda correm as águas termais. A caminhada pelo lugar é bastante interessante. Existe uma pequena feira em Puente del Inca, em que se vende todo tipo de bugigangas para turistas. Talvez o mais curioso sejam os objetos petrificados. A composição química das águas termais de Inca gera um processo de petrificação naquilo que é mergulhado em suas águas. A criatividade local não deixa por menos, e objetos como tênis, garrafas de refrigerante e outras bobagens são imersos nas águas para depois serem vendidos como suvenires de pedra.

**Trekking** Puente del Inca é cercada por grandes cerros. Quem deseja melhorar sua aclimatação à altitude, eventualmente antecipando uma expedição ao Aconcágua, pode se exercitar subindo alguma destas montanhas, uma prática bastante difundida entre os que passam alguns dias no povoado. O monte mais procurado é o **Banderita Norte**, cerro que fica em frente a Inca, atravessando a rodovia.

Sua identificação não é difícil: no alto há uma pequena bandeira metálica instalada; daí o nome pelo qual a montanha é conhecida. Seu topo está a cerca de 3.800m. Não há uma trilha específica, mas o caminho é de fácil dedução, já que o cume é sempre visível. Não exige nenhuma técnica de escalada, mas é uma caminhada forte, com direito a uma vista privilegiada.

## Passeios

**Cristo Redentor** Estátua que marca a divisa da fronteira Argentina-Chile, instalada no alto de um cerro de 4 mil metros, próximo ao povoado de Las Cuevas, a 188km de Mendoza. Existem tours guiados até lá, mas os viajantes de melhor preparo físico podem subir caminhando. Para tanto, tome o ônibus em Inca até Las Cuevas, de onde você irá cruzar pela antiga aduana, e então é só seguir a estrada, num trajeto que sobe em ziguezague. Não há trilha nem desvio; é caminho único. A visão do alto é espetacular: toda a Cordilheira descortina-se à sua frente, num cenário deslumbrante. O vento é muito forte, vá agasalhado.

# PARQUE PROVINCIAL ACONCAGUA

O Aconcágua é uma atração mundial. Muito do grande fluxo de viajantes que vai ou passa por Mendoza é atraído por essa grande montanha. Não sem razão. Com 6.962m de altitude, é a maior das Américas – e do mundo, fora do continente asiático. A escalada até o cume pode ser realizada por suas três rotas principais: a via Normal (ou Noroeste), a Glaciar de los Polacos e a Parede Sul (ou somente Sul). O Aconcágua não exige grandes conhecimentos de técnicas de escalada; pode-se chegar caminhando – ou escalaminhando – até o cume, ao menos pela rota Normal. Porém, vários trechos são bastante inclinados, frequentemente cobertos por gelo ou pedras soltas, e uma queda em uma zona como esta pode levar à morte.

O alpinismo em grandes altitudes – conhecido como escaladas de alta montanha –, independentemente de oferecer maiores obstáculos técnicos, é um verdadeiro desafio aos limites humanos. Os efeitos da altitude são nefastos ao organismo, e uma adaptação malfeita pode ocasionar problemas como edema pulmonar ou cerebral, que, se detectados quando já se estiver em partes isoladas da cordilheira, sem acesso a recursos médicos ou sem possibilidade de resgate, podem ser fatais. Se você é um aficionado por grandes montanhas, alimenta o sonho de ir até o maior pico das Américas, mas não tem experiência em trekkings ou escaladas, procure antes se familiarizar com esta atividade.

De qualquer forma, o Aconcágua, situado dentro de uma reserva homônima, não é atração exclusiva para os que desejam se aventurar ao seu pico. Como parque, oferece muitas trilhas, lagos e passeios perfeitos para quem pretende passar alguns dias ou algumas horas junto a montanhas imensas, com a sensação única de estar num dos tetos do planeta.

## A Montanha

O Aconcágua fica dentro de uma área protegida, chamada Parque Provincial Aconcagua, de 71 mil hectares, ao norte da RN7. Pode ser avistado da própria estrada ou a partir da **Laguna Horcones**, que, ponto de fácil acesso e mirador clássico para fotos, com a Parede Sul da montanha à frente, oferece uma das mais belas vistas, a cerca de 1km após a entrada do parque. E é na entrada, a 4km do povoado de Puente del Inca e a 180km de Mendoza, a 2.850m de altitude, que é feito o registro dos andinistas que tentarão vencer a montanha pelas diferentes vias de escalada.

A via Normal é a mais utilizada por apresentar menos dificuldades que as demais. Ao longo do caminho, encontra-se uma série de locais de acampamento pré-definidos, que são os diferentes estágios da escalada desse trajeto: Confluencia (3.300m), Plaza de Mulas (4.000m), Plaza Canada (4.910m), Nido de Cóndores (5.380m), Refugio Berlín (5.810m) e Refugio Independencia (6.370m). O acampamento Plaza de Mulas é conhecido como campo (ou acampamento) base, pois é o local em que todas as expedições fazem sua base estratégica e onde estão instaladas as empresas que prestam serviço no Aconcágua e os guarda-parques com a estrutura de serviços – médicos, inclusive. A administração do parque é bastante eficiente, com guardas bem instruídos trabalhando na entrada e nos acampamentos Confluencia e Plaza de Mulas.

A escalada pela via Normal ocorre de forma gradual, o que permite uma melhor adaptação do corpo à altitude. Fora a Plaza de Mulas, que se encontra a 40km da entrada do parque, nos demais acampamentos o que conta é a altitude, não a distância percorrida. O "ataque" ao cume parte, normalmente, do refúgio Berlín, e pode demorar, conforme a resistência do

A grandiosidade da montanha

## A conquista do Aconcágua

Não há informações precisas sobre desde quando o Aconcágua começou a ser escalado, mas muito tempo antes das primeiras bem-sucedidas expedições, no final do século 19, foram encontrados traços de civilizações ao longo da montanha e próximo ao seu pico. O próprio nome é de origem indígena: na língua dos quéchuas, anco significa branco e cahuac, sentinela.

A primeira grande exploração de que se tem registro foi realizada em 1817 pelo General José de San Martín, que, juntamente com seu exército de mais de 5 mil soldados (e 10 mil mulas), atravessou a cordilheira para libertar o Chile dos espanhóis. Anos depois, em 1832, Charles Darwin, quando cruzava os Andes, percebeu a imponência da montanha. Mas foi só em 1883 que foram feitas as primeiras tentativas concretas de subir ao topo do Aconcágua. Na época, o alpinista alemão Paul Gussfeldt induziu alguns condutores de mula a acreditar que havia um tesouro enterrado na montanha para convencê-los a participar da expedição. Gussfeldt conseguiu subir a 6.560 metros, o que era uma boa altitude, levando-se em conta que os instrumentos da época eram precários e que não se tinha um real conhecimento da montanha.

Anos depois, durante 6 semanas, entre 1896 e 1897, aconteceu a primeira expedição de sucesso, liderada pelo inglês Edward Fitzgerald, com a participação do guia suíço Matthias Zurbriggen.

Foram necessárias cinco tentativas, por vias diferentes, para Zurbriggen, somente ele, em 19 de janeiro de 1897, atingir os 6.962 metros de altitude do cume. O suíço subiu uma linha direta sobre o trecho conhecido como Gran Acarreo, percurso da hoje chamada Rota Normal (menosprezada por alguns, como "apenas uma caminhada pesada"). Ao longo do mês seguinte, a equipe, da qual faziam parte os escaladores inglês Stuart Vines e o italiano Nicola Lanti, fizeram uma nova tentativa, alcançando por fim o cume – todos, menos Fitzgerald.

Após sofrer seguidos acessos de mal de altitude, o líder inglês, justamente ele, foi obrigado a recuar, tornando-se o único do grupo a não alcançar o pico do Aconcágua. Apesar do fracasso pessoal (por duas vezes), Fitzgerald tem o mérito de ter sido o idealizador das duas bem-sucedidas expedições ao maior pico das Américas.

---

escalador, de 9 a 16 horas. As maiores dificuldades nessa via são os trechos conhecidos como *Gran Acarreo*, longa travessia sobre um desnível de cerca de 500m, em terreno pouco firme, a 6.500m de altitude, e *Gran Canaleta*, trecho de cerca de 300m de extensão, na parte final da escalada, bastante inclinado e com muitas pedras soltas, que dificultam o avanço para cima. Considere-se, ainda, outros desafios esperados de uma montanha com essa altitude: ventos fortíssimos, possibilidades de nevascas e dificuldades de respiração.

As vias Sul e Polacos exigem o conhecimento de técnicas de escalada em gelo, principalmente a Parede Sul, um trecho de cerca de 3.000m de extensão, escalado por brasileiros (os paulistas Rodrigo Raineri

|  | Rota convencional (Temporada) | Escalada até o cume | Trekkings | |
|---|---|---|---|---|
|  |  |  | Longo (7 dias) | Curto (3 dias) |
| Com Agência | Alta | $ 4.200 | $ 1.200 | $ 600 |
| Com Agência | Média | $ 3.100 | $ 1.000 | $ 550 |
| Com Agência | Baixa | $ 1.700 | $ 1.000 | $ 550 |
| Sem Agência | Alta | $ 5.100 | $ 1.700 | $ 800 |
| Sem Agência | Média | $ 3.800 | $ 1.500 | $ 700 |
| Sem Agência | Baixa | $ 2.400 | $ 1.500 | $ 700 |

* As rotas alternativas têm custo diferenciado, que pode ser visto no site www.aconcagua.mendoza.gov.ar

e Vitor Negrete) pela primeira vez em janeiro de 2002. Aqui, em 1998, o montanhista carioca Mozart Catão – primeiro brasileiro a pisar no cume do Monte Everest, junto com o paranaense Valdemar Niclevicz – morreu ao ser atingido por uma avalanche (e Negrete morreria em 2006, no Everest). Fatos como esses levam, no mínimo, a uma reflexão sobre um conhecimento básico de todo bom andinista: respeitar a montanha.

## Informações e serviços

Quem deseja escalar o Aconcágua ou encarar trekkings mais longos deve pagar por uma autorização em Mendoza, na *Subsecretaría de Turismo*, Av. San Martín 1143, F.(0261) 420.2800 (o endereço pode mudar a cada temporada). Os preços variam conforme a época do ano, o tipo de caminhada e a via da escalada (ver tabela acima). A autorização é válida por 20 dias e seu custo difere para os que contratam o serviço de uma agência e para os que fazem a empreitada por conta própria. As temporadas são: baixa (15-30/nov e 21/feb-31/mar); média (1-14/dez e 1-20/fev); alta (15/dez-31/jan). Nas temporadas baixa e média, o risco de mau tempo é maior. Entre meados de março e abril, já no inverno, as permissões custam o mesmo que na alta temporada; e, entre maio e meados de novembro, temporada restrita, ficam ainda mais caras, a fim de desmotivar a escalada. Essa é a época de nevascas, com maior risco de acidentes e sem garantias que equipes de guarda-parques, serviços médicos e resgate estejam trabalhando. Definitivamente, não é o melhor período para se aventurar pelo Aconcágua.

Pela agência *Acomara*, o trekking curto, de 3 dias a Plaza Francia, custa US$450 por pessoa. O trekking de 7 dias até a *Plaza de Mulas* custa US$1290 por pessoa. Na alta temporada de verão são comuns expedições ao Aconcágua, de 16 a 19 dias, entre US$3.250-3.500, conforme o percurso e os serviços. Costumam incluir transporte (desde Mendoza), alojamento, refeições, guias e porters (carregadores), mas não a permissão de escalada ou trekking. Além da Acomara, várias outras empresas trabalham com expedições guiadas ao Aconcágua, com diferenças de preço que passam de mil dólares. Os serviços oferecidos vão desde a aventura completa, com todo o equipamento, comida e guia especializdo em alta montanha, até partes desses pacotes, como apenas a comida ou o guia. O importante é ter em mente que este não é simplesmente um passeio de fim de semana. Escalada é um esporte perigoso, e na hora de escolher alguém que, literalmente, terá sua segurança e vida nas mãos, é importante decidir por empresas de alta confiabilidade, com larga experiência na montanha. Evite agências barateiras ou fazer a escolha com base apenas no preço, pois muitas vezes esses estabelecimentos operam sem a autorização da administração do parque. Busque informações sobre as agências – e com as agências, mesmo que seja apenas para dicas preliminares sobre a montanha. Mais sobre o Aconcágua, veja o site www.aconcagua.mendoza.gov.ar.

Para quem não abre mão de certas regalias, é possível hospedar-se a 4.000m de altitude, junto à Plaza de Mulas. No local foi construído um hotel, com materiais trazidos em helicóptero e em lombo de mulas, que oferece condições médias de conforto, mas certamente melhores que as barracas em cima de um chão não exatamente aquecido. E, caso você seja um viajante não-andinista, a fim de uma caminhada básica de uma manhã ou tarde, expedições guiadas ou permissão de entrada não serão uma preocupação. Basta chegar, mesmo na alta temporada, e comprar o acesso até o mirador da **Laguna Horcones**, a uns 15 min da entrada, por $10. Ainda que não seja uma grande exploração andinista, será, certamente, uma oportunidade de estar em um cenário majestoso – com direito a admirar o Aconcágua.

Valle de la Luna

## AO NORTE DE MENDOZA

# SAN AGUSTÍN DEL VALLE FÉRTIL

Fundada em 4 de abril 1788, San Agustín del Valle Fértil está localizada nas Sierras Pampeanas, a 401km de Mendoza, acessível pela Ruta 40 até San Juan (que está a 160km de Mendoza e 241km de San Agustín), e a partir desta pela RN141 e, posteriormente, pela RP510. A região, com clima temperado e chuvas frequentes, contrasta com o restante da desértica província. Muitos dos visitantes estão na verdade de passagem para os parques Ischigualasto (Valle de la Luna, situado a 80km) e Talampaya. A *Dirección de Turismo* fica na C. Gral. Acha, junto à Plaza San Agustín, e a *Camara de Turismo* tem um posto no terminal de ônibus, na C. Mitre. Além de ser uma base para quem vai aos parques citados, San Agustín também é um balneário. No *Río Seco*, junto à cidade, é possível passar o dia tomando banho em suas águas, pescando ou caminhando. Do outro lado do rio pode-se visitar a *Piedra Pintada*, com pinturas rupestres, e os *Morteros Indígenas*, herança das culturas aborígenes. Outro passeio é até a *Vila La Majadita*, pequeno povoado com não mais que 50 casas, a 7km da cidade.

## Acomodação

Apesar de base para conhecer o Valle de la Luna e o Parque Nacional Talampaya, San Agustín não apresenta uma boa oferta de hospedagem, como poderia se supor. Há campings, como o **Camping Municipal**, na C. Rivadavia s/nº, algumas cabanas, como a **Dinosaurios**, na Rivadavia 347, F.(02646)420.125, e uma hostería pertencente ao **Automóvil Club Argentino**, também na C. Rivadavia, F.420.015.

# VALLE DE LA LUNA

Declarado Patrimônio Natural da Humanidade pela Unesco, o **Parque Nacional Ischigualasto**, a 80km do povoado de San Agustín e a 498km de Mendoza, leva o apelido de Valle de la Luna devido às suas paisagens inusitadas em meio a um deserto, onde um dia existiu um imenso lago com vegetação abundante e vida animal. A constituição argilosa do local, situado entre os cerros Colorados e Los Rastros, favoreceu a formação de esculturas naturais – resultado de anos de ação da erosão, de chuvas e dos ventos. As diferentes formas, devido aos seus contornos, ganharam apelidos sugestivos: a *Esfinge*, o *Submarino* e a *Lámpara de Aladino*. Outro ponto curioso é a "Cancha de Bochas", onde se encontram esferas perfeitas, do mesmo material do solo, sobre um terreno plano. O incessante trabalho da erosão expôs também fósseis de plantas e de animais (incluindo dinossauros), bem-conservados devido ao barro que os cobria e protegia da decomposição, que podem ser observados no museu local.

### Chegando e saindo

De San Juan há ônibus que param em Los Baldecitos, que está a 5km da entrada do parque; daqui você pode caminhar ou tentar uma carona. Agências em Mendoza e San Juan organizam excursões ao Valle de la Luna. Para chegar ao parque de carro, partindo de Mendoza, 498km, o percurso é pela RN40 até chegar a San Juan; depois, a RN141 até o entroncamento com a RP510, seguindo por esta e passando por San Agustín del Valle Fértil. A maior parte da estrada é pavimentada (ao menos até um pouco depois de San Agustín). Pode-se acampar na área que fica junto ao centro de visitantes, onde há banheiros e uma lanchonete. Ainda assim, talvez a melhor opção seja mesmo ficar em Valle Fértil. O parque está aberto out/mar 8h-17h, abr/set 9h-16h, entrada $45 ($25 para residentes na Argentina), e a visita inclui o acompanhamento de um guia. Em noites de lua cheia e bom tempo há um passeio noturno, sobre o qual vale se informar no local.

# Parque Nacional Talampaya

A 525km de Mendoza, o Parque Talampaya, cujo nome significa "rio seco de Tala" em quéchua, foi declarado no ano 2000, juntamente com o Ischigualasto, Patrimônio Natural da Humanidade, devido a sua riqueza arqueológica e paleontológica. Ao passar a entrada do parque, chega-se à *Puerta de Talampaya*, onde paredões de 80m a 100m de altura se abrem para a entrada do cânion. Dali, segue-se pelo leito seco do Río Talampaya. Os maiores atrativos do parque são os registros de vida no local, como desenhos representando animais, figuras geométricas e seres humanos. Passa-se também por figuras de pedra, apelidadas, da mesma forma que no Valle de la Luna, com nomes de figuras às quais se assemelham, como *La Catedral, Las Torres, El Rey Mago* e *El Monje*. Se optar por um passeio mais longo, poderá chegar a outros pontos de interesse, como *Ciudad Perdida e Los Cajones*. O parque tem banheiros, um restaurante e uma área de camping, que pode ser útil para quem deseja ficar mais tempo no local.

### Chegando e saindo

O Parque Nacional Talampaya situa-se a 70km ao norte do Valle de la Luna (veja página anterior), a partir do qual basta seguir a RN76. De Mendoza, 525km, é possível chegar sem passar por Valle Fértil e pelo Valle de la Luna, prosseguindo pela RN40 até Villa Unión e dali pela RN76 até a entrada do parque. O centro de visitantes fica a 15km da Ruta 76. É permitido circular dentro do parque com veículo próprio, mas somente acompanhado de um guia, contratado no local. Outra opção é deixar o carro por lá e integrar um tour organizado, em média 2h, $100/pessoa. Entrada set/abr 8h-18h e mai/ago 8h30-17h30, $50/15 (estudante). Na internet: www.talampaya.gov.ar.

## AO SUL DE MENDOZA

# SAN RAFAEL

San Rafael, com 80 mil habitantes, tem todos os ares de uma pacata cidade do interior. Situada na província de Mendoza, a 242km ao sul da capital homônima, a cidade, sem oferecer grandes roteiros urbanos, é conhecida pela rica produção de vinhos para consumo nacional e exportação, assim como de frutas e azeite de oliva. Também é base de vários passeios e atividades ao ar livre e de turismo de aventura, como o Cañón del Atuel.

## Informações e serviços

A *Dirección de Turismo* fica na Av. Hipólito Yrigoyen 745, esq. C. Balloffet, F.424.217. *Hospital Schestakow*, C. Comandante Torres 150, F.424.290. *Delegacia do Turista*, C. Comandante Salas, 215, F.242.3504. Código de telefone local: 2627.

## Chegando e saindo

O aeroporto fica a 5km do centro da cidade, na RN143, e o Terminal Rodoviário na C. Coronel Suarez esq. C. Avellaneda. Quem chega a San Rafael, vindo de Mendoza, desemboca a oeste do centro, na Av. Hipólito Yrigoyen, que troca de nome na área central e passa a ser Av. Bartolomé Mitre; esta, por sua vez, a leste, é a saída para quem vai a **San Luís**, 273km, e **Buenos Aires**, 962km. Para o sul, em direção a **Malargüe**, **Las Leñas** ou o **Cañón del Atuel**, a saída é a Av. Balloffet. Para **Mendoza**, 242km, a saída é pela RN143 até o povoado de Tunuyán e depois pela RN40, que segue ao norte. Para **Malargüe**, 190km a sudoeste, a RN144 leva ao entroncamento com a RN40, que segue ao sul.

## Acomodação

Nos arredores de San Rafael existem campings e há muitas cabanas para alugar, principalmente no caminho que vai ao Cañón del Atuel. Na cidade encontra-se, entre as mais econômicas: **Hostería El Turista**, C. Chile 641, F.4427.061, www.hosteriaelturista.com.ar, diária 2p $180, é uma casa reformada que se tornou hostería, atendida pelos donos. Oferece quartos com banheiro e tem estacionamento.

Em um nível mediano: **Alas Hotel**, Cte. Salas 51, F.422.732, www.alashotel.com.ar; diária 2p $296/412 (inverno/resto do ano), aceita cartões de crédito, café da manhã incluído. Quartos com banheiro, TV a cabo e ar-condicionado. Localizado a 100m do terminal de ônibus, tem internet e estacionamento. **Regine Hotel**, C. Independencia 623, F.4421.470, www.hotelregine.com.ar, diária 2p $380, aceita cartões, café da manhã buffet incluído. Quartos com banheiro, ar-condicionado e TV a cabo. Hotel 2 estrelas, tem internet, estacionamento, piscina e uma grande área verde. Este é um pouco melhor que o anterior.

Já um dos melhores da cidade é o **Hotel Nuevo Mundo**, Av. Balloffet 725, F.4445.666, www.hnmsanrafael.com.ar, diária 1p $385/615 (baixa/alta temporada), 2p $431/696, aceita cartões de crédito, café da manhã buffet incluído. Quartos confortáveis com banheiro, ar-condicionado, frigobar e TV a cabo. Hotel 4 estrelas, localizado próximo ao Parque H. Yrigoyen, tem internet, restaurante, estacionamento e serviço de lavanderia.

## Atrações

O ponto central de San Rafael é a **Plaza San Martín**, onde fica também a *Catedral* e o *Palacio Municipal*, duas das mais importantes construções locais.

O **Parque Hipólito Yrigoyen** se encontra a 10 quadras do centro e tem vários atrativos, entre eles um teatro grego, o *Cancho Santa Cruz*, com capacidade para 10 mil pessoas, onde acontecem diversos espetáculos e eventos, dentre as quais a *Fiesta Departamental de la Vendimia*.

Na antiga *Estación del Ferrocarril*, na Plaza del Inmigrante, está exposta uma locomotiva de 1903. Na mesma praça fica o Mercado Artesanal.

A cerca de 7km da cidade encontra-se o **Parque Mariano Moreno**, situado numa ilha no Río Diamante (há acesso por uma ponte), onde é possível visitar a *Gruta de la Inmaculada Concepción* e o *Jardín Zoológico*. Esta ilha também abriga o **Museo de Historia Natural**, considerado um dos mais importantes do país, com peças de diversos lugares da América Latina.

## Passeios

**Cañón del Atuel** Um dos maiores atrativos da região é o cânion por onde passa o rio de mesmo nome, a 302km de Mendoza. No Cañón del Atuel, que tem 20km de extensão e paredões revestidos de pedras

Valle Grande, Cañón del Atuel.

Foto: Tamy Rosele Penz

multicoloridas, é possível visitar a represa de Los Reyunos, fazer rafting, canoagem, windsurfing, velejar, nadar ou pescar no Dique El Nihuil. Seguindo dentro do cânion pela RP173, junto ao rio, chega-se ao *Valle Grande*, outro local para mais atividades esportivas. Uma saborosa alternativa de passeio são as tradicionais bodegas, onde são produzidos alguns vinhos e espumantes da região. Chega-se no cânion a partir de Mendoza por excursões de um dia organizadas por agências, ao custo médio de $230; normalmente, está incluída uma visita à cidade San Rafael.

# Malargüe

Malargüe, em mapuche, quer dizer "lugar de mesas de pedra". Francisco de Villagra, o conquistador espanhol, chegou à região em 1551 e tratou de expulsar os nativos. A 432km a sudoeste de Mendoza, Malargüe é um centro de atividades ao ar livre, onde é possível passear a cavalo, pescar e visitar sítios arqueológicos. É também um ponto estratégico para conhecer a Reserva Provincial La Payunia, a Laguna Llancanelo, a Caverna de las Brujas, o Pozo de las Animas e o Centro de Esqui Las Leñas.

## Informações e serviços

A *Dirección de Turismo y Medio Ambiente* está localizada na própria RN40, no norte da cidade, e o Terminal Terrestre fica na C. Esquibel Aldao esq. C. Fray Luis Beltrán. Também há em Malargüe um pequeno aeroporto, de onde saem voos para as cidades de San Rafael e Mendoza. A cidade conta com uma razoável oferta de hotéis e acomodações em geral, incluindo campings, para aqueles viajantes com orçamento mais modesto.

## Chegando e saindo

Desde Mendoza, o caminho é todo pavimentado, de onde se vai pela RN40 até Pareditas; desta, pela RN143 até próximo de San Rafael, 190km, de onde se deve tomar a RN144 e posteriormente retornar à RN40 até Malargüe. Ao cruzar a cidade, a Ruta 40 recebe o nome de Av. San Martín.

## Atrações

O centro fica ao redor da Plaza General San Martín, junto à Av. San Martín. O *Museo Regional de Malargüe* situa-se na "casa grande" da estância Ortega, ao norte da cidade, e expõe fósseis, múmias, jóias antigas, entre outras curiosidades. O *Parque de Ayer* serve como um museu a céu aberto, onde se observam alguns objetos arqueológicos que não tiveram espaço no Museu Regional. Ao sul do parque está o *Molino de Rufino Ortega*, um moinho de farinha construído pelo fundador da cidade.

## Passeios

**La Caverna de las Brujas** A 72km ao sul de Malargüe pela Ruta 40 (e mais 8km por uma estradinha), é uma gruta no Cerro Moncol (1.930m) – e uma verdadeira obra de arte da natureza, que se tornou área protegida em 1992. Dotada de espécies de "salas", com estalactites (no teto) e estalagmites (no chão), acredita-se que a Caverna de las Brujas tenha levado milhões de anos para adquirir as suas mais diversas formas, dimensões e cores. Esta é uma caverna "viva", o que significa que está em contínuo crescimento ainda hoje. A entrada da caverna mede 1,80m de altura e 8m de largura, e a primeira sala, a *Malal-Rue*, tem cerca de 30m de profundidade por 20m de largura e 6m de altura.

Os principais pontos de visitação são a *Sala de la Virgen*, onde as estalactites tomaram uma forma que se assemelha à imagem da Virgem; *La Gatera*, corredores de até 20m de extensão em que é necessário passar engatinhando devido a sua baixa altura de cerca de 1m; e a *Sala de las Flores*, que leva este nome pelos corais, que lembram flores. Estima-se que toda a caverna tenha, entre galerias e corredores, um total de cerca de 5km de extensão. Destes, apenas uns 400m são visitados, em um passeio de cerca de 2h, acompanhado obrigatoriamente por um guia. Para a visita, é recomendável usar agasalho e um tênis confortável ou botas de trekking, assim como capacete e lanternas (disponibilizados pelas agências que organizam o passeio). Não é permitida a entrada de menores de 7 anos.

## Esqui

**Las Leñas** Estação de esqui de luxo (que não exclui totalmente os viajantes com orçamento mais apertado), inaugurada em 1983, a 445km ao sul de Mendoza, se encontra a 2.240m de altitude, com picos que chegam a 3.430m. Muito bem estruturada, Las Leñas ostenta 27 pistas para todos os níveis, distribuídas ao longo de 230 hectares, o equivalente a mais de 7 mil metros de neve esquiável. E se o clima não proporcionar a quantidade de neve necessária, existe um moderno sistema de fabricação artificial de neve, o que faz com que a prática do esporte seja possível durante toda a temporada, que vai de meados de junho ao final de setembro, quando as temperaturas variam entre -2ºC e 12ºC. Por aqui, são promovidos todos os anos diversos campeonatos importantes de esportes de inverno, e pode-se tomar aulas de esqui, ministradas em diversas línguas, inclusive em português. Para quem deseja experimentar, é possível praticar esqui noturno em pistas iluminadas. Aos esquiadores experientes, existe, ainda, a possibilidade de praticar o esporte fora das pistas e dormir em um refúgio na montanha Valle Hermoso, acompanhados de guias especializados. A 200km ao sudoeste de San Rafael e 79km de Malargüe, o acesso a Las Leñas é pela RP222 a partir da RN40.

Para se hospedar na estação, a maioria dos hotéis fecha pacotes de uma semana, que não são baratos. O que há de mais em conta, mas longe de ser uma barbada, é alugar apartamentos sem luxo, com banheiro e cozinha. Hotéis com quartos 2p-6p, como o **Aries** ou o **Capricornio**, cobram, em dólares, entre US$787-US$2.130 por pessoa, conforme a data e o número de camas. Já no **Escórpio** ou no **Piscis**, de 4 e 5 estrelas, respectivamente, ficam entre 2p US$2.012-US$4.245, com meia pensão e acesso livre às pistas e elevadores, além, evidentemente, do conforto oferecido pelo hotel (que, por esse preço, tem que ser bom mesmo!).

Parque Nacional Los Alerces

# REGIÃO DOS LAGOS

Já na Patagônia, na sua porção noroeste (mas centro-sudoeste argentino), encontra-se uma pequena área de natureza intensa, repleta de lagos azulados e montanhas de porte mediano. É a famosa Região dos Lagos, cartão postal clássico da Argentina e um dos mais belos visuais da América do Sul, que toma parte das províncias de Neuquén, Río Negro e Chubut.

Aqui a Cordilheira dos Andes apresenta altitudes significativamente menores do que mais ao norte, sem, no entanto, deixar de ostentar a neve, que, no inverno, em abundância, revela pistas de esqui e torna este um dos esportes mais populares do país. No verão você também vê a neve, concentrada no topo das montanhas que compõem o cenário. Outras atividades possíveis na região: montanhismo, trekking, voo livre, mountain bike, cavalgadas, rapel, pesca de truta, gastronomia (por que não? E os chocolates aqui são divinos!). Ou simplesmente a contemplação. São dezenas de lagos compondo uma paisagem bucólica e encantadora, apaziguando o mais agitado dos estressados. Entre os lagos, destaca-se o belo Nahuel Huapi, que banha Bariloche e boa parte da região.

Outras cidades que vale a pena conhecer são Villa la Angostura, próxima à fronteira do Chile; San Martín de los Andes, que delimita a Ruta dos 7 Lagos, e a menos turística Junín de los Andes, base do fantástico Vulcão Lanín; todas bem mais pacatas do que Bariloche. Dois parques dominam a região: o *Parque Nacional Nahuel Huapi* e o *Parque Nacional Lanín*, onde situa-se o vulcão de mesmo nome. Circular pela região (e um carro, próprio ou alugado, facilita bastante), se permitindo parar à beira de lagos ou junto aos mais idílicos cenários, é uma dádiva aos olhos e ao estado de espírito.

Guia O Viajante **Argentina**

# REGIÃO DOS LAGOS

# Neuquén

Capital da Província de mesmo nome, Neuquén é uma cidade de paradoxos. De acordo com o censo mais recente, tem 200 mil habitantes – mas parece ter muito mais. Seu centro de informações turísticas talvez seja o mais completo e atraente da Argentina, e conta inclusive com um posto 24h; a cidade, entretanto, pouco oferece em atrações urbanas, e dificilmente vale como parada turística. Não podemos, todavia, ser totalmente injustos. Neuquén tem uma boa infraestrutura de serviços, e há alguns atrativos temáticos nos arredores que podem agradar aos entusiastas do assunto. Suas bodegas, onde é possível comprar vinhos a preços acessíveis, estão entre as mais populares do país. Além das vinícolas, existem muitas chácaras de frutas nas proximidades, abertas à visitação, que produzem bebidas, doces e geleias maravilhosas. Um pouco mais distante, a 90km, encontra-se o Centro Paleontológico Lago Barreales, orgulho dos neuquinos, já que este é um dos mais importantes local de escavações paleontológicas aberto da América do Sul.

## A Cidade

Fundada em 1904, na confluência dos rios Limay e Neuquén, a cidade, como centro urbano, é pouco atrativa. A primeira impressão de quem chega e encontra a movimentada Ruta 22 junto a uma das principais avenidas, com seus prédios de perfil comercial e industrial e uma intensa poluição sonora, não é o melhor cartão de visitas. A percepção desagradável se desfaz um pouco à medida que se foge deste cenário, ou talvez quando se conhece o Observatório Astronômico ou o Parque Central. As principais atrações, porém, se encontram mais distantes – as bodegas, as estâncias de frutas e o centro paleontológico. Sobre este tripé Neuquén tenta se incorporar ao mapa turístico da Argentina. Independentemente disto, a cidade é uma porta de entrada à Patagônia, em especial à Região dos Lagos, e pode ser uma parada estratégica para reservar hotéis nas mais charmosas cidades ao sul, descolar mais informações de viagem no seu bom centro de informações ou se abastecer nos grandes supermercados e centros de compras existentes.

## Informações e serviços

**Código telefônico** 0299

**Informações turísticas** A *Oficina de Turismo* fica na C. Felix San Martín 182, esq. C. Río Negro, rua paralela junto à RN22, F.442.4089, aberta 7h-23h na temporada alta e 8h-22h na baixa. Abastecido com informações de toda a província de Neuquén, é um escritório moderno, amplo, arejado, com mapas e bastante material, onde é possível conseguir informações de hotéis ou de serviços de Junín de los Andes, San Martín e Villa la Angostura. Na Ruta 22, há outro posto de informações, a *Oficina Puente Carretero*, no acesso leste, a 2,5km da Av. Olascoaga, F.447.0095, provavelmente o único centro de informações turísticas da Argentina aberto 24h (funciona, na temporada alta, dez/mar e jul/ago; na baixa, seg/sex 7h-21h, sáb/dom 10h-17h). Um terceiro posto de informações fica no aeroporto, que abre de acordo com os horários de chegada de voos. Pela internet: www.neuquentur.gov.ar.

**Locadoras de carro** *Alamo*, J. J. Lastra 4190, F.446.4241; *Dollar*, C. Carlos H. Rodriguez 518, F.442.0875. No aeroporto: *Avis*, F.444.1297; *Europcar*, F.444.0836; *Hertz*, F.444.0146; *Localiza*, F.449.0188.

**Delegacia do turista** C. Santiago del Estero 136, F.442.4192.

**Hospital** *Castro Rendón*, C. Buenos Aires 451, F.449.0800, emergência 107.

## Orientação

A RN22 corta Neuquén de leste a oeste, passando junto a outras duas (quatro) avenidas: Félix San Martín e (Teodoro) Planas, no lado par (que trocam de nome ao cruzar a Av. Olascoaga), e Perticone e J. J. Lastra no ímpar. A duas quadras, paralelas a elas, encontra-se o Parque Central, onde a Olascoaga se torna Av. Argentina, cruzando a cidade de norte a sul.

### Chegando e saindo

O *Aeropuerto Internacional Juan D. Perón* fica a 7km a oeste do centro, com acesso pela RN22. Na metade do caminho, se encontra o *terminal de ómnibus*, na Av. Planas 3350, que segue junto à RN22. Quem está de carro provavelmente chega pela RN22, que atravessa Neuquén passando próximo à área central. A Av. Olascoaga, perpendicular à ruta, é a via que leva ao centro.

## Viajando

São comuns as saídas de ônibus para a Região dos Lagos: **Bariloche**, 6h, $215/235 (semileito/leito); **Villa la Angostura**, 7h, $206; **San Martín de los Andes**, 7h, $138. Até **Bahía Blanca**, 8h, $248/282. Para **Buenos Aires**, 14h, $589/661. Outros destinos possíveis: **Puerto Madryn**, 10h30, $300/350; **Comodoro Rivadavia**, 17h, $478/575; **Mendoza**, 11h, $315/415. Valores de referência da companhia Andesmar.

De carro, a RN22, estrada bem-conservada, mas com intenso movimento de caminhões, leva a **Bahía Blanca**, 524km, de onde se toma a RN3, que segue a **Buenos Aires**, 1.142km. Para a Região dos Lagos, a RN237 vai a **Bariloche**, 422km, e a cidades próximas, como **Villa la Angostura**, 466km, e **El Bolsón**, 550km. Por este caminho também se vai a **Junín de los Andes**, 378km, e **San Martín**, 419km, ainda que para estas localidades exista um trajeto menor, e em pior estado, combinando a RN22 com a RN40. Mas a Ruta 237 também possui alguns trechos esburacados e mal sinalizados, além de ser uma estrada repleta de curvas nas proximidades de Bariloche – importante tomar cuidado. Em direção ao leste da Patagônia, a RN22 vai a Choele Choel, de onde se toma a RN250 e depois a RP2 para chegar a **San Antonio Oeste**, 413km, e de lá seguir ao sul pela RN3, a **Puerto Madryn**, 650km, e **Comodoro Rivadavia**, 1.077km. Para a região do Aconcágua, deve-se fazer um arranjo de estradas; a RN151 e a RN143 levam a **Mendoza**, 804km.

## Acomodações

Em Neuquén, há uma certa carência de hospedagem nos extremos – hotéis luxuosos de um lado, albergues econômicos de outro. Ainda que conte com um hotel 4 estrelas, a maioria são hotéis 2 e 3 estrelas, quase todos na região central e com tarifas pouco convidativas.

**Hotel Alcorta** C. Alcorta 84, esq. San Luis, F.4442.2652, 16 quartos. Diária 1p $100, 2p $148, 3p $198. Café da manhã incluído. Quartos com banheiro e TV. Lugar simples.

**Parque Hotel** Av. Olascoaga 271, F.442.5086, 22 quartos. Diária 1p $195, 2p $275, 3p $330. Aceita cartões. Café da manhã incluído. Quartos básicos, com banheiro e TV. Hotel 1 estrela, sem conforto.

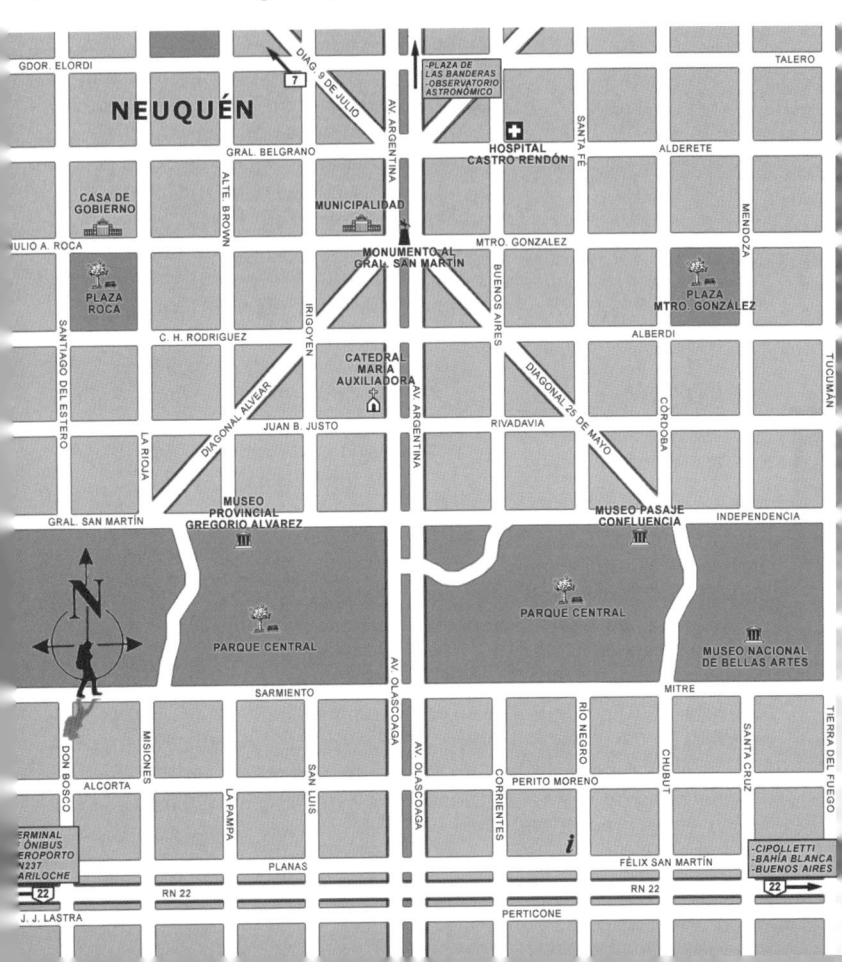

**Crystal Hotel** Av. Olascoaga 268, F.442.2414, www.hotelcrystalneuquen.com.ar, 50 quartos. Diária 1p $250, 2p $360, 3p $460, tarifas negociáveis na baixa temporada. Aceita cartões. Café da manhã incluído. Quartos confortáveis, com banheiro, TV a cabo e ar-condicionado. Possui internet e estacionamento (pago). Bom hotel, com pessoal bastante atencioso.

**Hotel Ibéria** Av. Olascoaga 294, esq. C. Perito Moreno, F.442.3653, luislo@neunet.com.ar, 47 quartos. Diária 1p $290, 2p $370, 3p $470. Aceita cartões de crédito. Café da manhã incluído. Quartos espaçosos com banheiro, TV a cabo e telefone. Hotel antigo, com internet e estacionamento; o atendimento deixa a desejar.

**Hotel del Comahue** Av. Argentina 377, esq. C. Alderete, F.443.2040, www.hoteldelcomahue.com, 99 quartos. Diária 1p $788, 2p $930, 3p $1.056. Aceita cartões de crédito. Café da manhã buffet incluído. Quartos ótimos, com banheiro, TV a cabo, telefone, ar-condicionado, frigobar e acesso à internet. Hotel 4 estrelas, com bar, restaurante, academia e, pagos à parte, sauna ($20) e estacionamento ($65). Bem-localizado, provavelmente o melhor da cidade.

## Comes & Bebes

Alguns restaurantes conceituados são **La Toscana**, C. J. J. Lastra 176, especializado em parrilladas e comida regional, preparadas em forno de barro; **La Nona Francesca**, Diagonal 9 de Julio 56, que serve trutas, *asados* e pastas; e o **Tutto al Dente**, C. Alberdi 49, onde a especialidade são as massas caseiras com molhos especiais. Para doces e sorvetes, tente o **Pire**, Diagonal Alvear 29, e o **Dulce Malvina**, Av. Argentina 26.

## Atrações

Não há muito o que ver ou fazer em Neuquén. Vale dar uma volta pela cidade, conhecer o **Parque Central**, bem no centro, que ocupa alguns quarteirões, ou, mais distante, a **Plaza de las Banderas**, local que oferece uma boa vista da cidade e onde se destaca uma grande bandeira argentina (9x15m), num mastro de 50 metros. Próximo à praça, fica o **Observatório Astronômico**, aberto 20h-01h, entrada $12. Junto ao Parque Central encontra-se o museu mais importante da cidade, o **Museo Nacional de Bellas Artes Neuquén**, na C. Mitre esq. C. Santa Cruz, aberto ter/sáb 10h-20h, domingos 16h-20h, entrada gratuita.

Algumas quadras seguindo pela Diagonal 25 de Mayo, ou pela Av. Argentina, reina o *Monumento ao General San Martín*, o libertador, no alto de seu cavalo, referencial iluminado à noite. Próximo, fica a **Catedral Maria Auxiliadora**, não exatamente uma das igrejas mais charmosas da Argentina. Saindo da área urbana, se deseja conhecer algumas das chácaras de frutas da região, fale com o pessoal do centro de informações turísticas.

## Passeios

**Bodegas** Os vinhos de Neuquén são reconhecidos por toda a Argentina, e mesmo fora do país. Visitar as bodegas pode ser um bom programa, com possibilidade de tours guiados, degustação e compra de vinhos. As principais encontram-se no povoado de San Patrício del Chamar, e convém reservar: *Bodega Família Schroeder*, Ruta 7, picada 7, F.489.9600, diariamente 10h-17h. *Bodega NQN – Viñedos de la Patagonia*, RP7, Calle 15, F.489.7500, seg/sex 9h30-17h, sáb/dom 10h30-17h; escritório em Neuquén: C. Mendoza 69. *Bodega del Fin del Mundo*, RP8, Km 9, F.555.5330, ter/sex 10h-16h30, sáb 10h-17h; em Neuquén: C. Juan B. Alberdi 87, F.442.4040.

**Centro Paleontológico Lago Barreales** Lago los Barreales, a 90km de Neuquén, com acesso pelas RP7 e RP5. Abre diariamente 9h-19h, entrada $40 (argentinos $15). Circuito palentológico no local onde se situa uma importante escavação aberta da América do Sul, com vestígios de fósseis milenares.

# Bariloche

Se os argentinos invadem Camboriú, nós invadimos Bariloche. Se em Santa Catarina ficam as praias que eles gostariam de ter, é aqui, na Província de Río Negro, que está a neve e as montanhas que nós não temos. Não à toa, a cidade foi apelidada carinhosamente de *Brasiloche*. A popularidade é plenamente justificável. Esquiadores de plantão, profissionais ou amadores, encontram estações de esqui – em particular o bem-estruturado Cerro Catedral – com pistas nos mais variados graus de dificuldade. Os não-entusiastas do esporte podem subir as montanhas em teleféricos, e já se realizarão apenas na apreciação da paisagem. Os acrófobos irão se regozijar admirando os contornos do Nahuel Huapi e dos morros verde-nevados, podendo aproveitar os passeios lacustres. Os hidrófobos deverão curtir a cidade – o centro cívico, a igreja de pedra, o museu da Patagônia, as ruas de comércio, a vista do lago e das montanhas, as lojas de chocolate... Aliás, os chocólatras farão a festa: aqui, os mais deliciosos doces se oferecem em vitrines de cafés e majestosas confeitarias. E os que não estão a fim de engordar? Caminhadas, muitas caminhadas. Passeios pelos parques, bosques, montanhas e lagos que cercam Bariloche. Você pode vasculhar Santa Catarina – ou qualquer outro estado brasileiro – e não vai encontrar esta paisagem.

## A Cidade

Antes da chegada dos espanhóis na América, a região servia de caminho pelos Andes para os índios mapuches, entre o que viria a ser o Chile e a Argentina. Esses bravos indígenas resistiram à ocupação europeia até o final do século 19, quando, enfim, o General Roca conquistou a área. Logo chegariam imigrantes alemães, que aqui se estabeleceram e criaram uma pequena vila. Bariloche seria, assim, fundada oficialmente em 1895, por Carlos Wiederhold, mas o seu apelo turístico só começou a partir de 1934, quando da chegada da primeira estrada de ferro que ligava a cidade com o restante da Argentina. O turismo impulsionou definitivamente o seu crescimento, e a população passou dos 60 mil habitantes de 1980 para os 110 mil atuais.

A cidade cresceu bastante, nem sempre mantendo seu estilo característico rústico, o que se constata nos arredores urbanos, mais distantes dos atrativos turísticos. A paisagem que nós, visitantes, costumamos admirar, no entanto, é encantadora, e não apenas para turista ver. O estilo arquitetônico de Bariloche, comum a outras cidades da Região dos Lagos, como San Martín de los Andes e Villa la Angostura, no qual predominam pedras e madeiras da região – crédito do arquiteto Ezequiel Bustillo, influenciado pelas construções dos Alpes europeus –, pode ser visto em prédios do Centro Cívico, como a Prefeitura e o Museu da Patagônia.

Além da arquitetura, as montanhas e o lago completam o cenário, que, graças a uma série de ruas em aclive, pode ser facilmente contemplado de diversos pontos da cidade, um privilegiado visual estrategicamente ofertado por muitas hospedagens, sejam hotéis de luxo ou albergues de 30 pesos.

Outro fator que torna Bariloche atrativa é sua eficiente infraestrutura turística, que contempla tanto os viajantes sofisticados, a fim de estações de esqui, restaurantes de fondue e cabanas com lareiras, quanto os mochileiros com recursos escassos, que buscam aventura pelas trilhas do Parque Nahuel Huapi. Não à toa, já se tornou uma tradição argentina jovens adolescentes formandos de escola fretarem excursões e invadirem a cidade na sua celebração de passagem. Mas nós, brasileiros, também temos a nossa celebração de passagem: uma passagem para Bariloche, por favor!

## Informações e serviços

**Código telefônico** 0294

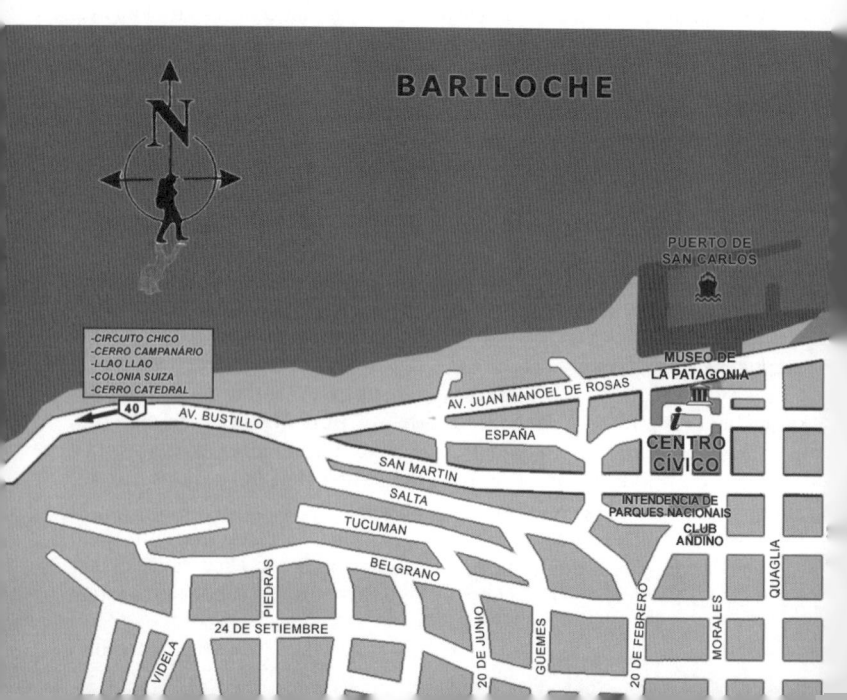

**Clima** A proximidade com o Lago Nahuel Huapi cria uma sensação térmica amena. No verão, as temperaturas variam entre 14ºC e 24ºC e, no inverno, quando neva frequentemente, entre 2ºC e -5ºC. Nessa época pode também chover bastante, sobretudo nas áreas mais altas, próximas à Cordilheira dos Andes. Tanto o inverno quanto o verão são alta estação, e para os argentinos, talvez a estação do clima quente seja a mais disputada.

**Câmbio** Há diversas casas de câmbio no centro. Em Bariloche você consegue trocar dólares e reais sem dificuldade, inclusive em lojas de roupas e de suvenires, frequentemente com cotações mais atraentes do que as dos próprios bancos e casas de câmbio.

**Informações turísticas** A *Secretaría Municipal de Turismo* fica no Centro Cívico, na extremidade da C. Bartolomé Mitre, em frente ao Lago Nahuel Huapi, F.423.022. Abre diariamente 9h-21h, com atendentes que falam português (e que sabem a importância econômica de brasileiros no turismo local). Há disponível mapas da cidade e muitos folhetos. Para quem chega de ônibus, existe um quiosque na rodoviária, seg/sex 8h-19h, sáb/dom 10h-19h. Um terceiro posto de informações é o *Turismo Provincial*, na C. 12 de Octubre 605, esq. C. Frey, F.423.022, num acesso junto ao lago e próximo à Catedral. Aberto diariamente 8h-15h, aqui o enfoque não é tanto sobre a cidade de Bariloche, mas toda a província.

Um pouco atrás do Centro Cívico estão a *Intendencia de Parques Nacionais*, C. San Martín 24, F.422.989, para informações sobre os parques da região, e o *Club Andino Bariloche*, C. 20 de Febrero 30, F.422.266, com dicas sobre escaladas, trekkings e refúgios nas montanhas. Site da cidade: www.barilochepatagonia.info.

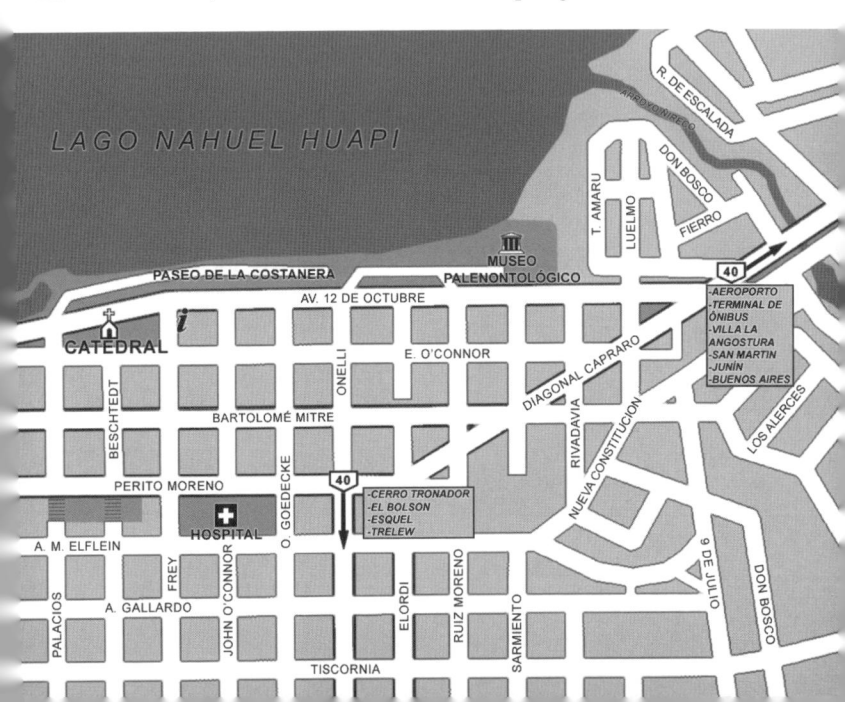

**Agências de viagem** Encontra-se várias nas imediações das avenidas Mitre, San Martín e Perito Moreno. Excursões também podem ser arranjadas através de seu hotel ou albergue.

**Companhias aéreas** *Aerolíneas Argentinas* e *Austral*, Av. Mitre 185, esq. Villegas, F.423.682; *Lapa*, C. Villegas 121, F.423.714.

**Locadoras de carro** Bariloche é uma boa cidade para circular de carro e passear com liberdade pela região. Sem veículo próprio, há várias locadoras na área central: *Andina*, C. Los Arrayanes 340, F.444.2445; *Avis*, Av. San Martín 162, F.431.648; *Hertz*, C. Elflein 190, F.423.457; *Patagonia Rent a Car*, C. Belgrano 165, F.456.766. Na Av. Mitre você também encontra diversas: *Lagos Rent a Car*, 83, F.442.8880; *Iglu Turismo*, 86, F.400.184; *A.B.A.*, 437, F.446.1443.

**Hospital** *Zonal*, C. Perito Moreno 601, F.426.100.

## Orientação

O centro turístico da cidade localiza-se ao redor do Centro Cívico, popular praça de Bariloche, em frente ao Lago Nahuel Huapi, e principal ponto de referência, onde também estão a *Secretaría de Turismo* e o *Museo de la Patagonia*. As principais ruas, onde ficam as lojas, as chocolatarias e o comércio e serviços em geral, são a (Bartolomé) Mitre, a Perito Moreno e a sua continuação, a Av. San Martín. Várias outras ruas as cortam perpendicularmente, concedendo uma malha xadrez ao formato urbano. A Av. 12 de Octubre, que vira Juan Manuel de Rosas, segue junto ao lago, e é uma das principais vias de entrada e saída de Bariloche. A leste torna-se Ruta 40, que segue o Circuito dos Lagos; a oeste, na bifurcação com a San Martín, converte-se na Av. Bustillo, também conhecida como Ruta Llao Llao, contornando o lago em direção ao Cerro Catedral e à península de Llao Llao. Em seu trajeto, há algumas hosterías e cabanas. O Lago Nahuel Huapi, às margens norte da cidade, é um bom ponto de referência aos que chegam a Bariloche.

## Circulando

Apesar das várias ruas de aclive, circula-se a pé numa boa pelo centro. Para a região oeste, onde há muitos hotéis e restaurantes, pode-se pegar o ônibus 20, que sai do terminal, passa pelo centro e segue ao longo da Av. Bustillo, à beira do Lago Nahuel Huapi. Do terminal parte também a linha 10 (e a 11 no verão), com direção ao centro. Passagem de ônibus na área central custa $3,45; até Llao Llao, $6,90; para a Colonia Suiza, $5,15. Um táxi entre a rodoviária e a área central sai em torno de $20, ou $70 para Llao Llao.

## Chegando e saindo

Bariloche é servida por um aeroporto, 13km a leste do centro. Um táxi de lá até a cidade, ou vice-versa, custa entre $50-70. Também há vans da companhia *Via Bariloche* que fazem o mesmo percurso, com saídas a cada meia hora do aeroporto ou do escritório da Aerolíneas Argentinas, confira. Por fim, opção mais barata são os ônibus, passagem $6.

O terminal rodoviário fica 3km a leste da área central, na RN40. Passagem de ônibus dali para o centro custa $2,50. Táxis, $15-20. A pouco utilizada estação de trem, a *Estación Ferrocarril Roca*, fica logo atrás.

Outra possibilidade é chegar (ou sair) da cidade (e do país) de barco, via Lago Nahuel Huapi, vindo do (ou em direção ao) Chile, numa viagem de paisagem privilegiada, combinada com trechos de ônibus. Veja a seguir, em "Viajando".

De carro, o acesso é pela RN40: para as cidades da Região dos Lagos, para a fronteira chilena e também a Buenos Aires, se vem do/vai ao leste. Para o sul (Esquel, El Bolsón) ou para a Patagônia Atlântica (Trelew, Península Valdés), as ruas Onelli (para quem vai) e Elordi (sentido de quem vem) se convertem na Ruta 40.

## Viajando

**Avião** Há saídas frequentes para Buenos Aires, 2h de voo.

**Ônibus** Para **Buenos Aires**, 20h-22h de viagem, saídas diárias, passagens variam entre $776-1024, dependendo da época do ano (a alta temporada corresponde a janeiro, fevereiro e julho) e do tipo de ônibus (semileito ou leito). Para **Bahía Blanca**, 10h-12h, $463-527. Em direção ao sul, saídas diárias a **El Bolsón**, 2h, $47, e **Esquel**, 4h30, $105-155. Para a Península Valdés, **Puerto Madryn**, 13h-14h, $390-450. Mais ao sul na Patagônia, **Comodoro Rivadavia**, 16h, $345-395. Para **Río Gallegos** (e posteriormente a Ushuaia) é possível fazer uma conexão a partir de Comodoro Rivadavia, mais 11h, $325.

Para outras cidades da Região dos Lagos: **Villa la Angostura**, quatro saídas diárias, 1h30, $27. **Villa Traful**, 2h, $38, e **San Martín de los Andes**, 4h, $68,50, ambas via Ruta dos 7 Lagos. Ainda mais ao norte, saídas diárias a **Neuquén**, 6h, $121-245. **Mendoza**, 18h, $500-645. Para o Chile, há saídas diárias a **Osorno**, 5h, $130; **Puerto Montt**, 7h, $130; **Valdivia**, 7h, $130; **Santiago**, via Mendoza, 27h, $425.

**Trem** Há duas linhas apenas, e a cidades pouco turísticas, como **Jacobacci**, 4h30, e **Viedma**, 16h de viagem.

**Barco** Misto de viagem com passeio, é possível ir ao **Chile** atravessando o Lago Nahuel Huapi. A jornada não é nada barata, mas o visual, em compensação, é sensacional. O percurso envolve uma combinação de meios terrestres e lacustres, com trocas constantes entre eles. Começa de ônibus, de Bariloche a Puerto Pañuelo, 25km, 30min. Desta, segue-se de barco a Puerto Blest, 1h05. Troca-se para ônibus, rumo a Puerto Alegre, 3km, 15min. De Puerto Alegre, 20min num barco a Puerto Frias. Mais 27km de ônibus, 2h morro acima, para Peulla, num dos pontos mais elevados do trajeto, a 976m de altitude. Aqui, já no Chile, volta-se ao barco para mais 1h40 rumo a Petrohué, de onde se pode seguir por outras 2h, 76km, a Puerto Varas.

O roteiro pode parecer exaustivo com tantas trocas de meios, mas o cansaço diminui com a contemplação do cenário. Compõem a paisagem o Parque Nahuel Huapi, o Vulcão Tronador, o Lago Todos

Centro Cívico, o rústico ponto central de Bariloche

los Santos, o Parque Vicente Perez Rosales, os vulcões Osorno, Calbuco e Puntiago e o Lago Llanquihue. Ao todo, espere levar um dia inteiro, ao custo de US$280. Não é possível fazer esta viagem de carro – os barcos não são ferries. Mais informações, no site: www.crucedelagos.cl.

**Carro** Viajar pela Região dos Lagos é um grande passeio. Para **Villa la Angostura**, 83km, deve-se sair de Bariloche pela RN40 e entrar na RN231. As estradas estão em boas condições, e o percurso contorna o Lago Nahuel Huapi com um belíssimo visual. A partir de Villa se vai a **San Martín de los Andes**, 153km pela Ruta dos 7 Lagos (RN234), e a **Junín de los Andes**, 220km – veja mais informações no capítulo de Villa la Angostura –, e ainda à fronteira chilena, seguindo mais 69km pela RN231. Também é possível ir a San Martín direto de Bariloche pela RN237, com desvio na RP63; o caminho é um pouco mais curto, porém o trajeto de rípio é bem maior.

A mesma RN237 vai, mais ao norte, a **Neuquén**, 422km, com alguns trechos bem movimentados, e posteriormente, junto a outras rutas, a **Buenos Aires**, 1.564km.

Para o sul o caminho é a RN40 (ex-258). Em direção a **El Bolsón**, 123km, a paisagem começa a mudar: os picos nevados dão lugar às florestas, e os lagos aos rios e às cachoeiras. A Ruta 40 aqui está bem pavimentada, mas a sinalização não é das melhores. Mais ao sul, continuando pela mesma estrada, encontra-se **Esquel**, 300km, porta de entrada para o Parque Los Alerces e última "grande cidade" antes de seguir para o sul, à Patagônia das montanhas e geleiras, como **El Chaltén**, 1.426km, e **El Calafate**, 1.462km; ou ao leste, rumo ao Atlântico, como **Puerto Madryn**, 957km; **Comodoro Rivadavia**, 868km; **Río Gallegos**, 1.655km; **Ushuaia**, 2.233km.

## Acomodação

Meca turística, o que não falta em Bariloche são hospedagens, e em todos os padrões e faixas de preço. De albergues a hotéis de luxo, a maior diversidade está na área central, entre as ruas Bartolomé Mitre e Elflein, passando pela San Martín, a oeste do Centro Cívico. Indo mais além nessa direção, a Av. Bustillo concentra muitas hosterías e cabanas, mais adequadas a quem está de carro, devido à distância, que é compensada pela privilegiada localização junto ao lago. Mesmo os hotéis centrais tiram proveito desta particularidade. O relevo irregular de Bariloche possibilita a contemplação de paisagens perenes, e muitos hotéis oferecem quartos com vista para o Nahuel Huapi – claro, cobrando mais por isso. Albergues também não faltam. Assim como os hotéis, todos têm calefação. Mas atenção: na alta temporada (julho, dezembro e janeiro) não é difícil lotar. Mais ainda: nesta época, é comum escolas de classe média e alta de todo o país (e do Brasil também) organizarem viagens de formatura a Bariloche para seus alunos, tradição que pode encher os albergues – e também os hotéis – de garotos e garotas demasiadamente animados.

**El Gaucho Youth Hostel** C. Belgrano 209, esq. C. Güemes, F.522.464, www.hostelelgaucho.com. Dorms 5p-4p $65; quartos 2p $199, 3p $245. Café da manhã incluído. Banheiro coletivo nos dormitórios e privado nos quartos. Tem internet wi-fi, sala de TV, duas cozinhas equipadas, lockers, serviço de lavanderia e aulas de esqui (pagas à parte). Fica a 3 quadras do Centro Cívico, em uma área mais calma, com vista para o lago. Possui atendimento prestativo e agenda excursões pela região. Reserva mínima de duas noites.

**Ruca Hueney Hostel** C. Elflein 396, esq. C. Palacios, F.4433.986, www.rucahueney.com, 36 camas. Diária dorms 6p-4p $67; quarto 2p $120. Café da manhã incluído. Na baixa temporada, os preços ficam em média $5 mais baixos. Quartos 4p e 2p têm banheiro privativo, e alguns com vista para o lago. Tem cozinha equipada, sala de TV com DVD, internet e estacionamento disponível, mas com poucas vagas. A duas quadras do centro, este albergue é uma casa agradável e com bom astral. Atendimento simpático, vale a pena.

**Albergue Periko's** C. Morales 555, F.4522.326, www.perikos.com, 24 camas. Diária dorms 6p-4p $70/90 (baixa/alta temporada); quarto 2p $180/240 (sem banheiro) ou $220/280 (com banheiro). Café da manhã incluído. Quartos amplos e confortáveis. No local há estacionamento, lavanderia, wi-fi, cozinha equipada, lockers, depósito de bagagens, churrasqueira, sala de TV; organizam excursões e alugam bicicletas.

**La Bolsa del Deporte** C. Palacios 405, em frente ao Ruca Hueney, F.423.529, www.labolsadeldeporte.com.ar, 36 camas. Dorms 6p $70, 2p $250. Quartos pequenos, o para 2p tem banheiro privativo; os demais, compartilhado. Sem café da manhã. Cozinha disponível, lockers, sala com TV a cabo e internet. Decorado como se estivesse numa estação de esqui, este albergue faz o estilo aconchegante bagunçado.

**Hostería Casita Suiza** C. Quaglia 342, F.426.111, www.casitasuiza.com, 30 camas. Diária 1p $199, 2p $284, 3p $315. Aceita cartões de crédito. Café da manhã buffet incluído. Quartos com banheiro, mas sem TV ou telefone, bastante agradáveis. Tem estacionamento, lavanderia e um ótimo restaurante. Hostería pequena, aconchegante e com um atendimento legal. É bom reservar no inverno. Fecha no mês de maio.

**Hotel San Remo** Av. San Martín 457, F.424.628, 40 quartos. Diária 1p $200/250 (baixa/alta temporada), 2p $300/350, 3p $400/450. Aceita cartões de crédito. Café da manhã incluído. Bons quartos com banheiro e TV a cabo, metade deles com vista para o lago. Oferece traslado, excursões e passeios pela região.

**Hostería Pájaro Azul** Av. Bustillo Km 10,8 (há indicação na estrada), F.452.2622, www.hosteriapajaroazul.com.ar, 8 quartos. Diária 2p $200/300 (baixa/alta temporada), 3p $350/500. Aceita apenas cartão Master. Café da manhã incluído. Quartos com banheiro e TV a cabo. Tem sala de TV, lareira, bar, internet, lavanderia e estacionamento. Como grande parte das hosterías ao longo da Ruta Llao Llao, essa fica numa construção típica da região, de madeira e pedra, estilo "chalé". Bastante acolhedora e agradável, com uma vista única do Lago Nahuel Huapi.

**Hotel King's** C. P. Moreno 136, ao lado da feira de artesanato, F.4422.044, www.kingshotelbariloche.com.ar, 27 quartos. Diária 1p $210, 2p $280. Café da manhã buffet incluído. Quartos com banheiro e TV a cabo. Hotel 2 estrelas; tem estacionamento. O prédio e os quartos são bem simples, alguns com uma cadeira de madeira no canto, para você olhar a vista: a fachada do prédio em frente.

**Hostería Sur** C. Beschtedt 101, esq. C. Alte. O'Connor, F.422.677, www.hosteriasur.com.ar, 18 quartos. Diária 2p $220/255 (baixa/alta temporada), 3p $270/320. Aceita cartões. Café da manhã incluído. Quartos com banheiro, TV a cabo, telefone e internet. Tem estacionamento, sala com TV e lareira; bom atendimento.

**Hotel Quillen** Av. San Martín 415, não faz questão de receber hóspedes brasileiros. Evite!

**Hostería Adquintué** C. Vice Alte. O'Connor 766, F.421.672, adquintue@speedy.com.ar, 18 quartos. Diária 1p $230/280 (baixa/alta temporada), 2p $270/350, 3p $330/400. Café da manhã incluído. Quartos com banheiro e TV a cabo. Algumas habitações têm vista para o lago, assim como a sala onde é servido o café. Possui estacionamento. O prédio é antigo, mas bem arrumadinho; no inverno costuma receber excursões de brasileiros.

**Hotel Premier** C. Rolando 263, F.426.168, www.hotelpremier.com, 37 quartos. Diária 2p $267-425, 3p $374-575. Diárias variam de acordo com a época do ano. Aceita cartões. Café da manhã incluído. Quartos com banheiro, TV a cabo, telefone e wi-fi. Possui serviço de lavanderia, cofre, biblioteca, bar e estacionamento. Hotel 2 estrelas, com quadros espalhados por todas as paredes, o que o faz parecer uma galeria de arte.

**Hostería El Ñire** C. John O'Connor 94, próximo à catedral, F.423.041, www.elnire.com.ar, 14 quartos. Diária 2p $284, 3p $356. Café da manhã incluído. Habitações com banheiro, TV a cabo, telefone e wi-fi. Tem estacionamento. A casa, de família alemã tradicional, é bastante limpa, organizada e com um ambiente agradável, ainda que talvez pequena demais.

**Hostería Posada del Sol** C. Villegos 148, F.423.011, posadadelsolbariloche@hotmail.com, 18 quartos. Diária 2p $290/340 (baixa/alta temporada), 3p $350/410. Café da manhã incluído. Quartos simples e limpos, com banheiros privados e TV a cabo. Tem sala de estar com lareira e estacionamento. As 5 habitações com cama de casal têm vista para o lago. Uma boa opção.

**Residencial Anduriña** C. Bartolomé Mitre 810, F.422.700, hosteriaandurina@mercotour.com, 12 quartos. Diária 2p $300, 3p $350, negociáveis na baixa temporada. Café da manhã incluído. Quartos com banheiro, TV a cabo e telefone. O atendimento é feito por seus donos, um simpático casal de velhinhos que, junto com os móveis antigos do lugar, faz o residencial parecer a casa da vovó.

**La Sureña Hostería** Av. San Martín 432, F.422.013, www.hosteriala surena.com.ar, 12 quartos. Diária 1p $300-500 (baixa-alta temporada), 2p $400-750. Aceita cartão de crédito. Café da manhã incluído. Quartos com banheiro, TV a cabo e wi-fi. Possui estacionamento. Simples e bom.

**Milan Hotel** C. Beschtedt 120, F.422.624, www.hotelmilan.com.ar, 21 quartos. Diária 1p $350/400 (baixa/alta temporada), 2p $430/500, 3p $520/750. Café da manhã incluído. Banheiro e TV a cabo nos quartos. Internet disponível. Hotel ok, fechado em maio e junho.

**Hostería Selva Negra** Av. San Martín 555, próximo ao Centro Cívico, F.424.632, www.hosteriaselvanegra.com.ar, 16 quartos. Diária 2p $350/450 (baixa/alta temporada). Café da manhã com doces caseiros incluído. Quartos com banheiro, TV a cabo e telefone. Ambiente aconchegante, típico de uma hospedagem de montanha, mas talvez a hostería seja um pouco pequena.

**Hotel Nevada** C. Rolando 250, F.522.778, 81 quartos. Diária 1p $390, 2p $436, mais 21% de imposto. Aceita cartões. Café da manhã buffet incluído. Quartos espaçosos, com TV a cabo, conexão de internet, frigobar, telefone e cofre. Hotel 4 estrelas, possui restaurante, estacionamento, serviço de traslado e uma bela fachada. O conforto se equivale ao preço.

**Hostería Las Amapolas** Av. Juan Manuel de Rosas 598, em frente ao lago, F.422.664, 14 quartos. Diária 2p $420, 3p $510. Café da manhã incluído. Quartos com banheiro e vista para o Nahuel Huapi. Casa e móveis antigos. Tem internet, estacionamento, sala com lareira e um belo jardim na frente, que contrasta com o mau-humor da dona, a Sra. Ana.

**Concorde Hotel** C. Libertad 131, F.424.500, www.hotelconcorde.com.ar, 56 quartos. Diárias 1p $425/750 (baixa/alta temporada), 2p $600/1000, 3p $700/1200, quartos com a excepcional vista para o lago ainda aumentam cerca de 20%. Aceita cartões de crédito. Café da manhã buffet incluído. Quartos com banheiro, TV a cabo, telefone e calefação central. Hotel 4 estrelas, tem estacionamento e lavanderia.

**Cabañas Rosas Amarillas** Av. Bustillo Km 4,7, F.524.700, www.rosasamarillas.com.ar, 5 cabanas. Diária 2p $432-850, 4p $498-960, 6p $588-1100, variando conforme a época do ano. Café da manhã incluído. Charmosas cabanas à beira do lago, têm cozinha completa, banheiro com hidromassagem, TV a cabo, ponto de internet e estacionamento. Três delas possuem lareira. Lugar legal, confortável, com móveis rústicos e vista para o lago.

**Hotel Pacífico** C. P. Moreno 335, F.421.532, www.hotelpacifico.com, 64 quartos. Diárias 1p $446/700 (baixa/alta temporada), 2p $513/855, 3p $589/1080. Aceita cartões de crédito. Café da manhã buffet incluído. Quartos com TV a cabo, frigobar, telefone e banheiro com hidromassagem. Possui restaurante internacional, estacionamento, sala de jogos, internet, cafeteria-pub, sala de estar e salão para eventos. Na entrada, uma espaçosa sala de estar, com uma lareira central, mostra o requinte do hotel. Os quartos são amplos e têm uma decoração moderna, mas bem integrada com o clima da região. Bom atendimento.

**Hostería Tirol** C. Libertad 175, a meia quadra do Centro Cívico, F.426.152, www.hosteriatirol.com.ar, 15 quartos. Diárias em dólares 2p a partir de US$95, 3p US$118. Aceita cartões. Café da manhã incluído. Quartos com banheiro, wi-fi e TV a cabo; alguns com uma bela vista para o lago. Os quartos do sótão têm o pé direito muito baixo. Hostería rústica, com estacionamento. Atendimento feito pelos próprios donos.

**Hotel Panamericano** Av. San Martín 536, F.425.846, www.panamericanobariloche.com, 306 quartos. Diária 2p $528/950 (baixa/alta temporada) 3p $730/1300, mais 21% de imposto. Aceita cartões. Hotel 5 estrelas, com piscina térmica, sauna e outras mordomias de um ótimo hotel.

**Hotel Nahuel Huapi** C. P. Moreno 252, F.4426.146, www.hotelnahuelhuapi.com.ar, 78 quartos. Diárias 2p $547/1054 (baixa/alta temporada), 3p $638/1273. Aceita cartões de crédito. Café da manhã buffet incluído. Quartos espaçosos e confortáveis, com bons banheiros, TV a cabo, telefone e frigobar. Hotel 4 estrelas, com estacionamento, lavanderia e restaurante. Tem sala de leitura e salão de convenções para 150 pessoas.

**Apart Hotel del Arroyo** Av. Bustillo Km 4, F.442.082, www.delarroyo.com.ar, 7 cabanas. Diária em dólares 2p US$130, 4p US$200,

Hotel Llao Llao, quem sabe você não se hospeda aqui?

com descontos de até 40% na baixa temporada. Aceita cartões de crédito. Cabanas com cozinha completa, banheiro com hidromassagem, TV a cabo e DVD, ponto de internet e estacionamento. Possui vários filmes à disposição dos hóspedes. Lugar simpático, bom atendimento.

**Hotel Edelweiss** Av. San Martín 202, F.445.500, www.edelweiss.com.ar, 100 quartos. Diária em dólar, 2p a partir de US$140 mais 21% de imposto. Aceita cartões. Café da manhã buffet incluído. Quartos têm TV a cabo, wi-fi e frigobar. Alguns são apartamentos mais amplos, com vista para o lago, num andar superior. Hotel 5 estrelas, com piscina térmica, sauna, sala de ginástica e estacionamento.

**Llao Llao Hotel** No caminho para Llao Llao, Km 25,5, reservas em Buenos Aires, F.(11)5776.7440, www.llaollao.com.ar. Diária 2p, baixa temporada US$255-430, alta temporada US$350-735, e, se desejar, a suíte presidencial US$1.780-3.050, mais 21% de imposto. Tarifas variam de acordo com o conforto e a vista: se é para o lago ou para as montanhas. Luxuoso, à beira do Lago Nahuel Huapi, inclui tudo o que um super-hotel pode oferecer, como sauna, piscina, sala de ginástica, quadra de tênis, aulas de tango, windsurf no verão, e por aí vai; outras regalias são cobradas à parte, como golfe e spa. Vale, sobretudo, pela sua estupenda paisagem.

## Comes & Bebes

A variedade de restaurantes, lanchonetes e chocolaterias é enorme. Os principais pratos típicos – cervo, cordeiro, javali e os deliciosos fondues – não são exatamente baratos: custam a partir de $70. Alternativas econômicas são os tenedores libres e os restaurantes com menu fixo, entre $25-55, incluindo entrada, prato principal e sobremesa.

A imponente Catedral de Bariloche

Aos amantes de carne, uma boa opção é o **La Vizcacha**, O´Connor 630, que serve parrilladas, truta, cervo e cordeiro patagônico. Outras sugestões são o **Linguini**, na Mitre 370, e o **La Marca**, Pje. Urquiza 230, em frente ao Centro Cívico.

Seguindo na Av. Bustillo, em direção à Llao Llao, encontram-se diversas pizzarias e cervejarias: **La Vitta è Bella**, no Km 7,7; **Blest**, Km 11,6; **Berlina**, Km 11,75; e **Malal**, Km 12,4. Já para se deliciar com as chocolatarias, não é preciso ir longe: há várias na C. Bartolomé Mitre, basta seguir pela rua e namorar as vitrines.

Uma dica boa de um lugar não muito caro é o aconchegante restaurante **Casita Suiza**, localizado junto ao hotel de mesmo nome, na C. Quaglia 342. A entrada, como a *trucha ahumada* (truta defumada), custa $45; as guarnições são em média $30; um *lomo a pimenta* ou *roquefort*, $80, e mousse de chocolate, $35.

## Atrações

Grande parte da fama de Bariloche deve ser creditada a sua privilegiada natureza. O Nahuel Huapi, tanto o Parque Nacional como o lago, pode segurar você por vários dias em caminhadas, passeios e jornadas fotográficas. O mesmo vale para as montanhas próximas, como o Cerro Catedral, que no inverno se transforma numa popular estação de esqui. Mas a cidade também encanta. A arquitetura típica de madeira e pedra, inspirada nos Alpes suíços, pode ser observada em muitos prédios da área central, em especial no simpático Centro Cívico. As ruas comerciais Bartolomé Mitre e Perito Moreno são repletas de chocolatarias e, definitivamente, valem uma volta (e uns quilos).

**Centro Cívico** Coração de Bariloche, entre as ruas Perito Moreno, San Martín e a Av. 12 de Octubre, em frente ao Lago Nahuel Huapi. Inaugurado em 1940, seu conjunto, constituído por um pórtico e por prédios rústicos, foi declarado Monumento Histórico Nacional em 1987. Abriga a Secretaria de Turismo Municipal e o Museu da Patagônia e, com frequência, principalmente no verão, torna-se palco de shows, eventos e apresentações culturais.

**Museo de la Patagonia** No Centro Cívico, abre ter/sex 10h-12h30 e 14h-19h, segundas e sábados 10h-13h, fecha aos domingos; a entrada é uma contribuição voluntária. Interessante museu sobre esta lendária região, com destaque à história da colonização humana da Patagônia e à fauna local, exibindo vários animais empalhados. Sua exposição é dividida entre as salas de Ciências Naturais, Pré-história, História Indígena e História Regional. Vale a visita.

**Catedral Nuestra Señora del Nahuel Huapi** Av. 12 de Octubre esq. C. Palacios, aberta 8h30-12h30 e 14h30-21h, missa domingos 11h e 20h (no verão). Belíssima igreja de pedra construída entre 1930 e 1932 e finalizada apenas em 1948. Projetada em estilo neogótico por Alejandro Bustillo, destaca-se pelas dezenas de vitrais que lhe servem de adorno.

**Museo Paleontológico** Av. 12 de Octubre esq. C. Sarmiento, abre seg/sáb 16h-19h, entrada livre. Um micromuseu com duas minissalas, uma abordando o Período Primário Paleozóico e Secundário Mesozóico e a outra, o Período Terciário. Exibe pedras, mariscos e outras formações geológicas do mar. O mais curioso – a um leigo, diga-se – é a reconstrução da mandíbula de um tubarão fóssil. Ainda assim, vale apenas aos interessados no tema.

**Museo Geológico y Paleontológico Rosendo Pascual** Lago Gutiérrez, aberto 9h-12h30 e 15h-19h, entrada $5. Aos verdadeiros fãs do assunto, este é outro museu existente sobre a paleontologia, porém não está localizado na área central de Bariloche, e sim em Villa los Coihues, a aproximadamente 13km ao sul da cidade, com acesso pela Ruta 82 ou ônibus 50.

# Passeios

**Parque Nacional Nahuel Huapi** Sucessor do Parque Nacional del Sur, de 1922, foi criado 12 anos depois. É o maior parque da Argentina. Não abrange apenas o lago homônimo, mas todas as atrações de Bariloche. Veja mais adiante, na página 288.

**Cerro Otto** Morro de 1.400m, a 5km de Bariloche, oferece uma fantástica vista da cidade, do Lago Nahuel Huapi e de suas várias ilhotas. Tente avistar também os três picos do Cerro Tronador, na fronteira com o Chile. Para chegar, há três possibilidades: de teleférico, a mais turística, no Km 5 da Av. de Los Pioneiros, funcionando 10h-20h no verão ou 10h-18h no inverno, ticket $75/85 (baixa/alta temporada); de carro, um percurso de 8km numa estrada de rípio em bom estado, que se inicia no Km 1 da Av. de Los Pioneiros, em frente a um posto de gasolina; ou, por fim, a pé, com possibilidade de cortar caminho por vias nem sempre bem-sinalizadas. No topo do cerro existe uma confeitaria giratória, que tira proveito da privilegiada paisagem. Mais abaixo, descendo o morro, encontram-se a pista de esqui nórdico *Piedras Blancas* e o *Refúgio Berghof*, pertencente ao Club Andino Bariloche, onde é possível acampar.

**Cerro Catedral** A 19km de Bariloche, é conhecido por suas pistas de esqui, abertas durante o inverno (veja na página seguinte). Mas no verão, ainda que não se possa esquiar, também vale o passeio, quando alguns teleféricos seguem funcionando. No alto das montanhas, com neve perene, é possível alugar e brincar com bicicletas a $95 (uma vez) ou $150 (o passe diário); trenós, $90 para 4 descidas; e motos, $150/h ou $200/meio-dia. E, claro, apreciar a vista excepcional de quem está a 2 mil metros acima do nível do mar. No verão, o teleférico funciona seg/sáb 10h-18h30, ingresso $120.

**Cerro Campanário** Morro de 1.050m, com acesso por teleférico, na Av. Bustillo Km 17,5, subidas 9h-18h, $30. No seu topo, há um bar/restaurante para admirar a vista tomando um café.

**Parque Municipal Llao Llao** Península de privilegiada natureza a aproximadamente 30km de Bariloche. O acesso é pela Ruta 237, margeando o lago, ou, no verão, pelas rutas 79 e 77, para quem vem do Cerro Catedral ou da Colonia Suiza. De ônibus, são os de número 20, pela Av. Bustillo, ou 50, pela Av. de Los Pioneiros, passagem $6,90. De táxi, em torno de $70 do centro de Bariloche. Além do bosque da região, destacam-se no cenário a imponente montanha, o Cerro López, a pequena igreja, a Capilla San Eduardo e o grandioso hotel, o já lendário Hotel Llao Llao, com diárias a partir de US$255. Você pode visitar ou, por que não, se hospedar.

**Colonia Suiza** Pequena colônia povoada por suíços desde o início do século 20. Hoje, basicamente, não há maiores atrações do que alguns poucos restaurantes ou cafés e lojas de artesanato e suvenires em casas de madeira, que evidenciam as características da nacionalidade do povo local. O acesso, distante 25km de Bariloche, se dá por vias de rípio na Ruta 79, ou ônibus 10 (e 11 no verão); a visita vale, talvez, apenas para os descendentes suíços ou para quem realmente estiver por ali.

**Cementerio del Montañes** Pequenino cemitério onde estão enterrados alguns montanhistas da região. Pouco conhecido entre turistas, é bastante pitoresco, e vale a visita se você estiver pelas proximidades. Fica na Ruta 77, no Km 35,5, acessível também pelo ônibus 10 (e 11 no verão), e mais uma caminhada de, aproximadamente, 300m pelo bosque. Uma placa na estrada sinaliza o cemitério.

# Esqui

**Catedral Alta Patagonia** O Cerro Catedral, como também é conhecida, a 19km de Bariloche, é uma das principais estações de esqui da América do Sul. O acesso é todo asfaltado desde Bariloche, pela Ruta 82, até a bifurcação no Km 10, em direção ao morro. De ônibus, o "Catedral", passa a cada meia hora, com paradas na C. Perito Moreno, entre Beschtedt e Palacios, e no Centro Cívico, passagem $6,90.

Com uma área total de 600 hectares, dispõe de mais de 70km de caminhos e pistas, onde a mais alta

De teleférico no Cerro Catedral

está a 2.100m de altitude (e o cume, a 2.388m), oferecendo desníveis esquiáveis de 1.070m. Existem pistas de contorno mais complexo, para os esquiadores profissionais, e simplificadas, para os iniciantes. Para estes, ou para os que desejam se aperfeiçoar, há escolas de esqui e snowboard, cujas aulas podem ser particulares ou em grupo de até 12 alunos.

Outros serviços tornam o Catedral uma das mais bem-estruturadas estações do país: dezenas de bondinhos e teleféricos (alguns comportando até 6 pessoas) agilizando o transporte de esquiadores e os aproximando das pistas; aluguel de equipamentos; medidas de segurança, com técnicas de resgate em alta montanha; fabricação de neve; conservação periódica das pistas; atividades destinadas a crianças (também com aulas de esqui); creches e estacionamento gratuito com 960 vagas. A infraestrutura se completa com dezenas de restaurantes e vários hotéis, de 3, 4 e 5 estrelas, dispondo de uma média de 2 mil camas.

Há vários passes de esqui para utilização, com os valores variando conforme a temporada e o número de dias. Os períodos são divididos em pré-temporada: 15-22/jun; temporada baixa: 01-30/set; temporada média: 23/jun-06/jul e 28/jul-31/ago e temporada alta: 07-27/jul, o apogeu das férias de inverno. O período de frio e neve, porém, é considerado o de meados de junho ao início de outubro. No verão, o teleférico para subir custa em torno de $120, e no inverno $150; já o passe para 1 dia sai por $210/245/300/365 (pré/baixa/média/alta), o de 1 semana $1050/1230/1525/1850.

Para esquiar, aluguel de botas $65-85 (variando com a temporada), par de esqui $80-110, *snowboard* completo $140-180. Não há casas de câmbio no Cerro Catedral, e o dólar é aceito, mas com uma cotação inferior à que você trocaria na cidade. Para mais informações, consulte o site: www.catedralaltapatagonia.com.

**Centro de Ski Nórdico** No Cerro Otto, com acesso no Km 1 da Av. de Los Pioneiros, em frente a um posto de gasolina, e mais 6km subindo a estrada de rípio. Uma alternativa menor, mais próxima do centro e mais barata que o Cerro Catedral. Aqui a prática é o esqui nórdico, que diferencia-se por dispor de um par de esqui mais estreito, mais adequado para caminhadas e subidas. O local dispõe de aproximadamente 10km de pistas em diferentes níveis de dificuldades. Diária $330, incluindo aulas e aluguel de equipamento (mas não as roupas). Outras atividades na neve possíveis no Centro de Ski são passeios em *cuatriciclos* (ou *fourtrax*), espécie de minitrator, $470/40min, e caminhadas com raquetes, $120/pessoa, em torno de 1h, com guia.

## Compras

No centro há uma variedade grande de lojas de suvenires, artesanatos e afins. O item de consumo mais atraente, no entanto, é o chocolate: há diversas chocolatarias espalhadas pelo centro, inclusive verdadeiros supermercados deste delicioso derivado do cacau, como o *Chocolate Casero del Turista*, Av. Mitre 231, que apresenta os mais diferentes tipos e sabores de chocolate. Em lojas menores você encontra produções mais artesanais.

Para artesanatos e afins, vale a pena conferir a *Feria Artesanal*, C. Perito Moreno esq. C. Villegas. Por lá, há diversas barraquinhas que vendem peças e lembrancinhas feitas à mão. Outra opção é a *Asociación de Artesanos de Bariloche*, C. Elflein 38, provavelmente o melhor lugar para comprar artesanato local.

E em Bariloche também há livros: boas opções são a *Librería Cultura*, C Elflein 78, e a *Livros Uppsala*, C. Rolando 269, com boa variedade de guias e livros de fotografia, entre outros. *La Barca Libros*, Av. Mitre 131, trabalha também com livros usados, por bons preços.

## Diversão

Há diversas danceterias em Bariloche, e, na opinião de muitos viajantes, a noitada é boa, principalmente se comparada com a de outras cidades da Patagônia, que são praticamente mortas de vida noturna. No entanto, a faixa etária do público festeiro é baixa – muitos adolescentes de 16, 17 anos, já que há na cidade centenas de grupos fazendo sua viagem de formatura do colégio, tradição que começa a se expandir também entre a garotada brasileira. Para uma programação mais tranquila, existe um cinema na cidade.

Onde você não vai encontrar adolescentes é no *Cassino*, junto ao Hotel Panamericano, Av. España 476. Mas como toda jogatina, tenha cautela.

# PARQUE NACIONAL NAHUEL HUAPI

Criado em 1934, o Parque Nahuel Huapi engloba uma área de 713 mil hectares, onde um impressionante conjunto de montanhas, lagos e rios forma uma das mais exuberantes paisagens da Patagônia. Ao contrário do que muitos pensam, o parque não está em Bariloche – e sim Bariloche está no parque. Seu contorno também cobre as cidades de Villa la Angostura e Villa Traful, o Parque Nacional Los Arrayanes (veja mais informações no capítulo de Villa la Angostura), o Lago Nahuel Huapi, o Cerro Catedral, o Cerro Tronador (que marca uma das fronteiras com o Chile) e vários outros lagos, montanhas, rios, cachoeiras, bosques e muita natureza.

## O Parque

As possibilidades de explorar o parque são muitas. No verão, é possível fazer rafting, cavalgadas, rapel e andinismo. Para estas práticas esportivas, consulte uma agência de turismo em Bariloche, já que as atividades são feitas em grupo ou com um guia autorizado. No inverno, o esqui predomina. Caminhar pelo parque é possível em qualquer época do ano, ainda que com muito mais liberdade nas trilhas durante o clima quente ou ameno. Para chegar a algumas atrações (lagos, cachoeiras), é importante passar pelo guardaparques e registrar a entrada, até como medida de segurança. O ingresso no parque, nas áreas delimitadas, custa $65 (argentinos pagam $25).

Existem pelo menos dois trajetos organizados (não necessariamente para serem feitos a pé): o *Circuito Chico* e o *Circuito Grande*. O primeiro, como o nome indica,

Parque Nahuel Huapi contemplado do Cerro Otto

percorre uma volta menor, 65km: sai de Bariloche e passa pela Playa Blanca (bastante concorrida; no verão, é claro) até a península de Llao Llao, parte do percurso margeando o Lago Nahuel Huapi, outra parte adentrando em bosques de ciprestes até o Cerro Campanário. As excursões levam em torno de meio dia, ao custo de $90. O Circuito Grande extrapola os limites de Bariloche, chegando a Villa la Angostura, Cerro Bayo, lagos Correntoso e Espejo, entre outros locais; leva pelo menos um dia inteiro, a $235. Veja no centro de informações turísticas ou com seu hotel sobre tours destes roteiros.

Não são apenas terrestres os passeios pelo parque. Com um lago tão encantador como o Nahuel Huapi, não poderiam faltar as excursões lacustres. Uma das mais comuns é a que vai até a *Isla Victoria* e, um pouco mais adiante, ao *Bosque de Arraynes* (veja sobre este passeio em "Villa la Angostura"). Mais perto de Bariloche fica a *Isla Huemel*, mas o passeio até lá tem sido desestimulado por viajantes. Viagem de belos cenários, é possível chegar ao Chile pelo lago, num trajeto combinado com ônibus. Sobre este roteiro, veja o "Viajando" na página 277.

O parque conta com várias espécies de animais, como os raros huemul e o pudú, ambos da família dos cervos. Para observar melhor a fauna e a flora da região, o ideal é passar mais tempo dentro do parque, dormindo por lá. Para isso, existem os refúgios de montanha, de propriedade do *Club Andino Bariloche* (ver "Informações turísticas"), bastante populares no verão entre os jovens argentinos. Administrados num regime de concessão, renovável a cada dois anos, os refúgios são cabanas rústicas, situadas em meio às montanhas, acessíveis somente por trekkings. Após cruzar paisagens impressionantes em longas caminhadas, o andarilho encontra uma cabana, onde pode se instalar com alguns confortos básicos (mas é necessário levar saco de dormir). O ambiente nos refúgios é bastante animado. Ficam lotados no auge do verão, único período em que

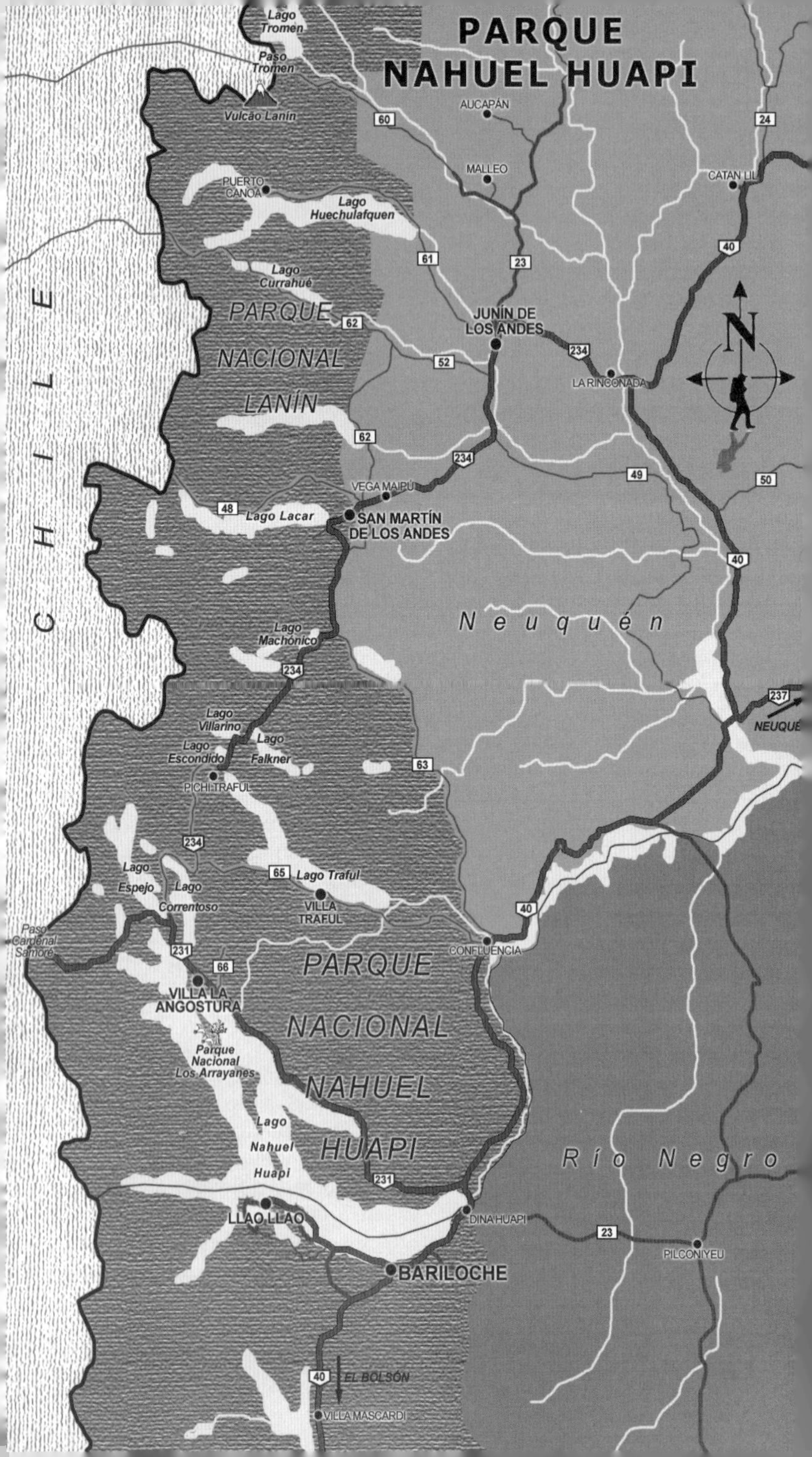

PARQUE NAHUEL HUAPI
Lago Tromen
Paso Tromen
Vulcão Lanín
AUCAPÁN
MALLEO
CATAN LIL
PUERTO CANOA
Lago Huechulafquen
Lago Currahué
PARQUE NACIONAL LANÍN
JUNÍN DE LOS ANDES
LA RINCONADA
N
CHILE
VEGA MAIPÚ
Lago Lacar
SAN MARTÍN DE LOS ANDES
Neuquén
Lago Machónico
Lago Villarino
Lago Escondido
Lago Falkner
PICHI TRAFUL
NEUQUE
Lago Espejo
Lago Correntoso
Lago Traful
VILLA TRAFUL
Paso Cardenal Samoré
CONFLUENCIA
PARQUE NACIONAL NAHUEL HUAPI
VILLA LA ANGOSTURA
Parque Nacional Los Arrayanes
Lago Nahuel Huapi
Río Negro
LLAO LLAO
DINA HUAPI
PILCONIYEU
BARILOCHE
EL BOLSÓN
VILLA MASCARDI
60
24
61
23
40
62
52
234
49
50
48
237
63
65
231
66

funcionam, quando é normal viajantes dividirem os espaços, colocando seus sacos de dormir um ao lado do outro.

Os refúgios oferecem serviços variados, que são disponibilizados de acordo com a administração de cada concessionário: há desde os mais rústicos até alguns com um pouco mais de conforto. Menus simples e bebidas eventualmente são vendidos. Destaque para os refúgios *Emilio Frey*, no Cerro Catedral, e *Otto Meiling*, no Cerro Tronador. Se você deseja se aventurar nessa experiência, fale com o pessoal do Club Andino Bariloche, ou cheque o site: www.clubandino.com.ar.

# VILLA LA ANGOSTURA

Cidadezinha andina a 870m de altitude, com aproximadamente 10 mil habitantes, Villa la Angostura vem crescendo bastante nos últimos anos, e é hoje o segundo maior polo turístico da região, atrás apenas de Bariloche, de onde dista 83km. O turismo é impulsionado por sua natureza abundante e por sua posição geográfica privilegiada. Villa oferece o único acesso terrestre ao Parque Nacional Los Arrayanes, e o ponto mais próximo de alcançá-lo via passeio lacustre. O mesmo Lago Nahuel Huapi, que banha Bariloche, também comparece por aqui – a cidade está na sua margem nordeste. É em Villa que começa o Caminho dos 7 Lagos, e o município tira proveito por ser um dos maiores polos de pesca de truta da região. No inverno, a grande atração é o Cerro Bayo, popular estação de esqui. E para quem vem ou vai ao Chile, Villa la Angostura está a apenas 27km da fronteira. A cidade, que em seu entorno urbano abusa de construções em madeira nativa, também conquista por sua arquitetura clássica de montanha. Com tais atrativos, compreende-se por que tanta gente de fora está vindo para cá – e não apenas para visitar, mas para instalar hotéis, pousadas e restaurantes.

## A Cidade

Fundada em 1932, ao sul da província de Neuquén, Villa la Angostura é conectada à península de Quetrihué – localizada a sudoeste da cidade, avançando pelo Lago Nahuel Huapi – por um estreito istmo, de onde se originou o seu nome. Angostura vem da palavra *angosto*, que significa "estreito". O nome da península – *Quetrihué* –, por sua vez, quer dizer "onde há arrayanes", na língua mapuche, em referência à árvore típica da região.

## Informações e serviços

**Código telefônico** 0294

**Clima** O clima de Villa la Angostura é similar ao das outras cidades da região, como Bariloche e San Martín de los Andes: no verão, dias quentes, podendo chegar a até 30°C, e noites frescas; no inverno, neva, e as temperaturas chegam a até -5°C, ou não raramente mais (ou menos). A temporada de chuvas é nos meses de maio e junho, e é comum ventar muito, já que a cidade está rodeada de montanhas.

**Câmbio** A *Andina Internacional*, Av. Arrayanes 282, local 2, troca travel-cheques, com comissão de 4%. Na mesma avenida, entre as ruas Las Mutisias e Los Notros, fica o *Banco de la Província de Neuquén* e o *Banco de la Patagonia*.

**Informações turísticas** A *Secretaría de Turismo* fica na Av. Arrayanes 9, F.449.4124, e funciona todos os dias, 8h30-20h (21h no verão). Dispõe de mapas e bastante material da cidade e da região, incluindo o passeio dos 7 Lagos e ao Parque los Arrayanes. Site da cidade: www.villalaangostura.gov.ar.

**Hospital** *Rural Oscar Arraiz*, C. Dr. Copello 311, F.494.170.

## Orientação

A impressão é de que Villa la Angostura é praticamente uma única rua, a Av. Arrayanes. Existem algumas paralelas e perpendiculares, mas esta avenida, com canteiro arborizado em seu trecho central, é a principal e a que corta a cidade. Nada mais é do que a RN231, que, a partir da Plaza San Martín, na entrada da cidade (há uma feia placa do ACA sinalizando), se chama Av. Siete Lagos, com destino a San Martín de los Andes ou, na direção sudeste, a Bariloche – percurso onde situam-se muitos hotéis, hosterías e cabanas. Na zona central, conhecida como *El Cruce*, está a concentração do comércio, serviços e restaurantes. Outra via de acesso à cidade, a partir do cruzamento da Arrayanes, onde fica um dos dois postos de gasolina locais, é a Blvd. Nahuel Huapi, que segue por 3km ao sul do município até a entrada do Parque Nacional Los Arrayanes. Nesta área, chamada de *La Villa*, fica o pequeno Porto Angostura, de onde partem excursões pelo Lago Nahuel Huapi.

## Circulando

No perímetro urbano, leia-se Av. Arrayanes, não há a menor necessidade de um meio de transporte. Mas para ir além, caso seu hotel seja distante da área central, existe uma única linha de ônibus que percorre toda a cidade, passagem $3-4, dependendo da distância.

## Chegando e saindo

O terminal de ônibus fica na Av. Siete Lagos 26, esq. com a Av. Arrayanes, no início do centro. Não há aeroporto em Villa; utiliza-se o de Bariloche, a 83km. De carro, os acessos se limitam à RN231, para Bariloche, a sudeste, a San Martín de los Andes, ao norte, ou à fronteira do Chile, a noroeste. De Bariloche, também é possível chegar de barco pelo Lago Nahuel Huapi.

## Viajando

**Ônibus** Há saídas diárias para **Bariloche**, 1h30 de viagem, $36; **San Martín de los Andes**, 2h30, $51; **Junín de los Andes**, 3h, $55. Também se vai a **Buenos Aires**, 22h, $999. Para o Chile, há partidas com destino a **Osorno**, cerca de 4h de viagem, $120, e também a **Puerto Montt**, 5h, $120.

**Carro** Para **Bariloche**, 83km, a sudeste pela RN231, posteriormente seguindo pela RN40. A viagem tem um visual fantástico, grande parte margeando o Lago Nahuel Huapi. A **San Martín de los Andes**, 110km, ao norte pela RN231, entrando à direita na bifurcação da Ruta dos 7 Lagos, RN234; a partir desse trecho, por 40km em estrada de rípio (caso ainda não tenha sido pavimentada). Viaje de dia, tanto pela beleza do cenário como pelas condições da estrada. Para o **Chile**, 69km, siga sempre a oeste pela RN231. A aduana argentina "El Rincón" está a 27km; a chilena a mais 42km. Para **Buenos Aires**, 1.608km, pela Província de La Pampa.

## Acomodação

A oferta de hospedagens em Villa la Angostura aumenta a cada ano, com novos hotéis e hosterías sendo construídos – muitos na RN231, que conecta a cidade a Bariloche. Ainda assim, vale reservar na alta temporada.

**Hostel La Angostura** C. Barbagelata 157, F.494.834, www.hostel laangostura.com.ar, 40 camas. Diária dorms $80/90 (sócio HI/não-sócio); quarto de casal $260/290. Café da manhã incluído. Albergue HI situado 200m atrás do centro de informações turísticas. Quartos com banheiro privado e lockers. Cozinha liberada, sala de estar com TV a cabo, DVD, internet e mesa de sinuca. Tem estacionamento. Albergue espaçoso e agradável, onde é proibido fumar. Os quartos são identificados com fotos de paisagens argentinas. Aluga bicicletas. Uma boa opção.

**Hostel Don Pilón** C. Cerro Belvedere esq. C. Los Maquis, F.4494.269, www.hosteldonpilon.com, 13 quartos. Diária dorm 4p $120; quarto 1p $300, 2p $360, 3p $450. Café da manhã e internet wi-fi incluídos. Quartos com banheiro. Sala com lareira e TV. Atendimento simpático.

**Hostería Verena's Haus** C. Los Taiques 268, F.4494.467, www.verenas haus.com.ar, 6 quartos. Diária 1p $190/260 (baixa/alta temporada), 2p $340/450. Inclui bom café da manhã caseiro. Não aceita crianças até 12 anos. Proibido fumar no hotel. Limpeza impecável, quartos espaçosos e camas confortáveis; atendimento gentil e ambiente aconchegante.

**Hostería Las Cumbres** Av. 7 Lagos a 1km do ACA, F.4494.945, www.hosterialascumbres.com, 14 camas. Diária 2p $230-350, 3p $270-400. Café da manhã incluído. Quartos com TV a cabo. Tem sala com lareira, bar e estacionamento. Instalações confortáveis; decoração caprichada.

**Hostería Las Piedritas** Av. Huemul esq. Av. Arrayanes, F.494.222, 10 quartos. Diária 2p $260/330 (baixa/alta temporada), 3p $350/400. Café da manhã incluído. Quartos com banheiro. Oferece também um apartamento 4p, com cozinha e banheiro. Aceita reservas por, no mínimo, quatro noites, e tem que pagar adiantado. Local modesto.

**Residencial Río Bonito** C. Topa Topa 260, F.4494.110, www.riobonitopatagonia.com.ar, 5 quartos. Diária 2p $300, 3p $400, um pouco mais barato na baixa temporada. Café da manhã incluído. Quartos com banheiro e wi-fi. Administrada pelos donos, é uma casa de família com quartos bastante simples, situada a duas quadras atrás da rodoviária.

**Hostería Posta de los Colonos** C. Los Notros 19, F.494.386, www.postaloscolonos.com.ar, 20 quartos. Diárias 1p $306/425 (baixa/alta temporada), 2p $476/561, 3p $629/714. Aceita cartões de crédito. Café da manhã incluído. Quartos com banheiro, telefone e TV a cabo. Tem internet, estacionamento. Não é permitido fumar na hostería. Ambiente charmoso e bastante rústico.

**Hotel Los 3 Mosqueteros** Blvd. Nahuel Huapi 2161, em La Villa, próximo ao porto, F.4494.217, www.interpatagonia.com/lostresmosqueteros, 12 quartos. Diária 2p $330/400 (baixa/alta temporada), 3p $395/450. Aceita cartões com acréscimo no valor da diária. Café da manhã buffet incluído. Quartos com banheiro. Tem estacionamento. O hotel é bom, mas é encarecido pela fantástica vista, com um deque privado à beira do lago.

**Cabanas Maite** C. Millaqueo 50, F.4495.018, www.cabanasmaite.com.ar. São quatro cabanas: 2p-3p $340/578 (baixa/alta temporada), 4p-5p $374/646. Tem cozinha equipada, sala com TV a cabo e estacionamento. As cabanas são muito pequenas, ok para 2p mas apertadas para 5p.

**Hostería Encanto del Río** Av. Arrayanes 5061 (na Ruta 231), a 5km do centro, F.4475.357, www.encantodelrio.com.ar, 10 quartos. Diária 1p $360/605 (baixa/alta temporada), 2p $438/768, 3p $571/999, cabanas 5p $510/850. Aceita cartões. Café da manhã com doces caseiros da região incluído. Quartos com banheiro, banheira e TV a cabo. Sala com lareira, DVD e internet. É um aconchegante chalé, junto ao Río Bonito, com piscina térmica, sauna, sala de massagem e estacionamento. O atendimento é feito pelo simpático Ignácio.

## Comes & Bebes

Diversas opções na Av. Arrayanes e arredores. Um bom restaurante, de ótimo custo-benefício, com porções bem servidas e um preço bastante camarada, é o **Gran Nevada**, na Av. Arrayanes 102, onde há pratos com carne e massas a partir de $20.

## Atrações

**Parque Nacional Los Arrayanes** Situado na península de Quetrihué, abriga o **Bosque de Arrayanes**. Enormes e com troncos espessos e retorcidos, os arrayanes – árvores raras que dão nome ao parque – atingem uma altura média de 18m, embora alguns, não raro, cresçam até os 25m. Vivem, em geral, de 160 a 250 anos, mas alguns exemplares chegam aos 600 anos. O Parque Nacional Los Arrayanes, com 1.840 hectares, integra o Parque Nacional Nahuel Huapi. Foi criado em 1971 com o intuito de preservar este que é considerado o único bosque do mundo desta espécie, cuja maior concentração da árvore encontra-se no sul da península.

A entrada do parque fica no istmo, em La Villa, no acesso à península, ingresso permitido até as 14h, $50 ($20 para argentinos). É lá que começa uma trilha, de 12km, que leva ao bosque. Logo no início do percurso, há um desvio que possibilita visitar dois miradores; de um se observam os braços noroeste: *Machete*, *Rincón* e *Ultima Esperanza*; do outro, o istmo da península e a cidade de Villa la Angostura. Mais adiante, pela metade do trajeto, está a *Laguna Hua-huan* e posteriormente a *Laguna Patagua*, local em que a quantidade de arrayanes, pela proximidade do bosque, começa a aumentar. A trilha toda é percorrida a pé, em torno de 3 a 4 horas, conforme o ritmo.

Outra boa possibilidade de acesso à mata é ingressar em algum dos passeios pelo Lago Nahuel Huapi, que vão direto até o bosque. Podem ser arranjados em alguma das agências de viagem de Villa ou diretamente nos guichês de venda em Puerto Angostura, na península, junto aos moles de onde partem as embarcações. Levam em torno de 3h e custam $208. Se desejar, você pode ir de barco e voltar a pé, ou de bicicleta, ou vice-versa, embora a primeira opção seja mais recomendável, já que a volta é descida. No bosque, há uma passarela de 800m que atravessa a área. Este trajeto é percorrido com guia, para os visitantes que chegam de barco, e termina numa casa de chá. No geral, um passeio bem bacana.

**Laguna Verde** Uma pequena lagoa rodeada por bosques, em La Villa, a uns mil metros do Puerto Angostura (há uma seta na Blvd. Nahuel Huapi indicando o desvio). A área, bem arborizada e aparentemente agreste, se constitui num parque interessante, mas a lagoa não é das mais atrativas da região.

## Passeios

**Cerro Bayo** Morro de 1.782m de altitude, onde se chega pela RP66, estrada de rípio com acesso pela RN231, a 4km a leste do centro de Villa la Angostura. Sua maior atração é o **Centro de Esqui Cerro Bayo**, a 6km, cuja base está a 1.050m de altitude. Desta pode-se chegar, via teleférico, a 1.710m, de onde há uma bela vista panorâmica do Lago Nahuel Huapi e das montanhas que o cercam. Todo o trajeto morro acima, com vários miradores, oferece, de fato, uma paisagem excelente. No inverno, existem 20 pistas disponíveis, em diferentes graus de dificuldade, inclusive para principiantes.

No verão não há esqui, mas costuma funcionar pelo menos um teleférico, assim como restaurantes, valendo o passeio. De qualquer forma, conforme a época do ano, é bom checar que esteja aberto. Na temporada quente, também é possível se aventurar em trekkings, mountain bikes e cavalgadas.

Mais abaixo no cerro, no Km 5 da RP66, seguindo por um acesso de 200m, encontra-se a **Cascada Río Bonito**, cachoeira de 35m de altura, situada numa propriedade privada (espere, portanto, alguma cobrança de entrada). Ainda na RP66, bem no começo, a 200m da entrada da RN231, fica o **Centro de Turismo y Aventura**, aberto todo o ano, 10h-20h, organizando atividades de escalada, rappel, tirolesa e, no inverno, excursões com raquete.

**Cajón Negro** É um vale a nordeste de Villa la Angostura, cercado pelos cerros Inacayal, Belvedere e Filo Belvedere, onde nativos e turistas caminham, cavalgam e andam de bicicleta. Do **Mirante Belvedere**, ali localizado, se vê o Lago Nahuel Huapi, o Lago Correntoso e o Río Correntoso, com a Cordilheira dos Andes ao fundo. Vale conhecer a **Cascada Inacayal**, uma cachoeira de 50m, e o **Arroyo Las Piedritas**, que é formado pela água que degela da montanha. O percurso leva em torno de 3 a 4 horas, partindo do centro de la Angostura. Também dá para chegar ao mirante de carro, e de lá seguir a pé até a cascata.

### Ruta dos 7 Lagos

O fotogênico percurso de 110km da RN234, que liga Villa la Angostura a San Martín de los Andes, é conhecido como *Ruta de los 7 Lagos*. A partir de Villa, o caminho passa pelos lagos: **Espejo**, à esquerda, um dos mais belos lagos do itinerário, tem praias em alguns trechos e, não à toa, conta com uma hostería 3 estrelas e área (agreste) de camping; **Correntoso**, à direita,

Lago Correntoso: um pescador à busca de trutas

avistado parcialmente no início do trajeto, e, posteriormente, em maior dimensão ao longo da estrada, é um lago popular entre pescadores; **Escondido**, se você conseguir avistar, está à esquerda, fazendo jus ao nome; **Villarino**, à esquerda, com a *Cascada Vulignanco* na sequência; **Falkner**, à direita; **Machónico**, à esquerda; e, por fim, o **Lacar**, já em San Martín de los Andes.

Parte da rota, 40km, próximo ao início do trajeto, a partir do Lago Espejo, é de rípio, nem sempre bem-conservada. Não faz mal, vá devagar, até porque talvez esse seja o trecho mais bonito da viagem. Com seus lagos entre bosques e montanhas nevadas ao fundo, este percurso tem sido propagandeado turisticamente (não sem justiça). Excursões partem de Villa la Angostura e Bariloche – informe-se, se você não estiver de carro – e é possível que quando você for se aventurar, para o bem ou para o mal, já encontre a ruta toda asfaltada.

**Villa Traful** Vilarejo com menos de 500 habitantes, à beira do Lago Traful. Acessível pela RP65, estrada de rípio que está entre a Ruta dos 7 Lagos e a RN237, que liga Bariloche a Neuquén. É uma pequena aldeia de montanha, com cascatas, mirador e uma gruta nas margens do lago. Lugar popular para pesca.

# SAN MARTÍN DE LOS ANDES

Ao final da Ruta dos 7 Lagos encontra-se San Martín de los Andes, cidade com 30 mil habitantes. Graças ao incremento do turismo na região, sua popularidade tem crescido, especialmente entre os argentinos de maior poder aquisitivo. Aqui fica a sede do Parque Nacional Lanín (ainda que o Vulcão Lanín esteja mais próximo de Junín de los Andes), e a boa estrutura turística da cidade (melhor que a de Junín) ajuda a torná-la uma boa base para a exploração do parque. No verão, as praias dos lagos e os esportes náuticos, em especial no Lago Lacar, são bastante populares. No inverno, o esporte é o esqui, tirando proveito do Cerro Chapelco, notória estação de esqui na Argentina. A arquitetura em San Martín colabora: integrada à Cordilheira dos Andes, há um decreto que determina que todos os prédios sejam construídos com pelo menos 30% de pedras e madeiras da região, sem ultrapassar quatro andares. Diferente de Bariloche, San Martín se caracteriza por um ambiente bastante familiar, sem muita badalação.

## A Cidade

San Martín foi fundada em 1898, como parte da estratégia do governo argentino de ocupar a região fronteiriça ao Chile para defender seu território do país vizinho, já que sempre houve uma acirrada disputa entre as duas nações nas divisas em meio à Cordilheira dos Andes. Por muito tempo a cidade se sustentou somente da exploração de madeira e de atividades agropecuárias. A partir da década de 80, esse pequeno vilarejo, apoiado por muitos investimentos, apresentou um grande crescimento, e transformou-se no município de forte potencial turístico que é hoje.

## Informações e serviços

**Código telefônico** 02972

**Clima** No verão, a temperatura varia entre 24°C e 30°C, esfriando bastante à noite. Na meia-estação, gira em torno de 10°C a 15°C durante o dia, chegando a 0°C à noite. No inverno, a temperatura média ao longo do dia fica entre 0°C e 5°C, e geralmente abaixo de zero à noite. A temporada de chuvas corresponde aos meses de abril, maio e junho. Nas montanhas ao redor da cidade, chega a nevar até mesmo no verão.

**Câmbio** A *Andina*, C. Cap. Drury 876, troca travel-cheques e moedas de várias nacionalidades, inclusive o real, e às vezes com boa cotação. O *Banco de la Nación*, Av. San Martín 687, troca somente *cash*.

**Informações turísticas** A *Secretaría Municipal de Turismo* fica na Av. San Martín esq. C. Juan Manuel de Rosas, quase em frente à Plaza San Martin, F.427.347, e abre 8h-21h (22h no verão). Tem uma equipe prestativa, que fornece mapa da cidade e da região e concede dicas sobre passeios, excursões e acomodação. Se precisar, há na parede um quadro listando os hotéis da cidade e suas tarifas. Atravessando a Plaza fica a *Intendencia del Parque Nacional Lanín*, para informações sobre o parque e o Vulcão Lanín. Site de San Martín: www.smandes.gov.ar.

**Agências de viagem** Encontradas na Av. San Martín, na C. Gral. Villegas e arredores.

**Hospital** *Ramon Carrillo*, Av. San Martín esq. Cel. Rohde, F.427.211.

## Orientação

O centro da cidade situa-se ao longo da Av. San Martín e de suas paralelas Gral. Villegas e Gral. Roca, limitado pelas transversais Coronel Rohde e Sarmiento. Nestes quarteirões estão os principais serviços de San Martín de los Andes. Pontos de referência são o Lago Lacar, a oeste, e as praças San Martín e Sarmiento, ambas na Av. San Martín.

## Circulando

Há linhas urbanas de ônibus, mas são úteis basicamente a quem mora na periferia. Pela área central é tranquilo caminhar, o que é facilitado pelo traçado urbano ortogonal.

### Chegando e saindo

A rodoviária, ou o *terminal de ómnibus*, fica na C. Gral. Villegas 251, esq. C. Juez del Valle, a poucas quadras do centro. San Martín conta com um aeroporto, o *Aeropuerto Chapelco*, a 24km ao norte da cidade, na RN234, entre San Martín e a vizinha Junín de los Andes. Um táxi/remís até lá sai cerca de $45. A empresa *Caleuche*, F.422.115, faz o traslado por $30. De carro, o acesso é pela RN234.

## Viajando

**Avião** A Aerolíneas Argentinas tem voo direto de 2h20 para **Buenos Aires**.

**Ônibus** Saídas diárias para **Junín de los Andes**, 1h, $12; **Villa la Angostura**, 2h30, $51,50; **Bariloche**, 4h, $68,50; **Neuquén**, 7h, $138; **Buenos Aires**, 22h, $743. Também há empresas que levam ao Chile, às cidades de **Temuco**, 8h, saídas às segundas, quartas e sextas; **Puerto Montt**, 10h, terças e quintas; **Valdivia**, terças, quintas e sábados; **Villarrica** e **Pucón**, de seg/sáb. A passagem sai entre $140-180 para qualquer um desses destinos.

**Carro** A RN234 conecta San Martín a **Junín de los Andes**, 60km (e posteriormente ao Parque Nacional Lanín), ao norte, e a **Villa la Angostura**, 110 km, ao sul, pela Ruta dos 7 Lagos (em um trecho de cerca de 40km em estrada de rípio), e daí então até **Bariloche**, 184km, pela RN231 – ou ao **Chile** nesta mesma estrada, mas no sentido oposto. Para Bariloche também se pode ir pela RP63, mas a porção de chão batido é maior. Mais ao norte, **Neuquén**, 419km, **Buenos Aires**, 1.561km.

### Acomodação

Há vários hotéis e albergues na cidade; alguns também se encontram na estrada, a RN234, a caminho de Junín de los Andes.

**Puma Youth Hostel** C. A. Fosbery 535, F.422.443, www.pumahostel.com.ar, 24 camas. Diária dorms 5p $65-75 (sócio HI/não-sócio); quarto 2p $200/240, com banheiro. Afiliado à rede HI. Dispõe de cozinha equipada, sala com TV a cabo, internet, serviço de lavanderia e lockers. Ambiente agradável, instalações novas e confortáveis e um ótimo atendimento, com boas dicas e informações turísticas.

**Albergue Rukalhue** C. Juez del Valle 682, F.427.431, www.rukalhue.com.ar, 60 camas. Diária dorms 6p-4p $76/94 (baixa/alta temporada) com banheiro coletivo. Quartos 2p $184/298 com banheiro. Café da manhã incluído. Tem estacionamento, cozinha, wi-fi e refeitório com TV. Os quartos são espaçosos e bem-equipados. É limpo e bem-cuidado, mas não tão aconchegante quanto o concorrente da rede HI, acima.

**Hostería Cumelen** C. Elordi 931, F.427.304, www.hosteriacumelen.com.ar, 18 quartos. Diária 1p $165, 2p $190, 3p $300. Café da manhã incluído. Quartos agradáveis, com banheiro e TV a cabo. Tem sala de estar com lareira e ainda lavanderia e estacionamento.

**Chapelco Ski Hotel** C. Belgrano 869, F.427.480, www.patagoniadelosandes/chapelcoski, 43 quartos. Diária 1p $234-280, 2p $288 350, 3p $378-500; variação de acordo com a época do ano. Café da manhã incluído. Quartos com banheiro e TV a cabo. Tem internet, estacionamento e restaurante. Os quartos são pequenos, mas tudo é muito bem arrumado.

**Colonos del Sur** C. Rivadavia 686, esq. Gral. Roca, F.427.106, www.colonosdelsur.com.ar, 32 quartos. Diária 2p $288/390 (baixa/alta temporada), 3p $340/460. Café da manhã incluído. Quartos com banheiro, telefone e TV a cabo. Tem internet, estacionamento, piscina, jacuzzi e um popular restaurante de comida italiana.

**Hotel Tunqueley** C. Belgrano esq. Av. Gral. Roca, F.427.381, www.interpatagonia.com/tunqueley, 27 quartos. Diária 2p $300/450 (baixa/alta temporada), 3p $410/550. Aceita cartão de crédito mas cobra taxa de 10%. Café da manhã e garagem incluídos. Hotel 2 estrelas. Quartos com TV, telefone e rádio.

**Hostería La Posta del Cazador** Av. San Martín 175, próxima ao lago, F.427.501, www.lapostadelcazador.com.ar, 19 quartos. Diária 1p $275-495, 2p $336-495, 3p $436-740; varia de acordo com a época do ano. Aceita cartões de crédito. Inclui café da manhã com doces de frutas da região. Habitações com banheiro, TV a cabo, algumas têm vista para o lago. Tem internet disponível e garagem. Os quartos são bons e bem espaçosos, embora os móveis sejam antigos. Inspirada na arquitetura tirolesa, a decoração faz jus ao nome da hostería, com peles de animais e chifres de cervo espalhados pelo local.

**Hostería Las Walkirias** C. Gral. Villegas 815, esq. C. Cap. Drury, F.428.307, www.laswalkirias.com, 14 quartos. Diária 2p $308/462 (baixa/alta temporada), 3p $350/525. Aceita cartões de crédito. Café da manhã incluído. Quartos espaçosos e bem-decorados, com banheiro e TV a cabo. Tem internet, sala com lareira, estacionamento e sauna. A hostería tem um jardim bem-cuidado e uma arquitetura arrojada em estilo tradicional. Ambiente agradável.

**Hostal del Lago** C. Cel. Rohde 854, F.427.598, 28 camas. Diária 2p $340/374 (baixa/alta temporada), 3p $357/420. Inclui café da manhã. Quartos com banheiro e TV a cabo. O hostal tem sala com lareira e estacionamento. Tarifas um pouco caras, normalmente negociáveis. Lugar familiar.

**Hostería Hueney Ruca** C. Obeid esq. C. Cel Perez, F.421.499, www.hosteriahueneyruca.com.ar, 38 quartos. Diária 2p $250/300 (baixa/alta temporada), 3p $300/350. Café da manhã incluído. Quartos com banheiro. Sala de estar com TV e lareira, bar, estacionamento, jardim agradável com mesas e churrasqueira. Confortável.

**Hotel Caupolican** Av. San Martín 969, F.427.658, www.caupolican.com.ar, 40 quartos. Diária 2p $450/670 (baixa/alta temporada), 3p $522/820. Café da manhã buffet incluído. Quartos com banheiro, TV a cabo e frigobar. Hotel 3 estrelas bastante confortável, com estacionamento, internet, sala de jogos e serviço de lavanderia.

**Hostería La Masia** C. Gabriel Obeid 811, F.427.688, www.hosterialamasia.com.ar, 36 quartos. Diária 1p $408/450 (baixa/alta temporada), 2p $490/510, 3p $663/710. Aceita cartões de crédito. Café da manhã incluído. Quartos com banheiro, TV e telefone. O ambiente é legal, tem estacionamento, lavanderia, sala de estar com lareira, bar, casa de chá, salão de jogos e um amplo jardim.

**Hostería La Cheminée** C. Gral. Roca esq. C. Mariano Moreno, F.427.617, www.hosterialacheminee.com.ar, 19 quartos. Diária 2p $1250/1350 (baixa/alta temporada), 3p $1600/1750. Aceita cartões de crédito. Café da manhã e chá das 5 (17h) incluídos, servindo pães, doces da região e especiarias como defumados de cervo, javali e tábua de queijos. Quartos espaçosos e bem-decorados, com banheiro privado e TV a cabo. A hostería tem piscina, sauna, hidromassagem e estacionamento.

**Ladera Sur Casas en Chapelco** Lote 164 Las Pendientes (acesso pelo estacionamento do Cerro Chapelco), F.6903.0013, www.laderasur.com.ar. Tarifa semanal em (muitos!) dólares, casa 2p US$1500-3000, 4p US$1750-3500, 6p US$1950-4500, 8p US$2475-4950, variando com os períodos do ano. Casas de alto nível localizadas num condomínio no alto da montanha, com calefação central, lareira, camas king, cozinha completa, wi-fi, TV a cabo, cofre, DVD e churrasqueira. Serviço diário de camareiras e atendimento impecável feito pelo proprietário, Roberto. O condomínio dispõe de uma estação de esqui particular (paga à parte) e acesso direto ao Cerro Chapelco. Definitivamente uma ótima escolha para quem pode arcar com luxo e mordomias.

## Comes & Bebes

A maioria dos restaurantes fica na Av. San Martín e, principalmente, na C. Gral. Villegas, onde se encontra desde especialidades da cozinha local até requintados pratos internacionais. O **Robertos**, C. Gral. Villegas 745, tem massas, saladas, tortas, frangos e trutas a um preço médio de $35, além de pratos vegetarianos por $28, recomendáveis, embora a porção seja pequena.

Exceção é o tenedor libre do **Las Catalinas**, C. Gral. Villegas esq. C. Cap. Drury, que serve massas, carnes, sanduíches, saladas, empanadas e grande variedade de tortas (as de vegetais são deliciosas), por $26. Outra opção boa e econômica é a **Confitería Deli**, C. Gral. Villegas esq. Costanera Camino, em frente à rodoviária, com tortas, massas, sanduíches e outros pratos por preços bem razoáveis, além da bela vista do Lago Lacar.

A cidade ainda tem muitas e irresistíveis chocolaterias, como a **Abolengo Chocolates**, Av. San Martín esq. C. Cap. Drury, que funciona também como um cibercafé. Entre as diversas casas de chá de San Martín, a **Arrayan**, no Mirador Arrayan, tem o chá completo, com doces, pães e tortas; o custo não é baixo, mas você está pagando também pela vista deslumbrante.

## Atrações

San Martín de los Andes abriga um famoso centro de esportes de inverno, no Cerro Chapelco. No verão, a atração são as excursões pelas praias dos diversos lagos da região e os esportes aquáticos no Lago Lacar, como windsurf, vela e esqui. Para o Parque e o Vulcão Lanín, veja em "Junín de los Andes". Já para a Ruta dos 7 Lagos, da qual San Martín é uma das extremidades, veja em "Villa la Angostura".

**Museo Primeros Pobladores** C. Juan Manuel de Rosas 700. Funciona ter/sex 10h-19h, sáb/dom 14h-19h, entrada $2. Pequeno museu que exibe achados arqueológicos de peças de cerâmica, acessórios e utensílios fabricados pelos índios mapuches, os habitantes originários da região. Mostra também fotografias sobre a história da cidade.

Red Bus City Tour

**Red Bus City Tour** Excursão guiada de 1h45 num típico ônibus inglês de dois andares, datado de 1962. Percorre pontos turísticos, históricos e panorâmicos de San Martín de los Andes. Há saídas diárias da Plaza San Martín às 16h30, e na alta temporada também às 10h30 e 18h30; custa $80.

**Miradores** Existem dois pontos particulares nos arredores de San Martín para se apreciar a paisagem, ambos sem acesso por transporte público, mas com caminho razoável pelo qual se pode subir a pé ou de bicicleta. A 4km a sudoeste está o **Mirador Arrayan**, com vista para a cidade e o Lago Lacar. No sentido oposto, a 5km a noroeste do centro, encontra-se o **Mirador Bandurrias**, que também oferece uma boa panorâmica do lago e da cidade. Para quem for a pé, o acesso é atravessando a pontezinha à esquerda da C. Juez del Valle; de carro, deve-se dar uma volta pelo outro lado, seguindo a estrada. Situados em propriedade privada, espere pagar alguma entrada, pelo menos $2. Seguindo para o Mirador Bandurrias, você encontra uma comunidade de índios mapuches, até chegar na praia do lago, onde a atração é a **La Islita**, uma pequenina ilha arborizada.

**Praias** Além da praia citada acima, outra possibilidade para banho – no verão, é claro – é a **Catritre**, que fica a 5km da cidade e conta com camping e restaurante. A cerca de 18km de San Martín, a vila de **Quila Quina**, local que concentra muitas casas de veraneio, também tem praias, além de uma cachoeira, a **Cascada del Arroyo Grande**, e pinturas rupestres. É possível chegar à vila pela estrada ou com excursões lacustres, que custam em torno de $80.

## Compras

Na Plaza San Martín, acontece diariamente, na alta temporada de verão, uma feira de artesanatos, mas no inverno a variedade de itens expostos é bem menor. Outro lugar para comprar artesanato e suvenires em geral é a *Cooperativa de Artesanos de San Martín de los Andes*, na Plaza Sarmiento, Av. San Martín 1050. Lojas similares podem ser encontradas ao longo desta avenida, conhecidas com o nome da província – *artesanías neuquinas*.

## Diversão

Como opções culturais, o *Centro Cultural Amancay*, Av. Gral Roca 1154, exibe filmes, peças e espetáculos de dança. O *Teatro San José*, C. Cap. Drury, entre as avenidas San Martín e Roca, no prédio onde ficava a primeira capela da cidade, apresenta peças de teatro com entrada gratuita.

## Esqui

**Cerro Chapelco** 20km a sudeste da cidade, ou 15 minutos de ônibus, é o maior atrativo de San Martín no inverno. O Chapelco abriga um dos centros de esqui mais famosos do país, com 29 pistas diferentes, numa altitude máxima de 1.980m. O passe para o Centro de Esqui dá direito a utilizar as pistas por um tempo determinado: o diário custa entre $230-345, conforme a temporada. O semanal fica entre $1180-1915, e o mensal, $4215-7500. No local, são oferecidos serviços de venda e aluguel de equipamentos, restaurantes, refúgio e escola de esqui, tudo à parte.

# JUNÍN DE LOS ANDES

Não se pode comparar a simplicidade de Junín de los Andes com o glamour de cidades mais voltadas ao turismo, como a vizinha San Martín de los Andes ou, principalmente, a mais distante Bariloche. Com 18 mil habitantes, Junín mantém sua autenticidade longe do fluxo turístico. A estrutura hoteleira daqui é precária, ainda que esta seja a cidade mais próxima do Vulcão Lanín, que, com seus 3.770m, é o mais alto da região. A tribo de viajantes, aqui, são campistas atrás de espaços tranquilos; montanhistas dispostos a escalar o vulcão; pescadores em busca de lagos repletos de trutas; religiosos em peregrinação pela Via Crucis local. E turistas a fim de conhecer um povoado mais desolado, com um visual meio velho-oeste, que se aproxima, genuinamente, menos da Região dos Lagos do que da clássica paisagem desértica da Patagônia.

## A Cidade

Junín encontra-se numa região habitada originalmente pelos índios mapuches, que, ainda hoje, com população reduzida e restrita a pequenas reservas, lutam para manter viva sua cultura. Nos últimos anos, a cidade tem se popularizado como um local de peregrinação religiosa, com destaque a uma importante Via Crucis, e de pesca de trutas, praticada especialmente no Lago Huechulafquen, considerado uma das melhores águas para esse fim. Fundada em 1883, Junín de los Andes é a cidade mais antiga da província de Neuquén, onde se localiza ao sudoeste, tendo crescido menos do que outras cidades da região. Mantém assim o mais pacato ritmo de vida interiorana, sem mesmo deixar-se abalar pelo turismo do Vulcão Lanín.

## Informações e serviços

**Código telefônico** 02972

**Clima** Mesmo no verão, esteja preparado para um pouco de frio, principalmente nas primeiras horas da manhã e durante a noite, quando a temperatura cai, podendo pegar desprevenidos aqueles que se emocionaram com o calor ameno que faz durante as tardes de sol. Frio de verão, nada exagerado – ou, antes pelo contrário, pode ser bastante quente. Mas no inverno não tem erro: é frio mesmo, às vezes com neve.

**Câmbio** *Banco de la Provincia de Neuquén*, Av. San Martín, entre as ruas Suárez e Lamadrid, do lado oposto da Plaza San Martín.

**Informações turísticas** A *Dirección de Turismo* fica na esquina das C. Padre Milanesio e Coronel Suárez, em frente à Plaza San Martín, F.491.160. Funciona diariamente 8h-21h (22h no verão). Os atendentes são bem treinados e bastante atenciosos, o que se explica pela intenção municipal de investir mais no turismo. Dispõe de mapas, lista de hotéis e de restaurantes, e disponibiliza a listagem dos guias de montanha e pesca habilitados para operar na região. No terminal de ônibus, também há um posto de informações. Para os que se interessam especificamente por trekking, há o *Guía de Sendas y Bosques*, dedicado a atividades de natureza, vendido por $25-40. Mais informações: www.welcomeargentina.com/junindelosandes.

**Agências de viagem** Apenas três agências estão cadastradas junto à Dirección de Turismo, a *Alquimia*, C. Padre Milanesio 840, F.491.355; a *Picuru Viajes*, C. Coronel Soares 371, F.492.829 e a *El Quetrú*, C. Lamadrid 651, F.492.263. Oferecem todos os passeios da região, inclusive contando com guias de montanha para a escalada do Lanín.

**Hospital** *Junín de los Andes*, Av. Antártida Argentina esq. C. M. Moreno, F.492.143.

## Orientação

O traçado urbano é todo ortogonal, sem complicação para se localizar. Tenha como referências a Plaza San Martín, o Río Chimehuin e o Boulevard Juan Manuel de Rosas, a três quadras da praça, o qual, fora da cidade, é a RN234, que liga Junín a San Martín.

## Circulando

A cidade é pequena, sem transporte urbano, exceto por alguns táxis. Há uns poucos ônibus que servem a área rural e que podem ser uma alternativa para chegar às atrações mais afastadas, como o Vulcão Lanín. O mais comum, porém, é chegar lá por meio de agências de viagem.

## Chegando e saindo

O *Aeropuerto Chapelco* fica no meio do caminho entre Junín e San Martín de los Andes. O terminal de ônibus fica na C. Olavarría com a C. Félix San Martín. De carro, o acesso é pela RN234 para o sul ou norte (posteriormente ingressando na Ruta 40) da Argentina, ou pela RP60, ao Chile.

## Viajando

**Ônibus** Para **San Martín de los Andes**, 1h, $12; **Bariloche**, 4h, $90; **Neuquén**, 6h, $125. **Buenos Aires**, 20h, $724. Para o **Chile**, há partidas diárias para Pucón, Villarrica, Temuco e Valdívia por cerca de $150.

**Carro** A vizinha **San Martín de los Andes**, 60km pela RN234, e **Bariloche**, 194km, pela RP63 (boa parte de rípio) alguns quilômetros após San Martín, ou a 220km pela Ruta dos 7 Lagos. Ao nordeste, a **Neuquén**, 378km, é possível fazer uma combinação de estradas a partir da RN234, mas o melhor é descer a RN40 e tomar a RN237; **Buenos Aires**, 1.645km. Para o **Chile**, o caminho é bem interessante: a RP60, que cruza o Parque Nacional Lanín e passa junto ao vulcão até a fronteira; estrada parcialmente asfaltada, mas o trecho de rípio está em boas condições.

## Acomodação

Há pouca oferta na categoria mochilão. Alguns hotéis mais simples cobram preços relativamente altos. Provavelmente a maior barbada sejam os campings, em geral bem-organizados e situados em lugares agradáveis, mas disponíveis só para quem viaja com barraca.

**Camping Mallín Laura Vicuña** Ao final da C. Gines Ponte. Diária $40 por pessoa. Tem banheiro com água quente, estacionamento, energia elétrica e telefone público. O camping é bem-cuidado e seguro, localizado em uma zona tranquila, junto às margens do Río Chimehuin.

**Posada Pehuen** C. Coronel Suarez 560, F.491.569. Diária 1p $150, 2p $220, 3p $280. Café da manhã incluído. Quartos com banheiro e TV a cabo. Os donos são bem simpáticos e a pousada, aconchegante.

**Hostería El Montañes** Av. San Martín 555, em frente à praça de mesmo nome, F.491.155, 12 quartos. Diária 2p $200/300 (baixa/alta temporada), 3p $300/390. Café da manhã por $25. Quartos com banheiro e TV a cabo. O ambiente é simples, limpo, mas sem qualquer conforto extra.

**Residencial Marisa** C. Juan Manuel de Rosas 360, F.491.175, residencial marisa@jdeandes.com.ar, 14 quartos. Diária 2p $200/250 (baixa/alta temporada), 3p $250/280. Café da manhã incluído. Habitações com TV e banheiro. O lugar é bagunçado e os cachorros da dona Marisa costumam passear pela recepção do residencial.

**Hostería Chimehuin** C. 25 de Mayo 650, esq. C. Coronel Suarez, F.491.132, hosteriachimehuin@hotmail.com, 19 quartos. Diária 1p $230, 2p $290, 3p $340. As tarifas podem ser reduzidas na baixa temporada. Aceita cartão de crédito. Café da manhã caseiro incluído. Quartos com banheiro e TV a cabo. Tem estacionamento. Hostería bem-cuidada, com jardins voltados ao rio, local ideal para viajantes-pescadores. Costuma fechar entre 15/05 e 15/06.

## Comes & Bebes

Restaurantes com opções de parrilladas são **La Tablita**, C. Chile 206, esq. C. O'Higins, e o **Ruca Hueney**, C. Cel Suarez esq. C. Padre Milanesio; este último, além de pratos típicos, como trutas e cervos, serve comida árabe. Para pizzas, a pedida é a **Ravese's**, Av. San Martín 525.

## Atrações

O grande atrativo da região é, sem dúvida, o Vulcão Lanín. Mas não é o único. Para os pescadores de plantão, existem as trutas, e, para quem se interessa pela história do lugar, há as comunidades mapuches. Além disso, a cidade busca se estabelecer como centro de peregrinação religiosa, graças à beata Laura Vicuña. Para alcançar este propósito, está sendo construída, no Cerro de la Cruz, atravessando a Ruta, uma via crucis com esculturas em tamanho natural, que marcam cada estação da crucificação de Cristo.

**Iglesia Nuestra Señora de las Nieves** C. Gines Ponte esq. C. Don Bosco, a duas quadras da Plaza San Martín, no sentido sul. A igreja tem esse nome por causa de uma grande nevasca que atingiu a cidade na noite anterior à sua inauguração. É conhecida também como *Santuário Nossa Senhora das Neves e Beata Laura Vicuña*, em homenagem à menina que faleceu aos 13 anos de idade e era tida como modelo de pureza e santidade. Alguns milagres foram atribuídos a ela, que, posteriormente, foi confirmada pelo Vaticano como a primeira beata argentina, com possibilidades de ser canonizada como a primeira santa do país.

**Museo Mapuche** C. Gines Ponte 540, a meia quadra da Igreja. Abre seg/sex 9h-12h e 15h-20h, entrada gratuita. O museu contém vestígios arqueológicos e elementos históricos dos índios mapuches, habitantes originais da região.

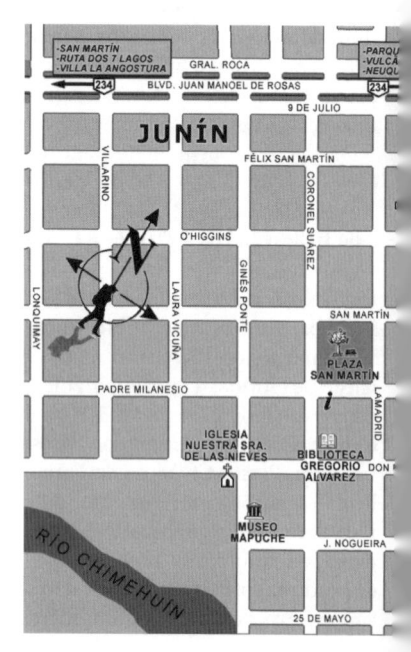

## Compras

Mantido pela Associação de Artesãos e Produtores de Artigos Regionais de Junín de los Andes, o *Paseo Artesanal* fica na C. Milanesio, ao lado da *Secretaría de Turismo*. O Paseo é uma pequena galeria onde são comercializados artigos elaborados por famílias mapuches. A renda é destinada às comunidades desses índios, localizadas próximas a Junín. Há várias coisas legais, mas os preços são altos.

## Passeios

**Circuito Mapuche** Passeio pelas comunidades indígenas mapuches. Entre as possibilidades, há circuitos de 1 ou 2 dias com uma noite de acampamento nas próprias comunidades, uma boa forma de conhecer um pouco mais da cultura indígena da região. É inegável que muito já se perdeu e que os índios estão bastante ocidentalizados, mas há um esforço de resgate de suas tradições. Embora não sejam tão organizados como os mapuches chilenos, e produzam um artesanato nitidamente inferior ao que é feito no Chile, visitar o local pode ser bem interessante. As comunidades ficam em meio às planícies patagônicas, no caminho que liga Junín ao Lago Tromen e à fronteira com o Chile. Para ir de forma independente, pode-se pegar um ônibus que vai até Temuco, no Chile, e que passa pelos acessos às vilas mapuches de Atreuco, Chiquiluhuin e Painefilu. Para chegar nesses locais, não há transporte regular; só através de carro, táxi ou carona.

**Pesca de trutas** É um dos principais atrativos da região, o que fica claro ao cruzar as estradas locais e observar os carros parados em acostamentos, com seus proprietários "batalhando" com as trutas. O Lago Huechulafquen é um dos melhores para a prática do esporte. Tours podem custar em torno de US$300 para duas pessoas, o dia inteiro, com equipamento e alimentação incluídos, ou, para alternativas mais econômicas, busque informações nas próprias lojas de pesca. A *Los Notros* fica na C. Padre Milanesio esq. C. Lamadrid, em frente à Plaza San Martín. Já a *Bambi's* fica na C. Juan Manuel de Rosas 320, F.491.167.

# PARQUE NACIONAL LANÍN

Criado em 1937 e englobando 412 mil hectares de floresta patagônica nativa, o Parque Nacional Lanín tem como maior atração o **Vulcão Lanín**, de 3.770m, situado a 70km ao norte de Junín, exatamente na fronteira com o Chile. As formas cônicas do vulcão são perfeitas, e o sol brilhando sobre suas encostas ao fim da tarde é uma visão clássica. Para os que desejam escalá-lo, vale chegar no *Club Andino Junín de los Andes*, na Plaza San Martín (no lado oposto à Oficina de Turismo), em San Martín de los Andes, onde há informações sobre rotas de subida, equipamentos necessários e locais para aluguel desses apetrechos. Apesar de não exigir conhecimento técnico de escalada, o Lanín não pode ser subestimado, pois é considerado uma escalada exigente pelos guias, não sendo aconselhável que pessoas sem nenhuma experiência em montanha subam sozinhas.

Vulcão Lanín, fronteira com o Chile

## Chegando e saindo

O Parque não se restringe a escaladores. Antes pelo contrário, é um ótimo local para passeio, com fácil acesso de carro. A ruta principal, considerando a proximidade do vulcão, é a RP60, que, por 63km, grande parte em asfalto novo, vai até o Chile (há um posto de controle migratório na borda), passando pelo *Parque Nacional Villarrica* e o vulcão de mesmo nome, até chegar na cidade de Pucón. Sem carro, procure por excursões ou vans que vão até a base do vulcão, aproximadamente $200. Ou pegue um ônibus que se destine ao Chile e desça na fronteira; ou ainda, negocie um táxi, em torno de $250. Expedições para escalar o vulcão, com equipamento, alimentação e guia incluídos, custam, em média, US$250.

## Passeios

Nesta área do parque, três grandes corredores de lagos ligam Junín à fronteira Argentina-Chile: Lago Tromen, Huechulafquen e Curruhue. Para aqueles que desejam fazer uma excursão de um dia, talvez a melhor escolha seja o circuito do **Lago Huechulafquen**, pela privilegiada aproximação da face sul do vulcão, um cenário impressionante. O passeio tem um total de 118km, ida e volta, pela RP61, de rípio em bom estado, que termina junto à estância de Puerto Canoa, onde há barcos catamarã a $90 por pessoa. Aqui, a visão do Lanín se torna ainda mais incrível.

O circuito do **Lago Curruhue** é o menos visitado, mas há quem diga que é o mais belo de todos. As condições da estrada, a RP62, são bastante precárias, o que afasta as agências de viagem. Mas se você está em veículo próprio, de preferência um 4x4, pode se aventurar. Ao contrário do corredor anterior, neste a estrada cruza a fronteira com o Chile, em direção à cidade de Liquiñe.

Mais ao norte, seguindo pela RP60, parte em asfalto, parte em rípio (em boas condições), fica o **Lago Tromen**. Este caminho, que também cruza a fronteira ao Chile, oferece uma ótima vista do vulcão – dos trajetos dentro do parque, é o que mais se aproxima do Lanín. Quase junto à aduana, há um desvio da RP60 que, por meio de uma caminhada de 3km ou 4km, de forte inclinação, se chega a um mirador, onde se tem uma boa panorâmica da região. É possível ir de carro, mas restrito, em geral, a veículos 4x4, já que se deve cruzar um riacho.

No início da trilha que leva ao mirador se encontra o *Camping Lago Tromen*, que cobra $13 por pessoa; local meio agreste, sem facilidades, apenas com algumas torneiras. No entanto, este é um lugar privilegiado, pois conta com a presença do vulcão, sempre majestoso, à sua frente.

# El Bolsón

El Bolsón, com estimados 20 mil habitantes, é a prova de que nem só de pinguins, baleias e geleiras vive a Patagônia. Localizada num pequeno vale de grande beleza natural, aos pés da Cordilheira dos Andes, margeada a oeste pelo Rio Quemquemtreu e cercada de montanhas por todos os lados, El Bolsón reúne várias alternativas de lazer para quem curte ecologia e aventura, como trekkings nas montanhas, passeios junto a cachoeiras, cavalgadas, rafting e pesca. Mesmo viajantes menos esportistas aproveitam, já que a cidade tem uma vida artística e cultural bastante agitada, com destaque para a famosa Feira Regional – programe sua visita nos dias da feira.

## A Cidade

El Bolsón começou a adquirir fama no final dos anos 60, quando ainda era um pequeno povoado e para cá se mudou um grande número de adeptos da vida hippie. Diz a lenda que os primeiros integrantes dessa "migração-hippie" faziam parte do elenco do famoso musical Hair, que havia sido apresentado em Buenos Aires na época. Desde então, El Bolsón cresceu, começando pouco a pouco a ser invadida pelo turismo tradicional de Bariloche, cidade a apenas 2h de distância, e hoje resta pouco do "clima Woodstock" das décadas anteriores. Ainda assim, a atmosfera é naturalista, popular principalmente entre mochileiros, místicos, turistas e argentinos mais alternativos.

## Informações e serviços

**Código telefônico** 02944

**Clima** El Bolsón possui um microclima bastante peculiar. Com muitas montanhas próximas, a cidade fica protegida dos fortes ventos patagônicos. Além disso, sua baixa altitude, a apenas 300 metros acima do nível do mar, também contribui para que o clima seja mais ameno que nos municípios vizinhos. O verão costuma ser bastante quente, com uma temperatura média de 30°C, podendo atingir picos de 35°C. No inverno, varia de 0°C a 5°C, chegando, às vezes, a 10°C negativos e a nevar.

**Informações turísticas** A *Secretaría de Turismo Municipal* fica na Av. San Martín esq. C. Roca, F.492.604, aberta diariamente 9h-21h. O pessoal é bastante prestativo, fornece mapas e informações sobre a rede hoteleira, gastronomia e outros serviços. Site da cidade: www.elbolson.gov.ar.

**Hospital** *Regional*, C. Perito Moreno 2645, em frente à Plaza Pagano, F.492.240.

## Orientação

A avenida principal é a San Martín, que corta El Bolsón no sentido norte-sul, e onde fica a Plaza Pagano, principal ponto de referência da cidade. Os quarteirões compreendidos entre a Av. San Martín, Av. Belgrano, C. 25 de Mayo e C. Azcuénaga correspondem ao centro, onde se encontra a maioria dos restaurantes, das agências de viagem e das companhias de ônibus.

## Circulando

El Bolsón, como boa cidade pequena, se conhece caminhando, o que se torna fácil por ser quase inteiramente plana e contar com um clima agradável praticamente o ano todo.

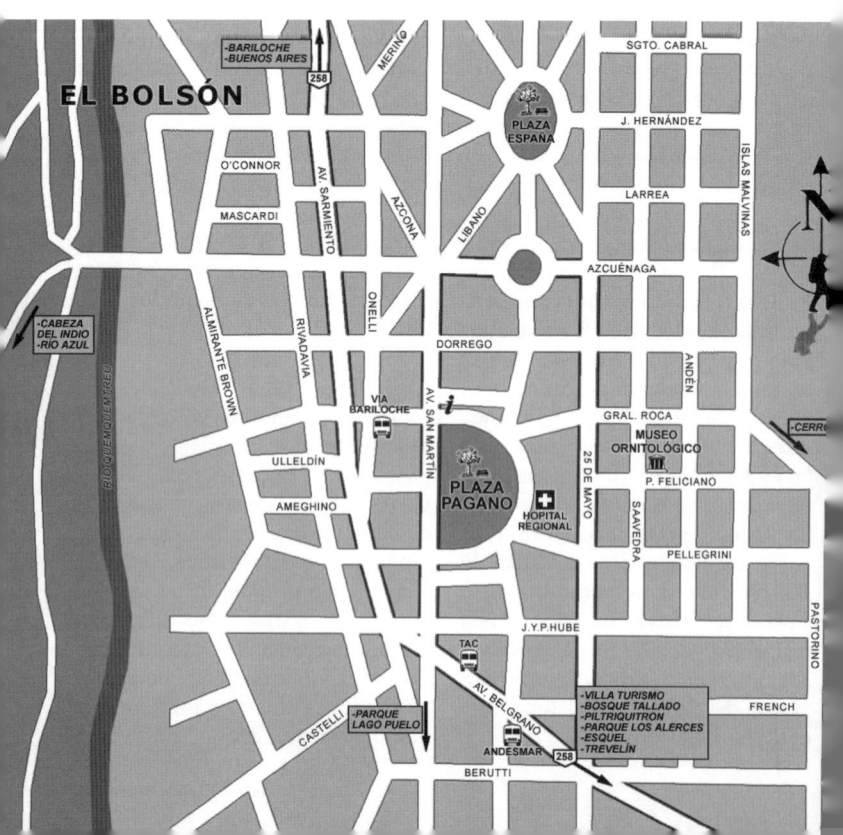

Ainda assim, se a preguiça for muita, há uma linha de ônibus que percorre o perímetro urbano no sentido norte-sul, passando pela Av. San Martín.

## Chegando e saindo

Não há aeroporto em El Bolsón, apenas um *aeroclube*, a seis quadras do centro, na Av. San Martín com Av. Pueyrredón. Também não há rodoviária na cidade. Os ônibus deixam os passageiros na frente dos escritórios das companhias, todos na região central. Quem chega de carro deve utilizar a RN40, que cruza a cidade. Essa rodovia, ao norte da Plaza Pagano, se torna Av. Sarmiento, e ao sul, Av. Belgrano.

## Viajando

A partir do aeroclube, há voos para cidades próximas, como Bariloche, San Martín de los Andes, Esquel e Comodoro Rivadavia. De ônibus, os destinos mais frequentes, com saídas diárias, são: ao norte, **Bariloche**, 2h, $47; **Buenos Aires**, 22h, $962; e ao sul, **Esquel**, 2h30, $59. Mais ao sul, **Comodoro Rivadavia**, 11h, $332; e **Río Gallegos**, 21h, $682. De Esquel, pode-se ir a outras localidades ao sul e a leste.

**Carro** A RN40 (eventualmente identificada como *Ruta ex-258*) é o caminho a ser seguido, tanto para quem vai a **Bariloche**, 123km, ao norte, como para os que seguem até **Esquel**, 172km, ao sul. Outras distâncias: **Villa la Angostura**, 206km, **Neuquén**, 550km, **Trelew**, 777km, **El Calafate** 1.327km, **Buenos Aires**, 1.692km.

## Acomodação

El Bolsón tem muitas opções de acomodação, mas nem sempre com valores satisfatórios. Os donos dos estabelecimentos formam uma espécie de cartel e estipulam as tarifas para cada temporada, pouco diferenciando seus preços, ao menos quando os serviços são similares. Para grupos, cabanas podem ser vantajosas, e costumam estar localizadas à beira da RN40, onde também há áreas de camping.

**Albergue El Pueblito** Barrio Luján, s/nº, F.493.560, www.elpueblito hostel.com.ar, 48 camas. Diária dorms 12p $70/85 (sócio/não-sócio HI), 6p $70/85; quarto 2p $210/250. Café da manhã com doces e pães caseiros incluído. Dormitórios com camas demais. Quartos e cabanas com banheiro privado. Conta com cozinha, lockers, sala com lareira, livros, internet e estacionamento. Atendimento gentil e prestativo. O albergue é uma charmosa casa de troncos à beira do Río Quemquemtreu, longe do centro, 4km ao norte pela RN40.

**Albergue Sol del Valle** C. 25 de Mayo 2329, esq. Av. Belgrano, F.492.087, albahube@hotmail.com, 43 camas. Diária dorms 4p-3p $70; quartos 2p $110. Sem café da manhã. Quartos com banheiro compartilhado. Tem cozinha, estacionamento e um pátio com área de *parrilla*. Lugar simples e barato.

**Hostel Posada del Buscador** C. Diagonal Líbano 3015, quase esq. Av. San Martín, F.492.263, www.posadadelbuscador.com, 23 camas.

Diária dorms 6p-4p $90; quarto 2p $190. Café da manhã incluído. Todos os quartos com banheiro compartilhado. Tem internet, cozinha equipada e sala com TV. Albergue bem-localizado, tem um agradável terraço de onde se avista o Cerro Piltriquitron.

**Hostería Luz de Luna** C. Dorrego 150, entre C. Rivadavia e C. Brown, F.491.908, 22 quartos. Diária 1p $180/200 (baixa/alta temporada), 2p $230/280, 3p $280/300. Café da manhã $15. Quartos espaçosos com banheiro, sacada, wi-fi, alguns com TV. Tem estacionamento. Ambiente legal, com um simpático jardim e bom atendimento.

**Residencial Valle Nuevo** C. 25 de Mayo 2329, F.492.087, albahube@hotmail.com, 13 quartos. Diária 2p $240/280 (baixa/alta temporada), 3p $350/400, tarifas negociáveis conforme o número de noites. Sem café da manhã. Quartos pequenos com banheiro e alguns com TV a cabo. Tem estacionamento. Lugar simples e sem conforto. Os donos são os mesmos do albergue Sol del Valle, que fica ao lado.

**Cabañas Montes** C. Azcuénaga 155, F.455.227, www.cabañasmontes.com.ar, 3 cabanas. Diária 2p $250, 4p $300, na alta temporada o valor pode até dobrar. Cabanas pequenas, bem-equipadas e arrumadas. Dispõem de uma área externa com estacionamento e local para *asados*.

**Cabanas Las Bandurrías** RN40, s/n°, a 1,5km do centro, F.492.819, 2 cabanas. Diária 4p $380/430 (baixa/ alta temporada), cama adicional $50. Cabanas bem-cuidadas, com 2 quartos, banheiro, lençóis e toalhas, cozinha, sala de jantar e lareira. Localizada ao norte do centro, há placas com indicações do local. Boa opção para quem está de carro.

**Hotel Amancay** Av. San Martín 3207, esq. C. J. Hernadez, F. 492.222, www.hotelamancayelbolson.com, 17 quartos. Diária 1p $260/290 (baixa/alta temporada), 2p $440/490, 3p $550/600. Aceita cartões de crédito. Café da manhã incluído. Quartos com banheiro, TV a cabo e telefone. Tem internet, bar, restaurante, sala com TV, lareira e estacionamento. Confortável e bom custo-benefício.

**La Posada de Hamelin** C. Granollers 2179, F. 492.030, www.posadadehamelin.com.ar, 4 quartos. Diária em dólares 1p US$60, 2p US$80, 3p US$100. Café da manhã incluído, com pães e doces caseiros da região. Quartos com banheiro e TV a cabo. A hospedagem é uma casa de madeira bastante charmosa, com estacionamento, bem-decorada, iluminada e agradável. Boa pedida.

**Las Nalcas Mountain Resort & SPA** C. Ñanco 150, F.449.3054, www.lasnalcas.com. Diária 2p $557/821 (baixa/alta temporada), 3p $871/1175. Café da manhã e estacionamento incluídos. As suítes são climatizadas, amplas, bem-decoradas e possuem hidromassagem, TV a cabo, wi-fi e frigobar. O hotel tem uma piscina disponível aos hóspedes e a área de spa é paga à parte.

Feira Artesanal, El Bolsón: um mercado hippie na Patagônia

## Comes & Bebes

Pelo porte da cidade, até que há boas opções. O restaurante **Jauja**, Av. San Martín 2867, é um dos mais badalados de El Bolsón, e os preços correspondem à sofisticação do lugar. Seus sorvetes artesanais, ao menos, são bem mais em conta, comparados com outras opções do cardápio, e imperdíveis. O de *dulce de leche granizado*, isto é, doce de leite com pedacinhos de chocolate, é uma verdadeira tentação. Um pouco mais barato e de qualidade comparável é o **Opíparo**, Av. San Martín 2524, que serve carnes, trutas, massas e pizzas. No **Calabazo**, Av. San Martín com C. Pablo Hube, a grande barbada é o menu turístico: prato principal com acompanhamento, vinho ou refrigerante, e sobremesa. Também serve saladas, sanduíches, pizzas e pratos quentes.

Outro bom custo-benefício é o buffet *tenedor libre* do **Plaza**, C. Dorrego 423, quase na esquina com a Av. San Martín, com saladas, carnes, peixes, massas e acompanhamentos. Nos bares e restaurantes você encontra a *Cerveja Artesanal El Bolsón*. A cidade também é conhecida pelo cultivo de frutas finas e pela produção de geleias e doces caseiros, vendidos nas próprias chácaras onde são plantadas e na feira artesanal.

## Atrações

Na cidade, a principal atração é a **Feria Regional Artesanal**, que acontece ao redor da Plaza Pagano, às terças, quintas e sábados, 10h-15h. A feira reúne centenas de artesãos e artistas de toda a região, que vendem suas mercadorias e apresentam sua arte nas calçadas. No verão, há uma quantidade e diversidade de barracas ainda maior, e, nessa época, a feira pode acontecer também aos domingos e feriados – embora aí o número de tendas possa ser menor. Se você for passar apenas um dia em El Bolsón, planeje para que seja em dia de feira: você terá uma melhor percepção do clima alternativo da cidade.

## Compras

A famosa *Feria Regional Artesanal de El Bolsón* é um bom lugar, na Patagônia, para comprar aquelas lembrancinhas de viagem. Há tudo o que se espera encontrar numa feira hippie: artesanato, pinturas, cerâmica, roupas, objetos de decoração, bijuterias, velas, quadros, miniaturas, CDs, gravações de músicos regionais e por aí vai. Mas não é só: há muitos comes e bebes, como geleias e doces caseiros feitos com frutas da região, alfajores, waffles, tortas e outras gostosuras locais. E vale pechinchar, mesmo que nem sempre se obtenha sucesso.

Caso você esteja na cidade em algum dos dias da semana em que não é montada a feira, a alternativa é a *Cooperativa Artesanal*, Av. San Martín 1866, cooperativa dos artesãos que trabalham lá. Os itens encontrados são praticamente os mesmos, só que em menor diversidade. Também vale a pena conferir o *Centro Artesanal Cumei-Antú*, Av. San Martín, entre as ruas La Valle e Viamonte, uma cooperativa de artesanato dos índios mapuches, habitantes nativos da região; aqui, entretanto, os preços podem assustar.

## Passeios

Trekkings e caminhadas pelas montanhas que cercam El Bolsón são uma boa pedida para o viajante que não é adepto a esportes radicais mas não quer ficar parado. As montanhas mais acessíveis, com baixo nível de dificuldade, são a **Cerro Amigo**, 2km a leste da cidade, e a **Cabeza del Indio**, formação rochosa que se assemelha ao perfil de uma cabeça humana, 6km a oeste de El Bolsón, e de onde se tem uma ótima vista do Vale do Rio Azul. Pode-se chegar nestes locais caminhando desde a cidade, um percurso de 1h-2h. Para fazer o trekking, há mapas gratuitos no centro de informações turísticas, e os caminhos não são difíceis.

Desafio um pouco maior são os trekkings nos cerros **Lindo** (2.150m), **Hielo Azul** (2.270m) e **Perito Moreno** (2.206m, não confundir com o glaciar de mesmo nome), em plena Cordilheira dos Andes. Para chegar até o início das trilhas, a sudoeste (Cerro Lindo) e oeste (Hielo Azul e Perito Moreno) da cidade, é preciso ir de carro ou tomar um táxi, já que não há ônibus e a pé é meio longe.

A 13km de El Bolsón, fica o mais famoso dos cerros, o **Piltriquitron**. Do alto de seus 2.260m você avista todo o vale onde a cidade se encontra, a Cordilheira dos Andes e, em dias bastante claros, o Vulcão Osorno, no Chile. A paisagem é simplesmente esplêndida. A duração dos trekkings varia entre 1 e 4 dias. Para ir até o início da trilha, sem carro, tome um táxi, o que custa em torno de $150 ($280 ida e volta).

Em todas essas montanhas há refúgios, com acomodação e outros serviços, a preços que variam de $50-70 por dia. É possível contratar excursões com agências de viagem, embora o mais comum seja ir por conta própria, já que os caminhos são bem marcados.

Outra alternativa para chegar aos cerros é com cavalgadas (contratadas em agências de viagem), ou percorra trilhas menores. Em El Bolsón você também pode alugar mountain bikes, participar de um rafting no Río Azul (cerca de $120-200), esquiar no Centro Invernal Perito Moreno, pescar e cavalgar nos arredores da cidade, sobrevoar a Cordilheira dos Andes e voar de parapente ao redor do Cerro Piltriquitron; tudo esquematizado com as agências locais. Os voos dependem das condições climáticas, sendo mais frequentes no verão e na primavera.

**Bosque Tallado** No caminho ao Cerro Piltriquitron, é uma espécie de museu ao ar livre. Trata-se de um bosque queimado, no qual artistas da região e de todo o país talharam as árvores mortas, criando 25 esculturas gigantes. Há excursões de agências ao bosque. Também pode-se ir a cavalo ou tomar um táxi/remís por cerca de $150 ($280 ida e volta), que leva até a base do cerro. De lá, é necessário caminhar mais 45min até o bosque.

**Cachoeiras** Há muitas próximas de El Bolsón, como a **Cascada Escondida**, a 10km, seguindo pela Ruta 40 a oeste e passando a ponte que cruza o Rio Quemquemtreu; a **Cascada de Nahuel Pan**, a 9km; a **Cascada del Mallin Ahogado**, 10km ao norte da cidade, seguindo a oeste pela RN40; e a **Cascada La Virgen**, a 20km. As mais recomendadas são a Escondida e a Mallin Ahogado. Para chegar, vá de carro, ou caminhe desde a cidade, entre 2h-3h de tranquila pernada, sem subidas muito íngremes. Entrada $4 para cada cascata.

**Parque Nacional Lago Puelo** A cerca de 18km ao sul de El Bolsón, o parque resguarda o Lago Puelo, cujas águas são populares entre banhistas nos dias quentes do verão. Para chegar lá, é só pegar um dos ônibus, $7,50, que partem diariamente, e em diversos horários, da Av. San Martín, em frente ao correio. Um táxi/remís custa uns $50. No verão, é cobrada uma entrada de $15.

# ESQUEL

Esquel é a cidade mais importante, comercial e economicamente, da província de Chubut; ainda assim, tem ares de uma cidade pequena, com uma população aproximada de 32 mil habitantes. Muitos viajantes passam por Esquel devido à sua estratégica localização entre as rutas 25 e 62, que levam ao leste da Patagônia, na altura da Península Valdés, e a Ruta 40, que vai ao noroeste patagônico, rumo à Região dos Lagos. No cenário argentino, ganha destaque por ser a porta de entrada do belíssimo Parque Nacional Los Alerces e o ponto terminal da linha do lendário trem *Viejo Expreso Patagónico*.

## A Cidade

Fundada por colonos galeses no início do século passado, Esquel fica pertinho da pequena cidade de Trevelin, que até hoje preserva fortes marcas da colonização anglo-saxã, com alguns habitantes de traços físicos diferentes do padrão argentino, tipicamente britânicos, e ainda falando o idioma galês. Esquel, por sua vez, não tem uma herança europeia tão forte como sua vizinha, e seu nome também não descende da língua do País de Gales. No idioma dos índios mapuches, Esquel significa "pântano".

## Informações e serviços

**Código telefônico** 02945

**Clima** No verão, que é a estação seca, a temperatura gira em torno dos 25°C. Já no inverno, o tempo é bem mais úmido, e a temperatura pode chegar a 10°C negativos, nevando de maio a julho. No outono, as temperaturas oscilam entre 5°C e 15°C. A primavera já é mais seca, entre 10°C e 20°C.

**Informações turísticas** A *Secretaría de Turismo* fica na Av. Alvear esq. C. Sarmiento, F.451.927. Abre todos os dias 8h-21h (7h-23h no verão). Fornece informações sobre acomodação, atrações turísticas, horários de ônibus e outros serviços, e dá mapas e dicas sobre o Parque Nacional Los Alerces. Site da cidade: www.esquel.gov.ar.

**Agências de viagem** Há algumas agências no centro, como a *Limits Adventure*, Av. Alvear 1069, F.455.811.

**Hospital** *Regional*, C. 25 de Mayo 150, F.450.009.

## Orientação

O centro comercial de Esquel fica entre as ruas Alvear, Ameghino, Fontana e Belgrano. A cidade é toda plana e de traçado quadrangular, fácil de se localizar. Um ponto de referência é a Plaza San Martín; ao sul do centro, corre o arroio Esquel. Há linhas de ônibus na cidade, passagem $2, mas com poucos motivos para utilizá-las.

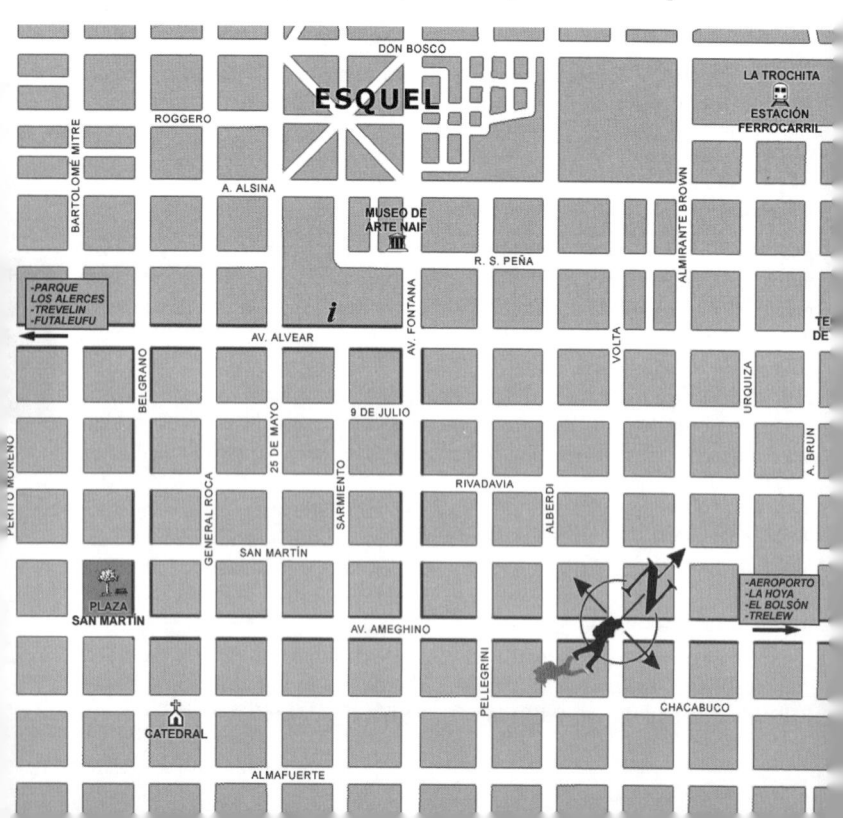

## Chegando e saindo

O aeroporto fica a 22km a leste da cidade. Táxis, no percurso cidade/aeroporto ou vice-versa, custam em torno de $80. A agência de viagens *Limits Adventure* também faz o traslado em vans. O terminal de ônibus fica na Av. Alvear esq. C. A. Brun, a seis quadras do centro. Um táxi de lá até o coração de Esquel sai por $10. A *Estación Ferrocarril General Roca*, na esquina das ruas Brown e Roggero, funciona apenas como terminal de uma linha turística. O acesso para a cidade é pela RN259; quem vem do leste entra pela Av. Ameghino, logo após cruzar o arroio. Quem vai ao Parque Los Alerces ou ao povoado de Trevelin, deve seguir pela Av. Alvear.

## Viajando

Para a vizinha **Trevelin**, 30min, $35, tem ônibus a cada hora. Rumo ao norte, há transporte para **El Bolsón**, 2h, $59; **Bariloche**, 4h, entre $105-174. Também há duas saídas a **Buenos Aires**, 21h, $988/1126 dependendo do conforto do ônibus. Rumo ao leste, **Trelew**, 8h, $231; **Puerto Madryn**, 9h, $323; e **Comodoro Rivadavia**, 9h, $200. Para viajar até o sul do país, o mais conveniente (e rápido) é ir até Comodoro Rivadavia, a sudeste de Esquel, e lá pegar outro ônibus.

Quem viaja de carro, a RN259 vai a **Trevelin**, 25km, em estrada asfaltada. No caminho há um desvio para a entrada do Parque Nacional Los Alerces. Seguindo depois de Trevelin, a ruta, nesta parte de rípio, vai a **Futaleufú**, 83km, já na fronteira chilena - para quem deseja seguir viagem pela Carretera Austral. Para o norte, a Ruta 40 é a direção, para **El Bolsón**, 172km, e **Bariloche**, 300km. Ao sul, a RN40 vai a Tecka, 101km, ponto onde é possível tomar a RN25, rumo a leste, como a **Trelew**, 621km, e **Puerto Madryn**, 671km, cruzando o deserto até o Atlântico por uma via sem muita sinalização e com postos de combustíveis a, aproximadamente, cada 200km. Por diferentes acessos, ainda mais ao sul, se chega a **Comodoro Rivadavia**, 596km (pouco depois de Gobernador Costa, 194km, o caminho é pelas RP20 e RN26, e todo o trajeto está pavimentado), e **El Calafate**, 1.276km. Para **Buenos Aires**, 1.859km (via Neuquén).

## Acomodação

Esquel conta com opções de acomodação que variam em serviços e preços. Os hotéis mais baratos costumam lotar na alta temporada e é bom reservar.

Hospedaje Amilcar C. Roque Saenz Peña 545, F.454.069, 9 camas. Diária dorms 3p-2p $70/100 (sem/com banheiro). Quartos amplos e confortáveis, mas há apenas 1 banheiro. Tem internet, cozinha, sala com TV a cabo, estacionamento. Casa de família transformada em hospedagem, lugar simples, com ótimo atendimento.

Casa del Pueblo C. San Martín 661, F.50.581, www.esquelcasadelpueblo.com.ar, 44 camas. Diária dorms 4p-6p $85-95; quarto 2p $280, 3p $360. Quartos com banheiro privativo. Tem internet, lockers, cozinha, sala de estar com TV e um jardim onde é possível estacionar. Albergue meio despojado, meio bagunçado.

**La Posada** C. Chacabuco 905, esq. C. Gral Roca, F.454.095, laposadaesquel@speedy.com.br, 9 quartos. Diária 1p $200/250 (baixa/alta temporada), 2p $250/300. Café da manhã incluído. Quartos confortáveis, com banheiro e TV. Possui sala com lareira e estacionamento. Ambiente familiar e aconchegante.

**Residencial Ski** C. San Martín 961, F.451.646, www.resky.guipatagonia.net, 32 quartos. Diária 1p $220, 2p $300, 3p $400. Aceita cartões de crédito. Café da manhã incluído. Quartos pequenos, com banheiro, TV a cabo e telefone. Tem estacionamento. Lugar simples.

**Departamentos Celestes** C. Mitre 543, F.452.147, www.depcelestes.com, 33 camas. Apartamento 2p $250, 3p $260. São várias casinhas, todas no mesmo terreno, com uma área externa comum. Têm banheiro, cozinha, copa e TV.

**La Tour D'Argent** C. San Martín 1063, F.454.612, www.latourdargent.com.ar, 9 quartos. Diária 1p $300, 2p $420, 3p $440. Aceita cartões. Café da manhã incluído. Quartos com banheiro, TV a cabo e telefone. Tem restaurante (talvez mais procurado que a hostería), estacionamento e um belo jardim. Lugar espaçoso. Fachada em estilo europeu.

**Hotel Tehuelche** C. 9 de Julio 831, esq. C. Belgrano, F.452.421, tehuelche@ar.inter.net, 55 quartos. Diária 1p $375, 2p $450, 3p $495. Aceita cartões de crédito. Pagamento em dinheiro tem 10% de desconto. Café da manhã incluído. Quartos confortáveis com banheiro e TV a cabo e telefone. Hotel 3 estrelas com bar, restaurante, estacionamento e serviço de lavanderia. Organizam excursões pela região. Bom hotel, localizado na área central, simpático atendimento.

**Hostería Cumbres Blancas** Av. Ameghino 1683, F.455.100, www.cumbresblancas.com.ar, 20 quartos. Diária 1p $412/575 (baixa/alta temporada), 2p $569/780, 3p $759/985. Café da manhã buffet incluído. Quartos com banheiro, TV a cabo, telefone, cofre e ponto de internet. Confortável e aconchegante hostería, com internet, sala de estar com lareira, restaurante, academia, sauna, salão de jogos, estacionamento e até um pequeno campo de golfe.

## Comes & Bebes

Os restaurantes, bares e lanchonetes de Esquel concentram-se na área central. A cantina **El Viejo Obelisco**, C. Rivadavia 920, serve ótimas massas em porções pequenas, e uma boa pedida é o *ravióli de ricota com nozes*. **La Trochita**, C. 25 de Mayo 635, tem carne, frango, peixe, massas e pizza, e há barbadas, como um farto bife à milanesa com batatas fritas, que serve duas pessoas. A lanchonete-bar **La Cuadrada**, C. Rivadavia esq. C. Belgrano, tem aperitivos e sanduíches, e o lugar é um ambiente agradável, com música ao vivo em alguns fins de semana, exposições e outros eventos. A **Confitería Maria Castaña**, C. 25 de Mayo esq. C. Rivadavia, serve sanduíches, tortas, aperitivos e doces. Não são baratos, pelo tamanho das porções, mas vale a pena provar os doces, em especial o waffle *Maria Castaña*, com sorvete e calda quente de framboesa.

# Esqui

**La Hoya** Centro de esqui com 24 pistas, 13km ao norte de Esquel, a 1.350m de altitude. Ônibus partem da cidade, passagem $12. Na estação, o passe diário custa entre $125-195, com direito ao uso das pistas. O centro dispõe de serviços como locação de equipamento, escola e restaurante. Mais informações, consulte o site: www.cerrolahoya.com.

# Passeios

### La Trochita – Expreso Patagónico

Lendário trem a vapor que guarda diversas histórias e curiosidades, La Trochita tornou-se conhecido mundialmente quando foi descrito no livro *"The Old Patagonian Express"*, de Paul Theroux. Inaugurado em 1945, o trem, que levou 23 anos para ser construído, originalmente servia à população local, transportando lã e produtos alimentícios. Hoje, com seus vagões de 1922, rodando a uma velocidade de 45km/h, funciona basicamente como atração turística, sendo uma das mais antigas linhas de trem a vapor ainda na ativa. O nome *La Trochita* vem do fato de os trilhos por onde o trem passa serem extremamente estreitos, medindo apenas 75cm de espessura – *trocha*, em castelhano, significa "caminho".

Originalmente, a linha principal percorrida pelo La Trochita, também conhecida como *Viejo Expreso Patagónico*, ia de Buenos Aires a Bariloche, com uma ramificação saindo da cidade de Ingeniero Jacobacci até Esquel, num percurso de 400km. Desde 1993, grande parte da linha foi desativada devido a um decreto do então presidente Carlos Menem, que acabou com os subsídios ao transporte de passageiros por via férrea. A partir disso, restou apenas o trecho que vai de El Maitén à estação em Esquel, num trajeto de 165km. Muito da fama de La Trochita deve-se a vários contratempos ao longo de sua história: levou mais de duas décadas para ser construído devido a burocracias de diferentes governos, e sofreu com enchentes e outros acidentes naturais na região, alguns um tanto grotescos. Fato ou humor negro, reza a lenda que, em 1979, La Trochita descarrilhou ao atropelar uma vaca que tranquilamente cruzava os trilhos; por coincidência, o condutor do trem nesta ocasião chamava-se Señor Bovino.

O trem parte da *Estación Ferrocarril Roca* (veja em "Chegando e saindo"), que também funciona como um interessante museu, com destino à cidade de El Maitén. Os horários mudam com frequência; em geral, parte às quartas e sábados pela manhã, com retorno à tarde, passagem a Nahuel Pan $210. Esta última é um assentamento a 20km de Esquel, que conserva a primeira estação de La Trochita, e que, desde janeiro de 2006, abriga o *Museo de Culturas Originarias Patagónicas*, museu que resgata a cultura dos índios mapuches e dos primeiros habitantes da Patagônia. Mais informações sobre o passeio, veja o site: www.patagoniaexpress.com/el_trochita.htm.

Entrada do Parque Los Alerces

# PARQUE NACIONAL LOS ALERCES

A cerca de 40km a oeste de Esquel, o Parque Nacional Los Alerces tem esse nome porque abriga uma grande quantidade de *alerces*, um tipo de cipreste. Essas árvores, que podem ter mais de 2 mil anos de idade e chegar a 4m de diâmetro e 22m de altura, atualmente estão ameaçadas de extinção. Este é um dos motivos pelo qual grande parte dos 263 mil hectares do parque forma uma reserva natural inacessível, proibida à visitação. Apenas a parte leste, ao redor dos lagos Futalaufquén, Menéndez e Rivadavia, pode ser conhecida. Muitas destas árvores estão concentradas numa área conhecida como Alerzal Milenario. Para chegar até lá, é preciso atravessar o Lago Menéndez e em seguida caminhar por uma pequena trilha.

Diferente do que ocorre em outros parques nacionais da Argentina, como o Nahuel Huapi, por exemplo, no Los Alerces não há muita exploração turística. Apesar da pouca distância até as cidades de Esquel e Trevelin, a distinção climática é notável, sendo comum um dia ensolarado nas cidades enquanto chove no parque. A área, com diversos lagos, é um ótimo lugar para pesca e passeios de barco, e igualmente para trekkings e cavalgadas. Entre as trilhas habilitadas, a mais indicada é a que leva ao Lago Krugger. São 25km com campings e refúgios no caminho, mas também há trilhas mais curtas, que exigem menor esforço.

## Chegando e saindo

A partir de Esquel, há duas entradas para o parque, seguindo a RN259: ao norte, que leva aos lagos; e mais ao sul, passando por Trevelin, que vai a um complexo hidrelétrico. Para conhecer o parque, sem dúvida, prefira o primeiro acesso, por onde se chega na pequena Villa Futalaufquén, que tem campings, mercado, posto de gasolina e hostería.

Há também um centro de informações (*Intendencia*), onde você pode conseguir um mapa e dicas sobre os serviços e as trilhas existentes, e o *Museo y Centro del Interpretación*, com exposições sobre a fauna, flora, arqueologia e aspectos históricos de Los Alerces.

Até aqui, grande parte do percurso se dá numa estrada bem-pavimentada. A partir do Lago Futalaufquén, é possível prosseguir por uma via de cascalho, a RP71, que cruza outros lagos, bosques e rios até o povoado de Cholila (de onde, por sua vez, se vai até El Bolsón, em estrada com bastante rípio). Na área do Los Alerces, próxima aos lagos, há algumas opções de acomodação, com hotéis, cabanas e campings. No verão é cobrada uma entrada de $50; no resto do ano, o acesso é gratuito. Sem carro, verifique sobre o ônibus que parte diariamente de Esquel e vai ao parque, em torno de 1h15min, passagem $25.

# TREVELIN

Agradável cidadezinha de 10 mil habitantes, a 23km ao sul de Esquel, com forte influência da colonização galesa da província de Chubut. Isto pode ser notado ainda hoje visitando as inúmeras casas de chá que oferecem o típico chá galês ($75 em média), ou caminhando pelas ruas em meio à sua receptiva população, predominantemente loira. Trevelin cultiva uma certa cultura de moinhos, vinculada à história de sua colonização, e se autointitula como o *pueblo del molino*.

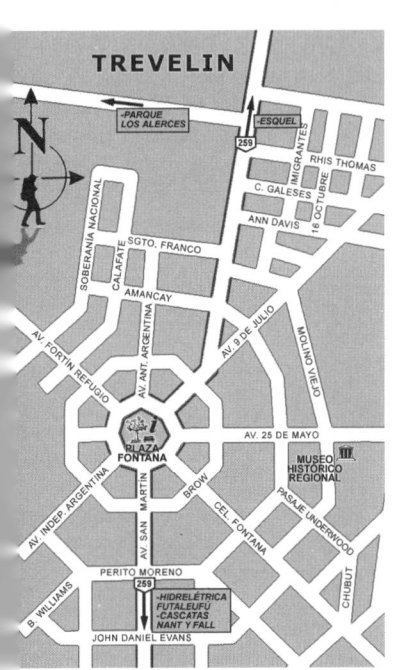

## Informações e serviços

A *Dirección de Turismo* fica na Plaza Coronel Fontana, aberta 8h-20h (22h na temporada alta), tem mapa da cidade e da região, dicas de passeios e lista de cabanas e campings. Trevelin conta com agência de viagens, posto policial, hospital e outros serviços básicos. Site: www.trevelin.gob.ar.

## Chegando e saindo

Trevelin fica no meio da RN259, via que, ao cruzar a cidade, se torna a rua principal, a Av. San Martín. Há ônibus frequentes de/para **Esquel**, 30min, $5. No verão é possível ir até **Villa Futalaufquén**, na entrada do Parque Los Alerces, saídas às 8h, $25. De Trevelin, se vai basicamente a **Esquel**, 25km; à fronteira chilena, 35km, que leva à cidade de **Futaleufú**, 50km, ou ao

Vale do Río Azul, trekking a partir de El Bolsón

**Complejo Hidroelétrico Futaleufú**, 18km. A outras cidades: **El Bolsón**, 202km; **Bariloche**, 314km; **Trelew**, 640km; **Buenos Aires**, 2.000km.

## Acomodação

Não há grandes hotéis, mas várias opções de cabanas, campings e residenciais. Entre eles, uma boa dica é o *Casaverde Hostel*, C. Los Alerces s/n°, F.480.091, www.casaverdehostel.com.ar, diária dorms 4p $70/80 (sócio HI/não-sócio); quarto 2p $190/210, café da manhã $20. É uma aconchegante casa construída com materiais da região; tem dormitórios, quartos, banheiros, internet, cozinha, estacionamento; ótimo atendimento.

## Atrações

Trevelin possui alguns pequenos e interessantes museus: o **Museo Histórico Regional**, C. Molino Viejo s/n°, aberto diariamente 11h-18h (21h temporada alta), entrada $5, no antigo prédio do *Molino Harinero*; construído em 1918, exibe diversos objetos relacionados à história da colonização galesa na região. Já o **Hogar del Abuelo** ("lar do avô"), é um museu dedicado a John Evans, um dos pioneiros da Patagônia, onde sua própria neta faz as vezes de guia. Outra marca da colonização é a *Capela Bethel*, construída em 1910, atualmente fechada. Ainda na cidade, na Plaza Coronel Fontana acontece uma feira de artesanato, todos os domingos, à noite.

Saindo da área urbana, a 17km de Trevelin fica a **Reserva Provincial Cascadas Nant y Fall**, aberta 8h-20h, entrada $30, uma reserva florestal cuja principal atração são suas cachoeiras, a maior delas, a *Cascada Grande*, com 67m de altura. Um pouco mais adiante, fica o Lago Rosario, no qual se encontra uma comunidade indígena mapuche, e a *Sierra Colorada*, uma boa área para trekkings com uma bela vista.

Em direção à fronteira chilena, há algumas boas atrações: a 22km, o **Molino Museo Nant Fach**, réplica dos antigos moinhos familiares, comuns na região do final do século 19 a meados do 20. Seguindo por mais 2km, os amantes da pesca podem curtir a **Estación de Piscicultura**, centro de pesquisa e produção de peixes embrionários, responsável pela manutenção do equilíbrio de trutas e salmões.

Patagônia: a estonteante paisagem
do Glaciar Perito Moreno

# PATAGÔNIA

Patagônia representa a natureza em um de seus mais imaculados e desoladores estados, uma terra de contrastes no rodapé do mundo. A combinação de opostos, o convidativo e o inacessível: este talvez seja o porquê do interesse e da curiosidade por uma planície aparentemente monótona, fria, sem vegetação e com vento forte – a singular paisagem da região que fascinou Charles Darwin, quando de suas visitas e pesquisas no país, na década de 1830. O cientista, autor da teoria da evolução, chegou a se questionar sobre o motivo pelo qual uma área tão remota o deslumbrara tanto, quando logo ali, no mesmo país, havia lugares mais verdes, floridos e úteis para o homem.

Os indígenas foram os nativos da região. Diversas tribos, como os *tehuelche*, os *yámana* e os *mapuche*, resistiram bravamente ao clima do lugar. O explorador português Fernão de Magalhães foi o primeiro europeu a chegar à Patagônia, onde fez somente uma rápida parada, durante sua viagem ao redor do mundo, em 1520. Aventureiros holandeses refizeram os seus passos nos anos seguintes e, em 1616, os navegadores Willem Schouter e Jacob Lemaire cruzaram o ponto mais meridional do continente americano e batizaram-no de *Cape Horn* (Cabo de Hornos), em homenagem a sua cidade natal, Hoorn. Apesar do grande número de exploradores europeus viajando às costas patagônicas, poucos entravam continente adentro, e menos ainda eram os que decidiam ficar e enfrentar as condições inóspitas da região.

Foi em 1850 que uma expedição galesa embrenhou-se no vasto e solitário território. A paisagem do lugar fascinou os desbravadores, que, fugidos do regime britânico imposto ao País de Gales, se estabeleceram num vale fértil ao longo do Río Chubut. Diversas cidades ou ruas da Patagônia receberam seus nomes na língua galesa, como o município de *Trevelin*, que em galês significa "cidade do moinho". Algumas localidades dessa região ganhavam o nome de seus novos habitantes; outras recebiam denominações que refletiam os sentimentos dos exploradores durante a viagem – e assim temos a Ilha Desolação (Isla Desolación) e o Porto Famino (Puerto Hambre), ambos na Patagônia chilena.

Hoje, fronteiras definidas – nos mapas, ao menos –, a Patagônia ocupa quase um terço de todo o território argentino e compreende as províncias de Neuquén, Río Negro, Chubut, Santa Cruz e Tierra del Fuego. A maioria dos habitantes vive ao redor dos vales dos rios Colorado e Negro, onde há muitas plantações de alfafa, pêra e maçã e, principalmente, onde há criação de ovelhas, a mais importante atividade econômica da região.

Geograficamente, a Patagônia apresenta duas áreas bastante distintas: a Patagônia Atlântica e a Patagônia Andina.

A *Patagônia Atlântica* pode ser subdividida em outras duas: continental e litorânea. A primeira caracteriza-se por uma área de vegetação rasteira, desértica, com uma imagem desoladora, onde uma estrada segue por quilômetros e mais quilômetros no meio do nada. A porção oceânica, por outro lado, é bastante rica, especialmente na fauna: pinguins, baleias, leões-marinhos e lobos-do-mar – uma das maiores concentrações de animais marinhos do planeta –, e a *Reserva Faunística Península Valdés* é o local ideal para conhecer um Atlântico convertido em santuário ecológico.

Já a *Patagônia Andina* nem parece a mesma região. Dominado pela Cordilheira dos Andes, o cenário apresenta montanhas com picos eternamente nevados, regiões florestais, geleiras e lagos que parecem formar uma pintura expressionista. Merece destaque, além do Parque Nahuel Huapi, apresentado no capítulo da Região dos Lagos (uma espécie de sub-região acomodada na Patagônia), o *Parque Nacional Los Glaciares*, uma fantástica área coberta de gelo e icebergs, onde o Glaciar Perito Moreno hipnotiza a visão pela sua imponência.

Oceânica, desértica ou andina; gelada, ventosa ou ensolarada; fascinante, solitária ou misteriosa, a Patagônia é, por certo, apaixonante, plena de adjetivos. Existe muito a descobrir e, sem dúvida, ninguém fica imune a esta região. Fim do mundo ou não, a viagem é longa e inesquecível, remetendo à reflexão. Às vezes confundindo seus limites com o Chile, com estradas longas, irregulares ou inexistentes, a Patagônia, para o viajante, é uma grande aventura sul-americana.

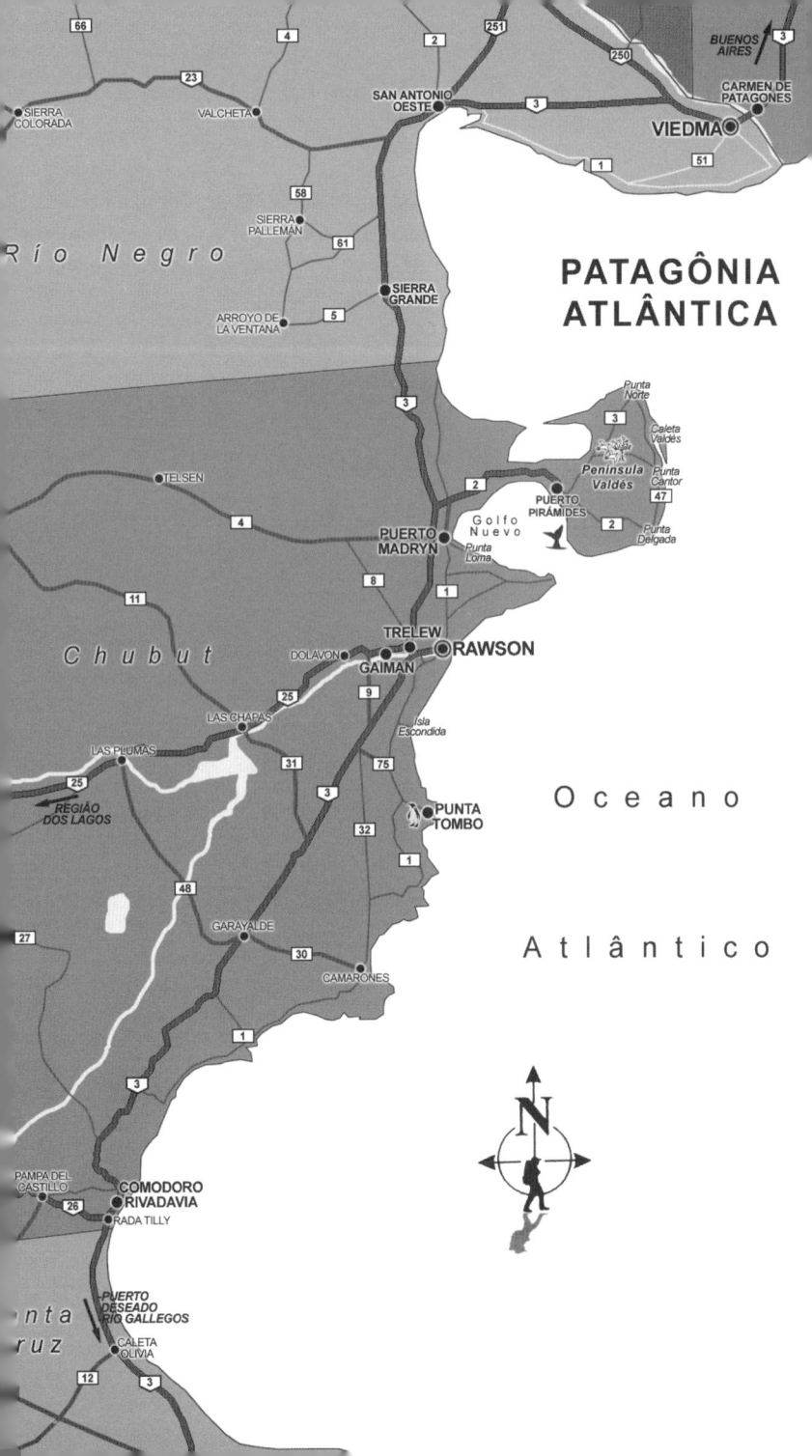

# PATAGÔNIA ATLÂNTICA

# Puerto Madryn

Puerto Madryn, situada no nordeste da província de Chubut, a 1.310km de Buenos Aires, é uma agradável base para vários passeios relacionados à fauna patagônica, seja na Península Valdés ou em reservas ecológicas mais ao sul, como Punta Tombo. Com aproximadamente 80 mil habitantes, Madryn, como também é chamada, é bastante tranquila, típica cidade de praia onde vale dar uma parada, relaxar, explorar seus arredores, visitar seus poucos museus e atrações, de repente alugar uma bicicleta, encarar um mergulho ou, por que não, deliciar-se com um típico chá galês em homenagem aos colonizadores da região.

## A Cidade

Puerto Madryn foi fundada em 1865 com a chegada de galeses que saíram da Grã-Bretanha fugindo das imposições e restrições feitas pela coroa inglesa ao País de Gales. O nome da cidade é uma homenagem ao galês Loves Jones Parry, o Barão de Madryn, originário da terra natal dos fundadores de Puerto Madryn. Já no século 20, com a instalação de uma base produtora de alumínio e a construção de um porto, nos anos 70, Puerto Madryn industrializou-se, cresceu e teve sua população triplicada. Nos últimos anos, graças ao incremento do turismo na região, a cidade passou a ser um dos principais pontos de parada dos viajantes que visitam as belezas naturais da Patagônia argentina.

## Informações e serviços

**Código telefônico** 0280

**Clima** Puerto Madryn tem um clima bem seco, quase desértico. Os dias costumam ser bastante ensolarados; chove pouquíssimas vezes ao ano, e percebe-se a falta de umidade do ar. No verão, as temperaturas são altas, chegando a mais de 30°C. Ainda assim, há na cidade uma grande amplitude térmica, ou seja, mesmo nos dias mais quentes, as noites costumam ser frescas. De maio a setembro é a vez do frio, quando, não raro, em julho, as temperaturas vão abaixo de zero.

**Câmbio** A maioria dos bancos fica próxima à Plaza San Martín, nas ruas Roque S. Peña, 25 de Mayo, Mitre e 9 de Julio.

**Informações turísticas** A *Secretaría de Turismo* fica na Av. Roca 223, F.445.3504. Funciona diariamente seg/sex 7h-21h (22h no verão) e sáb/dom 8h-21h. Há outro centro de informações turísticas no terminal de ônibus, aberto seg/sex 7h-21h e sáb/dom 8h-21h. No verão, é montado um posto na praia, que funciona diariamente 10h-21h. A equipe é bastante atenciosa, fornece mapas da cidade, lista de opções de acomodação e diversas informações sobre a Península Valdés e outros passeios na região. Site da cidade: www.madryn.gov.ar/turismo.

**Agências de viagem** São encontradas ao longo da Av. Roca e arredores. O preço dos passeios pela Península Valdés, assim como o serviço, varia pouco de agência para agência. Também nos albergues e em alguns hotéis pode-se contratar excursões a esses locais.

**Locadoras de carro** Há mais de uma dezena de locadoras de veículos, várias delas na Av. Roca. Alugar um carro aqui pode ser bastante vantajoso para um grupo de três ou mais pessoas conhecer os arredores. Se estiver a fim de comparar preços, basta caminhar pela Roca: n° 19, *Dubrovnik*, F.445.0030; n° 165, *Fiorasi*, F.4456.300; n° 293, local 8, *Rent-A-Car Patagônia*, F.445.0295; n° 493, *Avis*, F.4475.422; n° 733, *Centauro*, F.447.5747; n° 835, *Madryn Rent a Car*, F.466.6859; n° 1040, *Hi Patagonia*, F.445.0155.

**Hospital** *Sub-Zonal Puerto Madryn*, C. R. Gómez 383, F.445.3030.

## Orientação

Puerto Madryn é uma cidade litorânea e inteiramente plana. O centro turístico-comercial concentra-se numa área compreendida entre as ruas Julio A. Roca (também conhecida apenas como Roca) e Mitre, e a 28 de Julio e a Gales. A primeira, uma das principais vias da cidade, na área central é conhecida como Costanera, denominação que também cabe ao Blvd. Alte. Brown, por beirar a praia. Outro ponto de referência de Madryn é o cais Luis Piedra Buena, conhecido como *muelle*.

## Circulando

A principal linha de ônibus é a de n° 2, que sai do terminal de ônibus e cruza Madryn no sentido norte-sul, passando pelo centro; passagem $2,25. A cidade, porém, compacta e plana, é tranquila para ser percorrida a pé.

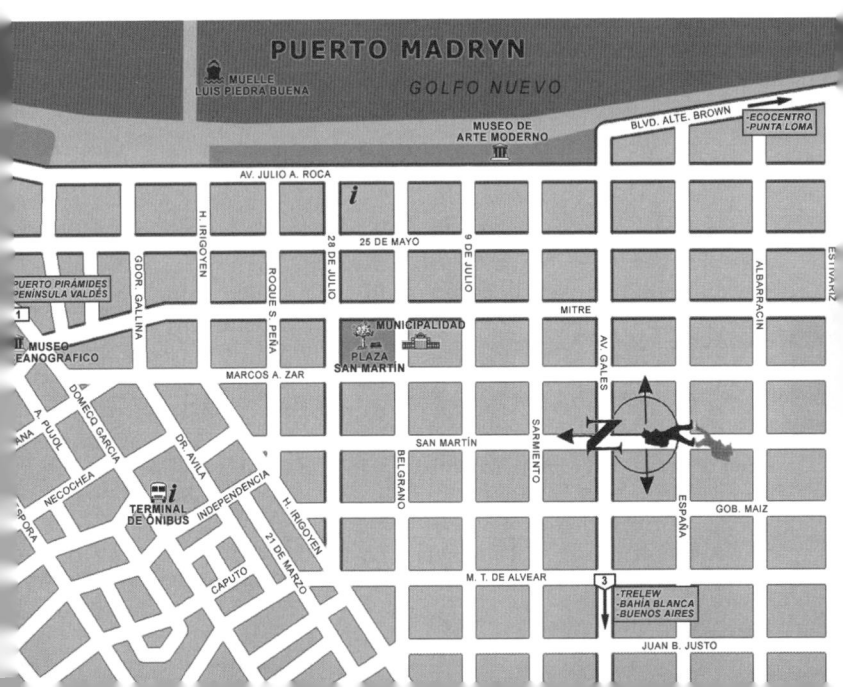

O amanhecer em Puerto Madryn

## Chegando e saindo

O aeroporto local fica a 10km do centro. É pequeno e de pouco movimento: de lá só partem voos comerciais para Buenos Aires (1h45) e Comodoro Rivadavia (45min). Para rotas mais frequentes, utiliza-se o aeroporto de Trelew, cidade a 52km. A companhia de ônibus *Eben-Ezer* tem saídas com destino a este aeroporto por $30. Um táxi ou remis de Madryn até Trelew custa em torno de $300. Mais utilizado, o terminal de ônibus de Madryn fica na Av. Domecq Garcia, entre Necochea e Independencia, a seis quadras do centro.

Quem chega à cidade de carro, vindo pela Ruta 3, entra na Av. 20 de Junio, que termina na Av. Gales; esta, por sua vez, vai até o centro. A Av. Kenneth Woodley (continuação da Av. Domecq Garcia), ao norte do centro, é o caminho para quem segue à Península Valdés.

## Viajando

Diversas empresas de ônibus vão, diariamente, a **Buenos Aires**, 19h, $525-775; o preço da passagem varia com o conforto do ônibus. Destino popular ao sul é **Río Gallegos**, 19h, $503; e este mesmo trajeto inclui parada em **Comodoro Rivadavia**, 6h, $173. Na Região dos Lagos, **Esquel**, 9h, $323; **Bariloche**, 13h-15h, $450. Destinos próximos são **Trelew**, 1h, $25; e **Puerto Pirámides**, na Península Valdés, 1h30, $45.

De carro, a RN3 liga Puerto Madryn a cidades ao norte, como **Bahía Blanca**, 693km; **Mar del Plata**, 1.150km; **Buenos Aires**, 1.310km, e ao sul do país, **Comodoro Rivadavia**, 427km; **Río Gallegos**, 1.200km, atravessando extensas planícies quase desérticas. Se o destino for a Região dos Lagos, a RN25 cruza a província de Chubut de leste a oeste, indo de **Trelew**, 52km, até **Esquel**, 671km, com possibilidade de chegar a **Bariloche**, 957km.

## Acomodação

Os melhores (e mais caros) hotéis, de três e quatro estrelas, ficam na Av. Roca, em frente à praia. Há outros bem mais baratos, dispersos pelo centro, especialmente residenciais e hosterías. Albergues também são uma boa opção em Madryn. É bom ficar ligado na alta temporada, de junho à metade de dezembro – época das baleias – e reservar antecipadamente, já que os lugares costumam lotar.

**Madryn Hostel** C. Martín Fierro 21, F.445.3732, www.madrynhostel.com. Diária dorm $70, quarto 2p-3p $210. Café da manhã incluído. Banheiros compartilhados. O albergue possui lockers, wi-fi, sala de TV com vídeo game. Oferece aluguel de carros, bicicletas, caiaques e cadeiras de praia. Localizado a apenas 20m da praia.

**El Gualicho Hostel** C. Marcos A. Zar 480, F.4454.163, www.elgualicho.com.ar, 15 quartos. Diária dorms 8p-4p $90/100 (baixa/alta temporada) com desconto para sócios HI. Quartos 2p $390/440 (sócio HI/não-sócio). Café da manhã incluído. Quartos bem-arrumados, e os dormitórios têm lockers. Possui internet, cozinha, sala de estar, minibiblioteca, amplo gramado, estacionamento e traslado gratuito ao terminal de ônibus. Também aluga bicicletas e organiza excursões. Localizado a três quadras do mar, é confortável e organizado, uma boa opção.

**Albergue Yanco** Av. Julio A. Roca 626, F.471.581, hotelyanco@hotmail.com, 90 camas. Diária dorms 6p-2p $100. Inclui café da manhã. Uma parte funciona como hotel e outra como albergue, com áreas em comum (recepção, restaurante). No hotel, 1p $300/340 (baixa/alta temporada), 2p $350/380 e 3p $400/440. Mas é tudo velho e mal cuidado, e o ambiente não é legal.

**Residencial Vaskonia** C. 25 de Mayo 43, F.472.581, buce23@infovia.com.ar, 30 quartos. Diária 2p $200. Quartos com banheiro, bastante simples, sem maiores serviços ou facilidades. Atendimento gentil e cozinha disponível. Próximo do centro, o hotel é um dos mais antigos da cidade.

**Hotel Território** Blvd. Almirante Brown 3251, F.470.050, www.hotelterritorio.com.ar, 36 quartos. Diária em dólares, 2p $210/363 (baixa/alta temporada), 3p $252/462. Aceita cartões de crédito. Muito bom café da manhã buffet incluído. Quartos espaçosos, com vista para o mar, TV a cabo, telefone, cofre e ótimos banheiros, amplos, com chuveiro e banheira separados. Possui internet, bar, restaurante, academia, spa com sauna e hidromassagem, estacionamento e atendimento eficiente. Pode incluir serviços de traslados e entrada nos parques. Hotel novo, afastado do centro, mas o seu excelente padrão compensa a distância.

**Hotel Muelle Viejo** Av. Hipólito Yrigoyen 38, F.4471.284, www.muelleviejo.com, 30 quartos. Diária 2p $300, 3p $350; na baixa estação podem reduzir em torno de 20%. Café da manhã incluído. Quartos simples e bem arrumados, com banheiro, TV a cabo e telefone, alguns com vista para o mar. Possui bar, cafeteria e estacionamento ($10). Hotel bem-localizado, ambiente familiar, atendido pelos proprietários, que arranham um portunhol.

**Hostería Casa de Pueblo** Av. Julio A. Roca 475, F.472.500, www.madryncasadepueblo.com.ar, 5 quartos. Diária 2p $300/360 (baixa/alta temporada), 3p $360/430. Café da manhã incluído. Quartos espaçosos com banheiro, TV a cabo e calefação. Tem sala de TV, terraço com vista para o mar e estacionamento. Localizada próximo ao centro, esta hostería é uma casa antiga, espaçosa e agradável.

**Hotel Bahia Nueva** Av. Julio A. Roca 67, F.451.677, www.bahianueva.com.ar, 40 quartos. Diária 2p $435, 3p $530. Aceita cartões. Ótimo café da manhã incluído. Quartos com banheiro, TV a cabo e telefone. Tem internet, bar e estacionamento. Hotel bem-decorado, em frente ao mole. Os simpáticos atendentes fornecem boas informações sobre a cidade.

**Torremolinos Hostería** C. Marcos A. Zar 64, F.453.215, torremolinos@arnet.com.ar, 7 quartos. Diária 1p $475, 2p $510, 3p $600. Café da manhã incluído. Quartos minúsculos, mas bem-arrumados, com banheiro, TV e telefone. Tem internet, bar, uma sala de estar confortável, cofre e estacionamento. Lugar pequeno, tranquilo e simpático.

**Keten Aike** C. 25 de Mayo 1036, F.472.759, www.keten-aike.com.ar. Cabanas 4p $500/550 (sem garagem e com sacada/com garagem e pátio), 6p $670 (com garagem, sacada e pátio). Mais $30 na alta temporada. Cabanas amplas, bem-cuidadas, com dois quartos, sala, copa-cozinha, banheiro, alarme, TV a cabo, roupa de cama. Há ainda estacionamento, jardim com churrasqueira e mesas. Para quem viaja em grupo ou em família, é uma ótima pedida.

**Playa Hotel** Av. Julio A. Roca 187, F.451.446, www.playahotel.com.ar, 51 quartos. Diária 2p $520. Aceita cartões de crédito. Café da manhã incluído. Quartos com banheiro, TV a cabo, telefone e ar-condicionado. Hotel 3 estrelas, com sala de estar, bar, cafeteria, sala para conferências e estacionamento. Bem-localizado, o ambiente é agradável, mas o atendimento poderia ser melhor.

## Comes & Bebes

Peixe, marisco e cordeiro são as especialidades da região, e uma boa refeição, para duas pessoas, custa cerca de $100. Os restaurantes mais em conta são aqueles que dispõem de menus turísticos. Para comer em quantidade, boa pedida são os tenedores libres, o **La Casona del Golfo**, Av. Roca 349, tem uma grande variedade de pratos, como saladas, massas, *asados*, peixes, frutos do mar e comida chinesa, em buffet livre por cerca de $50.

O **Restaurante La Casera**, Av. Roca 561, é razoavelmente simples e eficiente, e uma massa sai por $25. Um pouco mais caro e elaborado é o **Cantina El Náutico**, Av. Roca 790, com pratos a partir de $30. Há diversas casas de chá e docerias artesanais de dar água na boca, que vendem especialidades da região, como os tradicionais alfajores e a torta galesa, uma espécie de bolo com recheio de frutas cristalizadas e nozes, receita trazida no século 19 com os imigrantes do País de Gales.

## Atrações

Puerto Madryn é a porta de entrada para a Península Valdés, santuário ecológico no sul do Atlântico, para onde saem excursões diariamente. A cidade também oferece a prática de esportes como caiaque, windsurf, cavalgadas e mergulho. Embora não haja muitos atrativos turísticos em sua área urbana, vale a pena conhecer Madryn por sua atmosfera simpática e agradável. Aqui vivem muitos universitários, graças ao curso de Biologia Marinha da *Universidad Nacional de la Patagonia*, um dos mais conceituados do mundo, reunindo estudantes argentinos e estrangeiros. Além disso, a convivência de duas paisagens tão distintas nos arredores da cidade – a costa atlântica e as vastas planícies desérticas – forma um cenário singular e pitoresco.

**Península Valdés**

**Museu Oceanográfico y de Ciencias Naturales** Av. Domecq Garcia esq. C. Menéndez, aberto seg/sex 9h-12h e 15h-19h, sáb/dom 15h-19h, entrada $6. A construção que abriga o museu, conhecida como Chalet Pujol, é uma casa de estilo vitoriano, construída em 1917, que pertenceu ao então prefeito da cidade, Agustín Pujol. O museu exibe coleções de minerais, flora e fauna (terrestre e marinha), além de fotos e dados sobre a história da região.

**EcoCentro Puerto Madryn** C. Julio Verne 3784, a cerca de 4km do centro. Abre seg/sex 9h-12h e 15h-19h, entrada $55. É um centro de estudos sobre a fauna; é possível avistar o prédio do EcoCentro desde o Blvd. Brown, a avenida da praia.

**Museo de Arte Moderno** Av. Julio A. Roca 444, entre 9 de Julio e Sarmiento, aberto seg/sex 10h-13h e 17h-20h, sábados 17h-20h, entrada gratuita. O museu de arte moderna mais austral do mundo possui obras de artistas argentinos, como Quinquela Martín, célebre pintor que viveu no Caminito, em Buenos Aires, e que se tornou uma lenda no país. Durante todo o ano, abriga mostras temporárias de artistas locais e nacionais.

## Compras

No centro de Puerto Madryn encontram-se diversas lojas que vendem todo tipo de suvenires, a maioria com motivos ecológicos relativos à fauna da região – camisetas de cauda de baleia, xícaras de pinguins, ímãs de geladeira de leões-marinhos, e por aí vai. Também se veem peças do artesanato local, como tecidos, cerâmicas e prataria. A livraria *Recreo Libros*, C. Saenz Peña esq. 25 de Mayo, possui uma grande variedade de obras que têm a Patagônia como tema – fotografia, história, relatos de viagem. Dependendo do clima e do movimento, rola uma feira de artesanato na Plaza San Martín, mas nada oficial, já que os artesãos aparecem por lá sem dia e sem horários definidos.

## Diversão
Para sair à noite, há alguns bares, a maioria na Av. Roca. *La Oveja Negra*, na Hipólito Yrigoyen 144, tem música ao vivo todas as noites.

## Passeios
A fauna marinha é a grande atração da região, mas você deve considerar em seu planejamento de viagem que nem todos os bichos estão por aqui o ano todo. A temporada das baleias vai de maio ou junho a meados de dezembro; a dos pinguins, de setembro a março; e a das orcas, com aparições mais raras, de outubro a abril. Elefantes-marinhos e leões-marinhos são encontrados ao longo de todo o ano. Há excursões partindo de Puerto Madryn todos os dias para a Península Valdés e Punta Tombo, às vezes combinadas entre as agências de turismo para garantir um número mínimo de passageiros. Sobre esses locais, que são as maiores atrações da região, veja mais adiante.

**Punta Loma** Reserva de leões-marinhos situada a 17km a sudeste de Puerto Madryn. Algumas agências de viagem organizam excursões até a reserva, cobrando por volta de $60, mas somente quando há grupos para fazer o passeio. Um táxi pode levar até o local, permanecendo por cerca de 30min e retornando, em torno de $100. Mas a melhor opção, ou a mais econômica, é ir de bicicleta – já que não é longe, e aproveita-se para curtir mais a paisagem e sentir a natureza. Pedalando, leva-se em torno de 2h. Não há ônibus para lá, portanto, o outro meio é ir de carro. Saindo de Madryn, pega-se a Blvd. Brown em direção ao sul, até a Universidad Nacional de la Patagonia, e dobra-se à direita numa estrada de terra que leva à loberia, como também é chamado o lugar. A vista é similar à dos leões-marinhos que se veem na Península Valdés. Para quem já foi até a Península, portanto, ir à Punta Loma vale mais pelo passeio do que pelos animais. Abre diariamente 8h-20h, entrada $40/12 (estudante). Na reserva há um mirante com vista para o Golfo Nuevo, de onde se pode observar, ao longo de todo o ano, a colônia de leões-marinhos. A 3km adiante é possível visitar a praia Cerro Avanzado, onde se encontram fósseis de diversos invertebrados marinhos.

**Estâncias** Uma visita às estâncias possibilita observar a paisagem semidesértica, ter contato com a fauna terrestre (guanacos, ovelhas) e ver como vivem os patagonenses fora das cidades. Há diversas estâncias – onde você pode comer um legítimo cordeiro e tomar mate – que podem ser visitadas em excursões de um dia, entre $70-90. É possível hospedar-se nestes locais, mas os preços aí já são outra história, geralmente a partir de $300 por pessoa, aumentando bastante na alta temporada. Mais informações com as agências de viagem de Madryn ou na Secretaria de Turismo.

# Península Valdés

Ao nordeste da província de Chubut, a aproximadamente 100km de Puerto Madryn, situa-se a Reserva Faunística Península Valdés, um santuário da vida animal localizado em meio à aridez da Patagônia Atlântica. Em seu habitat natural, desfilam baleias, pinguins, leões-marinhos e elefantes-marinhos, guanacos, tatus, coelhos selvagens, raposas e tantos outros bichos. Além de turistas, a península reúne biólogos, fotógrafos e cinegrafistas de todo o mundo, atraídos pela beleza da região e, principalmente, pela riqueza da fauna marinha. Mas não é só a diversidade da fauna que conta: chama atenção, aqui na península, a possibilidade de observar os animais a poucos metros de distância – especialmente as baleias, a maior atração quando na temporada. Mas importante: nem todos os bichos estão presentes todos os meses do ano, o que frequentemente pode frustrar os viajantes mais desavisados.

## Chegando e saindo

Puerto Madryn é a cidade-base das excursões que vão à Península Valdés. Na alta temporada – entre maio e dezembro, época das baleias – há grupos saindo diariamente; já na baixa, as idas dependem de um número mínimo de passageiros, sendo aconselhável você se informar sobre as saídas junto às agências de viagem tão logo chegue em Madryn. O preço do tour é praticamente igual em todas as agências, em torno de $350, com um roteiro padrão pela península. Há ainda um adicional do passeio de barco para observar as baleias, custos tabelados em $270/370 (baixa/alta temporada). A excursão das baleias costuma ser opcional, mas vale a pena. Além disso, há a entrada na Península, $70 (argentinos pagam $20). Os tours percorrem toda a área da reserva, mais ou menos 400km entre ida e volta, com duração de um dia inteiro.

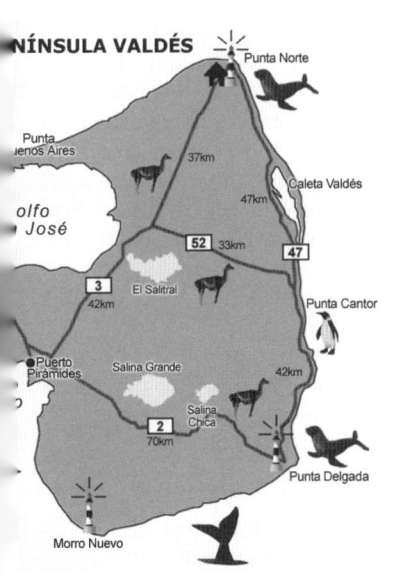

Se você estiver de carro (e há várias locadoras na Av. Roca, em Madryn), pode fazer por conta própria: de Madryn, tome a RN3 ou a RP1 em direção ao norte; 18km adiante, pegue a RP2, à direita, que leva à península. Até Puerto Pirámides, vilarejo na entrada da Península Valdés, as estradas são todas asfaltadas, ao contrário das demais que adentram a península. É bom sair com gasolina e reabastecer em Pirámides, pois dali em diante não há mais postos.

O espetáculo das baleias na Península Valdés

Os que fazem parte do movimento dos sem-carro e sem-excursão podem pegar um ônibus regular de Madryn a Pirámides; partida às 9h e retorno às 18h, entre 1h-1h30 de viagem, passagem $40. Ao chegar no povoado, entretanto, será igualmente necessário contratar uma agência para percorrer a península, de modo que esta pseudo-independência não vale tanto a pena, sendo, talvez, uma ideia razoável apenas para os que forem dormir em Puerto Pirámides ou somente fazer o passeio das baleias.

Outra alternativa é contratar um guia motorizado para um passeio pela península, custando a partir de $400 para sair de Puerto Madryn, ou em torno de $250 partindo de Pirámides. Informe-se na Oficina de Turismo em Madryn. Quem estiver disposto a gastar mais pode considerar sobrevoar a região – um passeio de teco-teco, para três pessoas, custa, em dólares, US$350 em média.

## Acomodação

Dentro da Península Valdés, propriamente, há uma única opção de hotelaria, o **Faro Punta Delgada** F.458.444, www.puntadelgada.com, no extremo sudeste da península. Diária em dólares, 1p US$185-263, 2p US$213-308, 3p US$280-398, somente com reserva; café da manhã incluído. É uma hosteria de quartos bem-arrumados, com banheiro; possui bar, restaurante e algumas facilidades; promove atividades como caminhada, cavalgadas e passeio em 4x4. Na área do hotel há um farol e um mirador para avistar, bem de perto, uma colônia de leões-marinhos.

Existem muitas outras alternativas de hospedagem, com preços diversos, em Puerto Pirámides, veja mais adiante no capítulo dessa cidade – ainda que, provavelmente, se você for apenas passar o dia na Península Valdés, o melhor é se hospedar em Puerto Madryn.

## Atrações

A Península Valdés é ligada ao continente pelo Istmo Carlos Ameghino, uma faixa de terra que separa o Golfo Nuevo (ao sul) do Golfo San José (ao norte). Do istmo é possível avistar a **Isla de los Pájaros**, no Golfo San José, a qual abriga diversas espécies de aves marinhas, como pinguins, garças, flamingos e gaivotas. Não é permitido o acesso à ilha, mas, como não fica muito distante, é possível observá-la do continente, principalmente valendo-se de telescópios afixados junto à margem.

O único vilarejo da península é Puerto Pirámides (veja texto adiante). É deste tranquilo povoado que partem as populares excursões marítimas pelo **Golfo Nuevo**, onde, de junho a meados de dezembro, avistam-se as baleias que se aproximam da costa para acasalar, procriar e amamentar seus filhotes.

Há alguns pontos terrestres de onde se pode observá-las, ainda que talvez seja necessário transporte para chegar até eles. Assim, sem dúvida – já que as baleias são a grande vedete da região –, o melhor mesmo é investir no passeio de barco, saídas diárias e frequentes entre 9h-19h, em torno de $250/300. Evidentemente, as embarcações só partem na temporada alta, quando circulam pela baía por 1h-1h30 à procura do grande mamífero marinho.

Frequentemente, mãe e filhote são avistados nadando juntos, esguichando água, batendo nadadeiras ou, o apogeu para as máquinas fotográficas, abanando verticalmente a cauda, para deleite dos viajantes. Mas atenção, quando venta muito, o que não é raro, não há excursões. O melhor, portanto, é chegar em Puerto Pirámides e, com tempo bom, priorizar a navegação, para posteriormente conhecer a península.

O restante do passeio é terrestre. Algumas estradas, todas de rípio, levam aos pontos principais da península, que apresenta faróis nas suas quatro extremidades. Na costa leste, a via (RP47) passa próxima ao Oceano Atlântico, e é onde fica a **Caleta Valdés**, um pitoresco acidente geográfico que forma uma pequena península com uma espécie de lago – na verdade, o próprio mar. Mais ao norte encontra-se a **Punta Norte**, que abriga uma colônia de leões-marinhos e elefantes-marinhos. Nesta região, entre outubro e abril (mais comum a partir de março, quando a maré está mais alta), é possível identificar orcas em busca de almoço – e testemunhar o incrível espetáculo que ocorre quando as baleias aproximam-se da costa e caçam as suas presas, os leões-marinhos. Coisa de National Geographic!

Ao sul da caleta, a uns 5km do cruzamento da RP47 com a RP52, se chega a **Punta Cantor**, onde, de setembro a março, pode-se observar mais elefantes-marinhos e pinguins. A pinguineira, entretanto, impressiona apenas quem ainda não tenha ido à reserva de Punta Tombo, bem maior e mais interessante. Mais ao sul fica a **Punta Delgada**, onde há outra colônia de leões-marinhos. A área, aqui, porém, é privada: pertence aos proprietários do Faro Punta Delgada, hotel e restaurante normalmente exclusivo aos hóspedes e a excursões pré-agendadas.

Na península, todos os pontos de observação são protegidos por altos penhascos e cercas, e é proibido cruzá-las, até porque os bichos não são tão dóceis quanto podem parecer. Vale lembrar: conforme a temporada, você não encontra tantos animais como gostaria, ou os bichos podem estar ausentes, despreocupados em se mostrar a turistas, e o passeio à Península Valdés, lamentavelmente, pode se tornar decepcionante.

No interior da península existem três salares, **Salina Grande**, **Chica** e **El Salitral**, que podem ser vistos da estrada – os dois primeiros da RP2, e o último da RP3. Os salares são pequenos desertos de sal, depressões que aqui chegam a 35m abaixo do nível do mar. Mas o que domina a área continental da península são sítios e fazendas: há mais de 60 deles nesta região, vivendo basicamente da criação de ovelhas. Algumas propriedades são abertas para visitação, no estilo turismo rural – uma entre as tantas possibilidades turísticas da península.

# Puerto Pirámides

Puerto Pirámides, com aproximadamente 400 habitantes, é o único vilarejo existente na Península Valdés, dispondo de serviços básicos, como campings, hotéis, restaurantes, mercado, central telefônica, internet, posto policial e posto de combustível. Também possui algumas agências de viagens, de modo que quem não se organizou em Puerto Madryn, distante 100km, pode programar aqui o seu passeio. Há até quem prefira ficar em Pirámides do que em Madryn, pela atmosfera tranquila e quase bucólica do lugar, quebrada apenas pelo incipiente turismo da Península, que, afinal, é fonte de renda do povoado.

## Acomodação

O que não faltam em Puerto Pirámides são opções de hospedagem, que incluem boas pousadas, albergues e campings. Quem deseja explorar melhor a Península pode considerar se hospedar por aqui – apesar dos valores altos dos quartos privativos. Mais acessível, como sempre, são os campings, e existem pelo menos dois em Pirámides: o **Camping Policial**, atrás do posto da polícia local, $30 por pessoa, e o **Camping Municipal**, na beira da praia, próximo à 2ª Bajada al Mar, também $30 por pessoa – mas estava fechado em 2012, sem previsão de abertura.

Albergue, considere o **Bahía Ballenas Hostel**, Av. Ballenas s/nº, F.567.104, diária dorms 12p $100, café da manhã incluído. São 2 quartos grandes e banheiros estilo vestiário; tem cozinha, lockers e internet. Lugar novo, ambiente descontraído. Pela metade do preço, tem o albergue **El Español**, F.449.5025 (Mabel), diária dorm 4p $50 – obviamente com uma estrutura bem mais simples.

Superior é o **Motel ACA**, Av. Roca 25, F.495.004, motelacapiramides@impat.com.ar, diária 2p $295/420 (sócio/não sócio), aceita cartões de crédito, café da manhã incluído. São 17 quartos com banheiro, TV a cabo e vista para a baía. Pertence ao Automóvil Club Argentino, é um bom hotel ("motel" é só o nome, nada a ver com o conceito do termo no Brasil).

Já o melhor hotel em Pirámides é a **Hostería The Paradise**, 2ª Bajada al Mar, F.4495.030, www.hosteriaparadise.com.ar, diária 2p $420, 3p $550, aceita cartões de crédito, café da manhã incluído. São 12 confortáveis quartos com banheiro e TV via satélite; tem restaurante, estacionamento e oferece atividades como ciclismo, pesca e caminhadas. Ambiente rústico com uma bela vista da baía, muito bom hotel.

### Atrações
Ver Península Valdés.

# TRELEW

Fundada em 1886 por colonos galeses como um entreposto ferroviário desde o porto de Golfo Nuevo (a atual Puerto Madryn), Trelew, com 110 mil habitantes, ainda mantém sua importância na região como um centro econômico de comércio, transporte e comunicação. São comuns os eventos culturais por aqui, e merece destaque o museu paleontológico, que justifica uma visita à cidade. Trelew está a apenas 18km de Rawson, a capital da Província de Chubut, a 52km de Puerto Madryn e a 17km de Gaimán, para onde os turistas costumam seguir. O aeroporto local, afinal, é o maior da região, e recebe frequentes voos de Buenos Aires. A cidade é simpática, mas não tão interessante quanto Madryn. Se o seu destino for a Península Valdés, ou se você estiver cruzando a Patagônia Atlântica, é preferível de fato seguir para Puerto Madryn. Já se for um amante da paleontologia, vale a parada.

### Informações e serviços
O *Entretur* (*Ente Trelew Turístico*), centro de informações turísticas da cidade, fica na Plaza Independencia, C. Mitre 387, F.442.0139 aberto seg/sex 8h-20h, sáb/dom 9h-21h. Agências de turismo: algumas encontram-se na C. Belgrano, como a *Tour & Travel*, F.442.2618, a *Calon Huili*, F.442.6632, e a *Hector Molinari*, F.442.2610; já na San Martín estão a *Alcamar*, F.442.1448, e a *Vesta*, F.443.5087. A quem precisar, o *Hospital Zonal de Trelew* fica na C. 28 de Julio 140, F.442.7560. O prefixo da cidade é 0280, o mesmo usado em Puerto Madryn. Para mais informações, consulte o site: www.trelewpatagonia.gov.ar.

### Orientação
A *Plaza Independencia* marca o ponto central de Trelew; é onde se situa o centro de informações turísticas da cidade. A umas 10 quadras se encontra outra praça bastante popular, a Plaza del Centenário. Junto a ela fica, de um lado, o museu paleontológico, e, de outro, o terminal de ônibus.

### Chegando e saindo
A partir do terminal de ônibus, há conexão com várias cidades da Patagônia: **Puerto Madryn** (toda hora), 1h de viagem, $30; **Puerto Pirámides**, 2h30, $81; **Comodoro Rivadavia**, 5h, $150; **Esquel**, 8h, $186; **Bariloche**, 14h, $420; **Río Gallegos**, 17h, $481. Para **Buenos Aires**, 20h, $555.

De carro, Trelew está na RN3, e a entrada na cidade ocorre por algumas rotatórias que orientam – e confundem – o acesso, geralmente desembocando na Av. Eva Perón, e posteriormente se toma alguma perpendicular para chegar ao centro. Distâncias da cidade: **Bariloche**, 860km; **Río Gallegos**, 1.200km; **Mar del Plata**, 1.250km; **Buenos Aires**, 1.362km; **Ushuaia**, 1.800km.

## Acomodação

Há muitas alternativas medianas em Trelew, e os hotéis da cidade costumam organizar excursões turísticas pela região ou têm convênio com alguma agência. Uma opção acessível é o **City Hotel** C. Rivadavia 254, F.433.951, www.hotelcitypatagonia.com.ar, diária 1p $150, 2p $248, 3p $350, café da manhã incluído. Aceita cartões. São 48 quartos com banheiro e TV a cabo. O hotel tem internet, é tradicional, básico e fraco no atendimento.

Superiores são o **Hotel Touring Club**, Av. Fontana 240, F.433.997, www.touringpatagonia.com.ar, diária 2p $284, 3p $360, café da manhã incluído. São 30 quartos pequenos com banheiro, TV a cabo e ventilador. Tem um estilo boêmio e a cafeteria é o forte do local. **Hotel Centenário**, C. San Martín 150, F.420.542, www.hotelcentenario.com.ar, diária 1p $310, 2p $340, 3p $400, aceita cartões, inclui café da manhã. Tem 90 quartos com banheiro, TV a cabo e telefone. Hotel antigo, com estacionamento. **Hotel Galicia**, C. 9 de Julio 214, F.433.802, www.hotelgalicia.com.ar, diária 1p $326, 2p $386, 3p $472, aceita cartões de crédito, café da manhã incluído. Tem 33 quartos com banheiro e TV a cabo. Bom custo-benefício.

Já quem procura uma hospedagem mais sofisticada pode ficar no **Hotel Rayentray**, C. San Martín 101, esq. Belgrano, F.434.702, www.cadenarayentray.com.ar, diária 1p $355, 2p $403, 3p $498, aceita cartões de crédito, café da manhã buffet incluído. São 110 quartos, amplos, com TV a cabo, telefone e frigobar. O hotel tem internet wi-fi, bar, restaurante, academia e sauna.

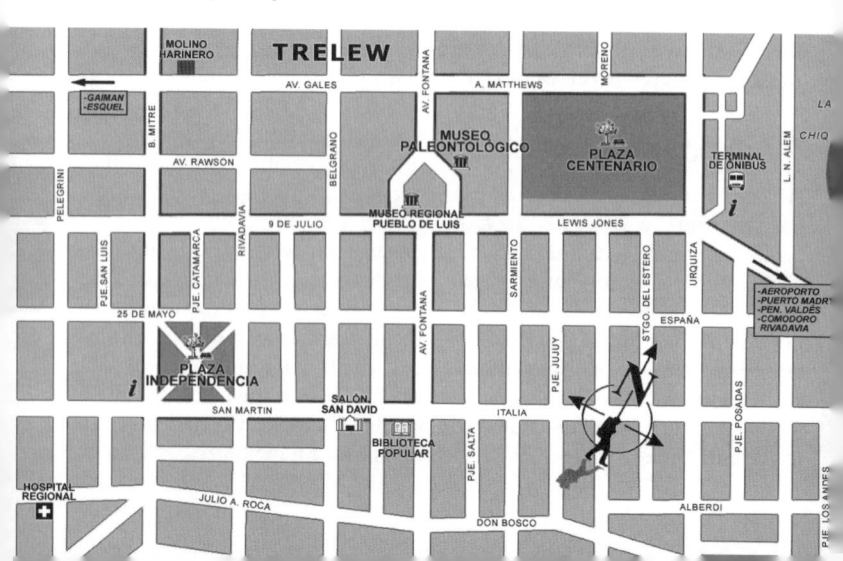

## Atrações

**Museu Paleontológico Egidio Feruglio** Av. Fontana 140, aberto set/mar 9h-19h, abr/ago 10h-18h, entrada $42/32 (estudante). O museu reconstitui dezenas de espécies de dinossauros e exibe uma coleção de 5 mil peças que simulam a fauna e a flora da região, em especial fósseis e esqueletos, documentando uma história de milhões de anos. A grande atração é o esqueleto do maior dinossauro já encontrado na Patagônia. Algumas agências de Puerto Madryn organizam excursões a Trelew, quase sempre incluindo o museu, ou às vezes deixando-o como uma visita opcional, num complemento ao passeio de Punta Tombo.

Museu Paleontológico

# GAIMÁN

Pequena e tranquila cidadezinha de 5 mil habitantes, localizada no vale inferior do Río Chubut, Gaimán é uma antiga colônia galesa que ainda conserva muitas de suas tradições. Apesar de não estar muito longe de Puerto Madryn, a 70km ao sul, nem de Trelew, a 17km a oeste, na estratégica RN25 (estrada que leva aos Andes e à Região dos Lagos), sua paisagem, cortada por um rio e rodeada por bosques de álamos – plantados para proteger o cultivo de frutas dos fortes ventos da região –, é bem diferente da de cidades vizinhas maiores. No povoado, observam-se as antigas e típicas construções da época colonial, entre elas algumas igrejas, e, o melhor de tudo, se conhecem as diversas casas de chá galês, tradicionais da região.

## Atrações

O maior mote turístico de Gaimán é, provavelmente, o chá galês, servido com uma grande variedade de pães, doces caseiros, tortas e bolos, preparados com as antigas receitas trazidas pelos imigrantes. Não é dos mais baratos, entre $50-70, mas é bem gostoso e vale provar, como no agradável **Ty Gwyn**, C. 9 de Julio 111, onde você revive uma tarde na casa da vovó.

O povoado também proporciona uma compreensão do passado da região: a arquitetura e os costumes locais revelam alguns dos legados dos antigos colonizadores europeus da Patagônia. As agências de viagem de Puerto Madryn costumam incluir uma visita a Gaimán no pacote de Punta Tombo, em torno de $180. Vale pela natureza, pela história da cidade – e, claro, pelos doces do chá.

# Punta Tombo

A 180km ao sul de Puerto Madryn e a 115km de Trelew, Punta Tombo é a maior colônia continental de pinguins de todo o mundo, chegando a abrigar mais de 200 mil exemplares desta ave. No seu calendário natural, no mês de setembro os bichinhos invadem a região para fazer seus ninhos; em outubro as fêmeas chocam seus ovos e em novembro nascem os filhotes, que trocam de plumagem em março. Então, no começo de abril, tendo completado seu ciclo, todos eles deixam a costa. Durante todos esses meses (setembro a março), a região litorânea fica repleta de pinguins, e é até possível caminhar próximo a eles (por trilhas delimitadas) – mas é bom você saber que, apesar da cara e da pose de inocentes, eles adoram bicar turistas. Também dentro dos 210 hectares da reserva pode-se ver raposas, guanacos e várias espécies de aves.

## Chegando e saindo

Não há transporte público. As agências de viagem de Puerto Madryn organizam excursões, que custam em torno de $350 (incluindo o povoado de Gaimán), sem contar a entrada, $60/12 (estudante). As agências costumam buscar os passageiros em seus hotéis.

De carro, pode-se ir por conta própria; o acesso é pela RN3, em direção ao sul, até o entroncamento com a RP75, 22km de uma estrada nova, recém-asfaltada; ao chegar na RP1, toma-se a direita, e são mais 37km (22km de rípio, mas a ruta está sendo pavimentada) até chegar a Punta Tombo. Placas de pinguins sinalizam o caminho. Não há hotel, área de camping ou restaurante, e o trajeto é um pouco longo; planeje-se, portanto, com lanche e combustível. De qualquer forma, a visita à pinguineira (desde que numa época com pinguins, é claro) vale a viagem – há até quem prefira Punta Tombo à Península Valdés.

# Comodoro Rivadavia

Comodoro Rivadavia, com significativos 200 mil habitantes, tem um papel importante na economia do país: é responsável por 30% da produção petrolífera da Argentina. A cidade, portuária, tem uma localização estratégica: é a cabeceira do Corredor Bioceânico, uma linha de comunicação na parte mais estreita da América do Sul, que une dois portos, o de Puerto Chacabuco (Chile), no Oceano Pacífico, com o de Comodoro Rivadavia, no Atlântico. Os dois são conectados por uma estrada que facilita o transporte de mercadorias de um lado para outro do continente. Centro urbano de porte entre o norte e o sul da Patagônia, a cidade tem uma razoável infraestrutura de hotéis, restaurantes, transportes e serviços em geral. Entretanto, bem mais voltada aos negócios, carece muito da beleza natural da Patagônia, deixando a desejar no panorama turístico.

## Pinguins

Os pinguins são aves que não voam: nadam. Pesam geralmente entre 15kg e 35kg; alguns machos medem até 70cm, e as fêmeas um pouco menos. Entre suas peculiaridades, podem viver pouco mais de 30 anos, se reproduzem na terra e se alimentam na água. Nadam por vezes 600km, a uma velocidade de até 40km/h; em algumas ocasiões mergulham até 12m em 1min: tudo isso na busca de alimento para seus filhotes. Seu corpo é robusto; têm bico firme e caminham eretos, com patas curtas e fortes. A plumagem é densa e gordurosa, o que os protege do frio e torna o seu corpo impermeável. Os pinguins se alimentam de crustáceos, moluscos, peixes e pequenos animais marinhos; em contrapartida, eles são comida de tubarões, baleias, focas e aves de rapina - não é pouca coisa.

Encontrados facilmente na costa da Patagônia, na Terra do Fogo e nas Ilhas Malvinas – principalmente os pinguins de Magalhães, como são conhecidos os que habitam esta região –, vivem em imensas colônias à beira do oceano. No litoral patagônico, em particular, seu ciclo reprodutivo inicia-se em agosto, quando os machos chegam às colônias e escolhem os locais dos ninhos; então, no mês seguinte, chegam as fêmeas para, em outubro, acasalar, botar os ovos e chocá-los; em novembro nascem os filhotes, que serão alimentados pelos pais até que deixem os ninhos e cresçam, para então, em abril, iniciarem a sua migração anual.

O macho e a fêmea trabalham em conjunto durante todo o processo reprodutivo, desde a construção e defesa do ninho até a chocagem dos ovos e a criação dos filhotes, período em que prevalece a monogamia – exceto por motivos de má reprodução. A migração pode se estender por até 6 mil quilômetros, até o mar brasileiro, mas os pinguins não se aproximam da costa, a não ser que adoeçam; não raramente, são encontrados pelo litoral do Rio Grande do Sul.

## Informações e serviços

A *Dirección General de Turismo*, Av. Rivadavia 430, abre 8h-15h, F.446.2376; há um posto funcionando entre 8h-20h no terminal de ônibus. Em Comodoro não faltam bancos, agências de viagem, locadoras de carro, oficinas mecânicas. Serviço importante na cidade é o *Hospital Regional*, de atendimento público e gratuito, na C. Hipólito Yrigoyen 950, F.444.1222. Código telefônico da cidade: 0297.

## Orientação

O principal ponto de referência de Comodoro é o *Cerro Chenque*, um morro localizado em plena zona urbana. O centro fica numa área em forma de triângulo, delimitada pela encosta do Chenque e pelas avenidas Alsina e Ducos; as principais vias da cidade são a Rivadavia e a San Martín, também no centro, região onde se concentra o comércio.

## Chegando e saindo

A rodoviária fica na área central, na C. Pellegrini 730, F.446.8187, de fácil acesso a quem chega na cidade. Comodoro Rivadavia tem boas conexões de ônibus para o norte, o sul e o oeste do país: **Trelew**, 5h, $150; **Puerto Madryn**, 6h, $173; **Esquel**, 8h, $200; **Río Gallegos**, 11h, $325; **Buenos Aires**, 24h, $645. O aeroporto se situa a 9km.

De carro, a RN3 entra na cidade, quando se torna C. Güemes; atravessa com outros nomes, e sai rumo ao sul. Algumas distâncias: **Trelew**, 375km; **Puerto Madryn**, 427km; **Bariloche**, 868km; **El Calafate**, 918km; **Ushuaia**, 1.351km; **Buenos Aires**, 1.737km.

## Acomodação

Apesar do perfil "cidade de negócios", Comodoro não possui muitas opções de hospedagem, e a maioria das acomodações está próxima ao terminal de ônibus. A cidade carece de alternativas medianas; os lugares baratos são espeluncas sem segurança, e os hotéis melhores cobram caro pelos poucos serviços.

Alguns locais econômicos: **Hospedaje Cari-Hue**, C. Belgrano 563, F.447.2946, diária 2p $290, tem 8 quartos com banheiros compartilhados. Lugar básico, sem café da manhã; não inspira muita segurança. E a **Hostería Rua Marina**, C. Belgrano 738, F.446.8777, diária 1p $150-200, 2p $350-400, tarifas variam conforme o tamanho do quarto. São 20 quartos com banheiro, TV a cabo e sem conforto, divididos em duas alas: uma velha e outra mais nova, construída recentemente. Um pouco superior a esses dois é o **Hotel Victoria**, C. Belgrano 585, esq. C. Rawson, F.446.0725, diária 2p $450, café da manhã $18. São 34 quartos com banheiro, TV a cabo e telefone; o hotel tem bar, cafeteria e estacionamento.

Vista de Comodoro Rivadavia

Já entre os melhores hotéis da cidade estão o **Comodoro Hotel**, C. 9 de Julio 770, F.477.2300, www.comodorohotel.com.ar, diária 1p $459/536 (standart/superior), 2p $646/768, aceita cartões de crédito, café da manhã incluído. São 104 quartos com TV a cabo, calefação e telefone. Tem internet, bar, estacionamento e bom atendimento. E o **Austral Plaza**, C. Moreno 725, F.447.2200, www.australhotel.com.ar, diária 2p $520, 3p $735, aceita cartões de crédito, café da manhã incluído. Tem 100 quartos espaçosos, com banheiro, TV a cabo, internet e outras mordomias. É um hotel 3 estrelas com bons serviços, e possui uma ala 4 estrelas, onde o preço das diárias dobra. Mais moderno e inaugurado em 2012 é o hotel boutique **WAM Hotel Patagónico**, Av. Yrigoyen 2196, F.406.8020, www.wamhotel.com.ar. Diária quarto 1p-2p $660-1300 (+ 21% de imposto), variando com o conforto. Café da manhã incluído. Quartos com wi-fi, TV LCD, frigobar e cofre. O hotel tem academia, sauna, piscina, jacuzzi e estacionamento – tudo incluído na diária. É a melhor opção da cidade.

## Atrações

Não há muito o que fazer em Comodoro Rivadavia. Talvez o maior atrativo seja o **Cerro Chenque**, com acesso pela RN3, pouco antes de entrar na área urbana. O Chenque é um morro com um belvedere a 212m de altura, que proporciona uma bela vista da cidade, do oceano e do porto de Comodoro.

Os interessados em hidrocarbonetos devem curtir o **Museo Nacional del Petróleo**, C. San Lorenzo, entre C. Viedma e Carlos Calvo, ter/sex 9h-20h, sáb/dom 15h-20h, entrada $15 (argentinos pagam $7). É um dos três maiores museus do mundo no gênero (os outros dois estão na Rússia e nos Estados Unidos). Retrata a história da atividade petrolífera por meio de fotografias e mostra as diferentes fases do ciclo da exploração do óleo. Na mesma linha está o **Museo Regional Patagónico**, C. Rivadavia esq. C. Chacabuco, seg/sex 9h-18h e sáb/dom 11h-18h, entrada gratuita. O museu apresenta informações sobre geologia, antropologia, flora e fauna patagônicas, entre instrumentos e fotografias antigas.

Quem gosta de cataventos pode conferir o **Parque Eólico**, no Cerro Arenales, a 12km ao norte pela RN3, o maior da Argentina e um dos maiores da América do Sul (o maior se encontra no Brasil, no sudoeste bahiano). Já a 14km pela mesma ruta, mas ao sul, fica **Rada Tilly**, um popular balneário na região, próprio tanto para banho como para esportes náuticos. Se você saiu do Brasil para curtir uma praia no sul da Argentina, o lugar é aqui...

# PUERTO DESEADO

Quem segue pela Ruta 3 ao sul de Comodoro Rivadavia, ao entrar na Província de Santa Cruz é bombardeado, ao longo da estrada, por outdoors e placas que vendem todas as possibilidades de turismo em Puerto Deseado. O marketing talvez seja maior do que a cidade, ainda que, com 15 mil habitantes, o povoado, fundado em 1884, desfrute de rio, parques naturais, fauna marinha, simpáticas paisagens e uma satisfatória estrutura turística.

## Informações e serviços

A *Dirección Municipal de Turismo* fica na C. San Martín 1525, F.487.0220, aberta no verão diariamente 8h-21h; no inverno seg/sex 8h-19h. A cidade conta com dois postos de combustível, bancos, farmácias, agências de viagem ou de excursões turísticas e alguns restaurantes. Há ainda o *Hospital Distrital*, C. España 991, F.487.0200. Código telefônico 0297. Site da cidade: www.puertodeseado.tur.ar.

## Chegando e saindo

O terminal de ônibus fica na C. Rosa de Wilson esq. C. Dr. Fernández, com conexões a **Comodoro Rivadavia**, 4h, $168, e ao povoado de **Caleta Olívia**, 2h-3h, $121. Puerto Deseado se encontra no final da pavimentada RN281, a 127km da RN3 e a 286km de Comodoro Rivadavia.

## Acomodação

Os campings **Municipal**, na Av. Costanera, e **Vial Cañadón Gimenez**, na Ruta 281, a 4km da cidade, cobram ambos $30 por pessoa. Puerto Deseado conta com algumas hospedagens, em geral bem-cuidadas e organizadas, entre elas: **Hotel Oneto**, C. Cap. Oneto esq. C. Dr. Fernández, F.487.0544, diária 1p $150, 2p $240, 3p $300, café da manhã $3, quartos com banheiro compartilhado; é um dos mais baratos da cidade. **Residencial Los Olmos**, C. Gobernador Gregores 849, F.487.0077, diária 1p $190, 2p $266, 3p $342, 19 quartos com banheiro e TV; é um lugar mediano, um pouco melhor.

Entre os superiores estão: **Hotel Los Acantilados**, C. España 1611, F.487.2167, diária 1p $310/440 (sem/com vista para o rio), 2p $373/547, 3p $419/592, aceita cartões, café da manhã incluído, 29 quartos com banheiro e TV a cabo, tem bar e estacionamento; boa opção. **Hotel Isla Chaffers**, C. San Martín esq. C. Moreno, F.487.2246, diária 1p $350, 2p $440, 3p $510, aceita cartões de crédito, café da manhã incluído, 19 quartos com banheiro e TV a cabo; hotel confortável, mas um pouco caro.

## Atrações

Na área urbana, a construção mais importante de Puerto Deseado é a antiga **Estación Ferrocarril**, um prédio de 1909, próximo à Catedral, que até o início da década de 70 ligava esta região a Las Heras e que hoje funciona como pavilhão de exposições. Outros locais interessantes são o **Vagón Histórico**, na esquina das C. San Martín com C. Almirante Brown, um antigo vagão de trem, que data de 1898, atualmente convertido em Monumento Histórico Provincial; e o **Muelle de Ramón**, cais cuja construção em madeira data de 1911, hoje reformado em concreto, onde aportavam os barcos para embarque e desembarque de mercadorias que seguiriam por via férrea a partir dali.

Graças ao seu caráter de cidade portuária, os passeios em Puerto Deseado organizam-se ao redor do Río Deseado, com seu interessante estuário formado a partir do Oceano Atlântico. A pesca é uma das atividades que podem ser praticadas no rio durante todo o ano, sem que sejam necessárias autorizações especiais.

O *Camino Costero* é um dos passeios mais populares para serem feitos na cidade: ingressa-se na **Reserva Natural Ría Deseado** por um percurso que passa por vários cânions costeiros à beira de penhascos, como o *Cañadon Torcido* e o *Cañadon del Puerto*. Excursões marítimas percorrem o local, normalmente parando na *Isla de los Pájaros*, local onde costuma-se avistar uma colônia de pinguins e diversas espécies de aves naturais da região.

Já a 42km a oeste de Puerto Deseado estão os **Miradores de Darwin**, pontos panorâmicos de onde se enxerga uma paisagem selvagem – parecida com a que foi observada pelo naturalista Charles Darwin em sua expedição pela Patagônia.

# Monumento Natural Bosques Petrificados

Há aproximadamente 150 milhões de anos, antes mesmo da formação da Cordilheira dos Andes, existia aqui uma úmida e densa floresta numa região de clima temperado. Devido às constantes atividades vulcânicas, esta área foi queimada, e, séculos mais tarde, a erosão trouxe à mostra árvores petrificadas com até 3m de diâmetro e 35m de altura. Em 1964, o local tornou-se uma reserva nacional, e passou, assim, a ser preservado da ação de vândalos e larápios.

## Chegando e saindo

O parque se localiza na RP49, uma estrada secundária a 60km da RN3 e a 256km de Puerto Deseado, funcionando entre 8h-20h, entrada gratuita. Não há transporte público para chegar: deve-se ir de carro ou em eventuais excursões de Puerto Deseado, Río Gallegos ou Comodoro Rivadavia. Não é permitido acampar no parque, mas há um camping a 24km da entrada. Não há lanchonetes nem água no local; portanto, leve o que for consumir.

# Río Gallegos

No extremo sul da Argentina, às margens do rio de mesmo nome, Río Gallegos (pronuncia-se Gajegos), com aproximadamente 110 mil habitantes, é um importante ponto de conexão para quem viaja pelo extremo sul da Patagônia Atlântica. A grande maioria dos viajantes que aparecem por aqui está apenas de passagem entre o norte da Argentina, El Calafate e a Terra do Fogo – invariavelmente, dois destes três locais são pontos de partida e destino. Mesmo não sendo a meta final, nem exatamente uma cidade bela, a capital da Província de Santa Cruz possui diversas atrações culturais. Fundada em 1885, Río Gallegos foi, ao longo de sua história, um grande centro de produção de lã; essa atividade econômica, no entanto, perdeu importância para a indústria petroleira, que, hoje, impulsiona o crescimento da região.

## Informações e serviços

As principais áreas de interesse estão no centro da cidade, que tem duas importantes avenidas, San Martín e (Julio) Roca: na primeira fica a praça central, também chamada San Martín; na segunda, esquina Córdoba, encontra-se a *Dirección Municipal de Turismo*, aberta seg/sex 8h-18h, F.436.920. Há também outros dois postos de informações: um na esquina da Ruta 3 com a Charlotte Fairchild, e outro na Av. Beccar 126. Nestes locais, você consegue um mapa da cidade e informações a respeito da região, inclusive sobre a travessia à Terra do Fogo e à Patagônia chilena. Como "grande centro urbano" do sul da Patagônia, Río Gallegos dispõe de uma satisfatória variedade de serviços, como restaurantes, aluguel de carros e oficinas mecânicas. Centros médicos, existem pelo menos dois importantes: *Hospital Distrital*, C. 25 de Mayo s/n, F.422.550, e *Hospital Regional*, J. Ingenieros 98, F.420.025. Câmbio, na *Thaler*, Mñor. Fagnano 20, e *Sur Cambios*, na San Martín 565, eventualmente trocando pesos chilenos e até reais. Código telefônico: 02966.

## Chegando e saindo

O *Aeropuerto Internacional Río Gallegos* fica a 7km do centro: há voos para **Ushuaia**, 1h, e **Buenos Aires**, 3h. O terminal rodoviário fica a 3km do centro: há ônibus para **El Calafate**, 4h-5h, $110-182, cinco vezes ao dia; **Puerto Madryn**, 19h, $503; **Buenos Aires**, 36h, $885-1300; e também para o Chile, **Punta Arenas**, 4h30, $110, saídas todos os dias. Para **Ushuaia**, há saídas às 8h, com chegada às 20h, $425. De carro, o acesso é pela RN3, que desemboca na Av. San Martín.

## Viajando

Para **El Calafate**, 295km, o caminho é a RN5, que ao longo do percurso se transforma em RN40, devendo-se tomar depois a RP11, trajeto todo asfaltado e em boas condições. Quem segue a **Ushuaia**, 594km, roda 70km pela RN3 até a fronteira com o Chile; já no país vizinho, segue por 60km pela ruta chilena 255 até **Punta Delgada**. Aqui o viajante pega o *Transbordadora Austral Broom* para chegar na Terra do Fogo e continua uma interessante viagem até a cidade mais austral da América (veja informações deste trajeto em "Viajando" no capítulo de Ushuaia). Para **Punta Arenas**, 278km, no Chile, sempre pela Ruta 255, uma estrada em boas condições. Outras distâncias: **Puerto Deseado**, 730km; **Comodoro Rivadavia**, 792km; **Puerto Madryn**, 1.200km; **Buenos Aires**, 2.510km.

## Acomodação

Quem procura hotel em Río Gallegos é porque, provavelmente, não conseguiu conexão para seguir viagem. A cidade apresenta, em sua maioria, hospedagens com poucos serviços e, por ser passagem quase obrigatória aos que têm por destino a Terra do Fogo e El Calafate, os locais cobram um pouco mais por um quarto básico com banheiro, TV e café da manhã (nem sempre incluído).

Uma das alternativas mais baratas é o **Hotel Covadonga**, Av. Roca 1244, F.420.190, hotelcovadongarl@hotmail.com, diária 2p $250/300 (sem/com banheiro), aceita cartões de crédito. O hotel tem 31 quartos, todos com TV a cabo e metade com banheiro privado. É um lugar ok, com bom atendimento e estacionamento.

Entre os medianos estão **El Viejo Miramar**, Av. Kirchner 1630, F.430.401, www.elviejomiramar.com, diária 1p $250, 2p $320, 3p $400, café da manhã incluído. São 10 quartos com banheiro e TV. O hotel é pequeno e bem-arrumado, porém a mobília é velha e cheira a mofo. E o **Apart Hotel Austral**, Av. Roca 1505, F.434.314, www.apartaustral.com, diária 1p $340-360, 2p $400-450, 3p $460-500, aceita cartões de crédito, café da manhã incluído. Tem 27 quartos com TV a cabo. É uma opção legal, com bom atendimento e estacionamento.

Um dos melhores (mas não espere muita coisa) é o **Hotel Santa Cruz**, Av. Roca 701, F.420.601, www.hotelsantacruzrgl.com.ar, diária

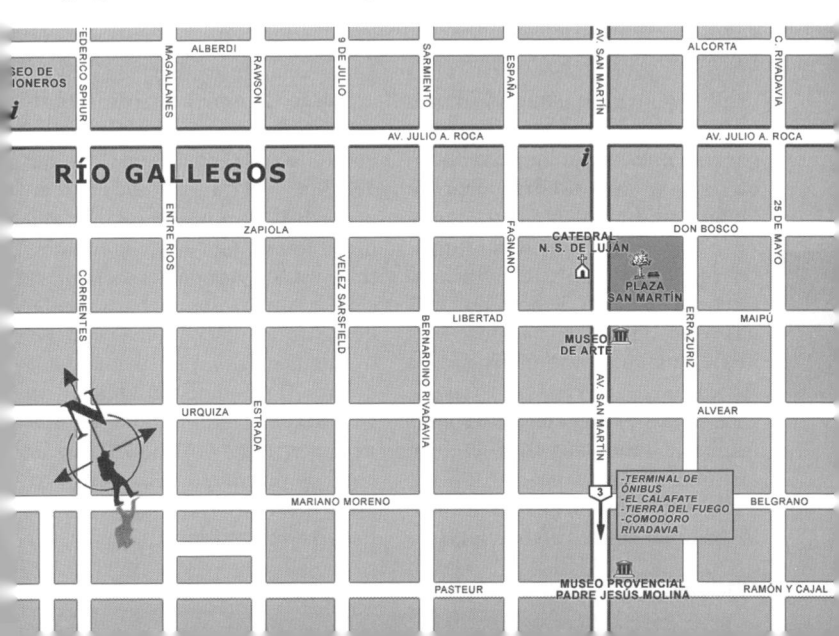

A Catedral de Río Gallegos

1p $427/542 (standart/superior), 2p $585/713, 3p $735/825, aceita cartões de crédito, café da manhã incluído. Os 75 quartos têm banheiro e TV. O hotel, com restaurante e um pequeno estacionamento, é bom para os padrões da cidade.

## Atrações

O que ver ou fazer em Río Gallegos resume-se basicamente à Catedral e a três museus, todos com entrada franca. A **Catedral Nuestra Señora de Luján**, Av. San Martín 739, aberta 10h-19h, uma simpática igrejinha construída em 1900 toda em madeira, é hoje um monumento histórico nacional; seu nome homenageia a padroeira da Argentina.

O **Museo Provencial Padre Jesús Molina**, C. Ramón y Cajal esq. Av. San Martín, aberto seg/sex 10h-17h e sáb/dom 12h-19h, guarda um vasto material sobre paleontologia da região patagônica. O **Museo de Los Pioneros**, C. Elcano El Cano esq. C. Alberdi, um pouco mais distante do centro, aberto diariamente 10h-19h, funciona na antiga residência que pertenceu ao primeiro casal de médicos a se estabelecer na cidade e exibe móveis e utensílios que datam da época da colonização da região. Quase na esquina da praça central, o **Museo de Arte Eduardo Minnicelli**, Av San Martín esq. C. Maipú, aberto ter/sex 8h-19h e sáb/dom 15h-19h, abriga exposições temporárias de pinturas e esculturas e mostras fotográficas, e é um importante espaço cultural da cidade.

Já saindo da área urbana, pescadores de plantão devem conhecer o **Río Gallegos**, que denomina a cidade. Trata-se de um popular rio que atrai viajantes de todo o mundo e hospeda as maiores trutas da região – dizem que o famoso peixe pode pesar aqui até 12kg. Ou seria história de pescador?

# El Calafate

Localizada na margem sul do Lago Argentino, ao pé do Cerro Calafate, El Calafate era até pouco tempo apenas um povoado que funcionava como centro de abastecimento para criadores de ovelhas e produtores de lã. A cidade, porém, hoje com quase 20 mil habitantes, cresceu muito nos últimos anos com o desenvolvimento do turismo, impulsionado pela proximidade do *Parque Nacional Los Glaciares*. É também caminho para El Chaltén e suas montanhas, como o *Cerro Fitz Roy*, mais ao norte, destino popular de trekkers e andinistas. Mas é sobretudo a parte sul do Parque Los Glaciares que atrai viajantes de todo o mundo; nesse local fica um dos grandes destaques da Patagônia, atração maior da região: o estonteante *Glaciar Perito Moreno*, uma das maiores e mais belas geleiras do continente americano. Visita imperdível.

## A Cidade

El Calafate, fundada em 1927, é uma pequena cidade do distrito de Santa Cruz; fica no lado sul do Lago Argentino e ao pé da Cordilheira dos Andes. Forma, junto com Puerto Madryn (bem mais ao norte) e Ushuaia (ao sul), o chamado Triângulo Patagônico: os destinos da região que são mais procurados pelos viajantes, atraindo mais de 50 mil visitantes por ano.

## Informações e serviços

**Código telefônico** 02902

**Clima** As temperaturas variam muito da noite para o dia. No verão, podem chegar a 28ºC durante o dia e a 10ºC à noite. No inverno, ficam entre 2ºC e 12ºC de dia e abaixo de 0ºC ao anoitecer. Se por um lado o clima seco da cidade torna a sensação térmica mais agradável, por outro, o vento forte e constante acaba neutralizando esse efeito. No geral, é frio na maior parte do ano.

**Informações turísticas** O *Centro de Informes de la Secretaría de Turismo Municipal* fica dentro do terminal de ônibus, na Av. Julio Roca 1004, F.491.476, há outro na esquina da C. Cnel. Rosales e Av. Del Libertador. Abrem diariamente out/abr 8h-21h e no resto do ano 8h-20h. Tem mapas e lista de hotéis com tarifas; o serviço é prestativo e bem atencioso. Mais informações pelos sites: www.elcalafate.gov.ar e www.turismo.elcalafate.gov.ar.

**Agências de viagem** Existem diversas, a maioria na Av. San Martín, e têm basicamente uma função na cidade: organizar excursões ao Glaciar Perito Moreno – ainda que você possa fazer isso por meio do seu hotel ou albergue ou ir em seu próprio veículo. Preços não costumam variar entre elas, exceto, eventualmente, na forma de pagamento.

**Hospital** *Distrital José A. Formentei*, Av. Julio Roca 1487, F.491.001.

PATAGÔNIA ANDINA
BARILOCHE
COMODORO RIVADÁVIA
16
40
CALETA OLIVIA
Lago Buenos Aires
43
LAS HERAS
CHILE CHICO
LOS ANTIGUOS
PERITO MORENO
PICO TRUNCADO
Cañadón Rio Pinturas
Cueva de las Manos
39
12
3
281
BAJO CARACOLES
GOBERNADOR MOYANO
HIPOLITO YRIGOYEN
Bosques Petrificados
Santa Cruz
47
49
40
12
CHILE
TUCU TUCU
EL SALADO
GOBERNADOR GREGORES
25
27
PUERTO SAN JULIÁN
Cerro Fitz Roy
73
AGUA GRANDE
288
3
EL CHATÉN
23
TRES LAGOS
Lago Viedma
Parque Nacional Los Glaciares
40
CMTE. LUÍS PIEDRA BUENA
PUERTO SANTA CRUZ
9
Lago Argentino
Glaciar Perito Moreno
EL CALAFATE
11
Oceano
2
40
ESPERANZA
Atlântico
7
5
3
Paso Rio Don Guillermo
GÜER AIKE
RIO GALLEGOS
RÍO TURBIO
PUERTO NATALES
Paso Dorotea
40
Paso Integración Austral
MONTE AYMOND
PUNTA DELGADA
CERRO SOMBRERO
Tierra del Fuego
SAN SEBASTIÁN
PORVENIR
PUNTA ARENAS
3
RÍO GRANDE
USHUAIA

## Orientação

El Calafate engana. Apesar de pequena, a cidade é razoavelmente dispersa, com algumas encostas e ruas distantes, que podem tornar longas as caminhadas. Muitos hotéis estão sendo construídos nos novos bairros que têm surgido, nem sempre próximos à área central. Compensa o fato de as excursões, como as que vão ao Glaciar Perito Moreno, apanharem os turistas em seus hotéis. Já ônibus de linha não há, e a opção são os táxis e remís, com bandeirada inicial em torno de $4,50, mais $0,50 a cada 100 metros. O centro pode ser resumido na Av. del Libertador ou General San Martín – tanto faz: é a mesma pessoa e a mesma avenida.

### Chegando e saindo

O aeroporto de El Calafate fica a 23km ao leste da cidade. Um táxi de lá até o centro custa em torno de $150; mais barato, a empresa *Ves*, F.491.588, faz o traslado por $55.

A rodoviária fica na parte alta do centro, na Av. Julio Roca 1004, paralela à Av. San Martín (desta avenida há duas escadarias, facilitando o acesso à rodoviária). Há poucas companhias de ônibus que servem El Calafate. Na alta temporada (novembro a março), é recomendável comprar passagens com antecedência.

Quem chega de carro, vindo do norte ou leste da Argentina, ou mesmo do Chile, desemboca num caminho de curvas que leva diretamente à Av. San Martín. Esta via, por sua vez, corta a cidade e segue a oeste até a RP11, rumo ao Glaciar Perito Moreno.

## Viajando

**Avião** Há voos semanais para **Buenos Aires**, duração 4h, **Río Gallegos**, 1h, **Ushuaia**, 2h30 e **Comodoro Rivadavia**, 2h. No verão é possível que haja voos para a cidade de **Perito Moreno**, 45min.

**Ônibus** Para **Río Gallegos**, 4h, passagem $110; **El Chaltén**, 4h, $120, e no inverno o número de saídas é pouco frequente. Apesar de ser o mesmo tempo de viagem que a Río Gallegos, a passagem de El Calafate a El Chaltén é mais cara, pois a rota conecta dois dos mais importantes destinos turísticos da Patagônia. Para **Perito Moreno** e **Los Antiguos**, na fronteira com o Chile, são 12h de uma viagem bacana e cara, $450, grande parte pela Ruta 40. Há uma única companhia que cobre esse trecho, a *Chaltén Travel*, F.492.212, com saída às 8h e somente nos dias ímpares. Devido a essa limitação, caso não tenha saída prevista, o viajante que planeja seguir rumo ao norte para alguma cidade do oeste da Argentina pode fazer outro caminho, mais longo e menos interessante, mas eventualmente chegar antes: descer até Río Gallegos e, de lá, subir ao norte pela Ruta 3, até Comodoro Rivadavia, para então tomar um ônibus de Comodoro a alguma cidade do oeste, como Perito Moreno ou Esquel.

Na Região dos Lagos, é possível viajar de El Calafate até **Bariloche** em um ônibus com guia, espécie de viagem/passeio que dura cerca de 36h, passagem entre $902-1300. O valor inclui um hotel para pernoite em Perito Moreno, no decorrer da viagem. Para o Chile, destino popular é **Puerto Natales**, 5h, $130.

**Carro** El Calafate situa-se junto à RP11, que segue a oeste por mais 50km em direção ao Parque Nacional Los Glaciares, e, a leste, por mais 30km até a RN40. A Ruta 40 é a maior estrada do país, com 4.667km, e aqui ela conduz da intersecção da RP11 até El Chaltén, ou ainda, bem mais ao norte – fronteira com a Bolívia, se desejar – ou ao sul, para **Río Gallegos**, 295km. Mas para Río Gallegos, a partir do povoado de El Cerrito, a Ruta 5 torna-se uma melhor opção, já que está toda asfaltada. Para **Puerto Natales**, 332km, no Chile, o caminho começa parecido, seguindo pela Ruta 40, entrando na Ruta 5, até o povoado de Esperanza, quando se toma um desvio (RN7) rumo a oeste para retornar à 40, até Río Turbio, onde se cruza a fronteira do Passo Dorotea. Este caminho agora está todo asfaltado, e o trecho final recebeu pavimento há pouco tempo; ainda está com cara de novo, bem-sinalizado. Posto de combustível encontra-se apenas em Esperanza, a uns 125km do Passo Río Don Guillermo, ou a uns 170km do Passo Dorotea. Se você for direto ao **Parque Torres del Paine**, 315km, também no Chile, deve cruzar o Passo Río Don Guillermo e passar por Cerro Castillo, enfrentando 80km de rípio chileno. Existe um caminho um pouco mais curto para o Chile, seguindo sempre pela RN40, sem passar por Esperanza, mas há um trecho de 75km de rípio, o que acaba não compensando. Quem viaja no inverno deve estar atento às nevascas e às estradas eventualmente bloqueadas.

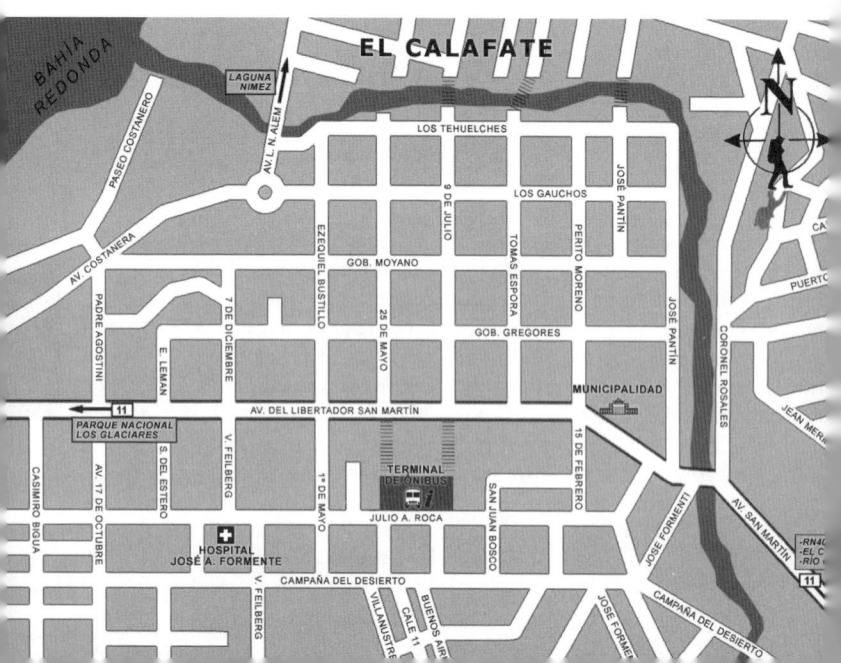

Destino natural de viagem após El Calafate é **El Chaltén**, 209km, ao norte pela RN40, em estrada recentemente asfaltada e com boa sinalização. Uma placa indica o desvio a oeste para a RP23, que segue direto a El Chaltén. O percurso oferece belas paisagens de lagos e montanhas, revelando, já da estrada, em dias claros, os impressionantes contornos do Cerro Fitz Roy e de seus morros irmãos. Se você se aventurar mais ao norte, pela Ruta 40, chega em **Perito Moreno**, 632km, próxima a Los Antiguos, fronteira com o Chile; ou ainda mais longe, **Comodoro Rivadavia**, 918km; **Bariloche**, 1.462km; **Buenos Aires**, 2.665km.

## Acomodação

O que não faltam em El Calafate são opções de hospedagem (e ainda assim é prudente reservar na alta temporada), de albergues básicos a hotéis quase de luxo. E novos hotéis surgem a cada ano, muitos em áreas um pouco mais distantes do centro, como nas encostas, que oferecem vista da baía, ou junto à Laguna Nimez. Uma boa notícia: os hotéis sabem que os viajantes se encontram na cidade para conhecer o Perito Moreno, e a maioria dos estabelecimentos organiza excursões para o glaciar ou oferece viandas aos hóspedes que saem cedo para os passeios. Agora prepare-se para a má: a hospedagem aqui, principalmente em hotéis ou mesmo nos quartos privativos de albergues, está entre as mais caras do país.

**Hospedaje Guerrero** C. Gobernador Gregores 848, F.491.203, hospedaje_guerrero@hotmail.com, 32 camas. Diária dorms 4p $55; quarto 2p $115. Quartos pequenos, básicos e mal-iluminados. Banheiros pequenos e compartilhados. Tem cozinha, sala de TV, depósito para bagagem. Hospedagem precária e bagunçada, mas os atendentes são simpáticos.

**Los dos Pinos** C. 9 de Julio, F.491.271, www.losdospinos.com, 200 camas. Diária dorms 6p $60; quarto 2p $160/210 (sem/com banheiro); apartamento 3p $395. Café da manhã $20. Tem cozinha, estacionamento, depósito para bagagens e serviço de lavanderia. Localizado próximo ao arroio Calafate, é um lugar grande e desorganizado. Os donos administram também um camping e uma agência de viagens no local.

**Hostel El Oregon** C. Perito Moreno 160, F.492.226, hosteleloregon@yahoo.com.ar, 18 camas. Diária dorms 6p-4p $60. Café da manhã $20. Quartos em madeira, com banheiro, parecem bonitos por fora, mas são tenebrosos por dentro. Cozinha liberada. Albergue pequeno, sujo, sem nenhum conforto.

**Hostel Buenos Aires** C. Buenos Aires 296, F.491.147, www.glaciarescalafate.com, 40 camas. Diária dorms 6p-4p $70; quarto 1p $120, 2p $250/280 (sem/com banheiro). Aceita cartões de crédito. Café da manhã incluído. Habitações simples, com piso frio. Tem cozinha, sala de TV, wi-fi e serviço de lavanderia. Lugar tranquilo, próximo à rodoviária, prima pela limpeza e tem bom atendimento.

**Albergue & Hostal del Glaciar Pioneros** C. Pioneros 251, F.491.243, www.glaciar.com, 52 camas. Diária dorms 6p-4p $75/83 (sócio HI/não-sócio); quartos 1p $213/237, 2p $280/308. Café da manhã incluído. Dormitórios com banheiro compartilhado, privativo nos quartos. Possui internet, bar, cozinha, lavanderia, depósito para bagagens e estacionamento. Um pouco longe do centro, oferece traslado gratuito a partir da rodoviária. O ambiente é jovial, os atendentes são simpáticos e organizam excursões para o Glaciar Perito Moreno. Albergue mais simples que o outro da rede, o Glaciar Libertador (informação a seguir), mas igualmente bastante caro nos quartos privativos.

**Calafate Hostel** C. Gobernador Moyano 1226, F.492.450, www.calafatehostels.com, 122 camas. Diária dorms 4p $80/95 (sem/com banheiro), desconto $3 para sócios HI. Quartos 1p $230/255 (standart/superior), 2p $285/305, 3p $305/350. Costuma oferecer pacotes que podem valer a pena. Café da manhã incluído. Quartos espaçosos. Tem internet, bar, restaurante, cozinha, sala de TV, estacionamento, traslado ao aeroporto e agência de viagens. Instalado numa construção de madeira, com ambientes amplos, é um albergue legal e movimentado, boa opção para conhecer viajantes.

**Albergue & Hostal del Glaciar Libertador** Av. San Martín 587, F.491.792, www.glaciar.com, 99 camas. Diária dorms 4p $88/105 (sócio HI/não-sócio); quarto 1p $264/396, 2p $325/435, 3p $396/512. Café da manhã incluído. Quartos espaçosos, todos com banheiro privativo. Tem internet, cozinha, bar, restaurante, sala de TV, depósito de bagagens, serviço de traslado e lavanderia. Construído em madeira, com um jardim de inverno, é um albergue bastante agradável, espaçoso e com bom atendimento, mas os quartos privativos são muito caros.

**Hostel Lago Argentino** C. Campaña del Desierto 1050, F.491.423, hostellagoargentino@cotecal.com.ar, 10 quartos. Diária dorms 4p $90/100 (baixa/alta temporada), café da manhã $20; quarto 1p $170/300, 2p $200/340, 3p $250/360. Os dormitórios são pequenos, com banheiro compartilhado; já os quartos privados são confortáveis, com banheiro e café da manhã incluído no preço. Boas instalações, cozinha disponível, jardim agradável, estacionamento, serviço de lavanderia. Situado próximo ao terminal de ônibus, tem uma atmosfera legal e um atendimento simpático.

**175 Hotel Amado** Av. San Martín 1072, F.491.023, www.hotelamado.com.ar, 30 quartos. Diária 1p $330, 2p $400, 3p $490. Aceita cartões de crédito. Café da manhã incluído. Quartos barulhentos, com mobília velha, TV a cabo e telefone. Tem estacionamento. Localizado em pleno centro, é um hotel decadente e de tarifas bem elevadas.

**Hostería Los Ñires** C. 9 de Julio 281, esq. C. Los Gauchos, F.493.642, www.hosterialosnires.com.ar, 7 quartos. Diária 2p $332. Café da manhã incluído. Quartos pequenos. Tem internet. Lugar simples, construído em madeira e pedra, o ambiente é tranquilo. Disponibiliza poucos serviços e, como outras hosterías na cidade, é caro pelo que oferece.

**Hostería Miyazato Inn** C. Egidio Feruglio 1305 150, F.491.953, miyazatoinn@cotecal.com.ar, 5 quartos. Diária em dólares 1p US$30/80 (baixa/alta temporada),

2p US$50/90. Aceita cartões de crédito. Café da manhã incluído. Quartos confortáveis, com banheiro. Tem internet, sala com TV e oferece um chá de boas-vindas com torta caseira. Localizada do outro lado do arroio, em direção à Laguna Nimez, esta pequena hostería é administrada por um simpático casal de japoneses.

**Hostería Meulen** C. 202, F.492.982, www.hosteriameulen.com.ar, 19 quartos. Diária em dólares, 1p US$75/90 (baixa/alta temporada), 2p US$92/120, 3p US$107/140. Aceita cartões de crédito. Café da manhã incluído. Quartos amplos, com TV a cabo e telefone. Tem internet, bar, restaurante, sala de TV e leitura, cofre e estacionamento. Lugar tranquilo, com bom atendimento, decorado com móveis antigos, tem um terraço para curtir o pôr-do-sol e a vista do Lago Argentino. Localizado em frente à Laguna Nimez, fica afastado do centro e o acesso é um pouco complicado; melhor para quem está de carro.

**Hotel Michelangelo** C. Gobernador Moyano 1020, esq. C. Tomás Espora, F.491.045, www.michelangelohotel.com.ar, 20 quartos. Diária em dólares, 1p US$390, 2p US$450, 3p US$550. Aceita cartões de crédito. Café da manhã buffet incluído. Quartos confortáveis, com TV a cabo, telefone, hidromassagem e frigobar. Tem internet wi-fi, bar, restaurante internacional e estacionamento. Hotel 3 estrelas, dispõe de um aconchegante hall com lareira; a aparência externa lembra cabanas uma ao lado da outra. Decoração inspirada, bom atendimento.

**Hotel Kosten Aike** C. Gobernador Moyano 1243, F.492.424, www.kostenaike.com.ar, 80 quartos. Diária em dólares, 2p US$172 e 3p US$215; suítes 2p US$390. Aceita cartões de crédito. Café da manhã buffet incluído. Quartos espaçosos, com TV a cabo, telefone, cofre, frigobar e conexão de internet. Tem bar, restaurante, sala de estar com TV, sala de jogos, salão para convenções, internet, lavanderia, academia, sauna, hidromassagem e estacionamento. Luxuoso hotel 4 estrelas, com decoração inspirada em desenhos tehuelches e na cultura da Patagônia e ótimo atendimento.

**Mirador del Lago Hotel** Av. San Martín 2047, esq. C. Napoleon Irusta, F.493.176, www.miradordellago.com.ar, 70 quartos. Diária 1p $575/820 (standard/superior), 2p $622/870, 3p US$812/1050. Aceita cartões de crédito. Café da manhã buffet incluído. Quartos com TV a cabo, telefone e cofre; mais da metade das habitações são superiores, construídas em uma parte nova do hotel, com vista para o lago, grande diferença dos quartos standards, da parte antiga. Hotel 4 estrelas, com internet, bar, restaurante, sala de estar com TV, estacionamento e serviço de lavanderia, situado na avenida principal, mas um pouco mais distante da zoeira.

**Hotel Kapenke** C. 9 de Julio 112, esq. C. Gobernador Gregores, F.491.093, www.kapenke.com.ar, 47 quartos. Diária em dólares, 2p US$130, 3p US$195. Aceita cartões de crédito. Café da manhã buffet incluído. Quartos com TV a cabo, telefone e cofre. Hotel com internet, sala

A cidade aos pés do Cerro Calafate

de estar e leitura, salão para eventos, bar, restaurante e estacionamento. Lugar legal, central e decorado com cores vibrantes; bom atendimento.

**Quijote Hotel** C. Gobernador Gregores 1155, F.491.017, www.quijotehotel.com.ar, 119 quartos. Diária em dólares, 1p US$140, 2p US$170, 3p US$210. Aceita cartões de crédito. Café da manhã buffet incluído. Quartos requintados, com TV a cabo, telefone e frigobar; metade deles, maiores e mais modernos, está localizada em uma parte nova. Hotel 3 estrelas, de alto padrão, com internet, bar, restaurante internacional, cofre e serviço de lavanderia. Central, a uma quadra da Av. San Martín, com recepcionistas atenciosos, boa opção.

**Hotel Posada Los Alamos** C. Ezequiel Bustillo esq. Gobernador Moyano, F.491.144, www.posadalosalamos.com, 144 quartos. Diária 1p $792/1278 (baixa/alta temporada), 2p $830/1391, 3p $986/1592. Aceita cartões de crédito. Café da manhã buffet incluído. Quartos grandes, com decorações distintas, têm TV a cabo, telefone, frigobar, ponto de internet e cofre. Hotel 5 estrelas, com internet, bar, restaurante, biblioteca, sala de jogos, salão para convenções, academia, piscina térmica, hidromassagem, estacionamento, campo de golfe, quadra de tênis e paddle. Situado no centro, possui 20.000m² de parques e jardins. O melhor hotel da cidade.

**Alto Calafate Hotel Patagônico** Ruta Provincial 11, F.494.110, www.hotelaltocalafate.com.ar, 103 quartos. Diária 2p $900/1414 (baixa/alta temporada), 3p $1082/1695. Aceita cartões. Café da manhã buffet incluído. Quartos confortáveis e espaçosos, com TV a cabo, telefone, frigobar e cofre; metade deles com vista para o Lago Argentino. Possui internet, bar, restaurante internacional, lavanderia, salões para eventos, estacionamento. Localizado no pé de uma montanha na entrada de El Calafate, disponibiliza traslado para a área central a cada 30min. Hotel 4 estrelas, charmoso, bom atendimento, com uma bela vista do lago.

## Comes & Bebes

Há diversos restaurantes na Av. San Martín e arredores, servindo especialidades regionais, como cordeiro e trutas. Para provar as deliciosas carnes da região, talvez o melhor lugar seja o **La Tablita**, C. Coronel Rosales 28, quase em frente à ponte, F.491.065. Como entrada, vale pedir uma provoleta ($21), espécie de pizza feita apenas de queijo, e, na parrillada, um *cordero patagónico* ($48) ou *lomo de bife argentino* ($45). Para uma sobremesa mais frugal, arrisque nas *frutas frescas con helado calafate* ($26). Bastante popular entre os argentinos, o restaurante costuma estar sempre cheio; vale reservar.

Outro bom é o **La Bahia**, restaurante do hotel Mirador del Lago, Av. Libertador 2047, F.493.176; serve pratos mais elaborados, como a *trucha ahumada con papas salteadas* ($63). Na sobremesa, para quem gosta de chocolate há a *torta negra* ($29), mas prepare-se – a porção é enorme.

Para doces, há diversas confeitarias, chocolaterias e sorveterias artesanais, sendo tradicionalíssimos os feitos de calafate, a fruta da região que dá nome à cidade, e, segundo uma velha lenda, faz retornar à Patagônia aqueles que a provam. Então prove.

## Atrações

El Calafate é a porta de entrada da seção sul do majestoso Parque Nacional Los Glaciares, 50km a oeste, do qual a principal atração é o imponente Glaciar Perito Moreno. Também é caminho para os que vão a El Chaltén, com destino ao Cerro Fitz Roy e a outras montanhas desta região da Patagônia.

Em Calafate, há pouco o que fazer, como caminhar pela Av. San Martín, com suas lojas e restaurantes, ou pela **Bahía Redonda**, na margem do Lago Argentino. Durante o inverno, parte do lago congela, formando uma pista natural de patinação. Maior contato com a natureza, ao norte da cidade, na **Laguna Nimez**, onde há uma reserva ecológica municipal que é habitat de várias espécies de aves.

## Compras

Na altura do número 1000 da Av. San Martín fica *La Aldea de los Gnomos*, galeria com lojas de artesanato, roupas e doces caseiros. Ao longo dessa avenida há muitas outras lojas do tipo. Ao pé da escadaria da rodoviária, quando não está muito frio, há uma feira, também no mesmo estilo.

Há muitas lojas de roupas e acessórios para trekkings e escaladas, visando o público que segue até El Chaltén. Na *World's End*, Av. Libertador 1170, há uma miscelânea de artigos que incluem suvenires, livros, mapas, camisetas, gorros e luvas de lã.

## Passeios

O principal destino é, sem dúvida, o Parque Nacional Los Glaciares (veja a seguir). Quem estiver a fim de caminhar, com direito a vista panorâmica, pode encarar o percurso de 5h de subidas e descidas ao **Cerro Calafate**, de 868m, ao sudoeste da cidade.

Em **Punta Gualicho**, a 7km a leste de Calafate, há cavernas com pinturas rupestres. O local está mal-conservado, mas a vista que oferece pode valer o passeio.

As agências de viagem organizam ainda cavalgadas, pesca, mountain bike, expedições off-road em veículos 4x4 e visitas a estâncias da região.

# PARQUE NACIONAL LOS GLACIARES

Um dos maiores parques da Argentina, o Parque Nacional Los Glaciares tem quase metade de sua área coberta por mais de 350 geleiras. Com 13 mil km², o parque é dividido em três zonas. A parte sul, próxima ao Lago Argentino, é acessível pela cidade de El Calafate, e é onde se encontra o Glaciar Perito Moreno, a mais famosa e espetacular geleira do continente – senão do mundo. Entre os lagos Argentino e Viedma, fica a zona central da reserva, cuja principal atração é o Glaciar Upsala, o maior da América do Sul; esta zona tem um acesso bem mais limitado e dispõe de pouquíssimas facilidades turísticas. A parte norte do parque corresponde à região do Cerro Fitz Roy, onde se localiza o povoado de El Chaltén, que oferece boas possibilidades de trekkings e escaladas.

## GLACIAR PERITO MORENO

Localizado na parte sul do Parque Nacional Los Glaciares, a 78km de El Calafate (50km até o parque mais 28km de acesso), o Glaciar Perito Moreno, que leva esse nome em homenagem ao pioneiro explorador da Patagônia, Francisco Moreno, é a geleira mais conhecida da região. Estende-se por uma superfície de 250 km², desde sua zona de formação no *Campo de Hielo Sur*, a terceira maior área de gelo do planeta (depois da Antártica e do Polo Norte), até o Lago Argentino. Além de sua imponência, é emocionante ver o espetáculo promovido pela geleira, quando paredões de gelo, alguns realmente enormes, desprendem-se, provocando estrondos ao cair nas águas do *Canal de los Témpanos* (Canal dos Icebergs). O glaciar, afinal, está em movimento: diariamente avança quase 2m em seu centro e em torno de 40cm nas laterais. Ainda assim, em alguns trechos é possível caminhar sobre ele. Não surpreende que o Glaciar Perito Moreno tenha sido incluído pela Unesco na lista dos patrimônios mundiais da humanidade.

### Clima

Embora a cidade de El Calafate, de onde saem as excursões para o Perito Moreno, seja bastante seca, a zona do parque nacional do glaciar é úmida e fria. Ver a geleira num dia de sol – o que é raro – é algo excepcional e uma grande sorte: a cor intensa do azul fica ainda mais realçada, simulando um gigantesco cristal. Caso você não seja abençoado com o nosso astro-rei, e ainda pegue uma chuvinha (o que é bem comum), não desanime: a visão se mantém glorificante.

### Informações e serviços

Você pode obter informações junto aos guardaparques, que ficam na entrada da atração entre 8h-19h, ou na cidade de El Calafate, no escritório da *Intendencia del Parque Nacional Los Glaciares*, na Av. San Martín 1302, F.491.005. O parque possui um pequeno quiosque com venda de água e bolachas, não muito mais do que isso. Há ainda um camping e uma hostería, mas não conte com outros serviços.

## Chegando e saindo

Perito Moreno, a geleira (atenção, não confundir com a cidade homônima, mais ao norte na Patagônia), fica a 78km a oeste de El Calafate. Muitas agências de viagem organizam excursões a partir desta cidade: buscam os viajantes em seus hotéis aproximadamente às 9h e os trazem de volta pelas 17h. Eventualmente, se houver ao menos cinco pessoas, pode também sair às 14h30, voltando às 20h-21h. O passeio, com guia, custa entre $200-350 (variando conforme a temporada e a forma de pagamento, em dinheiro ou cartão de crédito), mais a entrada no parque, $70 para brasileiros.

Há ônibus comum até o parque, partindo da rodoviária – saída às 8h30, 10h e 14h, regresso do glaciar, respectivamente, às 15h30, 16h30 e 19h30, $140 ida e volta. Também é possível conhecer o glaciar partindo de Puerto Natales ou Punta Arenas, no Chile.

De carro, o acesso é pela RP11, asfaltada, em torno de 1h (o trecho final, de rípio, com curvas, já na área de parque, pede uma velocidade mais lenta). Táxis cobram em média $500 pela viagem de ida e volta, para até 4 pessoas. O parque costuma estar sempre aberto, e quem chega antes ou depois do horário dos guardaparques (8h-19h) não tem o ingresso cobrado (ainda que seja solicitado que o visitante, na saída, pague a entrada).

## Acomodação

Para o viajante que deseja se hospedar mais próximo do parque, a **Hostería Los Notros**, aberta set/mai, ostenta uma vista incrível da geleira. Hotel requintado, com muitas mordomias, oferece pacotes de 2 noites, em dólares, a partir de 2p US$420, e em datas festivas pode chegar a mais de US$2.200! Além da posição privilegiada, os pacotes incluem traslado, alimentação

A imponência do Perito Moreno

completa, excursões e entrada no parque. Maiores informações, www.losnotros.com. Outra opção, bem mais distante e mais barata, é o **Camping Lago Roca**, diária $60, quarto 2p $300, localizado na Ruta 15, a 60km da geleira.

## A Geleira

A maneira mais comum e barata de conferir o glaciar é do *Mirador del Glaciar*, uma série de passarelas que possibilitam vista panorâmica de diversos ângulos, concedendo uma boa dimensão da grandiosidade do Perito Moreno. Até alguns anos atrás, havia uma outra passarela, mais próxima à geleira. Uma pessoa que estava ali, infortunadamente, morreu atingida pelos desprendimentos e estilhaços de gelo; por essa razão, a tal passarela foi destruída, e todas as demais ganharam recuos maiores. Também é possível contratar excursões de barco pelo *Brazo Rico*, o lado sudoeste do Lago Argentino. Apesar da distância que as embarcações mantêm da geleira, a vista que se oferece de baixo para cima dá uma perspectiva da imensidão do local, diferente da que se tem

### Aquecimento global

O que até algum tempo atrás parecia ser uma preocupação para daqui a, talvez, meio século, hoje se mostra um problema de proporções alarmantes. Segundo cientistas, as consequências provocadas pelo aquecimento global já se encontram em um estado irreversível, e a meta agora é trabalhar para que as coisas não piorem. Na prática, estamos falando de furacões, ondas de calor, secas, derretimento de geleiras, inundações e incêndios em escalas nunca antes registradas, em lugares atípicos e com uma frequência assustadora. A intensa e indiscriminada ação do homem, como, em particular, o uso de combustíveis fósseis (provenientes do petróleo) e as queimadas de florestas, é a principal causa do efeito estufa.

Nos anos 90, o assunto entrou na pauta das preocupações mundiais, como demonstra o Protocolo de Kyoto, fruto do encontro realizado no Japão em 1997, no qual as nações desenvolvidas se comprometiam a reduzir a quantidade de gás poluente. O acordo foi assinado por 163 países, mas refutado pelos Estados Unidos, que, sozinho, produz 25% de todo o gás carbônico produzido no planeta. Em 2006, foi emitido um número seis vezes maior de toneladas de gás carbônico do que há 60 anos.

Estima-se que até 2050 a temperatura do nosso planeta suba de 2 a 4,5 graus, o que deverá igualar as temperaturas do Ártico às registradas há 130 mil anos, quando os oceanos eram 6m mais altos e as camadas de gelo nos polos praticamente não existiam. O Glaciar Rhone, na Suíça, já encolheu 2,5km nos últimos 150 anos. No ponto mais alto da África, o monte Kilimanjaro, na Tanzânia, terá seu topo de gelo de 11 mil anos completamente derretido em breve. Na Argentina, na Patagônia Andina, visite o Glaciar Perito Moreno e observe bem os contornos da geleira: daqui a poucos anos, o cenário pode ser completamente diferente.

das passarelas. As excursões duram 1h, custam cerca de $90 e podem ser contratadas em agências de viagem em El Calafate ou diretamente no *Puerto Bajo de la Sombra*, porto que fica dentro do parque, o mais próximo do Glaciar.

Outra possibilidade, e bem interessante: caminhar sobre o Perito Moreno. A agência de viagens *Hielo y Aventura*, Av. San Martín 935, F.492.205, em El Calafate, apesar do atendimento nem sempre simpático, realiza minitrekkings na geleira. O pacote custa $640, e inclui traslado, guia e equipamento especial, sem contar os $70 do ingresso. Pode-se aventurar na caminhada sobre o gelo entre setembro e maio, sempre que o tempo não for um empecilho, com os trekkers seguindo em fila indiana, um atrás do outro. Para um viajante comum, é uma sensação bacana e diferente esta de andar sobre uma geleira. Mais ao norte, o *Glaciar Upsala* também pode ser visitado pelos passeios de barco que saem do *Puerto Punta Bandera*, navegando pelo *Brazo Norte* do Lago Argentino, com excursões a partir de $500.

# EL CHALTÉN

Fundado em 1985, El Chaltén é um pequeno povoado de 400 habitantes, ao norte do Parque Nacional Los Glaciares e aos pés do imponente Cerro Fitz Roy. Grande parte dos viajantes que vêm para cá está atrás de trekkings ou escaladas – não à toa, a cidadezinha se autodenomina "capital nacional do trekking". Mas esse local também atrai aventureiros menos radicais: existem lagos, geleiras, vales, rios, montanhas, bosques e cachoeiras, ainda que o acesso para muitos destes lugares seja possível somente por meio de caminhada. Na alta temporada, durante o verão, o povoado lota – e os preços disparam. Já fora de estação, com um frio de rachar, parece uma cidade fantasma.

## Clima

No verão, a temperatura varia entre 10ºC e 25ºC; no inverno, entre 5ºC e 10ºC de dia e abaixo de zero à noite. Nas montanhas, evidentemente, é sempre bem mais frio. O fato é que El Chaltén tem um clima bastante imprevisível: sol, chuva e vento alternam-se durante o dia. Trekking debaixo de chuva rola com certa frequência. Nessas caminhadas, agasalhos e botas impermeáveis são artigos de primeira necessidade, bom estar prevenido. E vale saber: em dias nublados, dificilmente se enxerga o Fitz Roy, por mais que você se aproxime da montanha. Uma luz de esperança é que num dia pode estar caindo um grande aguaceiro, e no dia seguinte abrir o maior sol.

## Informações e serviços

Há um centro de visitantes pouco antes da entrada de El Chaltén, aberto diariamente 8h-18h (20h no verão), com mapa de trilhas da região e informações da fauna e flora local. Com um horário mais reduzido, existe outro posto de informações turísticas um pouco adiante, na entrada da "área urbana", junto à municipalidade, em frente ao posto de gasolina, aliás, o único da cidade (e mais caro que a média). Bancos não há; faça câmbio nos hotéis e albergues – ou já venha prevenido com pesos argentinos. Hospital também não; tem aqui apenas um centro médico na entrada de El Chaltén. O prefixo telefônico do povoado é 02962. Na internet: www.elchalten.com.

## Orientação

El Chaltén quase se resume a três ruas: a Av. M. M. de Güemes, que entra na cidade, a C. Lago del Desierto, perpendicular à anterior, e a Av. San Martín, a mais importante, que começa nesta última e vai até o início da trilha para o Fitz Roy. Existem ainda outras ruelas menos expressivas, paralelas ou perpendiculares a estas citadas, onde estão alguns hotéis e mercadinhos; todas são de terra, sem asfalto ou calçamento.

### Chegando e saindo

Não há rodoviária em El Chaltén; os ônibus param na Av. San Martín ou em frente aos hotéis. A conexão mais frequente é com El Calafate, ao sul. Quem chega de carro não tem como se perder: só há uma entrada. Algumas agências de viagem em El Calafate fazem excursões à cidade, tanto com duração de um dia – o que é muito pouco tempo, especialmente para os que querem fazer trekking – como de vários dias, com hospedagem, refeições e guias, tudo incluído no pacote. Mas dependendo do propósito de sua viagem, ir por conta própria pode ser mais barato e flexível.

## Viajando

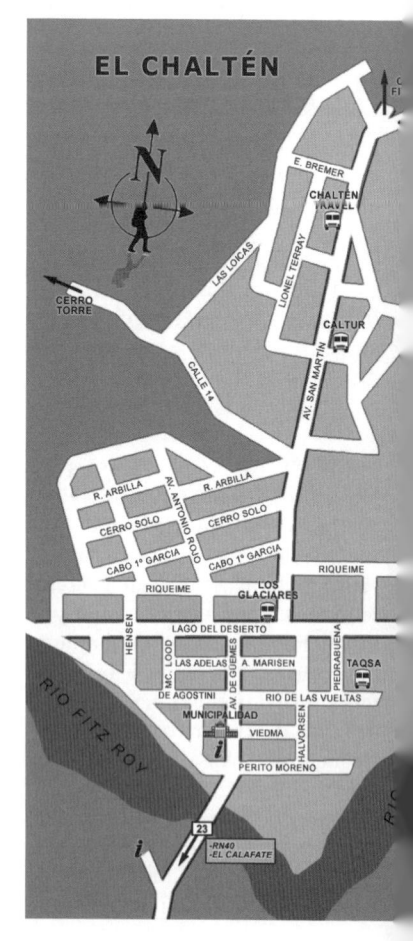

A grande maioria dos ônibus que partem de El Chaltén vai (ou retorna) a **El Calafate**, 4h, $120. A empresa *Chaltén Travel* é a única que segue rumo ao norte, pela lendária Ruta 40, até as proximidades da fronteira com o Chile, nas cidades de **Perito Moreno** e **Los Antiguos**, 12h, $450, com saídas nos dias ímpares e regresso nos pares. Os ônibus, na verdade, vêm de El Calafate e não entram em Chaltén, mas não é necessário voltar àquela para embarcar. No meio das duas cidades, na RN40, há um pequeno restaurante onde os veículos param; dali, passageiros fazem a conexão, trocando de ônibus, o que já é previamente acordado entre os motoristas, que esperam um ao outro.

**Carro** Ao sul, **El Calafate**, 209km, pelas RP23, RN40 e RP11 (veja descrição no capítulo desta cidade). Para o norte, **Perito Moreno**, 603km, **Los Antiguos**, 666km, pela Ruta 40, num dos piores trechos desta estrada, caracterizando uma verdadeira aventura através do deserto da Patagônia, onde algumas colinas se destacam na paisagem de estepes. A Ruta 40 está asfaltada do entroncamento da RP23 até o povoado de Tres Lagos (talvez, no momento de sua viagem, o percurso pavimentado seja maior). Daí para frente você deve enfrentar estradas largas, retas intermináveis, pouca sinalização, nenhum asfalto e pedra, muita pedra. Povoado, apenas Bajo Caracoles (onde há posto de gasolina, oficina mecânica e borracharia), no último terço da viagem. Se você tiver algum problema mais sério com o carro antes disso, terá que contar com a boa vontade dos poucos motoristas que rodam por aqui – que, felizmente, costumam ser solidários e prestativos com outros viajantes. Planeje-se, portanto, com tanque cheio, pneus calibrados (inclusive o estepe, que costuma ser bastante útil por aqui) e viaje sem pressa. Durante o trajeto, existem alguns desvios que levam ao leste, em rutas secundárias que, quilômetros adiante, desembocam na RN3.

## Acomodação

Alternativas de acomodação não faltam. Ainda assim, muitos donos de hotéis, ou mesmo moradores, estão construindo cabanas em seus terrenos. Os estabelecimentos costumam ter serviços escassos, abaixo da média do padrão da região, e o preço cobrado é alto. Todos hotéis ou albergues contam com calefação ou, no mínimo, com aquecedores. Estacionamento é coisa rara, mas geralmente há um espaço na "calçada" em frente.

**Albergue Del Lago** C. Lago del Desierto 135, F.493.245, hostledellago_elchalten@yahoo.com.ar, 34 camas. Diária dorms 6p-4p $40. Sem café da manhã. Quartos bagunçados, com banheiros compartilhados. Tem cozinha e internet ($8/h). Há no local uma área para camping, $25/pessoa, com direito a utilizar os banheiros e a cozinha.

**Albergue Cóndor de los Andes** Av. Río de las Vueltas, esq. C. Halvorsen, F.493.101, www.condordelosandes.com, 38 camas. Diária dorms 6p $60/90 (baixa/alta temporada), 4p $70/110; quarto 2p $310/460. Sócios HI têm desconto de $5/dia nos dorms e $15 nos quartos. Café da manhã incluído. Quartos com banheiro. Habitações pequenas. Tem cozinha, sala de estar com lareira, minibiblioteca, depósito para bagagens e serviço de lavanderia. Casa legal, com ambiente descontraído, mas o atendimento deixa a desejar.

**Albergue Patagonia** Av. San Martín 392, F.493.019, www.elchalten.com/patagonia, 24 camas. Diária dorms 6p-4p $70/90 (baixa/alta temporada); quarto 2p $200/260. Café da manhã incluído. Quartos pequenos, com banheiro compartilhado. Tem cozinha, sala de TV, lockers, depósito de bagagens, e aluga bicicletas. Casa em madeira, com um belo jardim na frente; é um lugar legal, com ambiente agradável e bom atendimento.

**Complejo Turístico Lo de Tomy** Av. San Martín 480, F.493.254, www.lodetomy.com.ar, 28 camas. Diária dorms 6p-4p $70, café da manhã $15; quarto 2p $220, com café da manhã incluído. Quartos confortáveis, com banheiro. Tem cozinha, cofre, sala de estar com TV via satélite, minibiblioteca e venda de bebidas. Lugar bem-arrumado com atendimento eficiente. Os donos também alugam casas bem-equipadas, com suítes, frigobar nos quartos e TV a cabo; 4p $1000. Ainda mantêm um restaurante e organizam excursões de pesca e passeios pelos campos patagônicos.

**Hostel Rancho Grande** Av. San Martín 724, F.493.005, www.ranchograndehostel.com, 62 camas. Diária dorms 6p-4p $100; quarto 2p $390, com banheiro. Aceita cartões de crédito. Café da manhã $15. Quartos espaçosos. Tem internet ($15/h, caríssimo), cozinha, bar com TV, depósito para bagagens e serviço de lavanderia. Lugar legal, movimentado e descontraído. Bom atendimento. Os donos do albergue são os mesmos da empresa Chaltén Travel e vendem passagens e excursões na recepção. Uma boa opção. É possível reservar na agência de El Calafate.

**Hostería Los Ñires** C. Lago del Desierto s/nº, F.493.009, www.losnireschalten.com.ar, 30 quartos. Diária 1p $290, 2p $332, 3p $475. Café da manhã incluído. Quartos grandes e bem-iluminados, com banheiro. Tem sala de estar com TV, amplo restaurante. Vendem excursões. A hostería é limpa, organizada e agradável, situada próxima à Av. Güemes. O pessoal é atencioso e presta um atendimento eficiente. Boa opção.

**Hostería El Paraíso** C. Cabo Garcia 105, esq. Av. Antonio Rojo, F.493.053, www.elchalten.com/elparaiso, 19 quartos. Diária 1p $300, 2p $403, 3p $441. Aceita cartão Visa. Café da manhã incluído. Quartos espaçosos, com banheiro e boas camas. Tem bar (onde vende algumas tortas e bebidas) e TV. Construção em madeira, é um lugar legal, pequeno, tranquilo, bem-decorado e confortável.

**Cabañas El Puesto Sur** C. Cerro Solo s/nº, F.493.166, www.elpuestosur.com.ar. Diária 2p $350/520 (baixa/alta temporada), 4p $430/590. Café da manhã incluído. São 3 cabanas bem-arrumadas, com 2 quartos, banheiro, cozinha e frigobar. O administrador é um cara desorganizado, mas gente fina.

**Cabañas Cumbres Nevadas** C. Cerro Solo 95, F.493.160, www.elchalten.com/cumbresnevadas. Diária 2p $400/540 (baixa/alta temporada), 4p $500/660. Café da manhã $18. São 4 cabanas pequenas, com banheiros grandes, equipadas com cozinha, frigobar e bons colchões; a 2p é estilo quitinete, a 4p tem um quarto e sofá-cama na sala.

**Hostería Lago Viedma** C. Ricardo Arbilla 71, F.493.089, 4 quartos. Diária 2p $490. Café da manhã incluído. Quartos bem-arrumados, com banheiros grandes. Como serviços, há apenas uma máquina de vender bebidas e lavanderia. Lugar pequeno e aconchegante, bom atendimento.

**Hotel La Aldea** Av. Güemes 95, F.493.040, www.hotellaaldea.com.ar, 25 quartos. Diária 1p-2p $686, 3p 894. Aceita cartões de crédito. Café da manhã buffet incluído. Quartos pequenos, bem-decorados, com banheiro e wi-fi. Hotel com bar e restaurante, oferece pacotes que incluem excursões. Fecha entre abril e outubro.

**Posada Lunajuim** C. Trevisan s/nº, F.493.047, www.lunajuim.com, 20 quartos. Diária em dólares, 1p US$95/135 (baixa/alta temporada), 2p US$115/165, 3p US$140/197. Café da manhã buffet incluído. Quartos grandes e bem-cuidados, com banheiro. Possui bar, restaurante, sala de estar com lareira, serviço de lavanderia. Organiza excursões. Decorado de uma maneira interessante, mescla cores e objetos indígenas. Lugar moderno e caro.

**Hostería Kalenshen** C. Lionel Terray 30, F.493.108, www.kalenshen.com, 17 quartos. Diária em dólares, 1p US$110, 2p US$120, 3p US$130. Aceita cartões de crédito. Café da manhã incluído. Quartos básicos, mas que pelo menos contam com banheiro. Hostería decorada com móveis rústicos, tem sala de estar, restaurante e depósito para bagagens; bom atendimento. Conta também com uma piscina térmica, boa pedida para relaxar depois de um cansativo trekking.

**Hostería Fitz Roy** Av. San Martín 520, F.493.062, www.hosteriafitzroyinn.com.ar, 30 quartos. Diária em dólares, 1p US$390, 2p US$427, 3p US$475. Aceita cartões de crédito. Café da manhã incluído. Quartos bem-decorados, com banheiro. Tem restaurante e estacionamento, mas o atendimento é fraco e cobra caro pelo que oferece.

**Hotel Los Cerros** No alto do morro, F.493.182, www.loscerrosdelchalten.com, 44 quartos. Diária em dólares para duas noites, 1p US$612-898, 2p US$722-1086, 3p US$945-1557, variação conforme o nível de conforto dos quartos. Aceita cartões de crédito. Preços incluem café da manhã, janta e traslado ao aeroporto. Também disponibiliza tarifas "tudo incluído", aumentando em torno de 50%. Quartos espaçosos, com frigobar, mesa de leitura, banheiro com hidromassagem e enormes janelas com vista para as montanhas e para a cidade. Tem internet, bar, restaurante, sala de estar com lareira, spa com massagem e sauna, estacionamento e lavanderia. Hotel luxuoso e requintado, com decoração colorida e atendentes prestativos. É, disparado, o melhor hotel da cidade; contrasta com o restante do povoado, inclusive na construção.

## Comes & Bebes

Apesar de ser um povoado minúsculo, El Chaltén recebe milhares de turistas de bom poder aquisitivo durante todo o ano, o que é motivo suficiente para justificar alguns restaurantes interessantes. Um lugar com uma proposta curiosa, perfeita para os carnívoros, é **El Quincho Lo de Tomy**, Av. San Martín 480, F.493.254. É assado um cordeiro inteiro (você vê ele na brasa), trazido da estância dos donos, que fica a sua disposição durante o almoço ou janta. O cordeiro, delicioso, especialmente lomo, pernil, costeletas, é servido em cortes, acompanhado de salada, sobremesa e bebida, tudo incluído, por $180, valor por pessoa; é necessário reservar.

Bem mais barato e com um ótimo astral é o **Patagonicus**, Av. Martín Güemes 140, F.493.025, meio bar, meio pizzaria, serve ótimas pizzas (média $25-45, grande $50-85), massas ($40-50), sopas ($25), cerveja (litro $25). Chegue cedo, pois o lugar costuma lotar.

## Trekkings

A grande atração de El Chaltén são os trekkings nas montanhas, principalmente aqueles que levam às bases dos cerros Torre e Fitz Roy, que proporcionam paisagens excepcionais. Para ambos há trilhas demarcadas, e não é necessário o acompanhamento de um guia, embora seja sempre prudente levar um mapa (o centro de informações turísticas disponibiliza), já que há algumas bifurcações nas trilhas, o que pode confundir um pouco.

O **Cerro Fitz Roy**, 3.405m, é provavelmente o mais popular dos trekkings. A subida até o "ponto final", a Laguna de los Tres, leva em torno de 4h, mesmo tempo para descer – ou considere o percurso total entre 8h-10h, com boas paradas para fotos –, numa caminhada total de 22km (mas é bom não pensar nessa distância...). O ponto de partida é o acampamento ao final da Av. San Martín, a 430m sobre o nível do mar. O começo da trilha é uma subida razoável, com degraus, e a vista inicial de um belo vale à direita. Mas o primeiro panorama que se tem do Fitz Roy é no *mirador*, a aproximadamente 1h30 de caminhada. O decorrer do percurso é mais tranquilo do que o começo da trilha, quase plano, atravessando bosques e rios de onde frequentemente se avistam os picos da montanha. Há campings na *Laguna Capri* (pouco depois do mirador) e mais adiante, a umas 3h do início, nos acampamentos *Poincenot* e *Río Blanco*, este restrito a alpinistas que pretendem alcançar o cume. A partir daí, a trilha torna-se extremamente íngreme, de dificuldade alta, levando em torno de 1h para vencer 400m de subida. Ao final se chega na Laguna de los Tres, a 1.180m, com direito ao prêmio: excepcional vista do Cerro Fitz Roy, do Poincenot, pico menor ao seu lado, e das demais montanhas que compõem esta impressionante paisagem da Cordilheira dos Andes. Adiante deste ponto, apenas aos andinistas experientes.

A subida à base do **Cerro Torre**, 3.102m, é um pouco mais fácil do que o anterior. Leva em torno de 3h, com uma elevação de 250m (ao contrário do Fitz Roy, que sobe 750m).

O povoado de El Chaltén

Ao longo da trilha, uma agradável área florestal, há um mirador, a 1h30 do início, e um camping, mais adiante, na margem do Río Fitz Roy. Um dos "pontos finais" é a Laguna Torre, formada pelo degelo da geleira de mesmo nome, de onde se tem uma ótima vista da montanha homônima. Próximo fica o acampamento-base D'Agostini, utilizado por alpinistas com destino ao cume do Torre. Quem caminhar mais 1h chega no Mirador Maestri, que oferece um bom panorama do Glaciar Grande.

Outra possibilidade de trekking, numa bela paisagem, cercada por geleiras e bosques, é o **Lago del Desierto**, a 37km ao norte de El Chaltén pela RP23. Algumas agências levam até lá, mas geralmente com um mínimo de 3 pessoas. Ou, sem carro, encare um táxi, por volta de $150. Mais perto, a cachoeira **Chorrillo del Salto**, a 4km da cidade, é acessível via estrada ou em 1h de caminhada. Uma boa pedida é ir de bicicleta. Ao subir o penhasco ao lado da cachoeira, por um atalho bem íngreme, tem-se uma vista espetacular do vale.

Excursão memorável é a *caminata sobre hielo*, trekking de um dia inteiro sobre as geleiras da região, em torno de $350. Não é necessário ter prática, mas o tempo tem que estar bom. Já os trekkings mais longos (de 3 a 15 dias), pelo *Campo de Hielo Continental*, exigem experiência e equipamentos especiais. Muitos viajantes consideram, como caminhada sobre o gelo, as geleiras de El Chaltén mais excitantes que as do Glaciar Perito Moreno. Para mais trilhas e outras opções na região, informe-se junto à sua hospedagem.

Vale lembrar que chuva ou tempo encoberto não é nada raro por aqui, o que, se não inviabiliza as caminhadas, pode torná-las menos prazerosas, frequentemente impossibilitando a visão das montanhas.

Ainda assim, pode-se encarar alguns trekkings menores aos primeiros miradores do Fitz Roy ou do Cerro Torre – que já dão a prévia se a montanha se mostrará visível ou não. Mas, como dissemos antes, num dia o tempo pode estar terrível, e no seguinte abrir o maior solzão. Portanto, se você chegar com céu aberto, não perca tempo: vá já pra montanha!

# CUEVA DE LAS MANOS PINTADAS

Arte rupestre mais importante da Patagônia, a Cueva de las Manos é uma inesperada fenda de 90m de altura com centenas de mãos impressas nas superfícies rochosas. Declarada Patrimônio Cultural da Humanidade pela Unesco, pela análise da tintura concluiu-se que as gravuras têm mais de 9 mil anos. No grande painel que se vê aqui, se observam algumas questões intrigantes: os desenhos são formados em grande parte por mãos esquerdas em negativo, e existe uma única estranha mão de 6 dedos. A cor das pinturas dependia da matéria-prima encontrada nas jazidas próximas, sendo a maioria vermelha, branca, preta e amarela. Em menor escala, há também figuras de animais e até mesmo crianças. Os desenhos, protegidos por painéis de vidro, são vistos em um pequeno trajeto delimitado ao longo de um percurso de 1,6km, entre ida e volta, na encosta da montanha. A atração é curiosa, mas pode decepcionar quem viaja centenas de quilômetros atrás de uma grande e misteriosa caverna. Tão ou mais interessante é o local onde a Cueva de las Manos se encontra: o *Cañadón del Alto Río Pinturas*, um fantástico cânion que oferece uma ofegante vista deste vale patagônico.

## Chegando e saindo

De El Chaltén, seguindo ao norte pela Ruta 40 em direção à cidade de Perito Moreno (não confundir com o glaciar), se chega ao povoado de Bajo Caracoles, a 463km de distância. Com exceção do trajeto inicial, de El Chaltén a Tres Lagos, o percurso é todo em rípio, e não dos melhores (veja no "Viajando" de El Chaltén). De Bajo Caracoles – que não à toa, apesar de ser um minúsculo povoado, tem três borracharias –, se toma um desvio de 46km, também em rípio (menos pior), que leva direto à Cueva.

Quem vem do norte, de Perito Moreno, deve descer a RN40 por 128km até Bajo Caracoles, para tomar o mesmo desvio. Há ainda um outro acesso mais curto, porém bem menos tradicional e que requer uma boa pernada: a Estancia Cueva de Las Manos, 60km ao sul de Perito Moreno, tem uma estrada rudimentar de 20km até o cânion, de onde deve-se seguir caminhando por mais 2,5km, entre subidas e descidas através do vale. É possível que o pessoal da estância cobre alguma entrada, em torno de $20, para você cruzar a propriedade deles.

O ingresso para a Cueva de las Manos custa $50, e só é permitida a entrada na caverna acompanhado de guias, incluídos no valor, que, além de concederem boas informações sobre o local, controlam a ação de eventuais vândalos e pichadores.

A beleza da Ilha dos Pássaros, no Canal de Beagle

# TERRA DO FOGO

Praticamente no fim do mundo, na pontinha sul da América do Sul, encontra-se a gélida Terra do Fogo, um conjunto de ilhas que recebeu esse nome não por ironia. Os povos indígenas nativos da região, os *yámanas*, também conhecidos como *yahgan* ou *yagánes*, mantinham fogueiras constantemente acesas para se aquecer. Ao passar pela região, os expedicionários do barco US Beagle viram o fogo, o que os levou a dar o nome do arquipélago. Com a chegada do explorador europeu, vieram as doenças do homem branco, a depredação dos recursos naturais e a perseguição, e logo os yámanas foram extintos.

A Terra do Fogo é cercada pelos oceanos Pacífico e Atlântico e pelo Estreito de Magalhães, o canal que separa o arquipélago do extremo sul do continente sul-americano e que leva o nome do navegador português Fernão de Magalhães, o primeiro europeu a atravessar o Estreito, em 1520. O clima da região é frio e seco em todas as épocas do ano; embora bastante rigoroso, especialmente no inverno, pelo menos não é afetado pelas tempestades nem pela grande quantidade de chuvas vindas do Pacífico, barradas pelos Andes chilenos.

Guia O Viajante **Argentina**

O desenvolvimento da Terra do Fogo muito se tardou em comparação ao de outras regiões da Argentina (ou do Chile), o que é justificado pelo clima e, principalmente, pela distância. Desde a chegada do europeu, foi só no final do século 19 que alguns isolados povoados começaram a tomar contorno de cidade, urbanização potencializada no recente ano de 1970, quando o governo nacional criou uma lei que favorecia a promoção industrial da região. E, ainda assim, "cidades grandes" resumem-se basicamente a Río Grande e Ushuaia, a capital da província. Atualmente, as principais atividades econômicas são a extração de petróleo, a pecuária ovina em grandes estâncias e o turismo, que se desenvolve efetivamente.

A ascensão do turismo não surpreende: a região tem um cenário fantástico, o que torna-se mais evidente após passar por Río Grande, rumo a Ushuaia. É aqui, afinal, que terminam (ou começam?) as Américas e que os ventos vindos da Antártica sopram incessantemente. Uma paisagem antártica, aliás, é encontrada em passeios de barco. Incontáveis ilhas, montanhas cobertas de neve, a cordilheira foguina, que termina no Atlântico, faróis perdidos na água, geleiras, lagos, flora e fauna diversificadas formam um conjunto único. Não à toa, viajantes de todo o globo se deslocam até a Terra do Fogo, que tem o Parque Nacional Tierra del Fuego, o Canal de Beagle e a cidade de Ushuaia como cartão de visita. E que visita!

# Río Grande

Río Grande é mais um ponto de partida para outros locais do que uma atração por si só. Às margens do rio de mesmo nome, já na ilha da Terra do Fogo, a cidade, de 67 mil habitantes, é passagem obrigatória para quem vai por terra à bem mais famosa e interessante Ushuaia, 220km adiante. A RN3 cruza a cidade, ganhando os nomes de Av. Islas Malvinas e Av. Santa Fé no perímetro urbano. Quem estiver indo ou voltando de Ushuaia encontra pelo caminho, em Río Grande, as curiosas esquetes *"Las Malvinas son Argentinas"*, em que estátuas de militares argentinos demarcam o território com a bandeira nacional. Por enquanto, só no teatro inanimado, pois as Malvinas, ou melhor, as *Falklands*, continuam em poder da Grã-Bretanha. Mas tudo bem, a região aqui faz parte da *Provincia de Tierra del Fuego*, Antártida e Islas del Atlántico Sur, que inclui a disputada ilha, de modo que espere ver em Río Grande vários monumentos que lembram a guerra ou que homenageiam seus combatentes.

## Atrações

O *Instituto Fueguino de Turismo*, na Av. Maipú 505, F.421.423, concede informações sobre hotelaria, atrações e serviços em Río Grande. Na cidade fica o *Museo de Ciências Naturales y Historia*, na C. Elcano 159; entretanto, a maioria das atrações se situa fora da zona urbana, como o monumento *Misión Salesiana de la Candelária*, a 11km ao norte, seguindo pela RN3. Popular na região, como em outras partes da Argentina, é o turismo rural. A 25km ao sul de Río Grande, se encontra a *Villa de Estância José Menéndez*, onde é possível fazer cavalgadas. Em outra estância, a *Maria Behety*, a 17km a oeste, está um dos maiores galpões da região, onde se pode assistir ao trabalho dos peões e a demonstrações de tosa.

# Ushuaia

Cidade mais meridional da Argentina e do continente americano (apesar da disputa com a chilena Puerto Williams), Ushuaia foi batizada pelos yámanas com o nome que significa "baía avançando sobre o poente". Nos últimos anos, inserida no plano de desenvolvimento turístico, ganhou o sugestivo apelido de "o fim do mundo", que aguça a curiosidade de viajantes. Amantes de trekking, escalada, pescaria e passeios navais têm ocupação suficiente para vários dias na cidade e região. Ushuaia, pequeno centro urbano de 56 mil habitantes, é bastante atraente e agradável para uma caminhada: aqui se pode desfrutar da paisagem banhada pelo Canal de Beagle, com montanhas de picos nevados ao fundo. Nos arredores, você encontra também geleiras, rios, lagos, bosques e uma recortada costa marinha repleta de baías. A cidade também tem bons museus, que ajudam a desvendar a história da região. Ushuaia é ainda ponto de partida para expedições rumo à Antártica – e eventualmente local de escala de voos para a Austrália. Estes são apenas alguns dos segredos para um lugar tão distante reunir mochileiros, aventureiros e exploradores de todas as latitudes.

## A Cidade

Em 1870, o grupo britânico *South American Missionary Society* criou o primeiro posto habitado permanente na região. A partir daí, a ocupação de Ushuaia começou lentamente. Depois, a história do lugar foi fortemente marcada pelo presídio que aqui existiu entre 1896 e 1947. Seus prisioneiros, grande parte criminosos perigosos e presos políticos, foram a mão de obra que permitiu ao então povoado se estruturar com eletricidade, telefone, cais, edifícios, ruas e estradas. Em 1950, a cidade tornou-se uma importante base naval, dando suporte para a ligação marítima até a Antártica. Hoje, Ushuaia tem sua economia baseada na pesca e, sobretudo, no turismo. Como a maioria das cidades insulares e de acesso remoto, que onera bastante os custos de transporte, Ushuaia não é barata. Entretanto, compensa por possuir uma boa infraestrutura voltada a mochileiros e viajantes independentes, o qual inclui passeios de baixo custo. Já quem estiver disposto a gastar mais encontra ótimos restaurantes e excelentes hotéis com vistas arrebatadoras.

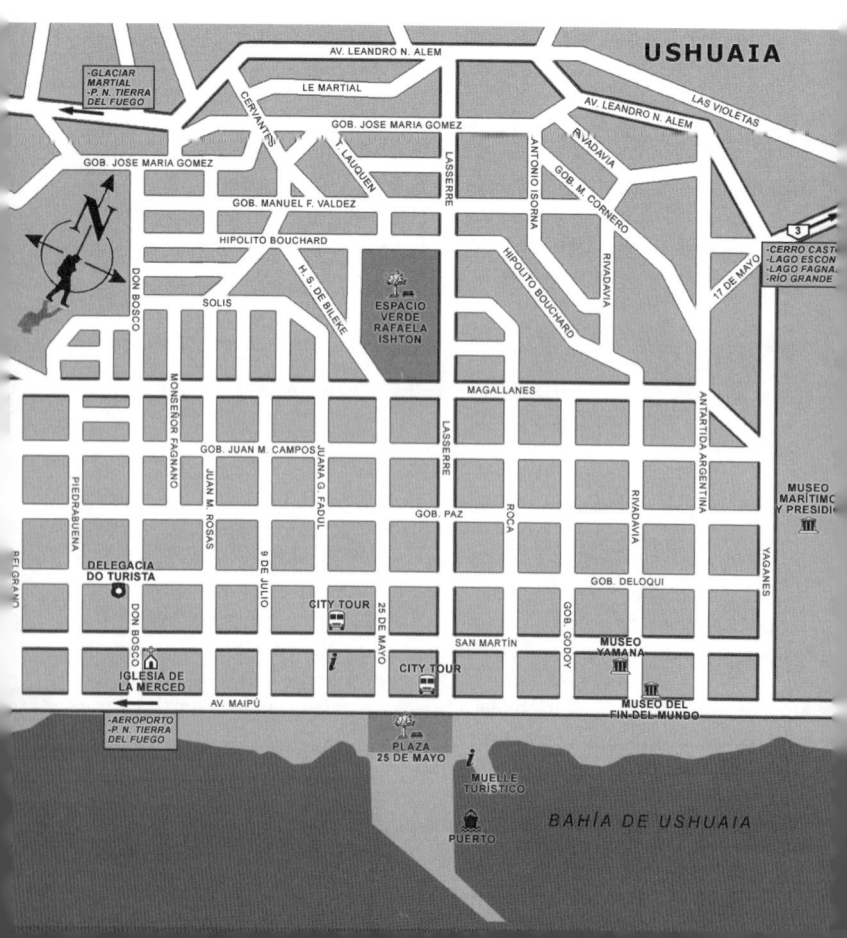

# Informações e serviços

**Código telefônico** 02901

**Clima** O verão é a época mais popular, devido ao clima ameno e aos dias mais longos, com até 17 horas de luz solar (escurece tarde da "noite"), e temperaturas entre 11ºC e 21ºC. Já o inverno impressiona pelo branco da neve que predomina na paisagem. A temperatura média na estação é de 0ºC durante o dia, e pode chegar a -20ºC à noite, época em que há somente 7 horas de luz natural. Primavera e outono são estações intermediárias; todavia, em qualquer época do ano, o tempo muda drasticamente, não apenas de um dia para o outro, mas em um mesmo dia, e diversas vezes. Assim, é arriscado planejar os passeios do dia seguinte com base no clima do dia anterior. Saia sempre prevenido, com um casaco quente e impermeável e óculos de sol. É bom saber que o vento é forte durante o ano todo, fazendo a sensação térmica cair, mesmo no verão, frequentemente impossibilitando excursões marítimas e dificultando caminhadas.

**Câmbio** Em casas de câmbio, bancos e até mesmo em agências de viagens, encontrados nas avenidas San Martín e Maipú.

**Informações turísticas** A *Secretaría de Turismo de la Municipalidad* de Ushuaia tem seu escritório principal na Av. San Martín 674, F.432.000, aberto seg/sex 8h-22h, sáb/dom 8h-21h. Os atendentes são bastante prestativos e concedem mapas e material sobre passeios. Também há um posto menor no porto turístico, 9h-18h, e um quiosque no aeroporto, logo no desembarque, que funciona nos horários de chegada dos voos. A cidade disponibiliza ainda uma linha de informação gratuita, 0800.333.1476, válida apenas para ligações dentro da Argentina. Há também a *Intendencia de Parques Nacionales*, Av. San Martín 1395, F.421.315, aberta seg/sex 9h-16h, com informações, principalmente, sobre o Parque Nacional Tierra del Fuego. Site da cidade: www.turismoushuaia.com.

**Agências de viagem** No centro, na Av. San Martín e nas C. 25 de Mayo, Rivadavia, Maipú, Juana Fadul e Gob. Godoy, há muitas agências que oferecem city tours, trekkings, cavalgadas, mountain bikes, voos panorâmicos e excursões às principais atrações. No porto turístico, o *muelle*, há um punhado de quiosques que organizam passeios às ilhas próximas.

**Locadoras de carro** *Dollar Rent a Car*, C. Belgrano 58, F.437.203; *Hertz*, Aeroporto, local 11, F.432.429 ou C. San Martín 245, F.437.529; *Localiza*, C. Sarmiento 81, F.437.780.

**Delegacia do Turista** Av. Gob. Deloqui 1101, F.422.969.

**Hospital** *Regional*, C. 12 de Octubre esq. Av. Maipú, F.423.200.

# Orientação

O centro comercial de Ushuaia concentra-se em poucas ruas, do Canal de Beagle às encostas do Cerro Martial, passando por íngremes ladeiras e longas escadas. A principal avenida é a San Martín, que corta o centro no sentido leste-oeste, e nesta via se localiza a maioria das lojas, restaurantes, bares e agências de viagem da cidade. Paralela, encontra-se a avenida Maipú, também chamada de *costanera*, onde fica o porto comercial e o porto turístico – conhecido como *muelle turístico* –, local de saída das embarcações que circulam pela baía. A disposição urbana do centro de Ushuaia – vias comerciais paralelas, ruas transversais de subidas acentuadas, uma "lagoa" e paisagem de montanhas com picos de neve – lembra bastante a popular Bariloche, na Região dos Lagos.

## Circulando

O centro é razoavelmente compacto e pode ser facilmente percorrido a pé, embora seja necessária alguma capacidade pulmonar para enfrentar as íngremes ladeiras. Há três linhas urbanas de ônibus na cidade, 1, 2 e 3, todas passando pela Av. Maipú. A linha 1 circula por todo o centro, e a 2 e a 3 vão até a periferia da cidade, passagem $2,75. Algumas empresas de microônibus saem, diariamente, rumo aos pontos turísticos dos arredores de Ushuaia, como o Parque Nacional e o Glaciar Martial, com a possibilidade de apanhar o viajante em seu hotel. A maioria desses veículos parte do muelle turístico, na Av. Maipú.

### Chegando e saindo

O *Aeropuerto Internacional Malvinas Argentinas* fica a cerca de 6km ao sul de Ushuaia. Táxis fazem o percurso até o centro por cerca de $35, valor que pode ser rateado com outros passageiros que também estejam aterrissando. Ushuaia não tem rodoviária; os ônibus param em frente aos escritórios das companhias, todos no centro. A oficina de turismo, situada nas proximidades, oferece informação de horários e preço de passagens.

**Carro** O acesso à Argentina ou ao Chile é pela RN3, que, ao chegar na Grande Ushuaia, se chama Av. Héroes de Malvinas. Esta, no perímetro urbano, se bifurca nas C. 17 de Mayo e Yaganes, ambas com destino ao centro, e na Av. L. N. Alem, extensão da Ruta 3, que segue direto ao Parque Nacional Tierra del Fuego ou a bairros mais distantes da cidade (onde situam-se muitos hotéis fora da área central).

## Viajando

Para chegar à Terra do Fogo por via terrestre, passa-se obrigatoriamente pelo Chile. Não há uma estrada direta entre Río Gallegos, a cidade continental argentina mais próxima, e Ushuaia. Ainda que exista ônibus ou que seja possível fazer todo o percurso de carro, é necessário um pouco de paciência para encarar as adversidades – trâmites alfandegários Argentina-Chile e Chile-Argentina, espera da balsa que faz a travessia do Estreito de Magalhães, estradas de rípio nem sempre em bom estado. Viajantes que dispõem de pouco tempo devem optar pelo transporte aéreo, seja de Río Gallegos ou de outra cidade mais ao norte.

Já quem se propõe a percorrer o sul da Argentina e do Chile encontra na Terra do Fogo o ponto perfeito para a transição gradual entre

**Ruta 3: longo percurso de Buenos Aires à Terra do Fogo**

os dois países – que nunca ocorre completamente. Seja de ônibus ou carro, se está ora em território argentino, ora em território chileno. A brincadeira é lucrativa: com um planejamento eficiente, você pode ser apresentado a algumas das mais belas paisagens do sul da América do Sul, como o Parque Torres del Paine (Chile), o Glaciar Perito Moreno e o Cerro Fitz Roy (ambos na Argentina), além da própria Terra do Fogo; sem falar no que fica um pouco mais ao norte, como o restante da Patagônia ou a chilena Carretera Austral. Mas tudo isso, como dissemos, requer um mínimo de planejamento de viagem, indispensável aos viajantes que vão até Ushuaia de carro.

**Avião** Há voos com destino a Ushuaia provenientes de **Río Gallegos**, 55min de viagem. Para **Buenos Aires**, há voos diários e diretos pela Aerolíneas Argentinas, 3h30, ou com escala em Trelew ou Río Gallegos, 4h30.

**Ônibus** Há direto entre Ushuaia e **Río Gallegos**, 11h-13h, $425, e **Punta Arenas**, 12h, $415, esta última no Chile. Os horários podem sofrer atraso devido a eventuais demoras na balsa que faz a travessia do Estreito de Magalhães e no(s) controle(s) de imigração entre as fronteiras, que é feito duas vezes para quem vem da Argentina. Para qualquer outro destino, deve-se fazer conexão em alguma das duas mencionadas cidades, exceto, claro, dentro da Terra do Fogo, como **Río Grande**, 4h, $100.

**Barcos** Cruzam o Estreito de Magalhães e são conhecidos como transbordadores, tarifas já incluídas nas passagens de ônibus. De carro, você paga ao iniciar a travessia (ver página seguinte). Fora esta viagem, é possível ir a **Puerto Williams**, a "cidade mais austral do mundo do Chile", 3h, $625, sem saídas regulares.

**Cruzeiros** Um elegante meio turístico para chegar ou ao menos passar por Ushuaia. Partem de importantes

Ushuaia aos pés da Cordilheira Foguina

cidades e seguem pelo Atlântico rumo à costa argentina ou chilena, frequentemente passando e parando na Terra do Fogo. Roteiros e preços variam muito com o navio – entre eles o *Insígnia*, *Lê Diamant*, *Via Australis*, *Ioffe* e *Golden Princess*. Uma idéia de viagem: 21 noites, com partida do Rio de Janeiro, e passagem por Puerto Madryn, Ilhas Malvinas, Antártica, Punta Arenas, Montevidéu, destino final Buenos Aires, pode custar a partir de US$3.000. Outro cruzeiro, com duração de 16 dias, costuma sair de Buenos Aires e passar por Ushuaia com destino a Valparaíso, no Chile, a partir de US$2.500. Consulte uma agência de viagens para mais informações.

**Carro** Como convém a uma verdadeira ilha, não existe estrada direta para chegar na Terra do Fogo. Ushuaia é o destino de 99,9% dos viajantes que vêm para o extremo sul do continente, e a Ruta 3, que dá acesso desde a capital federal, passa obrigatoriamente pelo território chileno – onde troca de nome, até o *paso fronterizo*. De qualquer forma, entre ferries, fronteiras e estradas de rípio, é perfeitamente possível chegar em Ushuaia de carro, e sem a necessidade de que este seja um 4x4.

Vindo do norte, **Buenos Aires**, 3.123km; **Puerto Madryn**, 1.778km; **Comodoro Rivadavia**, 1.351km; e a última grande cidade, **Río Gallegos**, 594km, sempre pela RN3, até a fronteira com o Chile, no *Paso de Integración Austral*. A partir deste país, como Ruta 255, são 60km até Punta Delgada, junto ao Estreito de Magalhães, onde se toma o Ferry Primeira Angostura (Tranbordadora Austral Broom), saídas diárias entre 8h-24h, em intervalos de 1h, podendo-se pagar em pesos argentinos ($198), pesos chilenos ($13.900) ou dólares (US$29). Após 30min de travessia, a partir do vilarejo de Bahía Azul, são 40km de asfalto (ao chegar no povoado de Cerro Sombrero) e mais 125km de rípio até o passo fronteiriço San Sebastián.

Após cruzar a fronteira, para a San Sebastián argentina, volta-se à Ruta 3, e segue-se por mais 82km até **Río Grande**, 220km, em estrada asfaltada e em boas condições. A paisagem da Terra do Fogo até aqui é basicamente uma vasta planície desértica, com poucas casas e povoados, onde a manifestação de vida se resume a esporádicas ovelhas. A partir de Río Grande a estrada piora bastante: o asfalto é precário e quase não existe sinalização. A boa notícia é que a paisagem se torna deslumbrante ao se avistar a cordilheira foguina e alguns de seus lagos repletos de pescadores. Mas atenção: como é comum aos percursos montanhosos, há muitas subidas e descidas em curvas, o que requer cautela redobrada. Tanto pela segurança como para melhor contemplação do cenário, prefira percorrer este trajeto durante a luz do dia.

De Ushuaia para o território chileno (mais do que apenas cruzá-lo rumo ao norte argentino), o destino é **Punta Arenas**, 642km, ou **Puerto Natales**, 727km, para onde há dois caminhos possíveis. Se fizer o trajeto inverso ao descrito na ida, passa-se por Bahía Azul/Punta Delgada até a Ruta 255, mas agora deve-se tomar o rumo ao sul, por mais 160km de uma bem-pavimentada estrada. A outra alternativa é, na fronteira de San Sebastián, seguir para **Porvenir**, 472km, e desta tomar um ferry direto a Punta Arenas. Este caminho é 170km mais curto, mas a estrada está em piores condições, e a travessia do Estreito de Magalhães é mais demorada, 2h10, mais cara ($350; ou em pesos chilenos, $34.900; ou ainda em dólares, US$70), os horários são irregulares e as saídas não são diárias. Ainda assim, se desejar seguir por aqui, consulte o site da empresa que opera a travessia, a *Transbordadora Austral Broom*, www.tabsa.cl.

Como na Patagônia, na Terra do Fogo a gasolina segue subsidiada e vantajosa. Não se encontra por aqui, porém, a nafta comum, devendo-se utilizar a aditivada, em torno $4,29/litro, ainda em conta. Vindo do norte da Argentina, convém abastecer em Río Gallegos e, posteriormente, em Río Grande.

## Acomodação

Ushuaia apresenta uma ótima estrutura turística, contemplando os mais diversos bolsos e níveis de conforto. Muitos hotéis e albergues situam-se nas encostas dos morros, o que garante excepcionais vistas da baía. Outras características que eles possuem em comum: calefação, conexão de internet wireless e costumam lotar no verão, o que torna prudente fazer reserva.

**Hostel Amanecer de la Bahía** Av. Magallanes 594, esq. C. 25 de Mayo, F.424.405, 35 camas. Diária dorms 8p-4p $50/55 (baixa/alta temporada); quarto 2p $140/150. Café da manhã incluído. Quartos simples, banheiros pequenos, compartilhados. Tem internet, cozinha, sala com TV e estacionamento para 4 carros. É uma casa de madeira, situada na parte alta da cidade, administrada por um casal, ela simpática, ele estilo general, e mais a cadela beagle Wanda, que é a mascote do albergue.

**Los Cormoranes Hostel** C. Kamshén 788, F.423.459, www.loscormoranes.com. Diária dorms $80/120 (baixa/alta temporada), dorms com banheiro privativo $105/140; quarto 2p $330/380, 3p $390/440. Membros HI têm 10% de desconto. Inclui café da manhã, roupa de cama, internet wi-fi e ainda traslado de chegada para quem reservar mais de duas noites. O albergue fica a 900m da Av. San Martín e possui sala de TV, computadores, lockers, cozinha e churrasqueira. Os proprietários também possuem uma agência de viagens que opera passeios pela região.

**Torre al Sur Youth Hostel** C. Gobernador Paz 1437, F.430.745, www.torrealsur.com.ar, 36 camas. Diária dorms 6p-2p $85/95. Café da manhã $15. Quartos pequenos, com banheiro compartilhado. Tem internet, cozinha equipada, sala-refeitório com TV, minibiblioteca, depósito para bagagem e serviço de lavanderia. Não aceita cartões de crédito. O albergue fica longe do centro, numa agradável casa de madeira colorida. O ambiente é bacana e há uma bela vista da baía. Para uma janela cartão postal, peça pelo dormitório do terceiro piso.

**Los Lupinos Hostel** C. Gobernador Deloqui 750, F.424.152, www.loslupinos.com. Diária dorm 6p $90/110 (baixa/alta temporada); quarto sem banheiro 1p $265/320, 2p $315/385, 3p $355/430; quarto com banheiro 1p $360/440, 2p $405/495, 3p $455/550. Inclui café da manhã e wi-fi. Possui bons banheiros, lockers, sala de TV, cozinha, lavanderia. Aceita cartões de crédito. Albergue bem organizado e com boa localização, a uma quadra da Av. San Martín.

**Antarctica Hostel** C. Antártida Argentina 270, F.435.774, www.antarcticahostel.com, 36 camas. Diária dorms 6p $100; quarto 2p $300. Café da manhã incluído. Bons quartos, grandes e bem-decorados. Banheiro compartilhado estilo vestiário. Tem internet, cozinha, bar, jardim com parrilla, depósito para bagagens e serviço de lavanderia. Organizam excursões pela região. Ambiente alto-astral e bom atendimento, albergue legal para conhecer outros viajantes.

**Free Style Backpackers Hostel** C. Gobernador Paz 866, F.432.874, www.ushuaiafreestyle.com, 58 camas. Diária dorms 6p-4p $100/120 (sem/com banheiro). Aceita cartões de crédito. Café da manhã incluído. Dormitórios espaçosos. Quartos privados com banheiro, frigobar, TV a cabo e telefone. Tem cozinha, bar, internet, lavanderia, e, no terraço, uma sala com TV a cabo, biblioteca, lareira e uma mesa de sinuca, com uma bela vista do canal e das montanhas. Hostel moderno e confortável, com piso aquecido, café e chá liberados durante todo o dia. Não é o mais barato entre os albergues, mas é uma ótima opção. Ao lado funciona o Alto Andino Urban Lodge, dos mesmos donos, mas com padrão e preços ainda mais elevados.

**Pueblo Viejo** C. Gobernador Deloqui 242, F.432.098, www.tierradelfuego.org.ar/puebloviejo, 8 quartos.

Diária 2p $210/310, varia conforme a temporada. Aceita cartões de crédito. Café da manhã incluído. Quartos espaçosos e bem-arrumados, com TV a cabo. Banheiro compartilhado estilo vestiário. Tem internet, sala de TV, cofre, pátio interno com parrilla e estacionamento. Lugar legal, ambiente tranquilo e bom atendimento.

**Hostal Malvinas** C. Gobernador Deloqui 615, F.422.626, www.hostal malvinas.net, 16 quartos. Diária 1p $290/445 (baixa/alta temporada), 2p $330/495, 3p $370/575. Aceita cartões de crédito. Café da manhã incluído. Quartos pequenos, com TV a cabo, telefone e frigobar. Tem uma cafeteria, e o aroma de café com creme está em todos os cantos do hostal.

**Hostal Paisaje del Beagle** C. Gobernador Paz 1345, F.421.214, www.paisajedelbeagle.com, 8 quartos. Diária quarto 1p $350/450 (baixa/alta temporada), 2p $380/450, 3p $420/520. Aceita cartões de crédito. Café da manhã incluído. Quartos básicos, com vista para o canal. Tem internet e sala com TV a cabo. A algumas quadras do centro, o lugar é simples, construído em madeira. O salão onde é servido o café possui muitas plantas e uma excelente vista.

**De Los Andes Hotel** Av. San Martín 753, F.421.460, www.de losandeshotel.com.ar, 20 quartos. Diária 1p $370, 2p $565, 3p $640. Aceita cartões de crédito. Café da manhã incluído. Quartos com TV a cabo, telefone, cofre e alguns com banheira. Hotel legal, bem-localizado, com restaurante, sala de estar, biblioteca, serviço de lavanderia e bom atendimento.

**Hotel Austral** C. 9 de Julio 250, F.422.223, www.hotel-austral.com.ar, 10 quartos. Diária 2p $390/540 (baixa/alta temporada), 3p $470/650. Aceita cartões. Café da manhã incluído. Quartos amplos e confortáveis, com banheiro privativo, mas sem TV ou telefone. Tem sala de estar com vista para o canal, bar e estacionamento. Localização central, hotel bastante tranquilo.

**Hostería Green House** Av. de Los Nires s/nº, F.443.493, www.ushuaiagreenhouse.com, 12 quartos. Diária 1p $420, 2p $500, 3p $600. Aceita cartões de crédito. Café da manhã incluído. Quartos confortáveis, com TV a cabo, telefone, ponto de internet e hidromassagem. Tem uma ampla sala de estar com TV, ambiente de leitura e internet, estacionamento. A sala do café da manhã e alguns quartos têm uma excelente vista para o Canal de Beagle. Aconchegante, bem-decorado, atendimento prestativo. Localizado numa grande casa verde, como o nome sugere, está situado no bairro El Recodo e pode ser uma opção interessante para quem está de carro e deseja um lugar mais sossegado.

**Capri Hospedaje** Av. San Martín 720, F.435.199, www.hotelcapri ushuaia.com.ar, 8 quartos. Diária 2p $540, 3p $650. Quartos pequenos, com TV a cabo. Serviço fraco, preço elevado, atendimento ruim, cheiro de mofo, enfim, nada de bom.

## Guerra das Malvinas

Uma das maiores patuscadas da história argentina foi a tentativa de retomar as Ilhas Malvinas dos ingleses. A guerra começou em 2 de abril de 1982, quando o general Leopoldo Galtieri, pressionado por exigências de reformas democráticas no país, em plena ditadura militar, decidiu dar um sopro de nacionalismo sobre seus compatriotas – e tirar de foco as questões que o incomodavam. Mas tal decisão não veio do nada. Antes, a ilha havia pertencido aos franceses, primeiros a fundar um porto no local, em 1764. Dois anos depois, a França vendeu sua parte à Espanha. Com a independência da Argentina, o país tomou o setor espanhol e instalou ali uma prisão. Em 1833, os ingleses expulsaram os argentinos, e desde aquela época vem a reivindicação pela soberania sobre as Malvinas.

Eram 4h30 da madrugada daquele segundo dia de abril quando 150 fuzileiros navais argentinos desembarcaram em Port Stanley, capital das Falklands – como as Malvinas são chamadas pelos britânicos (e por boa parte do mundo). A intenção era invadir o território e rapidamente prender o governador. Houve forte resistência dos 68 fuzileiros britânicos do destacamento local, na sede de governo das ilhas. Após duas horas de combate, as forças argentinas tomaram conta do lugar. Imediatamente, em Londres, a primeira-ministra Margaret Tatcher demonstrava sua indignação à invasão e começava a organizar a reação. Na imprensa britânica, a surpresa. Os jornalistas perguntavam como era possível tal acontecimento e como o serviço de inteligência não havia interceptado qualquer informação a respeito da agressão.

Importante para a logística britânica no acesso à Antártica, as Falklands fizeram Londres não hesitar em contra-atacar. Em 25 de abril, um forte ataque inglês retomou as ilhas Geórgia do Sul. Uma semana depois, o cruzador General Belgrano, orgulho da Marinha argentina, foi atacado por um submarino britânico e afundou. No total, 368 fuzileiros da embarcação morreram. Depois desse ataque, a Argentina passou a executar incursões aéreas, como a que afundou o destróier HMS Sheffield. Naquele instante, os ingleses viram que não estavam lidando com uma nação frágil ou amadora em questões bélicas. Além disso, 10 mil soldados argentinos permaneciam nas Malvinas, onde haviam construído um campo de pouso.

As Forças Armadas do Reino Unido planificaram então a destruição dessas tropas. Começaram pelos aviões pousados nas ilhas. Ações de invasão rápida e sabotagem foram minando a força aérea argentina. Em uma dessas infiltrações, 11 aviões de guerra da Argentina foram destruídos. Um dos principais estratagemas para derrotar os invasores, porém, contou com a colaboração de outro ditador sul-americano: durante os combates, o general chileno Augusto

---

**Hotel Cap Polonio** Av. San Martín 746, F.422.140, www.hotelcappolonio.com.ar, 30 quartos. Diária 2p $608, 3p $840. Aceita cartões. Café da manhã buffet incluído. Quartos com TV a cabo, telefone, música funcional e cofre. Hotel 3 estrelas com internet, bar, restaurante, sala de estar e salão para conferências, onde promovem shows de música e dança. Central, próximo ao informações turísticas, tem um ambiente sofisticado, mas peca no atendimento e é caro.

**Villa Brescia Hotel** Av. San Martín 1299, esq. C. Sarmiento, F.431.397, www.villabresciahotel.com.ar, 55 quartos. Diária 2p $620-900 (variando conforme o conforto). Aceita cartões de crédito. Café da manhã incluído. Quartos

Pinochet cedeu bases aéreas para os britânicos. Essa situação permitia ofensivas aéreas contra bases argentinas como Río Gallegos e Río Grande. Com tal artimanha, as forças de Galtieri começaram a cair, uma por uma. Logo, a Aeronáutica do país teve de passar a operar a partir de pistas de pouso mais distantes, o que dificultou o acesso às ilhas. No mar, o Reino Unido instaurou uma zona de exclusão que chegava a até 20km da costa argentina. Quem entrasse ali seria bombardeado. Com isso, as tropas argentinas entrincheiradas nas Malvinas tornaram-se um alvo desprotegido.

No amanhecer de 21 de maio, iniciou-se o desembarque dos fuzileiros reais na Bahía de San Carlos, a 105km de Port Stanley. Houve reação. Os argentinos bombardearam e afundaram duas fragatas, mas perderam nove aviões-caça. Depois desse espasmo dos efetivos de Galtieri, o poderio inglês avançou velozmente. Em 29 de maio, eles capturaram o vilarejo de Goose Green, fazendo mais de mil prisioneiros, e em seguida caiu Port Darwin. No início de junho, as tropas argentinas estavam cercadas na capital. No dia 14, os ingleses invadiram Port Stanley, sem reação. Os soldados argentinos se entregaram, e a ditadura do país acelerava o passo rumo ao fim – único ponto positivo do conflito, que vitimou mais de 700 argentinos e pouco além de 200 britânicos.

A febre ufanista dos militares durara pouco mais de dois meses. Depois da guerra, outros governantes argentinos tentaram negociar com o Reino Unido uma forma de retomar as ilhas, mas os "donos" das Falklands nunca aceitaram sequer abrir negociações. Os próprios habitantes do local, chamados kelpers, sempre afirmaram preferir a cidadania britânica. Ainda hoje, porém, a Argentina tenta, diplomaticamente, recuperar o território. Guerra de novo é improvável. No entanto, não estranhe se encontrar as placas dispersas pelo país com a inscrição "Las Malvinas son Argentinas".

pequenos, com TV a cabo, telefone, frigobar, cofre. Tem internet, bar, restaurante e serviço de lavanderia. Hotel simpático com ótimo atendimento, situado próximo ao centro.

**Los Naranjos Hotel Boutique** Av. San Martín 1446, F.435.862, www.losnaranjosushuaia.com, 27 quartos. Diária 2p $641, 3p $959. Aceita cartões de crédito. Café da manhã incluído. Quartos com ponto de internet, TV a cabo, telefone e cofre; metade das habitações tem vista para o Canal de Beagle. Possui internet, sala de TV e leitura, bar e restaurante, academia e salão para reuniões. Um pouco longe do centro, é um hotel tranquilo, confortável, chique, e cobra muito bem por isso.

**Hotel Tierra del Fuego** C. Gobernador Deloqui 198, esq. Rivadavia, F.424.901, www.tierradelfuegohotel.com. Diária 2p $650/712 (baixa/alta temporada), 3p $831/920. Aceita cartões. Café da manhã buffet incluído. São 43 quartos bons e espaçosos, com frigobar e TV a cabo; os superiores têm também hidromassagem. Bom hotel: ambiente clean, com instalações novas, espaçosas e confortáveis. É, no entanto, um pouco caro. Tem internet.

**Hotel Los Ñires** Av. de Los Ñires 3040, F.4456.173, www.nires.com.ar, 48 quartos. Diária 2p $680, 3p $840. Aceita cartões de crédito. Café da manhã buffet incluído. Quartos com TV a cabo, telefone, frigobar e cofre. Possui internet (paga), bar, restaurante e estacionamento. Hotel confortável e tranquilo, de frente à baía Golondrina, afastado da cidade, mas com serviços regulares de transfers ao centro. A vista é boa, mas o atendimento é apenas mediano.

**Hotel Albatros** Av. Maipú 505, F.437.300, www.albatroshotel.com.ar, 73 quartos. Diária 2p $700/1250 (baixa/alta temporada), 3p $910/1450. Aceita cartões de crédito. Café da manhã incluído. Quartos confortáveis, com banheiro, TV a cabo, frigobar e telefone. Hotel 4 estrelas, com internet, bar, ótimo restaurante internacional, spa e estacionamento. Lugar moderno, com bons serviços, em frente à baía de Ushuaia.

**Hotel Canal de Beagle** Av. Maipú 547, esq. C. 25 de Mayo, F.430.370, www.hotelcanalbeagle.com.ar, 58 quartos. Diária 1p $790, 2p $850, 3p $1105. Aceita cartões de crédito. Café da manhã buffet incluído. Quartos espaçosos, com TV a cabo, telefone, frigobar, cofre e ponto de internet; metade deles com vista para o canal. Hotel 4 estrelas, com restaurante, bar, cafeteria, internet, estacionamento, piscina térmica e salão para conferências; pago à parte, um spa com sauna, massagem e academia. Hotel tradicional, em frente ao porto, pertencente ao Automóvil Club Argentino, tem uma fachada feia, mas bons serviços.

**Mil810 Ushuaia Hotel** C. 25 de Mayo 245, F.437.710, www.hotel1810.com, 30 quartos. Diária 2p $800/1000 (baixa/alta temporada), 3p $900/1200. Aceita cartões de crédito. Café da manhã buffet incluído. Quartos espaçosos, com TV de plasma, telefone, frigobar e cofre. Tem internet, bar, restaurante, sala de estar com vista para o Canal de Beagle, depósito para equipamento de esquiadores, serviço de transfer, estacionamento e lavanderia. Hotel requintado e tranquilo, bem-localizado, a duas quadras acima do fervo central. O nome é esdrúxulo, mas é uma boa opção de acomodação.

**Hostería Patagonia Jarké** C. Sarmiento 310, F.437.245, www.hosteriapatagoniaj.com, 15 quartos. Diária em dólares, 1p US$160/180 (baixa/alta tempordada), 2p US$160/180, 3p 240/255. Aceita cartões de crédito. Café da manhã incluído. Quartos com TV a cabo, telefone e cofre. Há 5 quartos maiores, com hidromassagem, pelo mesmo preço. Hostería com internet, sala de jogos, biblioteca, elevador panorâmico e serviço de transfer.

Farol Les Eclaireurs, no Canal de Beagle

Charmoso e bem-decorado, oferece uma ótima vista da baía de Ushuaia.

**Lennox Hotel** Av. San Martín 776, F.436.430, www.lennoxhotel.com.ar, 30 quartos. Diária em dólares, 2p US$234/293 (baixa/alta temporada). Aceita cartões de crédito. Café da manhã buffet incluído. Quartos com TV a cabo, telefone, frigobar, hidromassagem e cofre. Arrojado hotel 3 estrelas, com internet, bar, sala de TV e DVD, ambiente de leitura e lavanderia. Estilo executivo, sofisticado, bom atendimento.

**Las Hayas Resort Hotel** Camino Luis F. Martial 1650, F.430.710 (reservas em Buenos Aires, F.11-4393.0621), www.lashayashotel.com, 93 quartos. Diária em dólares, 2p US$250/315 (baixa/alta temporada), suíte luxo US$448/632. Aceita cartões de crédito. Café da manhã buffet incluído. Quartos espaçosos, com TV a cabo, telefone, cofre, revistas, jornais, hidromassagem e uma bela vista; os de luxo têm miniescritório, toalhas de fios portugueses e outros mimos. Hotel 5 estrelas, com internet, bar, restaurante, piscina térmica, sauna, ofurô, academia de ginástica, quadra de squash e serviço de massagem. Situado em meio às montanhas, no alto do caminho que leva ao Glaciar Martial, oferece uma excelente vista panorâmica da baía. Disponibiliza transfer até o centro. Um dos melhores hotéis de Ushuaia.

## Comes & Bebes

As especialidades locais são o marisco, a carne de *centolla* (um tipo de siri, só que bem maior), frutos do mar e peixes em geral, sem esquecer da carne de cordeiro, o *cordero fueguino*, criado em grande escala na região, e do popular *asado*. Grande parte dos restaurantes e lanchonetes encontra-se nas avenidas San Martín e Maipú.

A fim de comer realmente bem? Não saia de Ushuaia sem conhecer o restaurante **Gustino**, Av. Maipú 505, F.430.003: pratos deliciosos, ambiente bacana, ótimo atendimento – procure o simpático garçom Sérgio, e acredite nas sugestões dele. Ao menos ele acertou, e muito, ao indicar como entrada o *trio de almanza* (truta, caranguejo e mexilhões, $145) – ou, mais barato, a *truta marinada* ($70). Como prato principal, vale experimentar o inesquecível *triagolini negro* (espécie de ravióli de salmão coberto de molho roquefort, $80), ou o *cordero fueguino marinado* (cordeiro regado a vinho, $112). Para coroar, como sobremesa, *sabayon tibio de malamado* (Malbec encorpado com açúcar e álcool sobre sorvete de creme), $40. Taças de vinho a partir de $35, ou uma boa seleção de garrafas disponíveis.

Mais em conta, estilo bar-restaurante-lancheria, o **El Parador del Fin del Mundo**, San Martín 1019, F.424.706, onde você encontra hambuerguesas e milanesas ($20-35), truta ou salmão *ahumado* ($52), saladas ($10), pizzas (média $18-38, grande $36-76), geralmente em porções generosas; cerveja litro ($15). Ainda mais baratos (e menos glamourosos) são os *patios de comidas* (praças de alimentação) dos supermercados **La Anonima**, Av. San Martín 1506, e **Norte**, na C. 12 de Octubre 169.

Algo que realmente vale a pena experimentar são os chocolates e alfajores caseiros da **Chocolatería Ushuaia**, Av. San Martín 785; os sanduíches, tortas e empanadas de **La Baguette Confitería**, Av. San Martín esq. C. Don Bosco, além dos sorvetes artesanais das diversas *heladerías* situadas na indefectível Av. San Martín, em especial o sorvete de calafate, fruta típica da Patagônia, da mesma família das amoras, cerejas e framboesas.

## Atrações

Ushuaia oferece diversos atrativos, tanto na própria cidade, como em seus arredores. Os passeios vão de longas (ou nem tanto) caminhadas em parques ou geleiras a voltas de trem, visitas a interessantes museus e prazerosas excursões de barco.

**Museo Marítimo y Presidio** C. Yaganes esq. C. Gobernador Paz, aberto diariamente 10h-20h (nov/abr 9h-20h), entrada $90/70 (estudantes), visitas guiadas às 11h30, 16h30 (no verão) e 18h30. Provavelmente a melhor atração da área urbana da cidade. O antigo presídio de Ushuaia hospeda alguns museus, e o mais bacana de todos é justamente aquele que trata da vida carcerária. O prédio, cinco pavilhões de dois pavimentos, foi construído pelos próprios apenados e funcionou entre 1896 e 1947 (depois de fechado cedeu suas instalações ao Ministério da Marinha). Para cá eram enviados criminosos de alta periculosidade, muitos condenados a pena perpétua. O regime funcionou à base do trabalho árduo, e pode-se dizer que os prisioneiros tiveram uma participação fundamental no desenvolvimento da cidade, atuando em serviços de eletricidade, comunicação, construção de ruas, pontes e ferrovias. A formatação do museu do presídio é bem interessante: as várias celas de um de seus pavilhões revelam diferentes aspectos do dia-a-dia carcerário, com fotos e painéis explicativos. Pode valer a pena integrar-se à visita guiada, gratuita, durante a qual são relatadas várias histórias curiosas. As

O antigo presídio

instalações são originais, mas um dos pavilhões está genuinamente conservado como era décadas atrás (incluindo o gélido banheiro nos fundos), sem retoques na pintura e sem calefação, deixando transparecer o inferno que deveria ser aquele lugar.

Encontram-se por aqui, ainda, dispersos no pavilhão 4, o **Museu Marítimo**, com modelos e artefatos de embarcações da época em que a navegação era o único meio de contato da Terra do Fogo com o mundo; e o **Museo Antártico**, com exibições sobre o continente branco – bem instigante, merecia um espaço próprio e mais atenção. E mais: **Museu Policial**, áreas dedicadas à fauna austral e ao petróleo, mais uma lojinha de suvenires e um café; e no pavilhão 2, biblioteca e galeria de arte. O ingresso é caro, mas vale a pena.

**Museo del Fin del Mundo** Av. Maipú 173, esq. C. Rivadavia, aberto seg/sex 10h-19h, sáb 14h-20h, entrada $50/15 (estudantes e mais de 65), inclui visitas guiadas às 11h, 14h, 16h e 18h, horários a confirmar conforme dia. Pequeno museu com um rico material sobre a região, enfocando história, antropologia, ornitologia, costumes e a colonização da Terra do Fogo. Na coleção, artesanatos, pássaros empalhados, vestuários, instrumentos de caça, fotos antigas e uma pequena sala dedicada ao famigerado presídio de Ushuaia. Conta ainda com uma bem-servida biblioteca.

**Museo Yámana** C. Rivadavia 56, próximo ao museu anterior, aberto diariamente 10h-20h, entrada $35/10 (estudantes). São três salas com várias maquetes dedicadas à presença indígena na Terra do Fogo: o povoamento, a chegada dos europeus e a vida yámana. Apesar de pequeno e com um ingresso não exatamente barato, é bem interessante.

**City Tour Bus Double Decker Saídas** Av. Maipú esq. C. Lasserre, seg/sáb 10h30 (nov/mar), e Av. San Martín esq. C. Juana Fadul 10h30 e 15h30 (todo ano); tarifa $75. Ônibus de percurso turístico, com dois andares – e nome todo em inglês mesmo –, tem suas paredes decoradas com desenhos, mapas e referências à história da Terra do Fogo; percorre lugares de interesse histórico e pontos panorâmicos.

## Compras

A cidade é zona franca de comércio; assim, deveria ser um bom lugar – em comparação a outras cidades da Patagônia e mesmo da Argentina – para comprar perfumes, eletrônicos, chocolates e outros artigos importados. No entanto, se há isenção de impostos, há o tradicional custo adicional de traslado, onerado pela distância, e comprar aqui acaba não sendo tão econômico no fim das contas. Algumas lojas lembram um *free shop* de aeroporto internacional, como a *Atlántico Sur Free Shop*, Av. San Martín 627. Nesta mesma avenida, são encontradas lojas de artesanatos e suvenires em geral, mas nem sempre baratos. Na Plaza 25 de Mayo, existe o *Paseo de los Artesanos*, com algumas banquinhas vendendo artesanato.

## Diversão

Ushuaia oferece uma vida noturna razoavelmente agitada. Na Av. San Martín e arredores há alguns bares e danceterias, com shows de rock argentino ou com mesa de sinuca. Alguns bares populares são: *Café de la Esquina*, San Martín esq. C. 25 de Mayo; *Café Shelk' nam (Banana's)*, San Martín 273; *Dublin Irish Pub*, C. 9 de Julio 168; *Sir Drake Pub*, Av. Malvinas Argentinas esq. C. Walanika, com música ao vivo dos anos 70 e 80; e o *Invisible Pub*, San Martín 19.

## Esportes de inverno

Há vários lugares para a prática de esportes de inverno na Terra do Fogo. O principal deles, e um dos mais novos, é o *Centro Invernal Cerro Castor*, a 26km de Ushuaia, que funciona de julho a outubro. Tem 28 pistas de esqui e snowboard, com quatro níveis de dificuldade, e serviços de bares, restaurantes, refúgios, escolas de esqui e snowboard e aluguel de equipamentos. O passe de um dia para esquiar ou fazer snowboard custa em torno de $210/270/320 (baixa/média/alta temporada); 5 dias $905/1110/1390 e 10 dias $1440/1760/2205 (preços de 2012). Em Ushuaia o escritório central fica na Av. San Martín 740, F.422.244.

Outra idéia é a patinação no gelo, gratuita, na *Pista de Patinaje Laguna Del Diablo* – que pode ser utilizada até de noite – no bairro Andino, entre as ruas Alem, Las Lajas, Staiyakim e Costa de la Laguna.

## Passeios

**Canal de Beagle** Um dos passeios mais bacanas que se faz a partir de Ushuaia é a navegação pelo canal. O seu nome, Beagle, vem do barco no qual o pesquisador inglês Charles Darwin visitou a região, em 1832. As principais excursões vão à *Isla de los Lobos*, passando pelo *Faro Les Eclaieurs* – que sinaliza aos navegantes a entrada da Bahía de Ushuaia – e à *Isla de los Pájaros*. A composição do visual é fantástica: aves de diferentes espécies e colônias de leões-marinhos em seu habitat natural, com a cordilheira da Terra do Fogo e seus picos de neve eterna ao fundo. O farol é o marco viajante do cenário.

Diferentes empresas organizam o tour, normalmente partindo em catamarãs, com saídas do porto turístico diariamente às 9h30 e 15h30. O passeio dura de 2h30 e custa $260 mais $12 de taxas portuárias. Uma alternativa um pouco mais econômica é a Barracuda, 3h de percurso, $240 mais $12, que foi a primeira embarcação turística a percorrer o Beagle, em 1975.

A fim de ir mais longe, pode-se encarar o passeio até a *Pinguineira*, passando pelos mesmos locais anteriores, pelo assentamento da cidade chilena de Puerto Williams (talvez a verdadeira cidade mais austral do mundo, mas melhor deixar pra lá...) até chegar a uma colônia de pinguins. Saídas às 15h30, leva 5h-6h, $430. Também é possível navegar um pouco adiante, até a Estância Harberton. (ver p.388)

Existem outras ilhas e passeios que se pode fazer ao cruzar o canal, informe-se nas agências junto ao mole. As saídas podem, eventualmente, ser canceladas na hora, com devolução do valor pago, em função de mau tempo. Melhor programar excursões como essa no início da viagem, pois, caso sejam suspensas, você ainda pode remarcá-las. Num dia de tempo bom, as viagens tornam-se realmente excepcionais.

**Glaciar Martial** A 7km do centro de Ushuaia; micro-ônibus saem do mole turístico, passagem $20 ida e volta, ou de táxi por $30, ida até a base do teleférico (*aerosilla*), que leva até o glaciar, diariamente entre 10h-16h, $65; da base você também pode subir a pé, 2km, um aclive razoavelmente puxado. Do final da aerosilla até o ponto da montanha, onde fica o pé da geleira, deve-se andar, não raramente sob neve, por aproximadamente 2h, uma subida bastante íngreme. Há duas trilhas, uma estreita, que passa por dentro de bosques, e outra mais larga, num caminho aberto na montanha. Muitos costumam agilizar a descida e "brincar de escorregador", o que não é aconselhável, já que há risco de fissura do gelo. O glaciar proporciona uma bela vista do Canal de Beagle e dos bosques que cobrem o Cerro Martial. A geleira em si – na verdade uma grande camada de gelo sobre a montanha –, entretanto, não é exatamente espetacular, especialmente se comparada com outras existentes na região da Patagônia; vale porém, pela vista panorâmica. Mas atenção: quando neva ou venta demais, a caminhada se torna impraticável ou pouco prazerosa.

**Lago Escondido e Lago Fagnano** Situados, respectivamente, a 60km e a 100km ao norte de Ushuaia, são lagos bastante populares para a pesca – da estrada que cruza o lago, a RN3, frequentemente se avistam pescadores. O Escondido faz jus ao nome, aconchegando-se entre as montanhas da cordilheira foguina, o que propicia belas paisagens aos que se aventurarem pelo local. O Fagnano se estende até a fronteira chilena, e é o segundo maior lago da Argentina. A alta temporada é entre novembro e março, época das trutas, célebre peixe – e prato – da região. Mas atenção: para praticar a pesca, é necessário obter uma licença, adquirida no *Club de Caza y Pesca*, na Av. Maipú esq. C. 9 de Julio, em Ushuaia. Próximo aos dois lagos há hosterías, cabanas e campings. Informe-se nas agências de viagem sobre excursões a estes locais, que levam em média 7h, $105, mas podem custar bem mais, conforme a temporada do ano e os serviços oferecidos.

**Estancia Harberton** A 85km ao leste de Ushuaia, funciona entre 15/out e 15/abr, diariamente 10h-19h, entrada $60 (gratuito para menores de 12). É possível chegar de barco, pelo Canal de Beagle, passando por suas ilhas, saídas ter/qui/sáb/dom às 9h, $475, 8h de viagem; ou via terrestre, de carro pela RN3 até Haruwen e tomando a RP33, ou de excursão, conforme o programa, entre $200-400. Fundada em 1886, é a estância mais antiga da Terra do Fogo, declarada monumento histórico nacional, com interessantes paisagens preservadas e criação de animais. Hoje pertence aos descendentes de seu fundador, o missionário anglicano reverendo Thomas Bridges, que chegou ao local com o objetivo de evangelizar os nativos. A visita inclui uma caminhada, com guia, pelos arredores da fazenda. O lugar também abriga o *Museo Acatushún*, de aves e mamíferos marinhos austrais, que exibe uma coleção de esqueletos de espécies da região, ingresso $6, e uma casa de chá, que serve o *té fueguino*, com doces, tortas caseiras e almoço com comidas típicas. É possível acampar nos arredores, mas deve-se pegar, no local, uma autorização para isso.

## PARQUE NACIONAL TIERRA DEL FUEGO

A 12km a oeste de Ushuaia, à beira do Canal de Beagle, já na fronteira com o Chile, encontra-se uma das maiores atrações da Terra do Fogo, o Parque Nacional de mesmo nome, instituído em 1960. São 63 mil hectares de uma paisagem exuberante, entre montanhas, bosques, picos nevados, lagos, rios e ilhas. Na entrada há um centro de informações que concede um mapinha apresentando as principais trilhas e o grau de dificuldade para percorrê-las. Viajantes que curtem trekking têm várias opções de percursos; já os motorizados que não estiverem a fim de caminhar podem conhecer diferentes setores de carro, aproveitando que as estradas chegam a pontos estratégicos do parque.

### Chegando e saindo

Para chegar, há ônibus regulares, que saem da frente do porto de Ushuaia, na Av. Maipú esq. C. Fadul, com frequência de hora em hora, $80 ida e volta. Esses ônibus param na entrada do parque e em diferentes pontos de seu interior, incluindo as áreas de camping. De táxi, o trajeto custa em torno de $200. Outra possibilidade, mais turística e divertida (porém menos econômica), é tomar o trem *Ferrocarril Austral*, que cruza parte do parque. Quem estiver de carro chega facilmente pela Av. L. N. Alem, que se torna, ao sair de Ushuaia, *Ruta 3* – esse aliás, é o trecho final desta via, que é a segunda maior estrada Argentina, vindo desde Buenos Aires. O guarda-parques funciona entre 7h-20h (8h-18h no inverno), entrada $60, mas quem entrar entre 20h-7h não paga ingresso; no inverno (mai/set), é gratuito durante todo o dia. Prepare-se, porém, para um frio de rachar.

Parque Nacional Terra do Fogo: o último parque do continente

**Ferrocarril Austral Fueguino** Trem turístico que parte da *Estación del Fin del Mundo*, a 8km de Ushuaia, com destino ao Parque Nacional Tierra del Fuego, passando por rios, vales, bosques e montanhas. No verão o trem sai às 9h30 e 15h (às vezes também às 12h) e faz o percurso em 50min, ou 1h40 com o retorno. Do parque a volta é às 10h40 e 16h10 (e 13h10, se houver o trem de ida do meio-dia). Passagem $175, mais o ingresso no parque, $60. No inverno parte às 10h e retorna 11h10, tarifa $155, e, nesta época do ano, a entrada no parque é gratuita. Eventualmente há disponível um vagão de primeira classe, com serviço de bordo e mesas e assentos individuais, por $240/310 (baixa/alta temporada), e, ainda mais luxuoso, um vagão presidencial, com cozinha e banheiro privativos e um lanche com bebidas, sanduíches e alfajores incluídos, $500/700. O local de saída é uma estação turística, construída para esta finalidade, com lojinha de suvenires e cafeteria. Para chegar, mesmo ônibus que vai ao parque, táxi em torno $90 ou de carro, pela RN3.

O *Tren del Fin del Mundo*, como também é conhecido, é uma locomotiva a vapor, réplica confortável do "trem dos presos", que segue por 7km dos 25km que os apenados que habitavam Ushuaia percorriam para chegar naquele local. Os condenados de bom comportamento eram recompensados a trabalhar no parque, derrubando árvores que serviam à construção e ao aquecimento. Ainda hoje se nota o "cemitério de troncos". O passeio de trem é todo guiado, o que garante descrições da flora do parque e algumas histórias interessantes da época. Vale também por penetrar numa porção, em geral, pouco própria a caminhadas; entretanto, a área que se conhece de dentro do trem é muita limitada, e não substitui que você adentre mais no parque com suas próprias pernas.

## Trekking

No setor Lapataia há várias trilhas curtas, de 400m a 2km, e de dificuldade baixa. Uma delas é a que chega no Mirador Lapataia, que oferece uma visão panorâmica da baía de mesmo nome. A trilha é uma subida razoavelmente fácil, de 1km a partir do ponto final dos 3.063km da RN3 – ideal, portanto, para quem está de carro, mas não quer se levar totalmente pelo sedentarismo.

Entre os percursos mais longos, a trilha *Senda Costera*, 6,5km de dificuldade média, de onde se vislumbra a mesma baía, ora passa por dentro de bosques, ora beira praias. Um pouco menor é a *Senda Pampa Alta*, 4,9km de distância, ou, a partir da RN3, 3,7km, também dificuldade média; do seu ponto panorâmico, se avista o Canal de Beagle e o Vale do Río Pipo. O ponto de partida deste percurso está no camping da Bahía Ensenada.

A trilha *Senda Hito XXIV*, ou *Senda Lago Roca*, 4km, dificuldade média, também parte de um camping, o Lago Roca – e contorna o lago até a margem nordeste, no ponto Hito XXIV, fronteira com o Chile. Outra trilha que surge a partir desta é *Senda Guanaco*, 4km, dificuldade alta. O percurso é uma subida íngreme ao topo do cerro Guanaco, que, após 4 horas de subida, propicia uma bela vista da cordilheira da Terra do Fogo.

Durante a caminhada, em meio a uma vegetação bem variada, encontram-se bosques de *lenga*, em especial na costa Beagle, parte mais úmida. Nos espaços entre as formações rochosas, se estendem regiões de terras alagadas e superfícies cobertas de musgos. Um vegetal interessante de se procurar é a *drosera*, planta carnívora colorida que se alimenta de pequenos insetos. Ao longo do percurso podem-se encontrar dezenas de espécies de pássaros e vários outros animais, como raposas, guanacos, lobos marinhos (na costa) e castores (nos rios).

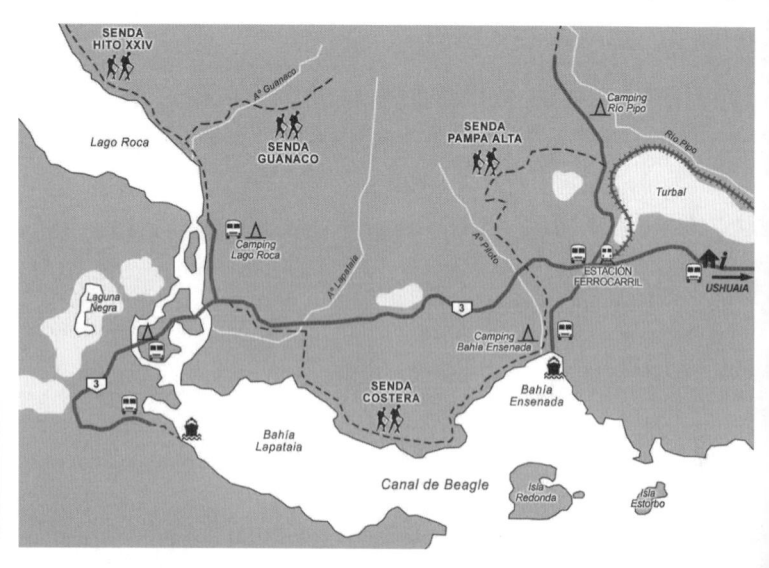

# MINIGUIA para uma viagem de carro pela Argentina

O avião garante a rapidez do transporte, e o ônibus a tranquilidade de apenas sentar num banco e apreciar a paisagem; nenhum desses meios, no entanto, oferece a liberdade que uma viagem de carro, próprio ou alugado, propicia.

A Argentina, pela proximidade e pelas estradas bem-conservadas (o que a diferencia de outros países limítrofes, como Peru e Bolívia), é o país estrangeiro que mais nos oferece a facilidade para ingressar e percorrer de carro. É também o que, a tão poucos quilômetros de distância, mais nos proporciona belas e distintas paisagens, onde se pode parar à beira de um lago ou de uma montanha para apreciar e bater uma foto. De quem rodou quase 50 mil quilômetros pelo país, podemos assegurar: vale viajar para e pela Argentina de carro. Mas não é só ligar o motor e se mandar. Bem mais do que uma viagem de ônibus, partir com seu veículo requer um eficiente planejamento em vários aspectos de sua jornada – que, se você desejar, também pode chamar de passeio ou aventura.

## 1. Normas e documentos

Para viajar motorizado pela Argentina, além de, obviamente, estar em dia com os documentos do carro e do motorista, você deve tomar algumas precauções. Talvez a mais importante seja o chamado *Seguro carta-verde*, válido para o Mercosul, que cobre sinistros de automóvel de terceiros (já para o seu carro, espera-se que o seu seguro no Brasil valha para o Mercosul). É feito por algumas seguradoras, e o valor depende da companhia e do período de cobertura. Uma ideia de preço: 1 semana: R$130; 15 dias: R$220; 1 mês: R$270.

Durante a viagem, você deve portar os documentos originais de propriedade do veículo; caso o carro não esteja no nome de nenhum dos viajantes, o motorista deve levar consigo uma permissão para uso do automóvel. Neste caso, é necessário que o proprietário faça uma procuração, e a autentique em cartório, autorizando o condutor a trafegar pelo território argentino (e pelos demais países que visitar, se assim for). Posteriormente, para aumentar a burocracia, você deve enviar esta procuração para a Divisão de Assistência Consular – Setor de Legalização de Documentos – Ministério das Relações Exteriores – Esplanada dos Ministérios, Bloco H, Anexo I, Térreo. CEP 70170-900 Brasília / DF. Lá, o documento será legalizado e enviado de volta a você (em até 60 dias!, ou 24h direto no local). Caso haja alguma dúvida, ligue para (61) 3411.6978.

Outra norma a ser observada é a que proíbe o uso de acessórios não-originais no carro, como um engate de reboque (sem o roboque) ou um "mata-cachorro" (também conhecido como "quebra-mato", grade da frente comum em caminhonetes). Em compensação, você deve providenciar e ter no veículo um cabo de aço de 1,5 a 2 metros – o chamado "cambão" – para a eventual necessidade de ser rebocado, o que, acredite, pode realmente ser útil.

Outros itens necessários: cinto de segurança (e algum carro não tem??) e apoiador de cabeça também nos bancos traseiros, extintor de incêndio (você já deve ter), dois triângulos (sim, são necessários dois), caixa de primeiros-socorros. A falta de algum desses itens pode ser um bom pretexto para você se incomodar com a polícia argentina. Outra norma no país é dirigir com o farol ligado nas estradas, o que, se não for cumprido, pode gerar multa aos motoristas desavisados.

Existe uma bizarra história de que é necessário um lençol branco ou saco plástico para acobertar o corpo de um eventual cadáver, mas isso é apenas lenda.

Portar caixa de ferramentas não é obrigatório, mas, no caso de uma longa viagem de carro, pode ser bastante útil. Mesmo que você não entenda de mecânica, alguém de boa vontade, disposto a ajudar, pode precisar. Importante: confira que o seguro do seu auto vale no Mercosul, e não se esqueça

## Check-list do que você deve ter para viajar pela Argentina:

- ✓ Seguro carta-verde
- ✓ Documentos originais de propriedade do veículo
- ✓ Cambão de 1,5-2m
- ✓ Cinto de segurança e apoiador de cabeça em todos os bancos
- ✓ Extintor de incêndio
- ✓ Dois triângulos
- ✓ Caixa de primeiros-socorros

de levar o número de telefone da seguradora. De qualquer maneira, é indispensável submeter seu veículo a uma boa revisão antes de sair do Brasil. E, se viajar no inverno, próximo aos Andes, é preciso levar correntes para os pneus, para o caso de neve na pista.

Velocidade: em geral, nas Rutas Nacionais, o limite é de 110km/h; em algumas autopistas próximas a Buenos Aires, pode chegar a 130km/h, mas fique atento, pois o que acaba valendo mesmo é a sinalização das placas existentes – e o seu bom senso de não correr demais.

## 2. Travessia de fronteiras

Cruzar a fronteira argentina de carro não costuma trazer maiores problemas. É fundamental prestar atenção nos requisitos de uma viagem de carro; evidentemente, todos os documentos, tanto do automóvel quanto do motorista, devem estar em dia. E atenção: ao passar por algumas divisas, o controle pode ser pífio, com algum oficial argentino apenas checando, quando muito, sua identidade. Lembre-se: você precisa do cartão de ingresso – caso o guarda da aduana não lhe forneça, vá atrás; de outra forma, você pode se incomodar para sair do país – e ninguém se comoverá em saber que foram eles que não fizeram o serviço direito no controle da entrada.

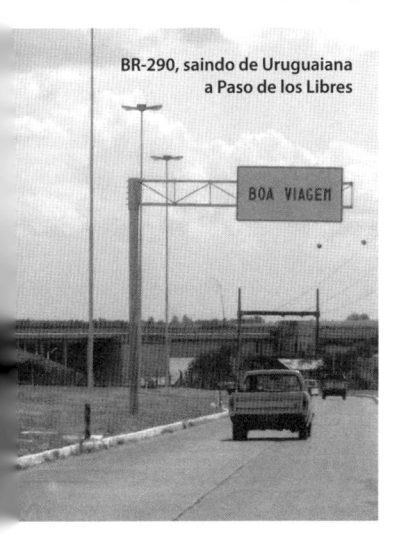

BR-290, saindo de Uruguaiana a Paso de los Libres

A Argentina faz divisa com o Brasil (fronteira noroeste do Rio Grande do Sul e um pedaço de Santa Catarina e do Paraná); Uruguai, Paraguai, Bolívia e Chile. Do Brasil, os melhores pontos de travessia, considerando a qualidade das estradas, são a partir das cidades gaúchas de Uruguaiana (à argentina Paso de los Libres), São Borja (a San Tomé) e da paranaense Foz do Iguaçu (à quase homônima Puerto Iguazú).

Se for passar pelo Uruguai, é bastante prático o ferry que cruza o Rio de la Plata entre Buenos Aires e Montevidéu ou Colônia de Sacramento, uma viagem rápida (entre 1h e 3h), porém não das mais baratas (leia mais no capítulo "Viajando" de Buenos Aires). Como alternativa à travessia de barco (e horários, passagens...), existem algumas pontes, sobre o Rio Uruguai, que permitem o acesso de um país a outro, mas provavelmente você terá que rodar um pouco mais. A saber, do lado uruguaio ao argentino: Fray Bentos – Puerto Unzué; Paysandú – Colón; Ponte Internacional – Concórdia/Ayuí.

Atravessar as fronteiras com o Chile, país que costuma fazer um controle mais rigoroso da entrada em seus limites, significa passear pelas mais belas paisagens da América do Sul, cruzando desertos, a partir de Salta (ao norte), montanhas (os Andes, toda região central, destacando a fascinante pré-cordilheira percorrida por quem vem de Mendoza), vulcões (Lanín, no Parque Nacional de mesmo nome, no centro-sul), lagos (na mesma região centro-sul, como o Nahuel Huapi, vindo de Bariloche) e geleiras (no extremo sul, em percursos de nem sempre fácil acesso). Atenção que muitos desses trechos, considerando a elevada altitude andina e a latitude austral, podem estar interditados no inverno ou durante nevascas. Veja mais detalhes a seguir, na página 396.

Ruta 33, Noroeste Argentino

## 3. Postos de controle Brasil – Argentina

### Uruguaiana (RS) – Paso de los Libres
Primeira ligação por estrada entre Brasil e Argentina, hoje BR-290, que leva até a Ponte Internacional, passando pelo Rio Uruguai. Em geral, costuma estar em boas condições; eventualmente, com alguns buracos tapados e em manutenção básica.

### Porto Xavier (RS) – San Javier
Trajeto pouco utilizado para chegar na Argentina, pela BR-472. Rodovia em más condições: melhor evitar ou dirigir com bastante atenção. É necessário tomar uma balsa, que não funciona aos domingos.

### São Borja (RS) – San Tomé
Pela BR-285 ou pela BR-287 chega-se à ponte que liga os municípios de São Borja e San Tomé. A BR-285 inicia-se na divisa entre o Rio Grande do Sul e Santa Catarina, perto de São José dos Ausentes, onde a estrada está em condições precárias. Adiante, entre Bom Jesus e Santa Bárbara do Sul, a situação está boa. Desta localidade até São Borja, o único trecho em bom estado fica entre Santo Ângelo e São José. Já a BR-287 está pior: condições razoáveis de Camobí a São Vicente do Sul e críticas deste município até São Borja.

### Porto Mauá (RS) – Alba Possi
Duas pequenas cidades separadas pelo Rio Uruguai, cujas estradas nem sempre constam nos mapas e sites de referência. O acesso é pela RS-344, em bom estado, que passa pelos municípios de Santo Ângelo e Santa Rosa. O maior problema da travessia neste ponto são os horários limitados da balsa que cruza o rio. Este percurso é bastante utilizado pelos gaúchos que vão a Foz do Iguaçu (ou comprar muamba no Paraguai...).

### Dionísio Cerqueira (SC) – Bernardo de Irigoyen
Cruza-se a fronteira pela BR-163, estrada que se encontra em condições de razoáveis a ruins, com pista deteriorada e sem a presença de acostamento.

### Foz do Iguaçu (PR) – Puerto Iguazú
A partir de Curitiba, toma-se a BR-376 e desvia-se pela BR-277, que vai até a fronteira. Até o Km 140, a rodovia está sujeita a obras; a partir deste trecho, encontra-se em boas condições. Se você for viajar pelo território argentino ou, posteriormente, sair por outra fronteira, é importante que você informe isso na aduana, já que muitos dos carros que cruzam são apenas rápidos visitantes, que não passam por qualquer controle. Tal situação, se é conveniente para quem vai apenas passar o dia nas cataratas, pode se tornar um transtorno para quem pretende ir além e se distanciar desta fronteira.

## 4. Percursos de fronteira entre Argentina x Chile

A disputa é lendária. Quem ganha é o viajante, ao cruzar a fronteira entre os territórios argentino e chileno. Atenção que grande parte dos pontos de travessia é pela Cordilheira dos Andes, o que significa que no inverno os acessos podem estar fechados devido a nevascas – se você viajar nesta época, deve sempre conferir isso (além de redobrar os cuidados ao dirigir). As principais e mais interessantes rotas de travessia entre Argentina e Chile são:

### Salta – San Pedro de Atacama
Fronteira na região Noroeste argentina que se atravessa pelo *Paso de Jama*. A estrada foi asfaltada recentemente, e o caminho é um espetáculo à parte: estradas serpenteantes – a impressionante *Cuesta del Lipán* –, subida de montanhas (atingindo 4.170m de altitude; um monolito marca o lugar), travessia de desertos e salares e, já no lado chileno, contemplação de vulcões. Outra possibilidade é cruzar o *Paso Sico*, próximo a esse, trajeto menos usual, em piores condições e sem a mesma beleza.

### Mendoza – Santiago
Caminho tradicional para quem vai à capital chilena, a estrada cruza a Cordilheira dos Andes, passa por Uspallata, onde foi filmado *Sete Anos no Tibet*, pela entrada do Aconcágua, a maior montanha das Américas, e atravessa o túnel Cristo Redentor, divisa entre os dois países. Posteriormente, após cruzar a aduana no Chile, se desce "*Los Caracoles*", outra estrada serpenteada, com muitas curvas, buracos e penhascos.

Vulcão Lanín

### Junín de los Andes – Pucón
Cruzando o *Paso Mamuil Malal*, tradicionalmente conhecido como *Paso Tromen*, a estrada, grande parte em rípio, atravessa o Parque Nacional Lanín com o belo Vulcão Lanín se destacando na paisagem, e, no lado chileno, passa por algumas comunidades indígenas.

### Villa la Angostura – Osorno
Fronteira na Região dos Lagos muito utilizada por brasileiros que de Bariloche vão ao Chile (ou fazem o caminho inverso). A estrada, em ótimas condições, margeia lagos e montanhas com picos nevados no lado argentino, e, no chileno, passa pelo Parque Nacional Puyehue.

### Esquel – Futaleufú/Carretera Austral
De Esquel, ao sul de Bariloche, uma estrada quase toda de rípio passa pelo povoado de Trevelin e cruza a Futaleufú, no Chile, indo em direção ao norte da Carretera Austral.

### Los Antiguos – Chile Chico/Carretera Austral
Fronteira próxima da RN40 em meio ao deserto da Patagônia, esse caminho é utilizado por aqueles que vêm do sul e planejam seguir viagem pelo território chileno, se aventurando através da Carretera Austral. A estrada só possui asfalto nas cidades fronteiriças; fora isso, muita terra e pedra. Mas vale a pena. A partir de Chile Chico, essa via é um dos braços da Carretera – e um dos seus trechos mais impressionantes.

### Rio Turbio – Puerto Natales
Caminho para quem vem de El Chaltén e El Calafate em direção a Puerto Natales, no Chile, porta de entrada para o Parque Nacional Torres del Paine. A estrada está asfaltada e em ótimas condições. Quem deseja ir direto ao parque pode cruzar a fronteira em Cerro Castillo, ao norte de Rio Turbio, mas trafegará por estradas de rípio.

### Rio Gallegos/Ushuaia – Punta Arenas
Para a Terra do Fogo, ponto mais austral dos dois países, deve-se cruzar o *Paso de Integración Austral*, em Monte Aymond, rodar em território chileno por estradas asfaltadas até a balsa que atravessa o Estreito de Magalhães, continuar por trechos de pavimento e rípio até a cidade de San Sebástian, cruzar novamente a fronteira, voltando ao lado argentino, e seguir, finalmente, até Ushuaia, passando por Río Grande e pela bela cordilheira foguina. Se o destino for o Parque Torres del Paine ou alguma cidade chilena, ao cruzar o paso, basta seguir a Punta Arenas ou Puerto Natales.

## 5. Controle alfandegário

Documentos em ordem, nada ilegal no veículo, e você não terá qualquer transtorno para cruzar as fronteiras. O controle não é padrão: em vários postos alfandegários você deverá preencher um formulário com dados do veículo e do motorista, e seu carro pode ser todo revistado (mais comum entre Argentina e Chile, em especial ao entrar neste último vindo de Mendoza); outras vezes você poderá ingressar no país apenas passando por uma rápida identificação, sem sequer sair do carro (não raro vindo do Brasil, entre Uruguaiana e Paso de los Libres).

De qualquer forma, importante, particularmente em viagens do Brasil com destino ao Chile: você deve preencher um cartão de imigração ao entrar na Argentina, que precisará apresentar na alfândega ao deixar o país; caso você não receba o cartão, vá atrás, ou poderá se estressar na hora de sair (o controle na fronteira chilena é bem mais minucioso).

## 6. Corrupção da polícia rodoviária

É bom saber: a polícia rodoviária argentina nem sempre é das mais idôneas. Documentação irregular, ausência do seguro carta-verde ou carro com acessórios indevidos podem levar a multas. Com tudo isso em ordem, ainda assim você pode ser penalizado – no caso de ser parado por policiais desonestos, por um suposto excesso de velocidade, por exemplo.

Às vezes o policial pode descaradamente fazer uma oferta, lembrando o valor das multas, ou deixar que você tome a iniciativa de um agrado financeiro para não receber a penalidade. Tente escapar de tudo isso. Se não conseguir, e preferir resignadamente aceitar a "oferta", não lhe dê mais do que 10 ou 20 dólares, ou 50 pesos – ou, de repente, 10 ou 20 pesos, ainda que ele possa achar muito pouco. Justifique que não está viajando com muito dinheiro e sim com cartões de crédito, e tente molhar a mão do cara com o mínimo possível.

O ideal mesmo, nessa situação, seria levar a multa e não dar propina alguma ao policial-pilantra, ainda que isto custe mais e você seja obrigado a pagar a infração na hora de sair do país – o que, entretanto, pode não ocorrer, já que a comunicação entre a polícia rodoviária e a aduaneira nem sempre é eficiente.

Relatos deste tipo de extorsão têm diminuido nos últimos tempos – ao menos não temos ouvido tantas histórias de viajantes sobre o assunto. De qualquer forma, ainda acontecem e, se na Patagônia é quase raro, nas proximidades das fronteiras com Brasil, Uruguai e Paraguai é razoavelmente frequente (com os carros estrangeiros). Fique atento nos seguintes trajetos: Ruta 14, entre Paso de los Libres, fronteira a Uruguaiana, e Buenos Aires, em especial ao longo da província de Entre Ríos (entre os Km 335 e Km 135); Ruta 16, entre Corrientes e Salta, em particular na província de Santiago del Estero (atenção ao primeiro posto rodoviário ao cruzar esta província); Ruta 2, movimentada rodovia de pista dupla entre a capital e Mar del Plata (fique esperto nas proximidades do balneário).

É possível que, com o carro todo em ordem, os caras inventem irregularidades, como "seguro turismo" ou "extintor de incêndio para motos". E se ameaçarem você com a apreensão do carro, é só para assustar. Um veículo na Argentina só pode ser confiscado por documentação adulterada ou inexistente ou motorista embriagado, nunca por uma infração, mesmo que legítima. Se você for vítima dessas situações, se possível, denuncie: tente alguma Delegacia do Turista.

Caso você não consiga escapar da propina, exija o comprovante de pagamento da "multa". Esse documento, como consolo, pode valer como um salvo-conduto ao ser mostrado a outros policiais (corruptos), caso parem

**Gasolina argentina: já foi mais barata!**

você, isentando-o, por incrível que pareça, de pagar por "outras infrações" durante aquele dia naquela província.

Mas claro que, como no Brasil, policiais rodoviários desonestos são apenas alguns poucos, já que a maioria está trabalhando de forma correta, fiscalizando o tráfego à beira das estradas, e frequentemente disposta a ajudar quando necessário.

## 7. Postos de combustível

Na Argentina, os postos de combustível são conhecidos como *estación de servicios*. Dificilmente você roda grandes trechos sem encontrar algum, mesmo na Patagônia. De qualquer forma, em regiões mais desérticas e subpovoadas, preveja sempre combustível no seu tanque que permita rodar no mínimo 200km, a fim de evitar surpresas desagradáveis (e lembre-se que não é permitido estocar gasolina no porta-malas!). Cartões de crédito costumam ser aceitos.

Muitos postos, fazendo justiça ao nome em espanhol, têm bons serviços, como lojas de conveniência, restaurantes e chuveiros – estes, bastante práticos para os viajantes que dormem no carro –, e costumam ser gratuitos ou têm um custo básico de $1 a $3. Vale parar ou abastecer em postos conhecidos, e os mais populares na Argentina são YPF, Shell, Esso e, mais recentemente, os da brasileira Petrobras, que está entrando com força no país.

## 8. Gasolina

Você já deve prever que numa viagem de carro vai gastar bastante em combustível. Em outros tempos, isso seria amenizado na Argentina: a gasolina era consideravelmente mais barata do que a brasileira. Mas essa época passou. A forte inflação que atingiu o país teve reflexos importantes nos combustíveis. Apesar do preço variar conforme a província, os valores se equivalem aos nossos (ou mesmo os superam). Para se ter uma ideia, em abril de 2013, no Brasil, você encontrava o litro de gasolina em São Paulo entre R$ 2,45 e R$ 2,70, e em Porto Alegre, em média por R$2,70. Em Buenos Aires, estava $6,89 no mesmo período (em torno de R$2,84).

Situação um pouco diferente ocorre na Patagônia – mais exatamente a partir da cidade de Sierra Grande, na RN3, na Província de Chubut, ou de El Bolsón, na RP258, na Província de Río Negro –, onde o combustível é subsidiado, tornando-se mais barato, cerca de $5,25 – aproximadamente R$2,25.

A gasolina argentina, chamada de nafta, possui a mesma octanagem do combustível brasileiro, também se equivalendo nos diferentes tipos. A comum, conhecida como *normal*, possui 86 octanas, e a *Super* (equivalente a Podium da Petrobrás), 95 octanas. Assim, se você costuma abastecer com a normal no Brasil, pode fazer o mesmo na Argentina, que não haverá qualquer prejuízo ao seu carro – e aproveitará o preço mais em conta (é recomendável abastecer com gasolina sem chumbo, *sin plomo*). Aos motoristas de carros flex, álcool como combustível não existe no país. Em compensação, na Argentina é comum o *GNC* (Gás Natural Comprimido), equivalente ao nosso GNV (Gás Natural Veicular) e, assim como no Brasil, é possível encontrar essa alternativa de combustível em grandes centros e em alguns postos à beira de estradas. Já o diesel, chamado pelos hermanos de *gasoil*, é facilmente encontrado em todos os postos do país.

## 9. Pedágio

Diferente das rodovias do Brasil e principalmente do Chile, as estradas argentinas não abusam de pedágios. As vias com maior número de postos são a RN7, de Buenos Aires à fronteira chilena via Mendoza (9 pedágios, sendo 7 até San Luis, 1 entre esta e Mendoza e o último, no trecho final, 100km após Uspallata); a RN14, entre Paso de los Libres e Buenos Aires (5 pedágios); e a RN9 e RN11, entre Buenos Aires e Santa Fé (4 pedágios).

Conforme o seu roteiro, é possível rodar muito pela Argentina, inclusive pela Patagônia, sem passar por um único posto de pedágio. Quando encontrar, sem sustos – as tarifas não são das mais caras: em média de $1,90 a $2,40, ainda que se encontre por $0,60 (RN22, acerca de Neuquén) e $9 (entre Mar del Plata e Buenos Aires).

# Principais estradas da Argentina

## 10. Estradas

As estradas argentinas são conhecidas por um número precedido pela abreviatura RN (*Ruta Nacional*, de responsabilidade do governo do país) ou RP (*Ruta Provincial*, administrada pela Província). As principais são quase sempre asfaltadas e, em geral, encontram-se em bom estado de conservação (melhores e bem menos esburacadas do que as brasileiras), com sinalização eficiente, acostamento e marcação na pista.

Outras tantas estradas são de chão batido ou rípio (cascalho), pequenas pedrinhas que provocam bastante poeira e podem arranhar ou quebrar o vidro. Ainda assim, estas vias costumam estar em condições satisfatórias para rodagem.

Estradas na Argentina, especialmente ao longo da fronteira andina com o Chile, estão constantemente sujeitas a intempéries climáticas. No inverno (ou mesmo nas demais estações), não é raro chuva e neve interditarem-nas, impossibilitando o trânsito. Nesta época do ano, você deve rodar com correntes nos pneus – mas o melhor mesmo é evitar a viagem de carro, já que dirigir sobre neve deslizante realmente não é a praia dos brasileiros.

Poucas rodovias argentinas são de pista dupla: as de Buenos Aires para Mar del Plata, Santa Fé, La Plata e Lujan, a entre Mendoza e San Martín e alguns pequenos trechos próximos de Córdoba e de Salta. De qualquer forma, com exceção de alguns trajetos envolvendo as maiores cidades, as estradas não costumam ser muito movimentadas, do tipo repletas de carros e de caminhões dificultando ultrapassagens, como é comum no Brasil.

À parte regiões de serras e montanhas, predominam percursos retilíneos a perder de vista, principalmente na tranquila Patagônia. Aqui, onde o movimento de carros é pequeno e a paisagem tão interessante como monótona, o mais importante é se manter desperto. Em viagens assim, é sempre bom ter uma companhia que possa revezar com você a direção.

## 11. Mapas

É fundamental, ao viajar de carro, levar um bom mapa rodoviário. Aqui no Guia O Viajante damos uma boa ideia das principais rodovias, mas sem a intenção de substituir os mapas específicos de estrada: você encontra, no Brasil, à venda em boas livrarias, com destaque ao *Collins*, ao *Insight Travel Map* e ao *Quatro Rodas Mercosul*.

Na Argentina você também acha bons mapas rodoviários (tanto de todo o país quanto, em escalas maiores e mais detalhados, de determinadas províncias), frequentemente até em postos de gasolina. Uma outra alternativa é o bom site www.ruta0.com, espécie de mapa virtual descritivo.

LAVABOS
CALLE
PERMISO
CERRADO   HOLA
PASTEL   PAPAS
AUTOBÚS
POSTRE
PLAZA
DESAYUNO

**Pequeno Dicionário**

# PORTUGUÊS-ESPANHOL
### do Guia O Viajante
### Argentina

## Falo mal, mas sou educado

*Oi* - Hola

*Tchau / Adeus / Até logo* - Chau / Adiós / Hasta luego

*Bom dia / Boa tarde / Boa noite* - Buenos días / Buenas tardes / Buenas noches

*Como vai?* - ¿Cómo está usted? (formal) / ¿Cómo estás? (informal)

*Muito bem, obrigado(a)* - Muy bién, gracias.

*Muito prazer* - Mucho gusto / encantado(a)

*Obrigado(a)* - Gracias

*Desculpa* - Perdón / Lo siento

*Com licença* - Permiso

*Por Favor* - Por Favor

## Expressões e palavras úteis

*Sim / Não* - Sí / No

*Não entendo* - No entiendo

*Você fala português / inglês?* - ¿Hablas portugués / inglés?

*Não falo espanhol* - No hablo español

*Por favor, fale mais devagar* - Por favor, habla más despacio

*Onde é / fica...?* - ¿Dónde está / se encuentra...?

*Quanto custa?* - ¿Cuánto costa?

*Caro / Barato* - Caro / Barato

*Grande / Pequeno / Médio* - Grande / Pequeño / Mediano

*Quente / Frio* - Caliente / Frío

*Bom / Bem / Ruim* - Bueno / Bién / Malo

*Aberto / Fechado* - Abierto / Cerrado

*Esquerda / Direita* - Izquierda / Derecha

*Longe / Perto* - Lejos / Cerca

*Cedo / Tarde* - Temprano / Tarde

## Emergências

*Socorro!* - ¡Socorro!

*Pare!* - ¡Pare!

*Onde fica o hospital?* - ¿Dónde queda el hospital?

*Chame um médico, por favor!* - ¡Llame a un médico, por favor!

*Chame a polícia / os bombeiros!* - ¡Llame a la policía / a los bomberos!

*Onde fica o telefone / Preciso de um telefone!* - ¡Dónde está el teléfono / Necesito un teléfono!

## Estações do ano

*Verão* – Verano
*Outono* – Otoño
*Inverno* – Invierno
*Primavera* – Primavera

## Números

0 - cero
1 - uno
2 - dos
3 - trés
4 - cuatro
5 - cinco
6 - seis
7 - siete
8 - ocho
9 - nueve
10 - diez
11 - once
12 - doce
13 - trece
14 - catorce
15 - quince
16 - dieciséis
17 - diecisiete
18 - dieciocho
19 - diecinueve
20 - veinte
21 - veintiuno
22 - veintidós
30 - treinta
32 - treinta y dos
40 - cuarenta
50 - cincuenta
60 - sesenta
70 - setenta
80 - ochenta
90 - noventa
100 - cien
500 - quinientos
1000 - mil

## Tempo

*Uma hora / Meia hora / Minuto / Segundo* - Una hora / Media hora / Minuto / Segundo

*Hoje / Ontem / Amanhã / Depois de amanhã* - Hoy / Ayer / Manãna / Pasado Mañana

## Semana

*Segunda* - Lunes
*Terça* - Martes
*Quarta* - Miércoles
*Quinta* - Jueves
*Sexta* - Viernes
*Sábado* - Sábado
*Domingo* - Domingo

## Meios de transporte

*Ônibus* – Autobús
*Trem* – Tren
*Avião* – Avión / Aeroplano
*Barco* – Navío
*Carro* – Auto / Coche
*Bicicleta* – Bicicleta

## Meses

*Janeiro* - Enero
*Fevereiro* - Febrero
*Março* - Marzo
*Abril* - Abril
*Maio* - Mayo
*Junho* - Junio
*Julho* - Julio
*Agosto* - Agosto
*Setembro* - Septiembre
*Outubro* - Octubre
*Novembro* - Noviembre
*Dezembro* - Diciembre

## Comes & Bebes

*Comida / Bebida* - Comida / Bebida

*A conta, por favor* - La cuenta, por favor

*Sou vegetariano* - Soy vegetariano

*Garçon(ete)!* - ¡Camarero (a) / Mozo (a)!

*Prato / Copo / Garrafa* - Plato / Vaso / Botella

*Faca / Garfo / Colher* - Cuchillo / Tenedor / Cuchara

*Mal-passado / bem-passado / ao ponto* - Poco hecho / muy hecho / al punto

*Café da manhã / almoço / jantar* - Desayuno / almuerzo / cena

*Água mineral / com gás / sem gás* - Água mineral / con gás / sin gás

*Refrigerante / Cerveja / Vinho* - Gaseosa / Cerveza / Vino

*Carne (boi) / Porco / Peixe / Frango* - Carne / Cerdo / Pescado / Pollo

*Batatas fritas / ao forno* - Papas fritas / al horno

*Sobremesa / Doce / Chocolate* - Postre / Dulce / Chocolate

*Chá / Café / Bolo / Torta* - Té / Café / Pastel / Tarta

*Pão / Leite / Queijo / Presunto* - Pan / Leche / Queso / Jamón

*Manteiga / Geleia / Mel* - Mantequilla / Mermelada / Miel

*Frutas / Abacaxi / Banana* - Frutas / Piña / Banana

*Manga / Mamão / Melão / Morango* - Mango / Papaya / Melón / Fresa

## Lugares

*Aeroporto* - Aeropuerto

*Banco* - Banco

*Banheiros* - Lavabos / Servicios / Baños

*Correio* - Correo

*Estação* - Estación

*Farmácia* - Farmacia

*Hospital* - Hospital

*Parada de ônibus* - Parada del autobús

*Praça* - Plaza

*Restaurante* - Restaurante

*Rua* - Calle

*Bar* - Bar

## Expressões quase indispensáveis

### No supermercado

*Há algum supermercado neste bairro?* - ¿Hay algún supermercado en este barrio?

*Uma pergunta: onde encontro latas de atum / sardinha?* - Una pregunta: ¿Dónde encuentro las latas de atún / sardinas?

*Onde fica a fruteira?* - ¿Dónde es la frutería?

### No trânsito

*Que engarrafamento é este trânsito de Buenos Aires, hein!* - Que embotellamiento es este tránsito de Buenos Aires, eh!

*O trânsito daqui não é nada comparado com minha cidade no Brasil!* - El tránsito de aquí no es nada comparado con mi ciudad en Brasil!

## Albergue / Hotel

*Albergue / Hotel* - Hostel / Hotel

*Há quartos disponíveis?* - ¿Hay habitaciones libres?

*Gostaria de um quarto para uma pessoa / duas / três pessoas* - Me gustaría una habitación individual / doble / triple

*Quarto com chuveiro* - Habitación con ducha

*Tenho uma reserva* - Tengo una reservación

## Na farmácia

*Há alguma farmácia aqui por perto?* - ¿Hay alguna farmacia aquí cerca?

*Tem remédio para dor de cabeça / garganta / estômago?* - ¿Tiene remedio para el dolor de cabeza / garganta / estómago?

*Onde encontro preservativos / absorventes?* - ¿Dónde encuentro los preservativos / absorventes?

## No cinema

*Que filme está em cartaz?* - ¿Qué película esta en cartel?

*O filme não é dublado, é?* - ¿La película no es doblada, es?

*Há desconto para estudantes?* - ¿Hay descuentos para estudiantes?

## No futebol

*Todos sabem que Pelé é melhor que Maradona...* - Todos saben que Pelé es mejor que Maradona...

*O Brasil ainda é a melhor seleção de futebol do mundo...* - Brasil todavía es el mejor equipo de fútbol del mundo...

## Nas compras

*O quê? Está muito caro!* - ¿Que dice? ¡Sale demasiado caro!

*Sou um irmão sul americano, me dê um desconto...* - Soy un hermano sudamericano, deme algún descuento...

*Não sou europeu, nem norte-americano... sou brasileiro, faça mais barato, por favor!* - ¡No soy ni europeo, ni estadounidense... soy brasileño, baje los precios, por favor!

## Na selva urbana

*Neste lugar não há cobras / morcegos / aranhas / crocodilos?* - ¡¿En este lugar no hay culebras / murciélagos / arañas / cocodrilos?!

*Este hotel é imundo, tem um rato/uma barata no meu quarto!* - ¡Este hotel es una inmundicia, hay um ratón / una cucaracha en mi habitación!

## Na paquera

*Não nos conhecemos de algum lugar?* - Creeo que nos conocemos de alguna parte...

*Você vem sempre aqui?* - ¿Vienes siempre aquí?

*Sim, as brasileiras são muito bonitas, mas não existe mulher igual a argentina...* - Sí, las brasileñas son muy guapas, pero no hay mujer como la argentina...

*Desde que olhei pra você me apaixonei...* - Me enamore tan pronto te vi...

*No meu hotel não dá... Você não conhece outro lugar?* - En mi hotel creeo que no... ¿No conoces algun otro sitio?

*Não sem camisinha!* - ¡No sin un condón!

*Acho que estou grávida... você será o pai de meu filho!* - ¡Creeo que estoy embarazada... serás el padre de mi hijo!

## Na real

*Ora, muito obrigado, mas meu espanhol não é tão bom assim... é que eu tenho um ótimo guia de viagens!* - ¡Bueno, muchas gracias, pero mi español no es así tan bueno... és que tengo una guia de viaje fantástica!

# Glossário

Este não é um dicionário oficial; são palavras e expressões utilizadas no guia, muitas de uso frequente durante uma viagem pela Argentina. Outros termos não presentes aqui você pode encontrar no Pequeno Dicionário Português-Espanhol, nas páginas anteriores.

**4x4,** port, veículo com tração nas quatro rodas, próprio para terrenos acidentados.

**ACA,** esp, abr, Automóvil Club Argentino.

**Aduana,** port, alfândega.

**Ahumado,** esp, culi, defumado.

**Andinistas,** port, montanhistas que escalam os Andes, em oposição a alpinistas, que originalmente designa aqueles que escalam os Alpes.

**Átrio,** port, pátio.

**Belvedere,** port, pequeno mirante ou terraço alto de onde se observa um panorama.

**Boulevard,** fra, rua larga com árvores plantadas; alameda.

**Buena onda,** esp, boa atmosfera, clima legal (gíria).

**Bus,** ing, ônibus.

**Cabildo,** esp, instituição tipicamente espanhola onde se governava, formulava as leis e realizava julgamentos.

**Café americano,** port, café da manhã continental normalmente acrescido de ovos e suco, eventualmente frutas e iogurte.

**Café colonial,** port, fartura de pães, doces e salgados típicos das colônias alemã e italiana do Rio Grande do Sul.

**Café continental,** port, café da manhã básico, com leite, café ou chá, pão, manteiga e geleia.

**Calle,** esp, rua.

**Cash,** ing, dinheiro vivo, em espécie, para pagamento à vista.

**Charter (voo charter),** ing, voo fretado.

**Check-in,** ing, registrar-se num hotel ou albergue; apresentar-se à companhia aérea no aeroporto.

**Check-out,** ing, saída de um hotel.

**City tour,** ing, passeio turístico que visita os pontos mais importantes de uma cidade.

**Confitería,** esp, confeitaria.

**Couvert,** fra, valor que se paga na conta de bar ou restaurante referente a uma apresentação artística ao vivo.

**Delta,** port, geo, terreno triangular compreendido entre os braços extremos de um rio que deságua por muitas bocas.

**Diária,** port, preço cobrado por dia (ou pernoite) nas hospedagens.

**Duty free,** ing, loja de aeroportos e áreas fronteiriças sobre a qual não incidem taxas ou impostos sobre os produtos.

**Efectivo,** esp, dinheiro vivo, pagamento à vista, o mesmo que cash.

**Enseada,** port, geo, pequeno porto, angra.

**Escalera,** esp, escadaria.

**Estuário,** port, geo, desaguadouro, lugar em que um rio se lança ao mar.

**Ferry-boat,** ing, barco para travessias curtas, operando como uma espécie de ponte-marítma, lacustre ou fluvial.

**GLS,** abr, gays, lésbicas e simpatizantes.

**Heladería,** esp, sorveteria.

**Hermano,** esp, irmão; termo utilizado por argentinos para se referir a brasileiros – e, mais recentemente, valendo a recíproca.

**Hostelling,** ing, sistema de albergues.

**Incaico,** port, referente à civilização inca.

**Istmo,** port, geo, faixa de terra que une uma península a um continente.

**Locker,** ing, armário com chave, ideal para guardar malas e mochilas.

**Microclima,** port, geo, clima particular, de alguma forma distinto do clima de uma cidade ou região onde a mesma se encontra.

**Mountainbike,** ing, spo, bicicleta adequada a terrenos montanhosos, denominando também o esporte.

**Muelle,** esp, mole, espécie de plataforma à beira de mar, lago ou rio.

**Nave,** port, espaço em uma igreja da entrada ao santuário.

**Off-road,** ing, fora de estrada; viagens em estradas de condições precárias.

**Parapente,** port, spo, paraquedas de forma retangular.

**Parrilla,** esp, culi, churrasqueira, grelha onde é assada a parrillada.

**Parillada,** esp, culi, churrasco argentino feito na grelha.

**Peatonal,** esp, calçadão ou via exclusiva para pedestres.

**Peña folklórica,** esp, música e dança folclórica.

**Península,** port, geo, porção de terra cercada de água por todos os lados, porém com uma ligação ao continente.

**PF,** port, abr, prato feito.

**Propina,** esp, gorjeta.

**Puna,** geo, planalto árido comum à região dos Andes.

**Quebrada,** port, geo, desfiladeiro; depressão numa cadeia de montanhas.

**Quiche,** port, culi, enroladinho feito de massa-podre, recheado com queijo, batata, cebola ou legumes.

**Quitinete,** port, pequeno apartamento de sala e cozinha.

**Resort,** ing, estação de veraneio, geralmente com algum luxo ou conforto.

**Rípio,** port, cascalho; tipo de pedra que reveste uma estrada.

**Rotonda,** esp, rótula circular de intersecção de estradas, ruas e avenidas.

**Ruta,** esp, rota, estrada.

**Salar,** esp, geo, deserto de sal.

**Sightseeing,** ing, tour; passeio, geralmente de ônibus, possibilitando ver ou visitar diversas atrações num único dia.

**Staff,** ing, funcionários, equipe.

**Tirolesa,** port, spo, atividade na qual o praticante se lança entre dois pontos em declive através de um cabo suspenso, deslizando com ajuda de uma roldana.

**Tour,** ing, passeio pré-organizado, normalmente com guia.

**Trattoria,** ita, restaurante italiano, casa de massas.

**Trekking,** ing, spo, caminhada, junto à natureza, normalmente por trilhas estabelecidas.

**Quinta,** port, casa de campo, fazenda, estância.

**YPF,** esp, abr, empresa espanhola de exploração de petróleo, denomina vários postos de combustível na Argentina.

## ABREVIATURAS

*abr*, abreviatura
*culi*, culinária
*esp*, espanhol
*fra*, francês
*geo*, geografia
*ing*, inglês
*ita*, italiano
*port*, português
*spo*, esporte

# Índice Geral (Cidades e Atrações)

## A

Abra de Potrerillos (Nor) .... 227
Acomodação (Pla) .............. 82
**Aconcágua (Aco) .......... 235**
Agências de turismo (Pla) .... 66
Aguirre, Atanasio (Pla) ........ 21
Alfonsín, Raúl (Pla) .............. 23
Alimentação (Pla) .............. 72
Alta Gracia (Pam) .............. 153
Altitude (Pla) ...................... 73
Andes (Pla) ........................ 26
Angastaco (Nor) ................ 209
Animais peçonhentos (Pla) .. 74
Animais selvagens (Pla) ...... 75
Antártica (Fog) .................. 370
Arroyo Las Piedritas (Lag) .. 296

## B

Babenco, Hector (Pla) .......... 39
Bagagem (Pla) .................... 76
**Bahía Blanca (Bue) ..... 143**
Bahía Redonda (Pat) .......... 357
Bajo Caracoles (Pat) .......... 363
Balcarce (Bue) .................. 142
Banderita Norte (Aco) ........ 256
**Bariloche (Lag) ............ 273**
Barracas (Bue) .................. 127
Bebidas (Pla) ...................... 87
Belgrano (Bue) .................. 127
Benedetto, Antonio di (Pla) . 39

### Bodegas

Chandon (Aco) ................ 249
Dolium (Aco) .................. 247
Doña Paula (Aco) ............ 247
Escorihuela (Aco) ............ 248
Etchart (Nor) .................. 215
Familia Zuccardi (Aco) .... 249
Familia Schroeder (Lag) . 272
Fin del Mundo (Lag) ....... 273
La Rural (Aco) ................ 248
Norton (Aco) .................. 247
Patagônia (Lag) .............. 272
Santa Ana (Aco) .............. 248
Vasija Secreta (Nor) ......... 215

Boedo (Bue) ......................110
Borges, Jorge Luis (Pla) ....... 40

### Bosques

Arrayanes (Lag) .............. 295
Tallado (Lag) .................. 315
Petrificados (Pat) ............ 345

Bóvedas de Uspallata (Aco) 253
Brasil (Mis) ...................... 177
Briga de Castelhanos (Pla) ... 31
**Buenos Aires (Bue) ........ 89**

## C

Caballito (Bue) .................. 128
Cabanas (Pla) ...................... 85

### Cabildos

Buenos Aires .................. 118
Córdoba (Pam) ................ 151
Humahuaca (Nor) .......... 234
Jujuy (Nor) ...................... 224
Salta (Nor) ...................... 202

**Cachi (Nor) .................. 210**
**Cafayate (Nor) ............. 212**
Cajón Negro (Lag) ............. 296
Caleta Valdés (Pat) ............ 335
Câmbio (Pla) ...................... 69
Caminito (Bue) .................. 122
Campanella, Juan José (Pla) 42
Campings (Pla) .................. 84
Campo Quijano (Nor) ......... 206
Canal de Beagle (Fog) ........ 386
Cañadón Río Pinturas (Pat) 368
Cañón del Atuel (Aco) ........ 264
Capela Bethel (Lag) ........... 322
Capilla Doméstica (Pam) ... 152
Carnes (Pla) ........................ 85
Carteira de estudante (Pla) .. 66

### Casas

Artesanía (Cha) .............. 188
Cultura (Cha) .................. 183
Etnográficas (Cha) .......... 188
Gobierno (Bue) ............... 136
Gobierno (Pam) .............. 158
Gobierno (Cha) ............... 187
Gobierno (Nor) ............... 219

Ig. Fotheringham (Cha) .. 188
Independencia (Nor) ...... 219
Martinez (Pam) .............. 162
Padilla (Nor) ................... 219
Redituantes (Bue) .......... 119
Rosada (Bue) .................. 118

Casares, Adolfo Bioy (Pla) .... 38

Cascatas

Arroyo G. (Lag) ............... 303
Escondida (Lag) .............. 315
Inacayal (Lag) ................. 296
La Virgen (Lag) ............... 315
Mallin Ahogado (Lag) .... 315
Nahuel Pan (Lag) ........... 315
Río Bonito (Lag) ............. 296
Vulignanco (Lag) ............ 297

Casco Histórico (Cha) ......... 183
Casino Trilenium (Bue) ...... 134
Cataratas do Iguaçu (Mis) .. 171

Catedrais

Salta (Nor) ...................... 201
Cafayate (Nor) ................ 214
Carmen (Cha) ................. 188
Córdoba (Pam) ............... 151
Inmac. Concepción (Bue) 136
Jujuy (Nor) ...................... 224
Luján (Pat) ...................... 348
Maria Auxiliadora (Lag) .. 272
Metropolitana (Bue) ...... 118

Nahuel Huapi (Lag) ........ 285
Tucumán (Nor) ............... 219

Catritre (Lag) ...................... 303
Cavallo, Domingo (Pla) ........ 28
Caverna Las Brujas (Aco) .... 265

Cemitérios

Andinista (Aco) ...............253
Cachi (Nor) ..................... 211
Chacarita (Bue) ............... 127
Montañes (Lag) .............. 286
N.S. del Carmen (Nor) .... 228
Recoleta (Bue) ............... 124

Centro Cívico (Lag) ............ 284

Centros Culturais

Amancay (Lag) ............... 303
Ciudad Recoleta (Bue) .... 124
Rivadavia (Pam) .............. 161
Usina Vieja (Pam) ........... 162

Centro Paleontológico (Lag) 273

Cerros

7 Colores (Aco) ............... 253
Amigo (Lag) ................... 314
Bayo (Lag) ...................... 295
Calafate (Pat) ................. 357
Campanário (Lag) .......... 286
Castillo (Pat) ................... 352
Catedral (Lag) ................ 285

Chapelco (Lag) ............... 303
Chenque (Pat) ................ 343
Fitz Roy (Pat) .................. 366
Hielo Azul (Lag) .............. 314
La Gloria (Aco) ............... 245
Lindo (Lag) ..................... 314
Otto (Lag) ...................... 285
Perito Moreno (Lag) ...... 314
Piltriquitron (Lag) ........... 314
San Bernardo (Nor) ........ 203
Siete Colores (Nor) ......... 227
Torre (Pat) ...................... 336
Tundunqueral (Aco) ........ 253

Chacarita (Bue) .................. 127
**Chaco (Cha) ................. 179**
Chinatown (Bue) ............... 128
Chorillo del Salto (Pat) ....... 367
Cianzo (Nor) ...................... 234
Cinema (Pla) ........................ 41
Circuito Mapuche (Lag) ..... 307
Ciudad del Este (Mis) ......... 178
Clima (Pla) ........................... 53
Clorinda (Cha) ................... 182
Coctaca (Nor) ..................... 234
Colegio Monserrat (Pam) ... 152
Colonia Suiza (Lag) ............ 286
Colonização (Pla) ................. 18
Comes & Bebes (Pla) ........... 85
Comida regional (Pla) .......... 86
**Comodoro Rivadavia (Pat) 340**
Compras (Pla) ...................... 88
Comunicação (Pla) .............. 76

Controle Alfandegário (Min). 397
Convento S. Francisco (Pam) 158
Convento S. Bernardo (Nor) 202
**Córdoba (Pam)** ............ **146**
Correios (Pla) ...................... 78
**Corrientes (Cha)** .......... **181**
Corrupção policial (Min) .... 398
Cortázar, Julio (Pla) ............ 40
Crise econômica (Pla) .......... 28
Cristo Redentor (Aco) ......... 256
Cuesta del Lipán (Nor) ....... 227
Cuesta del Obispo (Nor) ..... 209
Cueva de las Manos (Pat) ... 368
Cultura (Pla) ...................... 38
Cultura Pop (Pla) ................ 47
Custos (Pla) ........................ 70

# D

De La Rúa, Fernando (Pla) ... 23
Delta de Tigre (Bue) ........... 134
Design Recoleta (Bue) ........ 124
Dicionário ........................ 403
Dinheiro (Pla) ..................... 69
Dique Cabra Corral (Nor) .... 207
Ditadura (Pla) ..................... 22
Doces (Pla) ......................... 87

# E

Echeverría, Esteban (Pla) ..... 38
EcoCentro (Pat) ................. 331
Economia (Pla) ................... 27
El Anfiteatro (Nor) ............. 208
**El Bolsón (Lag)** ........... **309**
**El Calafate (Pat)** .......... **349**
El Cerrito (Pat) .................. 352
**El Chaltén (Pat)** ........... **361**
El Salitral (Pat) .................. 336
Eletricidade (Pla) ................ 68
Encón (Pam) ..................... 149

Entrada Brasil (Pla) ............. 60
  Outros países (Pla) .......... 62
Esculturas (Cha) ................ 187
Esperanza (Pat) ................. 352
Esportes (Pla) ..................... 35
Esportes ao ar livre (Pla) ...... 51
**Esquel (Lag)** ................ **315**

Estações de Esqui

  Esqui Catedral (Lag) ....... 286
  Las Leñas (Aco) .............. 266
  Los Penitentes (Aco) ....... 253
  Nórdico (Lag) ................. 287
  Vallecitos (Aco) .............. 249
  La Hoya (Lag) ................. 319

Estac. Piscicultura (Lag) ..... 322
Estadio Malvinas Arg. (Aco) 245
Estancia Harberton (Fog) ... 388
Estancia M. Behety (Fog) ... 371
Estâncias (Pla) .................... 84
Estradas (Min) ................... 402
Estudo (Pla) ........................ 52

# F

Fangio, Juan Manuel (Pla) ... 38

Feiras

  Paseo de Artes (Pam) ..... 152
  Regional Artes (Lag) ......... 313
  San Telmo (Bue) ............. 121

Feriados e Festas Pop. (Pla) . 68
Festival de Cine (Bue) ........ 141
Fiesta de la Vendimia (Aco) 247
**Formosa (Cha)** ............. **188**
Foz do Iguaçu (Mis) ........... 177
Fuso Horário (Pla) ............... 65

# G

Gaimán (Pat) .................... 339
Galtieri, Leopoldo (Pla) ........ 22
Gardel, Carlos (Pla) ............. 43
Garganta del Diablo (Nor) . 231
Gasolina (Min) .................. 400
Geografia (Pla) ................... 25
Glaciar Martial (Fog) .......... 387
Glaciar Perito Moreno (Pat) 358
Godoy Cruz (Aco) .............. 237
Golfo Nuevo (Pat) .............. 334
Gorjetas (Pla) ...................... 69
Gruta Inmaculada (Aco) ..... 264
Guaymallén (Aco) .............. 237
Guerra do Paraguai (Pla) ..... 20
Güiraldes, Ricardo (Pla) ....... 38

# H

Hernández, José (Pla) .......... 38
História (Pla) ....................... 18
Hogar del Abuelo (Lag) ..... 322
Horários (Pla) ..................... 68
Hospedajes (Pla) ................. 83
Hostels (Pla) ....................... 83
Hotéis e hosterías (Pla) ........ 82
**Humahuaca (Nor)** ........ **232**

# I

Idioma (Pla) ....................... 63

Igrejas

  Belén (Bue) .................... 122
  Candelaria (Nor) ............. 234
  C. de Jesús (Pam) ........... 151
  Cruz de Milagros (Cha) ... 184
  Descalzas (Pam) ............. 152
  I. Concepción (Bue) ........ 128

La Merced (Cha) ............. 183
Las Nieves (Lag) ............. 306
Ortodoxa Russa (Bue) ..... 122
Pilar (Bue) ...................... 124
San A. de Pádua (Pam) ... 162
San Francisco (Nor) ........ 202
San Ignácio (Bue) ........... 119
San José (Nor) ................ 211
San P. de Nolasco (Nor) ... 209

Independência (Pla) ............. 19
Informações e serviços (Pla)   65
Informações turísticas (Pla) .  65
Insolação (Pla) ...................... 74
Internet (Pla) ........................ 78
Iruya (Nor) .......................... 234

Ilhas

Atlántico Sur (Fog) ......... 371
Pájaros (Pat) ................... 335
San Martín (Mis) ............ 177

# J

Jardins

Botánico Tilc. (Nor) ........ 231
Buenos Aires (Bue) ........ 127
Japonés (Bue) ................ 127

Jesús Maria (Pam) ............. 154
**Jujuy, San Salvador (Nor)  221**
**Junín de los Andes (Lag)  302**

# K

Kirchner, Cristina (Pla) ......... 24
Kirchner, Néstor (Pla) .......... 24

# L

La Boca (Bue) .................... 122
La Bombonera (Bue) ......... 122
La Esmeralda (Pam) .......... 159
La Islita (Lag) ..................... 302
**La Plata (Bue) ............. 135**
La Pucara (Nor) ................. 231
La Quiaca (Nor) ................. 234

Lagos

Correntoso (Lag) ............ 296
Curruhue (Lag) ............... 308
Del Desierto (Pat) ........... 367
Escondido (Fog) ............. 387
Escondido (Lag) ............. 297
Espejo (Lag) ................... 296
Fagnano (Fog) ................ 387
Falkner (Lag) .................. 296
Huechulafquen (Lag) ..... 308
Lacar (Lag) ..................... 302
Machónico (Lag) ............ 297
Todos los Santos (Lag) ... 278
Tromen (Lag) ................. 309
Villarino (Lag) ................ 297

Lagunas

Horcones (Aco) ............... 257
Nimez (Pat) .................... 357
Verde (Lag) .................... 295
Yala (Nor) ....................... 225

Las Cuevas (Aco) ............... 256
Las Heras (Aco) ................. 237
Literatura (Pla) ..................... 38
López, Solano (Pla) .............. 21
Los Antiguos (Pat) ............. 351
Lugares – onde ir (Pla) ........ 54
Luján de Cuyo (Aco) .......... 248

# M

Maimará (Nor) ................... 228
Malargüe (Aco) .................. 265

Manzanas

Las Luces (Bue) .............. 119
Jesuítica (Pam) ............... 151

**Mar del Plata (Bue) ..... 137**
Mataderos (Bue) ................ 128
**Mendoza (Aco) ............. 237**

Mercados

Abasto (Bue) .................. 129
Mendocino (Aco) ............ 248

Mercosul (Pla) ..................... 30
Miniguia viagem de carro .. 391

Miradores

Arrayan (Lag) ................. 302
Bandurrias (Lag) ............. 302
Darwin (Pat) ................... 345
Torre Tanque (Bue) ......... 142
Uspallata (Aco) ............... 253
Mirante Belvedere (Lag) . 296

**Missões (Mis) .............. 163**

Missões

Jesuíticas (Mis) ............... 169
Loreto (Mis) .................... 170
San Ignácio Mini (Mis) ... 170
Santa Ana (Mis) .............. 170
Santa Maria (Mis) ........... 171
Salesiana (Fog) ............... 371

Moeda (Pla) .......................... 69
Molinos (Nor) ..................... 209
Monserrat (Bue) ................. 117

Monumentos

Bandera (Pam) ............... 161
Héroes Indep. (Nor) ........ 234

Muelle de Ramón (Pat) ...... 345

Museus

Anibal Cambas (Mis) ...... 169
Antártico (Fog) ............... 385
Antropológico (Nor) ....... 203
Área Fundacional (Aco) .. 246
Arq. A. Guacurari (Mis) ... 168
Arq. Alta Montaña (Nor) . 202
Arq. Eduardo C. (Nor) ..... 231
Arte Contemp. (Bue) ...... 144
Arte E. Minnicelli (Pat) ... 348
Arte Español (Bue) ......... 127
Arte Hispano. (Bue) ........ 120
Arte J. Castagnino (Bue) . 141
Arte Moderno (Aco) ........ 246
Arte Moderno (Bue) ........ 122
Arte Moderno (Pat) ........ 331
Arte Tigre (Bue) ............. 134
Arte Religioso (Pam) ...... 152
Automovilismo (Bue) ..... 142
Bellas Artes Pérez (Pam) 152
B. Artes Irureta (Nor) ...... 231
B. Artes J. Castag. (Pam) . 161
B. Artes J. R. Vidal (Cha) .. 184
B. Artes La Boca (Bue) .... 123
B. Artes Nacional (Bue) .. 125
B. Artes Neuquén (Lag) .. 272
B. Artes Salta (Nor) ......... 202
Casa C. Gardel (Bue) ....... 128
Casa Rosada (Bue) .......... 118
Cera (Bue) ...................... 123
Che Guevara (Pam) ........ 153
C. Nat. Corrientes (Cha) .. 184
C. Nat. J. Moyano (Aco) ... 246
C. Nat. L. Scaglia (Bue) ... 141
C. Nat. Resistencia (Cha) . 187

C. Nat. y Historia (Fog) ..... 370
Cine (Bue) ........................ 123
Ciudad (Bue) .................... 119
Colonial (Cha) .................. 184
Cult. Patagónicas (Lag) .... 319
Dardo Rocha (Bue) ........... 136
Etno. B. Aires (Bue) .......... 119
Etno. Santa Fé (Pam) ........ 159
Evita (Bue) ....................... 127
Fin del Mundo (Fog) ......... 384
Gauchesco (Pam) .............. 162
Grabado (Bue) .................. 119
Hist. Casa V. Liniers (Pam)  154
Hist. J. G. Lavalle (Nor) ..... 224
Hist. Juan Duffard (Cha) ... 188
Hist. Julio Marc (Pam) ...... 161
Hist. Mq. Sobrem. (Pam) .. 151
Hist. Natural (Aco) ............ 264
Hist. Nacional (Bue) ......... 118
Hist. Resistencia (Cha) ...... 187
Hist. Santa Fé (Pam) ........ 159
Hist. Traje (Bue) ............... 122
Hist. Trevelin (Lag) ........... 322
Hombre del Puerto (Bue) . 142
José Podesta (Bue) ........... 136
La Patagonia (Lag) ............ 284
Los Pioneros (Pat) ............. 348
MALBA (Bue) .................... 125
Manuel de Falla (Pam) ..... 153
Mapuche (Lag) ................. 306
Mar, del (Bue) ................... 141
Marítimo y Presídio (Fog) 384
Médios de Com. (Cha) ..... 187
Mitre (Bue) ...................... 121
Motivos Pop. Arg. (Bue) ... 125
Nant Fach (Lag) ................ 322
Naval (Bue) ...................... 134
Norte, del (Nor) ................ 202
Oceanográfico (Pat) ......... 331
Pe. Jesús Molina (Pat) ...... 348
Paleontológico (Lag) ........ 285
Paleontológico (Pat) ........ 339

Patagónico (Pat) ............ 343
Pasión Boquense (Bue) .. 123
Penitenciario (Bue) ........ 122
Petróleo (Pat) ................. 343
Policía (Cha) ................... 187
Policial (Nor) .................. 224
Prefectura (Bue) ............. 134
Pres. José Uriburu (Nor) .. 203
Prim. Pobladores (Lag) ... 302
Reconquista (Bue) .......... 134
San Francisco (Pam) ....... 158
Universidad (Pam) .......... 152
Vid y el Vino (Nor) .......... 214
Yámana (Fog) ................. 385

Música (Pla) .................... 43
Música Folclórica (Pla) ......... 45

# N

**Neuquén (Lag)** ............ **269**
Nevado de Cachi (Nor) ....... 211
Normas e doc. (Min) ......... 392
**Noroeste (Nor)** ............ **189**

# O

Obelisco (Bue) .................. 120
Objetivo da viagem (Pla) ..... 50
Observ. Astronómico (Lag) 272
Oribe, Manuel (Pla) ............. 20
Outros Pratos (Pla) .............. 86

# P

Paez, Fito (Pla) ................... 47
Palacio del Congreso (Bue) 120
Palermo (Bue) ................... 127
Paleta del Pintor (Nor) ....... 228
**Pampas (Pam)** ............. **145**
Paraguai (Mis) ................... 172

## Parques

- 2 de Febrero (Cha) .......... 187
- 3 de Febrero (Bue) .......... 127
- Centenário (Nor) ............. 220
- Central (Lag) .................. 272
- Criollo (Pam) .................. 162
- Eólico (Pat) ..................... 344
- Flora y Fauna (Pam) ....... 162
- Hipólito Yrigoyen (Aco) .. 264
- Independencia (Pam) ..... 161
- La Costa (Bue) ................ 134
- Llao Llao (Lag) ............... 286
- Lezama (Bue) ................. 121
- Mariano Moreno (Aco) ... 264
- Mayo (Bue) ..................... 144
- Prov. Aconcagua (Aco) .... 256
- San Martín (Aco) ............ 245
- San Martín (Nor) ............ 203
- Sarmiento (Pam) ............ 152
- Todo lo Nuestro (Nor) ..... 211

## Parques Nacionais

- Chaco (Cha) .................... 187
- El Rey (Nor) .................... 204
- Iguaçu (Mis) ................... 177
- Iguazú (Mis) ................... 175
- Ischigualasto (Aco) ......... 261
- Lago Puelo (Lag) ............ 315
- Lanín (Lag) ..................... 307
- Las Quijadas (Pam) ........ 149
- Los Alerces (Lag) ............ 320
- Los Arrayanes (Lag) ........ 295
- Los Glaciares (Pat) .......... 358
- Nahuel Huapi (Lag) ........ 285
- Talampaya (Aco) ............. 262
- Tierra del Fuego (Fog) .... 388

## Paseos

- Artesanal (Lag) ............... 307
- Del Bosque (Bue) ........... 136
- Las Esculturas (Bue) ....... 144

Paso de los Libres (Mis) ..... 166
**Patagônia (Pat) ........... 323**
Pedágio (Min) .................... 400
**Península Valdés (Pat) . 333**
Percursos de fronteira (Min) 396
Perito Moreno (Pat) .......... 358
Perón, Isabelita (Pla) ........... 22
Perón, Juan Domingo (Pla) .. 22
Peronismo (Pla) .................... 22
Piazzolla, Astor (Pla) ............ 44
Piedra del Molino (Nor) ..... 209
Piglia, Ricardo (Pla) ....... 38, 39
Piñeyro, Marcelo (Pla) ... 39, 42

## Praças

- 25 de Mayo (Pam) .......... 158
- 9 de Julio (Nor) ............... 220
- Belgrano (Nor) ............... 224
- Chile (Aco) ...................... 245
- Dos Congresos (Bue) ..... 120
- España (Aco) ................... 245
- Independencia (Aco) ..... 245
- Inmigrante (Aco) ............ 264
- Italia (Aco) ...................... 245
- Las Banderas (Lag) ......... 272
- Manuel Solares (Pam) .... 154
- Mayo (Bue) ..................... 117
- Moreno (Bue) ................. 136
- Principal (Nor) ................ 214
- San Martín (Bue) ............ 136
- San Martín (Pam) ........... 151
- San Martín (Aco) ............ 245

**Posadas (Mis) ............... 164**
Pós-peronismo (Pla) ............ 22
Postos de combustível (Min) 399
Postos de Controle (Min) ... 395
**Potrerillos (Aco) ........... 249**
Povo (Pla) ............................ 32
**Puente del Inca (Aco) ... 254**
**Puerto Deseado (Pat) .. 344**
**Puerto Iguazú (Mis) ..... 173**

Puerto Ingeniero White (Bue) 144
Puerto Madero (Bue) ......... 125
**Puerto Madryn (Pat) .... 326**
**Puerto Pirámides (Pat) 336**
Puig, Manuel (Pla) ............... 38
Puna (Pla) ............................ 26
Punta Cantor (Pat) ............. 335
Punta Delgada (Pat) ........... 335
Punta Gualicho (Pat) .......... 357
Punta Loma (Pat) ............... 332
Punta Norte (Pat) ............... 335
Punta Tombo (Pat) ............. 340
**Purmamarca (Nor) ....... 225**

# Q

## Quebradas

- Cafayate (Nor) ................ 212
- Humahuaca (Nor) .......... 221
- Las Flechas (Nor) ............ 209

Quila Quina (Lag) ............... 303

# R

Rada Tilly (Pat) ................... 344
Raiva (Pla) ............................ 74
Recoleta (Bue) .................... 124
Recta del Tin-Tin (Nor) ....... 209
Red Bus City Tour (Lag) ...... 303
**Região dos Lagos (Lag) 267**
Represa de Potrerillos (Aco) . 249
Repres. diplomáticas (Pla) ... 67
Repub. de los Niños (Bue) .. 136
Reserva Ría Deseada (Pat) . 345
Reserva Nant y Fall (Lag) ... 322
Residenciales (Pla) .............. 83
**Resistencia (Cha) ......... 184**
Retiro (Bue) ....................... 125
**Río Gallegos (Pat) ........ 346**
**Río Grande (Fog) ......... 371**
Río Turbio (Pat) .................. 352

Rock (Pla) ............................ 45
**Rosario (Pam)** ............. 159
Rosas, Juan Manuel (Pla) ..... 20
Ruínas de Quilmes (Nor) .... 216
Ruta dos 7 Lagos (Lag) ...... 296

Rutas Nacionais

RN3 ...................... 100, 376
RN7 ................................ 240
RN9 ................ 100, 148, 195
RN12 .............................. 166
RN14 .............................. 100
RN16 ...................... 185, 195
RN20 .............................. 149
RN22 .............................. 100
RN25 .............................. 317
RN33 .............................. 209
RN40 ...... 195, 209, 278, 353
RN51 .............................. 195
RN52 ...................... 196, 226
RN68 .............................. 207
RN231 ............................ 293
RN259 ............................ 317

# S

Sábato, Ernesto (Pla) ........... 41
Salina Chica (Pat) .............. 336
Salina Grande (Pat) ........... 336
Salinas Grandes (Nor) ........ 227
**Salta (Nor)** .................. 191
San Ant. de Areco (Pam) .... 162
**San Ant. Cobres (Nor)** ... 205
San Agustín (Aco) .............. 261
San Ignácio (Mis) ............... 170
San Juan (Aco) .................. 247
San Lorenzo (Nor) .............. 204
**San Martín Andes (Lag)** 297
San Martín, José de (Pla) ..... 19
San Nicolás (Bue) .............. 120
San P. de Yacochuya (Nor) .. 215
San Rafael (Aco) ................ 263

San Telmo (Bue) ................ 121
Santa Catalina (Pam) ......... 154
**Santa Fé (Pam)** ............ 155
Santa Rosa de Tastil (Nor) .. 206
Sarmiento, Domingo (Pla) ... 38
Saúde (Pla) ......................... 72
Segurança (Pla) ................... 71
Sendero Macuco (Mis) ....... 176
Sierras de Córdoba (Pam) .. 153
Solís, Juan Diaz (Pla) ........... 18
Soriano, Osvaldo (Pla) ......... 38
Sosa, Mercedes (Pla) ........... 45

# T

Tango (Pla) ......................... 43
Tango (Bue) ...................... 130

Teatros

Argentino (Bue) ............. 136
Colón (Bue) ................... 120
San José (Lag) ............... 303

Telefone (Pla) ..................... 76
Telefones emergência (Pla) . 68
**Terra do Fogo (Fog)** ...... 369
**Tigre (Bue)** .................. 133
**Tilcara (Nor)** ................ 228
Trabalho (Pla) ..................... 52
Travessia Fronteiras (Min) .. 393
**Trelew (Pat)** ................. 337

Trens

Tren de la Costa (Bue) ..... 133
Expreso Fueguino (Fog) .. 389
La Trochita (Lag) ............ 319
Tren a las Nubes (Nor) .... 206
Tres Morros (Nor) ........... 206

**Trevelin (Lag)** .............. 321
**Tucumán,** San Miguel (Nor) **217**
Turismo (Pla) ...................... 50

# U

Universidad Córdoba (Pam) . 152
Urquiza, Justo José de (Pla) . 20
**Ushuaia (Fog)** ............... 371
**Uspallata (Aco)** ............ 250

# V

Valle de la Luna (Aco) ........ 261
Valle de Lerma (Nor) .......... 209
Valles Calchaquies (Nor) .... 210
Valor de troca (Pla) .............. 69
Viaduto La Polvorilla (Nor) . 206
Viajando pelo país (Pla) ....... 78
   Avião (Pla) ..................... 78
   Barco (Pla) ..................... 80
   Bicicleta (Pla) .................. 81
   Carona (Pla) ................... 81
   Carro (Pla) ..................... 80
   Ônibus (Pla) ................... 79
   Transporte Urbano (Pla) ... 81
   Trem (Pla) ..................... 80
Videla, Jorge Rafael (Pla) ..... 22
Vilas, Guillermo (Pla) ........... 38
Villa Carlos Paz (Pam) ........ 153
Villa José Menéndez (Fog) . 371
Villa Dolores (Pam) ............ 149
Villa Gral. Belgrano (Pam) . 155
**Villa la Angostura (Lag)** 291
Vila la Majadita (Aco) ........ 261
Villavicencio (Aco) ............. 249
Vulcão Lanín (Lag) ............. 307

# Z

Zona Once (Bue) ............... 128

Zoológicos

Buenos Aires (Bue) ......... 127
Mendoza (Aco) ............... 245
San Rafael (Aco) ............. 264
Corrientes (Cha) ............. 184

# ÍNDICE DE MAPAS

## Cidades

| | | |
|---|---|---|
| Bariloche (Lag) ......... 274, 275 | El Calafate (Pat) ................. 352 | Purmamarca (Nor) ............ 225 |
| Buenos Aires (Bue) .............. 91 | El Chaltén (Pat) .................. 362 | Resistencia (Cha) ............... 186 |
| La Boca (Bue) ................... 98 | Esquel (Lag) ....................... 316 | Río Gallegos (Pat) .............. 347 |
| Palermo (Bue) ................. 108 | Humahuaca (Nor) .............. 233 | Salta (Nor) ......................... 193 |
| Recoleta (Bue) ............... 104 | Jujuy (Nor) ......................... 222 | San Martín de los Andes (Lag) 298 |
| San Nicolás (Bue) ............ 94 | Junín de los Andes (Lag) .... 306 | Santa Fé (Pam) .................. 156 |
| San Telmo (Bue) ............. 97 | La Plata (Bue) .................... 135 | Tigre (Bue) ........................ 132 |
| Monserrat (Bue) ............. 93 | Mar del Plata (Bue) ........... 137 | Tilcara (Nor) ...................... 229 |
| Cafayate (Nor) ................... 213 | Mendoza (Aco) ................... 239 | Trelew (Pat) ....................... 338 |
| Comodoro Rivadavia (Pat) . 342 | Neuquén (Lag) ................... 271 | Trevelin (Lag) .................... 321 |
| Córdoba (Pam) ................... 148 | Posadas (Mis) .................... 167 | Tucumán (Nor) .................. 216 |
| Corrientes (Cha) ................ 182 | Puerto Iguazú (Mis) .......... 176 | Ushuaia (Fog) .................... 372 |
| Él Bolson (Lag) ................. 310 | Puerto Madryn (Pat) .......... 327 | Villa la Angostura (Lag) ..... 292 |

## Regiões

| | | |
|---|---|---|
| Aconcágua (Aco) ............... 236 | Pampas (Pam) .................... 146 | Quebrada Cafayate (Nor) ... 208 |
| Buenos Aires (Bue) ............ 131 | Parque T. del Fuego (Fog) .. 390 | Quebrada Humahuaca (Nor) 220 |
| Chaco (Cha) ....................... 180 | Patagônia Andina (Pat) ..... 350 | Região dos Lagos (Lag) ...... 268 |
| Estradas (Min) ................... 401 | Patagônia Atlântica (Pat) ...325 | Roteiros ................... 55, 56, 57 |
| Missões (Mis) .................... 165 | Península Valdés (Pat) ....... 333 | Ruta dos 7 Lagos (Lag) ...... 290 |
| Noroeste (Nor) .................. 190 | Províncias (Pla) .................. 14 | Terra do Fogo (Fog) ............ 370 |

# BOXES

| | | |
|---|---|---|
| Comunidade Judaica ........... 29 | Mães da Praça de Maio ...... 112 | Vinhos ................................ 246 |
| A História dos | Evita Perón ........................ 119 | Pinguins ............................ 341 |
| Negros na Argentina ........... 30 | Abaporu: a joia | Aquecimento global .......... 360 |
| Brasil x Argentina, | brasileira do Malba ........... 124 | Guerra das Malvinas .......... 380 |
| a eterna rivalidade ........ 32, 33 | A Buenos Aires do Papa ..... 126 | Rotas para o Chile .............. 220 |
| Maradona ............................ 36 | Che Guevara ...................... 154 | Cáctus ................................ 230 |
| Messi ................................... 37 | Gaucho .............................. 160 | A conquista do Aconcágua . 258 |
| Mafalda ............................... 49 | A Lenda das Cataratas ....... 172 | |

# ABREVIATURAS

| | | |
|---|---|---|
| *Aco*, Aconcágua | *Lag*, Região dos Lagos | *Nor*, Noroeste |
| *Bue*, Buenos Aires | *Min*, Miniguia para uma | *Pam*, Pampas |
| *Cha*, Chaco | viagem de carro | *Pat*, Patagônia |
| *Fog*, Terra do Fogo | *Mis*, Missões | *Pla*, Planejamento |

# Uma história Viajante

Tudo começou quando o jovem universitário Zizo Asnis trancou a faculdade no Brasil e, em 1989, partiu – meio por impulso, meio planejado – para a Europa. Quando se deu por conta, estava sozinho no Velho Continente, quase sem dinheiro ou informação: um início de viagem complicado.

Já em Londres, Zizo descolou emprego num restaurante e aprendeu a se virar. Juntou algumas libras e foi mochilar pelo continente europeu – e não tardou a descobrir as coisas boas de ser um viajante: o contato com culturas diferentes, a compreensão da História, a diversão aliada ao conhecimento, o amadurecimento pessoal. E aí se perguntou "por que, afinal, não existe nenhum livro específico para brasileiros, que incentive a botar o pé na estrada e facilite a nossa aventura pelo mundo?".

Voltou ao Brasil e passou a dar dicas de viagem para amigos e para amigos de amigos. Terminou a faculdade e, em 1994, passou mais dois anos fora: viajou novamente pela Europa e também pela Ásia. Nesta jornada, entre as montanhas da Suíça e as praias da Tailândia, passou a idealizar um guia de viagens voltado a brasileiros.

Em 1999, a internet mal estourava e as ideias de Zizo, de volta ao Brasil, começavam a vir à tona: www.oviajante.com – surgia o primeiro site no país com o conceito de comunidade viajante brasileira (logo se tornando parceiro do portal UOL). Em seguida, Zizo formou uma equipe e partiu em viagem de pesquisa a 21 países da Europa. Resultado: no ano 2000, lançou o *Guia Criativo para O Viajante Independente na Europa* – o primeiro guia de viagens feito por e para brasileiros –, que deve chegar a sua 10ª edição no final de 2013.

Então Zizo, que já tinha percorrido grande parte da Europa e viajado pela Ásia, América do Norte e África, se deu conta de que não conhecia bem o seu próprio continente, a América do Sul. E, assim, o projeto seguinte contemplou justamente o território que se estende da Terra do Fogo às Guianas: em 2002, lançou o *Guia Criativo para O Viajante Independente na América do Sul*.

Durante o trabalho, Zizo se descobriu apaixonado pelas belezas sul americanas. Não à toa, publicou, em 2007, o *Guia O Viajante Chile* e o *Guia O Viajante Argentina*, que chega agora a 3ª edição no livro que você tem em mãos. Também foi editor de livros de relatos de viagem (*Uma Estrada Para o Chile*, de Alberto Schwanke, e *Vida Nômade*, de Robison Portioli) que tiveram os Andes como cenário

Hoje Zizo segue editando seus guias – atualizando edições e desenvolvendo novos projetos (como o *Guia O Viajante Londres*, lançado em 2012) –, colabora com jornais e revistas de turismo e ministra o Curso Travel-Writer (www.oviajante.com/cursotravelwriter).

## OS GUIAS O VIAJANTE SÃO REALIZADOS COM TOTAL INDEPENDÊNCIA

Nenhuma empresa ou estabelecimento que eventualmente nos apoiou na viagem ou teve os seus serviços pesquisados foi favorecida com críticas ou opiniões, seja por qualquer tipo de troca ou favor. Todas as dicas e informações apresentadas em nossos guias baseiam-se unicamente no trabalho da equipe de O Viajante, amparado na ética, na responsabilidade e no bom senso.

## ATUALIZAÇÃO DAS INFORMAÇÕES

Vale lembrar: preços aumentam, restaurantes fecham, bons hotéis e albergues podem virar verdadeiras espeluncas. Enfim, tudo o que pesquisamos é passível de mudanças.

Mais dicas sobre a Argentina, incluindo fotos, barbadas e roubadas de viajantes, você encontra no site O Viajante – www.oviajante.com.

> Esperamos que não, mas se você encontrar algum erro, alguma dica que já esteja obsoleta ou alguma omissão importante, por favor, nos informe por email – guiaargentina@oviajante.com – para nos ajudar a manter as novas edições sempre atualizadas. Na edição seguinte, citaremos o seu nome na página de agradecimentos do livro.

# Mala ou mochila? Pouco importa!
# Guias O Viajante na bagagem!

www.oviajante.com

o viajante

## Notas de bordo

# Notas de bordo

## Notas de bordo

## Notas de bordo

# Notas de bordo